U0933502

珍藏本
纪念版

汉译世界学术名著丛书

秘鲁征服史

〔美〕普雷斯科特 著

周叶谦 刘慈忠 吴兰芳 刘方 译

2017年·北京

William H. Prescott

HISTORY OF THE CONQUEST OF PERU

J. M. Dent & Sons Ltd., London. Reprinted 1924

根据英国 1924 年登特父子有限公司重印版翻译

汉译世界学术名著丛书
（120年纪念版·珍藏本）
出 版 说 明

2017年2月11日，商务印书馆迎来120岁的生日。120年前，商务印书馆前贤怀揣文化救国的理想，抱持“昌明教育，开启民智”的使命，立足本土，放眼寰宇，以出版为津梁，沟通中西，为中国、为世界提供最富智慧的思想文化成果。无论世事白云苍狗，潮流左右激荡，甚至战火硝烟弥漫，始终践行学术报国之志，无改初心。

迻译世界各国学术名著，即其一端。早在20世纪初年便出版《原富》《天演论》等影响至今的代表性著作，1950年代后更致力于外国哲学和社会科学经典的译介，及至1980年代，辑为“汉译世界学术名著丛书”，汇涓为流，蔚为大观。丛书自1981年开始出版，历时三十余年，迄今已推出七百种，是我国现代出版史上规模最大、最为重要的学术翻译工程。

丛书所选之书，立场观点不囿于一派，学科领域不限于一门，皆为文明开启以来，各时代、各国家、各民族的思想与文化精粹，代表着人类已经到达过的精神境界。丛书系统译介世界学术经典，引领时代思想，为本土原创学术的发展提供丰富的文化滋养，为推动中国现代学术和现代化进程做出了突出的贡献。

为纪念商务印书馆成立120周年，我们整体推出“汉译世界学术名著丛书”120年纪念版的珍藏本，寄望既利于文化积累，又便于研读查考，同时向长期支持丛书出版的译者、编者和读者致以敬意。

两甲子后的今天，商务印书馆又站在了一个新的历史时间节点上。我们不仅要铭记先辈的身影和足迹，更须让我们的步伐充满新的时代精神。这是商务人代代相传的事业，更是与国家和民族的命运始终紧密相连的事业。我们责无旁贷，必须做好我们这代人的传承与创造，让我们的努力和成果不仅凝聚成民族文化的记忆，还能成为后来人可以接续的事业。唯此，才能不负前贤，无愧来者。

商务印书馆编辑部

2017年10月

出版说明

《秘鲁征服史》和它的姐妹篇《墨西哥征服史》是美国著名的历史学家普雷斯科特(1796—1859)长期研究西班牙在南美的殖民活动之后发表的两部史学著作,它是世界历史宝库中的重要史籍,也是在西方有定评的史学名著之一。

作者威廉·希克林·普雷斯科特,生于马萨诸塞州塞勒姆镇。父亲是著名律师。1811 年他 15 岁时进入哈佛大学学习法律,成绩优异。在校时,不幸在一次偶然事件中左眼失明,右眼受伤,不能继承父志执律师业,遂决定研究文史,专心著述。他在掌握了西班牙语、法语和德语之后,1826 年开始研究西班牙历史。1834 年出版《C. B. 布朗传》,1838 年写成大部头专著《费迪南德和伊莎贝利亚的历史》,一举登上欧洲文坛。1843 年他的史学巨著《墨西哥征服史》问世,奠定了他在欧美史学界的崇高地位,被誉称为美国第一位有国际声誉的史学家。《秘鲁征服史》则是随后出版的另一部史学杰作。此书已译成 11 种语言,再版达 160 次以上。晚年他还写过《腓力二世在位时期的西班牙史》(3 卷,1855—1858),后因病去世,全书未及完成。

普雷斯科特是美国早期的历史学家,他深受资产阶级自由主义思潮的影响,在政治上他反对封建专制,崇尚资本主义;在史学观点上，他信奉个人主义的英雄史观；他批评宗教迷信，主张史学家要“客观”、“公正”，避免成见和偏袒，强调个人的智慧、毅力和胆识，因此对作品中的殖民主义“英雄”颇多美化之处。

本书在导言部分回顾了印加文明概貌、印加帝国的传说和历史之后，重点记述了西班牙殖民者侵略、掠夺以及“征服”印加帝国的历史。写作过程中，作者参考了大量第一手的文献资料，如西班牙和英国各地图书馆、档案馆和西班牙驻墨西哥大使提供的16世纪编年史及其他史料。原著史料价值较高。作者文笔优美，擅长于描写具体的历史情节和人物活动，他能从错综复杂的各种记载中把握住事件的脉络和线索，许多历史事件都写得栩栩如生。他的著作富于文采，长于勾画人物，读后往往给读者留下深刻的印象。书中除了记述西班牙殖民者的丧心病狂的“征服”活动外，由于作者从个人品质的好坏出发厌恶某些殖民者的可耻活动，在书中也以一定的篇幅叙述了殖民主义者头目之间的钩心斗角、争权夺利和互相残杀的丑史。这有助于我们了解资本原始积累时期西方殖民者的狰狞面目。

作者偏爱西班牙征服南美的殖民活动，不遗余力地精心撰写了这部“征服史”，它在一定程度上反映了19世纪初期美国资产阶级羽毛丰满之后对于向拉丁美洲扩张表现出的强烈兴趣。作者在《墨西哥征服史》一书中对殖民活动头目的歌功颂德，正是这种思想倾向的体现。

原书初版1847年出版后，到今天已经过140多年，从当代的考古发现和最新史学研究成果来看，原书对印加帝国的记述和分析存在着不少错误，有的说法需用后来出版的史料和研究成果加以订正。请读者在阅读时选择国内外新出版的秘鲁古代史或印加史进行对比研究,以利鉴别。

目　　录

第二卷　秘鲁的发现

第三卷　秘鲁的征服

第四卷　征服者的内战

第五卷　这个国家的平定

第一版前言

在西班牙人的新大陆冒险史中，对墨西哥和秘鲁的征服无疑是最光辉的篇章。这两个国家既是幅员辽阔的帝国，又有良好的社会政治体制，并在文化领域中取得了长足的进展。事实上，它们在伟大的历史画卷中所占的地位非常突出，以致这一个国家的名字自然而然地使人联想起另一个国家的名字，尽管它们的制度显然各不相同；因此，当我为撰述《墨西哥征服史》而派人前往西班牙搜集材料时，我把有关秘鲁征服史的材料也纳入搜求之列。

这两方面的大部分文献，都是得自同一个巨大的宝藏——马德里皇家历史研究院的档案。这个机构专门负责保管那些可能用来说明西班牙殖民史的材料。它的收藏中最丰富的部分也许是穆尼奥斯的那些文件。这位杰出的学者、印第安人的史官，一生中花费了将近50年的时间搜集关于西班牙人发现和征服美洲的材料。由于他是在政府授权下从事这项工作的，他在这方面获得了一切便利的条件；在帝国各个主要城市里，无论是在国内还是在它拥有的广阔的殖民地上，所有的公共机构和私人收藏所都为他查阅材料大开方便之门。其结果是搜罗了大量的手稿，其中很多材料是他耐心地亲手抄录的。但是他未能活到收获他辛勤工作的果实。在他去世时，叙述哥伦布航海活动的第一卷刚告完成；而他的手

稿，至少是有关墨西哥和秘鲁的部分，注定要归另一个人使用，这个人是这些材料所涉及的新大陆的一位居民。

使我从其学术收藏中获益匪浅的另一位学者是前皇家历史研究院院长马丁·费尔南德斯·纳瓦雷特先生。在他那长寿的一生中的大部分时间里，他从事搜集记录殖民活动的原始文献。其中有很多已经编入他的伟大著作《航海和发现选集》中，这部著作虽然远远未能按其作者最初的计划完成，对历史学家却有不可估量的帮助。在回溯发现新大陆的历程时，纳瓦雷特撇开墨西哥和秘鲁征服史，转而描述其同胞在西印度海上的航行。他慨然允诺将他那些有关上述两个国家的手稿让人抄录给我，其中有些手稿在他那博学的助手、与他在研究院中共事的萨尔瓦和巴兰达的倡议下印制了出来；而那些交给我的文件则为我撰写本书提供了极为重要的材料。

在本书开始写作以后不久，这个杰出的人便与世长辞了。他的去世在他的国家里留下了一个难以填补的空白点；因为他热情地献身于学术事业，很少有人能像他那样使人们增长了对他的国家的殖民史的知识。他远远不只是埋头于自己的学术计划，而是随时准备对其他人的学术计划给予同情和帮助。他为人的高尚品质——他那仁爱之心、平易近人的风度和纯洁的情操——进一步提高了他作为学者的声誉。我本人对他深为感激，因为从我发表第一部历史著作起，直到他去世前最后一周，他经常使我深信他对我在历史学上所做的努力给予诚挚而最有益的关心；我现在更乐于对他的功绩做出这一公允的称颂，这种称颂绝不应被怀疑为吹捧。

在惠赐给我材料的人名单中，我还必须添上泰尔诺-康潘先生的名字，他以把穆尼奥斯的手稿翻译成翔实而优美的法文闻名于世。我还必须添上我的朋友帕斯库亚尔·德加扬戈斯先生的名字，他谦逊地以翻译的形式提供了对西班牙-阿拉伯历史的最尖锐和最精辟的评论，从而使他自己在那个由于诸如马斯德、卡西里和孔德等人的努力而闪耀光辉的艰深的学术部门里居于最前列。

除了从这些来源获得的材料以外，我还从埃斯库里亚尔图书馆得到了一些重要的抄本。这些抄本主要是叙述秘鲁的古代制度，它们是金斯布鲁爵士的珍藏品的一部分，这些珍藏品同大多数学术收藏品的命运一样，在其卓越的主人去世以后便散失了。在这方面，我得感谢那位现在寓居伦敦的辛勤的目录学家奥·里奇先生。最后，我不能不从另一方面表示感谢我的朋友查尔斯·福尔索姆先生、波士顿图书馆的一位学识渊博的馆员，他非常熟悉我们的英语语法结构和道地的习语，他在这方面的知识帮助我改正了本书和我以前的著作中许多文字上的不确切之处。

我从这些不同的来源搜集了大量的抄本，性质各有不同，来源却十分可靠，这些材料有：皇家的封赐和命令，宫廷的指示，皇帝给殖民地主要官员的谕旨，城市的档案，私人的日记和备忘录，以及在这个动荡的局面中的主要角色的大量私人信件。也许正是由于殖民地的动荡不宁使得国内政府与殖民地官员之间的通讯更加频繁。但是，无论原因为何，搜集到的有关秘鲁的手稿材料比有关墨西哥的更为丰富和完整；因而在冒险者走过的道路上，没有哪一个偏僻的角落是当时的书面通讯所没有涉及的。毋宁说，历史学家倒有理由抱怨“财多烦恼多”了；因为，在许多互相矛盾的证据面

前，往往难以弄清真相，就像很多彼此交叉的灯光能使观众眼花缭乱一样。

本书的写作大纲与《墨西哥征服史》的相同。首先在第一卷导言中，我力图描述印加人的制度，使读者在阅读关于他们被征服的历史之前，了解这个不平凡的种族的特点和情况。其他各卷则缕述征服的历史。而且必须承认，尽管这个题目提供很多机会来介绍人物、叙述奇特的浪漫事件和描绘如画的风景，但它没有像墨西哥的征服那样给历史学家带来明显的有利条件。的确，无论从历史学家或诗人的要求来看，都很少有题目能与那个题目相比。那里的故事发展得很自然，就像遵循最严格的艺术规律所描述的那样。在读者的心目中，一直把那个国家的被征服视为伟大的目标。从西班牙人最初在那块土地上登陆时起，他们随后的冒险活动，他们的战斗和谈判，他们的损失惨重的撤退，他们的卷土重来和最后的围攻，全都为了达到这个伟大的结局，直到这一系列事件由于首都的陷落而告结束。在事件的进程中，所有的人都坚定地朝着这个结果前进。这是一部宏伟的史诗，其中的旨趣的一致性达到了完满的地步。

在"秘鲁的征服"中，如果说征服行动是指印加王朝覆灭而言，这一行动在本书的叙述结束以前很早就终止了。本书其余部分所写的是征服者之间的严重的不和，由于这些不和的性质，似乎他们不能集合在一个利益一致的目标之下。为了写出这些，我们必须看到印第安人的帝国被推翻以后的事情。对土人的征服只不过是第一步，继之而来的是对西班牙人——反叛的西班牙人本身——的征服，直至西班牙王室的至高无上的权威在这个国家永久地建

立起来为止。只有到这个时期,对大西洋彼岸那个帝国的征服事业才能说是大功告成;而且,着眼于这一更远的目标,才会发现随后的逐步的叙述都是朝着一个伟大的结局发展,从而保持了旨趣上的一致性,这种一致性对历史著述的重要性并不亚于对戏剧创作的重要性。本书在多大程度上做到了这一点,有待读者判断。

就我所知,西班牙人没有试图根据原始文献撰写一部力求具有经典著述声誉的秘鲁征服史,就像索利斯所著的《墨西哥征服史》那样。英国人由于罗伯逊的手笔而拥有一部具有很高价值的这样的历史,他那精彩的概述在他关于美洲的伟大著作中占有适当的位置。我的目的一直是想要表现这同一故事的全部浪漫的细节;不仅描述征服的典型特点,并且用生活的色彩来充实故事的梗概,以便展示出一幅体现那个时代的细致而忠实的图画。为此,我在撰写本书时,大量地利用我的手稿材料,尽可能让角色自己说话,特别是经常使用他们的信件,因为没有任何其他地方像在私人的自由通讯中那样易于流露内心的秘密。我在注释中大量摘录这些材料,一方面为了印证正文,同时也是为了使当时那些杰出的首领和政治家的这类作品得以印行于世,而这些作品是西班牙本国人不易见到的。

阿梅代·皮肖先生在《墨西哥征服史》的法译本前言中,从该书的撰写计划推论出我一定仔细地阅读过他的同胞巴朗特先生的著作。这位尖锐的批评者不公正地认为我熟悉那位作者在其《布尔戈涅的公爵们》一书的前言中如此巧妙地加以阐述的历史学理论。而且我的确有理由钦佩他亲自阐明这种理论的娴熟技巧,即从遥远年代的一些原始材料中树立起一座天才的丰碑,把我们立

即引入了封建时代之中——而且它没有近代的古董通常所具有的那种不协调。同样地，我也试图抓住一个遥远的时代的特征，并在阐述它时使之富有生活气息。但是，在一个基本的特点上，有偏离了这位法国历史学家的计划：我在建筑物已经竣工之后还保留着脚手架。换句话说，我向读者说明了在我得出结论的过程中的各个步骤。我不是要求他不加考察地相信我对这个故事的说法，而是力求向他说明我的看法的理由。通过大量引用原始的权威材料，和通过对这些材料加以如此严格的评介以致能向他说明这些材料所受到的影响，我力求把他置于能够自行作出判断的地位，从而修正、或在必要时推翻历史学家的判断。无论如何，通过这种方法可以使他能够估计一下从相互矛盾的证据中弄清真相所要遇到的困难；而且他将学会不依赖这样一些作家，这些作家在描述神秘的过去时，说的就像丰特内尔所称的具有“惊人的肯定性”，这种精神是与真正的历史哲学背道而驰的。

然而必须承认，一个把较早时期发生的事件记录下来的编年史家，在收集供他使用的抄本材料上有某些明显的优势——朋友、对手和敌人的声明，彼此提供了有益的订正；而且在事件实际发生的整个过程中，对各方的真实意图提供了最好的评论。处于斗争热潮中的角色，发现其看法受到周围人们的约束，而且其视力也为斗争的烟雾所蔽而茫无所见；旁观者则从更远和更高的地方放眼眺望，尽管个别事物可能有点不够清晰，却对这方面的全部活动一览无余。看起来似乎矛盾的是，根据当时的证据得出的真相，归根结底往往是由后来的作者而不是由当时的人们自己得出的。

在结束这些议论之前，请容许我谈一点属于个人的事情。在外国对我的著作的几篇评论中，我被说成是个盲人；而且我不止一次地有幸被说成是在写作我的第一部历史著作时丧失视力的。当我遇到这些错误的说法时，我一直都是迅速加以纠正。但这次的机会向我提供了这样做的最好的方式，我现在更希望这样做，因为我担心在我为我以前的一些历史著作所写的前言中，有些说法导致了这种误解。

我在上大学时，一只眼睛受了伤，以致失明了。不久以后，另一只眼睛严重发炎，以致它也一度丧失了视力；而且尽管它以后恢复了，但由于器官严重失调，形成了永久性的视力衰退；而且，从那以后，我一生中有两段时期不能用它来阅读或写作，共达数年之久。正是在其中的一段时期里，我收到了来自马德里的关于《费迪南德和伊莎贝利亚的历史》的材料。在我无法工作的情况下，这些来自大西洋彼岸的宝贵资料堆积在我身旁，就像一个人面对丰富的食物却要挨饿一样。在这种情况下，我决定尽可能用耳朵来代替眼睛的工作。我利用秘书的帮助，他给我朗读各种权威性的材料，我逐渐熟悉不同的外国语言的声音（实际上，由于我在国外住过一个时期，我以前就听惯了其中的几种语言），因而要听懂他的朗读没有多大困难。在朗读进行的过程中，我向他口授大量的笔记，当这些笔记积累到相当多的数量时，我又让他反复念给我听，直到我充分掌握了它们的内容，可以用来写作时为止。同时这些笔记又成了印证正文的方便的参考材料。

还有一个困难发生在写字这项机械性劳动上，我发现这对我的眼睛是一个严重的考验。对这一点的补救方法是使用一个盲人用的写字盘，它使我不用借助视力便可把思想写在纸上，而且在黑

暗中和在明亮处同样可以这样做。这样写出来的字母就像蝌蚪文一样；但我的秘书逐渐精通辨认术，总算誊写出一份大致可用的抄件供印刷者使用，其中自然有不少难以避免的错误。我之所以详细描述这一过程，是因为人们对我处在困境中所采取的措施，一再表现出某种好奇心，而了解这些情形可能对其他处于类似境况的人有所帮助。

尽管我由于在工作上取得的明显进展而受到鼓舞，这种进展毕竟是缓慢的。但是后来，发炎的倾向减弱了，而且视力逐渐增加。最后它恢复到使我每天能够阅读几个小时的程度，尽管用这种方式工作只能在白天进行。我始终离不开秘书的帮助，也离不开写字盘，因为，与通常的经验相反，我发现写字比阅读对眼睛的考验更严重，——然而，这种说法不适用于阅读手稿；因此，为了使我自己能更仔细地校正我的著作，我在《费迪南德和伊莎贝利亚的历史》送去发表之前让人先印制一份供我亲自检查之用。我所描述的这些是在我撰写《墨西哥征服史》时有所好转的健康状况；而且，我对几乎恢复到了我的同类人的水平感到满足，我很少羡慕那些命运更好能够持续研读到晚上以至深夜的人。

但是，最近两年又发生了变化。我那只眼睛的视力逐渐衰退了，神经的敏感性却有所增加，以致去年有好几个星期没有翻开过书本，在那整个期间，平均说来我每天使用眼睛不超过一小时。我也无法用这样的幻想来安慰自己，即希望由于担负了力所不及的任务而受到损害的眼睛会恢复其原有的视力，或者此后能为我的学术研究尽很大的力量。由于这些障碍，我无法说我以后是否有勇气像我曾经设想的那样从事新的和更广泛的历史研究。也许，

长期养成的习惯，以及坚持我长期致力的事业的那种自然的愿望，可能在某种程度上使这种研究成为必要，正如我过去的经验已经证明这种研究是实际可行的一样。

那些对这件事怀有任何好奇心的读者从这些说明（我担心它嫌太噜苏了）中可以了解到我在从事历史研究中所遇到的烦恼究竟有多大。只要考虑一下我仅能在我的一只眼睛处于最佳状态时有限度地使用它而在大部分时间里完全不能使用的情况，人们很快就会承认这些烦恼的分量不轻。然而，我所要克服的困难与一个盲人所遭遇的困难相比要小得多。我知道没有任何一个仍然健在的历史学家能够宣称他克服了如此巨大的障碍，只有《诺曼底人征服英国史》的作者除外，用他那感人的和优美的语言来说，他"使自己成了黑暗之友"；他把一种从事广泛而多样的研究（这种研究可能需要学者潜心从事）的能力，与一种只需要发自内心之光的深奥哲学结合在一起。

我相信，我不得不作出的如此冗长的说明，不会被读者看成是庸俗的自我吹嘘，而要看到它们的真正根源，即出于这样一种愿望：纠正那种可能是由我自己在无意之中造成的误解，这种误解使我有幸被说成是某种曾经克服了摆在盲人面前的无数困难的人，我对这种荣誉并不感激，因为我不应该享有它。

1847年4月2日于波士顿

序　　言

I

W. H. 普雷斯科特属于这样一个种族，对于这个种族，人们在20世纪或许可以毫不夸张地说，随着时间的流逝，它有可能变得和阿兹特克族或印加族那样完全消失。我指的当然是文体派历史学家们的伟大种族。像罗斯科和梯叶里或者像其更伟大的同时代人麦考莱一样，普雷斯科特竭力模仿修昔底德。他也怀有很大的抱负，要与最新的小说竞争，要使他的书成为妇女们闺中读物，并且年复一年地作为圣诞节礼物相赠送。客观环境、坚强的意志、超群的记忆力以及天赋的智能和方法这些因素，可以说已注定了他能成为伟大的历史学家。他不是缺乏耐心的人，而是甘愿一点一滴地获得一整套渊博的学识，确定的观点，以及既定的"历史原则"——就像罗伯逊和哈兰所掌握的那样——这些是他那个时代有势力的《季刊》对所有敢于在历史写作这个需要高度华丽辞藻的领域里一试身手的人所提出的要求。想在这种制度下写作历史的人必须经受缪斯神的长期考察和赐予灵感。在虔诚地顺从这一严峻的考验之后，也只有在这以后，他才能得到那些在鉴赏情趣和文学主张上是公认的公断人的认可，从而正式成为一名合格的和得

到承认的历史学家；直到25或30年之前，所谓历史学家就是指用形象化的生动散文描述过去的事件的盛况和细节的人。此外，他的散文必须由于具有那种庄重性“σπουδαιόγηs”或者说高超绝伦的严肃性而显得激励人心，这就是阿诺德所宣称的经典作品的标志，而且它必须因对传记素材进行了伦理的和升华的处理而描绘得感人肺腑和富于人情味，这些素材作为“无数传记的精华”（斯威夫特语）必定要在旧式历史概念中占支配地位。

也许用不着指出，20世纪的历史学家不考虑这些问题。他有别的当务之急。他不要求自己的著作使人爱读。他不需要拔高一个人物或者粉饰一个孤立的事实。他对所有这些奇妙的旧式的框框持怀疑态度。只要稍微使用苏格拉底的问答法就会使他相信，旧式的阐述并不是完全超脱利害关系的——所表达的决不是全部真相。像魔术师把牌变出来一样，历史以促使向它提出问题获得解决才维持了它的尊严。只要向它问及稍微越出常规之外的事情，它就无以答对。因此，新学派说，必须要求各个历史时期的善于文饰的大师们停止片刻，与此同时，它试图从这些大师们的贬责和颂扬之词中探索必要的解释。因为新学派极不相信文体学派历史学家（人们如此称呼他们），认为他们毫不犹豫就容许那种格调和那种偏见，容许夸大成功，少讲败绩，这就模糊了他们对历史的更深入的趋势和影响——过去时代的经济的或制度的意义——的理解力。

旧派历史学家以旧史书、旧的年代记、党派发行的小册子和党人的回忆为著作的基础。新派历史学家表现了明显的偏重文件的倾向，这些文件诸如契约、名册、特许状、法律、法院的令状、条约以

及赏金等以格调和偏见的污名非难不了，也不值得去非难。目的的不同由这样一种说法暗示而不是说明，即旧学派崇奉文学描述的神龛，而新学派越来越倾向于向科学阐述的祭坛奉献香火。

言归正题，普雷斯科特可以说是旧学派的一个杰出的典范。他不是一位伟大的具有独创性的思想家或是一名对湮没的历史真相的不知厌烦的探索者，更不必说是一位孜孜不倦的文献学家或是现代类型的校勘学者。另一方面，他远非是以某些人说的麦考莱的那种激愤和偏袒的笔调从事写作的；高度评价过密特福作品中的这些特点的拜伦会更加热烈地称赞莫特利作品中的这种笔调。不，普雷斯科特的写作态度像哈勒姆一样公正周密，他的毫不偏袒可能只有一名波士顿唯一神教派的教徒才能如此（他甚至小心翼翼地避免受到诱惑去触犯英国人，这在旧学派的美国人通常是压抑不住的），而且有如吉本一样文采绚丽。约翰逊有一次在谈到罗伯逊时说，他将被他自己的重量压垮——葬身于他自己的辞藻之中。普雷斯科特不能全然免于这样的指责。当代大多数读者都承认，他的风格有些过于华丽和矫饰。人们用珠宝来装饰自己是当时的风尚。在正式的评论文章中，诸如普雷斯科特模仿高水准的《季刊》的风格为《古老的北美》〔美洲评论〕所写的文章中，出于一个有知识的人的自尊，他竟然挥舞起连根拔起的万能的知识之树[①]。这样一种实践使他的笔调产生了某种僵硬和拘泥的特

① 普雷斯科特为《北美评论》撰写的主要文章（重印成《杂集》）如下：《意大利叙事诗》（1824年）；《莫里哀》（1828年）；《欧文的〈格拉纳达〉》（1829年）；《塞万提斯》（1837年）；《洛克哈特所写的〈司各脱的生平〉》（1838年）；《班克罗夫特笔下的〈美利坚合众国〉》（1841年）；《泰克诺所撰写的〈西班牙文学〉》（1850年）。与大多数评论家不同，普

点，这使普雷斯科特总是难以摆脱这一困境。他的特点是永远也写不成一封简短的信。然而，我们也必须为普雷斯科特说几句公道话，他远不像罗伯逊或吉本那样浮夸。他的散文风格最好的时候也许可以与最相近的罗斯科、梅里维尔或米尔曼的散文相媲美。它从不马虎潦草、从不疏忽、从无偏见和绝不枯燥；即使在缺乏灵感的时候普雷斯科特的作品显得有些生硬和呆板，可是他的文章从来不是晦涩难解的，也从来不是令人生厌的；由于他不善于夸夸其谈或哗众取宠，所以他总是规规矩矩地使他的风格适合于他的内容，这一点最终很有成效地蕴蓄他的风格。

然而，他的最大长处在于他的安排布局。在其成熟期，他日以继夜地献身于此，犹如他在其青年时期日以继夜地潜心模仿艾迪生的散文风格一样。他持续不断地酝酿构思他的作品，并且要反复多次地严格删节其作品而且毫不吝惜地加以斧削。即使他没有像萨克雷谈到麦考莱时所说的那样，为了写一个句子要读成本的书，他在写每一本书的时候所读的书能成立一个图书馆。在逐渐意识到他将要写一本关于一个确定的主题的巨著时，他就不惜任何辛劳用可靠的方法去发现人类知识中的不可避免的遗漏之处。为此目的，他仰仗比较和逐渐深入的方法，以兢兢业业的谨慎态度围绕他的资料来源反复进行挖掘；他拟定写作提纲并圈定要写的范围；他在描写、定性和评论方面从严要求自己，经常踌躇再三；将

雷斯科特在他自己的评论文章中用威吓的语调说话，而且带着羡慕的激情谈及托克维尔的得意洋洋的说法“我一生从未在杂志上写过一篇文章”。出现在《大西洋月刊》(1857 年 12 月)第二期上的《莱潘托战役》一文——一篇辞藻绚丽的文章——后来被收编入《菲利普二世文集》。

"要写作的主题"正式地写入其笔记簿。从最初受到"西班牙的召唤"到他终于动笔去写,其间经过了六年的时光,尔后,在他准备拿去付印之前又花了十年更为扎实的工夫进行加工润色。"对一个主题的探索追求"是他的生命的重要篇章,几乎与弥尔顿或吉本的生命篇章同样严肃。如此煞费苦心、不遗余力和自觉的自我准备,使得旧派历史学似乎达到了庄严的顶点:那个深不可测的吉本所说的话不知不觉地又重新浮现在人们的脑海中——"具有重大价值和重要性的作品既很少是在阁楼中也很少是在宫殿中写成的。一个有闲暇又有能维持闲居生活的收入并拥有书籍和天才的绅士,可能受到遥远的荣誉和报偿的前景的鼓舞而从事写作;但是如果每天的勤奋是由每天的饥饿所激起,则作者是不幸的,作品也将是不幸的。"当尼布尔感谢上帝说,幸而他未降生为一个英国人,因为在那种情况下,他会变得富有而写不出重要的作品,这种说法也许是不公正的。充足的资财为吉本或普雷斯科特在历史学领域所完成的作品提供了必不可少的基础。鉴于普雷斯科特富有资产、生性和善而又喜好社交以及并非变态地爱好创作这样的事实,所以他向其历史写作的每个部分所投入的全部善良之心就应该成为一个永久赞扬的主题。

II

在兰开夏郡有一个地方叫普雷斯科特,现在差不多已成为利物浦的一个近郊。美国的家系学者曾经断定这一定是马萨诸塞州的普雷斯科特家族的故乡。他们甚至已经发现了代表该家族的纹章，然而迄今为止他们确实是犹豫再三未曾提出证据。但我们听说有那么一个叫艾恩赛德·普雷斯科特的人，“一个克伦威尔的军人”，跨海而来并于1640年定居在马萨诸塞州的兰开斯特（请注意日期）。他如何设法做到这一点，我们就不得而知了。有一点似乎是相当确实的，就是这位历史学家对其多少有些假想成分的家系很是自豪，而且对萨克雷在《弗吉尼亚人》中暗示这一点更是得意。对我们的思考极为重要的是这样的事实，即这位历史学家的祖父，“勇士威廉·普雷斯科特”在1775年6月的邦克山战役中发挥了主要的作用。这位历史学家的父亲，一位杰出的律师和法官，假若他有意的话本来很可能成为最高法院法官，被描绘成具有一个人可能拥有的最好的品质中的两种品质——心灵诚实并且酷爱司各脱的小说。1793年，他与美国驻亚速尔群岛的一位领事的女儿凯瑟琳·希克林结婚（从她那里这位历史学家得到了他称之为他那听来悦耳的第二个姓名），并且以一个富豪的身份于1844年12月8日去世。双亲俩都活到看见他们的儿子成名，并且作为遗产遗留给他们的孩子一个既荣耀又受人爱戴的名字。

W. H. 普雷斯科特于1796年5月4日（彭斯的卒年）生于塞勒姆。一个更为意味深长的巧合是这样的事实，在同一个月，另一位伊比利亚半岛历史学家米涅也出生了；还有普雷斯科特特别喜爱的范本之一，罗斯科的《洛伦佐·德梅迪奇》也在同一年问世。一位善良的美国母亲一次对其新近皈依天主教的女儿（她曾敢于毫不含糊地贬低唯一神教团体）说，“我亲爱的，在波士顿的许多最体面的家庭都是唯一神教派的教徒！”普雷斯科特家族即在其中。W. H. 普雷斯科特，作为最严格意义上的新英格兰的文人雅士阶

层的一员，受到精心的教育，是在书丛中长大的，并且预定要在美国的律师界工作。他生性灵敏活泼，但没有表现出任何早熟迹象；虽然已经喜爱严肃的自省其身，但在勤学方面没有出类拔萃的表现。

当他在大学（哈佛）三年级上学时，发生了影响他一生的不幸事故。当他正要离开学生“共同就餐”的餐厅时，一个恶作剧者扔来的一块热松饼，不偏不斜正打中他的左眼，并且将他打得昏倒在地。结果造成视网膜麻痹。他虽然没到“几乎失明”的程度，但从此之后他只能使用一只眼睛，有些时候则处于完全失明状态。他一天难得能读上两三个小时以上的书，而且还要格外小心地加以警惕和保护。原先预定要从事的律师职业就不得不放弃了。他决定过文学创作的生活，而且将他的时间完全置于一个自我约束的制度之下。他的历史创作大半是依靠一位抄写员和一架称之为“暗视图标”的书写机器完成的。他无法接受梯叶里的意见，他认为不可能以令人满意的结果进行口述。他的秘书每天为他诵读许多个小时[①]，他在脑子里构思出长长的章卷或提纲式的段落，然后以除了他的助手外任何人都难以辨认的字体写在纸上。他按这个提纲逐次写成他的历史文稿。在他所有使用的方法中，他都实行坚韧不拔的自我克制；他使自己戒绝一切涣散精神的干扰，使自己的工作规律化，并且每天很早起床——这是他讨厌的一种习惯。在一个严寒的暮冬，他写信给蒂克纳夫人说：“当我告诉您我曾经不畏寒冷在某一个早晨骑马到贾梅卡平原而且在早饭前赶回来的

① 他的秘书和历史学方面的门徒之一是约翰·福斯特·柯克，他是《勇士查尔斯传》（三卷本，1863—1868年）的作者，现在，通过弗里曼教授的相当严肃的文章而为英国读者所熟知了。

时候，你定会赞赏我很有勇气。我的目的是在格林先生的学校附近看日出”。他在节制饮食方面也同样干脆。

普雷斯科特把他对西班牙“素材”的第一次写作冲动归功于蒂克纳在哈佛大学所做的演讲。1824 年 12 月 1 日，他开始学习西班牙语言。他对德语缺乏兴趣（也缺乏视力）。但他精通法国、英国和意大利文学。探索中走过不少弯路。但在 1826—1827 年间[①]，他以坚定不移的决心专心致志地研究旧派西班牙编年史学家如玛丽亚娜、苏里塔以及帕伦西亚的著作，并且开始编制他据以创作的提纲。他有规律地写作了 10 年，每年创作 225 页，而且在他写作的同时把他的章节付印。几乎无人知道他正在写什么或打算写什么。一位近亲习以为常地指导他需要做某件重要的事情。1836 年 10 月，他完成了该书的“校正和整理”。这时，出版与否倒成了问题，这个问题由普雷斯科特法官的诙谐的评论加以解决了，他说，“写出一本书而不敢发表的人是胆小鬼。”因此，1837 年 12 月，《费迪南德和伊莎贝利亚的历史》一书就问世了（扉页上标明的日期是 1838 年），不多几个月之后，它在遭到默里还有朗曼拒绝承印之后，由本特利按只给一半收益的办法接受下来了。

以《西班牙手册》的作者理查德·福特为首的英国评论家，对来自大西洋彼岸的如此渊博和完善的著作惊叹不已。[②] 福特在《季刊》上写了一篇高度称赞的文章。哈勒姆、米尔曼、埃尔芬斯

① 在此四年之前，他与波士顿的苏珊·艾默里结了婚，她的外祖父曾在邦克山战役中指挥过保皇党一边的一艘英国海岸炮舰。

② 至于说西班牙语的社会当中对普雷斯科特的著作的热情赞许，可参看巴尔塞罗那编写的《西美字典》，1895，第 16 册，第 268 页。

通、西斯蒙迪、德·托克维尔、索塞(他本人是一位西班牙历史学家,像洛克哈特一样)以及霍兰府邸的学者们的共同智慧彬彬有礼地对该著作表示了他们的赞许和认可。大西洋两岸的文人雅士隔海遥致敬礼。各学术团体纷纷向这位幸运的历史学家授予会员资格。只要他肯到欧洲来,西德尼·史密斯答应他一定会受到热情的款待。这个预测完全正确。当普雷斯科特于1850年到达伦敦的时候,即使没有像那位副主教所预言的那样完全淹没在红葡萄酒之中,也受到了贵妇人、主教、文人才子和辉格伯爵们的隆重的款待和宴请,使他心满意足。《弗雷泽杂志》的一位作家在普雷斯科特死后声称,他在社会上的魅力,"用语言无法形容而在实际上是确凿无疑的,是各界普遍谈论的对象,无论在雅典娜神庙呷茶的主教当中,还是在兴高采烈地第一次参加女皇舞会的青春佳丽之中都是如此"。对普雷斯科特的历史学方面的声誉来说,一个最重大的纪念品是这样的事实,华盛顿·欧文以一种必定是非常痛苦的自我克制之举,将他曾长期想要借以获取一小笔财富的关于西班牙美洲史的珍贵史料全部交由普雷斯科特使用(优惠的版税对欧文来说远比对普雷斯科特更为重要),这里所指的就是《墨西哥征服史》一书。普雷斯科特接受了这一牺牲之后,他很好地使用了这项专利品。及至后来,应当公平地说,当需要将他所保存的关于西班牙的资料向莫特利公开的时候,他同样是非常慷慨大方的。在1842年,当《墨西哥征服史》一书问世时,玛丽亚·埃奇沃思称之为划世纪之作。它甚至赢得了比《费迪南德和伊莎贝利亚的历史》一书更为广泛的读者。大英博物馆中宏伟的格伦维尔图书馆的捐赠人托马斯·格伦维尔有一天被正在阅读《色诺芬的远征》一书的原作的美国大使发现。这位大使谈到那本书的魅力。格伦维尔手中举着普雷斯科特的一册书说："这里是一本更为上乘的著作。"《秘鲁征服史》是《墨西哥征服史》的一本自然的续集，它发表于1847年3月。一般都认为，关于普雷斯科特对墨西哥和秘鲁的研究方法已被全部取代的说法是正确的。[①] 这对他的西班牙历史作品更为确切。至于《墨西哥征服史》一书，在偏离现代研究方法方面比人们一度曾认为的要小得多，而在其续集上则偏离更小。

普雷斯科特后来未完成的作品《菲利普二世》，虽然在受人欢迎方面不如他心爱的《秘鲁征服史》一书，但是很多人认为是他所有作品中的最佳之作。他的散文，虽然仍有雕琢的痕迹，但随着他年事的增长越来越灵活了。后来的莫特利、米涅、斯特林-马克斯韦尔、福内罗恩、利、休姆以及其他人的作品，多少降低了他的作品的缜密周全性，这正如普雷斯科特本身也降低了沃森的作品[②]并严重地损害了罗伯逊的作品一样。虽然普雷斯科特从天主教报纸上得到了生性"执拗"的名称，但他的中庸适度却是值得称道的；他

① "起初，有一件对普雷斯科特大为不利的事。正如迪斯累利以特有的夸张所说的那样，威尔逊及其学派把'墨西哥的金色圆屋顶'解释为印第安人的泥涂小屋，从而使西班牙编年史学者成了一批冒失的说谎者。但是预期的反应随即而来。考古学当然发现了关于阿兹特克人'蒙昧时期'的许多事情，那是在普雷斯科特的时代根本无法推测的。后来的学者以普雷斯科特时代不可能用的方法考查并核对过伯尔纳·迪亚斯——'一个重要的编年史学家'——以及其他的西班牙作家。新的资料出现了。但在将这类问题都加以考虑之后，事实仍然是，《墨西哥征服史》一书极为出色地站住了脚。目空一切的年轻小说家们可能会把这本书嘲弄为'普雷斯科特用来冒充历史的传奇文学'，但是有见识的人更能识别优劣。"——《美洲文人录》："普雷斯科特"篇，罗洛·奥格登作。

② 罗伯特·沃森的《菲利普二世传》，首次以两卷四开本于1777年在伦敦问世，当时备受赞扬并被译成外文，但现在几乎湮没无闻了。

没有任何新教徒的狂热，这种狂热足以损害莫特利或查尔士·金斯利的作品。他勇敢顽强地在纳汉特、佩珀雷尔、林恩和波士顿坚持他的创作，在连续不断的厄运和疾病的打击下继续工作。1859年1月28日，死亡非常突然地降临了。莫特利写道，"黑夜猝然降临到一座庄严而美丽的庙宇的未完成的列柱中庭之上。"

在这位历史学家逝世之后，普雷斯科特夫人写信给乔治·蒂克纳，要求他着手撰写普雷斯科特的传略。1859年4月，在与莱尔女士商量之后，蒂克纳就全力以赴地进行这一工作。战争使它的出版受到阻挠，直到1864年它才得以印行。它被认为是一部剪裁得当的公正的传记杰作，虽然有些刻板和说教意味。他那自觉的辛勤劳动和严于律己的一生培养成了天生快活、敏捷、无忧无虑以及与长期缠身的疾病作英勇斗争的性格，其教益是每个读者都能深有体会的。普雷斯科特的英国朋友，诸如莱尔女士和卡莱尔勋爵都喜欢这部作品。卡莱尔热情洋溢地写到这部作品使他清楚地回忆起普雷斯科特的爽朗的品格："我可以向你保证，我认为你向世人表明我是曾赢得普雷斯科特的注意的人一事，在我面子上并没有不光彩。"班克罗夫特写了一封绝妙的信，措辞如下："你如实地描述了普雷斯科特，没有遗漏其性格中的任何部分。他的生活和为人比他的作品更伟大，你对他的写照正是如此。我认为没有什么被忽略的地方，没有什么草率从事的地方，也没有什么过甚其词的地方。我曾经担心他的生活的单调会使你的叙述缺乏新颖的、丰富多彩的和具有激动人心的情趣的素材；在这里，通过描写他内心的思想斗争以及经受外部考验的斗争，你展示了一幅更为壮丽和引人入胜的图画，它比描述一位英雄的逃亡和冒险家的危

难更能激动人心。我深知普雷斯科特，所以你把我对他那种刚毅、自律和具有自觉的高尚志向的概念升华了。”普雷斯科特在部分失去视力的情况下与梯叶里和帕克曼等历史学家的交谊是上世纪文学史上的一个引人注目的事件。

普雷斯科特生活在新英格兰学派之中，或者说生活在美国文学的模仿时期。它的散文模式扎根于吉本和戈德史密斯的旧式的世界。他还继承了18世纪的编剧家和德育家所关心的那种全神贯注的作风，这种作风一直贯串于他的写作中。他可能没有足够深入地掀开事物的表面，但他在广阔而空荡荡的过去的一块空白的油画板上进行描绘的艺术却堪称是精湛的。他的作品是研究西班牙-美洲史的一种必不可少的基本知识。在撰写海外历史的历史学家当中，可能除了富有经验的H.C.利博士之外，他仅次于帕克曼。他的书不可能被取而代之。一个满足于阅读了普雷斯科特的作品而不进一步阅读其他书的人，是颇为缺乏高度好奇心的学者；但是从有良好的判断力这点而言，这样的人远比一个陷入这样一种想法，即认为普雷斯科特是他可以置之不顾的历史学家的人更值得赞扬。在普雷斯科特的所有的历史著作中显而易见最受欢迎的当属《秘鲁征服史》，即使不是在本质上最有价值或独创性的作品，也是最不易于取代的作品。

III

《秘鲁征服史》一书写成于普雷斯科特50岁的时候；这是他完成得最快的一部作品，并且也必定证明他的独具一格的写作方法已臻于炉火纯青的境界。历史学的缪斯神从一开头就慷慨赐福，舆论界以毫不含糊的语气交口称赞。本特利毫不犹豫地同意付800英镑购买该书的英语版版权。此书至今仍然是普雷斯科特的所有著作中在大西洋两岸最广泛受欢迎的作品，并且直到今天还是整个秘鲁国境内所有即使只有最低教育程度的年轻人和老年人同样爱读的书。作为一部壮观的叙事描述作品很少有能与之伦比的。皮萨罗三兄弟的悲剧——布拉斯科·努涅斯、阿尔马格罗和卡瓦哈尔的悲剧；阿尔马格罗向智利的进军；贡萨洛从基多出发的探险是去寻找传说中的东方黄金之乡；奥雷利亚纳沿亚马孙河顺流而下的惊险的航行；最重要的是，1532年3月弗朗西斯科·皮萨罗自通贝斯到卡哈马尔卡的进军是比中世纪的传奇更令人惊奇的非凡故事；向阿塔瓦尔帕派遣代表团；这位印第安君主的铁石般的冷漠；西班牙人的绝望境遇；皮萨罗的孤注一掷的决策，以及他那种在背信弃义时恶魔般的镇定自若，口里高喊着"圣雅各保佑我们向他们冲锋！"扑向轻信的印加王及其陪臣们——这些事件可能被人们重新用不同的笔调加以叙述，但是我敢料想，决不会有比普雷斯科特对这些事件的描述更为精彩的手笔。这位历史学家用同样的毫不草率和毫不留情的笔触继续描述了这些征服者如何自食其果，以及每个征服者如何一步一步地沦为他自身所造就的恐怖统治的牺牲品，而最后一个印加王得以进行血淋淋的报复。我希望每一个读到这篇序言的人都要读一读整个故事；没有人在阅读时会不被深深地触动，因为它写得太精彩动人了。

与墨西哥的情况有某些相似之处但又全然不同，秘鲁人曾取代过一个较古老种族的较发达的文明，这个文明现在只有少量的巨石遗迹可以体现，它们散布在太平洋沿岸斜坡的各处。从这个文明作为一个整体来看，人们仍然认为，它很可能发源于的的喀喀湖地区，因而是土生土长的。关于秘鲁之谜这个课题，普雷斯科特所做的调查在很大程度上已经由 D. G. 布林顿、哈钦森、佩恩、伊诺克、刘易斯·斯彭斯[①]以及其他人的著作所取代；他对于印加帝国社会组织的叙述，可能仅仅是一个粗略的外貌和轮廓。这里所描述的社会主义形式是最独特的一种，它把可能同样产生于“乌托邦”或者由莱米尔·古利弗为我们勾画的一种君主政体的特征结合在一起。然而，似乎很少有理由怀疑，在瓦伊纳·卡帕克统治下的帝国，乃是世界上最完全、最绝对和最复杂的神权统治，甚至超过了《士师记》中所描述的那个国家。对于一个在专制和纪律方面如此严密的宗教社会专制政治，我们必须拿它与日本古代的社会组织相比较，即在军人政权和德川幕府专政出现之前的日本社会组织。正如赫恩所指出的，在这种情况下问题很清楚，无论这样一种制度可能怎样适合于一个与世隔绝的种族，但一个有着禁止个人以其同胞为代价而得益的道德传统的社会，在被迫为求生存与一个强国进行斗争的时候，最终难免不被置于巨大的不利条件之下，这个强国的自治制度允许广泛的个人自由并且为竞争和进取提供最广阔的余地。

秘鲁的印加王是一个庞大的官僚政治机构的首脑，这个机构在人民的家系中有其分支。因此，在印加王下面有各省的总督，他

① 参见在康斯特布尔的《古今宗教》(希林版)一书中所选入的斯彭斯的《古代墨西哥和秘鲁之谜》末尾的目录选。

们是有血缘关系的王族；然后在万家、千家、百家甚至十家之上分别设置官员，其原理有如太阳的光线射向四处一样。个人自由是一件不为人知的事情。每个个人都在直接监视之下，像骆马一样被打上标记和编上号码，当作太阳神的化身印加王的专有财产。清规戒律之多甚至在警察控制的普鲁士都闻所未闻，在这个庞大的社会机器中没有人会有机会为他自己去思考或行动。他的生活道路从他五岁的时候起就已被规定好了，他将婚娶的妇女也由负责的官员替他选定了。甚至他的出生地点都用一根上了颜色的丝带标示，丝带拴在头上，不敢擅自解掉。在这个公社里的所有能干活的人都必须干活。在另一方面，所有人都生活在某种安适之中，对无依无靠者、残废者和老年人都有可靠的规定。

像大多数沉溺于透过事物内部观察问题的艺术家一样，普雷斯科特在有些地方很可能是着色太浓了。他可能对异教徒的清规的得人心和功效以及对狂热的西班牙人那种不人道的和无缘无故的残暴都略有些夸大之处。但是可以毫不怀疑的是，西班牙的征服摧毁了一种最为卓越的文明，这种文明对于生活在其统治下的人民就主要方面来说带来了少有的幸运。西班牙的殖民地政策，正如克莱门茨·马卡姆先生在其有关秘鲁的很有价值的书中告诉我们的，带来了无法忍受的苦难并且几乎消灭了土著居民，使他们在三百年间从一千万人减少到一百万人。关于西班牙对秘鲁的征服有如关于诺曼底对英国的征服（对这两种征服有一些极为近似之处），人们可以说，这一征服使秘鲁人越出了他们那“养尊处优的平静”的生活轨道，使他们的行政体制、文官、军事以及教会制度都增加了活力；打开了输入新的欧洲产品的大门，并且用来自拉丁种族的文明加强了土著种族。所有那些视历史为“值得花费时间”研究的人可望同意这样的观点，即这两种征服归根到底都是以赐福作伪装的。无论在普雷斯科特之前还是以后，这同一研究课题已经由罗伯逊、温泽、赫尔普斯、马卡姆、洛伦特以及其他人部分地详细讨论过。所有人几乎是只相信16世纪西班牙旧派历史学家的论据。实际上也没有别的材料。因为秘鲁人除了有那些从最广泛意义上说主要不是对历史学家有吸引力，而对人类学家和考古学家有吸引力的重要的例外[①]之外没有留下可用的记录。众所周知，普雷斯科特对罗伯逊的著作给予了一个并不过高的评价，直到今天，将这两位作家所做的编排和结论加以比较还是很有意思的。

在《秘鲁征服史》中，由普雷斯科特所表现出的一个相当独特和显著的特点是对人类自由事业的明显的冷漠。他把拉斯·卡萨斯看做一个梦想家，把美洲事务委员会企图结束对印第安人的野蛮奴役看做是乌托邦，而且他对试图将这些富于人道主义的建议付诸实施的布拉斯科·努涅斯没说一句赞扬的话。由道桑维尔指出的这种明显的前后矛盾，部分地可以用这个主题对于那些早期的北美作者来说非常棘手这个理由来解释，部分地也可用普雷斯科特头脑中保守的历史观倾向来解释。他首先是一名“历史片段的讲述者”，他需要在头脑中有一种特殊的宁静来进行这种艺术创作，而这种宁静却易于被冲突的动乱即时加以破坏。

一个引人注目的事实是，尽管对伟大的巍然矗立的历史丰碑施加的现代压力掀动所有的瓦解力量进行攻击，普雷斯科特的《秘

① 参看莱比锡的卡尔·希尔斯曼先生出版的《美洲神话和考古学目录》。

鲁征服史》仍然屹立不动；其中的绝大部分，在的确令人吃惊的程度上，是无法取代的，我相信我曾听到人们说，"我们本来可以有一部更好的书"。无论这一点是否可能，然而我想，可以毫不怀疑地说，尽管有其种种瑕疵，《秘鲁征服史》无论在现在还是在未来都是一部值得重视的书。

托马斯·塞科姆，1907年12月26日于阿克顿

下面是W. H. 普雷斯科特的著作表，1796—1859：

《天主教徒费迪南德与伊莎贝利亚的统治史》，三卷本，1837—1838年；几种较晚的版本：新校订并附有作者的最新校正和补充的版本，1873年，1887年由J. F. 柯克出版；经作者同意出版的版本，1882年；其他版本，1890年；《墨西哥征服史》，三卷本，1843年，1846年及稍后的版本；新校订本等等，由J. F. 柯克出版，1874年，1901年（博恩的标准藏书，1903年）；评论和史学论文（主要收集自《北美评论》杂志），1845年；《秘鲁征服史》，两卷本，1847年，及以后的版本；新校订版本等等，由J. F. 柯克出版，1874年，1893年，1902年（博恩的标准藏书）；经作者同意的译本，1882年，以及随后的版本；《约翰·皮克林回忆录》，1848年；《西班牙国王菲利普二世统治史》，卷1，卷2，1855年，《第十个一千》，1856年；卷3（附有目录和评论杂录），1872年；三卷本，1873年；新校订本等等，由J. F. 柯克出版，1887年，1902年（博恩的标准藏书）；《尊敬的艾博特·劳伦斯回忆录》1856年；《查理五世皇帝退位后的生活纪实》（补充罗伯逊所著之《查理五世》），1857年。

作品选集——由J. F. 柯克出版的带插图的15卷本，1895年；由W. H. 芒罗出版的22卷本（附有蒂克纳所写的作者生平），1905年，1906年。

普雷斯科特生平——乔治·蒂克纳作，1864年，书内附有肖像、纹章以及17幅插图；还有由罗洛·奥格登在《美洲文人录》中所写的《普雷斯科特生平》作为补充，1904年（对其短暂的生平的简短评论以及他与蒂克纳的关系，参看《大西洋月刊》1904年11月号，以及《民族》杂志，纽约，1904年5月5日）

第一卷

导　　言

——印加文明概貌

第一章

这个国家的自然状况——秘鲁文明的渊源——印加帝国——王 1
族——贵族

在欧洲人发现美洲大陆时，位于这个大陆上的许多国家当中的两个最强大和最开化的国家，无疑是墨西哥和秘鲁。但是，尽管这两个国家在文明的发展程度上彼此相似，但在文明的特性上却差别甚大；因而善于钻研的人种学者可能产生一种很自然的好奇心，要去探索这两个国家为了力求摆脱蒙昧状态并使自己在人类文明的阶梯上处于较高位置而采取的不同步骤。在以前的一本著作中，我曾力求揭示古代墨西哥人的制度和特性，以及他们被西班牙人征服的历史。本书将致力于描述秘鲁人；而且，如果发现他们的历史不如阿兹特克人①的历史那样奇特异常和对比鲜明，它所提供的一幅动人的图画中描绘的关于印加族长制统治下有一个组织完备的政府和朴实的劳作习俗的情景，却使我们同样感到兴味盎然。

在西班牙入侵时期的秘鲁帝国，从北纬 2 度附近沿太平洋一

① 居住在墨西哥的印第安人的一分支。——译者

直延伸到南纬 37 度；这条线也是一些现代共和国厄瓜多尔、秘鲁、玻利维亚和智利的西部边界。秘鲁帝国幅员的宽度不容易确定；因为它虽然西面到处为大洋所限，却能向东面扩展，在许多地方越过山脉伸向远方，到达一些未开化国家的疆域，这些国家的确切
2 位置不能肯定，或者说，它们的名称被从历史地图上抹掉了。然而，可以肯定的是，秘鲁帝国的宽度总的说来与其长度是不相称的。①

这个国家的地形非常奇特。沿着海岸延伸的一长条陆地，宽度很少超过 20 里格，整个区域为一条巨大的山脉所限，这条山脉起自麦哲伦海峡，在南纬 17 度线左右达到最高点（实际上是美洲大陆的最高点），②而且，在越过这条线以后逐渐降低，到达巴拿马地峡时成了高度不大的丘陵。这就是著名的安第斯山脉，或者是当地人所称的“铜山”，③尽管他们本来可能有更多的理由称之为“金山”。山脉有时形成一道单线，更多的时候是形成两道或三道彼此平行或互相交叉的线，在大洋上的航海者看来，它们只不过是一条连续不断的链索；而那些在高原居民眼里显得挺拔突兀的大型火山，在航海者看来只不过是同一条巨大雄伟的山脉中的许

① 萨缅托：《太平洋海岸的最初发现》（以下简称《最初发现》），手稿第 65 章；谢萨·德莱昂：《秘鲁史》（安特卫普，1554），第 41 章；加西拉索·德拉维加：《王家评论》，（里斯本，1609）第一卷，第一册，第 8 章。按照后面这位权威的说法，帝国版图最宽时不过 120 里格，但加西拉索的地理学经不起推敲。

② 按照马尔特-布伦的说法，我们是在赤道上见到这条山脉的最高峰的。（《普通地理学》，英译本，第 86 卷。）但是较近的测量表明，这个地点是在南纬 15 度到 17 度之间，在那里，内华达山高达 25250 英尺，伊利马尼山 24300 英尺。

③ 至少，anta（安塔）这个词被认为是 Andes（安第斯）的语源，它在秘鲁语中的意义是“铜”。见加西拉索：《王家评论》，第 1 卷，第 5 册，第 15 章。

多山峰。造物主在这一地区创造的规模非常宏伟，以致观察者只有从很远的距离外眺望时才能看出几个部分与庞大的整体之间的关系。的确，在造物主的创作中，很少有比这条海岸的风貌逐渐展现在远处太平洋海面上航行的水手面前时使人产生更崇高的印象了；从远处海面上看，一山高过一山，而钦博拉索山，以它那光芒四射的雪顶闪烁在云层之上，仿佛一顶神的王冠居于这一切之首。[①]

这个国家的面貌似乎特别不利于发展农业和内陆交通。沿海 3
岸的狭长的沙土地带雨量稀少，仅仅有几条细小的溪流供水，这与安第斯山脉东麓注入大西洋的滚滚巨流形成鲜明的对比。这个山脉的梯级陡峭，斑岩和花岗岩山坡纵横断裂，而且它的高处被积雪所覆盖，这些积雪除了由于山脉本身的火山喷火的毁坏性活动所消融以外，即使在赤道的炽热阳光下也终年不化，这些情况似乎同样不利于庄稼人的劳动。人们可能认为，这块漫长的土地上各部分之间的交通，被这一地区荒凉险峻的地形所阻塞，被悬崖绝壁、汹涌的激流和不可逾越的峡谷所遮断，处于山脉之中的这些可怕的峡谷，它们的深度是那些在高人云端的小道上迂回前进的提心吊胆的旅行者所无法目测的。[②] 然而印第安人的勤奋劳作（我们几乎可以称之为天才）却足以克服所有这些自然障碍。

① 洪堡：《美洲山脉和土著居民的遗迹风光》（以下简称《山脉风光》），（巴黎，1810）第 106 页；马尔特-布伦，第 88 卷。洪堡对安第斯山脉所做的少数几幅速写表现了一位伟大的画家和哲学家的手笔，使我们更感遗憾的是，他没有把对这引人入胜的地区的观察结果像他在墨西哥所做的那样详细描绘出来。

② 洪堡用他那通常的生动的描述写道："这些峡谷异常深邃，如果把维苏威火山或多姆山放在它们的底部，也超不过附近山脊的高度。"见《山脉风光》，第 9 页。

通过一个适宜的水渠和地下水道系统，沿海的荒地受到丰富
的水流灌溉，这些水流使荒地变成了一派良田美景。安第斯山脉
的陡峭的山坡上筑起了梯田；而且，由于不同的海拔高度具有不同
的纬度的特点，它们按照通常的分类展示出各种不同的植物类型，
从迅速生长的热带植物到北方气候中的温带作物；骆马群——秘
鲁羊——与它们的牧人在山顶上冰雪覆盖的广阔的荒野上游荡，
那些地方超出了可耕地的极限。一个勤劳的民族在高原上定居；
4 夹杂在果园和遍布各地的菜园之间的市镇和小屋，似乎是悬在天
空中，远远高于通常的云层高度。① 维系这许多定居点之间的交
通的是一些通过各个山口的大路，这些大路使帝国的首都与最边
远地区之间的交通畅通无阻。

这个文明的发祥地可追溯至库斯科盆地，正如这个名称的含义那样，它位于秘鲁的中部地区。② 秘鲁帝国的渊源像所有国家的渊源一样，被神话的迷雾弄得模糊不清，这些迷雾浓重地笼罩在它的历史上，就像笼罩在旧大陆任何古老的或现代的国家的历史上一样，只有极少数国家例外，这些国家就像我们自己的国家那样有幸肇源于一个开化了的时期和人民。按照欧洲学者最熟悉的传说，那时这个大陆的古老的种族全都处于可悲的未开化状态；他们几乎不加区别地崇拜大自然的每一物体；把战争作为一种娱乐，并以杀死俘虏来摆人肉宴。太阳这个伟大的神和人类之父怜悯他们

---

① 基多平原的海拔高度为 9000 至 10000 英尺之间。在这茫茫群山中的其他峡谷或高原的高度更大。

② 加西拉索说，“在印加语中，‘库斯科’的意义是‘脐’”。见《王家评论》，第 1 卷，第 1 册，第 18 章。

的堕落，派遣他的两个孩子曼科·卡帕克和玛玛·奥埃洛·瓦科
把这些土著人集合在村社里，教给他们怎样过文明的生活。这一
对天上的神既是兄妹，又是夫妻，沿着的的喀喀湖附近的高原前
进，到达南纬 16 度左右。他们随身带着一个金楔子，并被告知说
这个神圣的标记在哪里自行沉入地下，那里便是他们所要定居的
地方。他们如此行进了一段不长的路程，到达库斯科盆地，便是出
现这一奇迹的地方，因为金楔子在那里迅速沉入地下，而且从此杳
无踪影。太阳神的子女就在这里定居下来，很快就在当地未开化
的居民中执行他们的传播教化的使命；曼科·卡帕克向男人们传
授耕种技术，玛玛·奥埃洛[①]则教给她同性的人们纺织的诀窍。
这些纯朴的人们很愿意听从上帝的使者们的话，他们聚集了相当 5
多的人在一起，奠定了库斯科城的基础。那些被最初的印加王[②]
奉为圭臬的明智而有益的格言传到了他们的后裔，并在他们的温
和的王权统治下，一个社会逐渐沿着广阔的高原表面扩展，这个社
会取得了对周围各部落的优势。这就是关于秘鲁王朝的渊源的一

① Mama，秘鲁人的意思是指“母亲”。这个词与欧洲人所用的相同，是一种奇妙的巧合。然而，同样巧合的是一个相应的词 papa，古墨西哥人用这个词表示高级僧侣；使我们联想到意大利人的“教皇”也叫 papa。双方似乎都使这个词具有其最广泛的意义——父子关系，在这一点上，大多数欧洲国家使用得更多。它的使用并不限于现代，希腊人和罗马人也以同样的方式使用它。“亲爱的父亲啊！”（“Πάππα φιλε”）纳夫希卡说，她用简单的语言称呼她的父亲，使得现代的诗人认为太简单了，用不着以文字表示。

② “印加”意为“国王”或“领主”。“卡帕克”（Capac）意为“伟大”或“有权”。它被应用在曼科的几个继任人身上，正如意为“万德俱备”的称号“尤潘基”（Yupanqui）被加在几个印加王的名字上一样。大多数秘鲁王子的称号所表示的那些优良品质，是对他们的品德的一种尊敬的，但并非毫无疑问的称颂。

幅美好的图画，是印加人的后裔加西拉索·德拉维加所描述，并通过他而使欧洲读者获悉的。[①]

但是这种传说只不过是在秘鲁印第安人当中流传的几种说法之一，而且也许不是最为人们普遍接受的说法。另一种传说是有些长着胡须的白人从的的喀喀湖畔出发，在土人当中建立了统治权，并向他们传播文明的福音。它可能使我们想起阿兹特克族人当中流传的关于克特萨尔科阿特尔的传说，那个善良的神有着类似的服装和面貌，带着类似给土人传播福音的使命，从东方来到广大高原上。由于在这两个国家里没有发现任何关于互相联系甚至互相知道的迹象，因而这种类似就更加引人注目了。[②]

关于这些重大事件发生的时间，通常是说在西班牙人到来的400 年前，或者说是 12 世纪初。[③] 但是，关于曼科·卡帕克的传
6 说，尽管富于想象而且流传很广，只要剥去其神奇的外衣，稍加思索即可以看出它的荒诞不经。在的的喀喀湖畔，很多废墟残留至今，秘鲁人自己也承认这些废墟的年代早于传说中印加人的到来，

---

① 《王家评论》，第 1 卷，第 1 册，第 9—16 章。

② 这几种传说全都是些非常幼稚的说法，见翁德加多，《第二次叙述》，手稿；萨缅托：《最初发现》，手稿，第 1 章；谢萨·德莱昂：《秘鲁史》，第 105 章；——《征服秘鲁居民》，手稿；《秘鲁王家法院庭长和法官的声明》（以下简称《王家法院声明》），——所有这些都是与秘鲁的征服属于同一时期的权威著作。在它们的大多数传说中都有关于长着胡须的白人的故事。

③ 有些作家说是在西班牙入侵以前 500 年，甚至 550 年。巴尔沃亚：《秘鲁历史》，第 1 章；贝拉斯科：《基多王国历史》（以下简称《基多历史》），第 1 卷，第 81 页；Ambo auct，ap；泰尔诺·康潘：《美洲发现史的原始记述和回忆》，（巴黎，1840。）在《秘鲁王家法院的报告》中，比较适中地把这个时期定在征服以前 200 年。《王家法院声明》手稿。

而且给印加人提供了建筑模式。[①] 事实上，印加人到来的时间显然与他们后来的历史所说的不符。关于被征服之前的秘鲁王朝的各种叙述中，没有谈到有 13 个以上君王的。对于绵延 400 年的时间来说，这个数字似乎太小，而且无论通过任何可能的计算，追溯王朝的建立时间不会超过两个半世纪，——这样久远的说法本身并非不可置信，而且可以指出，它在传说中的墨西哥首都的建立以前不过半个世纪。关于曼科·卡帕克及其妹妹——妻子的传说，无疑是在后来某一时期臆造出来的，为的是满足秘鲁王朝的虚荣心，而且通过把他们的权力说成是神授而增加其威信。

我们可以合理地得出结论说，在印加人的时期以前，在这个国家里存在一个具有高度文明的种族，而且在几乎符合一切传说的情况下，我们可以从的的喀喀湖周围的情况推论出这个种族的存在。[②]

① “关于迪亚瓜那科还应该讲几件事，但我不想详谈。我猜想，那里的古建筑是秘鲁年代最古老的。可以认为，在印加王公统治这里很久以前，有些房子就已经造好了：因为我听印第安人说过，印加人是按照他们在这个村镇里看到的墙壁的式样而建造了库斯科高大的房子的。”（谢萨·德莱昂：《秘鲁史》第 105 章）并见加西拉索：（《王家评论》，第 1 卷，第 3 册，第 1 章）他根据一个西班牙传教士的说法，对这些遗迹作了叙述，这些叙述的奇妙，可以和他的任何传奇故事相比。埃雷拉指出了其他一些类似的古老的废墟，（《太平洋海岛和陆地上的西班牙人通史》——以下简称《通史》——〔马德里，1730〕，第 6 卷，第 6 册，第 9 章。）麦卡洛克在对秘鲁文明的起源所做的某些合理的回顾时，根据加西拉索·德拉维加的说法，指出距离利马不远的著名的帕查卡马克庙作为一个比印加建筑更古老的建筑的例子。（《关于美洲土著历史的哲学的和考古的研究》〔巴尔的摩，1829〕，第 405 页。）这一点如果是真的话，将大有助于证实我们的文本中的观点。但是麦卡洛克被他的盲目的指导者，加西拉索的著作的翻译者里科特导致犯了一个错误，因为加西拉索并没有说这座庙宇是在印加人以前建造的，而是说是在印加人征服这个国家以前建造的。见《王家评论》，第 1 卷，第 6 册，第 30 章。

② 关于这一传说的其他著作中，见萨缅托：《最初发现》，手稿，第 3 章，第 4 章；埃雷拉：《通史》，第 5 卷，第 3 册，第 6 章；《征服秘鲁居民》，手稿；萨拉特：《秘鲁的发现

7 这个结论得到了许多宏伟的建筑遗址的有力证明，这些遗址经过多年的时光流逝，仍然残留在这个湖边。这个种族是些什么人，他们来自何方，可能给喜欢思索的考古学家提供一个具有吸引力的研究课题。但这是一个远远超出历史范围以外的尚不为人所知的领域。①

笼罩在印加人的起源上的迷雾，也笼罩在他们以后的历史上；而且，秘鲁人使用的记录残缺不全，他们的传说纷纭而又互相矛盾，以致历史学家除了对西班牙征服以前一个世纪有所了解以外没有足够的依据。②首先，秘鲁人的进展似乎是缓慢的，而且几乎是不可察觉的。他们用明智而又温和的政策逐渐使周围的部落处于他们的统治之下，因为这些部落越来越相信一个公正的和组织

和征服史》（以下简称《秘鲁的征服》），第 1 册，第 10 章。巴西亚：《西印度群岛古代史》（马德里，1749），第 3 卷。在大多数（并非全部）传说中，曼科·卡帕克被认为是秘鲁王国的创建者的名字，尽管关于他的历史和性格有很多不同的说法。

① “谁能像穿针引线那样容易破开一个难解之谜，”兰金先生发现，“秘鲁的第一位印加王很可能是忽必烈汗的儿子！”（《对莫卧儿人征服秘鲁及其他地方的历史研究》〔伦敦，1827〕，第 170 页）这种巧合是奇怪的，尽管我们并不急于对这位大胆的作者作出结论。每个学者都会同意昂波尔特的意见，希望“某个有学问的旅行者会访问的的喀喀湖畔，卡亚俄地区和迪亚瓜那科高原，这些地方是古代美洲文明的中心”。（《山脉风光》，第 199 页。）然而，迄今为止所发现的土人的建筑物遗迹，没有提供什么材料说明在分隔旧世界与新世界的鸿沟上有一道交通的桥梁。

② 实际上，一个世纪以内的材料很多。例如，两个极负盛名的古代史权威加西拉索和萨缅托，在他们的叙述中很少接触到早期的秘鲁王公；加西拉索叙述的是在一个连绵不断的王朝中，王权和平地从一人转入另一人之手，萨缅托则用许多阴谋、废黜和革命来渲染他的叙述，这些东西似乎是属于最野蛮的社会的，然而不幸的是，也属于最文明的社会。除这两位作家以外，还有当时的和以后年代里的许多作家写过秘鲁的历史，但我们发现传说纷纭，莫衷一是，使评论失之为推测之词。然而幸运的是，这种历史事实的不肯定，没有波及艺术和制度的历史，这二者在西班牙人到达时是存在的。

良好的政府是有益的。当他们变得更加强大时，他们就可以更直 8
接地依靠武力；但是，仍然在他们的先人所使用的同样美好的托词下前进，他们手执刀剑，却口称和平和文明。这个国家的各个原始民族本身之间缺乏任何内聚力，一个接一个地屈服于印加人的优势的武力之下。然而直到15世纪中叶，著名的托帕·印加·尤潘基（西班牙人到来时在位的那个国王的祖父）才率领他的军队越过可怕的阿塔卡马沙漠，然后深入到智利的南部地区，把他统治的疆域的永久边界确定在马乌莱河。他的儿子瓦伊纳·卡帕克跟他父亲一样雄心勃勃和具有军事天才，他沿着安第斯山脉向北推进，越过赤道继续征伐，把强大的基多王国纳入秘鲁帝国的版图。[①]

与此同时，古城库斯科的财富和人口日益增多，直至成为一个伟大而繁荣的帝国的当之无愧的首都。它位于高原上一个隆起地区的景色秀丽的山谷中，如果是在阿尔卑斯山区的话，它可能终年积雪，但它位于热带，因而有着温暖宜人的气候，城的北面有高山环绕，那是雄伟的科迪耶拉山的支脉；有一条小河穿城而过，或者更确切地说是一条小溪，上面架有木桥，桥上覆盖着厚石板，这就使两岸便于交往。街道狭长；房屋低矮，其中一些比较简陋的是用泥土和茅草筑成的。但库斯科是王宫所在地，而且拥有许多富丽堂皇的贵族宅邸；许多现代建筑物中仍然保留的这些建筑的大量

① 萨缅托：《最初发现》，手稿，第57章和第64章；《征服秘鲁居民》，手稿；贝拉斯科：《基多历史》，第59页；《王家法院声明》，手稿；加西拉索：《王家评论》，第1卷，第7册，第18、19章；第8册，第5章和第8章。最后这位历史学家，实际上还有其他一些人，把征服智利归功于托帕·印加的父亲尤潘基。这两位君主的业绩被不同的历史学家混杂在一起，正像他们两人身份也被混淆了一样。

的残存物，就是古代建筑规模宏伟和坚固无比的证据。[①]

9 宽阔的空地和广场促成了这座城市的兴盛，来自首都和边远农村的为数众多的人群聚集在这些空地和广场上庆祝他们的重大宗教节日。因为库斯科是"圣城"；[②]而宏伟的"太阳神之庙"，朝圣者们从帝国最边远的地方前来参拜的那座庙宇，是新大陆最壮观的建筑，而在装饰的豪华方面，也许超过旧大陆的任何建筑物。

在北面，在上文已经指出的山脉中或起伏不平的高地上，建立了一座坚固的碉堡，其废墟的巨大规模迄今仍然使旅游者赞叹不已。[③] 它由一道很厚的围墙保护，朝着城市的那一面有 1200 英尺长，那里的险峻地形本身就几乎足以保护它。在另一面上，那里的通道不那么险阻，由另外两道半圆形的墙加以保护，长度跟前面那道墙相同。这些墙互不衔接，彼此间隔有一段相当长的距离，与碉堡之间也是如此；中间的空地垫高起来，从而使围墙在受到攻击时

① 加西拉索：《王家评论》，第 7 册第 8 章和第 11 章；谢萨·德莱昂：《秘鲁史》，第 92 章。"库斯科优雅堂皇，独具一格，是由非凡的人们建成的。那里有通畅的大街，也有狭窄的小巷。房子是用带有漂亮的条纹的石头砌成的，从石头可以推算出房子的年代。这些石块很大，砌得非常整齐。"（同前书，见上引。）把这段话同米勒关于今天存在的这个城市的叙述对比一下。"许多房屋的墙壁多少个世纪以来没有什么变化。建筑用的石块非常巨大，形状各异，它们所体现出来的无双的工艺，使这个城市具有一种古色古香和浪漫的气氛，使人们的心里充满了喜悦的然而又是痛苦的崇敬。"见《米勒将军在秘鲁共和国服务期间的回忆录》（以下简称：《回忆录》）（伦敦，1829，第 2 版。）第 2 卷，第 225 页。

② "印第安人把帝国都城库斯科当做神明而敬慕。"加西拉索：《王家评论》，第 1 卷，第 3 册，第 20 章。并见翁德加多：《第二次叙述》，手稿。

③ 除其他著作外，并见上面引述的米勒将军的《回忆录》，里面有对现代库斯科的详尽而有趣的介绍（第 2 卷，第 223 页及以后各页）。上世纪中叶访问这个国家的乌略亚表现出了无限的景仰。见《南美航行记》，英译本（伦敦，1806）第 7 卷，第 12 章。

给驻在里面的军队当胸墙。碉堡由三座彼此隔开的塔楼组成，一座供印加王使用，其装饰的豪华，使它像一座王宫而不像一个军事据点。另外两座由驻军居住，这些驻军是从秘鲁贵族中征集来的，由一名具有王族血统的军官指挥，因为这个职务太重要，不能委托给出身低贱的人。塔楼下面的山冈被挖通了，有几条地道与城市 10
和印加王宫相通。[①]

碉堡、围墙和地道全部用石头砌成，其中巨型石块不是按通常的方式安放，而是用这样一种方式，使小石块能够填充大石块之间的空隙。它们形成一种不规则的结构，只是粗略地加以砍削，除了接近边缘的部分例外，那里进行了精工雕琢；而且尽管没有使用灰浆，几块巨石之间拼凑得非常精确，联结得天衣无缝，以致不可能在它们之间插进一片刀刃。[②] 这些石块当中有很多巨大无比：其中有些整整长达 38 英尺，宽达 18 英尺和厚达 6 英尺。[③]

当我们想到：这些巨大的石块是被一些不知道使用铁器的人从它们的天然产地采凿下来并把它们凿削成所需要的形状；想到

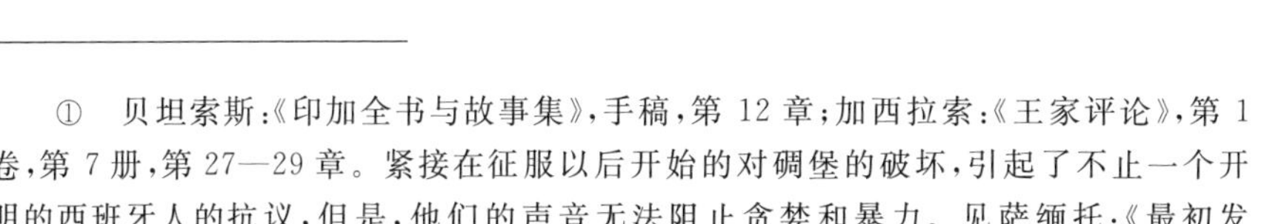

① 贝坦索斯：《印加全书与故事集》，手稿，第 12 章；加西拉索：《王家评论》，第 1 卷，第 7 册，第 27—29 章。紧接在征服以后开始的对碉堡的破坏，引起了不止一个开明的西班牙人的抗议，但是，他们的声音无法阻止贪婪和暴力。见萨缅托：《最初发现》，手稿，第 48 章。

② 同上引书。并见《秘鲁的刻印文字、奖章、庙宇、建筑物、古董和遗址》（以下简称《古董和遗址》）。这部手稿原先是属于罗伯逊博士所有，现在在大英博物馆，是一个大约处于查理三世时期的不知名的作者所写，在那个时期里，正如惠赠我该手稿一份副本的明智的学者所评论的，可以看到在卡斯蒂利亚历史学家当中有一种比较健康的批评精神。

③ 阿科斯塔：《东、西印度群岛的自然和道德历史》，英译本（伦敦，1604），第 6 卷，第 14 章。他亲自测量了这些石块。并见加西拉索：《王家评论》，同前引处。

在没有驮畜的帮助下把它们从 4 至 15 里格远的采石场运来，[①]在不会使用欧洲人所熟悉的工具和机械的情况下把它们运过河流和峡谷，抬到山上的高高的位置，并最终非常准确地置放在那儿，就使我们惊叹不已。据说曾有两万人从事这一宏伟的工程，花了 50
11 年才建成。无论情况可能是怎样，我们从中看到了一种专制制度在起作用，这个制度把它的臣民的生命财产置于它的绝对支配之下，而且，无论这个制度的性质一般说来是多么温和，但在役使它的臣民时，却把他们视同牲畜，用来代替牲畜干活。[②]

库斯科城堡只不过是整个印加王朝统治期间建立的一个碉堡系统的一部分。这个系统形成了他们军事政策上的一个突出的特点；但是，在本书下文中将要读到这一点以前，最好让读者对他们的行政制度和政府结构有一个印象。

如果我们可以相信印加王朝的历史学家的话，这个王朝的王位在整个王朝期间始终是连绵不断的父子相传。无论我们对这一点的看法如何，事情似乎是："科娅"（或合法王后）的长子有继承王位的权利，"科娅"这个称号使王后有别于其他许多分享国王宠爱的嫔妃。[③] 至

---

① 谢萨·德莱昂：《秘鲁史》，第 93 章；翁德加多：《第二次叙述》，手稿。据说，在库斯科附近的一个采石场里，仍可看到有成百块未凿成的花岗岩。

② 萨缅托：《最初发现》，手稿，第 48 章，翁德加多：《第二次叙述》，手稿；加西拉索：《王家评论》，第 1 卷，第 7 册，第 27、28 章。西班牙人对于用显然如此简陋的工具从事这样伟大的工程感到迷惑不解，因而简单地把这归之于鬼斧神工；加西拉索似乎乐于赞成这种意见。《古董和遗址》的作者则以适当的严肃态度反对这种说法。

③ 萨缅托：《最初发现》，手稿，第 7 章；加西拉索：《王家评论》，第 1 卷，第 1 册，第 26 章。阿科斯塔说，印加王的最年长的兄弟比儿子优先继承。（第 6 册，第 12 章。）他可能把秘鲁的和阿兹特克的习俗混淆了。《王家法庭的报告》说，只在没有儿子的时候才由兄弟继承。见《皇家法院庭长和法官的声明》，手稿。

少在后来的朝代中，王后的又一个特点是她选自印加国王的姐妹，这种做法虽然与文明国家的概念格格不入，却为秘鲁人所赞赏，因为它保证不为任何世俗的血统玷污。①

王子在幼年时期交由“阿毛塔”（或“智叟”）管教，那是对传授秘鲁学问的教师们的称呼，他们把自己所拥有的那些知识教给他，特别是把他们的宗教中的繁文缛礼教给他，因为他将在这种宗教中起重要的作用。对他的军事教育也给予了极大的注意，这对这样一个国家来说是极为重要的，这个国家虽然宣称和平和善意，然而为了创建一个帝国却连年征战不休。

他在这个军事学校里跟那些与他年龄相仿的印加贵族们一起 12
受教育；因为印加这个神圣的名字——他们的历史上充满模糊不清之处的根源——无例外地适用于所有那些从王朝的创立者那儿沿男系传下来的后裔。② 这些学生年满 16 岁时，在被准许加入可以称之为骑士的行列之前，要经过一次公开的考试。这次考试由一些年事最高和名声卓著的印加人士主持。要求参加考试的人在以下各项中表现出勇武之风：即在武士的竞技操练中；在摔跤和拳击中；在充分考验他们的速度和耐力的长跑中；在连续几天之久的严格的绝食中；以及在模拟格斗中，这种格斗中使用的武器虽然是钝的，但常常使人受伤，有时甚至致人于死。在这次延续 30 天的

① “与姐妹结婚”——据加西拉索说，有确定继承权的人总是与姐妹结婚。（《王家评论》，第 1 卷，第 4 册，第 9 章。）翁德加多指出这是 15 世纪末的一项新事物。（《第一次叙述》，手稿。）然而，那位印加历史学家的不平常的说法得到了萨缅托的证实，见《最初发现》，手稿，第 7 章。

② 加西拉索：《王家评论》，第 1 卷，第 1 册，第 26 章。

考验中，这位王室的新手在饮食方面与他的同伴们一样，睡在光秃秃的地面上，脚上不穿鞋，衣着平常——据认为，这种生活方式可以促使他更多地同情穷人。然而，尽管有这一切不偏不倚的表示，政治上的考虑可能使那些裁判者多少提高他们对王太子的实际才能的认识，这种看法也许并不冤枉他们。

在规定的时间结束时，被选中认为值得授予他们的部落骑士称号的人受到国王的接见，国王亲自驾临，主持授予骑士称号的仪式。他首先发表一篇简短的演说，他在演说中祝贺这些年轻有为的人在军事操练中所显示出来的才能之后，提醒他们由于他们的出身和地位所赋予他们的责任；而且，在亲昵地称呼他们为“太阳神之子”时，他勉励他们要效法他们的祖先那种造福人类的光荣业绩。然后这些新人走近前去，一个接一个地跪在印加王面前，国王用一根金针刺他们的耳朵；他们要忍痛让金针留在那里直到刺穿一个足够大的豁口可以戴上为他们那一等级所特有的巨大的耳环，这使他们被西班牙人称为“大耳人”。[1] 国王耳朵上的这种装
13 饰品非常沉重，以致耳朵的软骨被它拽得几乎坠到肩上，但尽管由于流行的风尚的强大影响使土人们认为这是一种美，但在欧洲人的眼里它却显得是可怕的畸形。

---

① 来自 oreja，“耳朵”。——有王室血统的贵族，耳朵上戴着大片的金银制作的耳环，所以，西班牙人初次见到他们时，把他们叫做“大耳朵”。（蒙特西诺斯：《秘鲁古代史》，手稿，第 2 册，第 6 章。）这种形如轮状的饰物不是悬在耳下，而是穿在耳骨中，大如橘子！“他们把耳环造得很大，犹如橘子大小；领主和显贵把这种精制的金耳环戴在耳朵上。”（《征服秘鲁居民》，手稿；并见加西拉索：《王家评论》，第 1 卷，第 1 册，第 22 章。）一个老征服者说，“穿孔愈大，愈显得像个绅士！”见佩德罗·皮萨罗：《发现和征服》，手稿。

在这个活动结束时，贵族当中的一个年高德劭者给这些候补骑士穿上他们那一等级应穿的凉鞋，这使我们联想到基督教骑士钉踢马刺的仪式。然后他们被准许在腰间系上腰带或饰带，就像罗马成年男子穿的罩袍一样，表示他们已届成年。他们的头上戴着花环，各色各样的花象征着每个真正的武士的品德中应有的忠厚和善良；跟这些花配在一起的还有常绿树的叶子，表示这些品德将永不凋谢。[①] 王子的头上还装饰有一根黄色的用比古那羊毛织成的头带或者有穗子的饰带，它围在前额上作为王储的特殊标记。然后是大批印加贵族前来朝见，为首的是最近支的王族，他们在王子面前跪下，向他这位王位继承者致敬。之后，整个集会挪到首都的大广场上，那里人们载歌载舞，还有其他一些公共庆祝活动，以此来结束这个重要的“乌阿拉库”(huaracu)仪式。[②]

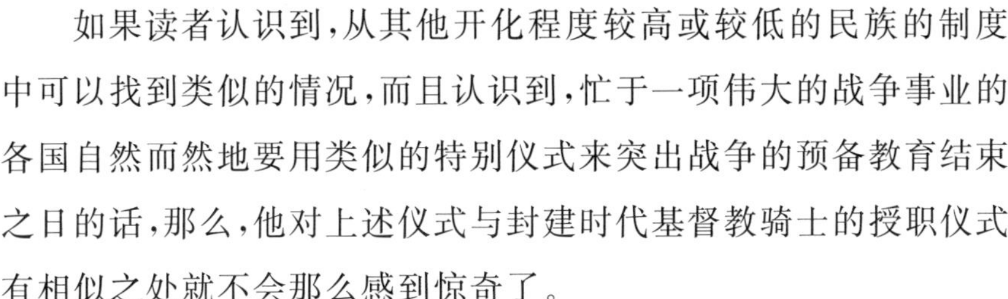

如果读者认识到，从其他开化程度较高或较低的民族的制度中可以找到类似的情况，而且认识到，忙于一项伟大的战争事业的各国自然而然地要用类似的特别仪式来突出战争的预备教育结束之日的话，那么，他对上述仪式与封建时代基督教骑士的授职仪式有相似之处就不会那么感到惊奇了。

在如此光荣地通过了考验之后，王储被认为有资格出席他父 14
亲的各种会议，并被委派担任某些国内职务，或者更经常的是，被派往远征，以便实地体验他迄今只能在模拟战场上学到的东西。

① 加西拉索：《王家评论》，第1卷，第6册，第27章。

② 同上，第1卷，第6册，第24—26章。按照费尔南德斯的说法，这些候补骑士们穿着白色衬衣，前面绣着像十字架一样的某种东西！(《秘鲁历史》〔塞维利亚，1571〕第2卷，第3册，第6章。)我们可以想象我们自己是在看到中世纪的某些骑士的仪式。

他最初从事的一些战役，是在那些为他父亲服务到鬓发斑白的著名将领们指挥下进行的，直至他年龄增长和经验丰富以后，才由他亲自指挥，而且，像这个世系的最后的和最著名的瓦伊纳·卡帕克一样，擎着他那家族的标记——彩虹旗——出国远征，到达高原上最边远的部落之中。

秘鲁政府是一个专制政府，本质上是温和的，但在形式上却是纯粹的和绝对的专制。国王被置于无限高于其臣民的地位。即使是最趾高气扬的印加贵族，一个声称与国王出自同一神圣来源的人，也只有在双足赤裸和肩挑轻担以示恭顺的情况下才敢进谒国王。① 国王作为太阳神的代表，居于僧侣们之首，并主持最重要的宗教仪式。② 他创建军队而且常常是亲自指挥。他征收税款，制定法律，并任命法官执行法律，而又随心所欲地撤免法官。他是一切事物产生的源泉——一切尊严、权力、利益的源泉。总之，用欧洲专制君主的一句名言来说，他是“朕即国家”。③

① 萨拉特：《秘鲁的征服》，第1册，第11章；萨缅托：《最初发现》，手稿，第7章。“我的真正目的是调查印加王奴役人的强烈愿望，我还没有听说别的国家有类似的事情；一个领主，不管他多么显赫，必须肩挑担子，沿着挂有标记的通向库斯科的道路（有四条）去见印加王。到达后，他必须放下担子，表示效忠。”见翁德加多，《第一次叙述》，手稿。

② 只有在这些节日之一里，皇家和神职人员在秘鲁合而为一，这一点很难证明卡利的简略的说法。以后我们将看到高级僧侣所拥有的重要的独立的地位。“在墨西哥，政教是分离的；而在秘鲁则是政教合一，和在西藏和中国一样，也和在罗马一样，当时帝国的创建者奥古斯都使神职人员拥有教皇的尊号。”见《美洲通信》（巴黎，1788）法译本第1卷，第七封信。

③ “印加王室称他是太阳神之子，因此赢得了人们的崇敬，并且能够实行独裁统治。他的话就是法律，谁也不敢违反他的言论和意志；即使他要杀10万印第安人，在他的王国里也没有人敢说半个不字。”见《征服秘鲁居民》，手稿。

印加王以向人民炫耀其奢侈的生活方式来证明他是超人的说 15
法。他的衣着是用最好的比古那羊毛织成的，染得色彩缤纷，镶有大量的金饰和宝石。他的头上围着一块有许多彩色褶子的头巾，叫做“劳脱”（Llautn）；还有一条带穗的饰带，跟王子戴的一样，但颜色绯红，上面直插两根珍禽的羽毛，叫做“科拉肯克”（Coraquenque），是王权的明显标记。这些羽毛拔自处于群山之中的一个荒僻所在的鸟类身上；伤害或捕捉这种鸟要处死刑，因为它们是专门用来供给王家头饰的。每一个继位的国王获得两根这样的新羽毛，而他那些轻信的臣民天真地认为一直只有两只这样的鸟供给印加王王冠上的饰物。①

尽管秘鲁国王被尊崇得比他最高级的臣民还要高高在上，但他有时也下来同臣民们在一起，并且不惜花费很大力量亲自调查下层阶级的状况。他主持某些宗教庆典，在这些场合上设宴款待贵族们，这时他按照比较开化的民族的方式向他们祝贺，为他最乐于给以荣耀的人们的健康干杯。②

但是，印加诸王采取的同他们的人民沟通信息的最有效的方式是他们对整个帝国的巡视。这种巡视每隔数年举行一次，规模

① 谢萨·德莱昂：《秘鲁史》，第 64 章；加西拉索：《王家评论》，第 1 卷，第 1 册，第 22 章，第 6 册，第 28 章；《阿科斯塔丛书》，第 6 册，第 12 章。

② 人们很难指望在美洲印第安人中发现有我们撒克逊人的祖先的这种彬彬有礼的社交习俗——经过多次的现代形式的变化之后，现在这种习俗多少有些过时了。加西拉索对他在皇家宴席所见到的形式作了冗长的叙述。（《王家评论》，第 1 卷，第 6 册，第 23 章。）每天用餐的时间限于早晨八九点和日落的时候。在库斯科那样纬度的地方，日落的时候在四季里几乎是相同的。这位印加历史学家承认，虽然他们在饮食上是有节制的，但他们纵酒，往往狂饮至深夜。见前引书，第 1 卷，第 6 册，第 1 章。

巨大而壮观。他们乘坐的轿子或担架上镶嵌着大量的黄金和绿宝石，由一队人数众多的侍卫保护。那些用肩膀抬轿子的人是由两
16 个城市提供的，专门指定来干这差事。这个差事是无人羡慕的，因为据说，如果轿子摔了就要处死。[①] 国王们舒适而迅速地旅行，在沿途由政府建造的客栈或旅店内歇宿，有时在一些王宫里停留，这些王宫位于大市镇上，给国王的整个随从队伍提供舒适的膳宿条件。人们排列在通过高原的大路两旁，他们把路面上的石子和杂屑扫净，撒上香花，而且竞相把行李从这村送往另一村。国王不时停顿下来倾听他的臣民的诉苦，或者解决某些由正式的法庭呈交给他决定的事项。当这个庄严的行列沿着山间道路蜿蜒前进时，每个地方都挤满了急于瞻仰他们的国王的人群；而当他掀起他的轿帘，并让他们观看时，他们为他祝福的欢呼声响彻云霄。[②] 他停顿的地点受到传统的长期的纪念，乡村里淳朴的人们把这些地点奉为印加王亲临过的圣地。[③]

---

① “在用金板制成的轿子里，他们用肩抬着；总之，他是最引人注意的人，因为人们都想看看他的很不雅观的面孔。轿夫中不论谁都用匆忙的碎步轻轻地挪动着，从而抹掉了他们的脚印。”见勒维奴斯·阿波罗尼乌斯：《关于秘鲁地域的发现及其形势》，(安特卫普，1567)第 37 页。并见萨拉特：《秘鲁的征服》，第 1 卷，第 11 章。根据这位作者的说法，轿子是由贵族来抬的，有 1000 名这样的贵族专备来干这种有失体面的美差。同上书。

② 这种欢呼声必然是响彻云霄的，因为，正如萨缅托告诉我们的，它们有时把天空中的飞鸟吓得掉了下来！“这些国王就是这样让人望而生畏；要是他们在王国里旅行，并允许掀起轿子上的布帘让平民百姓瞻仰他们时，人们就会发出震耳欲聋的欢呼声，甚至连高空中飞鸟都会吓得掉下来”。(《最初发现》手稿，第 10 章。)同一位作者在另一地方对国王的旅行做了比较可信的叙述，西班牙读者可以从本书附录一中找到节录。

③ 加西拉索：《王家评论》，第 1 卷，第 3 册，第 14 章，第 6 册，第 3 章；萨拉特：《秘鲁的征服》，第 1 册，第 11 章。

王宫的规模很大，而且，远远不限于首都或几个主要的城镇，而是遍布在这个庞大帝国的各省。[①] 这些建筑物不高，但占地很
广。有些房间很宽敞，但一般都很小，而且互不相通，房门都朝向 17
一个共同的广场或院子。墙壁由大小不同的各种石块砌成，就像描述过的库斯科城堡的墙一样，很少凿削，但在接缝处砌得很巧妙，几乎看不出接缝。屋顶由木料或蒲草做成，由于岁月的无情的侵蚀已经腐烂了，但时间对这些建筑物的墙壁比较留情。整个建筑物的特点似乎是坚固耐用，而不是追求建筑艺术上的精美。[②]

但是，无论王宫的外表可能是多么朴实无华，它的内部足以抵消这一点，秘鲁君王在王宫的内部充分显示出了他们的豪华。房间的四周摆满了金银饰物。墙上预制的壁龛装满了动植物的塑像，是用同样贵重的物质精巧地制作的，而且即使是大部分家具，包括最普通的供奴仆使用的器具，也显示了这种无谓的豪侈！[③] 跟这些华丽的装饰品杂陈在一起的有绚丽多彩的秘鲁羊毛的精制品，这种织品精美绝伦，以致西班牙国王尽管能够随意享受欧洲和

① 贝拉斯科对位于基多王国不同地方的几处宫殿做了某些叙述。见《基多历史》，第 1 卷，第 195—197 页。

② 谢萨·德莱昂：《秘鲁史》，第 44 章；《古董和遗址》；除其他材料外，并见乌略亚对迄今尚存的位于基多以南大约 10 里格的卡罗的皇家建筑物的遗址的叙述。（《南美航行记》，第 6 册，第 11 章，以后更详细的描写见昂波尔特的《山脉风光》，第 197 页。）

③ 加西拉索：《王家评论》，第 1 卷，第 6 册，第 1 章。“国王家中的全套餐具，从酒器到炊具，都是金银做的。国王不仅在家里，而且在许多地方都有金银餐具。”（萨缅托，《最初发现》，手稿，第 11 章。）并见谢萨·德莱昂对位于库斯科以西的比尔卡斯的宫殿所作的热情的叙述，他是根据那些亲眼看到过这些宫殿的全盛时期的西班牙人向他描述的情况而写的。一些现代的旅行者描写了在墙壁中发现的壁龛的情况。——昂波尔特：《山脉风光》，第 197 页。

亚洲的一切奢华，却并不摒弃这种织品。[①] 王室的管家由一群奴仆组成，这些人由附近的城镇和村庄供给，跟在墨西哥一样，这些城镇和村庄必须向国王提供燃料和必需品以备王宫消费。

但是，印加王最喜欢的住所是在距离首都大约四里格的尤开。
18 这个美丽的峡谷被山脉的友好的胳臂把它团团围住，给它挡住从东面吹来的粗暴的风，而且由于水花飞溅的喷泉和流水潺潺的小溪使印加王心旷神怡，他们就在这地方建造了他们的宫殿中最美丽的一座。当他们对城市的喧闹和劳累感到厌倦时，他们喜欢隐居到这儿来同他们心爱的嫔妃们在一起寻欢作乐，在矮树丛中和空旷的花园里漫步，那里散发着淡淡的醉人的芬芳，使人们的精神十分恬静。他们还喜欢沉溺在这儿的豪华的澡盆里，一道道晶莹的流水注入澡盆，那是通过银制的地下管道流到金盆里来的。广阔的花园里栽满了种类繁多的植物和花卉，它们在热带中的这个温暖地带自由自在地生长着，而在它们旁边的花坛里栽种着一些名花异草，各种形式的植物巧妙地放射出模拟的金光和银光！其中有玉蜀黍，美洲谷物中最美丽的一种，受到了精心的栽培，显示出了奇妙的园艺，使金色的玉米穗在银色的宽大的叶片中半开半闭，而同样质地的轻盈的穗须则从顶部潇洒地飘动着。[②]

① “床上的全套的用品都是用纤细的、轻柔的小羊驼毛织成的。人们把那里生产的多种珍贵物品包括这种床上用品送给国王唐菲利普二世享用。”见加西拉索：《王家评论》，第 1 卷，第 6 册，第 1 章。

② 加西拉索：《王家评论》，第 1 卷，第 5 册，第 26 章，第 6 册，第 2 章；萨缅托：《最初发现》，手稿，第 24 章；谢萨·德莱昂：《秘鲁史》，第 94 章。最后这位作者谈到了在离尤开不远的一个叫坦博的山谷里的皇家建筑物所用的一种灰浆一部分是用流体黄金做成的！（见上文。）我们认为西班牙人破坏这样的建筑物是可以原谅的——如果他们真的遇到了这样的建筑物的话。

如果读者对这幅令人眼花缭乱的图画感到迷惑不解的话，他可以这样考虑：秘鲁的群山里盛产黄金；当地人的开矿技术达到了相当高的水平；正如我们以后将要谈到的，没有把这种矿物制成货币，它全部被交到了国王手里，供他独自享用，或者用于实物，或者用做装饰。可以肯定的是，事实最好由征服者本身来证明，他们有足够的获得情报资料的方法，而且没有歪曲事实的动机。——意大利诗人们描绘的关于阿尔西纳和莫干纳花园的美丽的图画，比他们所想象的更接近事实。

然而，当我们想到，秘鲁君王们所显示出来的财富只不过是
每个君王独自为他本人所积累起来的时候，我们就会有理由感
到惊异。君王从他的先人手中没有继承什么东西。每当一位印
加王去世，他的宫殿就被废弃；他的全部财产，除了用于其葬礼 19
的以外，他的家具和衣物，都要照他死时的原样保存，他的宅邸（除
了一所以外）都要永远关闭。新的国王都要为他的王室生活置办
每一件新的东西。这样做的理由是人们普遍相信，去世的国王的
灵魂在经过一个时期以后将使他在地上的躯壳复苏；而且他们希
望，他会发现他在人世曾经使用过的每件东西都在准备好接待
他。①

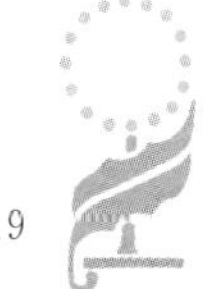

当一位印加王去世，或者用他自己的话来说，“被他的父亲太阳神召回老家，”②他的丧礼要举行得盛大而且庄严。要把内脏从

① 《阿科斯塔丛书》，第 6 册，第 12 章；加西拉索，《王家评论》，第 1 卷，第 6 册，第 4 章。

② 阿兹特克人还认为，战死的勇士的灵魂前去伴随太阳神在天上的光辉历程。——见《墨西哥征服史》，第 1 卷，第 3 章。

躯体内挖取出来，存放在距离首都大约五里格的坦普庙内。他的一部分餐具和宝石随这些内脏埋葬，他的一些随从和心爱的嫔妃，有时据说多达 1000 人，在他的陵墓上被杀死陪葬。[①] 他们当中有些人对这种牺牲自然表示反对，就像印度的类似的迷信活动中的受害人有时所表示的那样。但这些人可能是那些奴仆和比较低下的随从；因为已知在不止一次的例子中，当嫔妃们被制止以这种为君殉葬的行动来表示她们的忠诚时，她们就自杀了。这种悲戚的仪式之后就是举国致哀。在为时一年期间，每隔一定时候，人们集会重新表达他们的哀思；举行游行，擎着已故国王的旗帜；指定诗人和歌手来赞颂他的功绩，他们的歌在现任国王出席的重大节日里反复演唱这样用死者的光辉榜样来激励生者。[②]

死去的印加王的尸体被精心地涂以香料，移送到库斯科的巨
20 大的太阳神庙。秘鲁国王在进入这座阴森的神殿里时，就可以看到他的王族先人们的形象，排成面对面的纵列，——国王们在右边，王后们在左边，中间是一个巨大的发光体把灿烂的金光照射在神庙的墙壁上。这些躯体穿着他们生前经常穿的华丽衣服，被摆放在金椅子上，他们端坐着，低垂着头，两手平静地交叉放在胸前，他们的脸色呈现出他们那种天生的微黑色——不像颜色比较淡的欧洲人的脸色那样容易改变——他们的头发乌黑，或者由于年迈

① 《征服秘鲁居民》，手稿；《阿科斯塔丛书》，第 5 册，第 6 章。据萨缅托说，在西班牙人到来之前的最后一位印加王瓦伊纳·卡帕克的葬礼上，有 4000 个这样的殉葬者——我们希望这只是一种夸大的说法。见《最初发现》，手稿，第 65 章。

② 谢萨·德莱昂：《秘鲁史》，第 62 章；加西拉索：《王家评论》，第 1 卷，第 6 册，第 5 章。萨缅托，《最初发现》，手稿，第 8 章。

而满头银发，都跟他们死时一模一样！这仿佛是一队庄严的礼拜者在静静地祈祷——举止和相貌栩栩如生。秘鲁人在企图永远保存躯体使之超过大自然给它规定的限度方面，做得跟埃及人一样成功。①

他们在继续照料那些没有知觉的遗物方面有一些更加奇怪的想法，仿佛这些遗物是有生命的一样。属于一位已故印加王的府邸之一保持开放，由他的卫队和随从住着，拥有王府的一切尊严。在某些节日里，国王们的受人崇敬的遗体在隆重的仪式中被运到首都的公共广场上。由各位印加王的侍卫队长向朝廷里的其他贵族和官员们发出邀请；并以他们主人的名义举行招待宴会，这些宴会显示出他们财产的丰富，——一位古代历史学家说，“这种场合
下，在库斯科大广场上展示的金银餐具和宝石，是世界上其他城市 21
从未有过的。”②各家的奴仆们摆上宴席，客人们在国王的幻象前参加这种阴森森的欢宴，小心翼翼地遵守着朝廷的礼仪，仿佛在世

① 翁德加多：《第一次叙述》，手稿；加西拉索：《王家评论》，第1卷，第5册，第29章。秘鲁人在征服以后对他们的国王的尸体保守秘密，以免被西班牙人亵渎。当时任库斯科市长的翁德加多发现了五具这样的尸体，三具男尸，两具女尸。三具男尸是比拉科查，伟大的图帕克·印加·尤潘基和他的儿子瓦伊纳·卡帕克的尸体。加西拉索在1560年见到了它们。它们穿国王的礼服，除了头上戴的“劳脱”以外，没有其他标记。它们处在一种端坐的姿态，用加西拉索的话来说，“栩栩如生，连一根眉毛都不缺。”当它们被运载着通过街道，庄严地覆盖着斗篷时，印第安人跪在地上以示崇敬，他们泪如雨下，大放悲声，而且当他们看到有些西班牙人脱帽向已故国王致敬时，他们更为激动。（同前书，见上文。）这些尸体后来被运到利马；大约在20年后见到它们的阿科斯塔神甫说，它们仍被保存得很完好。

② 我们深信，在举行这类似的节日聚会时，世界上任何地方，不管是耶路撒冷、罗马或波斯，也不论是哪个共和国或国王，都不会有像堆放在库斯科广场上那么多的金银财宝。见萨缅托：《最初发现》，手稿，第27章。

的国王主持宴会一样！[①]

秘鲁的贵族有两个等级，第一个也是最重要的等级是印加贵族，他们以同国王出于同源而自豪，生活在他的光辉庇荫之下。由于秘鲁国王们无拘无束地利用多妻的权利，死后留下100个甚至200个子女，[②]尽管出身于王家血统的贵族只指他们的男性后裔，随着岁月的流逝，人数就众多起来。[③] 他们分成不同的世系，每个世系追溯到王朝的一个成员，尽管最终都是追溯到帝国的神圣创立者为止。

他们拥有许多专有的和非常重要的特权；他们穿特殊的衣服；如果我们相信历史学家的说法的话，他们操一种他们特有的语
22 言；[④]而且拥有指定用来供养他们的公共土地中最好的部分。他

① 萨缅托：《最初发现》，手稿，第8章、第27章；翁德加多：《第二次叙述》，手稿。但是，按照萨缅托的说法，只有那些伟大而善良的国王受到这样的尊敬，“那些纯朴的人民深情地相信，这些国王由于他们的品德而使他们的灵魂在天堂之中，尽管实际上，”正如同一位作家使我们相信的，“他们全都在地狱的烈火中受熬煎！”“我说的这些人，他们生前英武善良，对印第安人宽宏大量，施以恩惠，宽恕他们不成体统的言行。而印第安人把他们奉若神明，顶礼膜拜，崇敬其尸骨。他们不懂得，幽灵是在地狱中赎罪，而是以为灵魂荣升天堂。”同前书，见上文。

② 加西拉索说有300多！（《王家评论》，第1卷，第3册，第19章。）这个事实尽管相当惊人，却并非不可信，例如，像瓦伊纳·卡帕克，人们估计在其后宫里有700个嫔妃。见萨缅托：《最初发现》，手稿，第7章。

③ 加西拉索指出有一个印加的“特权阶级”，他们被准许拥有王族的姓氏和许多特权，尽管这些人必须是最初在曼科·卡帕克的旗帜下服役的大领主的后裔。（《王家评论》，第1卷，第1册，第22章。）对于他常常提到的这一重要的事实，人们希望哪怕有一个权威加以证实。

④ “印加人有其自己的独特语言，这种语言只在他们中间流行，其他印第安人不懂也不能学，因为那是神明的语言。有人从秘鲁给我写信，说这种语言已经完全失传了，它是随同印加人特有的共和国一起消失的。”见加西拉索：《王家评论》，第1卷，第7册，第1章。

们大部分人住在宫廷里，接近君王本人，参与他的策划，与他同桌就餐或由他供应饭食。只有他们能够担任重要的僧侣职务。他们被委派指挥军队和镇守边陲，被派管理各省，总之，担任各种受到高度信任和薪金优厚的职务。[①] 甚至法律尽管一般说来是严厉的，似乎不是为他们而设；而人民把这整个等级看做是具有若干属于国王的神圣性质，因而认为一个印加贵族不可能犯罪。[②]

另一个贵族等级是“库拉卡”(Curacas)，即被征服民族的酋长们或其后裔。他们通常是由政府让他们在当地留任，但要求他们不时朝觐首都，并让他们的儿子在首都受教育，作为效忠的保证。很难描述他们的特权的性质和限度。根据他们世袭领地范围和臣属的数目，他们被授予或多或少的权力。他们的地位通常是由父亲传给儿子，尽管有时是由人民选择继任者。[③] 跟那些血统贵族不一样，他们不担任国家的高级职务，也不担任接近国王本人的职务。他们的权威似乎一般是在当地，而且常常要服从各省总督们的地区性管辖，那些总督由印加贵族担任。[④]

实际上，是印加贵族构成了秘鲁王国的真正力量。他们以血 23

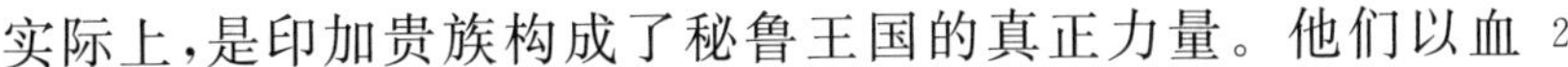

① “我只发现一种不纳税的人，那就是库斯科以及附近的两个部族的印加人。他们不但不纳税，而且还吞食王国各地上缴给印加王的捐税。其中多数人是王国各地的统治者，他们所到之处，赞扬声四起。”见翁德加多：《第一次叙述》，手稿。

② 加西拉索：《王家评论》，第 1 卷，第 2 册，第 15 章。

③ 在这种情况下，提名的继任者通常要由印加王批准。在其他情况下，印加王自己从已故的“库拉卡”的孩子中挑选继承人。“总之”，翁德加多说，“没有比这更稳定的继承法则了，但国王的最高意志可以把它弃置不顾。”见《第一次叙述》，手稿。

④ 加西拉索：《王家评论》，第 1 卷，第 4 册，第 10 章；萨缅托：《最初发现》，手稿，第 11 章；《王家法院的声明》，手稿；谢萨 · 德莱昂：《秘鲁史》，第 93 章。《征服秘鲁居民》，手稿。

统的纽带同他们的君王联系在一起，他们有着共同的情感，而且在相当大的程度上，有着共同的利益。他们有特殊的衣着和标记，而且在语言和血统上跟社会上的其他人不同，因为他们从未与并入大秘鲁王国的其他部落和民族混杂在一起。经过若干世纪以后，他们仍然保持了作为一个特殊民族的特性。他们跟这个国家的被征服种族的关系，就像罗马人跟罗马帝国的未开化的游牧部落的关系一样，或者像诺曼人跟不列颠群岛上的原始居民的关系一样。他们聚集在王位的周围，形成一个无敌的方阵，保护它免遭秘密阴谋或公开暴动之害。尽管他们主要是居住在首都，但也分布在全国，在所有重要的地方和坚强的军事据点里，从而建立了同朝廷的联络线，使得国王能够同样有效地统治他那帝国最遥远的边陲。此外，他们还拥有一种智能上的优越性，这一点跟他们的地位一样，使他们在人民当中享有威信。的确，可以说这是他们的威信的主要基础。印加种族的头颅显示出在智力上明显地胜过当地的其他种族；[①]不容否认的是，这是使得秘鲁王国超越南美任何其他国家的那种奇异的文明和政治制度的源泉。这个杰出的种族何时出现，其早期的历史如何，是我们在研究新大陆的历史时经常碰到的难解之谜，而且时间和考古学者至今还未能提出答案。

① 莫顿博士的杰作中包括印加王和普通秘鲁人的九件头骨雕塑，它们表明，前者的脸角虽然并不大，但比后者的大得多，后者的脸角异常平直，那是智能低下的特征。见《美洲人的头盖骨》(费城，1829)。

第二章 24

秘鲁的制度——关于司法的规定——土地的分配——岁入和登记册——大路和邮递站——军事策略和政策

如果那些可以称之为秘鲁贵族的独特的和富于创造性的特点使我们感到惊异的话，当我们接触到这个社会的下层阶级并且看到他们的制度的那种非常不自然的性质时，我们就会感到更加惊异，这种不自然的制度就像古代斯巴达的制度一样，而且，尽管表现的方式不同，却同样是与我们的天性的主要原则极不相容的。不过，吕库古斯[①]的制度只是为一个小国设计的，而秘鲁的制度虽然在最初时也是为小国设计的，但是却像阿拉伯故事中的魔帐一样，具有能够无限扩大的力量，既能适应王国初期的命运，也能适应帝国的极盛时期。从这种非凡的能够适应情况变化的特点中，我们看到了一种创造性才能的证据，这种才能说明已在文化上取得了长足的进展。

秘鲁这个名词是当地土著人所不知道的。这是西班牙人取的

① 传说中古代斯巴达的立法者。许多历史学家认为他曾创建斯巴达的高度军事化的公社制度。——译者

名字，而且据说，最初是由对印第安语的"河"字的误解而来。[①] 无论这一点是否属实，可以肯定的是，土著人除了"世界的四大部分"[②]这个词以外，没有别的词用来说明由印加王统辖的许多部落和民族的巨大的集合体。这一点对一个美国公民来说是不足为奇的，他除了借用"地球的四分之一"[③]这个名称外，没有别的名称把
25 自己列入各民族之林。这个王国的国名切合它的实际，共分为四个部分，每一部分各有一个名称，而且从秘鲁王国的首都或中心库斯科向外伸延的四条大路中，各有一条通向这每一部分。库斯科城也同样划分为四个部分；从帝国的遥远部分聚集到这个城里来的各个种族，各自居住在靠近他们各自的省份的那一部分。他们全都依然穿着他们独特的民族服装，以便易于区分他们的民族出身；在首都的混杂的人口中，所实行的秩序和制度，与在帝国各大省份实行的相同。首都实际上是帝国的缩影。[④]

① 按照加西拉索的说法，Pelu（秘鲁）是印第安语的"河"字，是一个土人在回答西班牙人提出的问题时所说的，那些西班牙人把它当做是这个国家的名称。（《王家评论》，第 1 卷，第 1 册，第 6 章。）这样的误解是北美洲和南美洲许多地名的由来。然而，蒙特西诺斯否认有这样一个关于"河"的印加词语。（蒙特西诺斯，《古代史》，第 1 册，第 2 章）按照这位作家的说法，秘鲁就是古代的阿斐（Ophir），所罗门曾从那里获得巨大的财富；由于一种非常自然的发音上的变化，这个词逐渐误传为 phiru，Piru，Peru！（秘鲁），这本回忆录的第 1 卷共 32 章，谈的就是这一宝贵的发现。

② （原文）Tavantinsuyu，翁德加多：《第一次叙述》，手稿；加西拉索：《王家评论》，第 1 卷，第 2 册，第 11 章。

③ 然而一个美国人可能由于这样一个想法而满足其虚荣心，即居住着很多文明民族的地球的四分之一的名称，完全成了他的称呼。是人们送给他的还是他自己僭冒的？

④ 加西拉索：《王家评论》，第 1 卷，第 9—10 章；谢萨・德莱昂：《秘鲁史》，第 93 章。首都又进一步划分为两部分，上城和下城，据说，这是根据人口的不同出身划分的；在较小的城市里也有这样的划分。见翁德加多：《第二次叙述》，手稿。

四大省份各由一位总督或省长统治,协助他治理的有一个或几个负责不同部门工作的委员会。这些总督至少有一部分时间住在首都,他们在那里组成印加王的国务委员会。[①] 全国普遍组成十人小组;小组长或十人长负责对其他人进行监视——要求他保证使他们享有他们应该享有的权利和豁免权,必要时代表他们向政府要求援助,并把罪犯交付审判。有一条法律促使他们认真执行最后这项任务,即如果他们忽视这项任务,就要受到罪犯可能受到的同样的刑罚。我们可以相信,由于有这条法律加在头上,秘鲁的行政长官们不会在自己的岗位上稍有懈怠。[②]

人民进一步划分为五十人团,百人团,五百人团和千人团, 26
每个团都有一位官员对其所属的人进行全面的监督,比较高级的官员拥有某种程度的警察权力。最后,整个帝国划分为许多各辖一万居民的地区,各由一位来自印加贵族的长官统治,他管辖该地区内的印第安酋长(库拉卡)和其他官员。在每个城镇或小社区里,有由行政长官组成的正规的法院负责审理轻罪案件,比较重大的案件则由较高级的法官审理,通常是地区的长官或统治者。这些法官的权威来自国王并得到国王的支持,国王可以随意任命或撤换他们。他们必须在受理案件后五天之内做出判

① 《王家法院庭长和法官的声明》;加西拉索:《王家评论》,第 1 卷,第 2 册,第 15 章。关于这些委员会的说法,我要感谢加西拉索,他常常填补了他的同事们留下的空白。人们可能怀疑,他做的这些填补工作是否都像他的其他著作一样经得起时间的考验。

② 《王家法院的声明》,手稿;蒙特西诺斯:《古代史》,第 2 册,第 6 章;翁德加多:《第一次叙述》,手稿。秘鲁的组织与盎格鲁-撒克逊的分为百户组和十户组的方法多么相似!但撒克逊的法律比较人道,如有罪犯逃亡,只对该区处以罚金。

决；不能从一个法院向另一个法院上诉。然而有一些重要的规定保证审判公正。一个巡视官委员会定期在王国内巡查，调查行政长官们的品行和行为；任何玩忽职守的行为都要受到最严厉的惩戒。低级法院必须每月向上级法院汇报他们的工作，上级法院同样要向总督报告工作：因此，国王身居其领地的中央，可以放眼四顾，看到最边远的地方，审查和改正在执法中任何滥用权力的情况。①

法律很少，但极端严厉。这些法律几乎全都是有关刑事方面的。对于一个没有钱币，很少贸易，而且没有什么可以称之为固定财产的东西的民族来说，也不需要什么其他的法律。偷盗、通奸和谋杀都是应处死刑的犯罪；但明智地规定了某些减轻罪责的情节可以用来减轻刑罚。② 亵渎太阳神和诽谤印加王——实际
27 上属于同样性质的罪行——也要处以死刑。挪动土地界标，将邻人土地上的水引入自己土地上，放火焚烧房屋，都要受到严厉的惩罚。烧毁桥梁要处死刑。印加王不容许破坏那些对维持公共秩序说来是非常重要的交通设施。一个反叛的城市或省要被夷为废墟，居民全部杀光。反叛“太阳神之子”是一切罪行中最严重的罪

① 《王家法院的声明》，手稿；翁德加多：《第一次和第二次叙述》，手稿；加西拉索：《王家评论》，第1卷，第2册，第11—14章；蒙特西诺斯：《古代史》，第2册，第6章。早期的权威作者对秘鲁法院的叙述非常简略和不能令人满意。甚至连加西拉索的丰富的想象力都不能填补这一空白。

② 翁德加多：《第一次叙述》，手稿；埃雷拉：《通史》，第5卷，第4册，第3章。如果偷盗者的确是为生活所迫而犯偷盗罪的话，惩罚就不那么严厉。一个独特的现象是，秘鲁法律对未婚通奸和已婚通奸不加区别，同样要处死刑。但这条法律也许根本没有执行，因为在各城市的郊区给娼妓们指定了（至少是准许）住所。见加西拉索：《王家评论》，第1卷，第4册，第34章。

行。[①]

秘鲁法典的简略和严酷可被认为代表一种不先进的社会状态；它很少有那种在一个文明社会里发展起来的复杂的权益和交往关系，而且它在立法的知识上还没有发展到能够用刑罚与罪行相当来减轻人类的痛苦。但是在研究秘鲁的制度时，必须从不同于研究其他国家的制度的观点出发。法律来源于君主，君主担负着神圣的使命，并具有神圣的性质。违犯法律不仅是侮辱了王位的尊严，而且是亵渎神明。从这种观点来看，最轻微的罪行也应处死；最严重的罪行也无法处以更重的刑罚。[②] 但是，在施加刑罚时，他们没有表现出不必要的残酷；不像野蛮民族中通常发生的情况那样，他们没有用一些巧妙的折磨来延长受刑人的痛苦。[③]

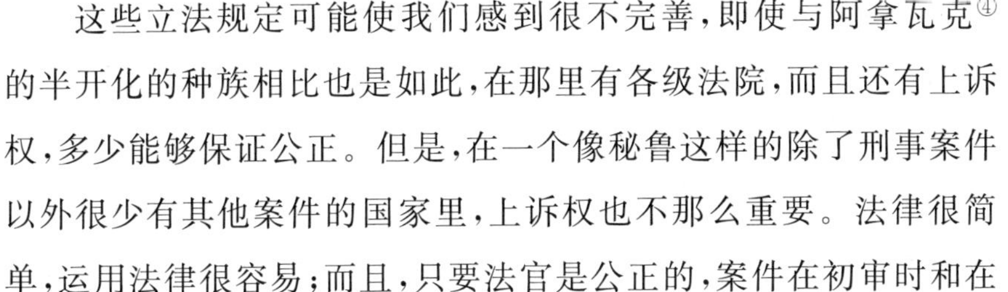

这些立法规定可能使我们感到很不完善，即使与阿拿瓦克[④]的半开化的种族相比也是如此，在那里有各级法院，而且还有上诉权，多少能够保证公正。但是，在一个像秘鲁这样的除了刑事案件 28
以外很少有其他案件的国家里，上诉权也不那么重要。法律很简单，运用法律很容易；而且，只要法官是公正的，案件在初审时和在

① 萨缅托:《最初发现》，抄本，第 23 章。“他们中间的反叛者被称为‘奥卡埃斯’，这是秘鲁印第安人中最常用的词语，它的意思是背叛主人”。(《征服秘鲁居民》，手稿)“对参加暴动和起义的人的惩罚是如此的惨不忍睹，有时甚至把整个省的男人全部杀光。”见翁德加多:《第一次叙述》，手稿。

② “惩罚是严厉的，不管罪行多么轻微，多数情况是处死。据说处治一个人，不是因为他犯了罪或伤害了别人，而是因为他违反了被崇奉为神明的印加王的圣旨。”见加西拉索:《王家评论》，第 1 卷，第 2 册，第 12 章。

③ 对轻微罪行最常用的刑罚之一是在背上扛一块石头。这种刑罚除了带来耻辱之外，没有别的痛苦，麦卡洛克非常公正地把它称为是理性和高尚行为的证据。

④ 今墨西哥境内高原。——译者

二审时一样可以得到正确的判决。巡视官委员会的视察和法院每月一次向上级汇报，在很大程度上保证了他们的公正。必须在五天之内作出判决的规定，对于一个现代法院的复杂的和麻烦的诉讼来说似乎是不适合的。但是，对于提交秘鲁法官的简单问题来说，拖延是没有用处的；而且西班牙人熟知案件长期拖延所产生的弊病，胜诉的当事人往往倾家荡产，所以他们热情赞扬这种快速而经济的审判。[①]

印加王朝的财政规章和有关财产的法律，是秘鲁政体的最突出的特点。帝国的全部土地划分为三个部分，一部分给太阳神，另一部分给印加王，最后一部分给人民。这三部分中哪一部分最大是有疑问的。在不同的省里，大小颇有不同。实际上，当每次新的征服给帝国增加了土地时，是根据相同的普遍原则来做这种划分的；但是划分的比例按照人口的多少而异，为了维持居民的生活，当然需要有较大或较小分量的土地。[②]

划分给太阳神的土地每年提供收入以维持庙宇，维持花费浩大的秘鲁的宗教仪式，以及维持人数众多的僧侣的生活。给印加王保留的土地用来维持朝廷和王室的众多的成员以及王族，并供

---

① 菲利普二世治下的王家法院——没有比这更高的权威了——有力地证明了在印加王统治下的花钱少而有效的司法。“各种弊病就这样受到了严厉惩罚，所以人人奉公守法，俯首帖耳。虽有过火的判处，但有利于社会治安和管理国家。……印第安人称赞印加王当政，甚至连得到某种好处的西班牙人也大加赞扬，因为他们不付分文诉讼费就能判处上述刑罚。”见《王家法院的声明》，手稿。

② 《阿科斯塔丛书》，第 6 册，第 15 章；加西拉索：《王家评论》，第 1 卷，第 5 册，第 1 章。“我已经调查过这几片土地是否均等或大小不一，最后我相信，划分土地的原则是，土地占有情况和印第安人的地位”。

应政府的各种急需。剩下的土地则按人口平均分配。正如我们将 29 要在下文中看到的，每个秘鲁人到了一定的年龄就应结婚。在结婚时，他居住在其中的社会或地区就要供给他一所住房，这所住房由于是用简陋材料建成的，所以花费很小。然后分给他一块足以维持他自己及其妻子生活的土地。每个儿童另外分给一份土地，分给男孩的为分给女孩的一倍。每年重新划分一次土地，种地人占用的土地根据其家庭的人口数或增或减。① 对"印第安酋长"（库拉卡）也做同样的安排，只不过给他们一块与他们的较高地位所带来的荣誉相称的领地。②

不能想象有比这更彻底而有效的土地法。在实行过这种法律的其他国家里，经过一段时期以后，这种法律的执行就被事态的自然发展所取代，而且，由于有些人比较聪明和勤俭，而另一些人挥霍浪费，通常的贫富变化就会发生，使事物又回到了自然的不平等状态。甚至吕库古的严格的法律在经过一段时期以后也不再有效，并在奢侈与贪婪的风气面前瓦解。与秘鲁的制度最相近的做

① 翁德加多：《第一次叙述》，手稿；加西拉索：《王家评论》，第 1 卷，第 5 册，第 2 章。按照加西拉索的说法，分给每对新婚夫妇的土地是一个半"法内加"(fanega)。每生一个男孩增加同样数量的一份，每生一个女孩则增加一半数量。一"法内加"土地可以下种一英担的玉米。在秘鲁的富饶的土地上，这对一个家庭是一个丰盛的份额。

② 同前引书，第 1 卷，第 5 册，第 3 章。奇怪的是，尽管对印加君主的情况说了很多，对印加贵族的情况，他们的财产或他们保有这些财产的条件却说得很少。他们的历史学家告诉我们，除了他们作为太阳神的子女和印加王的亲属而享有在太阳神和印加王的土地上的利益外，不论他们居住在什么地方他们都拥有最好的土地。这位历史学家还告诉我们，当他们在宫中居住时，他们从王家的肴馔中得到供应。（第 6 册，第 3 章。）但这是很不严密的说法。研究历史的人从一开始就会知道，他不能指望从当代的分析家们得到关于一个原始时期和原始民族的制度的精确的说法，甚至也不能指望得到前后非常一致的说法。

法也许是在犹太，那里在每半个世纪结束时，在盛大的全国性节日
30 五十年节上，财产都要归还给原先的所有者。在秘鲁有一个重要的不同之点，即不仅是租约（如果我们可以这样称呼的话）要在一年内满期，而且在这期间租用人无权转让或增加他的租地。这个短短的期限结束时，他完全处于这个期限开始时的同样的情况。可以想象的是，这种情况对于依附土地或改良土地的愿望来说是极为不利的，而对一个永久所有人来说，这种愿望是很自然的，对一个长期租用人来说也是如此。但是这项法律的实际作用似乎与此相反；而且很可能的是，在作为秘鲁的制度的特点的那种热爱秩序和厌恶改变的影响下，每次重新划分土地通常都是肯定占用者的领有权，因而一年的租用人就变成了终身的所有者。

土地全部由人民耕种。首先要耕种属于太阳神的土地。然后耕种属于老人、病人、寡妇、孤儿和服现役的士兵的土地；总之是属于社会上所有那些由于身体有缺陷或任何其他原因而不能照料自己生活的人的土地。然后人民才可以耕种他们自己的土地，各人耕种自己的一份，但有义务协助邻人，如果情况——例如有年幼子女拖累或家庭人口众多——需要他帮助的话。[①] 最后，他们才耕种属于印加王的土地。耕种时要由同一集体里的全体人民举行盛大的仪式。天刚破晓时，从附近钟楼或高处发出的通告把他们召集到一起，这个地区的全体居民——男人、女人和小孩——都穿上他们最漂亮的衣服，戴上他们那珍藏的为数不多的装饰品，仿佛出

---

① 加西拉索谈到一个印第安人被瓦伊纳·卡帕克绞死，因为他在耕种穷人的土地之前耕种了他的近亲一名“印第安酋长”（库拉卡）的土地。绞架就竖立在这名“印第安酋长”的土地上。见前引书，第 1 卷，第 5 册，第 2 章。

席某种盛大的节日庆祝会。他们以同样愉快的心情从事整天的劳动，唱着他们歌颂印加王英雄事迹的民歌，他们的动作与唱歌的节奏相配合，而且全都一致同声为合唱，“胜利”这个词常常是合唱的叠句。这些民族曲调带有某种轻松和愉快的性质，使西班牙人深感兴趣；在征服秘鲁以后，西班牙人把很多秘鲁歌曲谱上音乐，土
人们带着伤感的情绪来听，因为它勾起他们对过去的回忆，那时他 31
们在印加王的统治之下让时光平静地流逝。[①]

在这个国家的有关农产品的各种制造业中，盛行一种类似的安排。骆马（或秘鲁绵羊）完全属于太阳神和印加王。[②] 它们为数众多，分布在不同的省份，主要在这个国家较冷的地区，在那里，它们被交给有经验的牧羊人照管，牧羊人根据季节的变化把它们赶到不同的牧场去放牧。每年要把很大数目的骆马送到首都供给宫廷食用，和在宗教节日里供牺牲。但这些只是雄骆马，因为雌骆马是不准宰杀的。关于如何照料和繁殖这些骆马的规定非常详细而且高明，引起了西班牙人的赞叹，西班牙人对于如何在他们自己的国家里放牧大群的美利奴羊是很内行的。[③]

在指定的季节里，骆马全被剪毛，骆马毛存放在公共仓库里。

① 加西拉索：《王家评论》，第 1 卷，第 5 册，第 1— 3 章；翁德加多：《第二次叙述》，手稿。

② 翁德加多：《第一次叙述》，手稿。但是有时印加王会赐给为他效劳的某个头目甚至人民中的某个人一小群骆马，数目绝不会很多。获得骆马的人不能将它们处置或宰杀，只能作为共同的财产传给继承人。这种奇怪的安排成了秘鲁被征服以后许多诉讼纠纷的来源。见前引书，上文提及之处。

③ 特别见（长老会）牧师翁德加多的叙述，他比同时期的任何作家都更详细地谈到了秘鲁家畜的饲养。见《第二次叙述》，手稿。

然后分给每个家庭，分配的数量能够满足他们的需要，并且委托给家庭中的妇女，她们在纺织方面是训练有素的。当完成了这种劳动，家庭得到了能够适应山区寒冷气候的粗糙然而温暖的衣着——因为在较低的地区，由国王用同样方式供给的棉花，在某种程度上代替了骆马毛——之后，就要求人民为印加王劳动了。要求织出的数量，以及织品的特殊种类和质量，首先是在库斯科决定的。然后把工作分配到不同的省份。为此目的而任命的官员，监
32 督骆马毛的分配，以便把不同的织品委托给最合适的人去织。[1]这些官员并不到此为止，而是不时走进人们家中，看看是否忠实地在进行工作。这种家庭调查不限于调查为印加王进行的劳动；而且包括为几个家族进行的劳动；注意使每个家庭把分配给它使用的原料按预定的方式纺织，以便使每个人都能得到必需的衣着。[2]在这种家庭劳动中，家中的所有妇女都要参加。所有的人都有活干，从五岁的儿童到年老的妇女，只要不是衰弱到拿不动纺线杆就都要干活。在秘鲁，任何人，至少是除了老弱病人以外，都不容许吃闲饭。法律把懒惰视为一种犯罪，并因此而要严加惩处；勤劳则受到公开的表扬，并有奖赏予以鼓励。[3]

在政府的其他的征用品上也采取了类似的做法。王国的一切矿产都属于印加王。从矿产所在地区挑选出来的熟悉采矿技术的

① 翁德加多的第一次和第二次叙述，手稿。给印加王织造的纺织品包括给王族的许多人的织品，他们穿着质地优良的衣衫，那是不许任何其他秘鲁人穿着的。见加西拉索：《王家评论》，第 1 卷，第 5 册，第 6 章。

② 翁德加多：《第二次叙述》，手稿；《阿科斯塔丛书》，第 6 册，第 15 章。

③ 翁德加多：《第二次叙述》，手稿；加西拉索：《王家评论》第 1 卷，第 5 册，第 11 章。

人们开发出来的矿产完全归印加王所用。[1] 每个下层阶级的秘鲁人都是农夫，而且除了那些已经指出的例外，要求通过耕种自己的土地维持自己的生活。但是，这个社会的一小部分人受到手工工艺训练；其中有些是比较精美的工艺，是为奢侈和装饰服务的。要求这些东西的人主要限于国王及其宫廷；但是更多的手工劳动被征用来建造遍布于这块土地上的公共工程。要求服务的性质和数量全都是在库斯科由一些大臣们决定的，这些人熟知这个国家的 33
资源和不同的省份里的居民的特点。[2]

这些情报是通过一种巧妙的规定获得的，这种规定在一个半开化的民族的历史上几乎是无与伦比的。对全国各地的出生和死亡情况部有记录，并且通过一种结绳文字每年向政府准确地报告实际人口数，这是一种奇特的发明，下文中将要加以说明。[3] 在间隔一定的时期之后，还对全国进行一次普查，全面考察一下土地的性质，肥沃程度，产品的性质，包括农产品和矿产品——总之是考

① 加西拉索想让我们相信，印加王的金银来自印第安酋长（库拉卡），是由封臣们作为礼物提供的。（《王家评论》，第 1 卷，第 5 册，第 7 章）这种不可靠的说法与《王家法院的报告》（手稿）矛盾，与萨缅托（《最初发现》，手稿，第 15 章）的说法矛盾，而且与翁德加多（《第一次叙述》，手稿）的说法矛盾，他们全都说矿产是政府的财产，而且开发出来只能为政府所用。从政府的仓库里，矿产收入以礼品的形式在大臣之间进行分配，而更多的是为装饰寺庙所用。

② 加西拉索：《王家评论》，第 1 卷，第 5 册，第 13—16 章；翁德加多的第一次和第二次叙述，手稿。

③ 蒙特西诺斯：《古代史》，第 2 册，第 6 章；佩德罗·皮萨罗：《秘鲁诸王国的发现和征服》（下称《发现和征服》），手稿。“年底，各省都下令统计本年度在本省死亡和出生的人数，并在记事绳上打上扣结，第二年年初官员们带着记事绳去库斯科。”见萨缅托：《最初发现》，第 16 章。

察所有构成帝国的物质资源的东西。① 掌握了这些统计数字，政府就很容易在决定了征收物品的数量之后把工作分配给最适于完成工作的各个省份。分配劳动的任务委托给地方当局执行，并且极为注意分配工作应以这样一种方式进行，既要挑选出最合适的人担任，又不能使任何人的工作过分繁重。②

这个国家的不同的省份提供专门适合从事各种不同工作的人员，正如我们在下文中将要谈到的那样，这些人的工作通常是父子代代相传的。因此，一个地区提供最善于采矿的人，另一地区则提供最精巧的金属工匠或木匠，如此等等。③ 政府向工匠提供原料；而且不要求任何人为了公共服务而花去比给他规定的份额更多的
34 时间。然后由其他人接替他干同样长的期限；而且应当指出，所有那些从事政府指定的工作的人们，当时是由公共开支维持生活的，④这个说法同样适用于农业劳动。通过这种经常的轮换劳动，目的是不使任何人过分劳累，而且使每个人都有时间为自己的家庭提供所需要的东西。在西班牙的一个高级权威看来，由于这种分配制度非常适合工匠的情况和方便，因而不可能再加以改善。⑤

---

① 加西拉索：《王家评论》，第 1 卷，第 2 册，第 14 章。

② 翁德加多：《第一次叙述》；萨缅托：《最初发现》，第 15 章。"根据印加王的规定和法令，把居民分派到指定的地点并向他们征收捐税是非常容易的。因为每人要上交的税款是清清楚楚的，这里没有不平等和舞弊的现象。"见《王家法院的声明》，手稿。

③ 萨缅托：《最初发现》，第 15 章；翁德加多：《第二次叙述》，手稿。

④ 翁德加多：《第一次叙述》，手稿；加西拉索：《王家评论》，第 1 卷，第 5 册，第 5 章。

⑤ "还要指出，印第安人所从事的工作并不繁重，而且又很安全……他们劳动时井然有序，在我看来，要改善这种状况恐怕是不容易的，尽管人们对此想得很多。"见翁德加多：《第一次叙述》，手稿。

政府的规章似乎一直注意劳动阶级的安全;这些规章仔细地做出了安排,使像采矿那样的最劳累而且有碍身体健康的劳动,不至于损害劳动者的健康,这与后来在西班牙统治下的劳动者的状况形成鲜明的对比。[①]

一部分农产品和制成品运往库斯科,以满足印加王及其宫廷的直接需要。但是,更大的一部分则是储藏在分布各省的仓库里。这些由石头建成的宽大的建筑物在太阳神与印加王之间平分,尽管国王似乎支配了较大的一部分。根据一项巧妙的规定,如果向印加王奉献的东西有任何短缺时,可由太阳神的仓库里提供。[②]但是,这种需要是很少会发生的;政府的深谋远虑常常是在王家的仓库里储存大量剩余品,然后运往第三级仓库,这种仓库目的在于
发生饥荒的季节里供应人民粮食,有时则用来救济那些由于疾病 35
或灾祸沦于贫困的个人;因此,在某种程度上,证实了一份卡斯蒂利亚文的文件上的说法:即印加王的大部分收入,通过这一或那一渠道,又回到了人民的手中。[③] 西班牙人在抵达时发现,这些仓库里储存着这个国家的所有各种产品和制成品——有玉米、古柯、昆诺阿藜[④]、质量最好的毛织品和棉织品,有金质、银质和铜质的瓶

---

① 西印度群岛委员会主席说,"采矿工作的规定使得任何人不会感到这是辛苦的工作,更不会感到它会缩短自己的生命。"(萨缅托:《最初发现》,抄本,第 15 章。)就一名西班牙人来说这是一个坦率的承认。

② 加西拉索:《王家评论》,第 1 卷,第 5 册,第 34 章;翁德加多:《第一次叙述》,手稿。"毫无疑问,归印加王的所有的这一部分比其他几部分都大。看来,我在许多地方看到的粮仓都比他的粮仓小。"同上,《第二次叙述》,手稿。

③ "如上所述,印加王征用的捐税和徭役都是为了政府和平民百姓,库存的东西也是为了分配给本地人。"见《王家法院的声明》,手稿。

④ 原文为 quinua。——译者

子和用具器皿；总之是在秘鲁人技术范围之内的一切奢侈的或实用的物品。[①] 特别是那些粮食仓库，通常足够供给附近地区的人几年的消费。[②] 王家的官员们每年造一份清单，列举全国的各种产品和这些产品来自哪一部分地区，并由“基普卡马尤斯”[③]非常正规而且准确地记入他们的记录中。这些记录被送往首都，呈交印加王，使他一眼就能看出可以说是全国制造业的全部成果，并且看出它们在多大程度上与政府的征用数额一致。[④]

这些就是作家们描述的秘鲁财产制度的某些最值得注意的特点，这些作家们虽然在细节上互相矛盾，但总的轮廓是一致的。这些制度的确非常值得注意，因而很难相信它们会在一个巨大的帝国里推行，而且推行了很多年。但我们有来自西班牙人的对事实
36 的毫不含糊的证明，他们在秘鲁登陆时看到了这些制度的施行；他们当中有些人是在司法界有很高地位的人物，受政府委派对这个国家在其古老的统治者统治下的情况进行调查。

施加在秘鲁人民头上的负担似乎是足够沉重的。他们承担着

① 《阿科斯塔丛书》，第 6 册，第 15 章“一位征服者说：‘我无法描述那些服装贮藏室的情况，那里堆放着这个王国制作和穿用的各种服装。我没有时间仔细观察和了解其他许多贮藏室，如开矿用的铜制丁字镐仓库，框架和砖头堆放处，木制杯子和金银制作的盘子贮藏室，等等，简直令人眼花缭乱，惊叹不已。’”见佩德罗·皮萨罗：《发现和征服》，手稿。

② 有时候，可供十年的消费，如果我们可以相信那个有一切手段了解情况的翁德加多的说法的话。他说，“暂时不用的东西贮藏在仓库里，那里甚至有十年的食品……西班牙人到达的时候，那些仓库贮藏着人类生活所需要的一切。”见翁德加多：《第二次叙述》，手稿。

③ 原文为 quipucamayus。——译者

④ “在他们厚厚的账本和登记册里，有着各种详尽的记录，简直难以令人置信。”见翁德加多：《第二次叙述》，手稿。

全部重担，不仅要维持他们自己的阶层，而且要维持这个国家的其他阶层。王族的成员、贵族，甚至在职官员，以及为数众多的僧侣，全部是免税的。① 支付政府全部开支的全部责任都是人民的。然而，这与以前存在于欧洲大部分地方的情况没有多大的不同，在那些地方，各个特权阶级要求豁免承担部分公共开支的责任，实际上并不总是获得成功。秘鲁问题的巨大的困难在于他们不能改善自己的条件。与其说他们是为自己劳动，不如说他们是为别人劳动。无论他们多么勤劳，他们自己的土地不会有丝毫增加，也不会使他们的社会地位有丝毫改进。那种普遍存在的为改善自己的命运而进行诚实的劳动的伟大动机，对他们来说并不存在。人类进步的伟大规律对他们不适用。他们赤条条地生，赤条条地死。他甚至不能说时间是属于他自己的。没有钱，也没有任何财产，他就用劳动交税。② 这就难怪政府要把懒惰视为罪行了。懒惰是一种反国家的罪行，浪费时间则在某种程度上是抢劫国库。一辈子为其他人劳动的秘鲁人，可以与被判踩踏车的囚犯相比，从事的是同样单调的永无休止的循环劳动，心里所想的是，无论劳动的结果对国家有多大好处，对自己却毫无意义。

但这只是事情的阴暗的一面。如果说在秘鲁没有人致富，倒也没有人变穷。没有大肆挥霍其财物的浪费者。没有冒险的阴谋家由于投机取巧而使其家庭破产。法律经常引导人们踏踏实实地劳动和合理地安排自己的事务。在秘鲁不容许有乞丐。当一个人

① 加西拉索:《王家评论》，第 1 卷，第 5 册，第 15 章。

② “他们一无所有，只得靠出卖自己的劳动力缴纳捐税。”见翁德加多:《第一次叙述》，手稿。

由于贫困或不幸(很少由于自己的过失)而沦为乞丐时,法律就会
37 伸出援助之手;不是那种吝啬的私人慈善事业,也不是从"教区"那里可以说是冰冻的蓄水池里流出来的一点一滴的施舍,而是慷慨的救济,不会给被救济者带来屈辱,而是把他放在和他的其他同胞同等的地位上。[①]

在秘鲁,没有人会致富,也没有人会变穷;然而所有的人都可能而且的确过着一种小康生活。野心,贪婪,好更张,病态的不满足,这些最激动人的激情,在秘鲁人的心目中是没有地位的。他自己所处的情况似乎就是反对更张的。他在他的前人们曾经活动过的同样完好无损的圈子里活动,他的后裔仍将如此。印加王的目的是给他的臣民灌输一种消极服从和安分守己的精神,——老老实实地接受既定的秩序。在这一点上,他们获得了完全的成功。最早访问这个国家的西班牙人在声明中强调指出,没有别的政府能像这样适合发挥人民的才能;也没有别的人民像这样满足于自己的命运,或这样忠于他们的政府。[②]

① "印加王到处发布命令,不许在他的王国的省份里出现贫困或要饭的印第安人,并为此采取了各种措施,直至免征捐税。因此,人民群众的心情是舒畅的,他们没有受欺侮的感觉。"(《征服秘鲁居民》,手稿。)(长老会)牧师翁德加多在秘鲁法律的这些规定里只看到一种撒旦式的措施,即对待年老、体弱和贫穷的人的方式是使他们脱离他们的子女和近亲,而他们本来是应该依靠这些人支持的;他认为,没有比这样脱离人类的同情更能使人心变得冷酷的了;而且他得出结论说,没有比这种情况更能阻碍基督教在土人中的影响和传播的了。见《第二次叙述》,手稿。这些看法是精辟的,但是在一个像秘鲁这样的人民没有财产的国家里,对这些多余的人来说,除了接受政府的援助或者饿肚子之外,似乎没有其他的选择。

② 《阿科斯塔丛书》,第 6 册,第 12 章和第 15 章;萨缅托:《最初发现》,抄本,第 10 章。

那些可能不相信关于秘鲁的制造业的叙述的人们，如果访问一下这个国家就会消除他们的怀疑。旅行者仍然可以看到，特别是在高原的中部地区，有一些过去的遗迹，庙宇、宫殿、碉堡，梯田，军用大路，水渠和其他公共工程的遗址，无论这些东西的建成在多大程度上体现了科学，但它们的数目、所用的大块材料和设计上的宏伟，使旅行者惊讶不置。也许，其中最突出的是那些大路，仍然 38
保留下来的一些残破的遗迹足以说明它们以前的那种巨大的规模。有许多这样的大路通过王国的不同部分；但最重要的有两条，即一条从基多通向库斯科，然后另一条从首都伸出，继续向南通往智利。

这些道路中有一条经过大高原，另一条沿着位于海滨的低地。从这个国家的地形来看，前一条建造起来要困难得多。它修建在没有道路的积雪的山峰上，从天然的岩石上开凿出长达许多英里的通道；河流上架设起悬挂在空中的吊桥；悬崖上按照天生的形态开凿出梯级；很深的峡谷填满了坚硬的石块；总之，荒凉的山区所有的一切困难，那些可能使现代最有勇气的工程师胆怯的困难，都被遇到并被成功地克服了。这条只留下一些分散的残迹的道路的长度，估计为1500英里至2000英里，在整个道路沿线，每隔大约3英里多的固定的长度，竖立有一根石柱，就像欧洲的里程碑一样。道路的宽度很少超过20英尺。[①] 它是用大块的砂石板铺设的，而且至少在有些地方，覆盖有含沥青的水泥，日久天长，它已

① 《王家法院的声明》，手稿。“这条道路穿越河谷低地，盘绕高山峻岭，时而和急流河川并行，时而在雪山峭壁下穿行，沿途有客店驿站，也有许多财宝贮藏室和太阳神庙。”见萨缅托：《最初发现》，抄本，第60章。

变得比石头还硬。在有些峡谷曾被石头填满的地方，许多年来经过山洪的冲刷，已经逐渐把底部冲掉，而让横躺在上面的石块——这些材料结合得非常紧密——仍然跨在峡谷上面仿佛是一道拱桥！①

39 在有些最湍急的溪流上，必须架设被称为吊桥的东西，它们是用这个国家的龙舌兰或柳条的粗壮纤维编成的，这种纤维具有极大的韧性和拉力。这些柳条编织成与人的躯体一样粗壮的缆索。然后把这些巨大的缆索伸过河面，穿过竖立在河对岸的巨大的石壁上的环或孔，然后固定在大块的木头上。几根这样粗壮的缆索绑在一起就构成了一道桥，桥面上铺有木板，桥两边有用同样的柳条材料编织成的扶手加以固定和保护，给旅行者提供了一条安全的通道。这种空中桥梁的长度有时超过 200 英尺，由于它只是两头固定，这种长度就使它令人胆战心惊地向中间倾斜，当过桥人的眼睛凝视着许多英寻（合 6 英尺）以下的奔腾咆哮的深渊时，他给吊桥带来的摆动有时就会造成更令人胆寒的摇晃。然而秘鲁人从这些又轻又脆的纤维上走过时却毫不畏惧，而且它们仍然被西班牙人保留在这样一些溪流上，这些溪流的深度和水流的湍急，似乎不可能使用通常的渡河方法。在渡过较宽和较平静的河流时则是

① 人们用大块的泥和石把空隙和沟壑填上了。大雨之后从高山上冲下来的急流将路下的泥石冲出了一道凹形的小沟，将原来的路拱托了出来，使它就像一座凌空的天桥。（贝拉斯科：《基多历史》，第 1 卷，第 206 页。）这位作家是根据他个人的观察说的，他曾在上世纪后半期检查和测量过这条道路的不同部分。西班牙学者可从本书附录二中找到对这项宏伟工程的生动的描述，和在建造中所遇到的困难，那里有一段摘自萨缅托的文字，他是在印加王当时见到这条道路的。

使用“巴沙”[①]——一种仍为土人广泛使用的筏子——上面安装有帆，这是美洲印第安人使用这种比较高级的航行方法的唯一例子。[②]

印加王朝的另外一条大路通过安第斯山和海洋之间的平原。它是以一种不同的方式建造的，这是出于地质上的要求，因为大部分地区是低地，很多是属于砂质的。这条道路修建在一条高高的土堤上，两边各有一道土墙保护；沿着路边栽种着树木和散发香气的灌木，用它们的芳香迎接行人，并用树荫遮蔽他们，这在热带灼热的阳光下使人倍感凉爽。在不时出现的一块块狭长的荒凉的砂地上，轻扬的浮土无法保持一条道路，就在地上打入一些巨大的木桩向行人指明路线，有很多这样的木桩今天还能看到。[③] 40

在所有这些公路的沿线，每隔 10 英里或 12 英里，设有他们称之为“塔姆博斯”[④]的客店，这主要是为了印加王及其随从人员的方便，也为了那些因公务而旅行的人们的方便。在秘鲁，很少有其他的旅行者。这些建筑物中有的规模宏大，包括有碉堡、兵营和其他军事工程，周围有一道石砌的矮墙，占着一大片土地。这些显然是为帝国军队在国内行军时所需而设的。这些大路的保养由它们

① 原文 balsas，用美洲热带产的一种巴沙树编成的筏子。——译者

② 加西拉索：《王家评论》，第 1 卷，第 3 册，第 7 章。对这些今天仍能在秘鲁的不同部分见到的桥梁所做的专门叙述，可以从昂波尔特的著作（《山脉风光》，第 230 页及以后各页。）中找到。史蒂文森对“巴沙”做了同样详细的描述。见《南美居留记》，第 2 卷，第 222 页及以后各页。

③ 谢萨·德莱昂：《秘鲁史》，第 40 章；《关于首次发现海岸和南海的叙述》，手稿。最早的征服者之一所写的这个佚名的文件详细地而且也许是真实可信地叙述了作者亲眼目睹的这两条大道当时的情况，他把它们列入世界上最伟大的奇迹之内。

④ 原文 tambos。——译者

所经过的地区负责，而且印加王经常使用大批人维修道路。在一个旅行方式完全是步行的国家里，维修道路是比较容易的；尽管据说这些道路修筑得很好，车辆在上面行驶时可以和在欧洲任何大道上行驶时一样平稳。① 然而，在火与水都能起极大的破坏作用的地区，如果没有经常的照料，这些道路就会逐渐毁坏。这正是它们在西班牙征服者统治之下的命运，这些征服者不关心执行印加人实施的维修道路的优良制度。然而，到处还有残存的部分，就像散布欧洲的罗马帝国的道路残迹一样，证明了它们先前的宏伟，并且得到了一个有鉴别能力的旅行者的称赞，这个人通常是不轻易赞许什么的，他说，“印加人的道路是人类曾经建造过的最有用和最伟大的工程之一。”②

秘鲁的君主们通过采用阿兹特克人使用的同样的邮递方法，
41 进一步改善了他们的领地上的交通制度。然而，秘鲁在所有通往首都的大道上都建有邮递站，规模比墨西哥的大得多。在所有这些大道的沿线，每隔不到五英里的地方，建造起一些小型建筑物③，在每幢建筑物里，一些被称为“查斯基”④的善跑者驻在其中，

---

① 《关于首次发现海岸和南海的叙述》，手稿；谢萨·德莱昂：《秘鲁史》，第 37 章；萨拉特：《秘鲁的征服》，第 1 册，第 11 章；加西拉索：《王家评论》，第 1 卷，第 9 册，第 13 章。

② “这些用石头砌边的大路，也许可以与我曾在意大利、法国和西班牙见到过的罗马帝国的最好的道路媲美。……印加人的道路是人类曾经建造过的最有用和最伟大的工程之一。”见洪堡：《山脉风光》，第 294 页。

③ 关于这些邮递所之间的距离有各种各样的说法；大多数作者估计不超过四分之三里格。我尊重翁德加多的权威，他通常在写作时比他同时代的大多数人更为认真而且知识更丰富。

④ 原文为 chasquis。——译者

负责传递政府的急件。① 这些急件或者是口信，或者是用结绳文字传达的，而且有时附有一根戴在印加王两鬓上的深红色的缨子，这根缨子跟东方专制君主的印章戒指一样受到绝对的尊重。②

这些"查斯基"穿着一种表明他们的职业的特别的制服。他们全都受过职业训练，并且是由于奔跑迅速和忠实可靠而被挑选出来的。由于每个送信人需要跑的距离很短，而且由于他有足够的时间在站内休息，他们跑起来十分迅速，信件就以每天 150 英里的速度在整个漫长的路途上传送。"查斯基"机构的任务不限于传递快信。他们经常传送各种物品供宫廷使用；来自遥远的海洋里的鱼，来自海滨炎热地区的水果、野味和各种物品就以这种方式完好地送到首都，新鲜地摆上王室的膳桌。③ 令人惊奇的是，墨西哥人和秘鲁人在彼此没有任何联系的情况下都知道使用这一重要的制度；而且，在欧洲文明国家使用这一制度以前很久，就已经在新大
陆的两个未开化的国家里使用了。④ 42

① 按照蒙特西诺斯的说法，"查斯基"这个词的意思是"接受东西的人"。（蒙特西诺斯：《古代史》，手稿，第 7 章）但是加西拉索由于是他的本国语言而具有更大的权威，他说这个词的意思是"从事交换的人"。见《王家评论》，第 1 卷，第 6 册，第 8 章。

② "只要'大耳人'中有一人得到缨子，他们就可以管理一片土地，并十分愿意提供一切必需品。在其他任何地方是看不到对王命为此俯首帖耳的。"见萨拉特：《秘鲁的征服》，第 1 册，第 9 章。

③ 萨缅托：《最初发现》，抄本，第 18 章；《王家法院的声明》，手稿。如果我们可以相信蒙特西诺斯的话，王室膳桌上摆着有从离首都 100 里格以外的地方送来的鱼，从海里捕捞上来不到 24 小时！（蒙特西诺斯：《古代史》，第 2 册，第 7 章。）除火车以外，没有比这更快的了。

④ 秘鲁的邮递制度似乎给那些最初访问这个国家的西班牙人留下了深刻的印象。中国人很早就建立了邮递制度，波斯人也许还要早。奇怪的是，为了给专制政府使用而设计的这项发明只有在自由政府之下才得到充分的运用；因为我们从它发展出一种完美的通讯制度，把基督教世界的所有国家团结在一起，就像一个巨大的联邦一样。

由于印加人的这些聪明的设计，幅员辽阔的秘鲁帝国的最遥远的部分彼此之间也建立了紧密的联系。而且当基督教世界的各国首都尽管相距不过几百英里却似乎有大海横亘其间的时候，库斯科和基多这两个伟大的首都却由于印加人的公路而紧紧相连。各省的情报飞速送至秘鲁首都，那是所有交通路线的会合点。在任何暴动发生之前和在最遥远的边界上发生任何侵略之前，消息就已传到首都，帝国军队就从这个国家的宽阔的道路上迅速前往镇压。美洲的专制君主为了维持他们整个领地上的平静，创造出了多么巧妙的机构啊！它让我们想起古罗马的类似的制度，当时罗马在皇帝们的统治下是半个世界的主宰。

这些大路的主要目的是为军事运输服务的。军事运输构成他们的军事政策的一个重要项目，而军事政策正像他们的市政政策一样是很值得加以研究的。

尽管印加人从事和平的职业，而且他们的国内制度也的确具有和平的倾向，但他们经常在进行战争。正是通过战争，他们的小块土地才逐渐扩大成为一个强大的帝国。当做到了这一点时，处于帝国中央的首都才得以安全，不再被这些军事活动所摇撼，而这个国家就会在很大程度上享有平静和秩序。但是，无论腹地怎样平静，这个国家没有一个有记录可查的朝代未曾同边界上的未开化民族交战。宗教给不断的侵略提供了一个冠冕堂皇的借口，而且掩盖了印加王的征服野心，不仅遮蔽了其臣民的眼睛，而且遮蔽
43 了印加王自己的眼睛。正像穆罕默德的信徒们一手执剑另一手执《古兰经》一样，秘鲁的印加王们要求人们或者信奉太阳神或者作战，别无其他选择。

的确，他们的狂热——或者说他们的政策——在形式上比穆罕默德的弟子们要温和一些。就像他们所崇奉的太阳神一样，他们更善于采用温和的而不是暴力的手段。[①] 他们力求软化他们周围的原始民族的心，用亲切而仁慈的行动使之驯服。他们远远不是挑起敌对行动，而且让时间使他们自己的行之有效的制度起榜样作用，相信他们的那些比较不开化的邻居由于认识到会给自己带来好处而归顺到他们的王权统治之下。如果这种方法失败了，他们就使用别的方法，但仍然是和平的方法；并力求用谈判，用和解的方式，并给头人送礼等，以争取这些人隶属他们统治。总之，他们使用了文明世界中大多数老练的政治家惯于使用的手腕来建立一个帝国。当所有这一切手段都归于无效时，他们就准备战争。

他们的兵员是从各省征集的，但从人民的性格特别强悍的某些省份所征集的要比从其他省多。[②] 每个秘鲁人在达到一定年龄时似乎都可能被征召去当兵。但是，轮流服兵役和每月举行两次或三次的各村居民的正规训练，使士兵的水平一般都高于没经训练的民兵。秘鲁的军队最初是微不足道的，随着人口的增长，到帝国的后期变得非常庞大，以致他们的君主能把多达20万人的一支军队投入战场，正如当时的人们使我们相信的那样。他们在军事组织上和在其他事情上一样，表现出同样的技能和遵守秩序。军队划分为一些单位，相当于我们的营和连，指挥官在正规的等级制度中可以从最低级的军官一直升到负责全面指挥的印加贵

① “当然，他们能够成为领主，一是因为他们精明强干，二是有势力。”见翁德加多：《第一次叙述》，手稿。

② 翁德加多：《第一次叙述》，手稿；《王家法院的声明》，手稿。

族。[①]

44 他们使用的武器是在火药未发明以前无论是开化的或未开化的民族通常使用的那些武器——弓箭，长矛，标枪，一种短刀，战斧或戟，和他们最善于使用的投石器。他们的矛和箭上安装有铜头，更普遍的是安装有骨尖，印加贵族们的武器则常常镶有金银。他们的头部有头盔保护，头盔用木头或野兽皮制成，有时用金属或宝石加以华丽的装饰，顶上缀以热带鸟类的艳丽的羽毛。当然，这些只是高级军官们的装饰。广大的士兵穿的是他们各省的特别服装，他们的头部缠着一种头巾或者一卷颜色各异的布，给人一种明快的、有生气的感觉。他们的防御武装包括盾和甲，还有一件厚厚的棉质紧身上衣，同墨西哥人的一样。每个连有一面特殊的旗帜，王家的旗帜高于所有其他的旗帜，上面闪耀着彩虹的图案，这是印加人的国旗徽记，表明他们是上天之子。[②]

通过这个国家建立的完整的交通系统，只需要很短的时间就能把最遥远的地方的兵员召集到一起。军队由一些有经验的首领人指挥，这些人属于王族，但更经常的是由印加王亲自指挥。进军时非常迅速，而且士兵并不感到怎样疲劳；因为在所有大路的沿线，每隔一定距离，都给他们安排了住所，使他们可以得到充分的供应。这个国家仍然有一些军事工程的遗迹，这些工程是用斑岩

① 戈马拉：《编年史》，第 195 章；《征服秘鲁居民》，手稿。

② 戈马拉：《编年史》，在上文提及之处；萨缅托，《最初发现》，抄本，第 20 章；贝拉斯科，《基多历史》，第 1 卷，第 176—179 页。最后这位作者详细列举了古代秘鲁人的武器，几乎包括了欧洲士兵所熟悉的一切武器，只有火器除外。他没有谈到火器这一点是明智的。

或花岗岩建造的，这种传统的做法使我们相信它们是设计用来接待印加王及其军队的。[①]

而且，每隔一定距离，建造了一些军用仓库，储满了粮食、武器 45
和各种军需物资，供应军队在行军时所需。这些仓库是由印加王的储存供应的，政府的责任是要保证这些仓库经常充实。当西班牙人侵入这个国家时，他们就是用从这些仓库里找到的东西在很长一段时间维持了他们自己的军队的供应。[②] 秘鲁士兵被禁止侵犯其土地位于行军路线上的居民的任何财产。违反这一命令者要处死。[③] 士兵的衣食是由人民的劳动供给的，因而印加王正确地决定士兵不应以暴力来报答人民。帝国军队从这个国家的这一端走到另一端，不但完全不会给农民的劳动造成负担，甚至不用农民接待，他们不会给居民带来什么不便，就像和平公民的游行或节日的士兵集合起来接受检阅那样。

从宣战的时刻起，秘鲁国王就利用一切可能的手段集结他的军队，以便他可以先发制敌和阻止敌人与其盟友联合。然而，正是

① 萨拉特：《秘鲁的征服》，第 1 册，第 11 章；萨缅托：《最初发现》，手稿，第 9 章。贡达明谈到在他 1737 年访问南美时看到的遍布基多与利马之间的许多这样的坚固的要塞，他对其中一些做了非常详尽的描述。见“关于秘鲁印加王时代某些古迹的回忆”，《王家科学和文学院历史》（柏林，1748 年），第 2 卷，第 438 页。

② 翁德加多根据他自己所知道的说：“那时，加斯卡院长先生带着贡萨罗·皮萨罗的人马穿过浩哈谷地。我记得他在那里七个星期里发现道路旁有容纳十五法内加的仓库，里面贮藏着三四年或两年前收割的玉米。他们吃的就是那里的粮食。事实上，在谷地的仓库里还可以找到更多的粮食。当时我是负责粮食和付款的。”见《第二次叙述》，手稿。

③ 佩德罗·皮萨罗：《发现和征服》，抄本；谢萨·德莱昂：《秘鲁史》，第 44 章；萨缅托：《最初发现》，抄本，第 14 章。

由于忽视这样一种联合的原则，这个国家的几个民族如果联合他们的力量本来是会取胜的，却一个接一个地失败，屈服于帝国的统治。但是，一旦交起战来，印加王通常并不急于充分利用其优势和促使敌人铤而走险。在战争的每个阶段上，他都准备接受关于和平的建议；而且尽管他用抢走敌人的庄稼来削弱敌人和用饥饿来使敌人丧气，但他不准许他的军队实施不必要的侵犯人身或财产的暴行。被引用的一位秘鲁王子的话说，“我们必须饶恕我们的敌人，否则会造成我们的损失，因为他们和所有属于他们的东西不久都将属于我们。”[①]这是一句明智的格言，而且，就像大多数其他的
46 明智的格言一样，它既是以仁慈又是以深谋远虑为基础的。印加王采取了罗马人声称是为他们的同胞的利益而采取的政策，即：他们从宽待被征服者所得到的东西比从胜利中得到的东西更多。[②]

出于同样慎重的考虑，他们最关心保证他们自己军队的安全和方便；当战争持久或者气候对健康不利时，他们注意经常增派援兵以便使他们的士兵得到休整，让那些入伍较早的人回家。[③] 但是，在这样爱惜他们自己士兵和敌人的生命的同时，当他们被激烈的和顽固的抵抗所激怒时，他们也不惜采取更严厉的方法；秘鲁的编年史中有着不止一页的这样血腥的历史，在今天看来还令人毛发悚然。应该补充的是，我把它描述为印加王的特点的宽大政策

① “先生命令，不得恣意毁坏敌人的粮食和住房。我们的人像以往一样精明强干，他们理解命令的含义，就想方设法减少战争的损失。”见萨缅托：《最初发现》，抄本，第 14 章。

② “宽恕战败者比帮助攻克政权得益更多。”李维，第 30 册，第 42 章。

③ 加西拉索：《王家评论》，第 1 卷，第 6 册，第 18 章。

并不属于所有人；王族世系中不止一人充分表现出庸俗的征服者那种大胆而野蛮的精神。

政府在征服一个国家以后所采取的第一个步骤是在那里传播对太阳神的信仰。庙宇建立起来并交付给为数众多的僧侣照管，这些僧侣向被征服人民解释他们的新信仰的奥秘的教义，并且用富丽而庄严的仪式使他们眼花缭乱。[①] 然而，少数民族的宗教并没有受到蔑视。首先是要信奉太阳神；但是，少数民族的神像被迁移到库斯科，并被置于一个庙中，在秘鲁万神殿的低级神灵中占有他们的位置。他们留在那儿作为被征服国家的某种抵押品，使这些国家较少考虑背叛，因为如果这样做时就会使自己的神灵落入敌人之手。[②]

印加王对他们新征服的地方进行了安定工作，命令对人口进行统计，并对全国做一次仔细的调查，弄清它的产品和它的土地的 47
性质和肥沃程度。[③] 然后根据他们自己王国里所采取的同样的原则对土地进行分配；并把各个部分分别指定给太阳神、国王和人民。最后这一部分的数量由人口的数量来决定，但是每个个人所得的份额都是相等的。看起来似乎奇怪的是，某些人民竟会默认这种牵涉到交出全部财产的安排；但这是一个被征服民族这样做的，它被遍布全国的各个据点里的驻军震慑住了。[④] 也许由于印加王没有对新的安排做出不必要的更大的改革，他们尽可能把产

① 萨缅托：《最初发现》，抄本，第 16 章。

② 《阿科斯塔丛书》，第 5 册，第 12 章；加西拉索：《王家评论》，第 1 卷，第 5 册，第 12 章。

③ 同前书，第 1 卷，第 5 册，第 13、14 章。——萨缅托：《最初发现》，抄本，第 15 章。

④ 同前书，第 19 章。

业分给原来的所有者。特别是肯定了“印第安酋长”的自古流传的权威；或者，如果发现有必要废黜一个现任的“印第安酋长”时，准许他的合法继承人承袭他的职位。① 对当地的古老的惯例和法律非常尊重，只要它们与印加王的基本制度相容即可。还必须记住的是，在那些被征服的部落中，有很多还没有开化，不像农业国那样依恋土地。② 但是，无论是由于什么原因，印加王的一些重要的制度在被征服的土地上建立了起来，很少遭到反对。③

然而，秘鲁的君主们并不完全相信他们的新封臣这种忠顺的表示；而且为了更有效地巩固这种忠顺，他们采取了某些重大的措
48 施，这里不能一字不提。紧接在一次新的征服之后，“印第安酋长”和他们的家人被暂时迁往库斯科。他们在那里学习首都的语言，熟悉宫廷的礼仪和习惯，以及政府的一般政策，并且从君主那里受到那种使他们感恩不尽的荣誉，而且可能使他们最热烈地依附于君主本人。经过这种思想情绪的影响后，他们又被派回去统治他们自己的封臣，但仍然把他们的长子留在首都，作为他们的忠诚的

① 费尔南德斯：《秘鲁历史》，第 2 卷，第 3 册，第 11 章。

② 萨缅托对印加王在他们征服的地方实行的非常人道的政策做了非常完整而有趣的叙述，这种政策与那些人类的灾星通常采取的做法形成了鲜明的对比，人类足够明智到对这些灾星甚至比对福星报之以更高的敬仰。由于萨缅托是“王家印第安人委员会”主席，并且是征服后不久来到秘鲁的，因而具有很高的权威，而且由于他的著作摆在埃斯库里亚尔（西班牙王室行宫及先王祠。——译者）的阴暗的神龛里，几乎不为人所知，我已把整个这一章收入本书附录三。

③ 根据贝拉斯科的说法，甚至那个强大的基多邦（其文化发展的程度足以使财产法充分为其人民所承认）都承认印加王实行的制度“不仅没有遭到厌恶，而且受到欢呼。”（《基多历史》，第 2 卷，第 183 页。）但贝拉斯科是位现代权威，容易轻信，或者说他指望读者也如此轻信。

保证，并使印加朝廷更为荣耀。[①]

另外一个手段是比较大胆和比较有创造性的。这实际上等于是改革这个国家的语言。和北美洲一样，南美洲也有各种各样的方言，或者说语言，彼此之间很少有近似之处。这种情况给政府在不同省份的施政造成了很大的不便，因为不熟悉这些省份的方言。因此，决定代之以一种通用的语言，“克丘亚语”——宫廷、首都及其周围地区使用的语言——是南美洲的方言中最丰富和最易理解的一种。全国各地的城镇和村庄都配备了教师，他们准备教给所有的人，甚至包括最卑贱的阶级在内；同时宣布，谁不学会这种语言，谁就不能被提升担任有名或有利的职位。在首都居留的“印第安酋长”和其他头人们在他们与宫廷的交往中熟悉了这种语言，并在他们回到自己的家乡时，彼此之间用这种语言交谈以树立榜样。他们的追随者效法这一榜样，于是克丘亚语就逐渐成为一种文雅和时髦的语言，正像诺曼人征服英格兰以后所有那些想要在英格兰获得任何地位的人喜欢讲诺曼法语一样。通过这一手段，在各省保留其特殊的语言的同时，使用了一种美妙的交流工具，使这个国家的一部分居民能与任何其他部分的居民交往，而印加王及其钦差们则与所有的人交往。这就是西班牙人到达时的情况。必须承认，在一个君王的命令之下，对一个帝国的语言进行这样的改革，历史上很少有比这更具绝对权威的例子。[②] 49

① 加西拉索：《王家评论》，第 1 卷，第 5 册，第 12 章，第 7 册，第 2 章。

② 加西拉索：《王家评论》，第 1 卷，第 6 册，第 35 章，第 7 册，第 1、2 章；翁德加多：《第二次叙述》，抄本；萨缅托：《最初发现》，抄本第 55 章。“尚在母亲怀里吃奶的婴儿就必须学习应该掌握的语言。起初许多人不想学其他语言，困难自然不少，但是各位国王仍然坚持要人们学习并且最终达到了目的。由于人们乐于执行王令，所以在短短的几年之内，方圆几千里就统一使用一种语言了。”同上书，第 21 章。

印加王为了保证其臣民的忠诚而采取的另一项措施同样重要。当新近征服的某一部分人表现出顽强的反叛精神时，一种并不罕见的做法是，把可能多达一万居民以上的一部分人口迁徙到王国的一个遥远的部分，那里是由对国王绝对忠诚的古老的封臣统治的。在移民留下的空地上又迁进同样数目的移民。通过这种交换，人口由两种截然不同的种族组成，彼此以嫉妒的眼光相视，这就有效地制止了任何叛乱行动。由于王家当局的支持，也由于国家制度默默地在起作用，心怀忠顺的人们的影响及时占了上风，陌生的民族时国家制度逐渐习惯了。忠顺之心在他们胸怀中逐渐滋长，不到一代人的时间，不同的部落和谐地融合成为同一社会的成员。① 然而，不同的种族仍然由不同的衣着来区分；因为，根据这个国家的法律，要求每个公民穿着他本省的服装。② 那些非正式移民的殖民者也不能返回自己原来的地区。因为根据另外一条法律，任何人未经许可不得迁移居住地址。③ 他要定居一生。秘鲁政府给每个人规定了住所，行动的范围，甚至行动的性质。他不再是一个自由民；几乎可以说，解除了他个人的责任。

50 在贯彻这一独特的安排时，印加王在符合其计划的执行的情况下，尽可能照顾殖民者的舒适和方便。他们注意让这些被称为米梯玛人的殖民者迁移到与他们原来的地方的气候最相似的气候

---

① 翁德加多：《第一次叙述》，手稿；费尔南德斯：《秘鲁历史》，第 2 卷，第 3 册，第 11 章。

② 阿科斯塔神甫说，“印加王认为这条规定对维持这个国家的秩序和正常管理来说是非常重要的。”见第 6 册，第 16 章。

③ 《征服秘鲁居民》，手稿。

中。不把寒冷地方的居民迁移到炎热的地方，也不把炎热地方的居民迁移到寒冷的地方。[①] 甚至考虑到他们的经常性的职业，让渔民定居在海边或大湖边；给农民指定的土地是最适合他们所熟悉的栽培技术的。[②] 而且，由于很多人，也许是大多数人，把迁移视为一种灾难，政府小心地给这些米梯玛人以特殊的优待，用各种特权和豁免来改善他们的境况，从而在可能的情况下使他们服从自己的命运。[③]

秘鲁的各项制度尽管在历代君王的统治之下可能有所修改和逐渐成熟，但全都带有最初创建时的痕迹——全都出于同一模型。这个帝国在其历史上的每个相继的时代里都得到了加强和扩大，在其后期只不过是其初期的雏形的巨大发展而已，正像一棵幼芽里据说包含有未来的森林王国的一切枝叶一样。每一个继位的印加王似乎只想走老路，执行其先王的计划。一个人开创的巨大事业，另一人起而继之，第三者予以完成。因此，当所有的人都根据一个正常的计划进行活动，没有任何背离各不同人组成的政府而造成偏差或后退，这时，这个国家似乎处于一人的指挥之下，而且似乎是在一人的长期统治之下逐渐推进其文明和征服的伟大事业。

秘鲁制度的最终目的是要使国内平静无事。但是这一点似乎

---

① “许多人根据命令迁出了原居住的省份，这样做是恰当的，他们被派到气候和生活条件都和原居住地相同的地方定居，并且得到了土地、房屋和粮食。”见萨缅托：《最初发现》，抄本，第19章。

② 翁德加多：《第一次叙述》，手稿。

③ 这些米梯玛人的后裔今天仍可在基多找到，或者，根据贝拉斯科的说法，在上世纪末时仍可找到，以这一名称与其他人口相区别。

51 只有通过对外战争才能做到。王国内部安享太平和边境上征战不息，这就是秘鲁的情况。通过这种战争，使它的一部分人有事可做，而通过对周围未开化的邻国进行征服和使之开化，给所有的人带来了平安。每一个印加君主无论他在对内统治时如何温和和仁慈，都是英勇善战，亲自指挥其军队。每个继位的统治者都进一步扩大了帝国的版图。人们年复一年地看到获胜的君王满载战利品凯旋，后面跟着一大群向他的首都进贡的酋长。首都为他举行凯旋式。整个首都的众多人口倾城而出欢迎他，他们穿着各省的色彩绚丽的服装，挥舞着高举的旗帜，在征服者经过的道路上撒满花枝和花朵。印加王高坐在由他的贵族们肩抬着的金椅上，在庄严的行列中前进，从横跨在道路上的一座座凯旋门下经过，前往宏伟的太阳神庙。在那里，没有侍从陪伴——因为除了君王之外，任何人不得进入圣地——获胜的君王去掉他的王冠或权杖，赤足，谦恭地走近令人生畏的神坛，向那主宰印加王命运的光辉的神灵奉献牺牲和表示感恩。在这一仪式结束时，整个人民投身于节日的狂欢中——在首都的每一部分都有音乐、饮宴作乐和跳舞，还有彩灯和篝火庆祝印加王获胜和印加帝国增加新的领土。[①]

在这些庆祝活动中，我们看到富有宗教节日的性质；实际上，对秘鲁的所有战争都赋予宗教的性质。印加王的一生是一场反对不信教的长期的圣战，是为了传播对太阳神的信仰，使未开化的民族脱离他们原始的迷信，并让他们分享一个治理有方的政府带来

① 萨缅托：《最初发现》，抄本，第 4 章；加西拉索：《王家评论》，第 1 卷，第 3 册，第 11、17 章，第 6 册，第 16 章。

的恩泽。用我们今天最喜欢用的词语来说，这就是印加王的“使命”。这也是侵入这同一个印加王的帝国的基督教征服者的使命。这二者之中，谁执行其使命最虔诚，历史必须作出判断。

然而，秘鲁的君主们在创建帝国的时候并未显示出幼稚的急躁。他们在一个战役之后休整一个时期，以便在进行另一次征服 52
之前有时间巩固前一次征服；而且，在这段间隔时期，他们忙于从事其王国的日常事务，以及忙于长期的发展，这使他们与他们的人民联系得更紧密。在这段间隔时期，他们的新的封臣们已经开始使自己适应其主子的奇异的制度。他们学会了解一个政府的价值，这个政府使他们摆脱野蛮状态的天然弊病，给他们以人身保护，并让他们享受他们的征服者所享有的一切特权；而且随着他们越来越熟悉这个国家的奇特制度，作为第二天性的习惯就会使他们更强烈地与这些制度联系在一起而抛开了他们自己的特点。就这样，秘鲁帝国的庞大结构一点一滴地在没有使用暴力的情况下建立起来，它由若干独立的甚至是互相敌对的部落组成，然而是在同一种宗教、同一种语言和同一个政府的影响之下，团结成一个国家，受到一种热爱其制度和竭诚忠于其君主的精神所鼓舞。这与位于毗邻的洲里的阿兹特克王国形成鲜明的对比，那个国家也是由一些类似的异族成分组成，没有任何内部团结的原则，只不过是由来自外部的物质力量的严酷的压力捏合到一起！——为什么秘鲁王国在同欧洲文明发生冲突时，其遭遇并不比它的对手更好的原因，将在以后的篇章中谈到。

第 三 章

秘鲁的宗教——诸神——富丽堂皇的庙宇——节日——太阳神的贞女们——婚姻

一个引人注目的事实是，居住在辽阔的美洲大陆上的许多（如果不说是大多数）原始部落，无论他们由于幼稚的迷信而使他们的教义在其他方面受到损害，但他们已经具有一种只信奉一个伟大的神——宇宙的创造者——的庄严的信仰，这个神的本质是无形的，不能企图把它有形化而使它受到亵渎，而且，由于它无处不在，因而不能把它限制在一个庙宇的围墙之内。然而，这种远远超出
53 在未受过教育的智力中一般水平之上的高尚的概念，似乎没有导致可能希望达到的实际效果；美洲各民族很少表现出渴望维持一种宗教信仰，也很少发现在他们的信念中有一种强大的行动的动机。

但是，随着文化的发展，逐渐形成一些与文明社会的概念更为相似的概念；对宗教活动作了宽容的规定和建立了单独的制度，这些活动是在一种既细致又庄严的仪式下进行的，在某些方面可以与受基督教熏陶最深的国家的仪式相比。属于这种情况的有居住在北美洲高原地带的各民族，和在波哥大、基多、秘鲁以及辽阔的南美洲其他高原地区的居民。特别是秘鲁人更是如此,他们宣称他们的帝国是神所创建的,他们的法律全都以宗教的法令为基础,而且他们的国内制度和对外作战都是为了保持和宣传他们的信仰。宗教是他们的政体的基石,是他们的社会存在的条件。印加人的政府就其基本原则来说是一种神权政治。

然而,尽管宗教对于这个民族的政治制度的组成和实施起了很大作用,但是,他们的神话,即他们喜欢用来揭露宇宙的秘密的传说,却是非常贫乏和幼稚的。除了关于他们的王朝的创立者的那个美妙的传说以外,几乎没有一个传说值得指出,或者能够说明他们的先人们的情况或人类的初期历史。在重要的传说中,有一个关于洪水的传说,他们的说法与全世界各地许多民族的说法相同,而且在某些特殊的方面与墨西哥的传说相似。[①]

他们的关于来世的概念值得予以更多的注意。他们承认死后灵魂的存在,并且与此联系的是相信尸体的复活。他们给善人和恶人指定了两个不同的归宿之所,把恶人的归宿固定在地球的中央。他们认为善人将过平静的舒适生活,这体现了他们对幸福的 54
最高理想。恶人将用长年累月的辛苦劳动来赎罪。他们把这些概念同相信有一个恶神联系在一起,这个恶神的名字叫"库派"[②],他

① 他们说,在洪水以后,七个人从他们逃生的洞中走出来,世界上的人口就是他们重新繁殖起来的。墨西哥人的传说之一用同样的方式推断他们自己的和同族部落的渊源来自从阿斯特兰的七个洞里走出来的七个人。不同的作者在叙述洪水的故事时有各种各样说法,从其中有些地方不难看出是皈依基督教者受过影响后所做出的。

② 原文为 cupay。——译者

们不想向他奉献牺牲，而且他似乎只不过是罪恶的阴影，对他们的行为没有什么影响。[①]

正是由于相信尸体会复活才使他们如此关心保存尸体——但是不像埃及人那样用精心涂抹香料的方法保存，而是用一种简单的方式，即把尸体放置在山区的寒冷、极端干燥和非常稀薄的空气中。[②] 由于他们相信在来世中的生活状况将与今世中的非常相似，因而他们给死去的贵族陪葬的有死者的一些衣饰，他的生活用具，而且常常有他的财宝；并以他的妻妾和心爱的仆人作为牺牲来结束这一悲哀的仪式，这些殉葬者将在云天外的幸福世界给他做伴和为他服役。[③] 在死者墓地造起了巨大的不规则形（更经常的是椭圆形）的土塚，有一些互为直角的通道通向墓中，已经发现有相当数量的干尸或木乃伊，有时是直立的，但更多的是坐着的姿势，这在两大洲的印第安人部落中是常见的。在这些巨大的坟墓里，有时挖掘出了大量的财宝，并且促使一些投机者不断发掘，希
55 望碰到同样的好运气。这是像探矿一样碰运气的事，但机会已经

① 翁德加多：《第二次叙述》，手稿；戈马拉：《西印度史》，第 73 章；加西拉索：《王家评论》，第 1 卷，第 2 册，第 2 章和第 7 章。人们可以推断，有教养的秘鲁人——如果我可以这样说的话——认为普通人没有灵魂，他们很少谈到他们关于这些人的来世生活状况的看法，却大谈高级人士的来世生活，他们深深相信这种生活与他们的今世生活差不多。

② 的确，这似乎是加西拉索的意见，尽管有些作家谈到用树脂或其他方式涂抹尸体。翁德加多和加西拉索所报道的在库斯科发现的王家木乃伊的面貌表明，也许没有使用任何外来的材料保存尸体。

③ 翁德加多：《第二次叙述》，手稿。这位教士说，这种习俗甚至延续到征服以后；并说他曾经拯救过不止一个为主人所心爱的仆人的生命，这些人逃到他那儿要求保护，因为他们将要被作为牺牲奉献给已故主人的灵魂。——同前书，见上文。

证明对投机者越来越不利。[①]

和其他许多印第安民族一样，秘鲁人承认一个至高无上的神，宇宙的创造者和主宰者，他们用不同的名字“帕查卡马克”和“比拉科查”来崇敬它。[②] 没有为这个无形的神建立庙宇，仅有的一座位于距离西班牙人的城市利马不远的一个以这个神的名字命名的山谷里。即使这座庙宇也是在印加王统治这个国家以前就已存在的，而且是来自这个大陆的遥远地方的印第安香客们朝拜的胜地：这个情况说明这样一种想法，对这个伟大神灵的信奉尽管也许受到他们那种兼容并蓄政策的鼓励，但不是由秘鲁王公们创始的。[③]

他们特别崇奉而且在他们的旗帜所到之处必定要树立的神是太阳神。它以一种特殊的方式主宰人类的命运；给各民族以阳光和温暖，并给植物世界以生命；他们把它奉为他们的王朝的祖先，他们的帝国的创建者；供奉它的庙宇遍布这块土地上的每一个城市和几乎每一个村庄，而在它的祭坛上，焚烧祭品在冒烟，这种贡

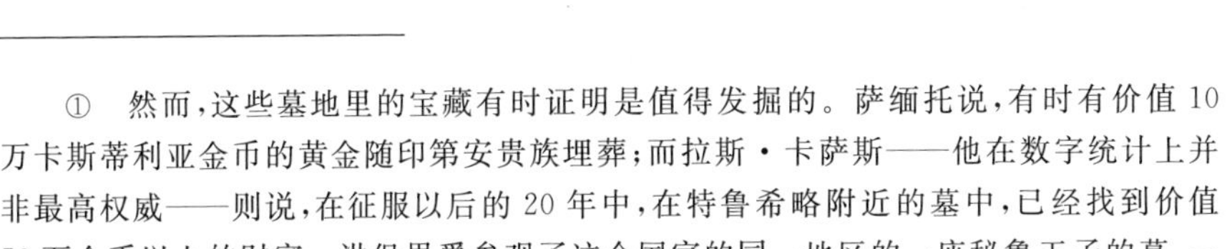

① 然而，这些墓地里的宝藏有时证明是值得发掘的。萨缅托说，有时有价值10万卡斯蒂利亚金币的黄金随印第安贵族埋葬；而拉斯·卡萨斯——他在数字统计上并非最高权威——则说，在征服以后的20年中，在特鲁希略附近的墓中，已经找到价值50万金币以上的财富。洪堡男爵参观了这个国家的同一地区的一座秘鲁王子的墓，一个西班牙人在1576年从那里挖掘出价值100万美元的一大笔黄金！

② “帕查卡马克”意为“维持或给予宇宙生命的人”。这个伟大的神的名字有时用“帕查卡马克”和“比拉科查”联合表示。（见巴尔沃亚：《秘鲁历史》，第6章；《阿科斯塔丛书》，第6册，第21章。）一个西班牙老人发现“比拉科查”的通俗含义是“大海的浪花”，这是秘鲁文明来源于旧世界某个航海家的论据。见《征服秘鲁居民》，手稿。

③ 佩德罗·皮萨罗：《发现和征服》，手稿；萨缅托：《最初发现》，第27章。乌略亚指出到处有砖的废墟表明可能是帕查卡马克庙的遗址，从它们现在的面貌可以看出它们过去的宏伟。见《哲学、历史、物理论文集》（巴黎，1787）法译本第78页。

献牺牲品的形式在新世界的半开化民族中是秘鲁人所特有的。[①]

56 除了太阳神以外，印加人还承认有各种各样的崇敬目标，这些目标以这种或那种方式与这位主要的神联系在一起。例如月神，是它的妹妹兼妻子；各星宿被崇奉为月神的天上侍从的一部分，但其中最美貌的维纳斯，秘鲁人称为“查斯卡”[②]或“有长长的卷发的年轻人”，被崇奉为太阳神的侍者，在它升起和降落的时候紧紧地随侍在一旁。他们还给雷神和电神建立庙宇，[③]把它们视为太阳神的令人敬畏的大臣，还给虹也建立了庙宇，他们把它视为他们的光荣之神的一种美丽的发射物。[④]

---

① 至少是麦卡洛克博士这样说，对美洲古代风俗的研究，没有谁比他是更高的权威了。(《研究》，第 392 页。)他可能没把未开化的民族也算在里面吧？

② 原文为 Chasca。——译者

③ 雷、电和霹雳，秘鲁人全都可以用一个词“伊利亚帕”(illapa)表示。因此，有些西班牙人曾经推测土人知道“三位一体”！埃雷拉以正当的愤慨大声说，“魔鬼盗窃了他所能盗窃的一切。”(《通史》，第 5 卷，第 4 册，第 5 章。)这些以及一些更轻率的结论(见《阿科斯塔丛书》，第 5 册，第 28 章)被加西拉索搜集为印第安归附者的杜撰，这些人乐于满足他们的基督教教师们的想象。(《王家评论》，第 1 卷，第 2 册，第 5、6 章，第 3 册，第 21 章。)一方面是欺骗，另一方面是轻信，从而产生了大量荒诞不经的东西，这些东西被后一代的认真的考古学家们辛勤地搜集到一起。

④ 加西拉索认为，这些天体是被当做圣物崇敬的对象，而不是礼拜的对象。这种说法与下列著作矛盾，见翁德加多：《第二次叙述》；《王家法院的声明》；埃雷拉：《通史》，第 5 卷，第 4 册，第 4 章；戈马拉：《美洲史》，第 71 章，而且，我可以补充说，也与我曾商酌过的几乎每一个权威作家的说法矛盾。在某种形式上，它也是与加西拉索本人的另一说法矛盾的，他本人承认，这几个对象全都被印第安人当做活的事物加以人格化了，并且为它们建造了庙宇，给它们描绘了形象，就像太阳神在它的庙中的画像一样。实际上，这位历史学家想要减少印加人对唯一的太阳神的礼拜而作的努力，不很符合他在其他地方所说的对帕查卡马克的礼拜，尤其是对普遍崇奉的伟大的先知里马克的礼拜。秘鲁人的神学与印度斯坦人的神学不无相似之处，那里在两个或至多三个主要神灵之下，集合了一群次要的神，国家对它们给以宗教上的崇敬，把它们视为自然界的各种不同事物的典型。

除此以外，印加王的臣民们把许多自然界的现象列入他们的次要神灵之中，例如元素，风，土地，空气，高山和大河，这些东西给他们以崇高和力量的感觉，或者被认为以这种或那种方式对人类的命运施加一种神秘的影响。[①] 他们也采取这样一种说法，即地 57
球上的每件东西都有其原型或观念，他们强调地把它称之为“母体”，并把它的精神本质或多或少地视为是神圣的，这种说法与某些古代哲学流派的说法相似。[②] 但是他们的制度远远不限于供奉这些为数众多的神，而是广泛地包括了被征服民族的很多神灵，这些神的塑像被运到了首都，供奉它们所需的庞大费用由它们各自的省份支付。这是印加王的一项杰出的政策，这样就可以使宗教适合他们的利益。[③]

但是，对太阳神的供奉是印加王特别关心的事，也是他们不惜付出大量开支的对象。奉献给这位神灵的许多庙宇中最古老的一座在的的喀喀湖的岛上，据说秘鲁王朝的创始者就是从那里来的。由于这一情况，这所庙宇受到特殊的崇敬。属于它的每一件东西，

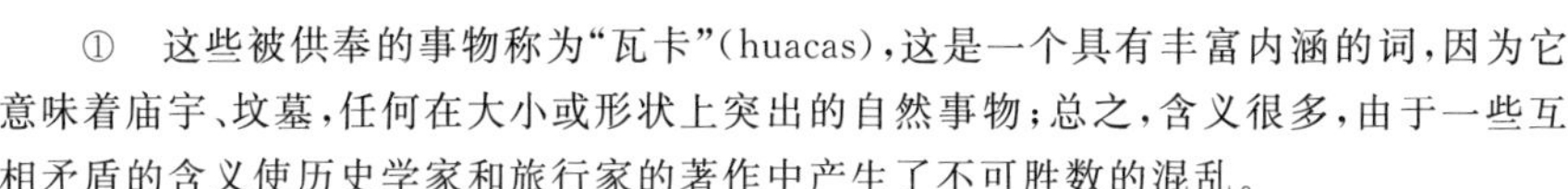

① 这些被供奉的事物称为“瓦卡”(huacas)，这是一个具有丰富内涵的词，因为它意味着庙宇、坟墓，任何在大小或形状上突出的自然事物；总之，含义很多，由于一些互相矛盾的含义使历史学家和旅行家的著作中产生了不可胜数的混乱。

② “他们把偶像叫做‘瓦卡’，并且创建了自己的‘瓦卡’。据说，太阳神创造了偶像，并赋予它们以万物之源的品性，土地也有其源泉，应该有它的庙宇。他们说，火、玉米和其他的种子，以及丘鹬、绵羊和其他牲口都有自身的源流。他们把醋当做饮料之母加以崇敬，把水看做醋的母体。他们就是这样对每样东西都顶礼膜拜。”见《征服秘鲁居民》，手稿。

③ 佩德罗·皮萨罗：《发现和征服》，手稿。翁德加多似乎也看到了这一点。“偶像都摆在太阳神庙的一间大殿堂里，每个偶像都有自己的仆役、费用和女人。外地人从自己的土地上带来许许多多的祭品，来到这里敬神。在我看来，这给印加人增添了权威和力量，这是令人钦佩的”。见《第二次叙述》，手稿。

甚至由寺院周围的广阔的玉米地所构成的它的领域的一部分，都分享了这种崇敬。每年的收成分配给不同的公共仓库，每个仓库分得很少的数量，起一种使仓库中其他东西圣化的作用。能够为自己的仓库弄到哪怕是一穗圣谷的人都是幸运的！[1]

但是，秘鲁的庙宇中最有名的一座是在库斯科，它是首都的骄傲，帝国的奇迹，由于历代帝王的慷慨破费，它已经变得十分富丽
58 堂皇，因而获得了“科里坎查”[2]或“黄金胜地”之称。它由一幢主建筑物、几座神殿和一些次要的建筑物组成，在市中心占据了一大片土地，而且全部围绕在一道围墙之内，围墙和建筑物全都是用石头砌成的。这种建筑工程与已经描述过的这个国家的其他公共建筑物属于同一类型，但其建筑的精巧使得一个见到过它的本来面貌的西班牙人告诉我们，他只能想起在西班牙有两幢建筑物在工艺上可以与它媲美。[3] 然而这样一座重要的，而且在某些方面是宏伟的建筑物，却是用茅草覆盖的！

这座庙的内部最令人赞叹。它简直是一座金库。两面的墙上装饰着太阳神的形象，包括一张人脸从无数条金光的中央向前注视，这些金光向四面八方发射，就像我们常常把太阳加以人格化的

① 加西拉索：《王家评论》，第 1 卷，第 3 册，第 25 章。

② 原文为 Coricancha。——译者

③ “寺院的周长为 400 步，由厚实的围墙护卫着。整个建筑是由质地优良的大石头精心砌成的，砌石头用的不是泥土和石灰，而是造房子用的沥青。这些石头雕琢精细，砌在一起简直天衣无缝。在西班牙，除了位于科尔多瓦大桥旁边的名叫卡拉奥拉塔楼，以及我去托莱多向唐·菲利普王子递交我的《编年史》第一卷时看到的一个建筑物外，还没有看到能与当地的墙壁和漂亮的石头相媲美的东西。”见萨缅托：《最初发现》，手稿，第 24 章。

那种方式一样。这个形象雕刻在一个面积巨大的金盘上,上面缀满了绿宝石和其他宝石。[①] 它正位于那扇巨大的东门前面,朝阳升起时的霞光直射在它上面,使得整个殿内光辉灿烂得有点不自然,而且光线从墙上和天花板上到处镶嵌着的金色装饰物上反射回来。用这个民族的形象的语言来说,金子是"太阳神流下的眼泪",[②]而且庙内的每个部分都闪烁着擦得锃亮的贵金属盘子和饰钉的光泽。围绕在这座圣庙的墙壁上的檐板也是用这种贵金属制成,而且有一条用金子做成的宽阔的带状装饰镶嵌在围绕整个建筑物外部的石壁上。[③]

在主要建筑物的附近,是几座规模较小的神殿。其中一座是 59
奉献给月神的,这个神作为印加人的母亲,享有第二号受尊敬的地位。她的形象是用描绘太阳神的形象的同样方式描绘的,即描绘在一个几乎占了殿堂的一面的一个巨大的盘子上。但是这个盘子,以及这座建筑物的所有装饰品,都是银质的,以适合这颗美丽的行星的银白色光辉。还有另外三座神殿,一座是献给众星宿的,它们组成了太阳神的妹妹的光辉的宫廷;另一座献给她那些令人生畏的主管复仇的大臣们,即雷神和电神;还有一座献给虹神,它的具有许多颜色的拱门跨越在这座建筑物的墙上,其色彩之绚丽,

① 《征服秘鲁居民》手稿;谢萨・德莱昂:《秘鲁史》,第 44 和 92 章。"高大雄伟的太阳神像由许多宝石砌成,表面还镶了一层洗炼金子。"见萨缅托:《最初发现》,手稿,第 24 章。

② "人们都说,金子是太阳神流下的眼泪。"见《征服秘鲁居民》,手稿。

③ 萨缅托:《最初发现》,手稿,第 24 章;《古董和遗址》"在每幢房子或房间内,屋顶上总有一块一拃半宽的镀金板。"(《征服秘鲁居民》,手稿。)"长条镀金板有一拃多宽,嵌入石块中。"见佩德罗・皮萨罗:《发现和征服》,手稿。

有如虹本身一样。此外还有几幢别的建筑物，或者说一些孤立的房舍，是给为数众多的僧侣住宿的，他们的职责就是照管这所庙宇。①

用于宗教用途的所有各式各样的盘子、装饰品和用具，全都是金质或银质的。12 个巨大无比的银瓶摆在大殿的地板上，里面装满了玉米粒；②焚香用的香炉，盛牺牲用水的大口水瓶，通过地下渠道把水导入建筑物内的管子，接水的蓄水器，甚至庙内园地上用的农具，全都是用同样的贵重材料制成的。园地里，就像描述过的皇宫里的园地一样，闪烁着金光和银光，还有模仿植物界各种植物的模拟品。在那里还可以找到动物，——其中长有金色的毛的骆马最为突出——的形象，是用同样方式制作的，而且有一定
60 程度的技巧，这种技巧在这一方面也许不如所用的材料那么优越。③

① 萨缅托：《最初发现》，手稿，第 24 章。——加西拉索，《王家评论》，第 1 卷，第 3 册，第 21 章。——佩德罗·皮萨罗：《发现和征服》，手稿。

② “太阳神像上有大块金子，那座神庙里的餐具也全是金银制作的。那里还有 12 个白银箱子，每个高约 4 米多，两个人都合抱不住。箱子里贮藏着奉献给太阳神的玉米，据说，太阳神会食用玉米的。”见《征服秘鲁居民》，手稿。正如西班牙读者所看到的，原文说，这些银瓶或银箱每个都有一根长矛那么高，而且大到两个人伸开手臂都合围不了！由于这种说法也许会使最乐于相信的人产生疑惑，所以我宁愿不说它们具体有多大。

③ 勒维奴斯·阿波罗尼乌斯，第 38 页；加西拉索：《王家评论》，第 1 卷，第 3 册，第 24 章；佩德罗·皮萨罗：《发现和征服》，手稿。“他们有一个小花园，花园的土块是金子做的，上面种着玉米。玉米秆、叶子和玉米穗全是金制的。玉米栽种得很好，即使有大风也不会被刮倒。还有 20 多头金制绵羊和羊羔，用木棍赶着羊群的牧羊人也是金制的。此外，还有大量金银或绿闪石制作的大瓮、杯子、锅和其他器具。墙壁上雕刻或粉刷着许多值钱的东西。总而言之，这是世界上最富丽堂皇的庙宇之一。”见萨缅托：《最初发现》，手稿，第 24 章。

如果读者从这幅神奇的图画中看到的只是某种令人难以置信的“黄金国”的浪漫色彩的话，他必须回想一下以前曾经谈到的印加王宫殿的情况，并且考虑一下这些被称为“太阳神殿堂”的地方乃是整个帝国所有公私捐赠像流水一般全都注入的公共蓄水池。有些说明材料由于轻信和其他原因，为了引起人们的赞叹，可能是过分夸大了；但是由于当时的证言彼此一致，很难划定我们应该怀疑的界线。可以肯定的是，我所描绘的灿烂的图景，是由看到过这些建筑物处于全盛时期的人们，或者在这些建筑物由于他们的同胞的贪婪而加以破坏后不久见到它们的人们予以证实的。许多珍贵的物品被当地人埋入地下，或者投入江湖之中；但是留下来的足以证明这些宗教建筑的空前的壮丽。那些能够携带的东西很快被运走了，以满足征服者的贪欲，他们甚至从人庙中拆走坚固的金质檐板和横饰带，在拆后留下的空隙中填满比较便宜但比较耐久的灰泥，因为这种东西不会引起人们的贪心。然而，尽管这样使它们减色不少，这些神圣的建筑物仍然吸引了破坏者的注意，他们发现这些建筑物的断垣残壁是建造其他建筑物的取之不尽的石场。就在那一度矗立着宏伟的“科里坎查”庙的地方，建起了庄严的圣多米尼克教堂，这是新世界最宏伟的建筑物之一。在曾经闪烁着神庙的金色花园的光芒的地方，现在是一块块的玉蜀黍地和一片片盛开的紫苜蓿花；而在一度居住着太阳神的信徒的圣庙内，修士正在唱着他们的赞美诗。[①]

除了宏伟的太阳神庙以外，在秘鲁首都及其附近地区有很多 61

① 米勒：《回忆录》，第 2 卷，第 223、224 页。

较小的庙宇和宗教会堂，据说数达三四百个；[①]因为库斯科是一个被奉为神圣的地方，它受到崇敬不仅因为它是印加王的所在地，而且因为它是所有那些主宰这个帝国的各个民族的神灵的所在地。它是受到太阳神喜爱的城市；在这个城里对太阳神的礼拜非常隆重；有位古代史学家说，“城里的每一处泉水，每一条道路和每一道墙，都被认为是一个神圣的奇迹？[②]”而且对一个印第安贵族来说，如果在他的一生中的这个或那个时期没有到“秘鲁的麦加”来朝过圣地的话，那将是遗憾的事。

其他的庙宇和宗教建筑物分布在各省，其中有些建筑的规模几乎可以同首都的建筑媲美。这些庙宇的看管人组成了他们自己的一支队伍。仅在科里坎查庙供职的工作人员的总数，包括那些神职人员在内，不下四千人。[③]

在这所庙里和在全国各地的所有神职人员中的为首者是大“高僧”，或被称为“比利亚克·布穆”[④]。他的地位仅次于印加王，而且通常是从印加王的兄弟或近亲中选拔的。他由国王任命，终身任职；然后他把他那阶层的人任命到下属的职位上去。这个阶层人数众多。属于这一阶层的那些在库斯科的太阳神庙里任职的

① 埃雷拉：《通史》，第4册，第8章。“在那个城市方圆十七里内有400多个地方奉献祭品，耗资惊人。”见翁德加多：《第一次叙述》，手稿。

② “库斯科城是诸神的宫殿，那里的每条通道、每座墙壁或每个水源都非常神秘。”见翁德加多：《第二次叙述》，手稿。

③ 《征服秘鲁居民》，手稿。的确是一支队伍，例如，正像谢萨·德莱昂所说的，位于通往智利的道路上的著名的比尔卡斯庙里的僧侣和仆役为数达四万人！（《秘鲁史》，第89章。）与这些太阳神庙有关的每件事物似乎都是庞大的。但我们很容易认为这是“四千”的笔误。

④ 原文为 Villac Vmu。——译者

人,完全来自印加王的神圣家族。各省的神庙里的主管人选自印第安贵族家庭;但是每个地区的高僧职位保留给王族人员。这一规定旨在保持信仰的纯洁性,并且防止任何违反有详细规定的庄严的仪式的情况。[①]

神职人员阶层,尽管人数众多,却没有任何特殊的标记或服 62
装与这个民族的其他人相区别。它既不是这个国家不发达的科学的唯一的保存者;也不负有教育的任务;如果可以把他们称为教区人员的话,却不担负起教区人员的职责;不像在墨西哥那样,这种职责使僧侣与广大人民联系在一起。这种特殊性的原因也许可以追溯到一个像印加贵族那样的较高阶层的存在,那个阶层出身的高贵,远远胜过一切人间的官职,以致从某种意义上说,他们独享了人民在宗教上的崇敬。实际上,他们是这个国家的神圣阶层。无疑的是,正如他们当中很多人所做的那样,他们当中的任何人都可以自行担负起神圣的任务;他们本身的标记和特权已为人们所充分理解,不需要任何进一步的标记来使他们同人民分开。

僧侣的职责限于照管庙内的事务。即使就庙内而言,他也不经常在场,因为在经过一定的期限之后,他便被他那阶层中其他同胞所代替,这些人是定期轮换的。他的知识只限于了解他那宗教的斋期和节日,以及与这些斋期和节日相应的各种不同

① 萨缅托:《最初发现》,手稿,第 27 章;《征服秘鲁居民》,手稿。据加西拉索说,只有当僧侣们是在从事庙内的事务期间,才由太阳神的财产供养他们。而在其他时候,他们要由他们自己的土地供养,如果加西拉索说得对的话,分配土地给他们的方式和分配给这个国家的其他阶层的方式一样。见《王家评论》,第 1 卷,第 5 册,第 8 章。

的仪式。这些知识虽然可能是琐碎的，但不容易掌握，因为印加王的礼仪包括一套例行的仪式，其复杂和讲究的程度，可与任何国家（无论是异教徒国家还是基督徒国家）的相比。每个月都有与之相应的一个或几个节日。四个主要的节日是与太阳神有关的，庆祝他每年行程中的伟大的时刻，夏至、冬至和春分、秋分。也许最盛大的全国性庆典是“赖米”节的仪式，它是在夏至日举行的，那时太阳神已经到达了他的轨道的最南端，然后折回，仿佛要用他的出现来温暖他的特选子民们的心。在这个节日里，来自全国不同地区的印第安贵族们蜂拥进入首都，参加这个盛大的宗教庆典。

在节日以前的三天是一个全面的斋期，家家户户禁止点火。
63 当指定的一天来到时，印加王及其朝廷，在全城居民的跟随下，于黎明前在广场上集合，迎接太阳的升起。他们穿着他们的最好的服装，印第安贵族彼此竞相炫耀身上佩戴的贵重的装饰品和宝石，而由他们的侍从给他们撑在头上的用华丽的羽毛和色彩绚丽的织物制成的罩盖，使得广场和通向广场的街道仿佛笼罩在一个巨大而宏伟的顶篷之下。他们兴奋地看着他们的神灵的来临；而在它的最初的金色光芒刚一照射到首都的塔楼和高大的建筑物时，立刻从聚集的人群中爆发出一阵欢呼，伴随着的是欢快的歌声和原始乐器的强烈的节奏，当它的灿烂的光环从东山上升起，以其全部光芒照射在它的信徒们身上时，欢呼声越来越大。在通常的礼拜仪式之后，印加王向这个伟大的神灵献酒，装酒的是一个巨大的金瓶，里面盛满了用玉蜀黍或龙舌兰酿成的酒，印加王在亲自尝过这酒后便把它分赐给他的王亲国戚。这些仪式结束后，庞大的人群排成行列，向科里坎查庙进发。[①]

当他们进入这座神圣的建筑物所在的街道时，所有的人都脱掉鞋子，只有印加王及其家属例外，他们在走过庙门时才脱鞋，除了这些尊贵的人们以外，其他人是不准进入庙门的。[②] 在经过一定时间的虔诚的礼拜之后，国王在他的宫廷人员的陪同下再次露面，然后是开始做供献牺牲的准备。秘鲁人供献的祭品为牲畜、谷物、鲜花和香胶糖；有时还以人为牺牲，在这种情况下通常是选一个儿童或美丽的少女作为牺牲者。但供献这种牺牲的情况是很少的，只用于庆祝某个重大的政治事件，例如国王加冕，王储诞生，或某次重大的胜利。在供献牺牲之后从来没有举行过人肉宴，这种人肉宴对墨西哥人或对那些被印加王征服的许多凶悍部落来说，却是司空见惯的事。的确，对于那些印第安民族来说，印加王进行的征服可以被认为是一件好事，即使只从他们反对吃人肉的习俗 64
和在他们的统治下减少了以人作为牺牲的情况来说也是如此。[③]

① 《王家法院的声明》，手稿；萨缅托：《最初发现》，手稿，第 27 章。读者可以从马蒙泰尔：《印加诸王》传奇中读到关于秘鲁的节日的主动的、并不夸张的叙述。这位法国作家从这些豪华的仪式中看到适合于他自己的文学上的夸张的东西。见第 1 卷，第 1 章，至第 4 章。

② “普通的印第安人不敢穿着鞋从太阳神大街通行，即使是尊贵大人也不能穿着鞋走进太阳神大街的房子。”见《征服秘鲁居民》，手稿。

③ 加西拉索·德拉维加断然否认印加王以人为牺牲；另一方面，他坚持说他们在他们征服的每一个曾经存在过以人为牺牲的情况的国家里，都废除了这种做法。(《王家评论》，第 1 卷，第 2 册，第 9 章，以及其他地方。)但在这个重大的事实上，与他的说法截然相反的有：萨缅托：《最初发现》，手稿，第 22 章；《王家法院的声明》；蒙特西诺斯：《秘鲁古代史》，手稿；第 2 册，第 8 章；巴尔沃亚：《秘鲁历史》，第 5 章，第 8 章；谢萨·德莱昂：《秘鲁史》，第 72 章；翁德加多：《第二次叙述》，手稿；《阿科斯塔丛书》，第 5 册，第 19 章，——而且我猜想，如果我追根究底的话，可能还要加上几乎每一个古代史

在“赖米”节里，供献的牺牲通常是骆马；祭司在把牺牲开膛之后，从显示的迹象中寻找关于神秘的未来的启示。如果预兆不吉，就要再宰一头牺牲，希望得到比较满意的预兆。秘鲁的占卜者也许可以从罗马人那里得到很大的教益——把符合国家利益的每一个兆头都认为是吉兆。[①]

然后是用一面由磨光的金属制成的凹透镜点火，这面镜子把太阳的光线聚集为一个焦点照射在一堆干棉花上，很快使之着火。这是古罗马在类似情况下使用的方法，至少在虔诚的努玛（Numa）统治时期是如此。当天空被云遮盖，信徒们看不到太阳神的脸时，就被认为是一个凶兆，于是就要用摩擦点火。这个圣火交给“太阳神的贞女们”照管；如果在一年当中由于任何疏忽而使它熄
65 灭时，就被认为是一场灾难，将给这个王国带来奇祸。[②]然后就要在太阳神祭坛上举行杀牲烧祭。这种牺牲只不过是宰杀大批骆马的前奏，这些骆马是太阳神的牲畜的一部分，它们不仅为印加王及

权威作家；其中有些人是在征服后不久来到这个国家的，当时它的原始的制度还在盛行，在这样一个问题上，这些人比加西拉索本人更应该受到尊重。作为印加人的后裔，想要给他的民族洗刷掉这样一个丑恶的污点，这是很自然的；如果他在他的国家荣誉攸关的某些场合下，使自己显得“几乎近于盲目”，我们应该宽恕他。为了对秘鲁政府公正起见，应当补充说，权威们一致承认，以人作为牺牲的情况很少，无论从次数或规模上来看都是如此，只限于正文中提到的那些特殊的场合。

① 西塞罗：《论老年》一文中写道：“当时有个算命的人敢于说出，他算出的最好的命是向共和国致敬”。应当指出，这种用挖视动物内脏的方法来占卜，在新世界各国中是罕见的例子，如果不说是唯一的例子的话，尽管这在旧世界的异教徒国家的供献牺牲的仪式中是司空见惯的。

② “他既诅咒长明之火
　他也诅咒永恒的守夜。”

普鲁塔克在他写的《努玛传》中描述了罗马人用来点燃圣火的反射镜是铜制的凹镜，但不像秘鲁人的镜子是圆形而是三角形的。

其宫廷提供了一顿宴席，而且使那些在节日里为他们注定要过的苦难生活赎罪的人们饱餐一顿。太阳神的贞女们的巧手用玉米面捏制的一个美味的面包或糕饼，也放在王家的宴席上，主持宴席的印加王用这个国家酿造的酒大杯大杯地向他的上层贵族们祝酒，然后一整天的狂欢在音乐和跳舞中于夜间结束。跳舞和饮酒是秘鲁人最喜欢的娱乐。尽管献祭在第一天就结束了，这些娱乐却继续好几天。这就是盛大的“赖米”节；这个节日以及其他类似的节日的反复出现，给这个社会的较低阶层的人们被指定从事的单调的劳动有了调剂。[①]

在这个重要的节日里分发面包和酒的做法，在那些最初来到这个国家的正统的西班牙人看来，与基督教的圣餐礼有惊人的相似之处；[②]正如在秘鲁人似乎并不经常使用的忏悔和苦行赎罪的形式上，他们看到与基督教会的另外一些圣礼巧合。[③] 一些善良的神甫们喜欢探索这样的巧合，他们认为这是撒旦的计谋，他想用

假冒基督教的神圣的仪式来诱使他的牺牲者上当。[④] 另外一些有 66

① 《阿科斯塔丛书》，第 5 册，第 28、29 章；加西拉索：《王家评论》，第 1 卷，第 6 册，第 23 章。

② “在仇恨撒旦和假想有撒旦存在的说法中，最出色的是说他不但在偶像和牺牲上进行假冒，而且在某些仪式上，在我主耶稣基督创立的我们的圣礼上假冒，而且在特别想要模仿神圣教会的一些做法时，在某种程度上模仿最高和最神圣的圣餐礼上的圣体。”见《阿科斯塔丛书》，第 5 册，第 23 章。

③ 埃雷拉：《通史》，第 5 卷，第 4 册，第 4 章；翁德加多：《第一次叙述》，手稿。“谎言之父似乎要假冒忏悔中的圣体，而且力求使他的偶像受到类似基督徒的那种仪式的崇拜。”见《阿科斯塔丛书》，第 5 册，第 25 章。

④ 谢萨·德莱昂不满足于对撒旦在印第安人的仪式中的影响和实际出现所做的许多令人惊异的叙述，还在他的书中增添了许多木刻，表示这个恶魔的具体形象，带有它通常附有的尾巴、爪子等，似乎是为了加强他的正文的说教！这位秘鲁人把它的偶像视为是神。他的基督教征服者则认为它的偶像是魔鬼。人们难以断定这二者之中谁可能是最粗俗的迷信。

不同想法的人认为，从这种相似之处中可以看出，有某些最早的福音传播者，也许是一位使徒本人，曾经来到这个遥远的地区，在他们当中散布了宗教信仰的种子。[①] 但是，似乎没有必要求助于撒旦或尊敬的圣徒的干预来说明存在于远离基督教的光辉的国家之间的巧合，而且实际上这种巧合在基督教的光辉还没有照耀世界时就已存在很多年了。比较合理的是把这种偶然的巧合之点归因于人类的普遍相同的素质和人类在精神天性上的需要。[②]

另外一个与罗马天主教制度极为相似之点表现在太阳神的贞女上，她们被称为“上帝的选民”，[③]我已经有机会提到了她们。这是一些献身于侍奉太阳神的少女，她们在年方妙龄的时候就被从她们家中带走，送到修道院中，在那里，她们被交给一些年长的妇女照管，这些妇女被称为守护太阳神庙的老处女，她们已在修道院的围墙内生活到头发花白了。[④] 在这些年高德劭的妇女的指导下，这些贞女受到了关于她们担负的宗教职责的性质的教育。她

① 研究穆伊斯卡人的历史学家彼得拉伊塔认为，这位使徒必定是圣巴多罗买，据知，他旅行的范围很广。(《格拉纳达征服史》，第 1 卷，第 1 册，第 3 章。)墨西哥的文物工作者认为圣多马曾负有开导阿拿瓦克人民的使命。因此，这两位使徒似乎是分割了新世界，至少是分割了其中开化的部分。他们是怎么来的，是通过白令海峡，还是直接横渡大西洋，我们无从知晓。贝拉斯科——一个 18 世纪的作家！——却肯定他们确曾来过。见《基多历史》，第 1 卷，第 89、90 页。

② 在《墨西哥征服史》的附录一中，举了一些例子说明这个问题，因为在那个国家里的一些相同的习俗被征服者们得出了相同的轻率的结论。

③ “那幢房子被称做选美宫，那些女人或是因为其门第高贵，或是因其容貌不凡而被选进宫里来的。”见加西拉索：《王家评论》，第 1 卷，第 4 册，第 1 章。

④ 翁德加多：《第一次叙述》，手稿。mamacona 这个词的意思是“年长妇女”；这个混合词的前半截 mama 正如已指出的，意为“母亲”。见加西拉索：《王家评论》，第 1 卷，第 4 册，第 1 章。

们从事纺织和教育，并用优质的骆马毛给神庙织帘帐和给印加王
及其家属织衣料。[①] 她们最重要的职责是看管在“赖米”节上点燃 67
的圣火。从她们进入这个建筑物的时刻起，她们便被切断了与外界的一切联系，甚至与她们的家人和亲友的联系。除了印加王和“科娅”（王后）之外，任何人不得进入这个圣洁的地区。对她们的品行给予了极大的注意，每年都要派观察员检查这些设施，并报道她们的训练情况。[②] 被发现有私情的少女就会大祸临头！根据印加王的严厉的法律，她要被活埋，她的情人要被绞死，这个情人所属的城镇或村庄要被夷为平地，并要“撒满石头”，仿佛是要抹掉对他的存在的任何记忆。[③] 人们惊奇地看到，在美洲印第安人的制度与古罗马和现代天主教的制度之间有如此相似之处，贞操和纯洁是女人的美德，这一点对野蛮人和对文明人来说都是一样的；然而关在这些宗教寺院里的人们的终极目的却有很大的不同。

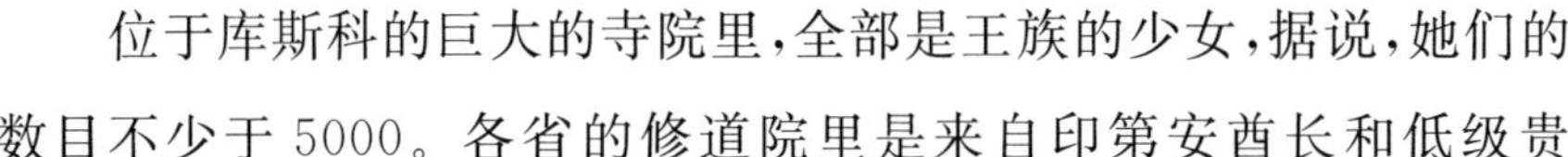

位于库斯科的巨大的寺院里，全部是王族的少女，据说，她们的数目不少于 5000。各省的修道院里是来自印第安酋长和低级贵

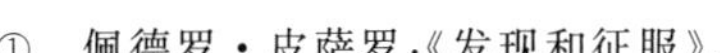

① 佩德罗·皮萨罗：《发现和征服》。

② 《王家法院的声明》，手稿。

③ 巴尔沃亚：《秘鲁历史》，第 9 章；费尔南德斯：《秘鲁历史》，第 2 卷，第 3 册，第 11 章；加西拉索：《王家评论》，第 1 卷，第 4 册，第 3 章。据这位印加历史学家说，循规蹈矩的贞女们从未有过一次过错来触犯这种酷刑；但他使我们相信，如果触犯了的话，国王是会“严格按照规定执行，毫不犹豫，就像他要淹死一条小狗那样”。（《王家评论》，第 1 卷，第 4 册，第 3 章。）相反，别的作家争辩说，这些贞女很难赢得贞洁的声名。（见佩德罗·皮萨罗：《发现和征服》，手稿；戈马拉：《美洲史》，第 121 章。）这种责难对无论是异教徒的还是基督教的寺院中的贞女们都是非常普遍的。在这个例子上却遭到了大多数有最好的机会了解真相的人们所做的相同的证词的驳斥，而且由于印加王所享有的人们对他的迷信式的尊敬，使这种责难特别成为不可能。

族的女儿，偶尔也有来自下层人民的姑娘，如果她长得非常漂亮的话。[①]“太阳神贞女院”由一些不高的石建筑物构成，占地很广，四周围以高墙，使里面的人无法被外界看到。贞女院为贞女们提供
68 了一切舒适的条件，并且装饰得如同印加王的宫殿和神庙那样富丽和豪华；因为它们得到政府的特别关心，把它们视为宗教建筑的一个重要部分。[②]

然而这些寺院里的所有居民的生涯并不限于狭小的围墙之内。她们虽然是太阳神的贞女，也是印加王的新娘，在达到结婚年龄时，其中最漂亮的被选去给他侍寝，并被迁往王宫的后宫中。这样的人的总数有时不仅达到几百，甚至达到几千，她们全都居住在全国各地的印加王的各宫殿中。当印加王决定减少他的家庭成员的数字时，那些被他遣散的姬妾不是回到原来的修道院，而是回到自己的家中；在那里，无论她原来的出身多么卑贱，她仍然维持着尊严，不但决没有因她曾处的地位受到屈辱，而且仍被普遍尊敬为印加王的新娘。[③]

秘鲁的上层贵族们和他们的君主一样，可以拥有很多姬妾。一般地说，无论是由于法律规定还是由于比法律更有力量的实际需要，普通人比较适于只限有一个妻子。举行婚礼的方式属于一种非常原始的性质，就像这个国家的其他一些制度一样。在一年当中一个指定的日子里，所有那些达到结婚年龄——是指有能力

---

① 佩德罗·皮萨罗：《发现和征服》，手稿；加西拉索：《王家评论》，第 1 卷，第 4 册，第 1 章。

② 加西拉索：《王家评论》，第 1 卷，第 4 册，第 5 章；谢萨·德莱昂：《秘鲁史》，第 44 章。

③ 《王家法院的声明》；加西拉索：《王家评论》，第 1 卷，第 4 册，第 4 章；蒙特西诺斯：《秘鲁古代史》，第 2 册，第 19 章。

负责一个家庭而言，男的规定不小于 24 岁，女的为 18 岁或 20
岁——的人都被召集到全国各地的各自的城镇或乡村的广场上。
印加王亲自主持他自己的亲属的结婚集体，拉住一对对行将结合
的男女的手，把他们的手放入对方的手中，宣布他们成为夫妻。
“印第安酋长”用同样的方式对待他们自己的人或在他们的地区内
的较低阶层的人。这是秘鲁的简单的结婚方式。任何人不准在他
所属的社区之外选择妻子，这个社区一般包括他自己的所有亲
人；[①]而且除印加王以外，任何人无权违反自然规律——或者至少 69
是各国的习惯法——以致同自己的姐妹结婚。[②] 未经父母同意的
婚姻不得视为有效；据说，也要听取结婚双方的选择意见；但是，由
于有候选人的规定年龄所带来的障碍，这种选择必然要受到狭隘
的和苛刻的范围的限制。由地区出钱给新婚夫妇准备住所，并且
分配给他们一份维持生活的规定数额的土地。秘鲁的法律不仅看
到现在，而且想到将来。它不让人们听天由命。在这简单的结婚
仪式之后是双方亲友的普遍庆祝，这要延续几天；而且由于所有的
婚礼都在同一天举行，而且由于每个家庭几乎都有某个成员或亲
人牵涉在内，因而全国各地都在举行一个普遍的婚姻庆典。[③]

① 按照加西拉索的说法，严格地从法律的字面上来说，任何人不得与自己的世系以外的人结婚。但是对这条狭隘的规定有最灵活的解释，他让我们相信，所有属于同一村镇，甚至属于同一省的人，都被认为彼此是亲人。见《王家评论》，第 1 卷，第 4 册，第 8 章。

② 这种做法与我们的感情格格不入，可以被认为是违反自然规律的。但是，不要把它视为印加王所独有，因为它受到几个最文明的古国的支持。

③ 翁德加多：《第二次叙述》，手稿；加西拉索：《王家评论》，第 1 卷，第 6 册，第 36 章；《王家法院的声明》；蒙特西诺斯：《秘鲁古代史》，第 2 册，第 6 章。

在印加王统治下有关婚姻的不寻常的规定，突出地说明了政府的才能；政府远不是把自己限于管理公共事务，而是深入到家庭生活的最隐秘的方面，不让任何人（即使是卑贱的人）自己为自己照管那些只有他本人，或至多只有他的家庭可能感兴趣的事。任何秘鲁人不会低下到不为政府所关心。任何人也不会高贵到不认为自己在生活的各个方面都要依赖政府。他作为个人的存在被融化在社会的存在中。他的希望和担心，他的快乐和忧伤，他的性格中最微小的同情心，所有这些自然而然地是最难于察觉的东西，全都由法律加以规定。他甚至不容许以自己的方式欢乐。印加王的政府是最宽容的，但也是最严酷的专制政府。

第　四　章 70

教育——结绳文字——天文学——农业——水渠——鸟粪——重要的食物

“科学不是供人民所用；而是供那些出身高贵的人们所用的。出身低贱的人们只会因科学而自鸣得意，并因而傲慢和自满。这种人也不应干预政府事务；因为这会使高级职务蒙受耻辱，并给国家带来损害。”[①]这是人们经常重复的最著名的秘鲁君王之一、图帕克·印加·尤潘基的名言。看来似乎奇怪的是，这样的一句名言竟会在新世界受到赞扬，那里已经建立了前所未有的规模广泛的平民制度：那里的政府完全依靠人民；而且，至少就这个大陆的广大的北部地区而言，教育的目的主要是为了使人民能够担负政府的职责。然而这一名言却非常适合秘鲁王朝的特点，并且可以作为了解其传统政策的钥匙；因为，在它不倦地关心其臣民，给他们提供物质必需品的同时，还关心他们的道德，并且处处表现出父

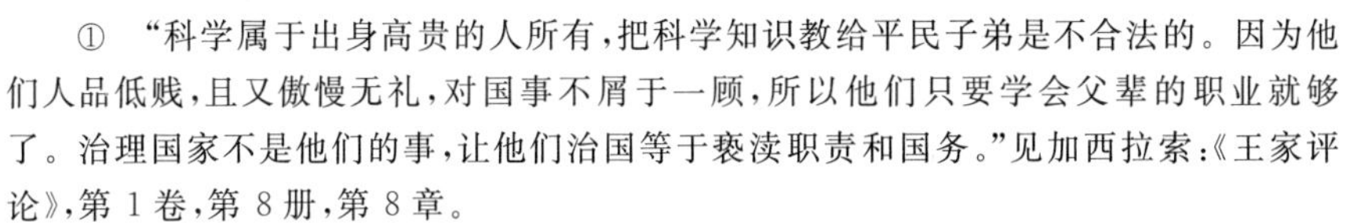

① “科学属于出身高贵的人所有，把科学知识教给平民子弟是不合法的。因为他们人品低贱，且又傲慢无礼，对国事不屑于一顾，所以他们只要学会父辈的职业就够了。治理国家不是他们的事，让他们治国等于亵渎职责和国务。”见加西拉索：《王家评论》，第 1 卷，第 8 册，第 8 章。

母对子女般的疼爱，但它只把他们当成是孩子，永远不会脱离被监护的状态而自己采取行动或思考，他们的全部责任被理解为是必须绝对服从。

这就是印加王统治下的人民所处的屈辱状况，然而很多王族家庭却能享受这个国家的文明所能提供的一切教育；而且在征服以后很久，仍然能够指出哪些地方曾是对他们施教的书院。这些书院由“阿毛塔”[①]或“智叟”掌管，这些人垄断着秘鲁人掌握的那
71 点贫乏的科学——如果可以称之为科学的话——并且是青年人的唯一的教师。国王非常关心对他自己的亲人、年轻的贵族的教育，这是很自然的。据说有几位秘鲁王子把自己的宫殿建造在学校附近，以便他们能够就近上学和听他们的“智叟”讲课，这些人经常在讲课中掺进自己的说教。[②] 在这些学校里，王族的学生们受到了他们的教师所精通的各种不同知识的教育，特别是有关他们日后生活中将要担任的职位的知识。他们学习法律和管理政府的原则，他们当中很多人是要参加政府的。他们首先学习的是他们的宗教的特殊礼仪，这对那些将要担任神职的人来说是非常必要的。通过听“智叟”编辑的编年史的讲课，他们也学会要仿效他们的王族祖先所取得的成就。他们学习用纯洁而优美的方式讲自己的方言；而且他们开始熟悉神秘的结绳文字学，这种文字使秘鲁人有了彼此沟通思想和把这些思想传给后代的工具。[③]

① 原文为 amautas。——译者

② 印加王的后裔指出他当时仍能见到的他的王族祖先的两座宫殿的遗迹，这些宫殿建在学校附近，以便上学。

③ 加西拉索：《王家评论》，第 1 卷，第 4 册，第 19 章。

结绳文字是一根长约两英尺的绳子，由各种不同颜色的线紧紧搓捻在一起而成，从绳上垂下许多小线头，像穗子一样。这些线头有各种不同颜色，并打成结头；实际上，“quipu”这个词的意思就是“结”。各种颜色代表有形的物体；例如，白色代表银，黄色代表金。它们有时代表抽象的概念；例如，白色代表和平，红色代表战争。但是结绳文字主要用于算术运算。绳结用来代替数字，其组合的方式可以表示他们所需的任何数量。用这些方式，他们可以迅速进行运算，最初访问这个国家的西班牙人证明他们运算的准确性。[①]

每个地区都设立了名称为“基普卡马尤斯”[②]（“结绳文字保管人”）的官员，要求他们向政府提供有关各种重要事物的情报。一位 72
官员负责税收，报告把原料分配给劳动者的数量，用原料织出的织品的质量和数量，以及向王家仓库缴纳各种储藏品的数量。另一位官员负责登记出生和死亡，婚姻，适于当兵的人数，以及与王国的人口有关的其他详细情况。这些报告每年都要送往首都，由那些掌握了辨认这种神秘的记录技术的官员们加以检查。就这样，政府获得了大量有价值的统计资料，而收集起来并妥善保存的一束束的各种颜色的线头，就构成了可以称之为国家档案的东西。[③]

① 《征服秘鲁居民》，手稿；萨缅托：《最初发现》，手稿，第 9 章；《阿科斯塔丛书》，第 6 册，第 8 章；加西拉索：《王家评论》，第 1 卷，第 6 册，第 8 章。

② 原文为 quipucamayas。——译者

③ 翁德加多对这些简单的记录能够表示许多物品这一点表示十分惊讶，“没有看到它们的人是很难相信的。在那个城市里，有许多印加王、教会和政府的老军官。还有一件东西不亲眼看一看是不会相信的：在绳结上记录着各种法律条令、王位接替和执政的时间，也记录着各位国王所做的许多事情。甚至我还大体上了解到每个王朝颁布的法令。”（《第一次叙述》，手稿。并见萨缅托：《最初发现》，手稿，第 9 章；《阿科斯塔丛书》，第 6 册，第 8 章；《加西拉索丛书》，第 1 卷，第 6 册，第 8、9 章。）在秘鲁的某些地区还可以找到结绳文字的遗迹，那些地区的牧羊人用这种古老的算术来计算他们的为数众多的牲畜。

但是，结绳文字虽然可以满足秘鲁人所需的一切算术上的运算，但它们不能表示用文字表示的多种概念和形象。然而，即使在这方面结绳文字的发明也不无用处。因为，不论是在直接表示简单的物体方面，甚至在很有限的程度上表示抽象的概念方面，它通过联想的方式对记忆很有帮助，正如上文已经指出的那样。在这方面，特定的结头或颜色用来暗示它无法表示的东西；借用一位古代作家的简朴的说法，就像十诫中戒条的条数使人想起该条的内容一样。这样使用的结绳文字可以被认为是秘鲁的记忆法规律。

每个主要的村社里都指定有编年史官，其任务就是记下村社里发生的最重要的事件。其他较高级的官员，通常是“智叟”，受权记下帝国的历史，并被选来记录当代印加王或其祖先的大事。[①]
73 这样记下的叙述只能口头相传；但是结绳文字可以帮助史官设法把事件编排，并唤起他的记忆。故事一旦铭记在头脑中，通过经常重复而深深印在脑海。“智叟”向他的学生们重述这些故事；历史就以这种方式一代一代传下来，一方面是口头相传，一方面是用一些任意制定的标记相传，在细节上有很多不一致的地方，但在总的事实轮廓上是一致的。

秘鲁的结绳文字无疑是拼音字母的粗劣的代用品，字母是一项漂亮的发明，它用几个简单的符号来表示声音而不是表示概念，就能传达人们头脑中闪过的任何复杂的思想。秘鲁的结绳文字实际上远远低于象形文字，甚至低于阿兹特克人的粗糙的图画文字；因为后面这种文字虽然不能表达抽象的概念，却能相当准确地描

① 《第一次叙述》，手稿，上文提到之处。

绘出有形的物体。显然这两个国家彼此完全隔绝，以致秘鲁人不能仿效墨西哥人的象形文字系统，而且尽管有龙舌兰生长在南美洲，本来可以向他们提供阿兹特克人用来制作地图的那种原料，情况却仍是如此。①

一想到各个民族在摆脱不开化状态时为了使自己拥有某种记录思想的符号而进行的努力，不能不令人感兴趣。这种符号是神秘的媒介，个人的思想通过它可以与整个社会的思想交流。缺乏这样一种符号就会极大地阻碍文明的进步；如果把具有永恒的性质的思想禁锢在作者的头脑中或与他接触的少数人的头脑中，而不是把它传播开来让它启发千千万万的人和尚未出生的后代人，那将是多么可惜的事！这样一种符号不仅是文明的一个必要因素，而且它可能被认为是衡量文明的标准；因为一个民族在思想上 74
的进展几乎是与交流思想的工具并驾齐驱的。

然而我们必须注意不要低估秘鲁的结绳文字的实际价值；也不要认为结绳文字在一个熟练的本地人手中如同在我们手中一样只是一件笨拙的工具。我们知道习惯在一切机械动作中所起的作用，西班牙人经常证明秘鲁人在这方面的灵敏和准确。他们的技巧并不比我们的这样一种能力更令人惊奇，这种能力是，习惯使我们能够一眼就看出包含有几千个单独的字母的一页印张的内容，尽管每个字母都需要眼睛辨认清楚，而且也需要不打断读者的思

① 《第一次叙述》，手稿，上文提到处；《王家法院的声明》，手稿；萨缅托：《最初发现》，手稿，第 9 章。然而必须承认，结绳文字与贝壳、数珠串有某些相似之处，这种数珠串由一些染了颜色的数珠串在一起而成，北美的部落常用这种方法来追记协议的事项或作其他用途。

路。当我们想到这种结绳文字提供了一个大国的事务所需的计算工具时，而且当我们想到它们尽管并不完善，但在很大程度上起到了书面文字能起的作用时，我们一定不要轻视结绳文字的发明。

记录每年的国家大事的职责，并不完全限于由“智叟”担负；人们认为，部分地是由“阿拉维克”或诗人担负，他们把最突出的事件选为他们的诗歌或歌谣的题材，在王家的节日和印加王的宴席上歌唱。① 一种传统的吟唱诗体就以这种方式产生，就像英国的和西班牙的歌谣一样。许多原始的部落头领的名字，由于没有史官记录，本来可能湮没无闻的，通过这种歌谣就在粗犷的曲调声中传给了后代。

但是不要认为历史通过与诗歌的这种联系而有很大的收益；因为诗人的领域扩大到一个理想的境界，其中充满各种形式的幻想，与原始的生活现实毫无共同之处。可以认为，秘鲁的历史多少表现出这种联系的结果，因为直到最近时期的历史都笼罩着一种神秘的色彩，就像在领路者前面有一层迷雾一样，使人很难分清事实和虚构。

诗人发现美妙的“克丘亚”②方言是适合他的用途的一种方便的
75 工具。我们已经谈到印加王采取非常措施在整个帝国内推行他们的语言。由于这种语言在最边远的省份里得到采用，它就增加了许多外来的词语和惯用语，这些词语在宫廷和富有诗意的文化的影响下，如果我可以这样说的话，逐渐融合成一个和谐的整体，就像某些

---

① “阿拉维克”原文为 haravecs 意为“发明者”或“发现者”；无论从名称或从任务来看，吟唱诗人都使我们联想到诺曼的行吟诗人。

② 原文为 Quichua。——译者

精巧的镶嵌图案是由一些粗糙的和支离破碎的材料组成的一样。“克丘亚”语成了最容易理解、最丰富和最优美的南美洲语言。[①]

除了已经提到的作品以外，据说秘鲁人在戏剧表演上也显示了某些才能；这里指的不是那些乏味的哑剧；而是那些只能用眼睛观赏的哑剧，它曾经是不止一个原始民族的娱乐。秘鲁演出的节目似乎达到了戏剧作品的水平，有人物和对话，有时是悲剧性的主题，有时从它们的轻松性和社会性来看，属于喜剧。[②] 对于这些作品的演出，我们现在无法加以判断。这种演出也许是非常粗糙的，这符合一个未开化的民族的情况；但是无论这种演出的情况如何，单是有这种娱乐的概念这一点，就证明秘鲁人民比其他美洲民族要文明一些，因为那些民族的娱乐就是战争，或者是反映战争的凶残的游戏。

事实上，秘鲁人的智能似乎表现在一种要求精美的倾向上，而不是表现在一些更坚韧的品质上，这些品质是在一些比较严肃的科学领域取得成功的保证。在这方面，他们落后于新世界的几个半开化民族。他们有某些地理知识，这是就与他们的幅员辽阔的 76

① 翁德加多：《第一次叙述》，手稿。萨缅托正确地惋惜说，他的同胞们使这种方言如此的弃置不用，而它本来是可以大有助于他们与这个帝国的庞杂的部落进行交往的。“我要重申，操讲这种语言的西班牙人已得到最大的好处，他们可以到处走动而不会遇到麻烦，不过有的地方已经不再使用此种语言了。”见《最初发现》，第 21 章。根据贝拉斯科的说法，印加王在率领其征服军团到达基多时，惊奇地发现那里有人操讲“克丘亚”语言，尽管在这个中间国家的大部分地区无人知晓；此事如果属实也是非常奇特的。（《基多历史》，第 1 卷，第 185 页。）作者是在该国土生土长的，能够接触到一些珍贵的材料来源；他的奇妙的著作表明基多人民和秘鲁人民之间在科学和社会制度方面有内在的相似之处。但是他的著作表现出明显地急于把他自己国家的权利放在最突出的地位，而且他常常充满信心地提出一些大胆的看法，没有很好地考虑要使读者信服。

② 加西拉索：《王家评论》，上文所指处。

帝国有关的而言；而且他们制作了一些地图，上面用一些凸起的线来表示边界和地区，原则上与以前盲人所用的地图相同。在天文学上，他们似乎只取得了中等的成就。他们把一年分为十二个阴历月，每月都有自己的名称，以其相应的节日来区分。① 他们也有星期，但每星期多长，是七天，九天或十天，不能肯定。由于他们的阴历年必然比实际的一年要短，他们就用观察太阳来校正他们的历法，这种观察方法是在库斯科周围的高地上竖立若干圆柱，供他们记录方位之用；并且用测量这些柱子的影子长度的方法，来确定夏至和冬至的准确时间。他们借助于一根单独的标柱或标杆来确定春分和秋分的时间，这根标柱竖立在一个圆圈的中心，这个圆圈划在大庙范围内，并划有一根自东向西横贯圆心的直径。当正午的太阳光照射下几乎看不到柱子的影子时，他们说"太阳神和它的全部光芒都坐在柱子上了"。② 正处于赤道上的基多，中午时太阳的垂直光线没有影子，它就受到特别的尊敬，被认为是这位伟大的神灵最喜欢居住的地方。春分和秋分这两个节气受到群众欢乐的庆祝。那根标柱顶上摆上了太阳神的金椅，而且，在这两个节气和在夏至日与冬至日，所有的柱子都挂上花环，并且向它们供献鲜花和鲜果，同时全国举行盛大的狂欢。秘鲁人通过这些节日来制定他们的宗教礼仪和仪式，并且规定他们的农业劳动的性质。一年

---

① 翁德加多：《第一次叙述》，手稿。费尔南德斯与大多数权威的意见不同，说一年是从 June(6 月)开始的。他谈到了几个月份的名称，以及与这些名称有关的农业活动。见《秘鲁历史》，第 2 卷，第 3 册，第 10 章。

② 加西拉索：《王家评论》，第 1 卷，第 2 册，第 22 章至第 26 章。西班牙征服者推倒了这些柱子，认为它们是印第安人的偶像崇拜的产物。在他们与印第安人之间，究竟谁最适宜戴上野蛮人的称号呢？

在冬至之日结束。[①]

这点贫乏的叙述几乎包括了流传给我们的关于秘鲁人的天文 77
学的一切。看来似乎奇怪的是，一个已经在观测方面有了这样一些进展的民族没有取得更大的成就；而且，尽管它的文明全面发展，却在这门科学上不仅远远落后于墨西哥人，而且落后于与他们同样居住在广大的南部高原上的穆伊斯卡人。后者制定他们的历法时使用的关于周年和各种周期的总的计划与阿兹特克人所用的相同，然而更接近于亚洲人所推行的制度。[②]

人们可能曾经期望，作为太阳神的子女的印加人，本应对天象进行了特殊的研究，并在制定历法时所根据的原则，应该与他们的半开化的邻人所根据的原则同样科学。的确，有位历史学家让我们相信，他们在计算他们的年时把每十年、一百年和一千年各规定为一个周期，并根据这些周期来制定他们的年表。[③] 但是，这种说

---

① 贝坦索斯：《印加全书与故事集》，手稿，第 16 章；萨缅托：《最初发现》，手稿，第 23 章；《阿科斯塔丛书》，第 6 册，第 3 章。矗立在佛罗伦萨大教堂的圆顶上的欧洲最著名的标杆是由著名的托斯卡内利在公元 1468 年左右竖立的，目的是为了确定至点，并规定教会的节日。竖立的时间也许与南美印第安人的类似的天文设施的竖立的时间相距不远。见蒂拉博斯基：《意大利文学史》，第 6 卷，第 2 册，第 2 章，第 38 节。

② 巴拿马主教彼得拉伊塔在他的《新格拉纳达征服通史》（马德里，1688 年）一书的头两卷中对这些有趣的人作了不很充分的叙述——然而，也许是做到了权威们能够做到的那样充分的叙述。洪堡幸运地获得了一位居住在波哥大的圣菲的西班牙教会人士编写的有关穆伊斯卡人的历法的手稿，这位普鲁士哲学家对这部手稿做了大量的明白易懂的分析。见《山脉风光》，第 244 页。

③ 蒙特西诺斯：《秘鲁古代史》，第 2 册，第 7 章。他改进了即将失传的历法计算法。在他统治的年代里，一年定为 365 天零六小时，除了年又建立十年制单位，一百年定为一个世纪，十个世纪为一个“卡帕乔亚塔”，亦即一千年，也就是太阳宏年。以后各个国王统治的年代和重大事件发生的时间就是这样记录下来的。

法的本身虽然并非不可能，但只凭一个作者所说，没有经过考证，而且由于所有更高和更早的权威都没有谈及此事，以及由于缺少在其他美洲国家里发现的那种标志来证明这种历法的存在，因而这种说法的可靠性就被抵消了。秘鲁人的短处也许可以从这样一个事实得到部分的解释：即他们的僧侣全部来自印加王的家族，这是一个享有特权的贵族阶层，他们用不着以较高的学问来使自己形成一个小圈子，不让平民进入。阿兹特克族的僧侣拥有的很少一点真正的科学使他们掌握了一把揭开天象的秘密的钥匙。他们
78 所依赖的那种玄妙的占星术，使得人们认为他们本身就具有某种神圣的性质。但是印加的贵族生来就是神圣的；奇妙的占星术研究对未开化的头脑本来是具有很大吸引力的，却引不起他们的兴趣；在秘鲁，唯一宣称有权预卜神圣的未来的人是那些巫师，这些人用一些治疗疾病的医术与他们的符咒相结合，很像许多印第安部落中的魔法师一样。但是，除了在下层阶级当中以外，这种职务的名声不佳，只留给那些年老或体弱不能胜任生活中的实际工作的人担任。[①]

秘鲁人有关于一两个星座的知识，并且观察了金星的活动，正如我们已经谈到的，他们为金星设有祭坛。但是他们对天文学基本理论的无知表现在他们关于日食和月食的概念上。他们认为日食和月食是行星的重大失常现象；每当月亮在这种神秘的月食中

① 他们奉命指定一些人充当巫师，在他们当中这是一种公开的、人人熟知的职业……人们却不把它当做一种工作，因为除了老头老太太和失去劳动能力的人，如独臂人，瘸子或瘫痪者外，其他任何人都不得从事此项职业。见翁德加多：《第二次叙述》，手稿。

艰难地行进时，他们就响起他们的乐器，并且向着天空大叫和哀号，想使她摆脱困境。这种幼稚的想法与墨西哥人表现在用象形文字绘写的天体图上的真正的知识形成了鲜明的对比，那些天体图明确地指出了这种现象的真正原因。①

但是，如果说印加人在探索天象方面不那么成功的话，应该承认他们在驾驭地球上胜过所有其他的美洲民族。他们的耕作方法真可以称得起是科学的。这是他们的政治制度的基础。由于没有对外贸易，农业就给他们提供国内交易的产品，供给他们的生活和提供税收。我们已经谈到他们关于把土地平均分配给人民的重大规定，同时他们要求除了特权阶层以外的每一个人从事耕作。印加王本身不惜亲自做出榜样。在每年的盛大节日之一里，他由宫廷人员陪同前往库斯科郊区，并且在全体人民面前用一个金色的 79
犁——或一个用于这一目的的工具——翻开土地，以此把农业奉为太阳神的子女可以从事的一种神圣的职业。②

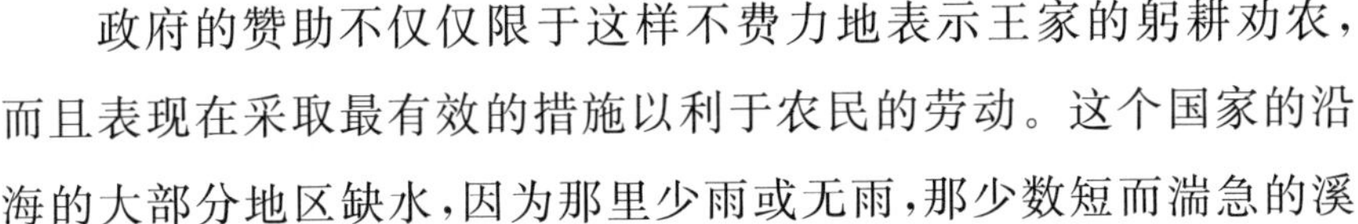

政府的赞助不仅仅限于这样不费力地表示王家的躬耕劝农，而且表现在采取最有效的措施以利于农民的劳动。这个国家的沿海的大部分地区缺水，因为那里少雨或无雨，那少数短而湍急的溪

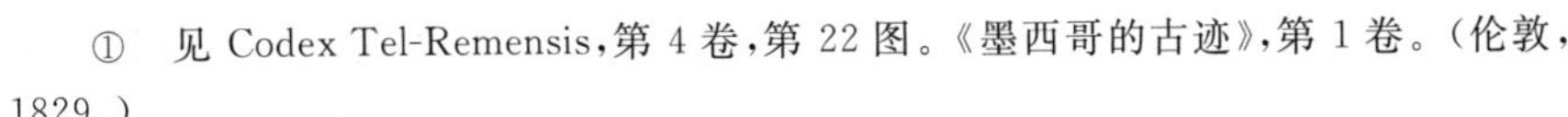

① 见 Codex Tel-Remensis，第 4 卷，第 22 图。《墨西哥的古迹》，第 1 卷。（伦敦，1829。）

② 萨缅托：《最初发现》，手稿，第 16 章。在这些盛大的节日里，贵族们似乎也效法他们的主子的榜样。“其他节日都过去了，在最后一个节日里，大家扛来了犁耙（古时为金制）。祈祷之后，印加王接过犁耙，破土翻耕，其他领主也跟着干了起来，这是为了以后在他们自己的领地里，人们能像他们一样耕种土地。如果印加王不首先破土犁地，印第安人就不敢这样做甚至不会相信土地会长出东西来。”——《征服秘鲁居民》，手稿。

流从山上奔腾而下，对广大的地区只能起非常有限的作用。的确，大部分土地是贫瘠的沙地，但是，很多地方可以改造，而且实际上只需要适当地灌溉一下就可以得到很好的收成。对这些地方是用运河和地下管道输水的，规模非常宏大。这些管道由大块的砂石板砌成，没有水泥但是结合得很牢固，并且通过暗沟或水闸排出足够的水湿润它们所经之处的低洼土地。有些地下管道很长。经过孔德苏尤地区的一条管道长度为四百至五百英里。水是从某些位于山区中心的高地湖泊或天然水库中引来的，并在流经山坡的途中，由位于这些地方的池塘不时加以补充。在这样往下流时，有时要在山崖上凿出一条通道，但又没有铁器的帮助；还要绕过挡路的山，穿过河流和沼泽；总之，要遇到他们在修筑大路时所遇到的同样的困难。但是，秘鲁人似乎乐于与自然界的困难搏斗。在卡哈马尔卡附近，仍然可以看到一条隧道，这是他们在山中开凿的，为的是给湖水一个出口，因为在雨季，湖水涨到的高度会给这个国家带来洪水泛滥的危险。①

80 印加人的这些有效益的工程大部分被他们的西班牙征服者毁坏了。在有些地点，水流仍然经过那静悄悄的地下管道，但其曲折的途程及其源头已没有人去探索。另外一些管道虽已部分地损坏并被垃圾阻塞，和被土地上的一行行的植物所掩盖，但是不时出现

① 萨缅托：《最初发现》，手稿，第 21 章；加西拉索：《王家评论》，第 1 卷，第 5 册，第 24 章；史蒂文森：《南美居留二十年记》，（伦敦，1829）第 1 卷，第 412 页；第 2 卷，第 173、174 页。“农民在水渠的不同地段把水引向高地和低地，或引向山谷中的土丘和坡面。峡谷中有许多水渠迂回曲折，在这里漫游，就像在清新的园田和幽静的树林中信步，简直乐趣无穷。”见谢萨·德莱昂：《秘鲁史》，第 66 章。

的一片片肥沃之地仍然显示出了它们所经的路线。这些就是在纳斯卡河谷的遗迹，那是一个处于漫长的沙漠地带中间的富饶之地，那里有印加人修筑的古代水道，深度为四或五英尺，宽度为三英尺，由不用水泥砌造的大块石头构成，从无人知晓的远处而来。

当局最大限度地关心使水流所经之地的每一个土地占有者都能从中受益。分配给每个人的水量是由法律规定的；而且王室的视察员要监督水量的分配，保证使这种分配完全适合于土地的灌溉。[1]

秘鲁人在把耕作技术引进到他们国家的山区部分的规划上，表现出同样的进取精神。许多山冈上虽然覆盖有厚实的泥土，但是过于陡峭，无法耕种。他们把这些山冈开垦成梯田，外面砌上坚石，有规律地逐渐收缩直到山顶。这样，围绕山麓的最下面的那一块带状土地，或者如西班牙人所称的“安登”[2]，可能大到几百英亩，而最上面的一块则小到只能栽种几行玉米。[3] 有些高地有大
量坚硬的石头，以致在开垦成梯田后必须盖以很深的泥土才能适 81
合农夫耕种。秘鲁人就是以这样不倦的劳动同他们国家地面上出现的可怕的困难搏斗！没有使用欧洲人所熟悉的工具或机械，每

① 佩德罗·皮萨罗：《发现和征服》，手稿；《米勒将军的回忆录》，第 2 卷，第 220 页。

② 原文 Anden。——译者

③ 米勒猜想正是因为这些“安登”才使西班牙人把南美洲的山脉命名为安第斯（《米勒将军的回忆录》第 2 卷，第 219 页）。但是这个名称比征服这个殖民地本身还要早。根据加西拉索的说法，他追溯到 Anti（安第）这个词，这是库斯科以东地区的一个省名（《王家评论》第 1 卷，第 2 册，第 11 章）。Anta（安塔）这个词是铜的意思，在这个国家的某些地区盛产此物，即使不是直接对这些山岭的命名，也很可能是对该省份的命名。

个个人所能做的很少；但是采取巨大的集体行动，而且朝着共同的方向，他们以不屈不挠的坚忍取得成就，试图做到甚至使欧洲人感到惊愕的事。[①]

他们用经济的耕作方法使多岩石的山脉免于贫瘠之苦，他们又以同样的精神挖掘山谷中的干燥的土地，力求在那下面可能找到某些天然的湿土层。这样挖掘出来的凹地被西班牙人称为“奥亚”[②]或“坑”，面积很大，通常有一英亩多，深达十五或二十英尺，地内周围用土坯“阿多贝”[③]（或在阳光下晒干的砖）砌成墙。凹地的底部很好地施以有高肥效的沙丁鱼——在沿海可以大量捕获的一种小鱼——种上某种谷物或蔬菜。[④]

秘鲁的农民非常熟悉各种不同的肥料，并大量加以使用；这种情况在热带富饶的土地上是罕见的，其他地方的美洲原始部落也没有这样做。他们大量施用“瓜诺”[⑤]，这是一种珍贵的海鸟粪，近来已经引起欧洲和我国的农业学家们的极大注意，其刺激作用和肥料价值是印第安人所深知的。这些海鸟粪在沿海的许多小岛上大量堆积，看上去像是一些高耸的山冈，山冈外面覆盖一层盐碱壳，使征服者把它们取名为“雪山”。

---

① 《米勒将军的回忆录》，见上文；加西拉索：《王家评论》，第 1 卷，第 5 册，第 1 章。

② 原文为 hoyas。——译者

③ 原文为 adobes。——译者

④ 谢萨·德莱昂：《秘鲁史》，第 73 章。这些古老的凹地遗址，仍然使现代的旅游者惊叹不已。见史蒂文森：《南美居留记》。第 1 卷，第 359 页；并见麦卡洛克：《研究》，第 358 页。

⑤ 原文为 guano。——译者

印加王采取了经常的措施保证使农民能从这项重要物资中受益。他们把沿岸各小岛指定给小岛附近的各个地区使用。如果是一个大岛就分给几个地区使用，彼此之间的界线划分得很清楚。82
侵犯他人权利时要受到严厉的惩罚。而且他们用严酷的刑罚保证海鸟的生存，就像英国的诺曼专制君主保护他们的禁猎物一样。在海鸟孵化季节，任何人不准登上岛屿，否则要处死刑；而且在任何时候杀死海鸟也要受同样的刑罚。①

由于有农业科学上的这一发展，可能使人们认为秘鲁人有使用犁的某些知识，因为在东方大陆的原始民族中，犁是得到普遍应用的。但是他们既没有旧世界有的那种铁犁铧，也没有拉犁的牲口。实际上，新世界到处都没有这种牲口。他们使用的工具是一根坚硬的削尖了的木桩，在距尖头十或十二英寸的地方有一根平的横木穿过，耕种者可以把脚踩在横木上，将木桩踩入土中。六个或八个身强力壮的男人用绳子与木桩拴在一起，用力拉着木柱前进。他们一齐拉，并在移动时唱着他们的民歌使得步调一致，唱歌时有妇女们应和，她们跟在他们后面用耙子打碎翻起来的土块。松软的土地没给人们带来多大阻拦；劳动者由于长期的操作而达到熟练的程度，使他能以惊人的技巧把土地翻耕到所需的深度。这种犁的代用品只不过是一种粗糙的制作，但它作为美洲当地居民唯一的这类标本来看是奇妙的，而且也许并不亚于欧洲征服者用来代替它的木制工具。②

---

① 《阿科斯塔丛书》，第 4 册，第 36 章；加西拉索：《王家评论》，第 1 卷，第 5 册，第 3 章。

② 加西拉索：《王家评论》，第 1 卷，第 5 册，第 2 章。

印加王通常的政策是，在给一片沙漠地带提供了灌溉设施，使其适宜于农民耕种以后，就在那里建立一个米梯玛人①的居民点，这些人把土地耕种起来，种上最适合当地土壤的庄稼。在这样考虑各处土地的特殊性质和生产能力的同时，还有一种在邻近省份之间交换不同产品的方式，由于这个国家的地形，这些产品的种类之多大大超过通常在同样范围内所有的种类。为了便利这种农业产品的交换，集市建立起来了。在某些人口最稠密的地区，每月举
83 行三次集市。由于没有钱币，就以彼此互换各自的产品来进行一种简单的交易。这些集市给辛勤的劳动者带来了许多休息的日子。②

这些就是印加王为改良他们的土地而采取的措施；这些措施虽然未尽完善，但应当看到这表明他们掌握了某些农业科学原理，使他们足以跻身于文明人的行列。在他们的耐心而又细致的耕作之下，每一英寸的沃土都达到了最高的生产能力，而最贫瘠的地方也尽力使其对人民的生存作出一些贡献。土地上到处充满了农业财富，从沿海的风光明媚的山谷到山区的开垦成梯田的山冈都是如此，这些山冈隆起成为青翠色的金字塔，热带作物在其中蓬勃生长。

正如已经指出的，这个国家的地形有利于产品的极大多样化，与其说是由于地域之广，不如说是由于地形上有各种不同的高度，

① 印加王派往新征服地方的移民。原文为 Mitimaes，查《世界民族译名手册》只有 Mitimacs 米蒂马克人(南美)不知是否误印。——译者

② 萨缅托：《最初发现》，第 19 章；加西拉索：《王家评论》，第 1 卷，第 6 册，第 36 章，第 7 册，第 1 章；埃雷拉：《通史》，第 5 卷，第 4 册，第 3 章。

包含有从赤道到南北极地带的各种纬度的情况，甚至比墨西哥的还要突出。然而，尽管这一地区的气候随着高度的不同而变化，但在相同地点的全年温度几乎是相同的；居民感觉不到地球上温带地区那种可喜的季节变化。因此，当夏天正在海岸边上生长棕榈和可可树的炎热地区充分发挥威力的时候，广阔的高地表面充满了永恒的春天的新鲜气息，而在更高的科迪耶拉山脉的山峰上却是终年积雪的冬天。

秘鲁人很好地利用了这种固定的气候变化的情况，如果我可以这样说的话。他们给每一个不同气候的地区栽种了适宜的作物；而且他们把注意力集中在那些对人类最有营养的作物上。因此，在较低的地方可以找到木薯树和香蕉，香蕉这种产量丰富的植物如果不说是它给人们带来了幸福的话，似乎也使人们摆脱了为争取生存而进行的原始的艰苦劳动。[①] 当香蕉从大地的景
色中消失以后，起而代之的是大量的玉蜀黍，这是南、北美洲的主 84
要的农产品。在它出口到旧世界后，就在那里迅速传播，以致使人认为它是旧世界土生土长的。[②] 秘鲁人非常熟悉这种有用的作物的各种不同的食用方法，尽管除了在节假日以外，他们似乎没有用它来当食物；他们从玉蜀黍的秸上榨取一种蜜糖，并用发酵的玉米粒酿成能使人喝醉的酒，和阿兹特克人一样，他们对这种酒嗜之如

① 洪堡说明了香蕉的多产情况。他说，香蕉的生产能力同小麦相比为 133 比 1，同马铃薯相比是 44 比 1。那种认为香蕉不是南美洲土生土长的植物的看法是错误的。在一些古代秘鲁人的坟墓里，常常发现有香蕉叶。

② “西班牙的小麦”这个不适当的用语就是一个普遍的错误。然而，玉蜀黍是在美洲被发现以后才在欧洲和亚洲迅速传播这一事实就足以表明它不可能是旧世界土生土长的，而且旧世界在很长时期内普遍不知道它。

命。[1]

高地的温带气候给他们提供了龙舌兰(美洲龙舌兰),他们了解这种植物的很多特性,但不知道它能提供造纸原料这一最重要的特性。烟草也是这个高原地区的产品之一。然而秘鲁人与任何其他知道烟草的印第安民族不同的是,他们只把它用在医药上,用来制作鼻烟。[2] 他们可能已经发现了烟草的麻醉作用的一种代用品古柯或者如当地人所称的“库卡”[3]。这是一种能够生长到一人高的灌木。他们把它的叶子收集以后在太阳下晒干,拌上一点石灰,做成一种可以咀嚼的东西,很像东方的槟榔叶。[4] 我们时代的秘鲁印第安人在他们的烟袋里装上一点古柯和一小撮烤熟了的玉米就能日复一日地进行令人厌倦的旅行,没有疲劳,或者至少是没有怨言。对他来说,即使是最滋补的食物也赶不上他心爱的麻醉
85 剂。在印加王统治下,据说只限于贵族阶层服用。如果是这样的话,征服使人们得到了一项奢侈品;而且,在那个时期以后,人们广泛地服用它,使得它成为西班牙殖民收入的一个最重要的项目。[5]

---

① 热带国家的王蜀黍的秸内所含的糖分远比纬度较北地方的玉蜀黍的秸内所含的要多,因而有时可以看到热带国家的土人像吃甘蔗一样吃玉蜀黍的秸。有一种用玉米酿成的酒叫“索辣”(Sora),酒性很烈,因而被印加王禁饮,至少是不准平民饮用。他们的这项禁令似乎也同通常的情况一样没有得到绝对的遵守。

② 加西拉索:《王家评论》,第 1 卷,第 2 册,第 25 章。

③ 原文 cuca,系秘鲁当时名称,一般称 coca,药用植物,其叶可制古柯碱。——译者

④ 在嚼辛辣的槟榔叶时也是用类似的方式拌上石灰。——(埃尔芬斯通:《印度历史》〔伦敦,1841〕,第 1 卷,第 331 页。)在相距遥远的东方和西方这种社会嗜好的相同是很奇特的。

⑤ 翁德加多:《第二次叙述》,手稿;《阿科斯塔丛书》,第 4 册,第 22 章;史蒂文森:《南美居留记》,第 2 卷,第 63 页;谢萨·德莱昂:《秘鲁史》,第 46 章。

然而，当地居民如此赞赏的这一植物具有鸦片的镇静作用，如果服用过量，据说会带来吸毒上瘾的全部不良后果。[①]

在科迪耶拉山脉的较高的山坡上，在玉蜀黍和“昆诺阿藜”（印第安人大量种植的一种与稻子类似的谷物）达不到的地方，可以看到种植有土豆，土豆的传入欧洲曾经在农业历史上创造了一个新时代。无论它是秘鲁土生土长的，还是从邻国智利输入的，它形成了印加王统治下的高原地区的主要作物，而且它在热带地区的种植范围甚至达到了比欧洲温带地区终年积雪线还要高几千英尺的地方。[②] 这种植物的野生标本可以在更高的地方找到，它们在矮小的灌木丛中自发地生长，这种灌木丛覆盖着科迪耶拉山脉的高处，直到逐渐为苔藓和黄色浅草所代替，这个长满黄色浅草的地带像一条金色的地毯，围绕在高大的锥形山峰的根部，这些山峰高耸入永恒的沉寂的地方，上面覆盖着无数个世纪的积雪。[③]

① 一个旅行者（波埃皮格）在《外国季度评论》（第 33 号）上详细指出了经常服用古柯所产生的不良后果与嚼食鸦片者的不良后果相同。奇怪的是，这些有毒的性质没有成为其他作家经常评论的题目！我想不起曾经看到他们注意到这一点。

② 《马尔特-布伦》，第 86 卷。最初的发现者们在智利、秘鲁、新格拉纳达和南美科迪耶拉山脉一带发现的土豆，在墨西哥则无人知晓——这是两个洲的各国仍然彼此互不相知的又一证明。洪堡曾对这种在欧洲社会上起了很重要作用的早期历史给予了很大注意，他认为，在弗吉尼亚，很早的种植者们就知道种植土豆，这种种植最初是从南美的西班牙殖民地传来的。见《政治论文》，第 2 卷，第 462 页。

③ 虽然印加王统治下的秘鲁可以为这些土生土长的作物以及许多其他不太为欧洲人所熟悉的作物而感到骄傲，但它不熟悉几种重要的作物，这几种作物是在秘鲁被征服以后才在那里蕃殖起来的，就像在它们原来生长的地方一样。这些是橄榄树、葡萄、无花果、苹果、柑橘、甘蔗。在秘鲁未发现有旧世界的谷物。第一批小麦是特鲁希略的一位西班牙妇女带来的，她费了很大的气力在殖民者当中分发这些小麦，政府值得赞扬的是，它对这件事给予了关心。这个妇女的名字是玛丽亚·德·埃斯科瓦尔。历史花了很多篇幅记载人类的灾祸，它应该乐于纪念一位真正造福于人类的人。

86 # 第　五　章

秘鲁羊——大狩猎——制造业——机械技能——建筑学——结论意见

一个在农业上已经取得如此巨大发展的国家，可以指望它在机械技术上也达到某种熟练程度，特别是在秘鲁人的情况下，他们的农业经济本身就要求有相当程度的机械技能。在大多数国家里，制造业的发展与耕作的发展有密切的联系。这两种技术都有同一个伟大的目标，即供给必需品和舒适品，或在较好的社会条件下供给生活奢侈品；而且当一种技术趋于完善从而意味着文明的某种进步时，另一种技术在这样一种情况的日益增长的要求和能力下也必然有相应的发展。印加王的臣民们耐心地和平静地献身于比较卑贱的劳作，这使他们束缚在家乡的土地上，更像印度人和中国人那样的东方民族，不那么像大盎格鲁-撒克逊种族的成员，这个种族的坚强的性格驱使他们到汹涌的海洋上去寻找他们的幸福，并同地球上最遥远的地区通商。秘鲁人虽然拥有很长的海岸线，却没有对外贸易。

有一种物质使他们在国内制造业上具有特殊的优越性，这种物质比西方大陆其他种族拥有的任何东西都要好得多。他们发现了一种代替亚麻布的优良织物，像阿兹特克人一样，他们知道怎样用龙舌兰的坚韧纤维编织这种织物。在低洼潮湿的海岸地带，棉花生长得很茂盛，给他们提供了适合这个国家的比较温暖的地区的衣着。但是从骆马身上和从秘鲁羊的近支的身上，他们获得了 87
适合高地较寒气候穿着的羊毛，引用一个知识丰富的作者的话来说，“这种羊毛比加拿大海獭的细毛，卡尔莫克羊毛或叙利亚山羊的毛更珍贵。”[①]

在秘鲁羊的四个变种中，人们最熟悉的是骆马，但从它的毛来说，却是其中最次的。它主要是用做一种驮兽，作为一种驮兽而言，尽管它比其他几个变种长得粗壮一些，但它毕竟体小力弱，似乎不能胜任。它驮载的重量不过一百磅，一天走不了三四里格。[②] 但是由于驾驭和饲养它不费什么工夫和气力，这就弥补了上述的一切缺点。它很容易生存，只要吃科迪耶拉山脉的荒凉山地和陡坡上生长得很稀少的苔藓和矮小的草本植物就行。它的胃的结构和骆驼的一样，可以使它几个星期（不，几个月）不用喝水。它那海绵似的蹄子上有爪或尖尖的钩爪，使它能够稳稳地在冰上行走，而且从来不用钉蹄铁。它背上负载的东西稳稳地停在它那长长的毛上面，用不着绳子或鞍辔的帮助。骆马成群行动，一群有五百匹甚至一千匹。因此，尽管每一匹负载的数量很少，加起来的总数却很可观。整个骆马队伍以它的正常步伐前进，在露天里过夜，最冷的气候也不会使它们受冻，而且它们在行进时井然有序，服从驱赶者的口令。只

① 沃尔顿：《关于秘鲁羊的历史和现状的报告》（伦敦，1811 年），第 115 页。作者在做比较时指的是比古那（骆马的一种）的毛，比古那被认为是骆马中毛最好的一种。

② 1 里格约相等于 3 英里。——译者

有当负载过重时，这种生气勃勃的小动物才拒绝走动，而且无论是鞭打或爱抚都不能使它从地上站起来。在这种场合下它固执地坚持自己的权利，正像它通常都很温驯和顺从那样。[①]

使用家畜是秘鲁人比新世界其他民族突出的地方。用畜力来代替人的劳动的这种做法，是文明的一个重要因素，仅次于用机械来代替人力和畜力所得到的好处。然而，古代秘鲁人似乎远远不如他们的西班牙征服者重视这一点，而且把骆马与这个种类的其他动物同样看待，主要只重视它的毛。
88 正如已经指出的那样，政府拥有无数群这种“大牲畜”（正如它们被称呼的那样）和“较小的牲畜”[②]或“羊驼”，并把它们交给牧人管理，牧人们根据季节的变化把它们从这个国家的一个地方赶到另一个地方。这些迁徙规定得非常精确，就像梅斯塔[③]法典对西班牙的庞大的美利奴羊群的迁徙所做的规定那样；当征服者在秘鲁登陆时，他们惊奇地发现一种牲畜在性质和习惯上与他们自己的牲畜非常相似，并且是在一种立法制度的管理之下，这种制度看起来就像是从他们的本国传来的。[④]

但是，最丰富的羊毛来源不在这些驯化了的家畜，而在另外两

---

① 沃尔顿：《关于秘鲁羊的历史和现状的报告》，第 23 页，及以后各页；加西拉索：《王家评论》，第 1 卷，第 8 册，第 16 章；《阿科斯塔丛书》，第 4 册，第 41 章。按照加西拉索·德拉维加的说法，“骆马”是一个秘鲁字，意思是“群”。（同前注，上文所指处。）当地人没有从他们驯养的家畜取奶；我认为，美洲大陆的任何部落都没有利用畜奶。

② Ganado mayor（大牲畜），ganado menor（小牲畜）。

③ 原文 mesta。——译者

④ 明智的翁德加多强调指出西班牙政府采用了其中很多规定，认为特别适合当地人的实际情况。“看来，在各个时期里，有许多关于牲畜业的法令，其中有些至今也很有保留的价值。”见《第二次叙述》，手稿。

种，美洲驼和比古那[①]。它们自由自在地游荡在科迪耶拉山脉的冰冻地带；经常可以看到它们爬上白雪皑皑的山峰，那里除了兀鹰以外没有别的生物，兀鹰是安第斯山脉的一种巨鸟，它的宽阔的翅膀把它载入空中飞到海平线上两万英尺的高度。[②] 在这些艰险的牧场上，“没有羊栏的羊群”找到了一种丰富的食物“伊丘”，这是一种草，遍布在科迪耶拉山脉的整个山脊上，从赤道直到南端的巴塔戈尼亚。由于这两端表明了秘鲁羊所到的地域，它们很少（如果曾经有的话）越过这条线的北面，似乎可能的是，这种神秘的小植物对它们的生存来说非常重要，缺少这种小植物是它们没有进入北面的基多和新格拉纳达的主要原因。[③]

但是，尽管它们在没有牧人的情况下在科迪耶拉山脉的无边无际的荒野里游荡，但是从来不准秘鲁农民猎取这些野生牲畜，它
们受到法律的严格保护，就像在高原的有人耕种的山坡上吃草的 89
壮健的畜群一样。森林里和山上的野生猎物是政府的财产，就像它是关在一个公园里或圈在一个羊圈里的一样。[④] 只有在规定的时节，在每年举行一次的大狩猎的时候，在印加王或其主要官员的监督下，才准许获取猎物。这种狩猎在国家的同一部分里每四年只能举行一次，这段时期可能使狩猎造成的损耗得以恢复。在指定的时候，所有那些住在狩猎地区或其附近的人，可能多达五万或

① 原文 huanasos 和 vicuñas。——译者

② 马尔特-布伦，第 86 卷。

③ “伊丘”（ychu）在《秘鲁植物志》中称为 Jarava；Monandris Digynia 类。见沃尔顿，第 17 页。

④ 翁德加多：《第一次叙述》，手稿。

六万人[1]，被分配在四周，以便形成一个巨大的包围圈，把要进行狩猎的地区全部包围在内。他们手持木棍和长矛，用来攻打隐藏在森林、山谷和山中的各种猎物，无情地杀死那些猛兽，而把其他的兽类，主要是这个国家特有的鹿、美洲驼和比古那，驱赶到大围场的中心；最后，当围场逐渐收缩的时候，森林里的这些胆小的兽类被集中到某个开阔的平地上，在那里，猎人的目光可以毫无阻碍地注视着无处躲藏和逃避的猎物。

雄鹿和秘鲁羊的某些低劣品种被宰杀了；它们的皮被保存起来，供给经常需要这些皮的各种有用的制造业使用；它们的肉被切成薄块，分发给人民，人们把肉制成这个国家特有的肉干，这种肉干从最初的时候起就是秘鲁下层阶级的唯一的肉食。[2]

但是，几乎所有的通常多达三万或四万头甚至更大数目的羊，在被小心地剪取了羊毛以后放掉了，仍然回到它们在山中的生息地。这样剪下的羊毛存放在王家的仓库里，然后在适当的时候分
90 配给人民。人民把质量比较粗糙的羊毛织成他们自己穿的衣服，而把比较精美的织成印加王的衣服：因为除了印加贵族以外，任何人不得穿着精美的比古那羊毛织物。[3]

秘鲁人在用这种优良的材料给王室制造各种不同的物品时表

---

① 如果我们可以相信萨缅托的说法的话，当印加王亲自狩猎的时候，有时甚至可以聚集到十万人。“只要有令，那里可以集中五六万，甚至十万人。”见《最初发现》，手稿，第 13 章。

② 《最初发现》，手稿，上文提及处。因此，麦卡洛克说，“肉干”这个词适用于南美的干牛肉。见《研究》，第 377 页。

③ 萨缅托：《最初发现》，手稿，见上述引文。谢萨·德莱昂：《秘鲁史》，第 81 章；加西拉索：《王家评论》，第 1 卷，第 6 册，第 6 章。

现了很高的技能，这种材料的名称为“维戈尼亚”[①]羊毛，现在已为欧洲的纺织业所熟悉。它被织成围巾、外衣以及王室所用的其他衣着物品，还给王宫和庙宇织成地毯、被单、幔帐。织出来的毛织品两面是一样的；[②]织工的精细使它具有丝的色泽；染料的鲜艳使欧洲的工匠都感到羡慕和忌妒。[③] 秘鲁人还用牲畜毛与羊毛混合织成一种非常坚韧和耐用的物品；他们还善于制作美丽的羽毛制品，用他们所掌握的织造别的织品的较好的材料织成，但在这方面他们不像墨西哥人那样重视。[④]

土著居民在其他机械技艺上表现了他们在纺织品上的类似的技能。每个秘鲁人都要熟悉与家庭生活有关的各种手工工艺。这一点不需要长时期的学徒，因为在印加人的简朴的农业生活里需求的东西很少。但是，如果这就是全部情况的话，那就意味着在工艺上不会有很大的发展。然而，有某些个人受到了严格的专业训练，这些专业是为了满足社会上比较富裕的阶级的需求的。这些专业和秘鲁其他的职业和职位一样，总是父子相传的。[⑤] 在这方

① 原文 vigonia。——译者

② 《阿科斯塔丛书》，第 4 册，第 41 章。

③ “国王的衣服极其精致考究，犹如绫罗绸缎，其颜色协调完美无缺。”见萨缅托：《最初发现》，手稿，第 13 章。

④ 佩德罗·皮萨罗：《发现和征服》，手稿。“印加王的服装是由比古那毛精制而成。如同在西班牙看到的一样（这个王国被征服后有的衣服运到了西班牙），这种服装确实好看。这些印加人穿戴的针织衬衫，有的镶着金银珠宝，有的由飞鸟的羽毛制成，有的是毛织的。在缝制这类服装时使用了各种艳丽的染料：洋红色、天蓝色、黑色、黄色和其他颜色。西班牙在这方面确实不如他们。”谢萨·德莱昂：《秘鲁史》，第 114 章。

⑤ 翁德加多：《第一次和第二次叙述》，手稿；加西拉索：《王家评论》，第 1 卷，第 5 册，第 7、9、13 章。

91 面的阶层的划分非常严格，就像在埃及或印度斯坦曾经存在的一样。如果说这种安排不利于发挥创造性，或者说不利于发挥个人的特殊才能，但它由于使工匠从儿童时代起就熟悉他的工艺，因而至少可以轻松地和熟练地进行操作。[①]

在王家的仓库里和在印加王的“瓦卡”或坟墓里，曾经发现有很多奇特的和精美的工艺品标本。其中有金瓶和银瓶，手镯，项圈和其他个人的服饰品；各种用具，有些是细泥制的，更多的是铜制的；有用坚硬的、磨光了的石头或用擦亮了的银制作的镜子，还有其他许多通常是样式奇特的物品，既精巧又高雅，或者很有创造性。[②] 实际上，秘鲁人的性格是善于模仿而不善于创造，善于精巧而又细微的制作，而不善于大胆而又美妙的设计。

他们用他们所拥有的工具竟能完成这样艰巨的工作，这的确是惊人的。铸造甚至雕刻金属物质相对说来是比较容易的，这两点他们都以极大的技能做到了。但是，他们在雕琢最坚硬的物质（例如绿宝石和其他宝石）上所表现的类似的技巧，就不那么容易解释了。他们从荒凉的阿塔卡姆地区得到相当多的绿宝石，这种坚硬的物质在秘鲁艺术家的手里柔顺得像是泥做的一

---

① 至少，这是埃及人的看法，他们认为这种阶层的划分是他们自己在工艺上特别熟练的原因。见 Diodorus Sic.，第 1 册，第 74 节。

② 乌略亚：《南美航行记》，第 21 章；佩德罗·皮萨罗：《发现和征服》，手稿；谢萨·德莱昂：《秘鲁史》，第 114 章；孔达米纳：《柏林皇家科学院历史论文集》，第 2 卷，第 454—456 页。最后这位作者说，大量做工非常精细的大型金饰品长期保存在基多的王家仓库里，但是在他前往查看时，他得知这些饰物不久前已被熔成金块送往当时被英国人围攻的卡塔赫纳！战争的艺术只有在牺牲其他一切艺术的情况下才能繁荣。

样。[1] 然而，当地人不知道使用铁，尽管地里蕴藏着大量的铁矿。[2]使用的工具是石做的，或者更经常的是铜制的。但是，他们用来完成其最困难的任务的物质，是在铜里掺进很少量的锡构成的。[3] 92
这样合成的物质的坚硬性似乎丝毫不亚于钢。有了它的帮助，秘鲁的工匠不仅能够将斑岩和花岗岩砍凿成形，而且用他们的不倦的劳动完成了欧洲人不敢从事的一些工作。在卡纳尔石碑的遗迹中，可以看到石雕动物口中有可以转动的环，整个雕像是由一整块花岗石精雕而成。[4] 值得指出的是，埃及人、墨西哥人和秘鲁人在他们发展文明的过程中从来不知道使用在他们周围储量丰富的铁；而且他们在彼此互不相知的情况下，都发现了一种奇妙的金属合成物来代替铁，这种合成物使他们的工具几乎具有钢的性能；[5]这个秘密被文明的欧洲人丢弃了——或者，更准确一些说，从未被他们发现。

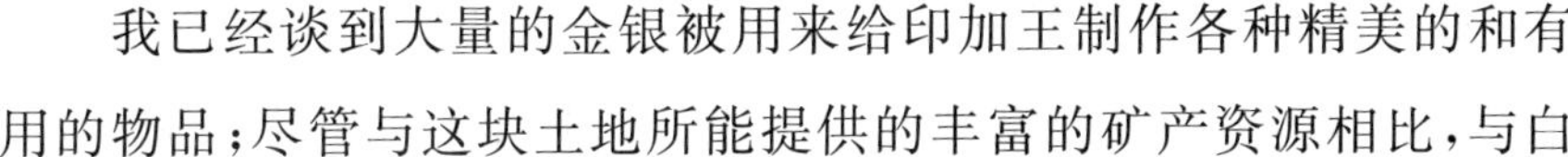

我已经谈到大量的金银被用来给印加王制作各种精美的和有用的物品；尽管与这块土地所能提供的丰富的矿产资源相比，与白

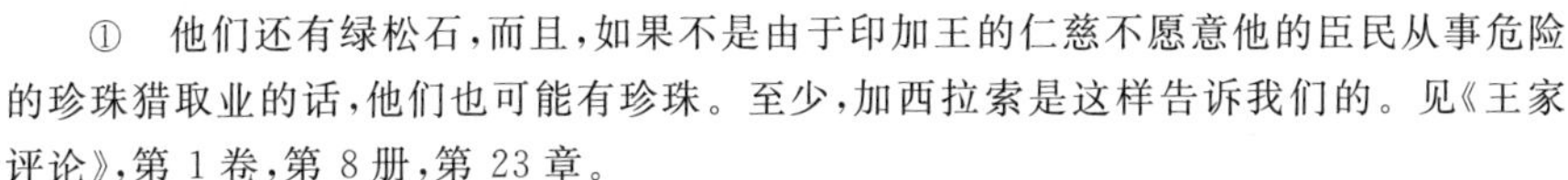

① 他们还有绿松石，而且，如果不是由于印加王的仁慈不愿意他的臣民从事危险的珍珠猎取业的话，他们也可能有珍珠。至少，加西拉索是这样告诉我们的。见《王家评论》，第 1 卷，第 8 册，第 23 章。

② “没有用铁或钢制成的工具”见翁德加多，《第二次叙述》，手稿；埃雷拉，《通史》，第 5 卷，第 4 册，第 4 章。

③ 洪堡把这样的一件金属工具带回欧洲，这是一把凿子，是在距离库斯科不远的一个印加人开采的银矿里发现的。经过分析，发现这种物质含铜 94%，含锡 6%。见《山脉风光》，第 117 页。

④ 孔多米纳说，“不管怎样，我们从其他一些废墟上看到了同样的一些花岗石雕塑品，在雕塑的动物的鼻尖上，有由同一块石头雕成的活动的附属物穿过动物的鼻孔。”——见《柏林皇家科学院历史论文集》，第 2 卷，第 452 页。

⑤ 见《墨西哥征服史》，第 1 卷，第 5 章。

人在以后用比较高明而又无耻的贪婪手段所获得的相比，数量是很小的。印加人的金子是从河流的沉积物中采集的。他们还从卡哈马尔卡东北的库里马约河谷以及其他地方采集到相当数量的黄金；尤其是波尔科的银矿给他们带来了可观的收益。但是他们没有试图用挖矿井的方式深入地下，只是在陡峭的山崖边挖掘一个洞穴，或者至多只挖一个不太深的水平的矿洞。他们也不知道用最好的方式把这种贵重的金属与同它混在一起的杂质分开。他们
93 不知道水银（这种矿物在秘鲁并不稀少）作为汞剂可以把金子与杂质分开的这些特性。[①] 他们熔解金子的方法是把熔炉建筑在高而空旷的地方，在那里可以得到强劲的山风吹扇。总之，印加王的臣民们以他们全部的不倦的坚持努力只不过挖到了地皮下面的构成那些深藏在安第斯山中的金矿的外壳。然而他们从这地表层中得到的金子就足够满足他们的需要了。因为他们不是一个经商的民族，而且不知道使用钱币。[②] 在这方面，他们与古代墨西哥人不同，后者有一种币值固定的通货。然而，他们在有一点上胜过他们的美洲对手，因为他们利用重量来计算他们的商品数量，这是阿兹特克人一无所知的。证明这一事实的是，在某些印加王的陵墓里发现了一些称量非常准确的银秤。[③]

但是，用机械工艺来衡量一个民族的文明的最准确的标准（至

① 加西拉索：《王家评论》，第 1 卷，第 8 册，第 25 章。

② 加西拉索：《王家评论》，第 1 卷，第 5 册，第 7 章，第 6 册，第 8 章；翁德加多：《第二次叙述》，手稿。波拿巴认为，这一点对罗乔小岛来说是不可思议的，而对一个像秘鲁这样的伟大而繁荣的帝国来说就更是如此，这个国家的地下也蕴藏着巨大的财富，有朝一日会给欧洲提供其庞大数额的金属货币的基础。

③ 乌略亚：《南美航行记》，第 21 章。

少与任何其他标准一样准确)是他们的建筑技术,它提供了一个展示富丽堂皇景象的场面,同时它又与生活上必要的使人舒适安逸的东西密切相关。在任何东西上都不如在建筑上那样大方地挥霍财富,任何东西也不如建筑那样需要艺术家的创造才能。美术家和雕塑家可能在精美绝伦的创作上表现出个人的天才,但是建筑上的宏伟的纪念碑以一种特殊的方式标志着民族的天才。希腊式、埃及式、撒克逊式、哥特式——他们的不同的建筑形式是了解人民的性格和情况的关键!中国、印度斯坦和中美洲的纪念碑式的建筑全都表明一个不成熟的时代,在这个时代里,有想象力而无研究,因而其最好的成就只不过体现了一个半开化民族的不规范的对美好的追求。

秘鲁的建筑也具有一种不完全精美状态的一般性,但也有它 94
的特殊性;而且这种性质非常统一,以致整个国家的建筑似乎全都是一个模子制造出来的。[①] 它们通常是用斑岩或花岗岩建成,有时也用砖建成。这些砖构成长方形或方形,比我们的砖大得多,是用黏土掺上芦苇或硬草制成,而且在经过很长时间以后就变得非常坚硬,使它不怕暴风雨和热带的灼日。[②] 墙壁很厚,但很低,高度很少超过 12 至 14 英尺。很难找到有关于高达两层的建筑物的

① 这是洪堡的看法。“不观察所有位于安第斯山区的所有同样类型的其他建筑物,就不可能仔细观察印加时代的任何一个单独的建筑物,这些建筑物位于长达 450(法国)古里(1 法国古里约合 4 公里。——译者)的高出海平面 1000 至 4000 米的高地上。据说如此众多的宏伟建筑物系出自一个建筑家之手。”见《山脉风光》,第 197 页。

② 乌略亚对这些砖做了仔细的研究,认为在这些砖的组成成分中有某种现已失传的秘密,在许多方面胜过我们自己制造的砖。见《南美航行记》,第 20 章。

描述。[①]

各个房间互不相通，但通常都通向一个厅堂；而且，由于它们都没有窗户或光孔，来自外面的唯一的光线只能从门道进入。门框的两边愈向上就愈加互相靠近，以致门楣比门槛要窄得多，这也是埃及建筑的一个特点。大多数屋顶已经随着时间而消失。一些不那么宏伟的建筑物上还有少数屋顶残存，形状如钟，由泥土和沙砾构成。但是，人们认为屋顶一般是由比较容易腐烂的物质木头或茅草建成的。的确，有些相当巨大的石建筑物是用茅草做屋顶的。很多建筑物似乎是在没有使用胶泥的情况下建成的；而且作家们争论说，秘鲁人不知道使用任何种类的灰浆或胶泥。[②] 但是可以发现用一种细密的黏土掺上石灰填充在某些建筑物的花岗石
95 的空隙里；而在另外一些建筑物上，尽管结合得很紧密的砖没有空隙容纳这种比较粗糙的物质，但是考古家的眼睛已经发现有一种跟岩石一样坚硬的含有沥青的黏合物。[③]

在建筑物的构造上可以看到一种非常简洁的方式，外表上通常没有什么装饰物；尽管在某些建筑物上巨大的石块形成一种非

① 乌略亚：《南美航行记》，同上引文提到处。

② 除其他著作外，见《阿科斯塔丛书》，第 6 册，第 15 章。——罗伯逊：《美洲史》（伦敦，1796 年），第 2 卷，第 213 页。

③ 翁德加多：《第二次叙述》；乌略亚：《南美航行记》，第 21 章。洪堡在分析了位于卡纳尔的古代建筑的胶泥后说，这是一种真正的灰浆，由砂砾和黏泥的混合物构成。（《山脉风光》，第 116 页。）贝拉斯科神甫欣喜地发现一种"几乎看不出来的胶泥"，它由石灰和一种含沥青的物质组成，很像一种黏合物，它把石块紧密地黏合在一起，使它们就像一个坚固的整体一样，而且让普通观察者的肉眼察看不出。这种胶合物同碎石混在一起，筑成了印加人经常使用的一种碎石路，就像大理石一样的坚硬和光滑。见《基多历史》，第 1 卷，第 126—128 页。

常整齐的凸出的形式，而且彼此非常精确地咬合在一起，如果没有那些沟槽的话，几乎不可能看出结合线。在另外一些建筑物上，石头是粗糙的，就像从采石场采来时一样，形状极不规则，边上进行了加工，彼此咬合得很紧。没有出现柱子或拱顶；尽管对后一点有不同的说法。但是无可怀疑的是，尽管秘鲁的建筑师们用使墙壁或多或少倾斜的方式以便形成这种建筑形式，但他们完全不知道使圆拱落在拱顶石上的真正原理。[①]

一位著名的旅行者说，印加建筑的特点是"简洁、对称和坚固"。[②] 指责一个民族的特殊形式缺乏审美力似乎是不合情理的。因为它的审美标准与我们的不同。然而，在秘鲁的建筑物的结构中有一种不协调的现象，这种现象表明他们对建筑学的初步原理知之甚少。尽管他们用最好的方式把大块的斑岩和花岗岩结合在一起，却不知道把木头榫合起来的方法，而且由于不知道使用铁，除了用龙舌兰纤维绳把木头绑在一起外，不知道更好的方法。同样不协调的气氛是，以茅草盖顶、没有窗户采光的建筑物，却闪烁着金银饰物的光芒！这些就是一个未开化民族的自相矛盾之处， 96
在他们当中，艺术只得到片面的发展。在我们的盎格鲁-撒克逊祖先当中，和在较晚时期的诺曼祖先当中，可能不难找到在建筑物和家用物品之间的这种类似的矛盾现象。

① 孔达米纳：《柏林皇家科学院历史论文集》，第 2 卷，第 448 页；《秘鲁的古董和遗址》，手稿；埃雷拉：《通史》，第 5 卷，第 4 册，第 4 章；《阿科斯塔丛书》，第 6 册，第 14 章；乌略亚：《南美航行记》，第 1 卷，第 469 页；翁德加多：《第二次叙述》，手稿。

② "简洁、对称和坚固是所有秘鲁建筑物的三个特别突出的特点。"见洪堡：《山脉风光》，第 115 页。

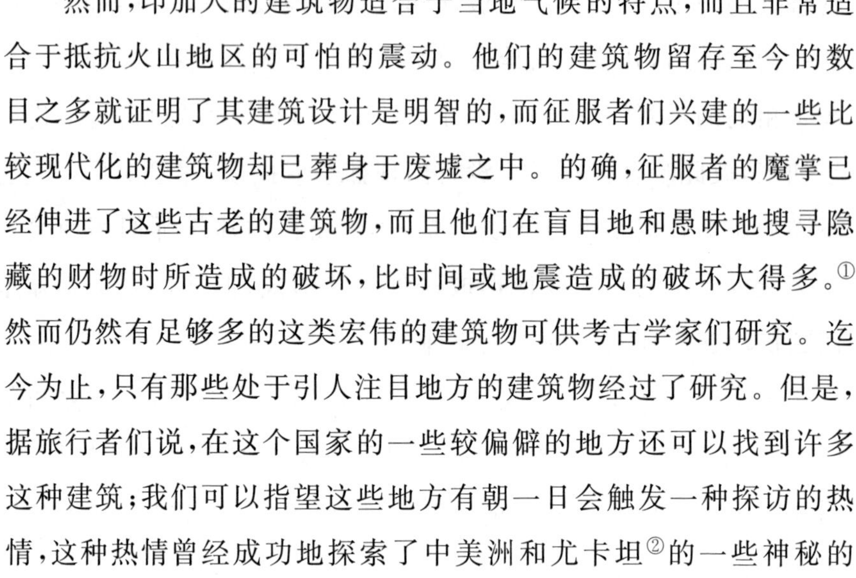

然而，印加人的建筑物适合于当地气候的特点，而且非常适合于抵抗火山地区的可怕的震动。他们的建筑物留存至今的数目之多就证明了其建筑设计是明智的，而征服者们兴建的一些比较现代化的建筑物却已葬身于废墟之中。的确，征服者的魔掌已经伸进了这些古老的建筑物，而且他们在盲目地和愚昧地搜寻隐藏的财物时所造成的破坏，比时间或地震造成的破坏大得多。[①] 然而仍然有足够多的这类宏伟的建筑物可供考古学家们研究。迄今为止，只有那些处于引人注目地方的建筑物经过了研究。但是，据旅行者们说，在这个国家的一些较偏僻的地方还可以找到许多这种建筑；我们可以指望这些地方有朝一日会触发一种探访的热情，这种热情曾经成功地探索了中美洲和尤卡坦[②]的一些神秘的

---

① 《秘鲁的古董和遗址》(手稿)的佚名作者以第二手材料向我们展示了这些灿烂的文化传统之一，这些文化传统在早期培育了冒险精神。他认为，在这方面，这个传统值得予以指出。读者可以自行作出判断：

"一个经过充分证实和为大家所接受的报告说，在库斯科的古堡里有一个秘密的大厅，厅内藏有无数的财宝，其中有用黄金做成的历代印加王的塑像。一个仍然健在的女人、末代印加王的妻子唐娜玛丽亚·德埃斯基韦尔曾经到过这个厅内，我曾听她谈过她是怎样被带进厅内去看财宝的。"

"这个女人的丈夫唐卡洛斯的生活方式与他的高贵的地位不相称。多尼亚·玛丽亚有时埋怨他，说她被骗嫁给了一个拥有印加贵族称号的贫穷的印第安人。她经常这样说，以致有一天晚上唐卡洛斯喊道：'夫人，你想要知道我是富还是穷吗？你会看到世界上没有一个贵族或者国王比我的财富更多。'然后他用一块手帕蒙住她的双眼，让她转了两三圈，携着她的手走了一段短距离才把蒙眼的手帕揭开。当她张开双眼时，她惊讶不已！她走了不到二百步，下了几级台阶，现在发现自己来到一个四方形的大厅里，她看到在围绕墙壁的凳子上，有历代印加王的塑像，每个都有12岁的男孩那样大小，全都是黄金制成的！她还看到许多金器和银器。她说，'实际上，这是全世界最丰富的宝库之一！'"

② 墨西哥西南地区。——译者

地方。

我在结束关于秘鲁的制度的分析时，不能不简略回顾一下这 97
些制度的一般性质和倾向，如果这些回顾与以前的评述有些重复的话，我相信会得到谅解，因为我是想给读者留下一个正确的和前后一致的印象。在这种概括的研究中，我们不能不感到惊奇的是，这些制度与阿兹特克人的制度全然不同——后者是另一个伟大的民族，在这个西方大陆上的文明的发展中居于领先地位，他们在这个大陆的北部建立的帝国与印加人在南部建立的帝国同样引人注目。两个国家都出现在高原上，而且开始他们的征服事业的时期可能相距不远。[①] 值得指出的是，在美洲，沿着巨大的山脉的高原地区成了两个半球的文明的良好的活动中心。

两个民族在军事上推行的政策迥然不同。阿兹特克人为他们的凶猛的性格所驱使，进行的是斩尽杀绝的战争，并屠杀大批俘虏来庆祝他们的胜利；印加人虽然以同样执拗的精神进行征服，但喜欢采取比较温和的政策，用谈判和计谋来代替暴力，在同他们的对手打交道时不摧毁那些日后属于他们的资源，而且对手应该以朋友而不是以敌人的身份投入帝国的怀抱。

他们对待被征服者的政策也与阿兹特克人推行的政策形成明显的对比。墨西哥的封臣们受到沉重的赋税和兵役的压榨。他们的福利遭到漠视；压迫的唯一限度是能否忍受。他们受到堡垒和武装警卫的威吓，每时每刻都感到自己不是这个国家的一部分或成员，只是作为被征服的民族处于屈辱的地位。另一方面，印加王

① 同第 138 页注①，第 1 章。

使他们的新的臣民立即享有社会上其他人享有的一切权利；而且尽管他们让这些新的臣民遵守帝国的既定的法律和习俗，但以一种父亲般的关怀照顾他们个人的安全和舒适。就这样，各种各类的人口由共同的利益结合在一起，为共同的忠诚感所鼓舞，随着帝国的越来越扩大，这种忠诚感使帝国更加强大和更加稳定；而那些
98 不断沦于墨西哥王权统治之下的部落，只是由外力的压迫束缚在一起，一旦这种力量消失就立刻瓦解。这两个国家的政策表现出恐怖政策与怀柔政策的对比。

他们的宗教制度同样没有什么相似之处。阿兹特克人的整个万神殿多少具有神殿中为主的神灵——战神的残暴气氛，他们的琐碎的仪式几乎总是以杀人祭奠和人肉筵席而告终。但是秘鲁人的仪式采取的是不那么有害的形式，因为它们倾向于精神上的崇敬。对造物主的崇敬与对天体的崇敬相近，这些天体由于在明亮的轨道上运转，似乎是造物主的慈爱和权力的最光辉的象征。

在较小的机械工艺上，两个民族都表现了相当的才能；但是在重大的公共工程的建设上，例如在修筑道路、沟渠、运河上以及在农业的一切细节上，秘鲁人要优越得多。奇怪的是，他们在为追求较高的知识文化所做的努力方面，在天文学方面，特别是在使用有形的符号交流思想的艺术方面，远远落后于他们的对手。当我们想到印加人的更美好的地方时，对他们在这些具体事物上不如阿兹特克人的地方只能用下述事实加以解释：后者的科学很可能得益于一个在他们以前居住在该地的民族——这个像幻影一样的民族的起源和结局在调查者的眼里都是模糊一片，但他们可能是为了逃避中美洲地区的凶狠的入侵者而来的，那些地区的建筑遗址

现在向我们提供了印第安文明的最有意义的纪念物。拿来与秘鲁人对比的正是这个比较开化的民族，秘鲁人在精神的和道德的组织方面似乎与这个民族有某些相似之处。如果容许印加帝国以它在被西班牙人征服时那种迅速前进的步伐扩展其版图的话，这两个民族可能已经彼此发生冲突，或者，也许彼此结成联盟了。

墨西哥人和秘鲁人，在他们的各自的文明的特点上互不相同，似乎可能的是，他们彼此不知道对方的存在；而且似乎奇怪的是，当他们的帝国同时存在时，有些无形中从一个民族传播到另一个民族的科学和艺术的种子，竟然没有跨越把这两个民族分隔开来 99
的鸿沟。他们提供了这样一个意义重大的例证：即人类的思想可以采取不同的方向从黑暗中奋力挣脱出来走向光辉灿烂的文明。

正如我曾经不止一次地指出过的那样，在秘鲁的制度与东亚某些专制政权的制度之间，有着更为相似之处；那里的政权的专制主义似乎属于一种比较温和的形式，整个民族在其统治者的家长制的权威之下，好像一个巨大的家族的成员聚集在一起。例如，中国人就是这样，秘鲁人与他们相似之处是：他们绝对服从权威，他们的温和的然而多少有些固执的性格，他们追求形式，尊重古老的习俗，他们在小型制造业上的技能，他们在思想上的模仿性而不是创造性，以及他们的无比的耐心，是这种耐心而不是更富于进取的精神使他们完成了艰巨的事业。[①]

① 卡利伯爵以找出中国人和秘鲁人之间的各方面相似之处为乐。中国的皇帝称为“天子”或太阳之子。他也每年在他的臣民面前扶犁一次，表示他重视农业。而且注意到了夏至、冬至和春分、秋分，以此决定他们的宗教仪式的日期。这些巧合是很奇特的。《美洲通信》，第 2 卷，第 7、8 页。

在他们把社会划分为阶层方面，在他们对天体和自然现象的崇奉方面，和在他们对种植业的科学原则的了解方面，他们与印度的土著居民更为相似。在这些方面，以及在关于来世的概念方面，他们也与古埃及人很相似，这种关于来世的概念使他们很重视尸体的保存。

但是，我们从东方的历史上看不到与印加王对他的臣民所享有的那种绝对控制相比的东西。在东方，这种控制建立在物质力量之上——建立在政府施加的外部力量之上。印加王的权威可以跟教皇在其极盛时期的权威相比，那时整个基督教世界在梵蒂冈的赫赫权势下颤抖，圣彼得的继承者使国王们在他面前屈服。但是教皇的权威是建立在信仰之上的。他没有世俗的权力。印加帝国建立在精神和世俗二者之上。它是一种神权政治，比犹太人的神权政治行使得更为有效；因为后者尽管在执行

100 法律上可能具有同样大的权力，但法律是由一个制定法典的人解释的，这个人是神的仆人和代表。但是印加王既是法律制定者又是法律本身。他不仅是神的代表，或者像教皇一样，是神的代理人，而且他本身就是神。违犯他的法令就是渎圣罪。从来没有一个政府的体制是通过如此严厉的惩罚来维持的，也从来没有一个政府的体制对其臣民有如此巨大的压力。因为它不仅控制人们的有形的活动，而且控制其臣民的私人的行为、语言、甚至思想。

这一点使政府的效能增加不少，因为在国王下面，有一个世袭的贵族阶层，他们与国王本人一样出身高贵，虽然地位远在国王之下，但比社会上其他人不知高出多少，这不仅由于出身，而且由于

他们有知识。这是一支特殊的权力后备军，而且，由于他们长期的世代相传的训练，使他们熟悉他们的专业，并使他们受到群众的深深的尊敬，他们成了执行政府的行政措施的敏捷而又熟练的代理人。在印加王那交通制度非常完善的帝国的广大领域内发生的一切事情，都要经过国王的检查，成千双拥有不可抗拒的权力的手，在全国各地准备好执行他的命令。正如我们已经说过的，这难道不是压迫最深而又最温和的专制主义吗？

说它温和，是由于这样一种情况，即君主所处的至高无上的地位和臣民卑顺而又盲目地服从他的意志，就使得没有必要采用暴力或严厉手段来推行他的意志。广大的人民群众在他看来只不过是牲畜一样，生来就是供他享受的。但是，由于他们处于无依无靠的地位，他以一种怜悯的心情看待他们，就像一个仁慈的主人对那些供他役使的可怜的牲畜可能产生的那种感情一样。或者，如果公正地看待许多印加王具有的慈爱的性格的话，就像父母对一个年幼无知的孩子的那种感情一样。法律小心地注意了保护人民的生存和个人的生活。不准役使人民从事有害其健康的工作，也不准对人民强加过分的劳动使他们精疲力竭，这与他们后来的命运形成可悲的对比。他们从来不会成为公家或私人的巧取豪夺的受害者；有一个慈善计划仔细地照顾着他们的需要，在他们遇到困难时给予帮助，并且维持他们的健康。印加王的政府无论形式上多 101
么专制，精神上却真正是仁爱的。

然而，在这方面，就人类本性的尊严而言，没有什么值得庆幸的。人民所得到的东西被认为是一种恩赐而不是一种权利。当一个民族被置于印加王统治之下时，它就放弃了一切个人的权利，甚

至人类最宝贵的权利。在这个非常的政体下，人民在社会的许多美好事物上取得进展，在制造业和农业上有熟练的技术，但是，正如我们已经谈到的，不知道使用钱币。他们没有值得称之为财产的东西。除法律具体规定的以外，他们不能从事任何其他手工艺，不能从事任何其他劳动或娱乐。未经政府许可，他们不能改变他们的住址或服装。他们甚至没有在其他国家里连最穷的人也享有的权利：选择自己的妻子。专制主义的强制精神不让他们有在法律规定范围以外的幸福或不幸。自由行事这种人类最珍贵的生来就有的权利在秘鲁被消灭了。

秘鲁政府的惊人的做法所造成的结果只能使统治者拥有的精神权威和实际权力达到了人类历史上空前未有的程度。然而，尽管它不符合我们的口味、成见和我们性格上的一些原则，然而它竟能如此的行之有效，而且能够持续很长时期，就足以证明这个政府
146 一般执行的是明智而温和的管理。

印加王惯常执行的防止那些可能扰乱秩序的灾祸的政策，从他们关于反对贫困和懒惰的规定中得到很好的说明。在这些规定里，他们正确地指出了在一个人口众多的社会里使人们不满的两个重大原因。不仅人们在家中的强制性工作，还有他们从事的遍布全国各地的那些巨大的公共工程，都促使他们勤快。这些公共工程的废墟仍然能够证明它们当初的宏伟。然而，我们惊奇地发现，从他们的工具和机械的不完善来看，这些工程本身当然会遇到很多巨大的困难，而政府的精明的策划又使这些困难大为增加。西班牙征服者告诉我们，基多的王家建筑是
102 由巨大的石块建成，其中很多是沿山路从库斯科运来，距离有几百

里格。[①] 首都的大广场填了很厚的泥土，这些泥土是用令人难以置信的艰巨劳动从遥远的太平洋海岸往上运到陡峭的科迪耶拉山脉的山坡的。[②] 秘鲁的法律不仅把劳动视为一种手段，而且把它视为目的。

读者已经从本书中得知他们的许多关于防止贫困的规定。这些规定非常完善，以致在他们的广阔的国土上——其中很多地方是不毛之地——无论多么卑贱的人也不会缺衣少食。在任何其他美洲国家里，饥荒是一种流行的灾祸，当时在文明欧洲的每个国家里，饥荒也是非常普遍的，而在印加王统治的国土上却不知饥荒为何物。

最初访问秘鲁的西班牙人中的最开明的人士，由于那种富裕和繁荣的普遍景象以及整个国家的每一事物都井井有条使他们深为感动，因而他们热情地予以赞扬。在他们看来，对秘鲁人民来说，不可能有更好的政府了。借用当时一位杰出的权威的话来说，

---

① “不让人休闲是一项极重要的规则，这种意图促使印加王公在和平时期下令把从各省征来的石块从基多运到库斯科，又从库斯科运到基多，以便为他们或太阳神建造宫殿。印加王公所干的这一切毫无意义，耗费了巨大的劳动力，忙坏了各省的人。当然对老百姓来说，只有劳动才能生存下去。”见翁德加多:《第一次叙述》，手稿。并见《秘鲁的古董和遗址》，手稿。

② 这实际上是金沙；因为翁德加多说，在他任库斯科长官时，他让人从沙子中挖出大量的金制器皿和饰物，这些东西是当地人埋在沙中的。“库斯科广场上的泥土被当做神土挖掉并运到其他地方去，然后又把海滩上的沙子运来铺填，有的地方铺沙达两拃半(约合 50 厘米)厚，甚至在沙堆里埋上金银制作的器皿、小羊羔和小人。我们亲眼见过大量挖掘出来的这类埋藏物。我去那个城市就职时，整个广场被沙子覆盖着，因为广场很大，不知运去多少沙子才能铺满广场。依我看，广场离海边至少也有五百多公里。大家都说，这种沙子只有海边才有。我自然对此感到满意。”见《第二次叙述》，手稿。

由于满足于现状和没有犯罪行为，秘鲁人的温顺的性格可能使他
103 们适于接受基督教的教义，如果征服者的内心怀着改变他们的信仰的愿望而不是怀着希求获取黄金的贪欲的话。[①] 而且后来有位哲学家，由于被他自己的想象加以渲染的一幅在印加王统治下公众繁荣和个人幸福的图画所鼓舞，宣称"秘鲁人的精神世界远远胜过欧洲人"。[②]

然而，这种结果很难与我曾试图分析的政府的原则协调一致。在没有自由行事的地方就没有道德可言。在没有诱惑的地方就谈不上德行。在日常生活由法律严格规定的地方，是法律而不是人，必须对行为负责。如果说无为而治的政府是最好的政府，这个政府侵犯人民的天赋权利只以使他们服从为限的话，那么，在人类创立的所有政府中，秘鲁的政府最不值得我们赞扬。

很难理解那种与我们自己的自由的共和国制度完全不同的制度的创造性及其全部意义，在我们这个国家里，无论一个人的地位

① "如果上帝派来的不是贪得无厌的人，而是虔诚的基督教徒，那么他们就应该传播我们神圣的宗教，并且以自己的行动表明他们能为人师表，是奉公守法的人。"见萨缅托：《最初发现》，手稿，第 22 章。但是，对人民的功绩的最有力的证词是由曼西奥·谢拉·莱赫萨马提供的，他是定居秘鲁的早期西班牙征服者中最后一个幸存者。正如他所说的，他在为了解除良心上的内疚而在临死时所做的遗嘱的序言中宣称，印加王统治下的整个人民非常沉着和勤劳；没有抢劫和偷盗之类的事情；毫无淫荡之风，甚至没有一个娼妓；每件事情都是有条不紊地进行，而且绝对服从权威。就整个国家而言，这种颂词多少有些过分，而且可能使人怀疑这个临终的老征服者由于他自己对待当地的方式使他深为悔恨因而过高地评价了他们的美德而没有严格根据事实。然而这样一个人在这样一个时刻所做的证词对秘鲁人来说是太重要和太荣幸了，因而历史学家不能予以忽视；我已将遗嘱的原文列在"附录四"中。

② "秘鲁人的精神世界远远胜过欧洲人。"见卡利：《美洲通信》，第 1 卷，第 215 页。

多么卑贱，可以追求国家的最高荣誉——可以选择他自己的职业，走自己选择的道路；在这里，知识的光辉不是只集中照在少数经过选择的人身上，而是像阳光一样普照，平等地照在穷人和富人的身上；在这里，人与人之间的利益冲突激起了普遍的竞赛，这种竞赛 104
使人们发挥出最大的才能和最旺盛的精力；在这里，自立的愿望使人们有一种依靠自己的感觉，这种感觉是专制政治下的驯服臣民所没有的；总之，在这里，政府是为人而设立，不像在秘鲁，人似乎只是为政府而生的。新世界是这两种性质截然不同的政治制度曾经实行的场所。印加帝国已经消失，没有留下痕迹。另一个伟大的试验仍在进行——这个试验是要解决旧世界长期遇到的问题，即人的自治能力的问题。如果这一试验失败，人类是可悲的！

在秘鲁的制度是否对人民的性格产生了有利的影响上，西班牙征服者们的证词是不一致的。饮酒和跳舞据说是他们过分偏嗜的娱乐。像其他国家的奴隶和农奴一样，由于他们的地位使他们不能从事比较重要和高尚的职业，他们就以沉溺于轻浮和肉欲来代替。懒惰、放纵和淫荡是在征服时见到他们的人之一加在他们身上的形容词，但是这个人的笔杆对印第安人不怎么友好。[1] 然而，就一个对土地没有兴趣、没有个人的权利需要保卫的民族来说，独立的精神不会很强烈；而且他们那么轻易地向西班牙入侵者

① “他们是一群无耻的酒色之徒，常常和自己的姐妹通奸，像同别的女人一样和父亲的妻妾甚至自己的母亲胡搞，甚至有人和自己的女儿搞性爱。他们常常喝得酩酊大醉，兽性大作，和女人滚在一起。这些‘土著贵族’妄自尊大，傲慢无礼，……。这些人恶贯满盈，这里不一一赘述。”见佩德罗·皮萨罗：《发现和征服》。这个冷酷无情的征服者信口胡编的这些不实之词，表明他对当地人民的制度一无所知，因而不能使人们相信他所说的关于他们的性格的情况。

屈膝，除了他们的相对弱小以外，也说明他们可悲地缺乏一种爱国的感情，这种感情使人具有生命诚可贵而自由价更高的气概。

但是，我们不能因为不幸的当地人在欧洲人的文明面前胆怯而过分责难他们。我们不能闭眼不看印加王的政府所取得的真正
105 伟大的成就。我们不应忘记，在他们的统治之下，最贫穷的人所享受的个人生活上的舒适，至少在免于肉体上的痛苦方面，远远胜过美洲大陆上其他国家的类似阶层的人们——也许胜过封建时代的欧洲大多数国家的这类阶层的人们。在他们的权力统治下，这个国家的较高阶层在许多属于开化社会的艺术方面取得了进展。一个正规的政府的基础已经奠立，这个政府在一个巧取豪夺的时代里，给它的臣民带来了安定和安全的无限幸福。由于印加王的坚定的政策，森林中的原始部落逐渐走出了丛林，投入文明的怀抱；并且利用这些物资建成了一个繁荣昌盛的帝国，这样的帝国在美洲其他地方是没有的。这个政府的缺点是在立法上过于琐细——在美洲当地人中，这个缺点肯定是最无关紧要的。

注：我不认为有必要增加以上导言的篇幅，写进一个关于秘鲁文明的起源的调查报告，就像墨西哥史后面附录的那样。秘鲁的历史无疑与东方不止一个国家有相似之处，其中有些已在上文中简要提到；尽管提到那些相似之处时不是作为有着共同的来源的证据，而是为了表明不同的国家在文明发展的相同阶段上自然而然地会产生的一些巧合。这些巧合既没有阿兹特克人的历史所提供的那样多，也没有那样引人注目。墨西哥人在天文学上所表现出来的相似之处这一点就比其他所有相似之处都更为重要。然而印加制度所表现的类似之点似乎是指向同一个发展方向；而且由

于调查研究很少能够实际证实更不能驳倒上文采用的论点，所以我认为最好不要用它来打扰读者。

我在本书导言部分所依靠的两个杰出的权威是胡安·德萨缅托和长老会牧师翁德加多。从前者那里，除了他本人的著作所提供的以外，我未能搜集到任何其他材料。在他的手稿前面的署名中，他被称为西印度事务委员会主席，这是一个权力很大的职位， 106
意味着在同事中是一个有力人物，而且拥有搜集情报的手段，使他在殖民问题上的意见具有很大的重要性。

萨缅托在加斯卡统治时期对殖民地的访问，使这些搜集情报的手段大为增多。正如他告诉我们的一样，在拟好了一个关于编纂古代秘鲁制度史的计划以后，他在 1550 年访问了库斯科，在那里从当地人身上搜集他要写的材料。他的地位使他得以接触最可信的材料来源，而且从被征服民族的最有学问的印加贵族的口中，他搜集了关于他们民族的历史和制度的传统的材料。正如我们已经谈过的，结绳文字是一种很不完善的帮助记忆的方法，需要经常加以注意，远逊于墨西哥人的象形文字。只有通过勤奋的教育才能将它们用于记载历史，而在征服以后，这种教育受到了忽视，以至这个国家的古代的历史将随着那唯一记忆着历史的一代人的死亡而泯灭，如果不是少数明智的学者，例如萨缅托，看到了这一重要性，在这个关键的时刻与当地人交往，从他们那里搜集到他们藏在心里的丰富资料的话。

萨缅托为了使他的著作更为可信，在这个国家到处旅行，用他自己的双眼来考察有关的主要事物，以便尽可能通过个人的观察

来证实当地人的叙述。这些劳动的结果便是他的这一著作，题为：《关于秘鲁各省的地方印加领主的继位和治理及其他有关印加王国的事项向西印度事务委员会主席唐胡安·萨缅托先生阁下的报告》。

这部著作分成几章，共有400页对开纸的手稿。著作的导言部分包括印加王的起源及其早期的一些传说故事，正如在一个未开化民族的古代传说中通常所有的情况一样，充满了关于最原始和最神奇的性质的神话寓言。然而这种幼稚的概念却给考古学者提供了一个取之不竭的宝藏，他们力求解开一个神奇的网，这个网是一群狡黠的神职人员编织出来象征他们无力解释的造化的神
107 秘。但是萨缅托巧妙地只限于陈述这些传说，而不妄想去解释它们。

萨缅托从这个神秘的领域转入秘鲁人的社会制度，描述他们的古代政体，他们的宗教，他们在技术上，尤其是在农业上取得的进展；总之是精心地描绘了一幅关于他们在印加王朝统治下所达到的文明的图画。他的著作的这一部分事实上是根据一些最有权威的材料，在很多方面由他自己的观察所证实，其价值是无可怀疑的，而且在写作时显然是尊重事实的，因而赢得了读者的信任。手稿的结束部分写的是这个国家的国内史。对于不在信史范围之内的早期印加王的统治，他匆匆地简略带过。但是对最后三个，也正是登上秘鲁王位的最伟大的三个君王的统治，他写得比较详细。这个时期对于编年史学家说来是比较坚实的基础，因为事件发生得太近，那些像苔藓一样缠绕着较早时期的每一事件的民间传说，不能把它们搞得面目全非。萨缅托的叙述到西班牙入侵时为止；

因为他认为，入侵的故事最好留待他那些参与了入侵的同代人去叙述，但是这些人的素养和教育只能使他们对发掘当地人的古代风俗习惯和社会制度一事漠不关心。

萨缅托的著作是用一种简洁、明快的笔调写成的，不像他的同胞们经常有的那样讲究辞藻。他以一种诚实而坦率的态度写作，而且当他非常公正地对待被征服民族的功绩和才能时，他愤怒地指出西班牙人的暴行和征服的令人沮丧的倾向。的确，可以认为，他过高地估计了这个国家在印加王统治下所取得的成就。而且并非不可能的是，由于这个国家所提供的一个原始文明的遗迹使他感到惊奇，他对它的臣民发生了好感，因而在欧洲人眼里看来，他把它描述得过于绚丽多彩。但这只是一个不严重的缺点，严酷的征服者们大都不具有这种缺点，他们推翻了这个国家的制度，并且除了它的黄金以外，看不到它有什么可贵之处。还必须承认，萨缅托不想把他的看法强加给读者，而且他仔细地区分哪些是他根据传闻报道的，哪些则是根据他的亲身经历所写。“历史之父”本身并没有把这二者区分得更清楚。

这位西班牙历史学家也没有完全免于他那时代的迷信；我们 108
经常发现他把那些完全可以归咎于人类的邪恶的事物说成是有魔鬼直接伸手。但是这在当时是很普遍的，对当时最聪明的人来说也是如此：要求一个人比他所处的时代更聪明是过分的。萨缅托值得称赞的是，在一个迷信往往与狂热结合在一起的时代里，他的性格上似乎没有偏执的色彩。他的心里充满了对不幸的当地人的仁爱，而他的语言，尽管没有热烈到形成教会的宗教之光，但也温暖到成为博爱之火，把被征服者与征服者一样视为他的同胞兄弟。

尽管萨缅托的著作在提供印加王统治下的情况方面具有巨大的价值，但它很少为人所知，很少为历史学家们所参考，而且仍然是些没有印行的手稿，这些手稿就像没有铸成钱币的金银一样待在埃斯库里亚尔的秘密仓库里。

我提到的另一个权威，长老会牧师波洛·德翁德加多，是一个非常受人尊敬的法律学家，他的名字在秘鲁的事件中经常出现。我没有发现有关于他最初来到这个国家的那个时期的叙述。但是他在加斯卡来到时是在那个国家里，并且住在利马，处在贡萨洛·皮萨罗的篡权统治之下。当狡猾的塞佩达想要让居民们在宣告他的首领拥有统治权的文件上签名时，我们发现翁德加多在那些与他同行业的人当中带头加以抵制。在加斯卡到达时，他同意在后者的军队中担任军官职务。在暴动结束时，他被任命为拉普拉塔市长，后又任库斯科市长，在这个荣誉的职位上，他似乎待了好几年。在执行他的市长职务时，他与当地人经常打交道，并有充分的机会研究他们的法律和古老习俗。他行事非常谨慎和谦逊，致使他似乎不仅赢得了他的同胞的信任，而且赢得了印第安人的信任；而政府则小心地从他在制定更好地治理殖民地的措施方面的广泛经验中获益。

本书经常引用的《叙述》，是在总督们的建议下写成的，第一次是1561年向卡内特侯爵讲述的，第二次则是在十年以后向涅瓦伯
109 爵讲述的。这两次讲述的范围都和萨缅托手稿的范围一样；而第二次的回忆录写于第一次以后这样久，文字上有较多的疏忽和冗长之处，可以被认为是表明作者已经年迈力衰。

由于这些文件的性质是对政府提出的问题的答复，因而论题的范围似乎比现代历史学家所能想到的要狭窄一些。事实上，这些问题专门问的是岁入、贡品——一句话，即印加王的财政收入；对于这些含糊的问题，翁德加多的答复特别详尽。但是政府的受到启发的好奇心涉及的范围广泛得多；答复就意味着通晓印加王的国内政策，他们的法律，社会习俗，他们的宗教、科学和艺术，总之是构成文明的一切因素。因此，翁德加多的回忆录包括了这位冷静的历史学家的整个研究领域。

在处理这种种问题时，翁德加多表现出了精确和博学。无论讨论多么困难，他从不后退；而且当他以谦逊的态度说出他的结论时，显然他认为他的材料是通过最可靠的途径得来的。他轻蔑地否定那些编造的说法；在他叙述时对这类事实的可靠性作出判断，并且坦率地说出证据的缺陷。他远不是表现出心地善良然而轻信的传教士的单纯的热情，而采取的是律师的冷静而谨慎的步骤，熟悉证词之间的矛盾和口头传说的不可靠。这种谨慎从事的态度和他作出的判断的恰当性，使翁德加多被认为是比他的大多数研究印第安古代事物的同胞重要得多的权威。

在他的著作里贯串着一种人道主义，特别表现在他对待不幸的当地人的同情上，他对他们的古老文明作出了公正的但不是过分的评价；同时像萨缅托一样，他无畏地谴责他自己的同胞们的过火行为，并且承认他们给国家的荣誉带来了耻辱。然而，尽管这种非难构成了谴责征服者的最有力的理由，因为它来自与征服者相同的西班牙人之口，但是这也证明，西班牙在这个盛行暴力的时代能够从它的本土派出一些明智而善良的人士，这些人拒绝与他们周围的胡作非为的暴徒们同流合污。事实上，就在这些回忆录中 110

有足够的证据说明从善良的总督门多萨以下的殖民政府不断作出努力想使不幸的土著人得到保护和从温和的立法中得益。但是冷酷无情的征服者和只有黄金才能使其动心的殖民者，给改良带来了难以克服的障碍。

翁德加多的著作的可敬的杰出之处在于它没有那种成为当时的通病的迷信；这种迷信表现在轻信神奇的事物，这种情况在异教的和基督教的故事中同样存在；因为在前者中轻信的眼光很容易看到魔鬼的直接插手，在后者中则看到上帝的巨掌。正是这种对一个无论是好是坏的精神形象的轻信，形成了16世纪的著作中的一个显著的特点。没有比这更不符合真正的细致的调查研究精神的了，也没有比这与理性的批评更不相容的了。翁德加多没有表现出这种弱点，而是以一种直截了当的实事求是的态度写作，他用常识这把普通的尺子来衡量事物的真正价值。他经常注意他的论据的主要目的，不让自己像当时那些喋喋不休的历史学家一样，陷入成千件纷乱繁杂的事件之中，使读者感到迷惑，无所适从。

翁德加多的回忆录不仅写到这个国家的古代事物，而且写到它的现实情况，写到如何矫正它在征服者的严酷统治下所遭到的种种不幸的最好方法。他的建议充满了智慧和一种宽容的政策，这种政策将把政府的利益和它的最卑贱的封臣的繁荣和幸福结合在一起。因此，他的同时期的人从他的建议中理解了当时事物的情况，后来的历史学家们也同样从他那里获得有关过去的材料。埃雷拉可以任意参阅他的手稿，而读者在精读这位学识渊博的印第安历史学家的著作时，不知不觉地从翁德加多的研究中获益。他的宝贵的《叙述》对后代人有用，尽管它从来没有获得印行于世

的荣誉。我手头的这份抄本，就像萨缅托手稿的抄本一样，应该感谢辛勤的文献学家里奇先生。这份抄本构成了金斯巴勒勋爵的丰富的收藏品的一部分。这位勋爵的名字永远受到学者的尊敬，因 111
为他为了说明美洲的古代事物进行了不倦的努力。

应当指出的是，翁德加多的手稿没有他的签名。但是手稿中谈到作者生平的几次行动，使得这些手稿无可怀疑地是他的著作。在西曼卡斯的档案中，有最初的回忆录《第一次叙述》的一份复本，尽管它同在埃斯库里亚尔的那份复本一样，没有作者的名字。穆尼奥斯把它说成是征服中的一个杰出的骑士加夫列尔·德罗哈斯所写。这显然是错误的；因为手稿的作者证明了自己就是翁德加多，他在回答第五个问题时宣称自己是在库斯科发现了印加王的干尸的人，阿科斯塔和加西拉索都曾明确指出这个行动是当时任库斯科市市长的长老会牧师波洛·德翁德加多采取的。如果马德里的学者们今后把这些《叙述》的珍贵的手稿刊印时，希望他们小心不要让一个像穆尼奥斯那样在批评上很少出错的批评家的权威使他们在这个问题上犯错误。

第 二 卷

秘鲁的发现

第一章

古代的和现代的科学——航海的技术——海上的发现——西班牙 112
人的精神——新大陆上的领地——关于秘鲁的传说

无论在艺术、诗歌、雄辩术以及所有依靠想象力的东西上，古代人与现代人的才智孰优孰劣，对于这一点的看法可能各有不同，然而毫无疑问的是，在科学上，现代人占有很大的优势。情况就是这样。在世界的初期阶段，正如在生命的初期阶段一样，有一种清晨时候的新鲜感，那时对眼睛接触到的任何事物都觉得新奇；那时的感官还没有因熟悉的事物变得迟钝起来，能够比较敏锐地察觉到美好的东西；而且思想在一种健康的和自然的格调的影响下，没有被哲学理论所歪曲；那时简朴必然与优美联系在一起；对老一套感到厌烦了的享乐主义的才智之士，还没有开始从异想天开和任性中追求刺激。幻想的园地还无人问津，它的最美丽的花朵还无人采摘，而且它的美好之处还没有被那些佯作培养它们的人们的粗暴之手所破坏。天才的翅膀没有被冷酷的和传统的批评的规则束缚在地上，而是被准许在造物的广阔天地里自由飞翔。

但是，科学上的情形不同。天才不足以创造事实，也很难推测

事实。事实要经过辛勤的劳动才能搜集；要通过仔细的观察和试验才能搜集。天才的确可以把这些事实安排和组合成新的形式，而且可以从这些组合中引申出新的和重要的推论；并在这个过程中，其创造性几乎可以与诗人和艺术家的相比。但是如果说科学的进程必然是缓慢的话，它也是踏实的：在科学的领域内没有倒退的运动。艺术可能凋谢，灵感可能枯竭，精神上的冷漠可能闭塞一
113 个民族的才能，这个民族的本身可能消灭，只留下对它存在的记忆，但它所积累的科学宝库将传之永远。当其他民族出现在舞台上，而且有新型的文明崛起时，作为旧时代产物的艺术和想象力的丰碑，将成为改良道路上的障碍。它们不能成为后来者的基础；它们所占据的地方将为新的追求不朽之作的人们所占据。整个工作将重新受到审查，而其他形式的美好事物，无论水平较高或较低但与过去的并不雷同的事物，将在它们的旁边占据一席之地；但是，在科学上，已经奠立的每一块石头都将成为另一块石头的基础。未来的一代将继续前一代人留下的工作。没有后退的运动。个别的民族可能消沉，但科学仍然前进。任何一步的提高都使那些后来者更易于攀登；每一步都使耐心追求真理的人越来越臻于至善，而且在他每达到一个更高的水平时向他展示出一幅关于宇宙的新的更宏伟的图画。

地理学同样处于任何其他科学部门在世界的初期阶段所处的尴尬境地。对地球的知识只能来自广泛的商业交易；而商业交易则是建立在人为的需要或受到启发的好奇心之上，这与社会的早期状况是很难相容的。在各民族的早期，不同的部落忙于他们的内部纷争，很少有机会越出那些形成它们领地的自然疆界的山脉

或广阔的溪流。的确，据说腓尼基人曾航行到赫尔克里斯之柱[①]以远，并曾在大西洋上航行。但是这些古代航海家的业绩属于古老的神秘的传说，远远超出了真实的记载。

敏捷而富于冒险精神的希腊人精于机械工艺，具有成功的航海家的许多优良品质，而且在他们那个小小的内海上无畏地和自由地航行。但是亚历山大的征服更加扩大了地理科学的范围，并开始结识了遥远的东方国家。但是，与不受阻碍的旅行者的行动相比，征服者的进军是缓慢的。罗马人的进取精神不如希腊人，在性格上也不那么喜欢商业交易。对地理学知识的贡献随着帝国的逐渐地扩
大而增长。但是他们的制度具有集中化的倾向；而且，这个庞大帝 114
国的每一部分不是采取一种外向的做法向外寻求发现，而是把首都作为它的领袖和注意力的中心。罗马征服者进军的道路是在陆地而不是在海上。但是水路是各国之间的交通大道，是发现者的真正的道路。罗马人不是善于航海的民族。在他们的帝国结束时，地理科学很难说是超出了关于欧洲的知识（而且欧洲还不包括其遥远的北部）和关于亚洲与非洲的一部分的知识；同时，他们除了从诗人[②]

① 直布罗陀海峡两岸之悬岩，古代西方人认为是世界之尽头。——译者

② 塞涅卡（罗马哲学家、戏剧家，著有悲剧《美狄亚》、《俄狄浦斯》等。——译者）在他的《美狄亚》中所做的著名的预言，也许是有史以来最杰出的大胆的预言。因为它不仅是扩大了人们坚信不疑地宣称的地球已知部分的疆界，而且预言在以后的时代中将会发现在海洋那边存在着一个新世界。

“海洋使某些人
打开了眼界，大块的
地面显露出来了，于是
发现了新的大陆。”

这是哲学家而不是诗人的偶然猜中的预言。

所做的偶然猜中的预言中所得到的概念外，没有关于西部海洋以远的世界的其他概念。

接着来的是中世纪，它被称为黑暗时代，但在这黑暗中，知识的种子成熟了，这些种子在时机成熟时发展成为种种新的更加光辉灿烂的文明。社会的组织变得更有利于发展地理科学。欧洲不再只是一个过分庞大的死气沉沉的帝国，任何事物都被它那沉重的负担所压迫，而且分裂成许多独立的社会，其中有很多采取自由政府的形式，充满了自由人应有的一切活力；位于地中海和波罗的海上的一些小的共和国派出大群的海员从事有利可图的商业，把散布在欧洲沿海的各国联系在一起。

但是，航海技术上的改善，对时间的比较精确的计算，以及最重要的是，磁极的发现，大大促进了地理知识的发展。航海家不再是小心翼翼地沿着海岸航行，或者把他的远征仅限于在狭窄的内海海面上，现在他可以在大海中大胆地扬起帆，因为有一个指针可以引导他的船准确无误地驶过茫无边际的大海。由于意识到有这种力量，导致人们
115 想要在一个新的方向航行；除了东方的车队通过亚洲大陆的道路外，船员们开始热切地盼望通过另一条道路到达印度香料群岛。在这个关键的时刻，这种进取精神自然落在西班牙和葡萄牙身上，因为他们位于欧洲大陆的边缘，控制着供未来发现的广阔场所。

两个国家都感到自己所处的新地位应负的责任。葡萄牙国王从 15 世纪起就不断做出努力想要找出一条绕过非洲南端到达印度洋的道路；然而，航海者却非常胆小，以致每一个新的海岬都被认为是不可逾越的障碍，直到那个世纪的后半期，富于冒险精神的迪亚士绕过了他称之为“风暴角”的地方，但是约翰第二以更吉利

的预言把它称之为“好望角”。但是，在巴斯科·达·伽马利用这一发现得以扬帆于印度洋之前，西班牙开始了他的光辉事业，派遣哥伦布航行西部海洋。

这个伟大的航海家的目标仍然是要发现一条通往印度的道路，但要从西方而不是从东方前往。他没有指望在他的航行途中发现一个洲；而且在反复航行之后，他仍然坚信原来的错误，正如众所周知的那样，临死时还认为他所到达的是亚洲东部海岸。正是这同一个目标指导着那些追随这位航海家的足迹的人们的航海事业；而发现一条通往印度洋的海峡是政府的每道命令的要求，也是对新大陆各个不同的地方所进行的很多次远征的目标，这个漫长的大陆似乎是从一极伸延到另一极。发现一条通往印度的道路似乎是15世纪和16世纪前半期海事活动的真正关键。它是推动当时事业的主要的伟大思想。

现在要来理解美洲的发现给欧洲带来的刺激是不容易的。这不是逐渐获得一些边境土地、一个省份或一个王国，而是一个新世界展现在欧洲人的面前。各种各样的动物，矿藏，各类植物，以及各种不同的自然现象，处于不同的文明阶段的人，使人们的思想中充满了一些崭新的概念，这些概念改变了人们习惯的思想倾向，并 116
且促使它产生了无穷的幻想。探索新半球的奥秘的热情十分高涨，以致西班牙的一些主要城市的人口减少了，因为移民们接连不断地挤着等待机会去海上。[①] 一个奇妙的世界展现在眼前；因为，

① 威尼斯大使安德里亚·纳瓦希埃罗于1525年在西班牙各地旅行，与我们的叙述开始的时间相近，他指出了在移民上的普遍的热情。特别是塞维利亚这个搭船外出的大港口的居民几乎走光了，他说，“这个城市几乎完全留给了妇女。”

无论冒险者的运气如何，他在归来时的叙说染上了一层神奇的色彩，激起了他的同胞们的更丰富的想象，并且培育了一个骑士时代的充满幻想的情绪。他们仔细地倾听着关于亚马孙人的传说，这些传说似乎把古典的传奇故事变成真实的了，他们还倾听着关于巴塔戈尼亚巨人的传说，倾听着关于“乐园”的美丽图景：那里的沙滩上闪烁着宝石的光芒，大如鸟卵的金色圆石可以从河里用网捞上来。

然而冒险者们不是骗子，而是容易受骗的人，太容易被他们自己的轻信的想象所欺骗，这一点表现在他们的事业的夸大性上；表现在搜寻神奇的“长生不老泉”，搜寻用金子建成的多博伊巴[①]神庙，搜寻塞努[②]的用金子建成的坟墓；因为金子老是浮现在他们焦躁不安的想象中，而金色的卡斯蒂尔这个位于地峡的最有害健康和最无利可图的地区，给不幸的殖民者带来了美好的希望，这些人在那儿找到的常常不是金子而是自己的坟墓。

在这个令人着迷的领域里，所有附属的东西都是为维持这种幻想服务的。淳朴的当地人身上没有掩蔽物，手里持的是粗糙的武器，他们不是那些身穿铠甲武装到牙齿的欧洲武士的对手。力量的悬殊就像任何关于骑士的传说中所说的，一个勇猛的骑士可以一枪挑死一百人。发现者的道路上所要经历的艰险，以及他必须忍受的苦难，丝毫不亚于那些使骑士游侠们感到苦恼的东西。饥饿、口渴和疲乏，沼泽地带的恶臭，和它那成群的有毒的昆虫，山

① 原文 Doboyba。——译者

② 原文 Zenu。——译者

上积雪的寒冷和热带灼热的阳光，这些就是每一个到新世界来追
求幸福的骑士命中要遭遇的东西。这就是浪漫的现实。在骑士游 117
侠的历史上，西班牙冒险者的生活是新的一章，也是突出的一章。

武士的性格多少带有渲染他的功绩的那种夸张的色彩。骄傲和虚荣，满怀对命运的美好的憧憬，以及对自己能力的极端自信，使得任何危险都不能把他吓住，任何艰苦都不能使他退缩。实际上，危险越大，魅力也越大；因为他的灵魂沉溺于激动之中，而不担风险的事业则缺少那种浪漫的刺激因素，这种因素是为把他的精力付诸行动所必需的。然而，在采取行动的动机中，比较庸俗的影响奇怪地与比较高尚的理想混在一起，现实的影响与精神的影响混在一起。黄金是刺激因素和行动的酬劳，为了追求黄金，他那不屈不挠的性格不惜采取任何手段。他的勇敢被残酷所玷污，看来似乎奇怪的是，这种残酷同等地来自他的贪婪和他的宗教；宗教是在当时意义上的宗教，十字军的宗教。宗教是一件遮盖许多罪恶的方便的外衣，甚至使他自己都看不到这些罪恶。以伪善自诩的卡斯蒂利亚人所干的残酷事实超过异教的偶像崇拜者和狂热的穆斯林所干的。烧死异教徒是天主可以接受的一种献祭，而使那些幸存的人改变宗教信仰就足以补偿最凶残的罪恶。令人感到可悲和可耻的想法是，这种毫不妥协的不容忍精神——国内的宗教裁判官和国外的十字军的精神——竟然来自一个向世界宣扬和平和向世人宣传善意的宗教！

这些南欧的儿女们与散布在西半球北部广大地区的盎格鲁-撒克逊种族形成鲜明的对比！因为后者的行动准则不是贪欲，也不是娓娓动听的使当地人改变宗教信仰的借口；而是为了独立，宗

教上和政治上的独立。为了获得独立,他们满足于过着勉强糊口的勤俭生活。除了得到他们劳动的合理报酬外,他们对土地别无他求。在他们的道路上没有黄金的光芒织成的虚假的光环促使他们去在血海中推翻一个无辜的王朝。他们满足于他们的社会政体的缓慢而坚定的进步。他们耐心地忍受着荒野的穷困,用他们的眼泪和额角上的汗水浇灌自由之树,直到它在地上生根发芽并将
118 枝条伸向天际;而在一个邻近的洲里的各个社会,尽管一时出现了热带作物欣欣向荣的景象,然而即使在它们的极盛时期也显露出了肯定要衰败的迹象。

看来是造物主特意这样安排的:美洲半球两大部分是分别由两个最适合征服它们和把它们变成殖民地的民族发现的。因此,北部被指定给盎格鲁-撒克逊民族,他们的井井有条的勤劳的习惯在这部分比较寒冷的气候下和比较贫瘠的土地上有充分施展的余地;而南部的丰富的热带产品和矿产资源,成了吸引西班牙人的进取精神的最迷人的诱饵。如果哥伦布的航船所采取的方向如他一度想要做的那样稍微偏北一些并使他那一群冒险者在如今是新教徒的美洲登陆的话,结果将会是多么不同!

在16世纪欧洲各海运社会充满了的航海探险精神的驱使下,美洲广阔大陆的整个界线,从拉布拉多到火地岛,在美洲发现后不到30年便都探明了:而且在1521年,葡萄牙人麦哲伦在悬挂西班牙旗的航行中解决了海峡的问题,发现了一条向西通往长期寻找的印度香料群岛的道路——大大出乎葡萄牙人的意外,他们从相反的方向航行,迎面碰上他们的对手。但是,尽管美洲的整个东部海岸已经探明,而且中部已成了殖民地,但是,即使在有卓著成

就的墨西哥征服之后，笼罩在太平洋的金色海岸上的帷幕还未揭开。

不时有一些流言传到西班牙人的耳里，说是在遥远的西方，有些国家盛产他们热切企求的那种金属；但是第一次明确谈到秘鲁是在 1511 年左右，当时南海的发现者巴斯科·努涅斯·德巴尔沃亚正在秤他从土著人那里得来的一些金子的分量。当时在场的一个年轻的当地的酋长用拳头打翻了秤盘，把闪光的金子撒了一地，他大声喊道，——“如果你们把金子看得这么贵重，以致情愿离乡背井甚至不惜冒着生命危险来追求它，我可以告诉你一个地方，那里的人们用金盘子吃饭和喝水，金子便宜得和你们的铁一样。”就在得知这个惊人的消息以后不久，巴尔沃亚完成了艰难的冒险，越 119
过了把两个大洋分隔开来的地峡上的山峦障碍物；当时他以刀和园盾武装起来，冲进太平洋的水域，用真正的骑士气派喊道，“他宣布这个不知名的大海连同海中的一切归卡斯提尔国王所有，并说他将坚持这一声明，反对所有敢于反驳的人，无论他们是基督教徒还是异教徒！”[①]所有那些被南海海水冲刷的广阔的大陆和阳光明媚的岛屿啊！这个大胆的骑士根本不知道他这漫天吹牛的真正的意义。

他在这个地方得到了更多的关于秘鲁帝国的较为明晰的消息，听到了谈论它的文明的证据，并且看到了关于骆马的图画，在欧洲人看来，这种牲畜似乎属于阿拉伯骆驼的一种。但是，尽管他

① 埃雷拉：《通史》，第 10 册，第 2 章；金塔纳：《西班牙名人录》（马德里，1830 年版），第 2 卷，第 44 页。

驾驶着他的小帆船朝这些金色王国驶去，并且甚至把他的发现推进到圣迈克尔海峡以南大约20里格，这一冒险没有留待他完成。这个勤劳的发现者命定要成为那种邪恶的妒忌的受害者，小人就是用这样的妒忌看待伟人的成就的。

西班牙的殖民领地分裂成若干个小政权，有时是分配给朝廷的宠臣，但是由于在早期这些职位所担负的任务很重，所以更多的是留给一些有实际才能和事业心的人。哥伦布根据他最初与国王签订的契约，管辖由他自己发现的土地，包括几个主要的岛屿和大陆上的几块地方。这种管辖不同于其他官职的管辖，它是世袭的；后来发现这种特权对于一个臣民来说是太大了，因而用一个称号和一笔年金代替。这些殖民政权随着帝国的扩大而成倍增加，到1524年，即本书叙述开始的时期，遍布在各个岛屿上，沿达里安地峡一带，南美洲大陆的广阔的土地上，以及不久前征服的墨西哥。这些政权中有的范围不大。其他的一些，例如墨西哥的，范围是一个王国；而大多数是没有固定的大小，根据各自发现的地方及其紧邻地区而定，在这个地区内，每个小统治者可以扩充他的地盘，并
120 使他的追随者和他本人致富。这种精明的安排最符合国王的利益，因为它给进取精神提供了永久的刺激。就这样，这些军事统治者居住在远离祖国的他们自己的小块领土内，拥有一种总督的权力，而且往往以最暴虐和最专制的方式行使这种权力：对当地人肆行暴虐，对他自己的追随者实行专制。当一个出身卑贱、没有受过任职训练的人突然拥有一种直截了当的、其性质是不对任何人负责的权力时，这样的结果是很自然的。只是在这些结果带来了一些可悲的事情之后，方才采取措施纠正这些小小的暴君，方式是设

立一些正规的法庭，或者被称为检审法院，由一些有声望和有学问的人组成，可以用法律进行干预，或至少可以提出劝告，以保护殖民者和当地人。

在那些由于本身在国内的地位而被任命为殖民地统治者的人当中，有唐佩德罗·阿里亚斯·德阿维拉，或者像通常称呼的那样叫佩德拉里亚斯。他与著名的莫亚侯爵夫人唐娜比阿特丽斯·德博瓦迪利亚的女儿之一结婚，这位侯爵夫人以是“天主教徒伊莎贝利亚”的朋友而闻名。佩德拉里亚斯是一个颇具军事经验和精力充沛的人。但是，事实证明，他是一个脾气很坏和品质恶劣的人，如果他过着默默无闻的生活的话，他的恶劣品质本来是不会惹人注意的，但现在却变得很明显了，而且这在某种程度上是由于突然飞黄腾达而形成的；就像太阳光温暖地普照在肥沃的土地上，促使它生长作物，而从不良的沼泽地上，则只能促使它生出恶臭的气体。这个人被安置在金色的卡斯提尔地区，这个地区是努涅斯·德巴尔沃亚选择来作为他的发现地的中心的。后者取得的成功招来了他的上司的妒忌，因为在佩德拉里亚斯的眼里功绩太大就是犯罪。这个骑士的悲剧性历史属于一个比我们将要谈到的时期更早一些的时期。这个时期有一个胜过我的手笔的人在写它，而且尽管写得简单，却成了美洲征服者的编年史中最杰出的篇章之一。[①]

① 金塔纳记载了巴斯科·努涅斯·德巴尔沃亚的令人难忘的冒险事迹（《西班牙名人录》，第 2 册），欧文也把这些事迹记录在他的《哥伦布和他的同伴们》中。一个人的生活成了两部如此杰出的回忆录的主题，这两部回忆录几乎是在同时写出，用的是两种不同的文字，两位作者之间没有任何联系，这是很少有的事。

121　但是，尽管佩德拉里亚斯想要缩小他的对手的光辉业绩，但他并非不了解他的发现的重要结果。他立刻看出达里安不适于从事在太平洋上的远征，并在1519年，根据巴尔沃亚原来的建议，他把他那日趋繁荣的首都从大西洋海岸迁到巴拿马的旧址，这个地方位于现在的巴拿马城东面不远。① 这个最不祥的地方，许多不幸的殖民者的墓地，很适宜于从事航海事业的伟大目标；而且这个港口由于它所处的中间地位，形成了无论是向南还是向北沿着广阔的未经发现的南太平洋海岸远征的最好的出发地点。然而在这个新的和更有利的位置上，经过了几年的时间才把发现的方向指向秘鲁。原来的方向完全是向北，或者说向西，这是服从政府的命令，因为政府的心目中一直是想发现这样一个海峡，这个海峡被认为是切断了这个长长的地峡的某一部分。派出了一批又一批的武装人员去实现这个幻想的目标；而且佩德拉里亚斯看到他的领地一年比一年扩大，但从他所获的东西中没有得到多大的利益。贝拉瓜斯、哥斯达黎加、尼加拉瓜相继被占领；他的勇敢的骑士们强行穿过森林、山岭和好战的野人部落，直至在洪都拉斯迎头遇上了科尔特斯的同伴们，即墨西哥的征服者们，他们是从北部高原来到中美洲地区的，这样才结束了对这个荒凉而又神秘的地方的调查。

① 朝廷向佩德拉里亚斯发出了肯定的指示，让他在圣迈克尔湾建立一个定居点，以符合巴斯科·努涅斯的建议：这将是在南海上从事发现和交往的最适合的地点。“南部圣迈克尔湾的位置优越，对海湾商业活动非常有利。巴斯科·努涅斯写道，让船只使用这个港口是非常必要的，这样可以了解海湾及其周围区域的情况换取所需要的东西，使船只发挥其效益。”见西班牙国王给佩德拉里亚斯·达维拉的信的片段，《旅行和发现丛书》（马德里，1829年版）第3册。

直到1522年才向巴拿马以南的方向派遣了一支正规的远征队，由殖民地的一个杰出的骑士帕斯库亚尔·德安达戈亚指挥。但是这位军官只到达了巴尔沃亚发现的最远处的皮纳斯港，当时他的健康状况不佳，迫使他返航，从一开始就放弃了他的事业。[①] 122

然而，关于在南方有一个富裕而文明的强大国家的传言，继续不断地传入殖民者的耳中并煽起了他们的梦想；而且看来似乎奇怪的是，向这个方向的远征竟拖延了这么长的时间。但是，这个传说中的王国的确切位置和距离尚在猜测之中。中间隔着的一大片土地被一些原始的好战的种族占据着；而且由于西班牙航海者对邻近海岸及其居民的情况所知甚少，更由于海上的大风浪——因为他们的远征是在一年中最不利的季节进行的——显然增加了这项工作的困难，甚至使他们那顽强的心灵也对之畏缩不前。

这就是小小的巴拿马社会在其建立几年之后的思想状况。与此同时，引人注目的对墨西哥的征服给发现的热情带来了新的刺激，而且在1524年，在殖民地发现有这样三个人：他们的冒险精神战胜了阻挠实现远征的关于困难和危险的考虑。其中一人由于性格适合而被选中将这项事业进行到胜利。这个人便是弗朗西斯

① 按照蒙特西诺斯的说法，安达戈亚在把他那威风凛凛的战马在惶惑的土著人面前夸耀时从马上摔下来受了重伤。(《秘鲁历史》，1524年。)但是，阿德兰塔多在他自己所写的关于他的发现的备忘录中丝毫没有提到这次马术上不幸的闪失，而把他的病说成是由于坠落水中引起的，那次事故几乎使他溺死，由此产生的后果使他几年后方才复原；关于他提前返回的原因的这种说法，也许比人们通常认为的那种说法更符合他的虚荣心。这个文件之所以重要是由于它出自一个最初的征服者的手笔，它保存在塞维利亚的印第安档案中，并由纳瓦雷特出版，见《选集》，第3卷，第7册。

科·皮萨罗；由于他在秘鲁的征服中所处的地位显然与科尔特斯在墨西哥的征服中所处的地位相同，因而有必要简单回顾一下他早年的历史。

第　二　章 123

弗朗西斯科·皮萨罗——他的早年历史——向南方的第一次远征——航行中的不幸遭遇——激烈的对抗——回到巴拿马——阿尔马格罗的远征

1524—1525 年

弗朗西斯科·皮萨罗生于西班牙埃斯特雷马杜拉的一个城市特鲁希略。他的出生年代不能肯定；但也许是在 1471 年左右。[①]他是一个私生子，他的父母没有牢记他的出生日期是不足为怪的。关于他们这种违反道德的行为没有特别的记载。他的父亲贡萨洛·皮萨罗是一位步兵上校，先是在意大利战役中在伟大的将军

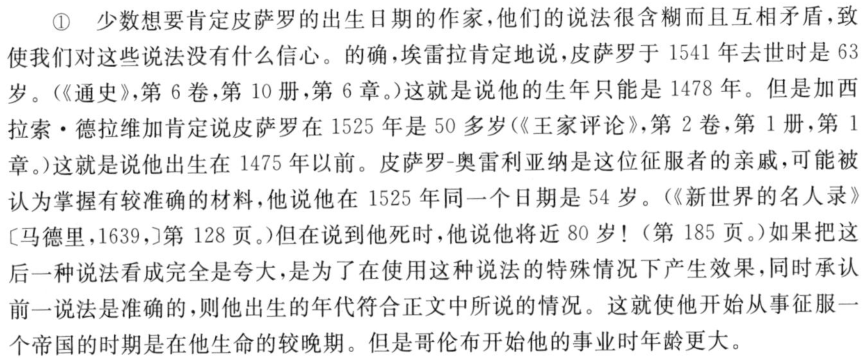

① 少数想要肯定皮萨罗的出生日期的作家，他们的说法很含糊而且互相矛盾，致使我们对这些说法没有什么信心。的确，埃雷拉肯定地说，皮萨罗于 1541 年去世时是 63 岁。(《通史》，第 6 卷，第 10 册，第 6 章。)这就是说他的生年只能是 1478 年。但是加西拉索·德拉维加肯定说皮萨罗在 1525 年是 50 多岁(《王家评论》，第 2 卷，第 1 册，第 1 章。)这就是说他出生在 1475 年以前。皮萨罗-奥雷利亚纳是这位征服者的亲戚，可能被认为掌握有较准确的材料，他说他在 1525 年同一个日期是 54 岁。(《新世界的名人录》〔马德里，1639，〕第 128 页。)但在说到他死时，他说他将近 80 岁！(第 185 页。)如果把这后一种说法看成完全是夸大，是为了在使用这种说法的特殊情况下产生效果，同时承认前一说法是准确的，则他出生的年代符合正文中所说的情况。这就使他开始从事征服一个帝国的时期是在他生命的较晚期。但是哥伦布开始他的事业时年龄更大。

的指挥下，随后是在纳瓦勒战役中，建立了一些功绩。他的母亲名叫弗朗西斯卡·冈萨雷斯，是特鲁希略城的一个出身卑贱的人。[①]

但是人们很少谈到弗朗西斯科的早年的情况，即使这很少的材料也并不总是可信的。按照有些人的说法，他被他的父母所抛弃，扔在该城主要教堂的门口作为一个弃婴。甚至有人说如果不是一头母猪哺育他的话，他可能已经死掉了。[②] 这种母猪哺育的
124 传说比关于罗慕洛幼年的传说[③]更不可信。那些在长大成人以后出人头地的人的早年历史，就像各个民族的早期历史一样，是想象力驰骋的丰饶沃土。

似乎可以肯定的是，年幼的皮萨罗没有从他的父母得到什么照顾，只好听天由命，很不容易地长大。没有人教他读书或写字，他的主要职业是当猪倌。随着年龄的增长，并且听到广泛流传的、使青年人着迷的关于新世界的传说时，上述那种平庸的生活就不适合皮萨罗的激动的心灵了。他分享了公众的热情，并且利用一个有利的契机放弃他的卑贱的职业，逃到塞维利亚，这个港口是西班牙冒险者乘船前往西方寻求幸福的地方。没有人像皮萨罗那样离开祖国而毫无牵挂的了。[④]

---

① 赫雷斯：《征服秘鲁》，根据《巴西亚文集》，第 3 卷，第 179 页；萨拉特：《秘鲁的征服》，第 1 册，第 1 章；皮萨罗-奥雷利亚纳：《名人录》，第 128 页。

② “他在特鲁希略出生后就被扔到教堂门口，没有人给他喂奶，倒是一头母猪用其奶汁喂养了几天。”见戈马拉：《美洲史》，第 44 章。

③ 罗慕洛为罗马开国之君，传说幼时为母狼哺育。——译者

④ 按照骑士团团长皮萨罗-奥雷利亚纳的说法，弗朗西斯科·皮萨罗在非常年轻的时候就跟随他的父亲参加意大利战争；后来则在新大陆在哥伦布和其他著名的发现者手下工作，作者谦逊地认为，那些人的成就是他这位亲戚产生勇气的主要原因！见《名人录》，第 187 页。

我们无从得知他命运中这一重要转变发生在哪一年。我们最初听说他在新世界是1510年在伊斯帕尼奥拉岛上，他在那里参加前往新大陆的乌拉巴的远征队，这个远征队由阿隆索·德奥赫达率领，那位骑士的声望和成就只有塞万提斯笔下的人物能够与之相比拟。埃尔南多·科尔特斯的母亲是皮萨罗族人，而且据说与弗朗西斯科的父亲有亲戚关系，科尔特斯当时在圣多明各，准备参加奥赫达的远征，但是由于临时负伤所阻。如果他去了的话，阿兹特克帝国的陷落可能要推迟一些时候，蒙特苏玛的王权可能和平地传给其后裔。皮萨罗也遭受了奥赫达的殖民地的灾难性命运，而且，由于他的谨慎小心，赢得了他的指挥官的信任，以致当后者回到各岛上去寻求补给品时，把定居点交由他负责。这位中尉在他那危险的岗位上待了将近两个月，耐心地等待着，直至死亡逼近了这块殖民地，使得可怜的残存者被送上了留下来的唯一的一艘小船里。[①]

此后，我们发现他与太平洋的发现者巴尔沃亚有联系，并且与 125
后者合作建立了位于达里安的定居点。他有幸跟随这位英勇的骑士从事他那翻山越岭的艰苦的行军，因而成为第一批目击那向往已久的南海景象的欧洲人之一。

在他的指挥官过早地死去之后，皮萨罗把自己同佩德拉里亚斯的命运联系在一起，并被那位总督雇用参加了几次军事远征，如果说这些远征没有得到别的什么东西的话，它们使他得到了为克服那

① 皮萨罗-奥雷利亚纳：《名人录》，第121—128页；埃雷拉：《通史》，第1卷，第7册，第14章；蒙特西诺斯：《编年史》，1510年。

些摆在未来的秘鲁征服者的道路上的艰难险阻所必需的训练。

1515 年，他与另外一个名叫莫拉莱斯的骑士一起被选派通过地峡并与太平洋沿岸的当地人进行交易。在那里，一方面从附近的岛屿上搜集黄金和珍珠之类的战利品；一方面他的眼睛盯着阴暗的海岸线，一直看到它消失在远方为止，他的思想上可能首次激起了这样一个念头：有朝一日要试图征服崇山峻岭之外的神秘地区。当政府所在地越过地峡迁到巴拿马时，皮萨罗伴随着佩德拉里亚斯行进，他的名字在骑士当中极为显著，这些骑士把征服的范围向北扩大，把好战的贝拉瓜部落包括在内。但是，所有这些远征无论给他带来了多大的荣誉，却没有带来多少黄金；在年届半百的时候，皮萨罗上尉发现自己只不过拥有首都附近的一片不毛之地，而分配给他的当地人的数额只是为了符合他的军事任务的需要。[①] 新世界就像彩票一样，中头彩的机会很少，对买彩票的人来说是很不利的；然而他却热衷于把健康、命运以及往往是他的荣誉拿来下赌注。

这就是皮萨罗在 1522 年时候的处境，那一年，安达戈亚已从他那向巴拿马以南的未完成的冒险事业中返回，带回了比以往听到的更丰富的传说，谈的是远处一些国家的富饶和繁荣的景象。[②]
126 也正是在这时候，科尔特斯的成就给公众造成了深刻的印象，激起

① “他有自己的房子和财产，并且分得了印第安人，成了这一地区的一名权贵。”见赫雷斯《征服秘鲁》；根据《巴西亚文集》，第 3 卷，第 79 页。

② 安达戈亚说，他在秘鲁时，从某些经常到那个国家去的行商的口中听到了关于印加帝国的非常详细的叙述。“在这个省里我了解到并讲述了领主及其商人和翻译的事，讲述了从海边到库斯科所看到的一切，特别是叙述了每个省的人和他们的生活方式。这些人利用买卖手段获得了大片土地。”见纳瓦雷特：《选集》，第 3 卷，第 7 页。

了新的冒险精神。在巴拿马的殖民者当中，向南方的远征成了一个共同思考的题目。然而，由于黄金之地处于科迪耶拉山脉的层峦叠嶂之外，仍然掩盖得无人知晓。无法想象出它究竟多么遥远，曾向那个方向航行的为数很少的航海者所遇到的艰难险阻，给这一事业染上了阴郁的色彩，使得当时最胆大的人也不敢问津。没有证据表明皮萨罗在这件事上表现出特别的敏捷。如果没有别人提供巨大帮助，他自己的资金也无法保证获得成功。他从殖民地得到了两人的帮助，这两人在以后的活动中起了非常重要的作用，必须特别予以提出。

其中一人名叫迭戈·德阿尔马格罗，是一个军事冒险者，似乎比皮萨罗稍微年长一些；尽管对他的出生年月知道得很少，甚至对他的出生地也有争论，人们认为，他的名字是以新卡斯提尔的阿尔马格罗镇命名的，因为他跟皮萨罗一样，也是一个私生子，没有更好的命名来源。[1] 直到我们这个历史时期才知道很少的关于他的情况，因为他是动乱的时代最早使之崭露头角的人物之一——也许，如果让他们像原来那样默默无闻的话要更幸运一些。阿尔马格罗在他的军事生涯中赢得了勇敢的军人的名声。他生性坦率、开朗，多少有些急躁和豪放不羁，但是，正如那些属于热情性格的人们一样，一旦脾气发过之后是不难平息的。总之，他具有正直的人们所难免的优点和缺点，这些缺

① “这是迭戈·德·阿尔马格罗的部下说的。”佩德罗·皮萨罗对他很了解；见《秘鲁王国的发现和征服》；萨拉特：《秘鲁的征服》，第 1 册，第 1 章；戈马拉：《美洲史》，第 141 章；皮萨罗-奥雷利亚纳：《名人录》，第 211 页。最后这位作者承认，阿尔马格罗的家世不详；但又补充说，从他早年行为的性质来看，表明他是出自名门的。这一点很难被专司宗谱的纹章院承认为证据。

点并未因早年所受的教育或自制力而有所改善。

这个组合中的另一位成员是埃尔南多·德卢克，一位西班牙的传教士，他在巴拿马执行神甫的职务，并在以前曾担任过达连里
127 安教堂的教师。他似乎是一个非常谨慎和通晓世事的人；而且由于他的受人尊敬的品质，使他在他所属的小团体中具有相当大的影响，而且由于他掌握了资金，使得当前的事业要想获得成功就必须有他的合作。

在这三位合作者之间作出的安排是，两位骑士必须把他们的微薄的积累用来支付购买武器的费用，但是大部分资金是由卢克提供的。皮萨罗负责指挥这次远征，给船只装载粮食和武器的任务则由阿尔马格罗负责。三位合作者在使他们的事业得到总督的批准上没有遇到什么困难。在安达戈亚返回以后，总督曾经计划进行另一次远征，但他委任负责这次远征的官员死去了。他为什么没有执行原来的计划而把这件事委托给一个像皮萨罗这样有经验的上尉，原因不得而知。他也许并非不乐意让这事的重担由别人挑起来，只要有很大一部分利润流入他自己的腰包就行。这一点他在规定的条件中没有忽视。①

① “这三个同伴就这样决定去征服那个省份，并且和当时已经当上陆地总督的佩德罗·阿里亚斯·德阿维拉商量此事。佩德罗·阿里亚斯同意他们三人去，但他提出的条件是，他不付分文费用，但他将把在新征服的土地上发现、并归他所有的财富的一部分来支付那笔费用。他们三人只得同意总督的条件，否则他们就得不到他的许可。”（佩德罗·皮萨罗：《发现和征服》，手稿。）然而，安达戈亚肯定说，总督与这次冒险的其他同伙人投资的数额相同，每人各出四分之一。（纳瓦雷特：《选集》，第 3 卷，第 7 页。）但是，无论佩德拉里亚斯最初投资多少，这是无关紧要的，因为这笔投资是在从远征中得到任何利益之前撤回的。

就这样，有了卢克供给的钱和总督的同意，阿尔马格罗迅速做好了航海的准备。购买了两艘小船，其中较大的一艘原来是巴尔沃亚为他自己建造准备用于同样的远征的。自从巴尔沃亚死后，这艘船被撤除了一切设备后扔在巴拿马港。现在它又被按照当时情况尽可能重新装备起来，而且准备就绪等待起航，同时迅速将物品与设备装上船，正如事实证明的，这种迅速与其说是由于阿尔马格罗的预先计划，不如说是由于他的热情。

在找到必要的人手上遇到了更大的困难；因为人们对于朝这 128
个方向远征已经产生了一种普遍的不信任感，不是一下子就能克服的。但是在殖民地有很多无所事事的食客，他们是从国内出来希求改善他们的命运的人，他们乐于抓住这个机会这样做，无论希望多么渺茫。阿尔马格罗从这样一票货色当中收集了大约一百多人；[①]并在一切准备停当之后，皮萨罗担负起了指挥任务，并于1524年11月中旬起锚离开小小的港口巴拿马。在第二艘较小的船做好准备之后，阿尔马格罗即乘该船随同前往。[②]

一年当中的这个时候是最不适宜于选来从事航行的；因为那

① 埃雷拉是记载这类历史活动的最著名的历史学家，他估计皮萨罗的追随者只有80人。但我曾参考过的其他每位权威的说法都说为数在百人以上。当时在利马的一位居民纳阿罗神甫甚至说有129人。见《关于西班牙人如何进入秘鲁的简述》(以下简称《简述》)，手稿。

② 关于这次远征的出发日期，各个作者的说法不一致。大多数人说是在1525年。我引用的是皮萨罗的秘书赫雷斯在这次航行之后十年发表的说法，他在这样短的时间里，不可能忘记这样一个重要的事件发生的时间。(见他的《征服秘鲁》，根据《巴西亚文集》，第3卷，第179页。)这一年似乎是由皮萨罗与国王的“议定书”确定的，我直到写完上文后才见到它。这个日期为1529年7月的文件说他的第一次远征是在大约五年以前进行的。(见附录七。)

是雨季，向南方航行要逆风而行，横扫海岸的暴风雨会使航行加倍危险。但这些冒险者不了解这一情况。在距离巴拿马几里格之遥的航海者经常去的珍珠岛停靠以后，皮萨罗继续前进通过圣迈克尔海峡，然后几乎是向正南驶往皮纳斯港，那是秘鲁克特省的一个海岬，标志着安达戈亚的航行的终点。皮萨罗在出发以前，曾从安达戈亚那里获得他可能获得的关于那个国家和他准备采取的航线的情报。但是安达戈亚自己的经验也很有限，不能给予多大的帮助。

小船绕过皮纳斯港以后，进入了秘鲁河，有些人认为，错误地
引用这条河的名称导致把印加帝国的名称说成是秘鲁。[①] 在这条
河上航行了几里格之后，皮萨罗命令抛锚，让他的整个队伍上岸，
129 只有水手们除外，他率领这支队伍去探索这个国家。这片开阔的土地是广大的沼泽地，大雨注成了死水坑，泥淖使旅行者无法插足。这片讨厌的沼泽边缘是森林，它那茂密杂乱的矮树丛使他们感到难以穿越；而在走出树丛以后，他们来到一片丘陵地带，地面崎岖不平，岩石重叠，他们的脚都划破了，露出了骨头。疲倦的战士穿着沉重的铠甲或者厚厚的棉上衣，累得他们寸步难移。气候有时十分灼热：由于过度劳累和缺少食物，他们筋疲力竭地倒在地上。这就是远征秘鲁的不吉的开端。

然而，皮萨罗并没有灰心丧气。他尽力鼓舞部下的士气，请求他们不要被困难吓倒，说勇敢的人是能够克服这些困难的，提醒他

① 萨拉特：《秘鲁的征服》，第 1 册，第 1 章；埃雷拉：《通史》，第 3 卷，第 6 册，第 13 章。

们说有贵重的奖赏在等待那些能够坚持的人。然而继续待在这个荒凉的地区显然会一无所获。因此，他们回到船上，让小船顺流而下，然后继续在大洋中向南航行。

在沿海岸行驶了几里格之后，皮萨罗在一个外观并不诱人的地方抛锚，在那儿装上了一些木材和淡水。然后，离海岸更远一些在广阔的海洋中行驶，他掌握着同一个方向，向南航行。但在航行中，他为一连串的暴风雨所阻，加上只有在热带的暴风雨中才能见到的巨雷和骤雨。大海狂怒起来，像山一样高的巨浪时刻威胁着要把这条千疮百孔的摇晃不定的小船掀翻。整整十天，这些倒霉的航海者们在残酷无情的风雨的摆布之下，只是由于不断的努力——绝望的努力——他们才使船免于倾覆。祸不单行的是，他们的给养开始匮乏了，他们缺水，原来他们只装了几桶水；因为阿尔马格罗曾经预计他们可以不时从岸上补充短缺的供应品。他们带的肉全部吃光了，每人每天减少到只分配给两穗玉米。

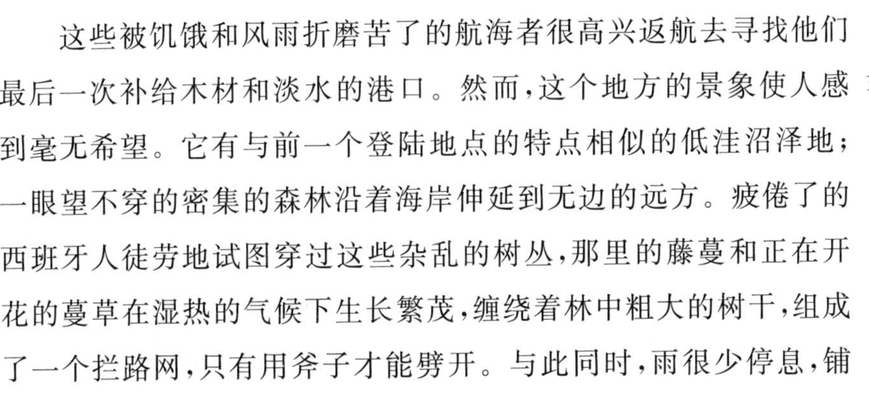

这些被饥饿和风雨折磨苦了的航海者很高兴返航去寻找他们最后一次补给木材和淡水的港口。然而，这个地方的景象使人感 130
到毫无希望。它有与前一个登陆地点的特点相似的低洼沼泽地；一眼望不穿的密集的森林沿着海岸伸延到无边的远方。疲倦了的西班牙人徒劳地试图穿过这些杂乱的树丛，那里的藤蔓和正在开花的蔓草在湿热的气候下生长繁茂，缠绕着林中粗大的树干，组成了一个拦路网，只有用斧子才能劈开。与此同时，雨很少停息，铺满了树叶和浸透了水的土地，似乎从他们脚下溜走了。

没有比这阴森森的树林的景象更令人可怕和沮丧的了；负载过重的地面发出的蒸气，毒化了空气，而且实际上似乎不容许有任何生命，只有成群的昆虫，它们的闪光的翅膀来回晃动，像火星一样闪烁在森林的每一个豁口处。甚至野生动物似乎也本能地避开了这个致命的地点，这些旅行者没有看到任何种类的野兽和飞鸟。在这些荒凉地带的深处，永远是一片寂静，至少，唯一能够听到的声音是雨点打在树叶上的哗哗声和这些孤独的冒险者的脚步声。①

对这个地方的景象感到完全绝望的西班牙人开始认识到他们从海上移居陆上没有得到任何东西，而且他们感到最严重的担心是在这个地方死于饥饿，这个地方除了在树林中到处可以采到一些味道不佳的草莓外没有任何可吃的东西。他们高声埋怨自己的倒霉的命运，并且指责他们的指挥官是这一切困难的制造者，因为他欺骗他们说可以找到一块美妙的地方，但是他们越前进，这块地方就显得越遥远。他们说，与命运作对是无济于事的，最好是抓住机会及时赶回巴拿马港以保全性命，以免等在这儿饿死。

但是皮萨罗准备迎接比这大得多的困难，而不想返回巴拿马
131 以致名誉扫地，成为人们嘲笑的对象，说他是一个爱虚荣的梦想
者，诱骗别人参加一场连他自己都没有勇气坚持到底的冒险。现在是他唯一的机会。返航就是毁灭。因此，他用已受过了损害的自尊心或贪心所能提出的所有论据来说服他的追随者改变主意；向他们指出这些困难是发现者的道路上必然存在的；并且提醒他们注意他们的同胞在其他地方取得的光辉成就和他们自己一再得

① 赫雷斯：《征服秘鲁》，根据《巴西亚文集》，第 3 卷，第 180 页；《第一次叙述》；蒙特西诺斯：《编年史》，1515 年；萨拉特：《秘鲁的征服》，第 1 册，第 1 章；加西拉索：《王家评论》，第 2 卷，第 1 册，第 7 章；埃雷拉：《通史》，第 3 卷，第 6 册，第 13 章。

到的关于沿这条海岸线有富裕地区的报告，只要他们有勇气和坚持到底，就能成为这些地区的主人。然而，由于他们目前的情况非常紧急，他决定把船派回珍珠岛去给他的队伍装载新的补给品，这些物品可以使他的队伍重新充满信心向前。这段距离不长，几天以后，他们全都可以脱离险境。派去担负这一任务的军官叫蒙特内格罗；他带去将近一半的人，在接受皮萨罗的指示后，他立即起锚驶往珍珠岛。

在这艘船离开后，这位西班牙指挥官试图对这块地方进行探查，看看是否能找到印第安人的定居点，他可以从那里给他的追随者搞到补给品。但是他的努力落空了，没有看到有人居住的迹象；尽管在赤道地区的浓密和看不透的树叶的情况下，只要有几杆[①]的距离就足以遮住一个城市。倒霉的冒险者们能够找到的维持生命的唯一的东西是他们不时在海岸上捡到的贝壳，或者棕榈树的苦涩的嫩芽，以及树林中野生的草莓和味苦的药草。这些东西当中有些是有毒的，吃了这些东西的人浑身发肿，受着剧痛的折磨。另外一些人宁愿挨饿而不吃这些糟糕的食物，身体逐渐衰弱下去并终于饿死。然而他们的意志坚定的首领力求维持自己的乐观情绪，并振奋其部下的委靡的精神。他慷慨地把他那为数不多的供应品分给大家，不倦地努力给他们寻找食物，照顾病人，并下令修建棚屋给他们居住，这至少可以使他们免受这个季节的暴风雨之
苦。由于他这样关心其追随者的疾苦，他在这些粗犷的人们当中 132
享有威信，这是用行使权力的方法不能获得的，至少在目前这种非

① 一杆等于 5.5 码。——译者

常时期是如此。

一天又一天，一个星期又一个星期地过去，没有听到关于给流浪者带回给养来的那艘船的消息。他们睁大了眼睛向远处的海上瞭望，看不到有即将来到的朋友们的踪影。在蓝色的远方，看不到任何一点迹象，当地人的独木舟不敢驶得那么远，白人的船帆则还没有张开。那些在最初并未气馁的人们现在也开始失望了，因为他们感到被自己的同胞抛弃在这个荒凉的海岸上。这种"令人痛心的"忧郁的感觉使他们衰弱下去。这支小小的队伍中有二十多人已经死去，幸存者似乎也将很快步他们的后尘。①

正在这个危急的时刻，皮萨罗得到报告说从森林远处一个豁口可以见到一线亮光。他兴奋地欢呼这一消息，认为它意味着附近存在某种居民点：他率领一小队人沿着指出的方向进行侦察。他没有失望，在从一片布满茂密的矮树丛和落叶的荒地上走出以后，他来到一块开阔地上，那里有一个印第安人的小村庄。胆小的当地人在看到陌生人突然出现时，惊惶地离开了他们的茅屋；饥饿的西班牙人冲了进去，激动地把其中的东西据为己有。这些东西包括各种食品，主要是玉米和椰子。东西虽然不多，但是太及时了，使他们不由得欣喜若狂。

受惊的当地人没有试图抵抗。但是当他们相信不会对他们的人身施加暴力时，他们走近白人并且问道，"你们为什么不待在家里种自己的地，而要跑出来到处抢劫那些从来没有伤害过你们的

① 埃雷拉：《通史》，第3卷，第6册，第13章；《第一次叙述》：赫雷斯：《征服秘鲁》，见前文所引处。

人？[①]”无论西班牙人对权利问题的看法如何，他们当时无疑是认为这样做也许更聪明一些。但是当地人们的身上带有一些颇有分 133
量的黄金饰物，尽管其工艺是粗糙的。这就给他们的问题提供了最好的答复。是黄金的诱饵诱使西班牙的冒险者离开舒适的家来经受荒野的考验。皮萨罗从这些印第安人口中证实了他曾经多次收到的关于遥远的南方有一个富裕国家的报告；他们告诉他，在距离这儿要翻山越岭走十天路程的地方，有一个强大的王国，它的国土曾被另一个更强大的国家——太阳神之子侵占[②]。这大概是指英勇的印加王瓦伊纳·卡帕克对基多的入侵，它发生在皮萨罗远征以前的几年。

最后，在经过了六个多星期以后，西班牙人高兴地看到曾经载走他们的同伴的那艘飘荡的船回来了，蒙特内格罗驶进了港口，给他那些处于饥饿之中的同胞带来了充足的供应品。这些同胞的面貌使他大吃一惊，他们那蓬头垢面的容颜和由于饥饿与疾病折磨得消瘦了的身躯，使得他们的老伙伴们几乎认不出他们来了。蒙特内格罗说他们的延误是由于不断遇到逆风和坏天气；他本人也有一段辛酸的经历可以诉说，即他和他的水手们在返回珍珠岛的

① “他们问西班牙人为什么自己不去种地，而不辞辛苦地霸占别人的果实。”见埃雷拉：《通史》。

② “老人用自己的语言告诉他们，一个强大的国王带着自己的人马翻山越岭时，更有权势的太阳神之子奇迹般地出现了，经过浴血战斗后，他夺取了国王的土地。”（见蒙特西诺斯：《编年史》，手稿，1525 年）瓦伊纳·卡帕克征服基多，发生在本书所述历史时期以前三十多年。但是，对于这次征服的详细情况，它发生的时间及准确的地点，巴拿马附近的各原始部族也许只有模糊的了解；当他们用难懂的方言讲述它时，西班牙航海者同样了解得很少，因为后者与其说是从语言不如说是从手势中搜集情报的。

途中也曾为饥饿所苦。正是这些微小的事件和我们已经谈到过的那些事件一样，使人们了解到西班牙冒险者在进行其伟大的发现事业中所遇到的极端的困难。

这些西班牙骑士们很久没有吃到的丰富的营养品使他们重新活跃起来。那种过着冒险和流浪生活的人们所特有的欢快，使他们在追求事业的热情中忘记了过去的痛苦。因此，皮萨罗重新登上他的船，告别了这个曾经带来很多痛苦的地方，他把这个地方恰
134 当地命名为“饥饿之港”，然后扬帆顺风向南行驶。

如果他大胆地向大海深处行驶，而不是沿着那迄今为止没有给他什么报偿的荒凉的海岸行驶的话，他可能不至于反复进行令人厌倦的毫无成效的冒险，而是通过一条较短的路线到达他的目的地。但是这位西班牙航海者沿着这些不可知的海岸摸索前进，在每一个合适的滩头登陆，仿佛如果在这条调查线上出现任何缺口的话，就担心会遗漏某些富饶的地区或宝贵的矿藏。然而应当记住的是，尽管对我们来说，由于熟悉这些国家的地形，所以皮萨罗的目的地的确切位置似乎一目了然，然而他当时却是在黑暗中摸索，一步一步地试探着前进，事实是，没有海图指引他，不了解海上的情况和海岸的方位，甚至对他要达到的目的地没有确切的概念，只知道有一块地方盛产黄金，这个地方在南方某处！这就像是寻找一个天堂一样，所凭借的情报并不比构成这块奇妙的土地上许多幻想活动的基础的情报更准确或可靠。只有成功这个对群众说来最有说服力的论据才能使皮萨罗的远征免于蒙受类似浮夸的罪名。

皮萨罗继续在海岸背风处向南航行，经过一段短距离之后，发

现自己面前是一片开阔地，至少是一片树木掩蔽较少的地方，随着它离海岸越远而逐渐隆起。他与一小队人登陆，向内地行进了一小段距离后遇到了一个印第安人的小村庄。这个村庄被居民们放弃了，他们在侵略者来到时逃往山中；西班牙人进入他们抛弃了的住所里，发现其中有大量的玉米和其他食物，和一些相当有价值的手工粗糙的黄金饰物。对他们的身体需要来说，食物并不比看到黄金更能不时刺激他们的冒险精神。然而，有一个景象使他们毛骨悚然。那就是他们看到有一块人肉在火上烤着，那是野蛮人用来准备一顿可怕的筵席的。西班牙人知道自己遇到了加勒比人的一个部落，加勒比人是新世界那一部分唯一已知的食人肉的种族。于是西班牙人仓皇撤退到自己的船上。[①] 他们不像墨西哥的征服者们那样由于经常看到这种可悲的景象而变得心如铁石。 135

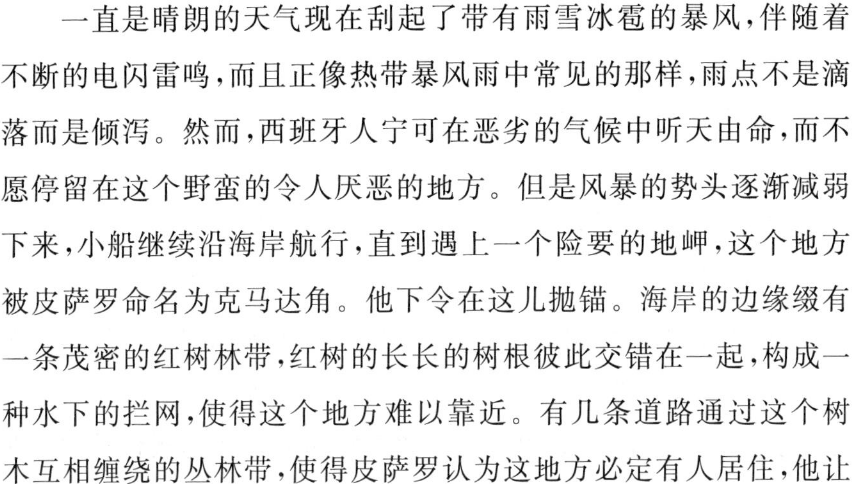

一直是晴朗的天气现在刮起了带有雨雪冰雹的暴风，伴随着不断的电闪雷鸣，而且正像热带暴风雨中常见的那样，雨点不是滴落而是倾泻。然而，西班牙人宁可在恶劣的气候中听天由命，而不愿停留在这个野蛮的令人厌恶的地方。但是风暴的势头逐渐减弱下来，小船继续沿海岸航行，直到遇上一个险要的地岬，这个地方被皮萨罗命名为克马达角。他下令在这儿抛锚。海岸的边缘缀有一条茂密的红树林带，红树的长长的树根彼此交错在一起，构成一种水下的拦网，使得这个地方难以靠近。有几条道路通过这个树木互相缠绕的丛林带，使得皮萨罗认为这地方必定有人居住，他让

① “他们从罐里取出熟了的肉，发现里面有人的手和脚，从此他们知道，那些印第安人原来是一些加勒比的野蛮人。”见埃雷拉：《通史》，第3卷，第8册，第11章。

他的大部分人员下船去向内地探索。

当他尚未深入一里格之遥时，就发现他的猜测得到了证实，因为看到了一个比他迄今所看到的更大的印第安人市镇，它坐落在一个山丘的顶上，周围有严密的栅栏。和通常的情况一样，那里的居民们逃走了；但在他们的住所里留有大量的食品和一些黄金饰物，西班牙人很快把这些东西据为己有。皮萨罗的小船在它最近遇到的大风中损坏了，如果不经过彻底的修理，不能安全地继续航行，而在这个荒凉的海岸上是无法进行这种修理的。因此，他决定派少数人把船驶回巴拿马进行大修，与此同时，在他目前所处的这个便于防御的位置建立营地。但是，首先他派遣一小队人由蒙特内格罗率领去对这个地方进行侦察，并在可能的情况下同土著人交往。

这里的土著人是一个好战的民族。他们离开其住所是为了把他们的妻子和孩子们安置在安全的地方。但他们注视着入侵者的活动，当他们看到入侵者的兵力分散了时，他们决定在分散的各部
136 分能够互相联系之前予以各个击破。因此，当蒙特内格罗刚刚通过科迪耶拉山脉沿海岸的这一部分像马刺一样伸出的高山的隘口时，印第安战士们从他们埋伏着的地方跳出来，射出了无数的箭和其他抛射物，遮天蔽日，同时使森林里响彻了他们尖锐的战斗呐喊声。西班牙人被这些当地人的出现惊住了，这些当地人赤裸着身子，身子涂满了花纹，在阻碍着隘路的树木和杂乱的矮树丛之间张望着，同时挥舞着他们的武器。西班牙人在这突如其来的情况下一时惊惶失措。他们当中有三人被打死，还有几人负伤。然而他们很快集结起来，用弓弩还击对他们攻击的人(因为皮萨罗的士兵

们在这次远征中似乎没有配备滑膛枪），然后手持刀剑，勇敢地向敌人进攻，把他们打退回山上的堡垒中。但是这只不过是使他们的作战行动转向另一部分，在皮萨罗能够得到其副官援助之前向皮萨罗进攻。

他们利用对山口比较熟悉的条件，早在蒙特内格罗从同一方向开始反攻以前很久就已到达了皮萨罗的所在地。这些勇敢的野蛮人从树林中出来，用雨点般的标枪和箭射向西班牙人的营地，其中有些穿透了骑士们的铠甲和厚厚的甲胄的接缝处。但是皮萨罗是一个训练有素的军人，没有疏于防范。他把他的手下人召集在他周围，他决定不是消极地在营地里等待攻击，而是出击到敌人自己的土地上去迎击敌人。当西班牙人在他们英勇的首领率领下冲出来时，已经前进到靠近防御工事的地方的野蛮人们撤退了。但是他们很快又猛烈地进攻，他们根据皮萨罗的勇敢的举动和权威的风度，很快就认出他是首领；纷纷向他投掷标枪，尽管他身穿铠甲，仍然受伤七处以上。①

这位西班牙指挥官由于被直接对他个人的攻击浪潮所击退，撤到了山坡下，当他脚下滑倒了时，还能用刀和盾保卫自己。敌人发出了胜利的尖叫声，有几个最胆大的敌人跳上前来想要杀死他。
但是皮萨罗一跃而起，用他那粗壮的手臂打倒了最前面的两人，使 137
其他人不敢上前，直至他的士兵能够赶来援救他。野蛮的人们被他的勇敢所慑，开始畏缩不前，幸好这时蒙特内格罗及时赶到，袭

① 纳阿罗：《简述》，手稿；赫雷斯：《征服秘鲁》，根据《巴西亚文集》，第 3 卷，第 180 页；萨拉特：《秘鲁的征服》，第 1 册，第 1 章；巴尔沃亚：《秘鲁史》，第 15 章。

击他们的背后，使他们完全陷于混乱；于是他们撤离战场，尽快逃向山林深处。地上布满了他们的尸体，但是胜利是用付出了沉重的代价得来的：又有两个西班牙人战死和很多人受伤。

然后召开了一次军事会议。这个地方已经在西班牙人的眼里失去了魅力，他们在这里遇到了在他们的远征中前所未有的抵抗。必须把受伤者送到某个安全的地方去养伤。然而在他们的船处于残破状态的情况下继续前进是不安全的。总之，他们决定返航，把他们的进展情况向总督报告；而且，尽管没能实现冒险者们的宏愿，皮萨罗相信已经干了足够的事情证明这一事业的重要性，并能获得佩德拉里亚斯对进一步实现这一事业的支持。①

然而，在目前这种情况下，皮萨罗不能下决心亲自去见总督。因此他决定与他的队伍中的主要部分在奇卡马登陆，这个地方位于大陆上，在巴拿马西面不远。他在再未遇到任何其他事故的情况下到达该处，并从那儿派遣他的司库尼古拉斯·德里韦拉乘坐该船带着他搜集到的黄金和他的指示前去谒见总督，详细报告他的发现和这次远征的结果。

在这些事件发生的同时，皮萨罗的同伴阿尔马格罗曾在巴拿马港内忙碌地从事准备另一艘远征的船只。直到他的朋友出发很长时期以后，他才准备好去跟随他。在卢克的帮助下，他终于装备好了一艘轻快的小帆船，船上载有 60 名至 70 名冒险者，大部分属于殖民者中最低层。他驾驶着船去追他的同伴，希望尽可能快地追上他。根据以前商定的在树上刻的记号，他发现了皮萨罗

① 埃雷拉：《通史》，第 3 卷，第 8 册，第 11 章；赫雷斯：前文所引处。

到过的各个地点——皮纳斯港，饥饿之港，克马达角——并相继在 138
他的同胞探查过的海岸线上的每个点登陆，尽管停留的时间短促得多。在最后那个点，凶恶的土著人用对待皮萨罗的同样的敌视态度对待他，但在这一次的对阵中，印第安人没敢越出其防御阵地之外。然而火气旺盛的阿尔马格罗被这种抑制所激怒，他手持刀剑进攻对方阵地，放火烧毁外围工事和住房，把不幸的居民赶入森林。

他的胜利使他付出了沉重的代价。他的头上被标枪所伤，引起他的一只眼睛发炎，在经受了巨大痛苦之后，结果这只眼失明。然而这个无畏的冒险者毫不犹豫地继续航行，在几处海岸登陆，其中有些使他获得了大量黄金，然后他到达了在北纬四度左右的圣胡安河口。这条河的美景及其两岸的文明使他深为激动，两岸遍布有印第安人的村庄，村庄们的构造显示了某些技巧，而且总的说来表明有一种他前所未见的高度的文明。

然而充满他心中的仍是对皮萨罗及其随行人员的思念。很长时期以来在海岸上没有发现他们的踪迹，显然，他们一定是葬身大海，或者是返回巴拿马去了。他认为后面这种可能性最大，因为在夜幕或有时笼罩海岸的浓雾的遮蔽下，船只可能从他旁边驶过而未被发觉。

由于深信这种可能，他无心继续进行探险航行，实际上，他这艘载人很少的孤舟，是不适于从事这种航行的。因此，他建议立即返航。途中，他在珍珠岛登陆，从那里得知他朋友远征的结果和他目前的住地。他立刻驶往奇卡马，两位骑士不久便热烈地拥抱在一起，互诉各自的功绩和死里逃生的情景。阿尔马格罗甚至比他

的同伴带回了更多的黄金，并且在前进的每一步骤中搜集了关于南方有一个富强的帝国的新证据。这两个朋友发现的东西极大地
139 增强了他们的信心；他们毫不犹豫地互相保证，宁死不放弃这一事业。①

为了获得从事这样一项艰巨任务（这个任务在他们眼中看来比以前更艰巨了）所需的人力和物力，最好的方法是什么，对这个问题进行了长时间的严肃的讨论。最后决定，皮萨罗应该留在他目前的住地，这个地方气候潮湿，空中有成群的传染疾病的昆虫，对健康有害不适于居住。阿尔马格罗将前往巴拿马，把问题摆在总督面前，尽可能使他欣然同意实现这一事业。如果在这方面没有阻碍的话，他们可以指望在卢克的帮助下获得必要的供应品；同时，上次远征的结果，足以使他们能在这样一个社会里征集到足够的冒险者，这个社会追求刺激的程度甚至把危险视为取乐，生命在这个社会里的价值比不上黄金。

① 赫雷斯：《征服秘鲁》，根据《巴西亚文集》，第 3 卷，第 180 页；纳阿罗：《简述》，手稿；萨拉特：《秘鲁的征服》，在上述引文中；巴尔沃亚：《秘鲁历史》，第 15 章；《第一次叙述》；埃雷拉：《通史》，第 3 卷，第 8 册，第 13 章；《勒维努斯·阿波罗尼乌斯文集》，第 12 卷；戈马拉：《西印度史》，第 108 章。

第　三　章

著名的议定书——第二次远征——鲁伊斯探索海岸——皮萨罗在森林中的受苦——生力军的到来——新的发现和灾难——皮萨罗在加洛岛上

1526—1527 年

阿尔马格罗在到达巴拿马时发现，情况已经变得不像他预想的那么有利了。佩德拉里亚斯总督正在准备亲自进行一次针对一个在尼加拉瓜叛变的军官的远征；他的脾气生来就不很好，他的这位副官的叛变和他不得不进行一次长途而危险的进军使他的脾气更坏了。因此，当阿尔马格罗来到他面前要求准许他搜集更多的人力物力去实现他的事业时，这位总督以明显的不满态度接待他，冷淡地听着他诉说他的损失，不相信他关于未来的美妙诺言，而且 140
粗暴地要求解释由于皮萨罗的固执而牺牲了的生命，如果这些人还活着的话，本来是可以和他一起进行这次对尼加拉瓜的远征的。他断然拒绝继续支持这两个冒险者的鲁莽的计划。如果不是那个仍然是他们的合伙人的埃尔南多·德卢克的有效的干预，秘鲁的征服可能在萌芽状态下就夭折了。

这位聪明睿智的神甫从阿尔马格罗的叙述中得出的印象与这

种叙述使发怒的总督得出的印象完全不同。的确，迄今为止在冒险事业上实际得到的黄金和白银为数甚少——与他们所指望的巨大数额无法相比。但是，从另一方面看，金银是最不重要的；因为冒险者们在他们的进展的每个阶段所获得的情报最有力地证明了从安达戈亚和其他人那里得到的关于在南方有一个富裕的印第安帝国的最初的传说，这个帝国能够补偿在征服它的过程中所遇到的困难，就像墨西哥补偿了科尔特斯的事业一样。在充分体谅他的军事同僚的思想感情以后，他利用他在总督身上所具有的一切影响使总督对阿尔马格罗的申诉有一个较好的看法；在巴拿马这个小圈子里，没有人比卢克神甫对行政委员会的影响更大，他对这个委员会的影响与其说是由于他的职业地位，不如说是由于他的行事慎重和众所公认的聪明才智。

但是，当佩德拉里亚斯被神甫的纠缠不休的论点所说服，勉强地同意批准这一行动时，他设法表明他对皮萨罗的不满，他特别指责皮萨罗使其追随者遭到伤亡，于是他任命阿尔马格罗在拟议进行的远征中与皮萨罗享有同等的指挥权。这一屈辱深深刺伤了皮萨罗的心。他怀疑他的同伴由于某种隐晦的原因向总督祈求这一恩宠。两人之间暂时冷淡了。由于皮萨罗感到与一个朋友比与一个陌生人或敌人分享这种权力要好一些，这种冷淡至少在表面上有所缓和。但在他的心目中播下了永远不信任的种子，并且埋藏在那儿等到适当的时候成熟为一场巨大的不和。[①]

① 赫雷斯：《征服秘鲁》，根据《巴西亚文集》，第 3 卷，第 180 页；蒙特西诺斯：《编年史》，1526 年；埃雷拉：《通史》，第 3 卷，第 8 册，第 12 章。

佩德拉里亚斯最初对这一冒险事业感到兴趣，至少是因为规 141
定分给他一部分收入，尽管他似乎没有为支出付过一块金币。然而，他终于被说服放弃对冒险的收益分得一份的一切权利。但是，他在这样做时，表现出一种唯利是图的精神，宁可变成一个渺小的商人，而不是朝廷的高级官员。他规定合作者应保证向他交纳一千金比索，以换取他的赞同，他们欣然同意他的建议，以免他利用权力进行阻挠。仅仅为了这点微利就放弃了他可以得到的丰盛的印加战利品的一份！① 但是这位总督没有预见性，他的贪心由于目光短浅而遭到了失败。当英勇的巴尔沃亚向他打开了通往征服秘鲁之门时，他曾经牺牲了那位军官，他现在又可能消磨掉皮萨罗及其同伙人在同一个方向从事冒险的精神。

此后不久，第二年，他在政府中的职位由科尔多瓦的一位骑士唐佩德罗·德洛斯·里奥斯继任。卡斯提尔政府的政策是不让其殖民地的任何高官在同一个职位上待的时间太长致使他由于权力过大而无法节制。② 另外，还有许多讨厌佩德拉里亚斯的特殊原

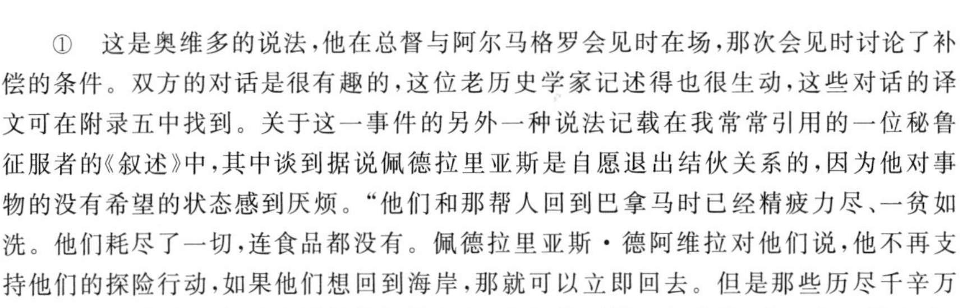

① 这是奥维多的说法，他在总督与阿尔马格罗会见时在场，那次会见时讨论了补偿的条件。双方的对话是很有趣的，这位老历史学家记述得也很生动，这些对话的译文可在附录五中找到。关于这一事件的另外一种说法记载在我常常引用的一位秘鲁征服者的《叙述》中，其中谈到据说佩德拉里亚斯是自愿退出结伙关系的，因为他对事物的没有希望的状态感到厌烦。“他们和那帮人回到巴拿马时已经精疲力尽、一贫如洗。他们耗尽了一切，连食品都没有。佩德拉里亚斯·德阿维拉对他们说，他不再支持他们的探险行动，如果他们想回到海岸，那就可以立即回去。但是那些历尽千辛万苦，失去了一切的人们决定继续他们的行程，他们将不惜一切代价，直至自己的生命，也要去发现那片土地，他们是一些百折不挠、勇气十足的人。”见《第一次叙述》，手稿。

② 聪明的马蒂尔注意到了这一政策：“因为大多数统治者的变迁，人们不会过多地赞赏政权的连续性，人们认为，他们更不是各省的征服者，由于其他的原因，人们对这些爵士进行了评论。”（《论新大陆》，巴黎，1587 年）人们只能感到遗憾的是，这位非

142 因。他们派出来代替他的官员带来了许多对殖民地有益的指示，特别是对土著人有益的指示，让当地人改变宗教信仰被认为是一个主要的目标，而对他们的个人自由则予以明确的保证，就像是朝廷的忠实臣民一样。应当公正地承认，西班牙政府的规定通常是受一种人道的和慎重的政策所指导，但是殖民者的贪心和征服者的恣肆残忍经常使这种政策归于失败。佩德拉里亚斯的残年是在一些私人的和官方的琐碎的争吵中度过的；因为他仍然任职，不过比以前所任的官职较小而已。他的余年不多，身后的名声不佳，以意志懦弱、不能控制自己的感情而著称；尽管如此，他表现出了某种程度的魄力，或者更确切地说，有一种强烈追求目标的热情，这种热情如果用于正确的方向的话，本来是会产生良好结果的。不幸的是，由于他缺少判断能力，他所采取的方向对他的国家或对他自己来说都是毫无裨益的。

他们在解决了与总督之间的纠纷，并得到了他对他们的事业的批准以后，这些同伙人立即着手进行必要的准备。他们采取的第一个步骤就是执行那个重要的议定书，把它作为他们未来安排的基础；而且，由于议定书上出现了皮萨罗的名字，看起来很可能他在他们同佩德拉里亚斯作出了有利的安排之后立即渡海来到巴拿马。[①]这个议定书在以最庄严的方式提到圣三位一体和圣母玛利

常关心新世界不同部分逐渐被发现的哲学家在欧洲人发现印加帝国之前死去。他生前知道并记录了以下地方的奇迹：

“富饶的墨西哥，蒙特苏玛的所在地；不是秘鲁的库斯科，阿塔巴利帕的更富饶的地方。”

① 与大多数权威人士的说法相反，——但与明智的金塔纳的说法并无不同，——我同意蒙特西诺斯的说法，把签订议定书的时间放在第二次远征而不是第一次远征开始的时候。这种安排与议定书本身的日期是相符的，而且，在我所查考的作者当中，源源本本地报道这个议定书的，最早莫过于蒙特西诺斯。

亚之名以后，做了如下的规定，尽管议定书各方都有充分的权力去发现和征服位于巴拿马地峡以南属于秘鲁帝国的各个国家和省份，而且由于埃尔南多·德卢克提供了价值两万比索的金条作为这一事业的经费，他们相互承担义务，平分全部征服的土地。这个规定一再重复，
特别是在提到卢克时，议定书宣称，他有权获得所有土地、份地[①]、各种 143
财物、金银和宝石的三分之一——甚至有权获得朝廷可能授予他的两个军事同伙人中任何一个的所有封臣、租税和酬金的三分之一，供他自己使用，或供他的继承人、指定的人或合法代表之用。

两位上尉庄严地保证要全力以赴地从事当前的事业，直至大功告成为止；而且，如果他们没有完成他们那一部分议定书规定的任务，他们保证偿还卢克预付的经费，对于这一点，他们以他们拥有的全部财产作为担保，而且这项声明足以构成一项向他们追究责任的令状，就像它是审判法院发出的令状一样。

两位司令官，皮萨罗和阿尔马格罗，以上帝和福音传布者的名义宣誓，庄严地保证信守盟约，他们把手搁在弥撒书上宣誓，亲手在书上画了神圣的十字。为了使盟约具有更大的效力，卢克神甫为各方举行了圣餐仪式，把圣饼分为三份，三人各执一份；据一位历史学家说，旁观者被这些人为了自愿献身于几乎近于疯狂的牺牲而举行的这种庄严的仪式感动得热泪盈眶。[②]

这份议定书的日期是1526年3月10日，由卢克签署，由巴拿马的

① 原文为 repartimientos，译“份地”不尽妥，意为拉丁美洲早期征服者赐给部下或同侪的领土，包括无偿使用当地劳力的权力。——译者

② 这份奇特的文件最终是由蒙特西诺斯提供的。(《编年史》，手稿，1526年)文件的原文见本书附录六。

三位有声望的人士作证，其中一人代替皮萨罗签名，另一人代替阿尔马格罗签名；因为按照文件的说法，这两人都不会签署自己的名字。①

就是根据这样一个奇特的文件，三个默默无闻的人冷酷地瓜分了一个帝国，然而他们对于这个帝国的范围、政权和资源，对于它的地理位置，甚至对于它的存在，都还没有肯定的或确切的了解。他们用肯定的、毫不含糊的语气谈论这个帝国的辽阔和富庶，
144 这与情况是相符的，但他们真正知道的却极少，他们的说法与巴拿马社会中所有其他的人（无论是上层人士或下层人士）表现出来的那种普遍的怀疑和冷漠形成鲜明的对比。②

这个文件的宗教色彩也是其显著特点之一，特别是当我们把它同这些议定书签订者在征服这个国家时所推行的残酷无情的政策相比时更是如此。一位著名的美洲历史学家说，“他们以耶稣的名义批准了一个旨在进行抢掠和杀戮的议定书。”③这种反应似乎是合理的。然而，在批评他们的所作所为，以及他们所写的文件时，我们必须把当时的时代精神考虑在内。④ 祈灵于天是很自然

---

① 关于皮萨罗不会写字一事，曾有不止一人提出过异议，对这件事进行的某些调查，见本书第 4 卷，第 5 章。

② 对卢克神甫为冒险事业所做的狂热的努力，人们给他起了一个一语双关的外号“洛科”（西班牙语“Loco”的音译，意为“疯人”，谐“卢克”之音。——译者）或“狂人”；奥维多说，“卢克神甫是洛科”，仿佛卢克与洛科是同义语。见《大洋彼岸印度诸岛及陆地史》，手稿，第 3 卷，第 8 册，第 1 章。

③ 罗伯逊：《美洲史》，第 3 卷，第 5 页。

④ 这位伟大的吟游诗人说：

“公正的评判者阅读每部作品，
都要根据作者写作时的精神。”

公正的评论也必须采取同样的原则对待行动，就像对待著作一样，而且，在从道义上评价行为时，必须很好地考虑促使这种行为发生的时代精神。

的，因为冒险事业的目标部分地带有宗教色彩。至少在西班牙人征服新大陆的理论中多少带有一些宗教的精神。没有人能够否认，那些卑鄙的动机大都与这些高尚的动机混杂在一起，而且由于每个人的性格不同而在其心中所占的比例各异。很少有人立志要从事一项长期的活动而不掺杂一些世俗的个人动机——名声、荣誉或金钱。然而，宗教给美洲十字军提供了一把钥匙，无论他们可能如何粗暴地加以使用，这一点可以从以下方面清楚地看出：从他们最初的历史；从教会首脑公开批准他们的行动；从大批自我献身的传教士们跟随征服者之后去拯救大批的灵魂；从朝廷一再指示说征服的伟大目标是使土著人开化；从铁石心肠的士兵们本身的迷信行为，尽管这些行为可以说是出于狂热，然而却是十分真诚，毫不虚伪。带到这块人们为之献身的土地上来的的确是一个燃烧着的十字架，在它的可怕的进程中烧焦了和燃尽了，但它仍然是十 145
字架，人类得救的象征，使尔后一代又一代的人从永恒的沉沦中得救的唯一象征。

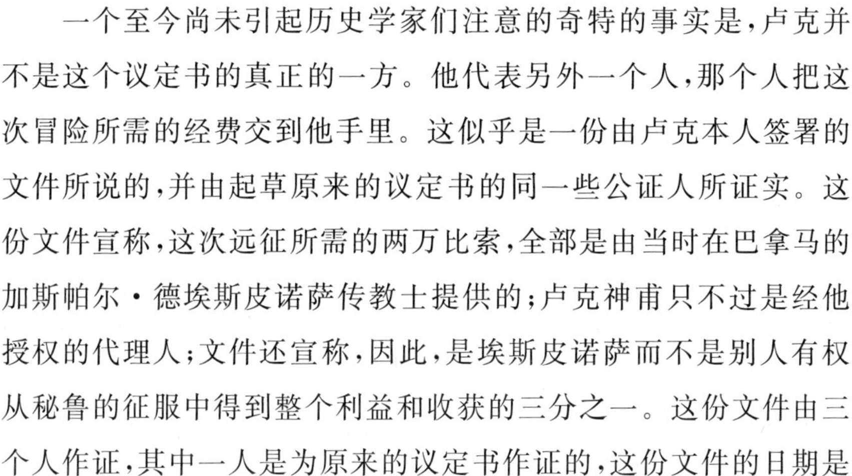

一个至今尚未引起历史学家们注意的奇特的事实是，卢克并不是这个议定书的真正的一方。他代表另外一个人，那个人把这次冒险所需的经费交到他手里。这似乎是一份由卢克本人签署的文件所说的，并由起草原来的议定书的同一些公证人所证实。这份文件宣称，这次远征所需的两万比索，全部是由当时在巴拿马的加斯帕尔·德埃斯皮诺萨传教士提供的；卢克神甫只不过是经他授权的代理人；文件还宣称，因此，是埃斯皮诺萨而不是别人有权从秘鲁的征服中得到整个利益和收获的三分之一。这份文件由三个人作证，其中一人是为原来的议定书作证的，这份文件的日期是

1531 年 8 月 6 日。① 埃斯皮诺萨是一个受人尊敬的行政官，曾担任达连的主要长官，从而在南美大陆的征服和殖民中起了显著的作用。他个人的品德和地位受到人们的重视；奇怪的是，人们很少知道，这份如此庄严地签订的议定书，有关他的部分是如何执行的。正如哥伦布的情况那样，也许由于结果出乎意料地巨大，因而未能忠实地执行原来的条款；然而，从同样的角度考虑，人们不怀疑这位拿出了两万比索的大胆的投机者必定获得了巨大的报偿。正如后来的历史所表明的，巴拿马的可尊敬的神甫也未尝没有得到报酬。

在完成了这些初步的安排后，这三个同事立即着手准备航行。他们购买了两艘船，比第一次航行时使用的那些船要大一些，而且各方面都要好一些。根据经验，他们这次比以前装载了更多的储备品，而且提出的口号是“远征秘鲁”。但是这个号召没有得到巴
146 拿马那些抱有怀疑的人们的积极响应。参加了上次巡航的将近二百人中，幸存的不到四分之三。② 这一可怕的死亡率，以及幸存者们的瘦弱的、被穷困所折磨的面容，比冒险者们提出的浮夸的诺言和宏伟的前景更有说服力。然而社会上还有一些处于绝望境地的人，任何改变对他们来说都似乎是改善处境的机会。奇怪的是，原

---

① 作出这一惊人的揭露的文件，终于由一份手稿加以引证，这份手稿题为《秘鲁、陆地和智利概貌》，作者是这些殖民地的一位财政官弗朗西斯科·洛佩斯·德·卡拉万特斯，这份手稿以前保存在萨拉曼卡的昆卡学院的图书馆里，现在在马德里的王家图书馆里。这段话是由金塔纳，《西班牙名人录》卷 2 摘录的，见附录二注。

② “他率领 110 人离开巴拿马，去见司令官皮萨罗和他的 50 名部下。阿尔马格罗只带领 70 名士兵去见他，因此其余 130 人全部死亡。”赫雷斯：《征服秘鲁》，根据《巴西亚文集》，第 3 卷，第 180 页。

来那伙人中的大多数人愿意将冒险进行到底，而不愿意放弃它，因为他们看到一个更美好的日子的曙光照耀着他们。两位上尉从这些来源中搜集了160人，对于征服一个帝国来说，这支力量是远远不够的。他们还购买了少数马匹，而且弹药和军事储备也比以前充分，尽管数量仍然很小。从他们拥有的资金来看，唯一能说明上述情况的原因可能是从巴拿马获得供应品一事困难重重，巴拿马是新近建立起来的，而且处于遥远的太平洋岸，只有翻越崇山峻岭才能到达那儿，这就使得运输笨重的物品十分困难。即使已有的那点微薄的物资，在这个关键的时刻也许还要为总督本人正在进行的远征北方的准备作出巨大的贡献。

在这种准备不很充足的情况下，两位上尉乘坐各自的船只，再一次离开巴拿马，在一位富有南海航行经验的明智而坚定的舵手巴特罗梅·鲁伊斯的指导下航行。鲁伊斯是安达卢西亚的莫格尔地方人，那个小地方是航海事业的发祥地，曾经为哥伦布的最初几次航行提供了很多水手。他们没有在中途的一些沿海地点登陆，那些地方对他们没有什么吸引力，而是径直向海洋远处航行，驶往阿尔马格罗曾经到过的最远的地方圣胡安河。这次出发的季节比上次选择得好，他们一路顺风在几天之内就抵达了目的地。进入河口时，他们看见两岸不断有印第安人的居民点；皮萨罗走下船来，率领一队士兵，成功地突袭了一个小村庄，抢掠了从住宅中找
到的大量的黄金饰物，并掳走了一些当地人。[1] 147

① 赫雷斯:《征服秘鲁》，根据《巴西亚文集》，第3卷，第180、181页。纳阿罗:《简述》，手稿；萨拉特:《秘鲁的征服》，第1册，第1章；埃雷拉:《通史》，第3卷，第8册，第13章。

两位首领被胜利所鼓舞，相信如此迅速地看到的富饶土地的景象，一定能够从巴拿马吸引更多的冒险者投到他们的麾下来；而且，由于他们比以前更加感到必须有一支更强大的队伍对付他们即将深入的国家的稠密的居民，因而决定阿尔马格罗应该带着财宝回去和招募新兵，而鲁伊斯舵手则应带着另一条船向南侦察，以获得决定他们今后行动的情报。皮萨罗则带着余部留在圣胡安河附近，因为印第安人俘虏提供的情报使他相信，内地不远的地方是一片广阔地区，他和他手下的人可以在那里找到舒适的住处。这种安排立即付诸实施。我们首先谈谈那位无畏的舵手对南方进行的巡航活动。

鲁伊斯顺风扬帆沿着海岸航行，第一个抛锚的地点是在大约北纬二度的加洛小岛外。岛上的居民为数不多，准备与他对抗，——因为关于侵略者的消息在他们未来到之前便已传遍了这个国家，甚至传到了这个孤僻的小岛上。由于鲁伊斯的目的是侦察而不是征服，他不想纠缠在与当地人的敌对行动中；因此，他改变了登陆的主意，起锚开航，驶至现在被称为圣马修湾的地方。在他进入这个国家时发现，有证据表明这里的文明高于以前所见到的地方，人口也更稠密，沿岸上有很多来看热闹的人，他们没有表现出恐惧或敌意。他们站立凝视着白人的船只平稳地驶进海湾的清澈的水面，正如一位老作家所说的，他们以为是某种神秘的东西自天而降。

鲁伊斯在这片友好的海岸上没有停留多长的时间，以致这些天真的人民不明了真相，便驶离海岸，驶往海洋深处，但他朝着那个方向没
148 有驶出多远就突然看到一条船，远远望去像是一条相当大的轻快帆船，张着一面大帆曲曲折折地航行，在水面上颠簸。这个航海老手对这一现象感到不胜惊异，因为他相信在这样的纬度上不可能遇到欧洲

的船只，但迄今为止未发现印第安人（即使是开化的墨西哥人）知道在航行中使用风帆。当距离靠近时，他发现那是一艘大船，或者说是被当地人称为“巴沙”的木筏，由一些巨大的多孔性的轻质木头紧紧拴在一起而成，上面铺有芦苇编成的垫子，就像甲板一样。船的中央竖立着两根粗壮的桅杆，支撑着一面巨大的方形的棉布风帆，同时有一个粗糙的舵和一个可以活动的舵柄，是由木板制成的，插在大木头之间，使得航海者可以操纵这个浮动的结构的方向，这个结构是在没有橹或桨的帮助下维持它的航行方向的。[①] 这种简单的建造结构就足以满足当地人的需要，而且实际上直到今天还在满足他们的需要；因为这些“巴沙”，上面搭着小型茅草房或船舱，仍然是南美大陆这一部分的河流和沿海运输旅客和行李的最方便的工具。

当两船互相靠近时，鲁伊斯发现那艘船上有几个印第安人，有男有女，有几个人的身上带着贵重的饰物，此外还有几件工艺相当精巧的物品，是他们带着为了在沿岸各地进行交易的。但是最引起他注意的是有几个人穿着的羊毛织成的呢子衣服。这是一种精美的织品，上面巧妙地绣有花鸟的图案，并且染着鲜艳的色彩。他还注意到船上有一杆用来称贵重金属的天平。[②] 他惊讶地看到，149

① “他弄来了他的桌布、精木料制作的帆桁以及和我们的风帆一样大的棉质帆布。”见《弗·皮萨罗和迭戈·德阿尔马格罗探险史》，手抄本，维也纳帝国图书馆第120号藏书，手稿。

② 在显然是当时或事后不久写下的关于这次远征的一篇简短的记述中，特别详细地提到在“巴沙”上发现的几件物品，其中提到有瓶子和磨光的银镜，以及奇异的棉织品和毛织品。“在他们的船上装着银镜子、量斗以及饮酒器皿，也有毛毯、棉毯、衬衣、短袖外套，以及其他许许多多的服装，这些衣服工艺精细，色样齐全，为暗红色、洋红色、天蓝色和黄色，上面印有飞禽走兽、鱼虾树木。此外船上还有称金子的小秤和其他许多东西。”见《探险史》。

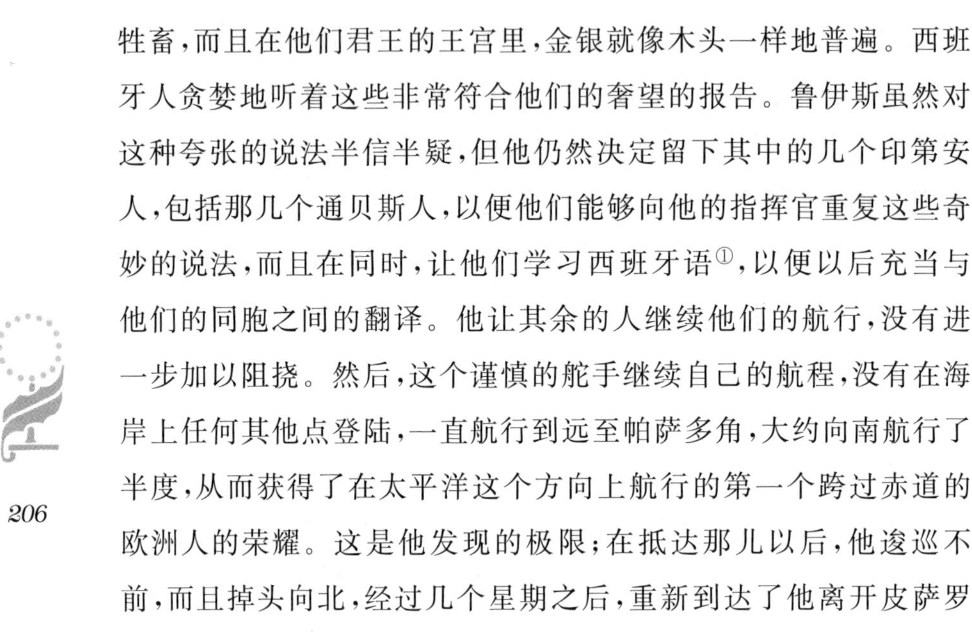

这些关于天才和文明的证据远远胜过他在这个国家看到的任何其他事物，这种惊讶因他从这些印第安人中有些人那里搜集到的情报而加剧了。其中两人来自几个纬度以南的秘鲁港口通贝斯；他们使他了解到在他们附近的地区，遍地是大群的可供剪取羊毛的牲畜，而且在他们君王的王宫里，金银就像木头一样地普遍。西班牙人贪婪地听着这些非常符合他们的奢望的报告。鲁伊斯虽然对这种夸张的说法半信半疑，但他仍然决定留下其中的几个印第安人，包括那几个通贝斯人，以便他们能够向他的指挥官重复这些奇妙的说法，而且在同时，让他们学习西班牙语[①]，以便以后充当与他们的同胞之间的翻译。他让其余的人继续他们的航行，没有进一步加以阻挠。然后，这个谨慎的舵手继续自己的航程，没有在海岸上任何其他点登陆，一直航行到远至帕萨多角，大约向南航行了半度，从而获得了在太平洋这个方向上航行的第一个跨过赤道的欧洲人的荣耀。这是他发现的极限；在抵达那儿以后，他逡巡不前，而且掉头向北，经过几个星期之后，重新到达了他离开皮萨罗及其伙伴们的地方。[②]

他来得正是时候，因为那一小队人的士气已因他们所受到的挫折而遭到了严重的损害。在他的船只离开时，皮萨罗深入内地，

---

① 原文为 Castilian，应译为卡斯蒂尔语，但卡斯提尔以前为西班牙北部的一王国，后为西班牙其他地区合并，故书中卡斯蒂尔语均译西班牙语。——译者

② 赫雷斯：《征服秘鲁》，根据《巴西亚文集》，第 3 册，第 181 页；《维也纳帝国图书馆史书摘录》，手稿；埃雷拉：《通史》，第 3 卷，第 8 册，第 13 章。有一位权威人士说他这次巡航历时 60 天。我遗憾地不能说出在这些早期的远征中某些事件的准确日期。然而时间观念在这些古代的历史学家的心目中是无足轻重的，他们似乎认为，他们记忆犹新的某些事件的日期，在其他人的记忆中也必然是如此。

指望找到当地人们向他断言的一片沃野平川的地区。但是每前进一步，森林似乎越来越茂密和阴暗，参天的树木之高，即使在这大自然如此繁衍生息的地区也是他前所未见的。[①] 在他前进的途中，一山高过一山，层峦起伏有如波浪，与安第斯山那个巨大的屏
障连成一片，那冰雪覆盖的安第斯山远远地直插云端，舒展成一顶 150
磨光的银帐，似乎把天地连结在一起。

在通过这些树木繁茂的高地时，这些绝望的冒险者们将进入深不可测的峡谷，那里的潮湿土壤散发出来的蒸气，夹杂在花的香气之间，这些花开放得真是色彩缤纷。各种鸟类，特别是鹦鹉科的鸟，用它们那与植物世界同样绚丽的色彩，模仿着大自然的这种神奇的变化。猴子成群地在这些冒险者的头上啼叫，并向他们挤眉弄眼，仿佛是这一片孤寂之中的精灵；而一些可怕的爬虫，滋生在池塘的低湿之地，聚集到这些漫游者的足迹周围。这里可以见到巨蟒，把它笨重的身躯盘绕在树上，使它很难与树干相区别，直到它准备扑向它的猎物为止；鳄鱼在溪边躺着晒太阳，或者在水下滑行，使它们的牺牲者在还没有察觉到它们到来之前便被抓住了。[②] 很多西班牙人就这样悲惨地被吞噬了，另外一些人则遭到当地人的伏击，当地人对他们的行动保持警惕，并利用一切机会对他们进行突袭。皮萨罗的 14 位战士当场被杀死在一只搁浅溪边的独木舟里。[③]

饥饿也如其他困难一样接踵而来，在森林里缺少可吃的东西

---

① “到处是崇山峻岭和参天大树！”见埃雷拉：《通史》，同上。

② 埃雷拉：《通史》，第 3 卷，第 8 册，第 13 章。

③ 同前书引文处；戈马拉：《西印度史》，第 58 章；纳阿罗：《简述》，手稿。

的情况下，他们很难找到维持生命的食物——有时可以找到一些野生的土豆，或者椰子，或者在海岸上找到一些又咸又苦的红树果子；尽管海岸上比森林里更难令人忍受，因为那里有成群的蚊子，迫使这些可怜的冒险者不得不把他们的身体直至头部埋在沙子里。在这种极端困难的情况下，他们一心想要返回；一切贪婪的和雄心勃勃的计划都化为乌有，唯一热切盼望的是返回巴拿马，只有皮萨罗和几个不屈不挠的人例外。

正在这个危急时刻，鲁伊斯带回了关于他的可喜的发现的报告；而且不久以后，阿尔马格罗的船驶进了港口，船上满载着供应品，并有相当多的志愿的支援人员。阿尔马格罗的航行非常顺利。
151 当他抵达巴拿马时，他发现是唐佩德罗·德洛斯里奥斯在执政；他在港内抛锚，在他从卢克神甫那里得知这位行政长官的脾性之前，他不敢贸然上岸。情况是有利的；因为这位新总督特别指示要充分履行他的前任与其部下作出的安排。当他得知阿尔马格罗到达时，他亲自前往港口欢迎，声称他乐于提供一切便利来执行阿尔马格罗的计划。碰巧的是，就在这以前不久，一小队冒险军人从西班牙来到巴拿马，他们热衷于在新大陆发横财。他们远比那些老的和小心谨慎的殖民者自愿上那个垂在他们面前的金钩；有了这些人参加进来，加上少数在城内游荡的流浪者，阿尔马格罗发现自己统率着一支至少有 80 人的支援部队，带着这批人和装满了补给品之后，他再次扬帆驶往圣胡安河。

由于生力军的到来和这些人全都渴望把远征进行到底，由于充足的补给品情况大为改善，以及由于南方有财富在等待着他们的光辉前景，全都对皮萨罗部下低落的士气起了作用。他们不久

以前的劳累和穷困很快被置诸脑后，而且，带着冒险家生涯中所惯有的那种轻快的和易变的感情，他们现在热烈要求他们的指挥官继续航行，就像以前曾经要求他放弃航行时一样。两位上尉带着他们自己的重新鼓舞起来了的冒险精神登上他们的船只，并且在那位老练的舵手的指导下，沿着他不久以前曾探索过的同一条航线航行。

但是，对南行有利的季节，在这样的纬度上一年之中只有几个月，这时已经过去了。风向转为正北，离海岸不远有一股强大的海流也向同一方向流去。海风往往形成暴风雨，这些运气不佳的航海者在汹涌的巨浪中颠簸了好几天，经受着雷电交加的可怕的暴风雨的袭击，直至最后在鲁伊斯已经访问过的加洛岛找到了一个安全的避风港。由于他们现在人多势大，不怕攻击，水手们就登陆了，由于没有受到土著人的干扰，他们在岛上停留了14天，修理他

们的损坏了的船只，并在经过了海上的疲劳之后进行休整。然后， 152
在恢复航行时，两位上尉坚持向南，直到他们抵达圣马修湾为止。当他们沿着海岸前进时，正如鲁伊斯以前所遇到的情况一样，他们惊奇地看到了一个较高的文明社会的证据，从当地和居民的一般风貌上表现出来。到处都可以看到耕作的技术。海岸的自然面貌也更吸引人；因为，这里不再是红树的无穷无尽的迷宫，在水下盘根错节地缠绕在一起，仿佛是要干扰和阻碍航海者的去路，这里的海边由高大的黑檀树所遮蔽，还有一种红木和其他硬木，有着最明亮的和丰富的色泽。檀香木和许多不知名的香料树，把它们的香气散布得很广很远，不是散发在有着植物霉烂气味的空气中，而是散发在海洋的纯净的微风中，把卫生的芳香带到远方。间或有一

片片广阔的耕地出现，在四周山坡覆盖着黄色的玉米和马铃薯，而在较低的地方，则有茂密的可可树。[①]

村落越来越多；当船只停泊在塔卡迈兹港外时，西班牙人看到他们面前有一个拥有两千多房屋的城镇，房屋鳞次栉比，形成街道，城镇四周还有稠密的居民。[②] 男人和女人的身上佩戴着许多由黄金和宝石制成的饰物。这种情况看来是奇怪的，因为秘鲁的印加王们宣称宝石归他们和贵族们专有，而贵族们的宝石是印加王恩赐的。但是，尽管西班牙人现在已经到达了秘鲁帝国的边沿，但这还不是秘鲁，而是基多，而且那一部分只是在不久前才归属印加王统治，在那里，人们的古老习俗还没有在美洲专制君主的压迫

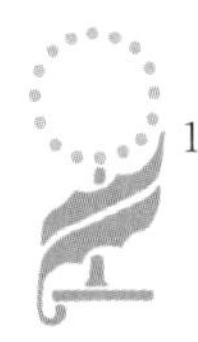

153 制度下消失。而且，在邻近的地方，盛产黄金，这些黄金是从溪流中淘出来的，至今仍是巴巴科斯的大宗产品之一。这里还有秀丽的“绿宝石河”，它的得名来自它两岸的美丽的绿宝石矿，印加王朝从这些矿坑里充实他们的宝库。[③]

西班牙人高兴地注视着这些无可否认的关于财富的证据，并

---

① 赫雷斯：《征服秘鲁》，根据《巴西亚文集》，第 3 卷，第 181 页；《维也纳帝国图书馆史书摘录》，手稿；纳阿罗：《简述》，手稿。——蒙特西诺斯：《编年史》，手稿，1526 年；萨拉特：《秘鲁的征服》，第 1 卷，第 1 章；《第一次发现》，手稿。

② 皮萨罗的秘书说，有一座城镇拥有三千多所房屋，“在那块土地上有村镇、街道和广场，粮食充足，人们生活秩序井然，有的村镇有三千多住户，有的则要小一些。”见《征服秘鲁》，根据《巴西亚文集》，第 3 卷，第 181 页。

③ 斯蒂芬逊在本世纪初访问了这部分海岸，他详尽地描述了那里的矿物和植物资源。一度非常有名的位于拉斯埃斯梅拉达斯附近的绿宝石矿当时被一道迷信的禁令封闭了，这种迷信更符合印加王时代的情况。这位旅行家说，“我从未访问过那里，因为土著人有一种迷信的恐惧，他们对我说，那里被一条巨龙施展了魔术，并在那里看守着，谁要敢于上溯绿宝石河，巨龙就会对他施加雷电袭击。”见《南美洲居留记》，第 2 卷，第 406 页。

且从土地的精耕细作中看到了一个令人宽慰的证明，即他们终于到达了他们曾经长期向往的一个美好而又遥远的地方。但是在这里，他们又将因土著人的好战态度而感到失望，这些土著人意识到自己的力量，丝毫不想在入侵者面前退缩。相反，他们的几只独木船疾驶入海，满载着战士，这些战士戴着金制的面具作为标记，围绕着西班牙人的船只怒目而视，而在一旦受到追击时，迅速退回到陆地上的避风处。①

沿海岸聚集了一支更强大的队伍，据西班牙人叙述说，为数至少有一万战士，显然急于同入侵者进行肉搏。皮萨罗带着一队人马登陆，指望同当地人谈判，他也无法完全阻止敌对行动；如果不是由于历史学家们报道的发生在一位骑士身上的一个荒唐可笑的事件的话，西班牙人在面对数量上占有很大优势的坚定的敌人的情况下可能要遭殃。这个事件是：那位骑士从马上摔了下来，这使未开化的人们大为吃惊，这种看来似乎是一个整体的东西一分为
二的情况出乎他们的意外，他们心中充满了恐惧，便撤退了，让开 154
一条路使这些基督徒得以重新登上他们的船只。②

① “十四只独木船满载着印第安人（其中二人带着金银）向舰队驶去。在一只小独木船的旗杆上挂着许多金的器件。小独木船绕着舰队转了一圈，以示舰队不得惹恼他们，然后驶向他们的村庄，而舰队对他们无可奈何，因为独木舟已经驶向浅滩了。”见《维也纳帝国图书馆史书摘录》，手稿。

② “双方交手后，一个骑士从马上摔了下来，从未见过马的印第安人以为马和骑士是一个整体，现在看到那匹马变成了两部分，人人惊恐万状，他们回过身，向自己的同伴大喊大叫，说什么马已变成两部分，太叫人惊奇了。这一切当然没有什么神秘，因为即使不发生这件事，人们也会猜测，一切基督教徒都会杀人”（见《第一次发现》，手稿。）这样叙述未开化人的惊慌失措当然是可信的，就像在类似的情况下用这类战争的历史学家经常记载的关于英勇的使徒圣詹姆斯显灵的说法来解释是可信的一样。

然后就召开了一次军事会议。显然，西班牙人的兵力不足以对付如此众多而且严阵以待的当地人；即使他们在这里获胜，也可能阻挡住在他们前进途中必然向他们袭来的浪潮——因为这个地区的居民越来越稠密，每当他们绕过一个新的岬头时就会看到一些市镇和村舍。某些人——意志薄弱的人——认为，最好是立即放弃这次冒险，因为他们力不胜任。但是阿尔马格罗持不同的看法。他说，“在一事无成的情况下返回，就是身败名裂。谁都在巴拿马有债主，那些人指望从这次远征的果实中收回欠债。现在回去就是立刻把自己交到这些人手中。那就是去蹲监狱。宁可做一个自由人在荒野中游荡，也胜过戴着脚镣躺在巴拿马的地牢里。”[①]他最后说，“唯一的办法是不久前采用过的那个办法，皮萨罗可以找一个比较合适的地方同一部分人留下来，而他本人则返回巴拿马求援。他们现在要去宣传这块地方的富庶，叙述他们亲眼看到的东西，这就将使他们的远征大为改观，而且能够把足够多的志愿者吸引到他们的旗帜下来。”

但是，尽管这个建议是合理的，但完全不符合另一位指挥官的口味，他不喜欢那个经常落到他头上的任务，即留在这个荒凉地方的沼泽和森林里。他对阿尔马格罗说，“你倒是挺惬意的，坐在船
155 上悠闲地往返航行，或者舒适地住在巴拿马那块乐土上；而对那些留在荒野中担惊受怕或死于饥饿的人来说则完全是另一回事。”[②]

① “他们背着债，如果回去，那就只能行乞于街头，或瘐死在狱中。”埃雷拉：《通史》，第 3 卷，第 10 册，第 2 章。

② “他往返乘船，不缺粮食，因此不用忍饥挨饿，也没有其他人的极度痛苦和烦恼。”（埃雷拉：《通史》，第 3 卷，第 10 册，第 2 章）科尔特斯和皮萨罗的骑士们，无论他们

阿尔马格罗对这种说法反唇相讥，宣称如果皮萨罗拒绝留下，他本人愿意统率那些同他留下来的勇敢的战士们。争论中使用的是愤怒的和威胁的口吻，从动嘴立刻就要发展到动手，因为双方都紧握刀柄，准备冲向对方，幸而司库里韦拉在舵手鲁伊斯的协助下，及时使他们平静下来。这两个比较冷静的谋士不需要花费多大力气就使这两位骑士认识到这种行为是愚蠢的，它会使远征以一种对其设计者来说是不光彩的方式结束。结果是两人重归于好，至少在外表上使两位指挥官和谐地共事。然后是采纳了阿尔马格罗的计划；剩下来的只是给皮萨罗找一个最安全和舒适的住处。

在他们顺原路返回的途中，花了几天的时间寻找沿海岸的各个地方；但是当地人似乎到处都有戒备，形成了一种威胁，而且从他们的人数来看是不可战胜的。而在更北的地区，有不适于健康的沼泽和森林，在那里，大自然甚至比当地人更难以对付，因而没有想到要去那些地方。在这种进退两难的困境中，他们决定前往加洛小岛，因为总的说来，由于它距离海岸较远和人口较少，因而

的功绩多么辉煌，肯定没有乌迪布拉斯诗中所描述的那种骑士游侠精神，

“正如某些人所想，
那些古人不吃也不喝；
因为，当他们通过
荒凉的地区和浩瀚的沙漠，
除非他们嚼的是草，
记录上只字未提他们的粮秣；
这就使某些人自以为是地写道，
他们不吃不喝也能战斗。”

是他们处于绝望和沮丧的境况下的最好的地点。[①]

156 但是，两位上尉的决定刚一公布，立刻在他们的追随者当中爆发出一种不满的情绪，特别在那些要和皮萨罗留在岛上的人们当中是如此。他们吵嚷道："什么？要把我们拽到那个偏僻的地方饿死？""整个远征从头至尾都是欺骗和失败。大事渲染的黄金国似乎已在他们前进的途中飞逝；而他们曾经有幸获得的少量黄金全都被送回巴拿马去引诱其他的傻瓜来步他们的后尘。他们所受的全部苦楚换来了什么。他们能够夸耀的全部财产只有弓和箭，而他们现在要被遗弃在这个荒凉的岛上死去，甚至没有一块圣地可以埋下他们的尸骨！"[②]

在这种愤懑的情绪中，有几个士兵写信给他们的朋友，向他们诉说自己的悲惨处境，并且控诉他们的领导人贪得无厌，以一种冷酷无情的方式把他们当做牺牲品。但是这些领导人小心地预见到了这一活动，阿尔马格罗没收了船上所有的信件以挫败这一活动，从而立即切断了士兵们与国内的朋友之间的联系。然而这种无理的侵犯行为，就像其他大多数的类似行为一样，没有达到目的；因为一个名叫萨拉维亚的士兵巧妙地躲过了这种侵犯，他把一封信

① 佩德罗·皮萨罗：《发现和征服》，手稿；《维也纳帝国图书馆史书摘录》，手稿；纳阿罗：《简述》，手稿；萨拉特：《秘鲁的征服》，第 1 册，第 1 章；埃雷拉：《通史》，第 3 卷，第 10 册，第 2 章。特别不幸的是，皮萨罗没有进一步向南，而是在这个大陆的北部海岸待了很长时间。达姆彼尔指出他们遇到了无尽无休的雨；而那不好客的森林和当地人的特别凶狠的性格使得这些地区至今很少为人所知。见他所著《航海与冒险》(伦敦，1776 年)，第 1 卷，第 14 章。

② "他们将悲惨地死在这块甚至连掩埋尸骨的地方都没有的土地上。"见埃雷拉：《通史》，第 3 卷，第 10 册，第 3 章。

塞进一个棉花球里，这个棉花球是带回巴拿马作为这个地区的产品的标本并献给总督夫人的。[①]

这封信由写信人和另外几个不满的士兵签署，用忧郁的笔调描写他们的悲惨处境，指控两位指挥官是这一切的制造者，呼吁巴拿马的权威人士进行干预，趁某些人仍可熬过他们所处的苦难的时候，派遣一只船把他们从那个荒凉的地方接回来。这封信的结尾是几行诗，诗中把两位领导人说成是一个屠宰场里的两个伙伴；一个干的是把牲畜赶进屠场给另一个屠宰。这些诗句当时在殖民者当中流行，从他们的诗才来看，肯定不是他们所写。可以把它们 157
译成这样的打油诗：——

“总督大人请您明察，
赶羊人即将到达；
他返回是为了驱赶另一群羊，
交给留在此地的屠夫宰杀。”[②]

---

① “他们把许多人签名的一封信塞进一团棉花里，信中说，他们现在是囊空如洗，食不果腹，许多人扼要地陈述了他们过的悲惨生活。当初梦想得到金银财宝，如今身边只有弓箭，这真是天大的笑话。”见蒙特西诺斯：《编年史》，手稿，1527年。

② 赫雷斯：《征服秘鲁》，根据《巴西亚文集》，第3卷，第181页；纳阿罗：《简述》；巴尔沃亚：《秘鲁史》，第15章；“特鲁希略人胡安·萨拉比亚在人们给总督的请求信的末尾，写了一首四行诗：

总督阁下，
举目明察，
赶羊人持鞭而去，
屠夫等候宰杀。”见蒙特西诺斯：《编年史》，手稿，1527年。

第 四 章

总督的愤怒——皮萨罗的坚强决心——航行的继续——通贝斯的美丽风光——沿岸的发现——返回巴拿马——皮萨罗起程去西班牙

1527—1528 年

在阿尔马格罗离开之后不久，皮萨罗把剩下的一艘船也打发走，理由是回巴拿马去修理。这也许使他摆脱了他的一部分追随
216 者，这些人的反叛精神使他们成了他处在逆境时的障碍而不是帮助，而且由于在他现在占领的这块不毛之地上很难找到给养，所以他乐于跟他们分开。

阿尔马格罗及其追随者的归来，在小小的巴拿马社会里激起了严重的不安：因为塞在棉花球里秘密带来的那封信，到达了预定要到达的人手中，信的内容很快传扬开来，并加上了通常的那种夸大其词。冒险者和信件本身流露出来的委靡不振的精神状态，足够说明情况是令人沮丧的，而且人们很快就普遍认为，远征中的少数命运不佳的幸存者是被皮萨罗违反他们的意愿强行留下的，让他们与那绝望的领导人在他那荒凉的岛屿上同归于尽。

 佩德罗·德洛斯·里奥斯总督对远征的结果及其给殖民地造

成的生命损失感到非常恼火，因而他根本不听卢克和阿尔马格罗关于给予远征以进一步支持的任何请求：他嘲弄他们对未来的乐观的预言，并最终决定派遣一位官员去加洛岛，其使命是把他在那个可怕的地方能够找到的任何一个仍然活着的西班牙人带回来。为此目的立即派遣两艘船，由一个在当地的科尔多瓦人、名叫塔富尔的骑士统率。

与此同时，皮萨罗及其部下经历了他们偏促在不毛之地所能料想到的一切苦难。的确，他们不用担心土著人的袭击，因为在白人占领该岛时土著人已经离开了；但是他们必须忍受饥饿之苦，这种饥饿比他们以前在邻近的大陆上的野林中所经受过的更严重。他们的主要食物是螃蟹和他们能够在海岸上找到的数量很少的甲壳类动物。由于这时是雨季，经常有雷电交加的暴风雨席卷这个注定要遭殃的岛屿，不断地用洪水冲击他们。因此，处在身体半裸、饥饿难熬的状况下的这一小队人中，很少有人不感到心中的冒险精神已经消失，也很少有人指望有比返回巴拿马更好的结束苦难的方法。因此，当塔富尔带着两艘满载供应品的船出现时，所受到的欢迎就像一艘即将下沉的船上的水手在出乎意料的救援者到来时所给予的欢迎一样；而在饱餐一顿解饿之后，唯一的想法就是上船永远离开这个可怕的岛。

但是，同一条船也带来了皮萨罗的两个同伙卢克和阿尔马格罗的信，要求他在目前的困难中不要绝望，而要坚持原来的目标。在目前的情况下返回就将断送远征的前途；而且他们庄严地保证，只要他坚定地留在那个地方，他们将在短期内给他送来继续前进

所需的物品。[1]

对于皮萨罗的勇敢精神来说，只要有一线希望就足够了。他
159 本人似乎在任何时候都没有想到要返回。如果他曾有过那些想法的话，这些鼓励的话完全打消了他心中的想法，于是他准备坚持追求他曾如此奋不顾身地图谋的好运。但是，他知道，恳求或劝告对于他那些同伴们来说是无济于事的；而且他也许并不打算把那些怯懦的人争取过来，因为那些人老是想回头，只会成为他今后行动中的包袱。故而，他用一种简明而坚定的方式宣布他的目标，这种方式是一个行动胜过语言的人所特有的，而且适于在他那些粗鲁的部下中造成深刻的印象。

他拔出剑来，在沙地上从东到西画了一条线。然后他面向南方，说，“朋友们和志同道合的伙伴们，那边是劳累、饥饿、衣不蔽体、狂风暴雨、荒凉和死亡，这边是舒适和快乐。那边有富饶的秘鲁，这边是贫困的巴拿马。每个人都可以做出最适合于勇敢的卡斯提尔人的选择。至于我本人，我选择南方。”说完以后，他迈步跨过那条线。[2] 跟在他后面跨过去的是勇敢的舵手鲁伊斯，然后是佩德罗·德坎迪亚，这个人正如他的名字所暗示的，是一个出生在

---

① 赫雷斯:《征服秘鲁》，根据《巴西亚文集》，第 3 卷，第 182 页；萨拉特:《秘鲁的征服》，第 1 册，第 2 章；蒙特西诺斯:《编年史》，手稿，1527 年；埃雷拉:《通史》，第 3 卷，第 10 册，第 3 章；纳阿罗:《简述》，手稿。

② “皮萨罗依从了，然后他拔出剑来，在地上从东到西划了一道线，转身向着他要去的方向—南边说:‘伙伴们、朋友们，这边是含辛茹苦、饥寒交迫、暴风骤雨和死亡之地；那边则是安逸舒适的乐土。从这里去巴拿马，人会变穷；从那边去秘鲁，就能发财。西班牙的孩子们，你们做出选择吧。’说完他就跨过地上的画线，莫格尔人巴托罗梅·鲁伊斯和坎迪亚人佩德罗·德坎迪亚·格列戈也跟着跨过去。”——蒙特西诺斯:《编年史》，手稿，1527 年。

希腊的岛屿之一的骑士。还有11个人相继跨过线去,从而表明他们愿意分享他们的首领的命运,无论是好是坏都在所不辞。[①] 用一位古老的历史学家的热情的语言来说,这一小队人的名字千古流芳,“他们面对史无前例的困难,在得到的报偿可能是死亡而不是财富的情况下,宁可选择这条道路而不放弃荣誉,并且坚定地站在他们的首领一边,成为今后世世代代的忠诚的榜样。”[②]

但是这个行动没有在塔富尔的心目中激起赞同,他把它看做 160
是严重违反总督的命令,并且看做是近乎疯狂的举动,参加的人必然要遭到毁灭。他拒绝把他的船只之一留给准备继续航行的冒险者以表示他有丝毫赞同之意,甚至很难说服他把他带来的一部分补给品留给他们维持生活。这动摇不了他们的决心,这一小队人向他们那些返航的同伴们告别,坚定不移地与他们的指挥官同命运、共呼吸。[③]

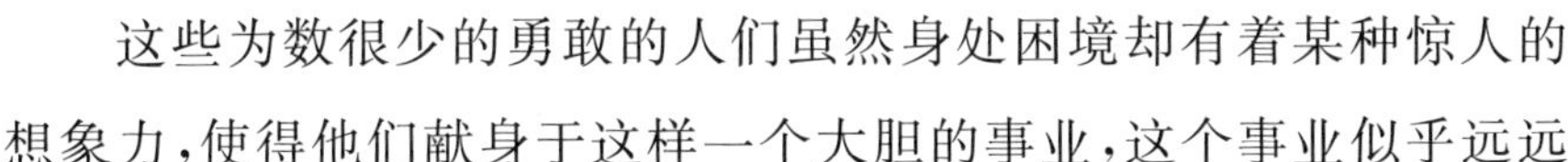

这些为数很少的勇敢的人们虽然身处困境却有着某种惊人的想象力,使得他们献身于这样一个大胆的事业,这个事业似乎远远

① 这13个忠实的伙伴的名字保存在两年以后与国王订立的一项文件中,文件中适当地追记了他们的忠诚。在一部秘鲁征服史中不应省略他们的名字。他们是:“巴托罗梅·鲁伊斯、克里斯托瓦尔·德佩拉尔塔、佩德罗·德坎迪亚、多明戈·德索里亚·卢塞、尼古拉斯·德里韦拉、弗朗西斯科·德奎利亚尔、阿隆索·德莫利纳、佩德罗·阿尔孔、加西亚·德赫雷斯、安东·德卡里翁、阿隆索·布里塞尼奥、马丁·德帕斯、胡安·德拉托雷。”

② “这就是远近闻名的13人,他们从事世界上最繁重的工作,但是等待他们的不是已经应允的财富,而是死亡。然而他们把声誉看得高于一切,继续跟随他们的上尉首领,以便将来成为忠诚的典范。”见蒙特西诺斯:《编年史》,手稿,1527年。

③ 萨拉特:《秘鲁的征服》,第1册,第2章;蒙特西诺斯:《编年史》,手稿,1527年;纳阿罗:《简述》,手稿;埃雷拉:《通史》,第3卷,第10册,第3章。

超过他们力所能及的程度，这在传说中的骑士游侠的历史中是前所未有的。他们的人数屈指可数，无衣无食，几乎没有武器，不了解他们要去的地方的情况，没有船只运送他们，被留在汪洋大海中这个荒凉的岩石岛上，公然宣称要进行一场反对一个强大的帝国的十字军运动，誓死要使这场运动获得胜利。在骑士传奇中有比这更动人的吗？这是皮萨罗的命运的成败关头。人们的一生中有这样一些关键时刻，抓住它或者放弃它就会决定未来的命运。①如果皮萨罗意志不坚定，并且屈服于呈现在他面前的可以使他和
161 他那士气沮丧的队伍脱离困境的十分诱人的机会，他的名字可能与他的命运一起湮没无闻，秘鲁的征服将由其他某个更成功的冒险者去进行。但是他的坚定不移抵挡住了诱人的机会，而且他的行动证明他适宜于他担任的危险职位，并且使得别的人信任他，这就是成功的最好保证。

在载着塔富尔和那些退出远征的人们返航的船只中，舵手鲁伊斯也被准许返回，目的是与卢克和阿尔马格罗合作，请求更多的

---

① 富于想象力的博亚阿多以异常优美的语言表现出了同样的情感，他在诗中让里纳尔多假装成浮躁的妖精莫尔加纳趁机抓住了命运。意大利读者也许对回忆这些诗句感兴趣：——

> 在这个世界上，谁要是
> 追求珍珠异宝，荣誉欢笑，
> 请用手抚摸我额前的金发，
> 我会使你春心陶陶；
> 流逝的岁月永不复返，
> 莫要使年华空荡九霄，
> 假如你也像对待爱情一样去对待劳动，
> 那么你定会享受到爱的秋波，蜜的慰告。

《恋人》，卷 2，歌 8。

援助。

在船只离开以后不久，皮萨罗决定放弃他目前的住地，这个地方对他们没有什么好处，而且他认为，如果原来的居民知道白人的人数已经减少而鼓起勇气返回时，就可能受到他们的攻击。因此，他下令西班牙人建造一艘简陋的船或木筏，载着他们到达一个叫戈尔戈纳的小岛上，这个小岛距离他们现在的住处25里格。它距离大陆5里格，岛上无人居住。它比加洛岛有几点好处；由于它海拔较高而且一部分地方由森林覆盖，它给一种野鸡提供了生息之地，加上这个地区的野兔，就使西班牙人可以用他们的弯箭猎到可以勉强充饥的食物。从天然的岩石中迸出的清冷的溪流提供了充足的水，诚然，不断降下的雨水使他们没有渴死的危险。为了躲避暴风雨的袭击，他们建造了一些简陋的房屋；但在这里和在他们原来居住的地方一样，他们受到有毒的昆虫的令人难以忍受的叮咬，这些昆虫滋生并麇集在这块蒸气弥漫、肥沃而杂草丛生的土地上。在这种艰难的环境里，皮萨罗采取一切措施来维持他部下们的日益低落的士气。每天的早祷照常进行，晚上按时唱圣母玛利亚赞美诗；各个宗教节日都受到隆重的纪念；这位指挥官采取一切方式使他的事业具有宗教性，并且使他那些粗鲁的部下相信有上帝的保佑，可使他们渡过难关。①

在这种艰苦的处境中，他们主要的任务就是注视着令人忧郁的大海，就想一有来支援的迹象就欢呼。但是，好几个月沉闷的日 162

① “每天清晨都向上帝感恩：下午做祈祷，念圣母颂词和其他祷告词。他们知道有哪些节日，了解到星期五是斋戒日，星期天是休息日。”见埃雷拉：《通史》，第3卷，第10册，第3章。

子过去了，没有出现任何迹象。周围老是那广阔的水域，只有东面安第斯山那冰雪覆盖的山顶被赤道的骄阳映照得像一排火焰延伸在整个大陆上。远处海面上的任何一个小点都受到了仔细地注视，漂浮的木头或者在海水中漂来漂去的成堆的海草，都被他们想象成是预定要到来的船只；终于，不断的失望使得希望逐渐变为怀疑，而怀疑又变成了绝望。①

与此同时，塔富尔的船只抵达了巴拿马港。它带来的关于皮萨罗及其追随者的不可动摇的固执使得总督大为恼火。他认为这无异于是一种自杀的行动，并且坚决拒绝给那些坚持自我毁灭的人以进一步的帮助。然而，卢克和阿尔马格罗信守他们的诺言。他们向总督陈述说，如果说他们的伙伴的行动是鲁莽的，但至少是为国王服务的，而且是为了继续伟大的发现事业。里奥斯在担任总督职位时，曾经奉命要支持皮萨罗的冒险事业；而且，如果现在抛弃他就将失去仍然存在的成功的机会，并且要对他和那些跟随他的英勇的人们的死亡负责。这些劝告终于对这位行政长官的思想起了作用，他勉强地同意派一艘船去戈尔戈纳岛，但是除了驾驶这艘船所必需的人员以外不派更多的人，并且明确地指示皮萨罗，不论以后远征的结果如何，他必须在六个月内返回巴拿马报到。

在这样得到了行政长官的批准后，两位同伙人立即准备好一条小船，载着供应品和武器弹药，迅速驶往那个岛屿。已经占领这

① “等待多日之后，他们人人感到焦急不安，多么希望救援的船只能乘风破浪而来。”见埃雷拉：《通史》，第3卷，第10册，第4章。

个荒凉的小岛达七个月之久的不幸运的占住者们，[1]当他们看到 163
这艘友好的船上的白帆在海面上驶来时，几乎不敢相信自己的眼睛。而且，尽管当这艘船在岸边抛锚时皮萨罗对它没有给远征带来更多的援兵感到失望，但他还是高兴地欢迎它，因为它提供了解决那个富庶南方帝国是否存在这个大问题的办法，从而开辟了以后征服它的道路。他的两个部下病势非常严重，于是决定把他们留给几个友好的印第安人照料，到他返回时再来找他们，这几个印第安人在他居留小岛的整个期间一直同他在一起。他带着其余的强壮的部下和几个通贝斯人一起登船，迅速起锚向这个“地狱”告别，这是西班牙人对这个曾经使他们遭受了巨大的苦难和激发起无畏的决心的地方的称呼。[2]

现在，每人心里都充满了希望，因为他们发现自己再一次到了海上，在老练的舵手鲁伊斯的导航之下，遵从印第安人的指引，计划驶往通贝斯，那将使他们立即进入印加的黄金帝国——“乐园”，那是他们曾经长期向往的地方。在经过了他们有很多理由怀念的加洛岛之后，他们进一步向海外驶去，直到他们绕过了塔库迈兹角，他们上一次航行时曾在那附近登陆。他们没有在海岸的任何地方停靠，而是一直航行，尽管受到水流和几乎总是一个劲儿的南风的阻碍。幸而风势不大，而且由于气候宜人，所以，他们的航行

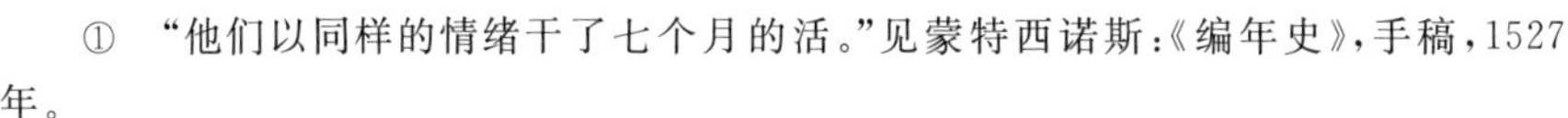

① “他们以同样的情绪干了七个月的活。”见蒙特西诺斯：《编年史》，手稿，1527年。

② 赫雷斯：《征服秘鲁》，根据《巴西亚文集》，第 3 卷，第 182 页；蒙特西诺斯：《编年史》，手稿，1527 年；纳阿罗：《简述》；埃雷拉：《通史》，第 3 卷，第 10 册，第 4 章；佩德罗·皮萨罗：《发现和征服》，手稿。

虽然缓慢，却并不难受。几天之后，他们就看到了帕萨多角，那是鲁伊斯舵手上一次航行的终点；而且，在跨过这条线以后，小船进入了欧洲人的船只从未行驶过的不知名的海上。他们注意到海岸不再像以前那样陡峭和凸凹，而是平缓地倾斜到海边，展现出开阔
164 的沙地，不时衬托出一片片异常富饶和优美的土地；当地人的白色农舍闪烁在海边，远处山冈上升起的炊烟，表明这个地区的人口越来越多。

最后，从他们离开那个岛屿以后经过了20天，这艘探险船绕过了圣赫勒拿角，而且缓缓地驶入了美丽的瓜亚基尔湾的水面上。在这个地区的沿海岸上，城镇和村庄星罗棋布，尽管科迪耶拉山脉的粗犷的脉络从海岸上拔地而起，只留下一条狭窄的绿色地带，很多小溪流经这里蜿蜒入海，使它们流过的地方成了一片沃野。

航海者们现在面对这条巨大的山脉中的一些最高的山峰；钦博拉索山的巨大而圆的巅峰，像是安第斯山的穹隆高耸入云，或是像科托帕希山的令人耀眼的银白色的圆锥体，除了由于它自己的火山喷火所带来的变化外总是一成不变；因为这座山是美洲最可怕的火山，而且在我们谈到的这事之前不久还有可怕的火山爆发。在他们前进途程的每一里格中都能见到文明的迹象，这使西班牙人感到高兴并终于在位于通贝斯湾入口处的圣克拉拉岛外抛锚。①

---

① 按照加西拉索的说法，从离开戈尔戈纳岛到达通贝斯，经过了两年的时间。(《王家评论》，第2卷，第1册，第11章。)这种严重违背史实的说法甚至在关于这些活动的报告中也屡见不鲜，由于当时的文件没有提到日期，而不是日期彼此矛盾，因而很难确定这些活动的日期，就像事件是在有史以前发生的那样。

这个岛上无人居住,但是船上的印第安人指出,附近的普纳岛上的好战的居民有时来到这个岛上献祭和敬神。西班牙人在当地发现几块粗犷制作成的各种形状的黄金,也许是用来作为献给印第安神灵的供品的。当土著人们向西班牙人保证说他们将在土著人自己的城市通贝斯里见到大量的这样的贵金属时,西班牙人满心喜悦。

第二天早晨,他们驶过海湾前往通贝斯。当他们驶近时,他们看到了一个具有相当规模的城镇,拥有许多显然是由石头和灰浆筑成的建筑物,坐落在一片肥沃的草地中央,这片草地显然是由于仔细和周密的灌溉而使它从周围的贫瘠中改造而成的。在距离海岸不远时,皮
萨罗看到有几只大木筏向他驶来,船上满载着前去远征普纳岛的战 165
士。在驶近印第安人的船队时,皮萨罗邀请几位首领到他的船上来。秘鲁人惊奇地注视着他们见到的每一件物品,特别是注视着他们决没有想到会在这里见到的他们的同胞。后者向他们述说自己是如何落入这些陌生人之手的,他们说这些人是一个奇异的种族,他们到这儿来不是为了伤害,完全是为了结识这个国家和它的人民。这些说法得到了西班牙指挥官的证实,他动员印第安人回到他们的木筏上去,把他们所听到的事情告诉他们的同胞,同时要求他们向他的船提供补给品,因为他希望同土著人进行友好的交往。

通贝斯人民聚集在海岸上,以说不出的惊诧心情注视着那个现在已经抛锚停泊在他们的海湾里的浮动的堡垒。他们热情地倾听他们的同胞们的叙述,并且立即把这一事件报告给印第安酋长、即这个城镇的统治者,他认为这些陌生人必定是较高等的人,立即准备答应他们的要求。很快就有几只木筏驶往这艘船,筏上载着香蕉、大蕉、木薯、玉米、甜薯、菠萝、椰子和富饶的通贝斯河谷的其

他丰盛的产品。此外还有猎物和鱼，以及几匹骆马，皮萨罗曾看到过巴尔沃亚的一些关于骆马的粗略的图画，但迄今未见过活的骆马。他以巨大的兴趣审视了这种奇特的动物“秘鲁羊”——或者，如西班牙人所称的，印第安人的“小骆驼”——非常欣赏它那供给当地人纺织原料的毛绒混合物。

这时，恰巧有一个印加贵族在通贝斯，或者说是一个“欧雷洪人[①]”，正如我已经指出的，这是西班牙人对这些人的称呼，因为他们的耳上缀有巨大的黄金饰物。他十分好奇地想要看看这些奇怪的陌生人，因而随着木筏出来会见。从他的衣着比较讲究和从其他人对他的尊敬来看，很容易看出他是有相当地位的人，皮萨罗以

166 优厚的礼节接待他。他领着他观看了船的各个部分，向他说明引起他注意的任何东西的用途，并且在印第安人翻译的帮助下，尽可能地回答了他提出的许多问题。这位秘鲁头领特别想要知道皮萨罗及其部下何时和为什么来到这个海岸上。西班牙上尉回答说，他是世界上最伟大和最有威权的君王的封臣，他到这里来是为了确认他的君王对这个地区的“合法的统治权”。他到这里来还为了把居民从他们目前由于不信上帝而处在的蒙昧状态中拯救出来。他们崇奉的是一位邪神，它将使他们的灵魂永远沉沦；而他将使他们知道唯一的神耶稣基督，因为信奉他将永远得救。[②]

---

① 原文orejón，有译大耳人，一意“拉耳朵”，为征服时期殖民主义者对当地人的称谓。——译者

② 引文多少省略了军事论战；这种论战终于由埃雷拉报道出来，见《通史》，第3卷，第10册，第4章；并见蒙特西诺斯：《编年史》，手稿，1527年；《征服秘鲁居民》，手稿；纳阿罗：《简述》，手稿；《第一次发现》，手稿。

这位印第安人头领带着明显的惊异仔细地倾听着；但是没有回答。也许他或他的翻译对于如此直截了当地向他们宣布的教义都没有任何明确的概念。也许他不相信世界上还有比印加王更强大的君王；至少，他认为没有人比印加王更有权利统治他的领地。而且很可能他不打算承认他所崇奉的太阳神不如西班牙人的上帝。但是，无论这个没有教养的野蛮人的心目中有什么想法，他没有表露出来，而是小心地保持沉默，丝毫不想反驳或者说服他的基督教对手。

他在船上一直待到晚饭时分，他与西班牙人一道进餐，表示他很喜欢这些奇异的菜肴，特别欣赏酒，他说比他自己国家酿造出来的酒好得多。在告别时，他礼貌地邀请西班牙人访问通贝斯，皮萨罗送给他一些礼物，其中有一把铁斧，使他很感兴趣；因为正如我们谈过的，秘鲁人和墨西哥人一样，不知道使用铁器。

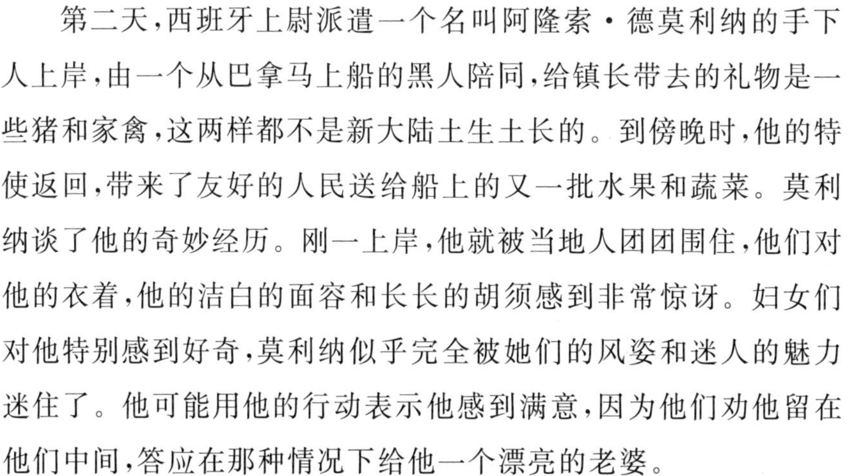

第二天，西班牙上尉派遣一个名叫阿隆索·德莫利纳的手下人上岸，由一个从巴拿马上船的黑人陪同，给镇长带去的礼物是一
些猪和家禽，这两样都不是新大陆土生土长的。到傍晚时，他的特 167
使返回，带来了友好的人民送给船上的又一批水果和蔬菜。莫利纳谈了他的奇妙经历。刚一上岸，他就被当地人团团围住，他们对他的衣着，他的洁白的面容和长长的胡须感到非常惊讶。妇女们对他特别感到好奇，莫利纳似乎完全被她们的风姿和迷人的魅力迷住了。他可能用他的行动表示他感到满意，因为他们劝他留在他们中间，答应在那种情况下给他一个漂亮的老婆。

他们对他那位黑人同伴的面容同样感到极为惊讶。他们不相信那肤色是自然的，并且试图用他们的手擦掉他们认为是染上的色彩。当这个非洲人愉快地接受这一切，同时显露出他那两排洁白的牙齿时，他们非常高兴。[1] 他们对牲畜也同样不了解；而且，当公鸡啼叫时，这些单纯的人们拍手叫好，并且问公鸡说的是什么。[2] 他们的智力被如此新奇的景象给弄糊涂了，以致不能把人和动物区分开来。

莫利纳然后被护送到镇长的住所，他发现这位镇长的住处很豪华，各个门口都有看门人，使用了大量的金银器皿为他服务。然后莫利纳被带去参观这个印第安人城镇的各个部分，看到了一个用粗石建成的堡垒，堡垒虽然不高，却占了很大一片土地。[3] 堡垒附近有一座庙宇；这位西班牙人描述这座神庙的装饰闪烁着金银的光芒，这种说法似乎过于夸大，皮萨罗不相信他的整个叙述，决定第二天派一个考虑得更周到的和更可靠的特使前往。[4]

选择的人是佩德罗·德坎迪亚，是我们曾经提到的最初表示愿意与他的指挥官共命运的那个希腊骑士。他被派上岸去，全身披甲，以适合一个优秀骑士的身份，身边佩带利剑，肩上扛着火绳
168 枪。印第安人对他的外貌所感到的惊奇比对莫利纳的更甚，因为太阳照在他那擦亮了的铠甲上十分耀眼，而且他那武器闪闪发光。

---

① “大家看了又看，并且让他洗脸，看看能否洗掉脸上的‘黑色墨水’。他高兴地笑着洗脸，露出一口洁白的牙齿。”见埃雷拉：《通史》，第 3 卷，第 10 册，第 5 章。

② 同上注引文。

③ “附近有一座造型漂亮、非常牢固的堡垒，那是由库斯科印加国王和全秘鲁的领主建造的。它虽然陈旧破损，但看上去仍不失它的价值。”见谢萨·德莱昂：《秘鲁史》，第 4 章。

④ 《征服秘鲁居民》，手稿；埃雷拉：《通史》，同前引文处；萨拉特：《秘鲁的征服》，第 1 册，第 2 章。

当地人们曾经从他们那些乘西班牙人的船来的同胞听说过关于火枪的厉害的说法，他们要求坎迪亚“让火枪跟他们谈话”。因此，他便树立一块木板当靶子，并在仔细瞄准以后，扣响了火枪。火药的闪光和木板被子弹击成碎片时的震耳的声音，使当地人们十分惊恐。有些人跌倒在地，用双手掩面，另外一些人则带着恐惧的表情走近骑士，这种表情由于他面带笑容使他们放了心而逐渐消失。[①]

然后他们对他表示了与对莫利纳表示的相同的礼遇；他在返回时描述的这个地方的奇妙事物与前一个使者描述的并无二致。有三层围墙围绕的堡垒，警卫森严。他描述庙宇完全是用金箔银箔装饰的。与这座庙毗邻的是一所供印加王的未来的新娘们居住的女修道院，她们看到他时感到很好奇。这一点是否得到证实不能肯定；但是坎迪亚描述他曾进入的这所女修道院的花园里到处是用纯金或纯银制成的水果和蔬菜的仿制品！[②] 他曾见到许多工匠在工作，他们的唯一任务似乎就是给宗教建筑物提供这种豪华 169

① 还有一种传说是，印第安人为了进一步证明这位西班牙骑士不是凡人，就把一只关在王家堡垒里的老虎——也许是一只美洲豹——放出来向他扑去。但是唐佩德罗是一个虔诚的天主教徒，他把自己颈上带着的十字架轻轻地放在老虎背上，老虎立刻忘记了凶恶的本性，蜷伏到骑士的脚下，而且开始在他周围嬉戏。印第安人现在是无比的惊异，再也不怀疑他们的客人不是天神，并把他抬在肩上进入庙中。——这段可信的逸事被当时的几位作者重述，几乎未加任何修改或有丝毫的怀疑。（见纳阿罗：《简述》，手稿；埃雷拉：《通史》，第 3 卷，第 10 册，第 5 章；谢萨·德莱昂：《编年史》，第 54 章；加西拉索：《王家评论》，第 2 卷，第 1 册，第 12 章。）最后这位作者可能是从坎迪亚的儿子听说这件事的。无疑的是，对于今天那些认为奇迹时代尚未消逝的人们来说，也很容易使他们相信。

② “他曾经见过一座花园里面有金子做的花草，金果累累的金树，以及其他许多金的东西。他说所有的这些极大地鼓舞了他的同伴，使他们更加热心于那次征服活动”。见蒙特西诺斯：《编年史》，1527 年。

的装饰品。

这位骑士的报告可能多少有些过分渲染。[①] 很自然的是，过去六个月来埋首于可怕的荒凉中的人们，被秘鲁海岸上展现在他们面前的人类文明的标志所深深激动。但是，通贝斯是秘鲁君王们所喜爱的一个城市。这是这个帝国北部边界上一个最重要的地方，它与新近纳入版图的基多相邻。伟大的图帕克·尤潘基曾在这里建造一个坚固的堡垒，并把人口徙居这里建立一块米梯玛人的殖民地。那座庙宇和由太阳神的贞女们居住的修道院是瓦伊纳·卡帕克建立的，并由那位印加王按照秘鲁宗教建筑物的豪华款式加以装饰的。许多导水管使这个城镇供水充足，它位于其中的富饶的河谷和冲刷着它的海岸的大洋，足够维持相当多人口的生存。但是西班牙人在征服之后的贪得无厌，迅速地破坏了这个地方的繁华，在那可怕的时期以后不到半个世纪，它那些值得骄傲的高塔和庙宇，只能从堆积在地上的巨大的废墟上找到它们的遗址。[②]

一位老作家说，西班牙人在听到关于这座秘鲁城市的这些美

---

① 这位能干的骑士的叙述，似乎与本书经常引用的老征服者的说法不同，后者说，当西班牙人后来访问通贝斯时，发现坎迪亚所说的是彻头彻尾的谎言；实际上只有关于神庙的说法除外；尽管这个老征服者也承认，通贝斯所没有的东西，由当时尚未访问到的这个帝国的其他地方的繁华景象弥补而有余。“这一切都是假的，我们西班牙人开进那座城市后的所见所闻，证实了他说的一切都是谎言，只有那座神庙例外，它确实是存在的，只不过比他说的更有价值。这个城市没有的东西，他们在以后很远的城市里找到了。”见《第一次发现》，手稿。

② 谢萨·德莱昂于 1548 年经过这个国家的这一部分，指出征服者怎样粗暴地对待印第安人的建筑物，以致甚至在那样早的时候就使它们沦为废墟。见《编年史》，第 67 章。

好的消息时欣喜欲狂。他们的一切美梦现在都将实现了,他们终于到达了长期以来在他们面前飘忽的幻想的境地。皮萨罗感谢上苍给他的劳动带来了如此丰硕的成果;但是他痛苦地悲叹他的厄运,这种厄运夺去了他的追随者,使他在这样一个时刻缺少获得成功的手段。然而他没有理由悲叹;这位虔诚的天主教徒在当时的 170
情况下看到有一种上帝的安排阻碍了征服的企图,实现这种企图的时机可能还不成熟。秘鲁这时还没有因为彼此敌对的王位继承人之间的不和而导致分裂。而且在一个好战的君王统治下的团结和强大,足以抵挡住皮萨罗能够召集的全部力量。一个虔诚的天主教徒惊呼:“这显然是上帝的安排,使得这个国家的当地人以如此有利于实现征服的友好和和善的态度接待他;因为是上帝的手指引他和他的追随者来到这个遥远的地区传播神圣的信仰和拯救人们的灵魂。”[①]

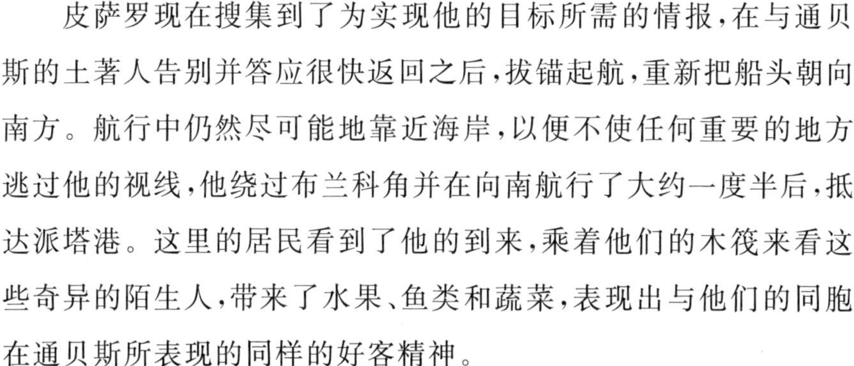

皮萨罗现在搜集到了为实现他的目标所需的情报,在与通贝斯的土著人告别并答应很快返回之后,拔锚起航,重新把船头朝向南方。航行中仍然尽可能地靠近海岸,以便不使任何重要的地方逃过他的视线,他绕过布兰科角并在向南航行了大约一度半后,抵达派塔港。这里的居民看到了他的到来,乘着他们的木筏来看这些奇异的陌生人,带来了水果、鱼类和蔬菜,表现出与他们的同胞在通贝斯所表现的同样的好客精神。

在这里做了短暂停留并与当地人交换了一些微薄的礼物之

---

① “人们热情地迎接他,他就要做对他的征服活动最有利的事情。他知道,是上帝指引他们到这里来传播信仰,拯救当地人的灵魂。”见纳阿罗:《简述》,手稿。

后，皮萨罗继续他的游弋；并在沿着塞丘拉的沙地平原航行了大约100英里后，他绕过阿古哈角，然后脱离海岸南行，因为海岸伸向东方，仍然由轻微的但多少有些变化的风吹着向前。现在气候变得不利起来，航海者们遇到一连串的暴风雨，把他们推入海中一段距离，并且折腾了他们很多天。但是他们仍然看见雄伟的安第斯山脉，在他们向南航行的途中，始终能见到这条山脉，它与海岸的距离跟船与海岸的距离几乎相等，它蜿蜒向前，一峰连着一峰，它那些巨大的冰峰，就像某个辽阔的大洋正在波涛汹涌的时候被突然冻结住了一样。有这个陆地标志始终在眼前，航海者就用不着
171 星星和罗盘来指导他的船只航行了。

只要暴风雨一减退，皮萨罗就再次驶向陆地，在他沿海岸航行的途中在一些主要地点登陆。他到处受到热情的款待；当地人们乘着他们的木筏来欢迎他，筏上载着他们的少量水果和蔬菜，有生长在热带的各种甘美的品种。他们全都热切盼望能够一见陌生人，“太阳神的孩子们”，西班牙人已经开始得到这样的称呼了，因为他们面容洁白，盔甲闪光和手中持有霹雷。[①] 在他们到达之前，已经先传来了最有利的报道，说他们温文尔雅，和蔼可亲，从而使这些淳朴的当地人敞开了心灵，使他们表示出信任和善意。这位铁石心肠的军人这时还没有暴露出他性格上的阴暗面。他的力量太薄弱，做不到这一点。征服的时机尚未到来。

皮萨罗每到一处都要听到这样的说法：有一个强大的君王统

---

① “他们像太阳那样金光灿烂，因此得到太阳之子的称号。”见蒙特西诺斯：《编年史》，手稿，1528年。

治着这个国家，他的朝廷设在内地的高原上，位于那里的首都被描述为闪耀着黄金和白银，并且具有东方城市的一切富庶景象。除了在通贝斯以外，西班牙人在沿海的当地人当中似乎很少见到有那些贵重金属。不止一个作者说，他们并不贪求这些东西，或者，至少由于皮萨罗的命令，假装不贪求。他不想让他们暴露出对黄金的贪欲，而且确实拒绝过送来的礼物![①] 也许更可能的是，他们没有见到什么财富，只有庙宇和其他宗教建筑中的装饰物除外，那些地方是他们不敢侵犯的。贵重金属是留给宗教和高级人士使用的，似乎不会大量出现在偏远的海滨城镇和村落里。

然而，西班牙人看到了足够的关于普遍文明和权力的证据，使他们相信土著人的说法是有充分根据的。他们多次看到由石头和
灰浆构成的建筑物，而且不时表现出建筑施工上的技巧，如果说设 172
计不是很完美的话。无论他们停泊在什么地方，总能见到有从自然的贫瘠环境中开垦出来的一片片绿色的耕地，长满了各种各样的热带作物；同时，一个由许多水渠和运河组成的完善的灌溉系统，像一张大网一样覆盖着这个地区的地面，使得沙漠也像蔷薇花一样美丽。在他们登陆的很多地方，他们看到了印加王的大道，这条大道经过海岸，往往消失在变化无常的沙地中，在那里无法维持一条道路，而是形成一条高出地面的堤道，横亘在更坚实的土壤上。这样一种内陆交通的方式本身就是一座象征权力和文明的丰

① 纳阿罗神甫说，皮萨罗希望当地人理解，只是出于善意而不是出于喜爱黄金才使他来到他们这遥远的地方！“西班牙人没有接受当地人赠送的黄金、白银和珍珠，这无非是想表明，驱使他们从遥远的地方来到这块土地上的不是贪财之心，而是为人造福的愿望。”见《简述》，手稿。

碑。

在继续向南航行中，皮萨罗经过了后来成为繁华城市特鲁希略的地方，那个城市是他本人在几年以后创立的。然后又继续航行直到停泊在桑塔港外为止。这个城市位于一条宽阔而美丽的溪流两岸，但附近的地区却十分贫瘠，常常被秘鲁人选做墓地，他们发现这里的土壤对于保存他们的干尸很有利。的确，这里的印第安人古墓非常多，因而可以把这个地方称做是死人的而不是活人的住地。[①]

在到达了这个大约为南纬九度的地点以后，皮萨罗的追随者们请求他不再继续向前航行。他们说，为了证明他们曾经长期搜寻的一个庞大的印第安人帝国的存在和确切位置，已经做得够多了，甚至是做得太多了。然而，由于他们力量单薄，他们无力从发现中获益。因此，剩下的事情就是返航和向巴拿马总督报告他们的冒险所取得的成就。皮萨罗默认了这个要求的合理性。他现在已经比以前在这个南海海域航行过的任何人深入了九度，而且，直到这时为止似乎笼罩在他命运之上的阴影已经消失，他现在可以胜利地回到他的同胞面前了。因此，他毫不犹豫地准备返航，再次向北航行。

173 在归途中，他在以前曾经登陆的几个地点靠岸。在其中一个被西班牙人称为圣克鲁斯的地方，他曾被一位印第安贵妇邀请上岸，并且答应在返回时再去看望她。他的船刚刚在她居住的村外

① “我经过峡谷时，看见许许多多的坟墓，令人惊讶不止。在峡谷里的山头和旱地里有大量的按当地习惯修筑的小土丘，里面埋着尸骨。峡谷里除了死者的坟墓和他们在世时耕种过的土地，几乎没有别的东西。”谢萨·德莱昂：《编年史》，第 70 章。

抛锚，她就来到了船上，而且带着一大群随从。皮萨罗隆重地接待了她，并在她离开时赠送给她几件精美的小饰物，这些饰物在印第安公主们的眼里是十分贵重的。她要求西班牙指挥官及其同伴对她进行回访，答应派遣若干人质到船上作为对他们优礼相待的保证。皮萨罗对她说，她向他们已经表示出来的诚挚和信任，证明没有必要派遣人质。但是，第二天他刚刚离船上岸时，当地的几位主要人员来到船边，要求接受他们作为西班牙人离船期间的人质——这是考虑到了她的客人们的不安心情的有力证明。

皮萨罗发现，为接待他所做的准备工作显得十分好客并表现出具有某种程度的审美力。林荫路有许多分支，穿插着香花和灌木，把浓郁的香气散布到空中。宴席上充满着以秘鲁的烹调术制成的食品，和具有诱人的色彩和甘美的味道的水果和蔬菜，尽管西班牙人不知道它们的名字和特性。在吃完点心之后，一队轻装打扮的青年男女载歌载舞向客人们献艺，他们表现出了他们擅长的民族娱乐所具有的轻捷和潇洒，那是秘鲁印第安人的柔软的手足最善于表现的。在告辞之前，皮萨罗向殷勤的主人谈了他访问这个国家的动机，同他在其他场合下所谈的一样。最后，他展开了他带到岸上来的一面卡斯提尔[①]王室的旗帜，要求她和她的手下人把它升起来，作为对他的君王表示忠顺的象征。历史学家说，他们非常高兴地这样做了，在做的过程中一直欢笑着，说明他们根本不懂这个仪式的严重意义。皮萨罗满足于这种外表上表示忠顺的做法，并且怀着对他所受到的接待感到满意的心情回到船上，而且可

① 原文为 the Castilian。——译者

174 能考虑今后如何用征服和占领这个国家来报答这种情谊。

在返航的途中，这位西班牙指挥官也没有忽略在通贝斯靠岸。在那里，他的一些追随者被这个地方的舒适环境和人民的友好态度所打动，流露出想要留下来的愿望，无疑的是认为，与其回到巴拿马社会去充当无名小卒，不如生活在把他们视为重要人物的地方。这些人当中的一个就是阿隆索·德莫利纳，第一个曾在这里上岸并被印第安美女迷住了的人。皮萨罗同意满足他们的愿望，认为这样就会使他在返回时不难找到几个他自己的学会了当地人语言和习俗的追随者。他也准许在他船上带回两三个秘鲁人，为了同样的目的让他们学习西班牙语。其中之一被西班牙人称为费利皮略，这个人在以后的历史事件中起了重要的作用。

在离开通贝斯后，这些探险者直接驶向巴拿马，途中只在厄运之岛戈尔戈纳登陆以便将两个曾因病重留在那里的同伴接回船上。其中一人已经死去，在接回另一人之后，皮萨罗和他那勇敢的小队继续航行；并在阔别至少 18 个月以后，他们又平安地在巴拿马港抛锚了。[①]

正如可以预料到的那样，他们的抵达引起了巨大的轰动。因为很少有人不认为他们早就为他们的鲁莽付出了代价，成了气候或当地人的牺牲品，或者悲惨地葬身海底，即使是他们的最乐观的朋友也是这样认为。因此，当他们看到这些流浪者现在不仅健康平安地返回，而且带来了一些曾经长期处于他们视线之外的美好

① 《征服秘鲁居民》，手稿；蒙特西诺斯：《编年史》，手稿，1528 年；纳阿罗：《简述》，手稿；佩德罗·皮萨罗：《发现和征服》，手稿；埃雷拉：《通史》，第 4 卷，第 2 册，第 6、7 章；《第一次发现》，手稿。

地方的消息，他们自然格外高兴。对于那三个同伙人来说，这是一个值得骄傲的时刻，他们曾经不顾诽谤、嘲笑和朋友们的不信任和政府的冷淡可能给他们的道路上带来的一切障碍，坚持他们的伟大事业，直到证明了曾经普遍被斥为幻想的真理为止。不幸的是，175
那些大胆的人们构思出来的设想太宏伟了，以致不能为他们的同代人所理解，或者至少不想试图去实现，因而他们被视为幻想者而遭到忽视。这就是卢克和他的同伙人的命运。在南方有一个富庶的印第安人帝国这一点是他们脑海中长期朝思暮想的，并且留意一切有利于这一点的论据，现在已经肯定地得到了证实，但以前曾被他们的同胞视为只不过是一种幻象，一接近它时就会倏然而逝；而那些把命运作为赌注压在冒险事业上的策划者们则被斥为狂人。但是他们的胜利时刻，那种姗姗来迟的从艰辛中赢得的胜利，现在终于来到了。

然而，即使在这时，佩德罗·德洛斯·里奥斯总督似乎仍然不相信这一发现的伟大意义——或者，也许正是这种伟大使他感到沮丧。当三位同伙人以更大的信心请求他赞助这项他们个人的财力不能胜任的伟大事业时，他冷淡地回答说，“他不想用自己的钱去开拓其他的疆域，也不会因为仅仅展示了一些金银玩具和几只印第安羊就能使他在已经牺牲了的生命之外又投入更多的生命！”①

这个唯一能够指望给予有效援助的地方这样地拒绝他们，使

① “他不想扩大他的疆域，让他的臣民向新的土地移民，也不想用带回来的绵羊和金银的样品鼓励人们从事新的冒险，因为那样就会死更多的人。”见埃雷拉：《通史》，第 4 卷，第 3 册，第 1 章。

他们深为沮丧。这三个同伙人资金短绌，过去的活动几乎耗尽了他们的钱财，这时感到极端的苦恼。然而就此止步，那就是放弃他们用自己的勤劳和坚忍已经探明的丰富的矿藏让其他人随心所欲地去开发，于心何甘？在这个关键时刻，富有头脑的卢克提出了他们可以指望获得成功的唯一办法。那就是直接向朝廷呼吁。没有谁比朝廷对远征的结果更感兴趣。的确，冒险事业是为政府服务的，征服那个国家也是为政府服务。只有政府能够提供必需的帮助，而且只有政府似乎可以比一个不足道的殖民地官员对这件事采取更广阔和更大度的看法。

但是，谁适合去执行这一棘手的任务。卢克被他在巴拿马的
176 本职工作拴住了；而他的两个同伙人是没有文化的军人，他们更适宜于从事兵营的而不是宫廷的事务。阿尔马格罗是个粗鲁的人，尽管他多少善于辞令，但身材矮小，貌不出众，由于丧失一只眼睛，更使容貌有缺，不如他的战友更适宜于担负这项使命。皮萨罗身材魁伟，相貌堂堂，能言善辩，而且，尽管他没受过什么教育，但对他感兴趣的事物，谈起来也会滔滔不绝。然而，卢克建议把谈判的任务委托给传教士科拉尔，那是一个受人尊敬的官员，当时正因某项公务即将返回祖国。但是，阿尔马格罗强烈反对这样做。他说，没有谁能够像有关的人那样执行好这一任务。他高度评价皮萨罗的谨慎小心，头脑敏锐和处事冷静精明。[①] 他深知他的同伴有信心保持镇定，即使当他在宫廷上遇到新的、从而是令人尴尬的场面

① “阿尔马格罗一贯尊重皮萨罗，对他怀有敬意，因此想给他这种荣誉。”见奥维多：《西印度史》，手稿，第 3 卷，第 8 册，第 1 章。

时也是如此。他说，没有人能够像冒险事业的主要行动者那样生动地描述冒险的经历。没有人能够如此真实地描绘出他们曾经遭受的无比的磨难和牺牲；没有其他人能够如此有力地谈出已经做了的和尚待完成的事，并谈出需要什么样的援助才能完成。他最后坦率地强烈要求他的同伴去执行这一使命。

皮萨罗感到了阿尔马格罗的论点的力量，而且，尽管他不掩饰他的不愿意，还是默认了这个不像远征荒野那样适合他的口味的任务。但是，卢克不那么容易地同意这一安排。这位神甫大声说："孩子们，上帝要求你们两人不要彼此妒忌他给对方的赐福！"[①]皮萨罗保证要对同伙人的利益和自己的利益同样看待。但卢克显然不相信皮萨罗。

为了筹措能够使这位特使体面地出现在宫廷上所需的资金，遇到了一些困难；同伙人的钱财少得可怜，人们对于他们的辉煌发 177
现的后果也不给予信任。最后总算筹集了1500金币；于是皮萨罗在1528年春天由佩德罗·德坎迪亚陪同，告别了巴拿马。[②] 他还带了几个当地人，两三匹骆马，一些精巧的棉布织物和许多金银饰物和金瓶、银瓶，作为那个国家的文明的实例和他叙述的奇异故事的证据。

在所有撰写秘鲁古代史的作者中，没有谁能比得上印加王王

---

① "孩子们，向上帝发誓吧，只要你们在一起，就要互相祝福；我将为此感到高兴。"见埃雷拉：《通史》，第4卷，第3册，第1章。

② "大家给他凑了1500个金比索，那是由唐费尔南多·德卢克自愿捐出的。"见蒙特西诺斯：《编年史》，手稿，1528年。

亲加西拉索·德拉维加[①]那样获得广泛的声名和经常为后来的编辑们所援引。他于1540年生于库斯科；而且是一个混血种人，即混血儿，父亲是欧洲人，母亲是印第安人。他的父亲加西拉索·德拉维加是一个声名显赫的家族的一员，这个家族无论在文武方面的成就都给卡斯蒂尔历史最值得骄傲的时期增添了光彩。他是作为佩德罗·德阿尔瓦拉多的随从人员来到秘鲁的，那是在这个国家被皮萨罗占领以后不久。加西拉索把自己的命运同皮萨罗的命运联结在一起，并在他死去以后，同他兄弟贡萨洛的命运联结在一起，——始终忠于后者，从他反叛的时期直到他在哈基哈瓜纳被击溃的时刻，那时加西拉索与他那一派的大多数人走了同一条路并投向敌人。但是，这种表示忠顺的做法虽然拯救了他的生命，却为时太晚，不能获得胜利一方的信任；而且由于他参与反叛而带来的耻辱使他以后的命运蒙上了阴影，正如事实所表明的，在以后的年代里甚至影响到他儿子的命运。

这位历史学家的母亲出自秘鲁的王家血统。她是瓦伊纳·卡帕克的侄女，著名的图帕克·印加·尤潘基的孙女。加西拉索在明显地流露出他对自己的血管里流着文明的欧洲人的血液感到满意的同时，对他出身于秘鲁王室也感到颇为骄傲；这一点表现在他把取自父名的名字与秘鲁君王们的尊贵头衔联结在一起，——常常签名为加西拉索·印加·德拉维加。

178 他的童年是在他的故乡度过的，他在那里受天主教信仰的熏

① 原文为 The Inca Garcilasso de la vega. The Inca 意为印加王或王室亲戚。——译者

陶，接受了在连年不断的兵荒马乱和民间骚动中所能受到的最好的教育。1560 年，在他 20 岁时，他离开美洲，并从那时起定居西班牙。他在那里参加军队，在反对摩尔人的战争中获得上尉军衔，后来在奥地利人唐约翰的部下服役。尽管他在危险的军事生涯中恪尽职守，但他似乎对政府给予他的服务的报偿不满。昔日对父亲的不忠所施加的谴责仍然牵连到儿子，加西拉索告诉我们，这种情况挫败了他为重新获得已被朝廷没收的属于他母亲的大宗土地遗产而作出的一切努力。他说："这些对我不利的偏见使我不能享有祖传的权利或对未来有所指望；我离开军队时一贫如洗，欠债累累，以致我不想再在宫廷中露面；而是被迫退隐林泉，在那里可以在留给我的狭小天地里过平静的生活，不再受尘世的虚荣的引诱。"

然而，这种归隐的地点，并不像读者可能从富有哲理的归隐说法中推想出来的那样，不是在某个山林深处，而是在一度曾是穆斯林科学的光辉中心的科尔多瓦，这时仍然是熙来攘往的闹市。我们的哲学家在这里潜心著述，这对他那受了创伤的心灵是一种较好的安慰。这些著述想要阐明他的祖国秘鲁的消失了的荣华，并向他的西班牙同胞显示出秘鲁昔日的光彩。他在他的关于佛罗里达的叙述的前言中写道："我对于命运没有垂青于我并不感到遗憾，因为这种情况使我从事文学生涯，我相信，这将比一切世俗的荣华富贵更能使我获得广泛的和长远的声名。"

1609 年，他的伟大的著作《王家评论》的第一部分问世，这一部分谈的是秘鲁在印加王统治之下的历史；而在 1616 年，他去世之前几个月，他完成了第二部分，谈的是征服的历史，这一部分于

第二年在科尔多瓦出版。这位以辛勤写作结束其一生的历史学家享年 76 岁。他留下了一笔数目可观的钱以便雇人为他做弥撒，表
179 明对于他所谓穷困潦倒的说法，人们不应认真予以看待。他的遗体埋葬在科尔多瓦的大教堂内的一个以加西拉索命名的小教堂里；他的墓碑上刻有一段铭文，表明这个历史学家由于他的德高望重和文学上的成就而赢得了人们的高度崇敬。

正如已经指出的，《王家评论》的第一部分谈的是秘鲁的古代史，描绘了一幅关于它在印加王统治下的文明的全景，——比任何其他作者描绘的更为完整。加西拉索的母亲在她的堂兄阿塔瓦尔帕继位（或者如库斯科派所说的是篡位）的时候年仅 10 岁。她幸免于大屠杀，据这位历史学家说，这场大屠杀杀掉了她的大部分亲人，而她和她的兄弟则在征服之后继续居住在他们的古老的首都。他们之间的谈话自然要涉及印加王统治时期的昔日的美好情景，这些谈话由他们的美好的回忆加以渲染，可以认为是在美化过去方面不遗余力。年幼的加西拉索贪婪地倾听着那些叙述他的王室祖先的伟大和英武的故事，而且，尽管他当时没有用到这些故事，但它们深深地印在他的脑海中，储备起来留做他日之用。当他在经过很多年之后在科尔多瓦退隐准备撰写这个国家的历史时，他写信给他那些出身印加贵族的老友和同学，搜集他在西班牙搜集不到的关于某些历史事件的进一步的材料。他在年轻时曾经见到过他的同胞们的古老仪式和习俗，懂得他们的结绳文字，并且掌握了许多关于他们的传统渊源的材料。加上他现在从其秘鲁亲人们得到的帮助，使他对伟大的印加种族的历史及其国家制度的熟悉程度，是任何其他人所不能达到的，除非是生活在他们之中，说同

样的语言，而且血管里流着同样的印第安人血液。总之，加西拉索是被征服的种族的代表；而且我们可以指望从他笔下所描绘的情景中看到光明面与阴暗面，从而产生一种与迄今为止由征服者所描绘的情景完全不同的效果。

在某种程度上，这就是事实；而且这种情况提供了一个用来进行比较的手段，只要使用这个手段就能使他那些具有巨大价值的著作得出公正的历史结论。但是加西拉索是在晚年著述的，是在 180
这个故事已被卡斯提尔的作者们一再重述以后。他自然在很多地方要采用别人的说法，其中有些人享有很高的学术地位和社会地位。他宣称，他的目的不是要提出他自己的什么新东西，以便纠正他们的错误和由于他们忽视印第安人的语言和习俗而使他们造成的误解。然而，实际上，他远远超出了这一点，他所搜集到的大量材料已经使他的著作成了一个巨大的宝库，后来的同一领域的工作者从那里汲取了大量的材料。他在写作时殚精竭虑，把他接触到的每一个例子用丰富的例证描述得淋漓尽致，使得最富于好奇心的人也不能有所苛求。在阅读他的《评论》和阅读欧洲作者们的叙述之间的不同，正如阅读一本著作的原著和阅读它的蹩脚的译本之间的不同一样。加西拉索的著作是发源于印第安思想的产物。

然而，他的《评论》遭到了严重的反对，这是他所处的地位必然带来的后果。在向有教养的欧洲人讲述这段历史时，他非常希望把他的人民，特别是印加种族的昔日的荣华描述得极为光辉灿烂。无疑地，这正是他从事写作的巨大的推动力，就写作而言，他以前在逆境中所受的教育无论多么良好也是远远不够的。因此，加西

拉索为一个特殊的目的写作。他挺身而出作为他的不幸的同胞的辩护人，在后世的法庭上为那个被诋毁的种族辩护。由于这种情况而产生的溢美之词，明显地体现在他的每页著作中。他描绘的社会状况是乌托邦主义的哲学家也很难描绘出的。他的王族祖先成了尽善尽美的人，一个国家的黄金时代重新展现在我们面前，这个国家尽管在边境上进行征服战争，在国内却安享太平。由于这位印加历史学家的丰富的想象力，甚至处在黄金之地的这个王朝的巨大的物质财富也被夸大成了一片繁花似锦的神话世界。

然而，在他那无边无际的想象力的下面存在着事实真相，如果说他本人不相信他所描绘的奇迹，对这位印第安人历史学家说来未免是不公正的。这里没有一个皈依基督教的人——一个新近转而信仰基督教的人——所有的那种轻信。由于长期处在异教的茫
181 茫黑暗中，当他的眼睛刚一睁开见到真理的光芒时，他没有那种能够分辨出目标的正确部分的那种能力，没有分辨事实与想象的能力。实际上，加西拉索不是一个转变了信仰的人，因为他自幼就信奉罗马天主教。但是他周围都是一些改变信仰者和新入教者，那些属于他自己的种族的人们，在长期崇奉异教之后，现在开始被接纳入基督教。他倾听传教士的说教，从他那里学会盲目相信关于圣徒们的神奇的传说，和盲目相信他那同样是神奇的关于他在传播信仰的圣战中所取得的胜利的叙述。由于这样很早就习惯于这种大量向他灌输的轻信，致使他的理智丧失了天生的分辨真理与谬误的能力，于是他对神奇的事物习以为常，而神奇也就不再成其为神奇的了。

然而，尽管本书将从这位历史学家的报告中推论出很多东西，

但从想象的外衣掩盖下不难察觉甚至看出总是存在有事实的真相；而且撇开对国家荣誉的一切夸大之词不谈，我们可以发现有关于他的国家的古代史的大量真实材料，这些材料是我们从任何欧洲作者所无法获得的。

加西拉索的著作是他生活在其中的那个时代的反映。著作中出于想象的成分多于清醒的推理。我们被它经常展现出的壮丽场面弄得眼花缭乱，并被充满书中的各种各样有趣的细节和生动的谈吐所吸引。在描述一项行动时，常常杂以一些说明其进展的问题讨论，从而避免叙述的枯燥乏味，使读者能够愉快地轻松一下。他的巨著的第一部分就是如此。在第二部分里不再有这种讨论。但是他把这些篇幅用于一些详细的回忆录，个人的轶事，偶然的冒险，以及一些在迂腐的学者们眼里看来是琐碎的细节，这些细节是历史学家们认为没有史料价值而乐于抛弃的。我们看到了这场盛大的戏剧中的角色们穿着他们的家常便服，熟悉了他们的个人习惯，听到了他们的日常谈话，总之，搜集到的这些细节综合起来使这些人物栩栩如生，性格鲜明。

正是由于伟大的场面与微小的细节这样自然地结合在一起，形成了最动人的古代的浪漫主义的历史之一，同样真实的是，就这 182
方面而言，它更接近通常的浪漫主义色彩。正是在这样的著作中，我们可以看到当时的制度和所处的困境。那些陈旧过时的政府文件、官方通信、公共记录全都是对历史有用的和必不可少的。它们是历史赖以支撑的骨架，是赋予历史以力量和广度的主体事实。但是，除非它们披上了人类的美丽外衣和装束并具有时代精神，否则它们就像一副骨骼的残骸一样毫无用处。我们非常感谢考古学

者，他们以严谨的精确性奠定了历史事实基础的广度和深度；我们也同样感谢冷静的历史学家，他们让人们穿着出席公共场合的服装出现，就像出席化装舞会那样；但是我们肯定应该感谢这样一些人，例如加西拉索·德拉维加和中世纪的许多传奇作家，他们端起了镜子——尽管多少有些歪曲地——照着生活的深处，向观众的眼里反映出每个对象的自然美和生动的色调，无论这个对象是伟大的还是渺小的，是美丽的还是丑陋的。作为一件艺术品来说，这样的作品可能被认为是经不起批评的。然而，尽管它的构成违背了某些艺术规则，但它并不一定违反审美原则，因为它的精神符合它所描写的时代的精神。而那些根据严格的艺术规则冷静地对它进行批评的人，将会发现它有一种纯真的美，使他反复阅读，爱不释手，而把那些比较正确的传统作品弃置不顾。

对加西拉索的这番评论尽管已经很长，但我在结束之前不能不提到他的《评论》的英译本。它出现在詹姆斯第二统治时期，是保罗·赖考特爵士（骑士）翻译的。它于 1688 年在伦敦印行，对开本，封皮装饰华丽，上有许多版画，扉页上有译者的而不是作者的憔悴的、毋宁说是冷酷的画像。译本保持了原作的格局，严格按照原书的章节翻译，尽管有时（但很少）使用古代译本中经常使用的那种自由的做法，即删节和省略。如果其中有脱离原著的地方，那也是出于无知而不是出于有意。的确，只要以无知作为辩护理由对他有利，这位令人尊敬的骑士可能会坚持以此为他辩护。凡是
183 读到这个译本的人，没有谁会怀疑他对自己本国的语言缺乏素养，凡是把译本同原著进行了比较的人，谁也不会否认他对卡斯提尔语的无知。译本中错误百出，而且大部分错误甚至会使小学生也

感到羞耻。然而，由于原著的强大的魅力，使得这个粗糙的译本也引起了读者的很大兴趣；所以，保罗·赖考特爵士的译本虽然陈旧，但仍然可以在很多私人的和公共的图书馆中找到。

第 三 卷

秘鲁的征服

第　一　章

皮萨罗觐见皇帝——他与王室的约定书——访问故乡——返回新 184
大陆——与阿尔马格罗的争执——第三次远征——海岸沿线的冒险——战斗在普纳岛上

1528—1531 年

皮萨罗和一名随从横渡地峡后，在诺姆布尔—德迪奥斯搭上开往西班牙的船，一路顺风，于 1528 年初夏抵达塞维利亚。当时有一个称做恩西索学士的人恰巧也在港内，此人在西班牙人的冒险史上颇有名气。他曾积极参与“西属陆地”[①]建立殖民地的活动。包括皮萨罗在内的达里安地区的最早的殖民者，欠了恩西索一笔债，尚未还清。皮萨罗一上岸，恩西索就下令把他抓起来，以欠债为由加以拘留。皮萨罗辞别故乡时是个无家可归的可怜冒险者，他在外漂泊二十余载，历尽了千辛万苦，而今刚踏上故国国土，就身陷囹圄。他满以为回国后会交上好运，谁知道一开始竟如此倒霉。他的遭遇引起了公愤。朝廷一经获悉皮萨罗业已回国

① “西属陆地”（the Spanish Main）指南美洲北部地区，当时西班牙人称它为“Tierra Firme”。——译者

和他肩负的重要使命，马上命令就地释放，允许他立即继续他的行程。

皮萨罗在托莱多见到了皇帝查理五世，皇帝即将离开该地以便乘船赴意大利。他在执政的前期，不喜欢住在西班牙。当时，皇帝在伟大的帕维亚战役中打败并俘虏了英勇的法国国王，洋洋得
185 意地沉醉在胜利的喜悦中；这时，查理正准备前往意大利，由罗马教皇亲自为他举行加冕礼。他的赫赫战绩和他登上日耳曼国王位，使他欣喜若狂。查理并不看重自己承袭的王国，他胸怀壮志，认为广阔的欧洲政治舞台才是他施展雄才大略的地方。迄今为止，他从大西洋彼岸的属地得到的好处实在太少了，所以对它们没有给予应有的重视。但是，由于新近获得的墨西哥及展现着光辉前景的南大陆引起了他的注意，他感到了这些地方的重要性，因为它们可能为他提供实现他需付出极大代价和努力的事业的手段。

于是，皇帝亲切地接见了皮萨罗。这位冒险家带来的实物让皇帝亲眼看到了那些不时传到卡斯提尔来的有关黄金的传说是确凿的事实。查理对臣子呈上的各种物件细加观察。他对骆马的外形特别感兴趣。它以新大陆上唯一已知的驮畜而著称；用它身体两侧的粗毛织成的精致的衣料，使它在聪慧的皇帝的眼里看来比用它作为驮重的牲畜更为可贵。但是，皮萨罗带来的金银器皿的样品，以及他对当地盛产贵重金属的有声有色的描述甚至使贪得无厌的君王也感到很满意。

皮萨罗虽然初次进宫，但在帝王面前却仍像平时那样不慌不忙，侃侃而谈，毫无局促不安的表现。他举止得体，甚至十分庄重，

像个卡斯提尔人。他讲述时措辞简练,态度恭敬诚恳,然而热情洋溢,口若悬河,因为他说的全是亲身经历过的事,而且他深知他的报道能否打动他的听众们的心,将决定他未来的命运。大家都以热切的心情倾听他的叙述:在海上和陆地的奇异经历,在森林中、海滩旁恶疫横行的凄凉沼泽地里的流浪生涯,粮食吃尽,衣不蔽体,每走一步,两脚会被划破,流血不止,本来屈指可数的同伴,因疾病和死亡而愈来愈少。然而,不管遇到多少艰险困苦,他们仍然鼓起不屈不挠的勇气向前推进,以便扩大卡斯提尔帝国的版图,提高卡斯提尔君主的威望和名声。但是,当皮萨罗描绘他在荒岛上的孤独寂寞,国内政府没有伸出援助之手,仅有几个忠实伙伴留在身旁时,那位不轻易动感情的皇帝也禁不住流下了热泪。在离开托莱多以前,查理把皮萨罗推荐给“西印度事务委员会”,并对他的 186
冒险事业大加赞扬。[①]

这时,宫廷中有另一个来自新大陆肩负相似使命的人,但是,那个人所取得的辉煌成就,已使他赢得了巨大的名声。相比之下,皮萨罗的声誉虽蒸蒸日上,却未免黯然失色。那个人就是墨西哥的征服者埃尔南多·科尔特斯。他回到祖国,把一个帝国奉献给君王,要求纠正对他的不公平的处理,并请功领赏。科尔特斯已经功成名就,而皮萨罗现正在艰苦创业。似乎是命中注定,这两个人各在南北两地征服最强大的印第安王朝,打开黄金大门,使新大陆

① 佩德罗·皮萨罗:《发现和征服》;纳阿罗:《简述》;《征服秘鲁居民》“他在托莱多就这个问题讲得很精彩,赢得了掌声和注意。在那里,国王高兴地接见并热情地招待了他,亲切地听他讲话,特别仔细地听他讲述他和 13 个同伴在繁重的工作中表现出的坚忍不拔的精神”。见蒙特西诺斯:《编年史》,手稿,1528 年。

的财富源源不断地流入西班牙的国库。

卡斯提尔宫廷的办公效率通常很低，尽管皇帝临行前曾向有关方面大力推荐皮萨罗，但他的事仍然一拖再拖。皮萨罗发现这种旷日持久的做法对他极为不利，他手头为数不多的钱已越来越少。皮萨罗提出，对他的要求必须从速采取某些措施，否则，如果拖延下去，即使最终这些措施非常有利，他也无法加以利用了。皇帝临行时，将此事托付皇后。在皇后亲自过问下，一切进行得很快。于 1529 年 7 月 26 日皇后制定了一项值得纪念的约定书，它规定了皮萨罗的权限和特权。

约定书授予皮萨罗发现并征服从圣地亚哥以南延伸 200 里格的秘鲁省的权利。当时秘鲁省称为新卡斯提尔，如同墨西哥被命名为新西班牙那样。皮萨罗将终身享有总督兼总司令和先遣官、警察总监的官衔和职位。薪俸为 725000 马拉维迪①，但皮萨罗必
187 须拥有与其身份相适应的一定人数的军官、随从。皮萨罗还有权建筑一些由他绝对统治的堡垒，有权在法律规定的范围内划定印第安居民的村落。总而言之，皮萨罗几乎可以行使总督享有的一切特权。

他的伙伴阿尔马格罗被宣布为通贝斯要塞指挥官，年俸 30 万马拉维迪，并被赐予具有“绅士”身份的贵族地位和特权。卢克神甫被宣布为通贝斯的主教，他还被宣布为秘鲁印第安人的“保护者”，每年薪俸为 1000 金币，——和约定书中规定的其他官员的薪俸和报酬一样，都由被征服地区的税收中支付。

---

① 马拉维迪是西班牙古币名。——译者

远征队伍中的次要成员也没被遗忘。鲁伊斯得到南洋大领航衔，并得到优厚待遇。坎迪亚负责指挥炮兵。荒岛上的其余 11 名人员分别被封为“绅士”和“骑士”，以后将晋升为某些地方的高级官员。

为了鼓励人们移居秘鲁，国家还做出一些优惠的规定。新移民将免缴某些按惯例规定的沉重税收，如商业税，或仅缴税少许。对从矿区开采出来的贵重金属，起初只抽税十分之一，而对从物物交易或掠夺中得来的同样金属则抽税五分之一。

皮萨罗得到了明确的指示：必须执行现行的关于妥善保护和统治当地人的规章制度；必须从本国带去一定人数的教会僧侣，就征服秘鲁问题与他们商议。僧侣们专为印第安人服务，使他们皈依天主；另一方面，严禁律师和法律事务代理人进入新殖民地，他们的出现被认为不利于新殖民地的安定局势。

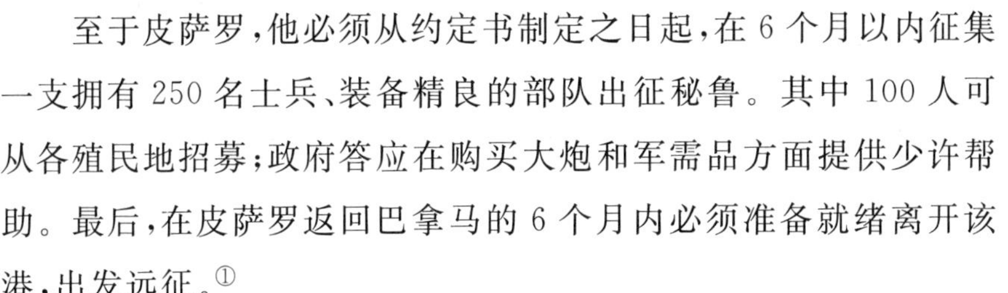

至于皮萨罗，他必须从约定书制定之日起，在 6 个月以内征集
一支拥有 250 名士兵、装备精良的部队出征秘鲁。其中 100 人可
从各殖民地招募；政府答应在购买大炮和军需品方面提供少许帮
助。最后，在皮萨罗返回巴拿马的 6 个月内必须准备就绪离开该 188
港，出发远征。[①]

以上几个方面就是约定书的一些主要规定。这是卡斯提尔政府在类似的情况下通常采用的聪明的政策，即通过授予显赫的称号和满口答应只在冒险成功后才能获得的优厚待遇，以便诱使冒

① 这一不平凡的文件以前曾收藏于西曼卡斯的档案室内，后存放于塞维利亚的印第安档案总馆。该文件现被转抄，收入已故唐马丁·费尔南德斯·德纳瓦雷特的丰富的文件资料中。我十分感谢他允许我转录于此——原件全文印于附录七。

险家在开拓殖民地事业中摩拳擦掌，跃跃欲试。但是政府十分慎重，不让自己卷人事业的成败之中，它要的是冒险家的劳动成果，而不承担任何责任或风险。

关于这些规定，必须提及一点：殖民地的高官、肥缺，全都授予皮萨罗一个人，阿尔马格罗一点也没分享到。而后者在开拓殖民地中同样备尝苦难，如果说不如皮萨罗那么突出，至少也是分担了最初阶段的重任，而且，他在另一方向上所做的努力，同样对事业的胜利起了极其重要的作用。阿尔马格罗情愿把最高荣誉的地位让给皮萨罗；但是在皮萨罗动身回西班牙前，他们曾商定：在皮萨罗向皇帝请封他本人为总督兼将军时，应请封阿尔马格罗为先遣官。同样，皮萨罗保证为巴拿马副主教请封为通贝斯主教职位，为领航员鲁伊斯请封为警官。主教的职位总算按原先所商议的争取到了，因为军人总不能戴上主教的僧帽；但是，其他的职位却没有公平合适地分给众人，而是集中在皮萨罗一人身上。然而皮萨罗临行前曾答应为他们竭力争取和公平合理地对待他们所有的人。[①]

当时记录军务的佩德罗·皮萨罗说，事实上皮萨罗曾竭力为
189 阿尔马格罗请封要职，但是遭到政府的拒绝，理由是这些极端重要的职位不能由数人分别担任。大权分散的做法的不良后果，早就

① “最后，弗朗西斯科·皮萨罗将就如下问题进行谈判：他自己的总督职务，迭戈·德阿尔马格罗的先遣官职务，埃尔南多·德卢克的主教职位、巴托罗梅·鲁伊斯的警官职位，对还活着的人予以恩赐。关于 13 个同伴，弗·皮萨罗反复说过，他会为他们着想的，并且答应将进行实实在在的谈判。”见埃雷拉：《通史》，第 4 卷，第 3 册，第 1 章。

在各印第安殖民地中不止一处发生过，在那些地方，由于权力不集中导致了争权夺利的致命冲突。[①] 于是，皮萨罗发现再三恳求已无济于事，只得一个人接受好多官职，否则整个远征计划将成为泡影。与佩德罗·皮萨罗同时代的其他历史学家不同意他的这种解释。在皮萨罗担负起回国的使命时，卢克曾流露出焦虑不安的心情，担心会出现后来确实发生了的结果，他的这种心情无疑地是由于他了解皮萨罗的性格。因此，我们有理由怀疑为他的行为所做的辩解。当我们联系皮萨罗后来的所作所为时，更不会相信这套辩解之辞。皮萨罗不是一个不为利禄所诱的高尚的人，即使比现在这种高官厚禄要微小得多的利益也会使他动心。

这位幸运的骑士也获准披上圣地亚哥[②]法服，并有权对其家族的纹章作重要的增添，即他可以除继承父亲传下的纹章外，还可以有他自己的纹饰。皇家纹章上的黑鹰和双柱与皮萨罗家族的纹章交织在一起；还有一座印第安城，城外远处海面上有一艘船，以及秘鲁的骆马，来表示他立功的地点和性质。还刻有如下铭文："在查理皇帝的领导下，通过皮萨罗的勤奋、天才和足智多谋，发现并平定该国"。寥寥数语，概括了这位征服者过去和未来的功

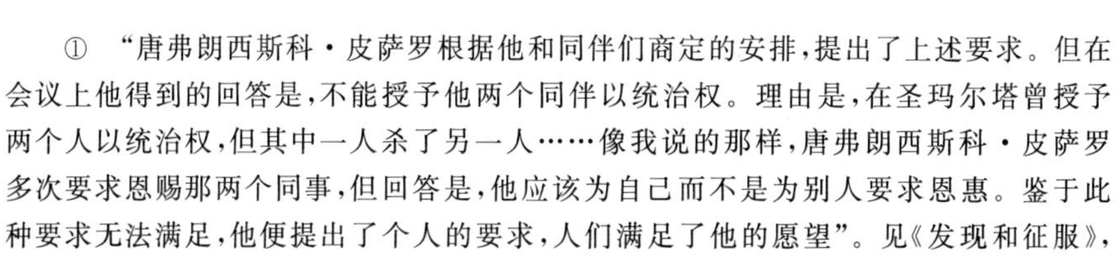

① "唐弗朗西斯科·皮萨罗根据他和同伴们商定的安排，提出了上述要求。但在会议上他得到的回答是，不能授予他两个同伴以统治权。理由是，在圣玛尔塔曾授予两个人以统治权，但其中一人杀了另一人……像我说的那样，唐弗朗西斯科·皮萨罗多次要求恩赐那两个同事，但回答是，他应该为自己而不是为别人要求恩惠。鉴于此种要求无法满足，他便提出了个人的要求，人们满足了他的愿望"。见《发现和征服》，手稿。

② 赫雷斯：《征服秘鲁》，根据《巴西亚文集》第3卷，第182页；奥维多：《西印度史》第3卷，第8册，第1章；卡罗·德托雷斯：《红绶带骑士团的历史》，第113页（1629年马德里出版）。

绩。[①]

一切安排都已就绪，皮萨罗感到称心如意了，于是离开托莱多，回到了他那位于埃斯特雷马杜拉的故乡特鲁希略。他认为在
190 老家大概会遇到热衷于他的新殖民事业的追随者。毫无疑问，这下子可以在故乡大大炫耀一番自己的荣华富贵，或者至少可以吹嘘一下他的锦绣前程。如果说虚荣心是可以谅解的话，对于像皮萨罗那样的人来说，更是情有可原了。一个出身贫寒、无亲无故的人，居然在世界上闯出一条路，凭借自身的智谋，克服人生道路上的许多困难。这就是皮萨罗当前重访故乡时的情况，而他故乡的人们还一直把他当做一个无家可归、穷困潦倒、没有生父认领他、没有朋友可依靠的流浪汉呢。但是现在他既有了朋友，又有了追随者，甚至还有人急于跟他攀亲戚，愿意参加他今后的冒险事业。新认的亲戚中，有兄弟四人，其中三个同皮萨罗一样也是私生子；一个名叫弗朗西斯科·马丁·德·阿尔坎塔拉的是母系的亲人，还有两个名为贡萨洛·皮萨罗和胡安·皮萨罗的是父系的亲人。奥维多曾见过他们，他说“他们都很穷，又穷又傲，越穷越贪”。[②]

还有一个名叫埃尔南多的长兄是“合法的”儿子；奥维多带讽刺口吻说：“他生下来时算是合法的，同时也骄横自大，酷似其父。”他相貌平常，甚至有些丑陋，但身材健壮，高大魁梧，像他弟弟弗朗

---

① “以卡罗里·恺撒的威望、功劳和才智，并以毕加索公爵所能得到的稳定的收入而著称”。见埃雷拉：《通史》，第 4 卷，第 6 册，第 5 章。

② “他带去了三四个傲慢无礼的兄弟，他们一贫如洗，却渴望得到财富。”见《西印度史》，手稿，第 3 卷，第 8 册，第 1 章。

西斯那样很有派头。[1] 他的性格中却包含有卡斯提尔人常有的一些最坏的特征。他极其妒忌；气量狭小，非但不能容忍侮辱，连对他稍不尊敬也受不了；而且一旦怀恨在心，永世不忘。他处事果断，心狠手辣。为了达到目的，可以不择手段。他骄傲自大，目中无人，经常伤害伙伴们的自尊心；因树敌过多，给自己的前途招来了不必要的麻烦。在这方面，他与兄弟弗朗西斯截然不同，后者善 191
于花言巧语，一切困难迎刃而解，也能在工作中赢得人们的信任，争取同僚的合作。不幸的是，皮萨罗很愿听从兄长出的坏主意，所以虽然埃尔南多十分能干，但对皮萨罗来说，还是帮了倒忙。

尽管皮萨罗的冒险经历在全国引起了普遍的兴趣，但这位首领发现要达到约定书中规定的征兵名额实非易事。那些听了皮萨罗的冒险故事感到最吃惊的人，并不总是最乐于跟着他去干的人。他们看到在冒险家道路上极大的艰苦，从而畏缩不前；他们听到有关通贝斯的黄金庙宇和花园的美妙描绘，明显地表示不相信，认为他至少有几分夸张，显然是为了招兵买马。甚至有人说皮萨罗连筹集足够的款项都有困难，幸亏他的同乡科尔特斯及时帮助他。此人是他早年的战友，据传说还是他的亲戚。[2] 谁也没有科尔特斯那样有更好的条件支援他的冒险家同行，或许，只有那位最近在同样的事业中大功告成、载誉而归的科尔特斯才真正同情皮萨罗

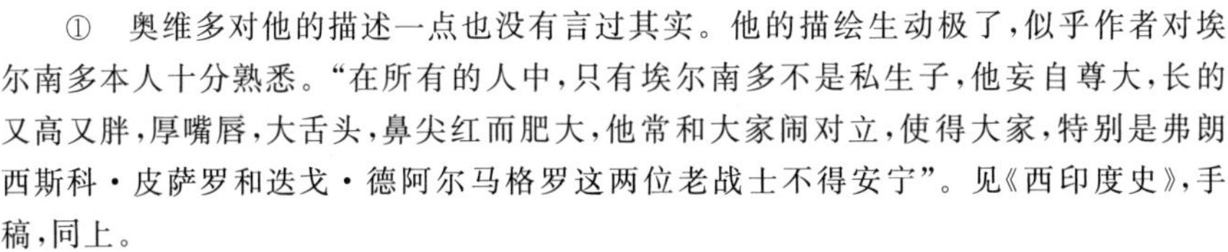

① 奥维多对他的描述一点也没有言过其实。他的描绘生动极了，似乎作者对埃尔南多本人十分熟悉。“在所有的人中，只有埃尔南多不是私生子，他妄自尊大，长的又高又胖，厚嘴唇，大舌头，鼻尖红而肥大，他常和大家闹对立，使得大家，特别是弗朗西斯科·皮萨罗和迭戈·德阿尔马格罗这两位老战士不得安宁”。见《西印度史》，手稿，同上。

② 皮萨罗·奥雷利亚纳：《名人录》，第 143 页。

的命运，才深信皮萨罗最终必将成功。

约定书规定的六个月期限已到，皮萨罗招募到的兵士名额仍然不足，他准备在塞维利亚将新兵送上一支由三艘船组成的小船队；但是，没等他们完全准备好，就传来消息说“西印度事务委员会”的官员要来检查船只的情况，以及征募准备工作是否符合规定要求。

于是，皮萨罗生怕露出破绽，使远征事业夭折，他当机立断，马上起锚，仓皇出港。驶过圣卢卡尔港口阻碍航行的沙滩，皮萨罗在1530年1月暂时停泊于加那利群岛中的戈梅拉岛。皮萨罗令其兄埃尔南多率领其余船只到戈梅拉岛与他会师。

皮萨罗刚离开，调查的官员们就接踵而至。经过调查，他们认
192 为募集的兵员不足。当官员们提出质问时，留下的人推说皮萨罗已率领一部分人员开船先行，官员们很容易就上当受骗了，或许是存心高抬贵手吧。不管怎么样，没人再对埃尔南多加以阻拦，他被允许率领余下的船只，按照预定计划开往戈梅拉岛。

沿途风平浪静，冒险家们安抵南美洲大陆的北海岸，停泊在圣玛尔塔港外。在这里，他们听到了一些有关他们将要前往的目的地的情况的令人失望的报道：那里森林中到处都是昆虫、毒蛇，河岸旁鳄鱼横行，还有一些闻所未闻的艰辛、危险，因此，有些兵士开了小差；皮萨罗认为在这骇人听闻的谣传自由散播的地区不能久留，立刻扬帆开往隆布雷德迪奥斯。

到达那儿不久，他的两个伙伴卢克和阿尔马格罗翻山越岭前来迎接。他们要听听皮萨罗亲口说明他与皇帝的约定书的精确含义。不出所料，阿尔马格罗听后，大为不满，认为这是皮萨罗在故意捣鬼。他大叫道：“你就这样对待朋友吗？对待跟你出生入死、患难与共、分担冒险事业费用的老朋友吗？临走前，你不是庄严地保证过要像为你自己那样为你的朋友争取功名吗？现在竟是这样的结果！你怎能让我只得到如此菲薄的报酬，从而使我在天下人面前声誉扫地呢？与你相比，我似乎一点也没贡献！”[①]

皮萨罗在回答阿尔马格罗的质问时，竭力使他的伙伴相信自己曾努力为他请封，但是政府坚持不肯把互相牵制的大权授予好几个人。当时皮萨罗要么由他一人接受一切官职，要么丧失一切，别无其他选择。他想方设法平息对方的怒火，说秘鲁地域广阔，足有他俩用武之地。皮萨罗还表示：授予他本人的权力，事实上就等于授予阿尔马格罗，因为他名下的一切，都可由阿尔马格罗随意支配，就像阿尔马格罗自己拥有的一样。但是，这些甜言蜜语满足不了受损害的对方；不久，两个头目返回巴拿马，如果不是互怀敌意，至少感情上也已疏远，这种关系对共同的事业很不利。

然而，阿尔马格罗并非心胸狭窄之辈，皮萨罗既然百般解释，193
表示愿意让出一些政治权力，两人是可能和好如初的。但是，由于埃尔南多·皮萨罗的插手，事情就难办了。埃尔南多同阿尔马格罗初次会面就没有好感。阿尔马格罗身材矮小，埃尔南多非常瞧不起他，并把他看成影响其兄弟前程的障碍，特别讨厌他。

阿尔马格罗为人坦率、大方，所以有许多莫逆之交。他的好朋友也跟他一样对这个新来家伙的飞扬跋扈深恶痛绝。他们大声抱

---

① 埃雷拉：《通史》，第 4 卷，第 7 册，第 9 章；佩德罗·皮萨罗：《发现和征服》，手稿。

怨说，即使没有皮萨罗的兄弟们的侮辱，光是他本人背信弃义的行径就够人受的了，现在他的弟兄们跟着他来分享应该属于阿尔马格罗的胜利果实。分裂愈演愈烈，终于阿尔马格罗公开宣称要与皮萨罗分道扬镳，独自远征，并且为此确实进行了购买船只的谈判。幸而正在此时，卢克和传教士埃斯皮诺萨从圣多明各来此，着手弥补双方之间的裂痕，因为分裂必然导致事业的失败，以及与事业成败有切身利害的人们的毁灭。通过他们的调解，双方最终达成表面上的和好，皮萨罗答应把先遣官的职位让给对方，并请求皇帝加以认可——应该指出，这种让步似乎很难与他以前有关皇帝分配官职的既定方针的说法一致。此外，皮萨罗在受封的地区一经就职之后，将立即请求另划一个由阿尔马格罗领导的管辖区；还保证在此事办妥之前决不为自己两个兄弟请封官职。最后，以最明确的方式重申旧约：将掳获的物品一分为三，平均分配给三个最早的伙伴。于是，双方言归于好。这种重新和好达到了使两人协力出征的暂时目的。但是这仅仅是掩盖创深剧痛的一个薄皮疮疤而已。这个伤口只要有新的刺激，就会破口，其毒性将比以往更为致命。[①]

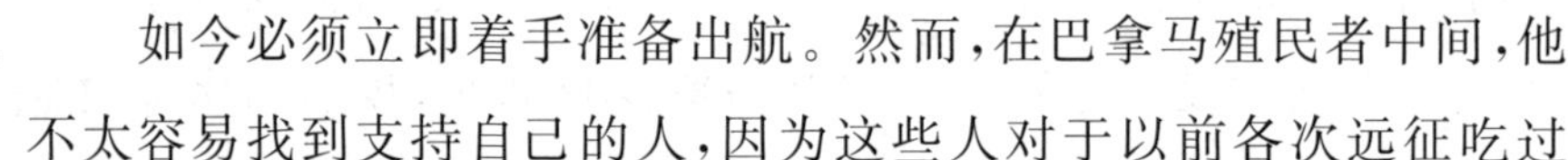

194　如今必须立即着手准备出航。然而，在巴拿马殖民者中间，他不太容易找到支持自己的人，因为这些人对于以前各次远征吃过

① 佩德罗·皮萨罗：《发现和征服》，手稿；纳阿罗：《简述》；蒙特西诺斯：《编年史》，手稿，1529 年，《最初发现》；萨拉特：《秘鲁的征服》，第 1 册，第 3 章；奥维多：《西印度史》，手稿，第 3 卷，第 8 册，第 1 章。实际上，这些伙伴们似乎都在钩心斗角，因为卢克神甫写给奥维多的信中说，他的两个合伙者都对他恩将仇报。“卢克神甫是那两个长官的伙伴，是支持他们的冒险事业的人。但据来信说，两位长官对神甫都恩将仇报。”出处同上。

的苦头记忆犹新，即使在向他们提出的优厚条件的引诱下，他们也不愿意再进行一次远征。皮萨罗的旧部中有少数几个人愿意再接再厉，把冒险事业进行到底，还从尼加拉瓜省——可以说是巴拿马殖民地的一部分——添补了一些兵士。但是，皮萨罗对从西班牙带来的军队只增加了少数人员。这支队伍与上次征集的兵士相比，质量较高，在武器弹药装备上，一般说来比以前也好得多。兵士总数没超过 180 人，骑兵有战马 27 匹。皮萨罗配备了三艘船，其中两艘相当大，以代替那些被迫留在地峡对岸的诺隆布雷德迪奥斯的旧船。这支小小的部队要去征服一个帝国，人数实在太少，而且连皇帝制定的约定书中规定的数目也远没达到。这个天不怕地不怕的首领带着这帮人马开始行动，他相信自己必将成功，也相信暂留后方组织支援部队的阿尔马格罗会通力合作。[①]

在圣约翰节那一天，巴拿马天主教堂内举行为连队军旗和皇旗祝福的仪式。胡安·德巴尔加斯神甫在人数不多的部队前布道，他是政府选派来秘鲁随军工作的多明我会的一个修道士；做完弥撒，在讨伐异教徒的十字军出征前，让每个兵士领受圣餐。[②]

祈求上天保佑远征军的隆重仪式结束后，皮萨罗及其部队登 195
上停泊在巴拿马湾的船只，于 1531 年 1 月初开始其征服秘鲁的第三次也就是最后一次远征。

---

① 跟往常一样，对士兵人数的估计互有出入。我采用皮萨罗的秘书赫雷斯提供的数字。见：《征服秘鲁》，根据《巴西亚文集》，第 3 卷，第 182 页。

② “1530 年圣约翰节那天，他下令在大教堂为皇家旗帜祝福；愚人节那天，他让全体士兵在圣母大教堂忏悔、受圣餐，那天举行了极其隆重的唱经弥撒，胡安·德巴尔加斯神甫也出席讲经，他是和其他四位神甫为执行教会和国王的命令而去远征的。”见纳阿罗：《简述》。

皮萨罗原来的打算是直驶通贝斯，因为他在上次出航时，曾看到该城有大量珍宝。但是，和过去一样，逆风和急流使他偏离了目的地。航行13天之后，这支小船队驶至约北纬1度的圣马修湾，并在那里抛了锚。这次航行同样距离的时间比上次缩短不少。皮萨罗和军官们商量后，决定部队登陆，沿海滩挺进，船只按原来方向徐徐行驶，与海岸保持很近距离。

部队行进途中，困难重重，江河经常把道路截断，冬雨使河水高涨，河流入海口变得很宽。皮萨罗对本地情况比较熟悉，现在他既是远征军司令官，又是大家的向导。哪里遇到困难，他就及时前往援助，鼓励士兵尽力涉水渡江或游过急流，以自己高昂的斗志激励那些垂头丧气的人。

最后，他们来到了科阿克省一个居民众多的村庄，或者说是个城镇。西班牙人一冲而入，居民未曾抵抗，丢下东西，慌忙就近躲进森林。落入侵略者手中的财物比预料的值钱得多。一个征服者颇为天真地说道："我们手握宝剑，发起突然袭击，因为如果我们事先告诉印第安人我们要来了，我们决不会得到那里的大量黄金和宝石。"[①]然而，据另一种说法，土著人是自愿留下的，"因为他们没有伤害过白人，心想白人也不会加害于自己，说不定双方还会互相
196 照应。"[②]——土著人这种天真的想法或许是由于西班牙人上次来此表现不错的缘故。但是现在这些头脑简单的土人发现自己完全错了。

---

① "他们突然开进科阿克这个村庄，村里的人事前毫无察觉，否则，大量的金子和绿宝石就不会被抢去。"见佩德罗·皮萨罗：《发现和征服》，手稿。

② 埃雷拉：《通史》，第4卷，第7册，第9章。

侵略者们冲进空无一人的房子，发现屋内各种物品，琳琅满目，以及饥饿的士兵最欢迎的粮食。此外，还有许多粗制的金银饰品和大量宝石；因为此地盛产绿宝石。在附近找到的一块大如鸽子蛋的绿宝石落入了皮萨罗之手。不幸的是，他那些粗野的部下不懂得绿宝石的珍贵，他们用锤子把许多宝石砸成了碎片。[①] 据说，他们听了一位多明我会教士雷希纳尔多·德佩德拉萨神甫的话才这么做的。神甫告诉他们，真宝石捶打不碎，用锤子猛击是鉴别宝石真伪的唯一办法。有人注意到这位好心的神甫不用这个妙法试验他自己得到的宝石。但是，这么一来，当宝石都通不过这种检验，而被认为仅仅是彩色玻璃，以致价格大跌时，神甫乘机收购了很多绿宝石运回巴拿马。[②]

镇上屋内的金银饰品被抢劫一空，士兵们把它们集中起来堆在一起。除留下五分之一献给皇帝外，全由皮萨罗按各官兵应得的份额进行分配。在整个征服战争中，都用这种办法分赃。这些侵略者从事的是共同的冒险事业，有着一致的利害关系。因此，如果允许每人见财物就抢并据为己有的话，就会各行其是，不服从命令，引起无休止的争吵。于是，全体人员必须交出不管是廉价交换来的或抢来的一切东西，集中保管，违者处以死刑。凡有违反此规

① 《最初发现》，手稿；萨拉特：《秘鲁的征服》，第 1 册，第 4 章，“只有认识绿宝石的人才藏着它，但其他人却把它当做笨重的铁矿石。然而到后来，许多人拥有这种值钱的绿宝石，不过有的人把绿宝石放在铁砧上用锤子敲打，说如果是绿宝石，就不会敲碎，也有的人看不上这种宝石，以为是玻璃。”见佩德罗·皮萨罗：《发现和征服》，手稿。

② 佩德罗·皮萨罗：《发现和征服》，手稿；埃雷拉：《通史》，第 4 卷，第 7 册，第 9 章。

定的，一经发现，大家都要求严加惩处，决不宽饶。[①]

197 皮萨罗一如既往，把大量黄金运回巴拿马，其价值不少于2万卡斯提尔金币[②]。他相信人们一看到短期内竟获得这么多财宝，一定会打消顾虑，积极参加他的队伍[③]。他的判断是正确的。如同征服军的一名成员虔诚地说道："感谢上苍，我们竟会碰上科阿克城，这里的财富会使人民对我们另眼相看，他们将会蜂拥而来。"[④]

队伍得到充分整休之后，皮萨罗继续沿海岸前进，但是船只不再在海上伴行。它们返回巴拿马去接新兵了。他在前进的路上遇到一片片荒凉的沙地，风吹沙扬，刮得士兵们睁不开眼。在松软的沙地上行走，人畜都容易陷下去。耀眼的日光十分强烈，直射的骄阳灼烤着铁制盔甲和厚实的紧身棉上衣，头昏眼花的兵士热得几乎喘不过气来。祸不单行，队伍里又流行一种奇怪的疫疾。发起病来，混身长疮，很像可怕的肿大肉赘，一弄破就会大出血，危及生命，有几个病号因此而丧生。这种怪病，来势迅猛，患者的体力消

---

① "西班牙人收集黄金、白银，因为这是命令，任何人不得违反，否则会丧命。大家必须把大量的金银送到总督那里，由他根据不同的人和各自的功绩进行分配。在整个地区被征服期间，这个命令一直有效。如果发现私藏金银，就要处死。所以，谁也不敢这样做。"见佩德罗·皮萨罗：《发现和征服》，手稿。

② 每枚金币合0.46克。——译者

③ 缴获的金银财物的确不少。据当时在场的征服者佩德罗·皮萨罗说，总共价值20万卡斯提尔金币。"这里发现了许多黄金和白银，许多金制王冠，以及大量的总重量达20万卡斯提尔金币（约合92000克——译者）的各种器物。"（《发现和征服》）纳阿罗、蒙特西诺斯和埃雷拉只说皮萨罗用船把2万卡斯提尔金市运回巴拿马。

④ "他们终于找到了那个叫做科阿克的村庄，这是上帝的功劳。这个地方因其财宝而出名，因此许多人蜂拥而去。"见佩德罗·皮萨罗：《发现和征服》，手稿。

耗很大，有些人晚间上床时还安然无恙，第二天清晨双手就抬不起来。① 这种瘟疫在这次侵略中第一次发现，侵略战争结束后不久
它就消失了。在此期间，它传遍了整个地区，土著居民或白人无一 198
幸免。② 这是随侵略者而来的妖魔鬼怪向虔诚的民族报仇泄恨而散布的一种疫疾。

一路上，西班牙人很少遇到当地人的抵抗和骚扰，因为当地居民从科阿克城遭受洗劫一事汲取了教训，他们携带财物逃入了森林或邻近的深山。不像上次那样，这回没人走出家门，以好客主人的身份施迎宾之礼。白种人不再被看做从天而降的心地善良的人，而是残酷无情的破坏者。他们手执武器骑上凶恶的坐骑，风驰电掣般地来回驰骋，到处烧杀抢掠。印第安人即使还击，也不起任何作用。关于侵略者的暴行的说法到处流传，他们每到一地，消息早已传来，当地人即使不能把他们拒之门外，也对他们恨之入骨。皮萨罗的部下人倦马乏，疾病缠身，再加上沿途荒凉贫瘠，一无所获，大失所望。他们后悔不该贸然应征入伍。据年老的编年史作者的记载，特别是尼加拉瓜人，一想起故乡的富饶美丽，就唉声叹气，直盼早日返回其伊斯兰的天堂。③

就在这个关键时刻，远征军高兴地看到来自巴拿马的一艘船，运来一些物资。船上还有皇家司库、视察员、审计员，以及朝廷委

① 纳阿罗：《简述》，手稿；佩德罗·皮萨罗：《发现和征服》，手稿；蒙特西诺斯：《编年史》，手稿，1530 年。

② 加西拉索：《王家评论》，第 2 卷，第 1 册，第 15 章。

③ “谁也不为来到这里感到高兴。他们离开了尼加拉瓜这个伊斯兰天堂，来到一个反叛的孤岛，没有像以前那样找到金银财宝，加上食品短缺，大部分人染上疾病，所以大家都想回到原来的地方。”见佩德罗·皮萨罗：《发现和征服》，手稿。

派参加远征的其他高级官员。他们是皮萨罗突然离开西班牙时留在国内的。当“西印度事务委员会”了解这一情况时，指示巴拿马不让船队离港。但是，西班牙政府比该委员会更为明智，取消此项命令，只要求这些官员早日出发，速赴远征军就任，不得延误。

199 现在西班牙人沿海滩前进，到达了别霍港。不久，一支由 30 人组成的增援小部队在军官贝纳尔卡萨尔率领下来到此地。贝纳尔卡萨尔在以后的战斗中建立了卓越战功。皮萨罗的许多追随者都主张停止前进，就地建立殖民点。但是，皮萨罗却认为当务之急不是营建殖民地，而是进行远征。他建议第一步要夺取通贝斯，在他看来，通贝斯是秘鲁帝国的大门。于是，继续向现在称为瓜亚基尔湾的海岸推进，直到靠近通贝斯湾不远的普纳小岛。他觉得在他做好进攻通贝斯的准备工作以前，这个岛屿是他安营扎寨的好地方。

该岛居民的态度似乎对皮萨罗的目的很有利。他在抵达小岛附近不久，一群土著人代表在酋长率领下，乘坐木筏来到大陆欢迎西班牙人进驻小岛。但是和皮萨罗一起从西班牙返回的随军印第安翻译是通贝斯人，他们向皮萨罗发出警告，说来者心怀叵测，要他严加提防。翻译说土著人阴谋消灭西班牙士兵，办法之一是：割断联结船队的粗缆，任凭船只各自漂流，使船上的白人困于大海之中。然而，当皮萨罗当面揭穿土著人阴谋的时候，酋长断然否认，而且说得情真意切，完全打消了这位西班牙指挥官的疑虑。他决定让自己和全体士兵由酋长运输并安全地在普纳岛登陆。

主人殷勤地接待了他并把士兵们安排在舒适的地方扎营。皮萨罗对现在的处境很满意，决定暂时在该岛住下，度过暴雨季节，待他期望的增援部队到达、战斗力得到加强后，再大举进攻印加帝国。

普纳岛位于瓜亚基尔河口，长约八里格，最宽处约四里格，岛上有些地方树林繁茂。但是大部分土地经过开垦，种植了可可树、白薯和热带的各种植物。这说明当地居民十分勤劳，具有农业知 200
识。岛民生性好斗，然而，他们的秘鲁仇敌咒骂他们是一伙“奸诈之徒”。罗马历史学家曾把同样的污名加在迦太基敌人头上，也许并无更充分的理由。印加帝国军队入侵该岛时，岛民奋起反抗，英勇顽强；虽然最后他们屈服了，但是此后一直与通贝斯的邻人不和，双方时常进行殊死的争斗。

通贝斯的印加居民听说皮萨罗驻兵普纳岛，立即派人来到西班牙兵营。或许他们相信过去跟皮萨罗的关系还搞得不错，所以才来拜访。妒忌的岛民看见通贝斯仇人，怒火中烧；加以白人长留岛上只能加重土著人的负担。外表上，岛民像过去那样对白人仍十分友好，但是皮萨罗的翻译们又向他发出警告，说岛民的奸诈本性是众所周知的。于是，西班牙司令心头疑云顿起，这时，又有人来告密说一些当地人首领暗中开会密谋暴动。皮萨罗闻讯后，决定先下手为强，他派出士兵，包围会场，逮捕涉嫌的酋长们。据某一知情人士透露，酋长们供认了自己的阴谋。[①] 这种说法很不可靠，连酋长们是否图谋武装暴动也无法确定。但是，虽然除了仇恨岛民的翻译所提供的线索外，没有其他证据，暴动的可能性还是存在的。然而，可以确定的是，皮萨罗认为罪证确凿。他毫不迟疑地把这十来名酋长移交给他们的冤家通贝斯人酌情发落。通贝斯

① 赫雷斯：《征服秘鲁》，根据《巴西亚文集》，第 3 卷，第 183 页。

人，立即当着皮萨罗的面将这些酋长一一处决。[①]

消息传开，普纳岛民群情激愤。他们立即拿起武器，发出可怕的号叫，怀着极其强烈的复仇心，冲到西班牙兵营。几千名战士蜂拥而至，在人数上占有绝对优势。但是他们的对手在武器、装备、军事训练上却胜过他们，这是具有决定胜负意义的。当印第安人
201 乱哄哄地一拥而上时，卡斯提尔人用长枪沉着应战，或者用滑膛枪子弹将他们击倒。当地人身上没有披盔戴甲，很容易被西班牙人的利剑劈死。埃尔南多·皮萨罗带领骑兵，一马当先，勇敢地冲入敌阵，把当地的武士打得落花流水。逃兵在身披钢甲的骑兵队伍追击下，在阵阵震耳枪声面前丧魂落魄，急忙躲进森林深处。但是，征服军士兵却说，这次胜利，至少应部分归功于苍天的保佑，因为正当地面上杀声震天之际，高空中出现了神兵神将，圣迈克尔率领天兵正向人类的主敌发起猛攻。天神的榜样激励着世俗将士，使他们勇气倍增地投入战斗。[②]

西班牙兵士只有三四人阵亡，受伤的却不少。埃尔南多·皮萨罗腿部被标枪刺中，伤势颇重。战争并未到此结束，因为牢记血

---

① “唐弗朗西斯科·皮萨罗侯爵把他们当做朋友，西班牙人在岛上时，一切都很平静。侯爵把几个酋长交给岛民，岛民立即当着西班牙人的面杀了这几个酋长并割下他们的脑袋。”见佩德罗·皮萨罗：《发现和征服》，手稿。

② 皮萨罗将该城命名为圣迈克尔城，以资纪念——有些人认为该城的存在足以证明奇迹确有其事。——“在普纳岛的战斗中，许多在旷野上的印第安人和西班牙人都看到了两队人马，一队由手执长刀、身穿护胸盾的天使长圣迈克尔率领，另一队由卢斯贝尔一伙指挥。但当西班牙人欢呼胜利，魔鬼就逃跑了。一阵旋风袭来，传来了魔鬼几声可怕的喊声：迈克尔打败了我们！他把我们打败了！从此，弗朗西斯科·皮萨罗非常敬重这位天使长，并且答应第一个城市创建后，以他的名字命名。正像我们以后看到的那样，这个诺言实现了。”见蒙特西诺斯：《编年史》，手稿，1530 年。

海深仇的岛民总是在黑夜掩护下，或乘敌不备之际，溜出他们的堡垒，偷袭敌营。同时，不放过任何机会，拦截外出的小股敌人，或破坏军需物资；使得皮萨罗处处挨打，日夜不得安宁。

正当这位西班牙指挥官处境尴尬之时，岛外驶来了两艘船，使他喜出望外。船上除战马外，还运来100名志愿军人。领队的军官名叫埃尔南多·德索托，后来他以发现密西西比河闻名于世。滔滔江水，至今仍在他的墓地奔流不息，这正是对他的遗体和他的声名的最合适的纪念碑。[①]

这支增援部队对皮萨罗来说，可真是久旱逢甘霖。他对他在 202
岛上的处境早就不满，因为他不得不应付永不停息的战斗，耗费极大精力，却毫无收获。有了这些新兵，皮萨罗觉得兵力已够，可以渡海进攻大陆，重新在发现、征服帝国的主要战场进行军事行动。从来自通贝斯的印第安人口中，皮萨罗得悉印加帝国的两位王子为了争夺王位，打了一阵内战，战乱搞得全国人心惶惶。皮萨罗认为这个消息极为重要。他想起在阿纳瓦克部落中出现类似的内战时，科尔特斯曾经加以利用的经验。真的，皮萨罗不止一次似乎在向他伟大前辈的榜样学习。但是，他远远不如他的那位楷模。尽管皮萨罗有时克制自己，然而他生性粗鲁，脾气暴戾，常常控制不住自己，而采取一些完全有悖于明智政策的行动，这是那位墨西哥征服者绝对不会赞同的。

① 有关普纳岛上发生的事件，下列各作家曾或多或少地做了些记载：纳阿罗：《简述》，手稿；《征服秘鲁居民》，手稿；佩德罗·皮萨罗：《发现和征服》，手稿；蒙特西诺斯：《编年史》，手稿，上面提及之处；《最初发现》，手稿；赫雷斯：《征服秘鲁》，根据《巴西亚文集》，第3卷，第182、183页。

第　二　章

秘鲁被征服的前夕——瓦伊纳·卡帕克执政时期——印加王子争夺帝国——阿塔瓦尔帕的胜利及其暴行

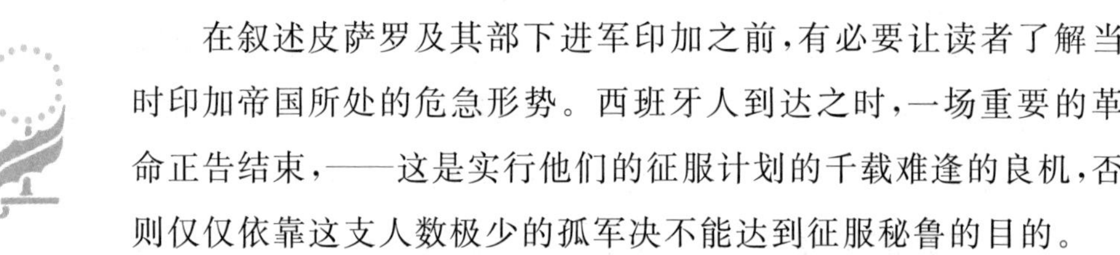

在叙述皮萨罗及其部下进军印加之前，有必要让读者了解当时印加帝国所处的危急形势。西班牙人到达之时，一场重要的革命正告结束，——这是实行他们的征服计划的千载难逢的良机，否则仅仅依靠这支人数极少的孤军决不能达到征服秘鲁的目的。

15 世纪末叶，图帕克·印加·尤潘基逝世。他是“太阳神之子”中最负盛名的君王之一。在他领导下，秘鲁军队通过炎热的阿塔卡马沙漠，深入到遥远的智利边境。在北方他吞并了基多南部各省，从而扩大了帝国的疆域。其子瓦伊纳·卡帕克继承王位后，继续在北方作战。在军事胆略和治理国家的才能上，他可与先王媲美。

203 在这位王子统治期间，那个在财富和文化方面均可与秘鲁分庭抗礼的基多强国全部被置于印加王的统治之下。这一征服是自曼科·卡帕克建立王朝以来印加帝国最重要的版图扩张。这位获胜的君王在以后的时间里致力于讨伐边陲的独立部落，并进一步在这些地方建立秘鲁的政治制度，以求巩固征伐的战果。他积极完成先王未竟大业，特别是修筑从基多通往首都的公路。他把驿站制度建设得更加完善，煞费苦心地在整个帝国推广克丘亚方言，传播先进耕作法，总而言之，为了造福于民，他扶植国内工业的各个部门，还推行历代君王的各项开明政策。在他执政期间，秘鲁王国国势昌盛达到顶点；在他及其著名父王的领导下，秘鲁文明也阔步前进，假以时日，它将可与高度文明的亚洲专制国家并驾齐驱，或许可以比美洲大陆任何其他地方更有力地向世界证明美洲印第安人的聪明才智。——但是，另一个更为悲惨的命运正等待着印第安种族。

第一批白人是在瓦伊纳·卡帕克国王去世前十年来到南美洲的太平洋海岸的。那时，巴尔沃亚横渡圣迈克尔湾，并首次获得有关印加帝国的十分清楚的报道。这位印第安君王是否获悉关于这些冒险家活动的消息，我们不能确定。然而，当阿尔马格罗深入到北纬约 4 度的圣胡安河时，毫无疑问，他获知皮萨罗和阿尔马格罗两人带着一批亡命之徒初次闯入大陆的情况。瓦伊纳·卡帕克得到的这些消息在他心中产生了极深的印象。从入侵者的过人的胆量和精良的武器上，他敏锐地觉察到国外存在着远远超过本国的一种文明。国王忧心忡忡，他说这些白人定会卷土重来，将来总有一天，或许这一天已为期不远，印加王座会被那些拥有无限力量的外来人所推翻。[1] 在庸碌之辈的眼中，这是地平线边上的小小黑点，可是，高瞻远瞩的英明君王则认为那是预示雷雨来临的乌云，204

① 萨缅托提供的这一材料是很可靠的。他跟我们说，这些话是印加大臣告诉他的，而那些大臣则是亲耳听说的。见《最初发现》，手稿，第 65 章。

黑点会愈来愈扩大，直至霹雳一声，震撼全国。

上面所说的一些情况还是可信的。可是，其他一些广为传播的说法不以此为满足，它们把白人首次出现的消息跟国内长期流传的预言联系起来，跟全体人民为之惊恐不已的神秘天象挂上了钩。带着火光的彗星掠空而过；地震把帝国震得地动山摇；月亮被五颜六色的火圈紧紧包围；巨雷击中一处宫殿，把它化为灰烬；数头猛隼追捕一只老鹰，老鹰在空中厉声尖叫，在库斯科的大广场上空拍翅乱飞，在被隼爪一阵撕抓之后，这只群鸟之王当着许多印加贵族面前坠地而死。见此情景，他们认为这是自己毁灭的预兆！瓦伊纳·卡帕克知道自己死期临头，召集大臣说，正如 12 世印加王之后的神谕所示，来自异国的蓄须白色人种将灭亡我帝国，他劝谕臣下莫逆天意，而要顺从神明派遣的使者[①]。

这些传说描绘了西班牙人出现在这个国家时给人的印象。它们使人想起西班牙人初次到墨西哥时所引起的类似的迷信恐惧感。但是，两者相比，关于墨西哥的传说，其根据要可靠得多，因为关于秘鲁的传说缺乏当时人的证言，几乎全凭一个本国人的说法。无疑，此人认为要解释自己同胞为何在外来侵略者面前不加抵抗，束手无策，最好的办法莫过于求助老天不可抗拒的命令。

关于一个神秘的奇怪民族快要到来的谣传会沿着科迪耶拉山

① 印加·加西拉索·德拉维加，（《王家评论》，第 1 卷，第 9 册，第 14 章）曾对这些神秘现象详加叙述。此人所处的地位使他可以获得最可靠的原始资料。但是，作为历史学家他在性格上的缺陷大大抵消了上述优点。他幼稚、轻信、热切希望把跟他的社会阶层，甚至他的国家有关的一切事物都加以夸张、神秘化。他的著作是一般流传的有关古秘鲁人民大部分事实——和捏造——的来源。不幸得很，事隔多年，现在已不很容易分清这些历史事件记录的真伪了。

地在印第安部落间逐渐传开来，这种情况不是不可能的。它们像即将来临的巨大灾难那样，会在最勇猛的武士心中引起一种莫名其妙、捉摸不定的恐怖感。在这种心理状态下，多火山的国家经常 205
发生的地震自然而然地使人们产生一种异常的印象。在政局稳定的太平年代，大家只把它看做特别的现象，现在它被迷信的占卜者解释为神明宣示帝国崩溃的天象。

瓦伊纳·卡帕克及秘鲁其他君王一般都是妻妾众多，子孙成群。王位的继承者是他合法的王后（即他的妹妹）的儿子，名叫瓦斯卡尔①。在我们现在谈到的这段历史时，他已30岁左右。除了王储外最有资格继承王位的是一位年轻王子曼科·卡帕克，他是国王另一妻子（也是堂妹）所生。在我们以后叙述的故事中，曼科将占有重要位置。但是，最受父王宠爱的儿子是阿塔瓦尔帕。他的母亲是基多最后一位君王②的公主。据说，在瓦伊纳·卡帕克灭掉基多王国后不久，亡国的君主忧伤而死。公主相貌俊美，印加王娶她为妃。他这么做不知是为了满足自己的情欲，还是像秘鲁人所说的，为了可怜她孤苦伶仃，父母双亡。基多的历史学家声称她是合法的王后，但是，按帝国惯例，只有印加族血统的姑娘才能当上王后。

① 在克丘亚方言中，“瓦斯卡尔”的意思是“一条链子”。王储取这个名字的原因很特别。在瓦伊纳·卡帕克为庆祝王子诞生而举行的酒宴上，贵族们跳起民族舞蹈。这时，国王取出一根又粗又大的金链条，舞蹈者手握金链翩翩起舞。这条金链长达700英尺，每个链环竟粗如手腕！（参阅萨拉特：《秘鲁的征服》第1册，第14章；加西拉索：《王家评论》第1卷，第5册，第1章）加西拉索说，有关详情是由他的一位年老的印加伯父口述的。这位老人似乎不厌其烦地大谈特谈神乎其神的怪事，而听众还是不以为怪，因为大多数同时代的以及下一代的卡斯提尔作家竞相转述这个故事。

② 原文为scyri。——译者

瓦伊纳·卡帕克的晚年是在新征服的基多王国度过的，所以，阿塔瓦尔帕在他跟前长大，从少年时代起就随同父亲南征北战，与
206 父王在同一帐篷里睡觉和吃同一个盘子里的饭菜。[①] 孩子的活泼、勇敢和大方的性格赢得了年老父王的宠爱，瓦伊纳·卡帕克决定不按帝国历代的章法办事，而把帝国传给阿塔瓦尔帕和其长兄瓦斯卡尔两人共管。国王在生命垂危时，把大臣们召集到床前，嘱咐后事。他宣布：将古老的基多王国传给阿塔瓦尔帕，因为王子可视为其祖先领地的当然继承人，而让瓦斯卡尔继承帝国的其余部分。国王命令两位王子服从这一安排，相亲相爱。以上就是这位英勇的君王决定的最后一件大事，无疑，这是他一生中最不明智的决定：临终前还要违反帝国的基本法则；他在叮咛继位的两兄弟应和睦相处的同时，却把帝国一分为二，从而埋下了不可避免会引起争端的种子[②]。

瓦伊纳·卡帕克可能于1525年底去世，即皮萨罗到达普纳岛前七年多的时候[③]。噩耗传来，举国哀恸，因为虽然他对叛徒和长

① “阿塔瓦尔帕受到了他父亲的老尉官以及士兵们的尊敬，因为他从小就打仗，父亲在世时非常爱他，只许他吃父亲从自己盘子里夹给他的饭菜。”见萨缅托：《最初发现》，手稿，第66章。

② 奥维多：《西印度史》，手稿，第1卷，第8册，第9章；萨拉特：《秘鲁的征服》，第1册，第12章；萨缅托：《最初发现》，手稿，第65章；赫雷斯：《征服秘鲁》，根据《巴西亚文集》，第3卷，第201页。

③ 国王虽然在秘鲁被征服前不久去世，但确切年份仍不清楚。巴尔沃亚与征服者是同时代的人。他在基多，即这位印加王去世的地方进行写作。他把去世的时间确定为1525年。（《秘鲁史》，第14章。）贝拉斯科也住在同一地方，在研究调查了不同记载后得出相同结论。（《基多史》，第1卷，第232页。）罗伯逊博士说瓦伊纳·卡帕克于1529年逝世，后来又说国王死于1527年。（《美洲史》，第3卷，第25、381页）这些古代编年史的年代十分混乱，任何读者都会感到迷惑。因而，在只能以上述材料为依据的作者的文章中偶尔遇到日期上有些出入，这是不足为奇的。

期抵抗的敌人十分严厉，甚至毫不容情，却是一位勇敢、宽宏大量的君
王。他胸襟开阔，在制订法律时，总是考虑到全国人民的利益。基多
人民为他的去世表示由衷的哀悼，因为他喜欢基多，晚年在此长期居
住，把这里的首都大加整修；库斯科的人民则因他的武功和韬略为帝
国赢得了荣誉而感到十分自豪，所以也同样对他加以赞颂[①]。然而，
偌大帝国不是由一个年岁较大、经验丰富的领袖掌舵，却由两个生 207
性妒忌、互怀敌意的王子分别统治，何况他们年纪很轻，易中野心奸
臣的谗言，因此，两国深思熟虑、处事谨慎的人士展望未来不免忧心
忡忡。全国人民举行最隆重的纪念仪礼，寄托对已故印加王的哀
思。他的心脏留在基多，遗体按本国习俗涂上防腐香料药物，运送
到库斯科，安放在宏伟的太阳神庙中历代君王的遗体旁。在辽阔帝
国的两个首都，隆重地举行了伴以鲜血淋淋的献身壮举的追悼仪
式。据说数千妃嫔以及无数宫廷仆从和官员出于迷信或悲伤纷纷
献出生命，希望死后能追随他们的君王进入光辉的太阳之宫[②]。

瓦伊纳·卡帕克去世后近五年内，两位王子各居一方，治理自己分得的那部分国土，互不猜忌，或者至少从未冲突。他们的父王的遗愿似可全部实现，两国将维持各自的领土完整和独立，好像它们从来也没有被统一过。但是，由于存在引起妒忌、不满的多种原因，以及有成批搬弄是非、从中取利的宫廷阿谀者，显而易见，这种

① 这位君王深受妇女的爱戴。至少这是毋庸置疑的。一位印加历史学者曾写道："据我们所知，他从未拒绝任何妇女向他提出的请求，不比她年纪大小或地位高低！"见《王家评论》，第 1 卷，第 8 册，第 7 章。

② 萨缅托：《最初发现》，手稿，第 65 章；埃雷拉：《通史》，第 5 卷，第 3 册，第 17 章。

安定的局势不能维持长久。先王的遗旨使长子的利益受到损害，但性情温和、大方的瓦斯卡尔对弟弟处处忍让，才使和平的局面得以维持这样长的时间。瓦斯卡尔比弟弟大四五岁，毫无疑问，是个勇敢的人，但他是位心胸宽阔的王子。如无外界干扰，他会顺从先王遗旨，尽管这种安排不合自己心意。可是阿塔瓦尔帕的脾气完全不同。他野心勃勃、勇猛好战，总是发动扩张自己领土的战争，虽然他
208 特别注意决不侵犯王兄的土地。然而，他不断扩大国土的努力引起库斯科朝廷的惊慌，瓦斯卡尔终于派遣使者去见阿塔瓦尔帕，对其扩张野心提出抗议，要求对方以基多王国的名义向自己称臣。

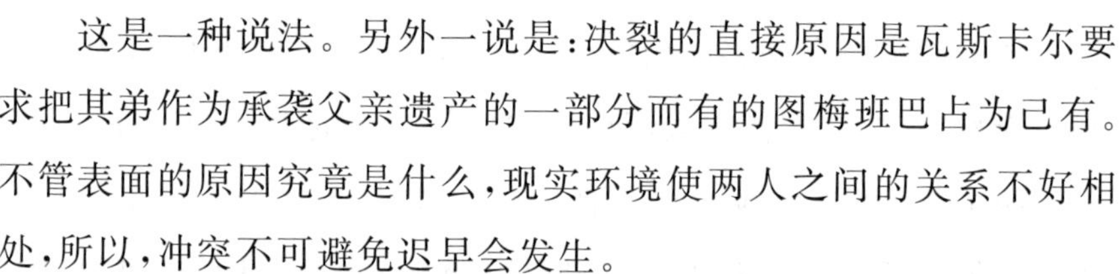

这是一种说法。另外一说是：决裂的直接原因是瓦斯卡尔要求把其弟作为承袭父亲遗产的一部分而有的图梅班巴占为己有。不管表面的原因究竟是什么，现实环境使两人之间的关系不好相处，所以，冲突不可避免迟早会发生。

不久，作对的兄弟俩终于大打出手。有关战争的开始，甚至其整个过程的记载都各不相同，从这场内战是在西班牙人征服以前不久发生的这一点来看，各家记录互相矛盾达到了无法解释的程度。有些人说，阿塔瓦尔帕迎战库斯科部队时，第一仗就败下阵来，在图梅班巴附近被俘。该城位于基多古国中的卡尼亚里斯地区，是先王生前喜欢居住的地方。阿塔瓦尔帕侥幸从狱中逃脱。在他回到他的首府时，发现帝国一些骁勇善战，经验最丰富的武将率领了一支浩浩荡荡的大军。王子亲任统帅。年轻的阿塔瓦尔帕为人十分随和，深受士兵的爱戴。父王在世时，阿塔瓦尔帕曾与这些兵士多次共同作战。这些部队是已故的印加王的伟大军队的精华，其中有些人在印加王长期的军事生涯中已经成为老兵而且留

在北方，在那里他们很快就效忠于年轻的基多君主。指挥作战的两员大将，身经百战，曾深得先王的信任。其中一人名基斯基斯；另一人叫查尔库奇马，是阿塔瓦尔帕的舅舅。

年轻的阿塔瓦尔帕在两位老将的引导下率领大军向南进发。军队刚过安巴托，在距离他的首府约 60 英里远的地方，他遇到了他的兄长派来的由印加族的一个著名酋长指挥的大队人马。随即在巍峨的钦博拉索山边展开了一场血战，足足打了大半天[①]。

阿塔瓦尔帕赢得了战斗的胜利。秘鲁人伤亡惨重，溃不成军，209
连指挥将官也被击毙。基多王子乘胜追击，一直打到图梅班巴城下。虽然该城和整个卡尼亚里斯地区自古以来就是基多属地，但是，在这次大战中，它却倒向秘鲁人一边。王子以征服者的姿态进入这座被攻克的城市，屠戮居民，将全城夷为平地，连先王建造的一些富丽堂皇的建筑物也不放过。在攻打整个反叛的卡尼亚里斯地区的战争中，阿塔瓦尔帕执行了杀光、烧光的政策。据说，有些地方的妇孺手执绿色树枝，泣不成声地列队祈求王子平息怒火。但是，复仇心切的王子置若罔闻，用火与剑将整个地区化为荒原，凡有作战能力的男人，一经抓到立即处死[②]。

---

① 加西拉索说在库斯科平原的决战前双方仅进行过小规模的混战。但是，教士萨缅托告诉我们说他收集到的情况是从参战人员口中得来的。他步行经过安巴托战场，看到那里阵亡将士的白骨仍遍地皆是。“我经过村庄时，看到了人们所说的战场。从尸骨来看，实际死亡人数大概比统计的数字要大。”见《最初发现》，手稿，第 69 章。

② “我听许多印第安人说，为了平息阿塔瓦尔帕的怒气，他们派了一群小孩和另一群老幼都有的队伍去见他，大家手里拿着绿色树枝和棕榈叶，迎着威风凛凛的华丽轿子，恳求他不计旧仇，宽恕和恩典全村的人。大家苦苦哀求，连铁石心肠的人都会感到心软。但是对这一切，残暴的阿塔瓦尔帕丝毫不予理会，据说，他甚至命令他的官兵把他们全都杀掉，只有几个孩子和庙宇的修女得以幸免。”见萨缅托：《最初发现》，手稿，第 70 章。

卡尼亚里斯的命运吓得对方魂飞魄散，各地守军纷纷打开城
门，向胜利之师请降。阿塔瓦尔帕的军队乘胜长驱，势如破竹，直
捣秘鲁首都。途中，他的进军在普纳岛暂受阻挡，那里，效忠瓦斯
卡尔的无畏战士奋起抵抗。激战数天，仍未攻克普纳岛，阿塔瓦尔
帕便把这里的战斗任务交给普纳岛民的老冤家通贝斯人，因为通
贝斯早就投靠他了。阿塔瓦尔帕继续前进，直到南纬约 7 度的卡
哈马尔卡。在这里，他命令两位将军带领主力部队直扑库斯科，自
210 己和一小队人马留下。他不愿轻率地深入敌国，万一失利，后果不
堪设想。于是他把指挥部设在卡哈马尔卡城，这样，如主力军战
败，可在此进行支援，情况危急时，还可逃回基多，以便卷土重来。

两位大将奉命向前急速行军，最后渡过阿普里马克河，进逼秘鲁首都。与此同时，瓦斯卡尔也在积极备战。接到安巴托前线失利的消息后，他全力以赴地把各地兵力征集到首都。据说，他听从那些在紧急关头束手无策的巫师们的劝告，决定在库斯科迎战来犯之敌；直到敌军到达首都外数里格处，他才按照巫师的建议开始应战。

两支大军在印第安首府附近的基派潘平原相遇。跟通常情况一样，关于两军兵力的多少的说法不一；但是，阿塔瓦尔帕的部队在训练、作战经验上远远超过对手，因为瓦斯卡尔的许多战士都是从邻近地区匆忙征集来的。然而，双方都知道成败在此一举，因此，每个战士无不拼死作战。这次斗争的目标不再只是一个省份，而是整个帝国。阿塔瓦尔帕部队是乘胜而来士气高昂，打起仗来勇猛无比，信心百倍；而印加王的战士们则是忠心耿耿，为了保卫他们的印加王，流血牺牲在所不惜。

两军鏖战，杀得难解难分，从日出一直打到日落。战场上尸横遍野，伤者枕藉。在西班牙人征服秘鲁后过了很久，那片沙场上仍可见到烈日曝晒下的累累白骨。最后，命运又宣布阿塔瓦尔帕为胜利者；或许这么说更恰当些：军纪严明、作战经验丰富的一方，一般说来，总会获胜。印加王的部队全线崩溃，狼狈奔逃，对方紧追不舍。瓦斯卡尔本人在千余战士的保卫下混在败兵之中企图逃脱，但是，尚未逃离战场就被敌人发现，大批敌人把他这一小队人马团团围住。印加王身边的赤胆忠心的卫士舍身救主，几乎全部壮烈牺牲。瓦斯卡尔被俘。战胜者立即开入印加首都，以其君王 211
的名义把它占领[①]。

这些事件发生在1532年春，西班牙人登陆前几个月。胜利的捷报和俘获其不幸的兄长瓦斯卡尔的消息传到留在卡哈马尔卡的阿塔瓦尔帕。他立即下令必须以君王之礼对待瓦斯卡尔。但是，必须将他解送到坚固的浩哈堡垒，严加看守。如果我们相信加西拉索·德拉维加的记载的话，阿塔瓦尔帕的命令还不止如此。维加自己是印加族人，是伟大的瓦伊纳·卡帕克的外甥。

根据维加的记载，阿塔瓦尔帕把全国的印加贵族召集到库斯科，共同商议他和长兄分划帝国的最佳方案。当全体印加贵族来到首都时，基多军队包围了会场，把与会者全都处死。这种奸诈手段的目的在于把印加王族全部斩尽杀绝，因为他们当中谁都比不

---

① 谢萨·德莱昂：《秘鲁史》，第77章；奥维多：《西印度史》，手稿，第3卷，第8册，第9章；赫雷斯：《征服秘鲁》，根据《巴西亚文集》，第3卷，第202页；萨拉特：《秘鲁的征服》，第1册，第12章；萨缅托：《最初发现》，手稿，第70章；佩德罗·皮萨罗：《发现和征服》，手稿。

合法的外族人阿塔瓦尔帕更有资格称王。但是，大屠杀并没到此结束。阿塔瓦尔帕的同父异母兄弟，像他一样的那些不为法律承认的王子，总而言之，只要稍带印加王族血统的人全都遭到毒手。更有甚者，这个杀人魔王下令对所有印加王族的妇女，即他的姨母，侄女、堂姐妹等统统处以极刑，而且还用非常高明的办法把她们慢慢折磨死。这种灭绝人性的暴行比罗马帝国和法国大革命的记录有过之而无不及。为了满足其复仇狂，她们当中许多人是当着瓦斯卡尔本人的面被活活处死的。这位不幸的君王被迫目睹其后妃和姐妹被屠杀，她们在极度痛苦中呼吁君王救命，结果枉然！[①]

212 那位印加历史学者叙述的前后经过就是这么些。他还要我们相信，是他母亲，舅父亲口告诉他的，当时他们还是小孩子，是逃出大屠杀的少数幸存者[②]。后来的卡斯提尔历史学家们也多次重复这种论调，一点也不怀疑这种记载是否属实。但是，这些编造出来的无端的暴行太违背人性的准则，——太不合常情，——无法让我们像相信一般的证言那样相信这些说法。

半开化民族的史册中有过如下令人心酸的记载：暴君出于妒

---

① 加西拉索：《王家评论》第1卷，第9册，第35至39章，“阿塔瓦尔帕的女人、姐妹、婶子、侄女、堂姐妹及继母都被吊在树上和临时搭的高耸的绞刑架上，有的吊着头发，有的从腋下吊着，有的吊的样子不堪入目，实在不便说出口。有人让她们抱着自己的孩子，直至孩子从怀里掉下去为止。接着便是一顿鞭打。”（出处同上）酷刑名目繁多，有些可能是作者的编造，或者更可能由其舅父编造出来的。这位年迈的印加人是这些惨无人道的大屠杀的叙述者。

② “我从母亲和一个名叫费尔南多·瓦尔帕·图帕克·印加·尤潘基的舅舅那里知道，（他们当时还不到10岁）阿塔瓦尔帕对王室成员犯下了许多暴行。”

嫉，千方百计要把眼中钉拔掉，对仇人抄家灭族，斩草除根。然而，这种企图几乎难以得逞，正如同想灭绝任何一种特定的植物那样是枉费心机，因为它的种子已随风刮到全国各地。但是，如果阿塔瓦尔帕确实曾企图灭绝印加王族，为什么在那次大屠杀后 70 年，这位历史学家承认还存在 600 个纯印加王族血统的后裔呢[①]？那又是怎么回事呢？为什么屠杀的对象不限于王族中那些比篡位者更有权继承王位的合法王子，而是扩大到包括所有与印加王族沾亲带故的人呢？为什么老妇和少女也受株连，备受酷刑，折磨致死呢？谁都很清楚她们是那样纤弱无能决不会引起暴君的妒根。在许多人因为可能对王位构成微小的威胁就被悍然处决的时候，为什么反而把阿塔瓦尔帕最害怕的两个人，瓦斯卡尔及其弟曼科·卡帕克留在世上呢？总而言之，为什么在加西拉索以前的其他历史学家对这件大事只字不提？他们早于加西拉索 50 年，应该更了解这个历史事件。[②]

阿塔瓦尔帕可能干出一些过头的事，并且会滥用征服者的权 213
利，采取不必要的残暴手段，这一点人们很容易相信。只消回顾一下他对卡尼亚里斯人民下的毒手——为他歌功颂德的人们也不想

① 从递交给西班牙的一份要求某些豁免权的申请书中可以看出这一点。申请书上签名者有 567 个印加王族的印第安人。（出处同上，第 3 卷，第 9 册，第 40 章）奥维多写道：瓦伊纳·卡帕克留下 100 个子女，其中大多数在他写作时还活着。“他有 100 个儿女，其中大部分部活着。”见《西印度史》第 3 卷，第 8 册，第 9 章。

② 为了寻找此事件的佐证，我查遍了奥维多、萨缅托、赫雷斯、谢萨·德莱昂、萨拉特、佩德罗·皮萨罗、戈马拉等人的著作，一无所获。当时，这些人都活着，他们都可获得有关此事的最可靠消息。另外，他们都倾向于对阿塔瓦尔帕的残暴性格严加谴责。

否认[①]——就能毫不怀疑他完全是个有仇必报的人，这种脾性属于

“烈火似的人们，太阳神之子，

在他们看来，复仇就是美德。”

但是，这与硬说他无缘无故干出许多可怕的暴行是完全不同的。因为单凭一个印第安历史学者的片面之词，很难确定阿塔瓦尔帕具有这种魔鬼般的性格。何况这位历史学家是阿塔瓦尔帕家族不共戴天的仇人。对以上说法，后来的卡斯提尔编年史家们屡加引用，这也是不难理解的。他们理所当然地需要为自己同胞对阿塔瓦尔帕干下的残酷行径寻找借口，所以对他的暴行大肆渲染。

伟大胜利的捷报迅速传到卡哈马尔卡；经久不息的欢呼者响彻阿塔瓦尔帕军营以及驻军所在的城市和附近地区。现在，所有的人都前来急切地向胜利者祝贺和致敬。基多王子不再犹豫了，他准备戴上印加王的王冠红色“波拉”。他已获得完全的胜利。他在敌人自己的国土上打败对方；攻克其首都，把对手打倒在地，踩着他的脖子，并且为自己赢得了“太阳神之子”的古老君权。但是，胜利之时注定是他蒙受最大耻辱之日。按照希腊诗人的说法，阿塔瓦尔帕不是“神明愿意向他显圣”的人。[②] 虽然上天已有预兆，但他一点也不能领会。洞察秋毫之末的先王能在地平线遥远的边

---

① 对阿塔瓦尔帕竭尽歌功颂德能事的人是贝拉斯科神甫。他极力表示效忠基多君王，把卡尼亚里斯大屠杀看成是当地人民罪有应得。“我刚才谈到的那些开拓者，假如他们处于同阿塔瓦尔帕一样的处境，受到过同样的极大的侮辱和背叛，我决不相信他们就会另有一番作为。”见《基多历史》，第1卷，第253页。

② “因为上帝决不对所有人都显示神灵”。

荷马史诗《奥德赛》第16卷，第161行。

缘看清小小的黑点，如今，一心只想跟兄长决斗的阿塔瓦尔帕却视 214
而不见。这个小黑点已越来越大，高挂头顶，直至变成满天乌云，在这个国家发出霹雳轰鸣。

第　三　章

西班牙人在通贝斯登陆——皮萨罗探察大陆——为圣米格尔城奠定基础——向内地进军——印加王的使者——行军途中的冒险经历——抵达安第斯山麓

1532 年

我们曾经谈到普纳岛上的西班牙人准备进攻大陆上的通贝斯。通贝斯港距离该岛仅数里格之远。皮萨罗和大队人马乘船出发,少数士兵用印第安木筏运送司令官的行装和军需品。第一批登陆的木筏中,有一只受到当地人包围,三名兵士被拖进附近森林,就地处决。然后,印第安人又把装载皮萨罗衣物的另一只木筏扣下,筏上的人进行自卫,高声呼救。呼救声传入埃尔南多·皮萨罗的耳中,他率领一小队骑兵正好在距离他们不远的海岸登陆。但是,在他和遭到土著人粗暴袭击的人们之间隔着一大片泥泞沼泽地,涨潮时常被水淹没。现在海潮虽退,松软的沼泽泥地仍极危险。然而这位勇猛的骑士不顾个人安危,策马直奔沼泽,其余骑兵随后赶来。他们连人带马逐渐下陷,甚至马鞍腹带也快没入泥中。骑兵们奋力前进,终于跃出泥沼冲向袭击者。那些袭击的人看到

他们的奇怪模样吓得不敢再战,急忙钻入邻近的森林。

通贝斯居民的这种举动,实在不易解释,因为西班牙人上次访问时与他们的关系十分友好,最近在普纳岛上又曾重叙旧谊。但是,皮萨罗进入通贝斯城时感到更为愕然。他发现整个城市不仅空无一人,而且除了几幢建筑物外,全遭破坏。只有剩下的四五处 215
最结实的私人住宅、大庙和堡垒才使人依稀辨认出这座城市的城址和证明它昔日的繁华。但就是这些建筑物也受到严重破坏,内部的装饰物被洗劫一空。[①] 面对这幅凄凉景象,征服军沮丧万分;因为即使从未到过此地的刚入伍的新兵,也听说过有关通贝斯城黄金满库的神奇故事。他们跑得精疲力竭,满以为这里的黄金白银必定唾手可得。但是,秘鲁的黄金似乎仅仅是一种欺人的幻觉,它诱使人们排除万难,勇往直前,在快到目的地时,却忽地消失了。

皮萨罗派出一小队兵士捉拿逃跑的当地人。稍经搜索,就逮住几名。说来也巧,当地的印第安酋长也被抓获,解押到西班牙司令官面前。酋长说他丝毫没有参与对白人采取的暴力行动而是他手下一帮无法无天的歹徒干的,当时他并无所知。他表示,如能找到凶手,愿把他们交给西班牙人处置。他解释道,通贝斯所以毁坏殆尽,全是因为与凶狠的普纳部落长期激战的结果。普纳岛民最后攻占该城,把居民赶进附近森林、山区。通贝斯人民虽然效忠于印加王,但君王忙于阋墙之战,无暇保护他们抗拒敌人。

皮萨罗是否相信酋长为自己洗刷的话,值得怀疑。但他假装

① 赫雷斯:《征服秘鲁》,根据《巴西亚文集》,第 3 卷,第 185 页。“他们崇敬的太阳神庙还在,而且很显眼,它的建筑物都很大,里里外外都涂上大红大绿和其他鲜艳的颜色。当地有许多这样的染料。”见《最初发现》,手稿。

信以为真。当这位印第安酋长答应他和他手下的人将唯皮萨罗之命是从，皮萨罗也就同意不再追究此事。他现在似乎首次充分体会到，在与当地居民众寡悬殊的情况下，执行与他们搞好关系的政策极端重要。致使通贝斯人不相信远征军，并采取这种背信弃义的报复行为，或许是他的部下在行军初期伤害当地人过多的缘故。

皮萨罗恕当地人无罪后，很多人就来到兵营。他向来者打听
216 上次远征中留住该城的他的两个部下的下落。他们的回答含含糊糊，矛盾百出。有人说这两人已因瘟疫而病死。有的则说他们在与普纳岛民作战中阵亡。还有人说他们企图侮辱印第安妇女，因而丧命。究竟如何，不得而知。最后一种说法很有可能。但是，不管是什么原因，他们已不在人世，这是没有疑问的。

这个消息增添了西班牙人的悲哀。尽管土著居民有声有色地描绘本地的宝藏，讲述处于远在群山环抱中的京都内国王的豪华富贵。这些奇妙的故事没能减轻他们的忧愁。一个印第安人把曾经留在这个国家的那两个白人中的一人所留下的纸条呈交给皮萨罗。上面写道："不论谁有机会来到这里，应该知道此地的黄金白银较比斯开的铁还多。"可是，在把纸条当众宣读时，兵士们都嗤之以鼻，认为这是他们的头领设法鼓舞士气，让人们继续做黄金梦的一种手法而已。①

现在，皮萨罗看得很清楚，老待在这个地方不动，将是失策之举，有害无益。如果生活中缺乏新奇事物或不停地行军来刺激兵

① 欲知通贝斯情况的记录，请参阅佩德罗·皮萨罗：《发现和征服》，手稿；奥维多：《西印度史》，手稿，第 3 卷，第 8 册，第 1 章；《最初发现》，手稿；埃雷拉：《通史》，第 4 卷，第 9 册，第 1、2 章；赫雷斯：《征服秘鲁》，根据《巴西亚文集》，第 3 卷，第 185 页。

士的精神，他的部下就会迅速滋长不满情绪。然而，他又觉得眼下对本地具体情况了解太少。他迫切需要掌握秘鲁帝国的现状，其兵力和资源，统治国家的君主及君主目前的处境。在采取任何决定性步骤，深入这个国家之前，他急切希望找到一块宽广的地方建立一个定居点，有了它，就能跟其他殖民地保持经常联系；而且是一个立足点，万一远征失败，也可有条退路。

因此，在制订军事行动计划前，他决定把身体虚弱、不适于行军的病号和一小部分士兵留守通贝斯，自己带领其余人员开入内 217
地进行侦察。他于 1532 年 5 月初出发，自己沿着比较平坦的地区前进，同时派出一支以埃尔南多·德索托为首的小分队，探察巨大的锯齿形山脊的边沿地带的情况。

行军中，他执行严格的军纪，禁止士兵滥施任何暴力行为，违者严惩不贷。① 一路上当地人很少进行抵抗。偶有几起，很快就被平息，而且皮萨罗不采取报复措施，当地居民只要放下武器，就可得到从宽处理。这种宽大厚道的做法很快为他在当地居民中赢得美名，一扫过去的冒险活动给他在居民中留下的恶劣印象。当他的部队经过散布在科迪耶拉山脉和海洋之间的平坦地区中的人口稠密的村落时，村民热情相迎，为士兵提供良好的住所和丰富的食物。这里热带的土地十分肥沃，粮食便宜。皮萨罗每到一地就当众宣告，他们是以教皇和西班牙国王的名义来到这里的，要求土著居民皈依天主教，并做西班牙国王的顺民。纯朴的土著人一点

① “总督命令，西班牙人及其侍从必须以礼待人，不得施用武力，否则要受重罚。”见奥维多：《西印度史》，手稿，第 3 卷，第 8 册，第 2 章。

也不懂这番话的含义，所以没人反对。皮萨罗就承认当地人为卡斯提尔国王的良民。他们表示臣服的举止——或者征服者把他们的举止解释成为拱手称臣的表示——得到公证人的证明并被正式记录下来。①

通过三四周的实地调查探察，皮萨罗得出结论：最适合建立新殖民点的地区是位于通贝斯以南 30 里格的富饶的坦加拉拉山谷。
218 有好几条小河流经该地，船只可直通海洋。于是，他命令留守通贝斯的人立即乘船来此。部队到齐后，立刻紧张投入建设城镇的准备工作，城建规划按照殖民地的需要制订。木材从附近的森林中采伐，石料从采石场拉来。一幢幢建筑物逐渐建成。有些房屋虽不美观雅致，但也称得上坚固耐用。其中有教堂、公用物资仓库、法院及堡垒。与此同时，还组成了市政府，由市政委员、市长和一般的市府公务人员组成。附近土地分配给市民，每个殖民者都有几名当地人帮助干活；因为，正如皮萨罗的秘书所说，“显然，如无印第安人的帮助，殖民者是无法在此立足的。远征部队的领导和教会僧侣都认为把当地人分配给殖民者的办法有利于宗教事业，当地人在精神上可得到不少福利，因为这一措施使他们有机会信

① “他命令大家向印第安人宣布，他们这样做是执行国王陛下的命令，是为了让印第安人了解我们神圣的天主教。同时要求他们皈依罗马教会，归顺国王陛下、卡斯提尔和莱昂王国*的君主及其继承人。印第安人回答说，他们乐于这样做，并且将完全遵守和执行此项命令。总督通过公证人把他们当做国王陛下的臣民接收下来。”奥维多：《西印度史》，手稿，在上面提及之处。

* 1230 年卡斯提尔王国和莱昂合并。1479 年合并后的卡斯提尔又和当时另一个主要的阿拉贡王国合并，从此西班牙成了一个统一的国家。但有些史学家仍把统一后的西班牙称做卡斯提尔-阿拉贡王国，但一般不称做卡斯提尔-莱昂王国。——译者

奉天主。”[①]

皮萨罗在做好认真照顾愚昧异教徒的福利的安排之后，把这座新兴城市命名为“圣米格尔”以纪念这位圣人在他与普纳岛印第安人战斗中显灵相助之功。后来，人们发现这里的地理位置对健康十分不利，于是，放弃原址，在风景绮丽的皮乌拉河两岸重建新城。直到如今，该城仍以其工业生产而颇有名气，虽然已不如古时那么重要；但是，圣米格尔·德皮乌拉这一城名仍然是对第一个欧洲殖民地在印加帝国创建的纪念。

在从新建殖民点出发前，皮萨罗命令把各地缴获的金银饰物熔成金块及银块。把其中的五分之一奉献给朝廷，其余的属于众将士，但是，皮萨罗说服将士们暂时不要这笔金银，他保证把以后 219
从远征中搞到的首批财物分给大家。[②] 皮萨罗把暂时不进行分配的金、银，加上沿途搜刮到的其他财物用船运回巴拿马。黄金用来偿还船主及为冒险事业提供军需品的人。他能如此轻易地说服部下放弃眼前即可到手的金银，等候未来可能获得的财物，这说明官兵们又重新焕发了强烈的冒险精神，他们也信心十足地相信冒险事业必胜。

① 佩德罗·皮萨罗：《发现和征服》，手稿；《征服秘鲁居民》，手稿；谢萨·德莱昂：《秘鲁史》第55章；《最初发现》，手稿。“没有当地人的帮助和效劳，那些居民就无法在村子里生活下去，……有鉴于此，神甫和军官们认为，应该让他们为上帝效劳。于是，总督为村里的居民派去了酋长和印第安人，帮助他们维持生活，基督教徒则根据国王陛下的命令，在村民当中宣讲教义。”见赫雷斯：《征服秘鲁》，根据《巴西亚文集》，第3卷，第187页。

② “拿出五分之一归陛下所有，余下的归征服军。总督自己把归军队所有的部分当做借物留了下来，准备以后用搞到的首批金银财宝来偿还。”奥维多：《西印度史》，手稿，第3卷，第8册，第2章。

在上次探察活动中，皮萨罗收集到许多有关秘鲁王国现状的重要情报。他获悉两个印加君王间争斗的结果，以及获胜的君王正把军队驻扎在距离圣米格尔仅10到12天路程远的地方。他收集的关于这位君王及其南方伟大首都的财富和兵力的报道跟以前听到的一般传说完全相符；因此，这些情报着实动摇了入侵者的信心，但也刺激了他们贪得无厌的欲望。

皮萨罗十分愿意等待增援部队的到来，以壮大目前的兵力，哪怕增加一点也好。因此，他把出发的日期推迟了好几个星期。但是，没有援兵来到，也没有来自他的同伙的任何消息。他觉得拖延下去弊多利少，不如立刻出征为妙。他知道无所事事的呆滞生活必然招来不满情绪，而且热带气候还会使士兵们衰弱无力、精神不振。但是，他手下官兵总数不到200人，留下50名保护新开拓的殖民点后，剩下的要征服一个帝国似乎人数太少。真的，他可以不去攻打印加王，而是转向南方，直趋财宝很多的首都库斯科。但是，这只能推迟决战时刻。因为无论在帝国的什么地方，他一旦涉足其间，印加帝国的军队就会跟踪而来。此外，如果真向库斯科进军，这一行动将表明皮萨罗自己不相信自己，就会损坏自己“胆略
220 超群”的勇士形象。这个形象是他一直努力在土著人的心目中树立的，也是他力量所在的巨大秘密。总而言之，这一形象比仅仅显示人数众多或力量强大对敌人的心理有更大的威胁。后果更为严重的是，这样一来将使部队本身丧失自信心和对皮萨罗的信赖，使远征军立刻陷于瘫痪状态。因此，这种做法决不可取。

但是，当皮萨罗决定深入内地时，他是否制订好未来的具体行动计划，尚属可疑。他生活的时代距今甚远，除了分析他采取的行

动外，我们无法猜度他的确切意图。很遗憾，他不会书写，没有留下记录，不像科尔特斯那样留下了非常宝贵的评论，使我们能够了解其动机。皮萨罗的秘书和他的几位友人曾详细记载了他的行动；但是，导致这些行动的动机是什么，他们也无法揭示。

这位西班牙将军早在圣米格尔居住期间或许就已考虑某种勇敢无比、出奇制胜的妙计，某种有效的奇袭，像科尔特斯把阿兹特克国王劫持到其兵营的做法那样，它会震惊该国人心，一举而大功告成。然而，更可能的是：现在他只想以外国君王的友好代表身份觐见印加王，消除其敌对情绪、甚至猜疑的心理。只要与印加君王一见面，下一步该怎么办，就可随机应变，临时定夺了。

1532 年 9 月 24 日，那是在通贝斯登陆五个月后，皮萨罗带领一小队冒险家从圣米格尔城出发。临行时他谆谆嘱咐留守人员对待印第安仆从，务必宽厚为怀；待人接物要力求赢得四周的部落的好感。殖民者自身的生存，乃至与此相关的远征军的安全和事业的成败都将以此为转移。皇家司库、金属检验员和王国政府派来的其他官员全部留下；卫戍部队由会计安东尼奥·纳瓦罗负责指
挥。[①] 一切安排妥当后，皮萨罗身先士卒，一马当先，勇敢地进入 221
秘鲁腹地，朝着据说是印加王的兵营所在地挺进。这真是大胆的壮举。一小队士兵就这样单刀直入，插向一个强大帝国的心脏，在印加兵营里当面拜会印加王，这位由常胜的精锐部队保驾的国王！皮萨罗曾经不止一次地感到难以对付北方一些粗野的部

① 赫雷斯：《征服秘鲁》，根据《巴西亚文集》，第 3 卷，第 187 页；佩德罗·皮萨罗：《发现和征服》，手稿；奥维多：《西印度史》，手稿，第 3 卷，第 8 册，第 10 章。

落，这些部落在实力和人数上远远不如秘鲁的好战军团。可是，正如本书上文中好几次提到过的那样，成败的不可测性愈大，西班牙人愈是热衷于碰碰运气。皮萨罗的同胞们在类似的情况下，尽管各方面条件十分差，却取得了辉煌的成就。他们这些榜样鼓舞着他，使他深信自己的运气不会太坏，而这种信心正是他获得成功的源泉。如果皮萨罗稍一犹豫，或者停下来先盘算一下成功的可能性究竟有多大，他不可避免地必然失败，因为双方众寡悬殊，按常情判断决无成功之理。只有堂吉诃德式的侠义精神才能创造出奇迹。

这支人数极少的部队渡过平静的皮乌拉河流以后，在一个溪流交错的平坦地区继续向前，这些溪流是从附近的科迪耶拉山奔腾而下的。在这个地区里，参天巨树覆盖地表。突起的荒凉山脊像毗邻的安第斯山的余脉，它们有时把平原分隔成景色奇丽的僻静山谷。雨水虽然稀少，土地天然肥沃，只要是潮湿地段，如小溪边缘，那里的翠绿青草就欣欣向荣。此外，勤劳的居民充分利用水流，地势较低的田野，处处沟渠纵横、运河畅通，形成一个巨大的灌溉网，分布在整个地区四周，呈现出一派富裕、美好的景象。空气中醉人的花香阵阵飘来。放眼远眺，只见不知名的鲜果挂满果园。赤道骄阳照耀下的田地里，金黄色的庄稼波浪般随风起伏，各种美味可口的蔬菜，长势喜人。西班牙远征军正身处美洲大陆耕作最发达的民族之中，他们在此富饶的天国一般的胜地行进时，所见所闻跟他们过去在只生长美洲红树的凄凉荒原上的情景形成了令人愉快的对比。

222 他们每到一地，纯朴的人民以十分信任的态度热情款待。在

很大程度上，这种情况无疑是由于部队纪律严明、态度和蔼的结果。每一个西班牙人似乎都清楚：他已身陷当地人汪洋大海的包围中，成功的唯一机会在于赢得当地人的好感。在大多数村落，以及在每一个稍具规模的居民点，总可发现堡垒，或专为印加王出巡居住的行宫。这些宽敞的厅堂成了西班牙人寄宿的旅舍。这些西班牙人蓄意颠覆印加帝国，而该国政府却沿途为他们免费提供食宿。①

离开圣米格尔的第五天，皮萨罗在一个风光旖旎的山谷停止行军，让士兵们休息一下，对他们进行一次比较全面的检查。部队兵员总计 177 人，其中骑兵 67 人。整个远征军中，他仅征集了 3 名火绳枪手和几名弩手，加起来不超过 20 名。② 士兵们的装备还算差强人意，而且处于良好状态。但是，司令官敏锐的目光发觉一些使他不安的迹象。他发现尽管士兵们一般说来全心全意地投入这共同的事业，有个别人却愁眉苦脸，心怀不满。他们虽然没有公开发牢骚，但是没精打采，行动拖拉。司令官深知，这种不满、悲观情绪一旦传播开来，整个事业必将垮台。他认为最好的办法莫过于不惜任何代价立即根除这个坏疽，以免病毒传遍全身。他决心采取一个极不寻常的断然措施。

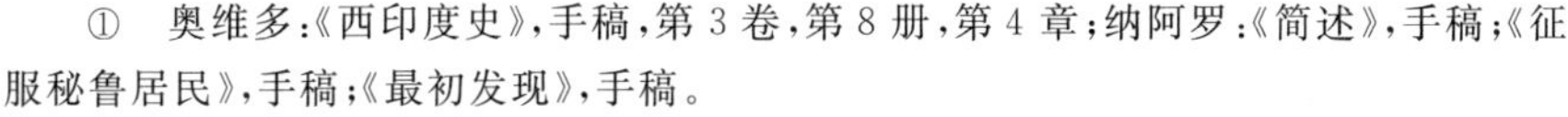

① 奥维多：《西印度史》，手稿，第 3 卷，第 8 册，第 4 章；纳阿罗：《简述》，手稿；《征服秘鲁居民》，手稿；《最初发现》，手稿。

② 有关西班牙士兵人数的估计，各家说法都较接近。这种情况通常很少有。他们人数不多，计算起来比较容易精确。最高的估计数字不超过 200 名。我是根据秘书赫雷斯的说法（《征服秘鲁》，根据《巴西亚文集》，第 3 卷，第 187 页），奥维多采用此说（《西印度史》，手稿，第 3 卷，第 1 册，第 3 章），审慎的埃雷拉亦采用此说（《通史》，第 5 卷，第 1 册，第 2 章）。

皮萨罗把手下的人生都召集在一起，向他们宣布："目前已进入决定性的关键时刻，需要大家拿出全部勇气来应付一切可能的变化。谁不能全力以赴，或对事业的成功有丝毫怀疑，他就不应该继续参加这次远征。如果有人后悔不该同来，现在想要回去，为时
223 还不太晚。圣米格尔城的卫戍兵力不足，如有人回去加强警备力量也是好事。想走的人可以回到圣米格尔去，他将不受任何歧视，可以享受白人居民的一切待遇——分到同样数额的土地和印第安仆从。愿意跟我患难与共的其余人，无论多少，我将与他们把冒险事业进行到底。"①

目前人数已嫌太少，连一个人也不能放走，而且还摸不清到底有多少人打算离队。对于身处此种情况的司令官来说，这的确是个了不起的提议。然而，皮萨罗坚持说圣米格尔殖民地缺人，从而给那些不想干的人一个体面的托词，使他们不致因怕丢面子而硬留在军内。尽管有这个光荣退却的机会，也只有很少几个人——九名士兵——愿意回圣米格尔。他们是步兵四人，骑兵五人。其余的人大声表示决心随同英勇领袖继续向前。如果在一片热烈的表决心的呼声中，有个别人只是随声附和的话，他们至少放弃了今后抱怨的权利，因为他们是自愿留下，不想回去的。② 英明的头领的这一措施收效极大。他把几个三心二意的人清除出去，否则，如

① "除了已经留在圣米格尔城的人以外，他将采取以前的做法，把部分印第安人的税收分给所有愿意回到那个城市并在那里定居的人，使他们得以生存下去。不管多少西班牙人留下来，他都准备同他们一起去征服新的土地，找寻新的道路。"见奥维多：《西印度史》，手稿，第 5 卷，第 8 册，第 3 章。

② 奥维多：《西印度史》，手稿；埃雷拉：《通史》，第 5 卷，第 1 册，第 2 章；赫雷斯：《征服秘鲁》，根据《巴西亚文集》，第 3 卷，第 187 页。

果听其自然，他们会暗中起破坏作用，直至煽动整个队伍闹兵变。科尔特斯曾用焚烧船只、切断唯一退路的办法，迫使部下全心全意地投入战斗。皮萨罗则向斗志不坚的兵士敞开大门，让他们体面地离开远征部队。两人在各自特定的条件下都作出了正确的判断，都获得了极大的成功！

皮萨罗把九名士兵打发走后，觉得战斗力非但没有削弱，反而
得到了加强。第二天，部队开到一个叫萨兰的地方，它位于一个群
山环绕、土地肥沃的山谷中。这里有些居民已被阿塔瓦尔帕征集
入伍。沿途西班牙人常可看到印加王对老百姓的种种压榨，有些 224
山谷居民几乎全部被迫离家从军。这座印第安城镇的镇长盛情接
待皮萨罗，远征战士跟往常那样被安排在印加王的一个行宫内住
宿，在重要城镇中都有这种行宫。[①]

按照西班牙人原来的设想，应该早就到达了阿塔瓦尔帕的军营，但是，迄今仍不见其踪影。在开入萨兰前不久，皮萨罗听说一支秘鲁警备部队驻扎在位于不远的小山之间的卡哈斯城。他在萨兰按兵不动，立即令埃尔南多·德索托率领少数兵士朝此方向侦察地形，并将侦察结果火速汇报。

日月如梭，转眼一星期过去了，仍不见侦察人员的回音。皮萨罗为他们的安全深感焦急。第八天早晨，索托终于回营，还带回了一名印加王派来的使者。来使是一位高级官员，还有几名小官作为随员。这位大官在卡哈斯曾接见西班牙人的侦察小队，现在随同他们回来，以便递交印加王的信件和赠送给西班牙指挥官的礼

① 《征服秘鲁居民》，手稿。

物。礼物是两只形似堡垒的宝石贮水器；一些有金、银嵌丝的精致毛织品；大量特制的鹅肉干，秘鲁贵族把它研磨成粉，用做香料。[①]这位使节还奉命向西班牙客人表示印加王欢迎他们并邀请他们到位于丛山中的王家军营进行访问。[②]

225 皮萨罗十分清楚印加使节的到来并非表达对客人的欢迎，而是探听入侵者的兵力和情况。但是，他对印加王这一外交活动感到高兴，并且假装不知来者的真正目的。他下令兵营尽可能以最好的方式招待秘鲁使者，并且像一个征服者所说的，他们以欢迎一个伟大君主的大使的礼仪隆重接待他。[③] 皮萨罗热情地留客人多住几天，客人婉言谢绝。然而，使者在兵营逗留期间尽量收集所需情报，特别注意每件没见过的新奇物件的用途，白人来此的目的，以及入侵者来自何方。

西班牙头目对使节感兴趣的这些问题，一一详加答复，双方交

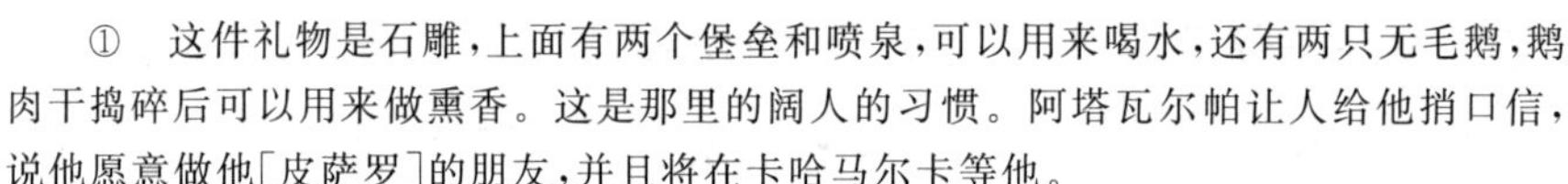

① 这件礼物是石雕，上面有两个堡垒和喷泉，可以用来喝水，还有两只无毛鹅，鹅肉干捣碎后可以用来做熏香。这是那里的阔人的习惯。阿塔瓦尔帕让人给他捎口信，说他愿意做他[皮萨罗]的朋友，并且将在卡哈马尔卡等他。

② 佩德罗·皮萨罗：《发现和征服》，手稿；奥维多：《西印度史》，手稿，第3卷，第8册，第3章；《最初发现》，手稿；赫雷斯：《征服秘鲁》，根据《巴西亚文集》第3卷，第180页。加西拉索·德拉维加告诉我们说，阿塔瓦尔帕的使节极其谦恭地称皮萨罗为"太阳和伟大的比拉科查神之子"。他还说使者把大量礼物赠送给皮萨罗。这些礼物中有各种野味，活的飞禽走兽，金银花瓶，绿宝石，绿松石，等等，名目繁多，怪诞奇特，真可为《天方夜谭》中最神奇的一章提供丰富的材料。(《王家评论》，第2卷，第1册，第19章。)说来也怪，对这些宝贝十分眼红的冒险家们对此却只字未提！我们不禁要怀疑这位"老舅父"在跟他年轻的外甥开玩笑，并且也是跟后来的读者们开玩笑，因为他们把这位印加人讲的一些神话当做历史事实加以接受。

③ "他命令部下为使者及随从送去食物和其他必需品，应该像对待伟大的君主的使节那样，为他们安排好住处。"见赫雷斯：《征服秘鲁》，根据《巴西亚文集》，第3卷，第189页。

谈时，由两名印第安青年担任翻译。顺便提一下，上次来访时，皮萨罗曾把这两人带回西班牙，煞费苦心地教会他们讲卡斯提尔语，所以，现在他们能够胜任通译工作，扫除了双方在语言上的障碍。他们做出了无可估量的贡献，这位西班牙将军的远见卓识收到了巨大的效果。[①]

秘鲁使节告辞时，皮萨罗赠送他一些礼物：一顶红色布帽、一些外形漂亮但不很值钱的玻璃装饰品以及其他玩具。这些东西是他从卡斯提尔带来专门作为礼物送给当地人的。他请使节回去禀 226
告印加王：西班牙客人系远在海外的一个强大的君王派来的。他们久仰阿塔瓦尔帕力克劲敌，扬名四海，因而慕名前来，向他致敬，并且愿意为他效劳，协助他出兵歼敌。皮萨罗还说，我们不拟在路上做过久的逗留，以便早日前去朝见他。

索托现在向司令官汇报了他们上次侦察的详细经过。当他们进入卡哈斯城时，发现当地居民严阵以待，似乎要阻止他们通过。索托赶忙说明来意，他很快就使当地人相信西班牙人不是来打仗的。于是，当地人收起剑拔弩张的严峻神情，恢复了居民常有的好客态度迎接他们，这种态度是他们在行军途中大多数地方时常遇到的。

索托在这里遇见一名印加官吏，他正忙于为印加政府征收贡

① “美洲的印第安人和西班牙人和睦相处，没有语言上的困难，这些印第安青年是由皮萨罗在发现美洲期间送到西班牙的。他们懂得我们的语言，同当地人相处得很好。”（《最初发现》，手稿。）皮萨罗的秘书经常把印加王的名字跟印加帝国的国名相混淆。他总是把瓦伊纳·卡帕克称为“老库斯科”，把王子瓦斯卡尔称为“年青的库斯科”。这足以证明西班牙征服者经常犯的可笑的错误。

物。从他口中得悉印加王在重兵保卫下现住科迪耶拉山后一个叫做卡哈马尔卡的大城镇。该城有至今仍享盛名的天然温泉，印加王正在享受温泉沐浴之乐。索托还收集到许多重要情报：政府的资源和一般政策，印加王所要维持的威严状态以及全国各地法制森严的情况。他在进村时，亲眼看到执法如山的实例。几个印第安人被倒挂着吊死在村口示众，因为他们侮辱了附近太阳神女修道院里的修女。①

德索托离开卡哈斯，到达附近一个规模更大、居民更多、建设更好的关卡班巴城。城内许多房屋的建筑材料不是晒干的泥坯，而是精工切削的石块。石块砌合得非常严密，使人看不出连接处的缝隙。穿过城区的河流上架有一桥。横贯这个地区的一条公路
227 比西班牙人在海滩边见到的那条好得多。公路的很多地段像长堤一样高出平地，上面铺着扁平的大石板，道路两旁，绿树成荫，还有从沟渠引出的清水，专为行人解渴之用。每隔一段距离，他们还可看见一座座小屋，据说是给行人休息而建造的。因此，在整个帝国内，人民可到处旅行，十分方便。② 在另一个地方，他们看见一个堆满军粮、军服的仓库。城门口有一幢石砌房子，住着一位官员，

---

① “在村口的绞刑架下，倒吊着几个印第安人，他从村长那里得知，是阿塔瓦尔帕下令绞死他们的，因为他们中有一人闯进女人的屋子，奸污了一位妇女，阿塔瓦尔帕就把他和允许他进屋的看门人都绞死。”见赫雷斯：《征服秘鲁》，根据《巴西亚文集》，第 3 卷，第 188 页。

② “水沟沿着这条路向前伸延，外地来的行人就喝水沟里的水。每天都可以碰见一所类似商店那样的房子，那是过往客人寄宿的地方。”见奥维多：《西印度史》，手稿，第 3 卷，第 8 册，第 3 章。

专门征收进出该城的各种商品税。[①] ——德索托的报道不仅证实了西班牙人过去听到的有关印加帝国的一切传说，而且使他们进一步了解帝国的资源和国内政策。这些情况真会动摇勇气不足的人们的信心。

皮萨罗在离开他目前的驻地前派一名信使到圣米格尔，把关于自己部队行动的详细情况告诉他们，同时，把印加王的礼物以及沿途搞到的东西统统捎回去。当这些礼物带回卡斯提尔时，礼物中的毛织品以其精湛的手艺赢得人们极大赞叹。大家认为这些毛织品，特别是美丽的刺绣，可与丝织品媲美，两者甚至很难区分。这或许是用欧洲从未见过的骆马的毛织成的。[②]

皮萨罗这时摸清了前往卡哈马尔卡——现名为卡哈马卡[③]——的最简捷的路线，继续向偏南方向前进，途中第一个较大
的停留站是莫土贝，这是一个山谷中的小镇，位于科迪耶拉山麓的 228
小山之间，土地肥沃，风景秀丽。该镇的官员已带领 300 名武士应召参加印加王的部队。虽然皮萨罗扬言要尽快赶路，却在这里停留了四天之久，他行动上的拖拉只能这样来解释：他希望在翻越科迪耶拉山脉之前能有部队来增援。然而，希望落了空。部队只得继续前进，越过沙漠平原，那里偶尔能看到小河流过的，或由人工

① “在卡哈斯村口的桥头边有一所房子，里面住着看桥人，他向过往行人征收通行税。行人只交身上带的东西，但没有人能逃避这种税收，这是自古以来的传统。”——(同上)

② “当地的毛织物优雅精细，令人赞叹，由于它很薄，上面有金制的锤子形象，很难确定它是丝织品还是毛织品。能穿上这种衣服，实在是太好了”。见奥维多：《西印度史》，手稿，第 3 卷，第 8 册，第 4 章。

③ 原文为 Caxamarca。——译者

水渠灌溉的大块翠绿草地。士兵们终于抵达一条大河的岸边。此河又宽又深，湍急的流水给渡河带来了不寻常的困难。皮萨罗深怕对岸的当地居民不让他们过河，便令其兄埃尔南多带领一小队兵士在夜色掩护下偷渡，并在对岸为主力部队建立一个安全登陆点。翌日清晨，皮萨罗准备全体渡江，他们在附近森林中伐木造桥。黄昏前，官兵们踏着浮桥都安全过了河，战马则由兵士牵着缰绳游过去。这一天的劳动很累。皮萨罗放下架子像普通战士一样参加战斗，并不断鼓励他们。

全体官兵抵达对岸后，先遣部队报告说，当地居民没加抵抗，仓皇逃命。兵士们抓到一个居民，带到埃尔南多·皮萨罗跟前。当问他有关印加王及其军队的情况时，这当地人拒不作答；严刑拷打后，才说阿塔瓦尔帕把军队编成三个师，驻扎在卡哈马尔卡城的高地和平原上。这个土著人还说，印加王知道白人的到来，对入侵者兵力不多也了如指掌，因此他故意诱敌深入，以便一网打尽。

埃尔南多把这土著人的供词向弟弟作了汇报，皮萨罗听了焦虑不安。在土著人的畏惧心理逐渐消失之后，有些人，包括当地酋
229 长在内，跟兵士们混得很熟。这位酋长亲自到过王家军营，他对西班牙将军说阿塔瓦尔帕与至少有 5 万名武士的大军一起驻守在位于卡哈马尔卡南 20 余里格的重镇瓜马楚卓。

这些互相矛盾的说法使皮萨罗大为困惑。他向一个随他出征多日的印第安人建议，要他潜入印加王所在的地区进行侦察，了解印加王的确切住地，同时，尽量摸清他对西班牙人的意图。但是，这个土著人断然拒绝接受这一危险的使命。不过，他表示愿意充当西班牙司令官的全权使者。

皮萨罗同意这个建议，任命他为远征军的使者，命令他向印加王说明皮萨罗将尽快前去与印加王会晤。使者还应向印加王说明西班牙人在整个行军途中与土著人和睦相处，从没侵犯土著人的利益，并说西班牙人充分相信，印加王一定也会以同样的友好情感欢迎他们。司令官特别嘱咐使者要注意观察沿路关隘山口有无军队把守，以及是否做好应战的准备。有关最后一点的情报，使者可以让二三名行走如飞的随从回来报告皮萨罗。[①]

谨慎的司令官作好这一安排后，又继续前进。三天后，军队开到坐落在卡哈马尔卡古城前的山寨脚下。直插云霄的安第斯山脉耸立在他面前，简直像巨岩怪石重叠堆砌起来似的。山坡下常绿森林茂密葱茏，林中不时隐现着一片片开垦出来的园田。多树的山旁还可看见农民的小屋。雪白的山峰在蓝天下闪烁着——雄伟瑰丽的山景，世上罕见。远征军必须冲破这险要的壁垒，穿过重重关口。那里地势是容易守卫的：少数几名士兵就能抵抗一支大军。右边是一条康庄大道，两旁树荫浓密，路面宽阔，两辆马车可以并排而行。这是通向库斯科的巨大公路之一。取道这条公路，既省
事又安全。疲于奔命的士兵看来一定会选择这条大路，而不走狭 230
窄的险谷。于是，许多人都认为远征军应放弃进军卡哈马尔卡的原订计划，并沿着公路前进。但是，皮萨罗的决定与众不同。

皮萨罗说，西班牙人到处宣称他们要在印加王的军营里会见他。这个意图已转告印加王本人。如果现在朝相反的方向行军，

① 奥维多：《西印度史》，手稿，第 3 卷，第 8 册，第 4 章；《征服秘鲁居民》，手稿；《最初发现》，手稿；赫雷斯：《征服秘鲁》，根据《巴西亚文集》，第 3 卷，第 190 页。

那只会给自己招来懦夫的坏名声，而且会引起阿塔瓦尔帕的轻视。眼下别无他路，只有翻过山岭，直插敌巢。这位勇敢的军人号召大家“鼓起勇气，像真正的军人那样勇往直前，不要因为人少而气馁。在最困难的时刻，上帝定会助我一臂之力；应坚信上帝必将把骄横的异教徒压下去，使他们有真正的信仰。这就是我们远征的伟大目的和目标”。[①]

像科尔特斯那样，皮萨罗的口才具有一种魅力。他那直率坦白、豪气横溢的讲话，在战士们听来，比华丽的辞藻、雄辩的演说更能打动他们的心。他本人就是一个军人，所以，凡是军人的一切感受：欢乐、希望和失意，他都能体验到。他并不因为官运亨通或稍稍受过些教育而蔑视普通士兵。他们的心与司令官息息相通。他充分认识自己这一特点，所以，满怀信心地认为：他完全有能力使部下绝对服从自己的意志。皮萨罗发表完他那简短而扣人心弦的讲话后，全体官兵一致高呼：“率领我们前进吧！你认为朝哪里走最合适，就带我们去！我们坚决跟你走；你一定会看到：我们为上帝和国王的事业将全力拼搏！”[②]人们不再犹豫了。全体将士集中精力研究如何完成摆在面前的翻越科迪耶拉山脉的任务。

---

① “大家应该做勇敢的西班牙人，应该像他期望的那样，鼓足勇气，勇往直前，不要因为听说当地人多、基督教徒少、就感到害怕。不管敌军力量大小，上帝的威力是巨大的，他会在最困难的时刻援救和帮助他的信徒，打掉非基督教徒的锐气，并且使他们了解我们神圣的天主教。”见奥维多：《西印度史》，手稿，第 3 卷，第 8 册，第 4 章；《征服秘鲁居民》手稿；《最初发现》，手稿；赫雷斯：《征服秘鲁》，根据《巴西亚文集》，第 3 卷，第 190 页。

② “大家都说，他应该沿着自己选择的道路走下去，做自己应该做的事。他们将乐于同他一起行动，每人都将为上帝和国王陛下效劳。”——奥维多：《西印度史》，手稿，第 3 卷，第 8 册，第 4 章。

第　四　章 231

在安第斯山艰苦行军——阿塔瓦尔帕的使者——西班牙人到达卡哈马尔卡——派往印加王的使者——与印加王的会晤——西班牙人的沮丧

1532 年

皮萨罗当夜召集主要军官举行会议。会上决定由他亲率 40 名骑兵、60 名步兵继续前进侦察地形；其余人马在他兄长埃尔南多领导下暂留原地待命。

翌日清晨，这位西班牙将军及其先头部队已全副武装，准备迎接崇山峻岭的严酷考验。事实证明，他们遇到的困难甚至比预料的还要大。队伍沿着崎岖陡峭的山壁迂回前进。行军路线是经过精心研究后决定的，以便尽可能绕过难以逾越的自然障碍。但是，尽管如此，在许多地方，山路仍很陡险，骑兵只得下马，先设法爬上去，然后用缰绳把马拉上。在许多地段，悬崖突出在山径上方，几乎挡住去路，兵士们不得不绕过岩架的狭窄边缘，缓缓前进，最窄处连一匹战马也不容易通过，稍一失足，就会堕入几百英尺甚至几千英尺的深渊！山岭的荒凉山口，只有半裸身躯的印第安人以及似乎天生适合在科迪耶拉山路上行走的步伐稳健的骡子才能出入，身披沉重的盔甲的兵士则休想通过。这条山脉中裂开了很多可怕的深沟巨壑，似乎安第斯山脉曾被剧烈的地震震裂过。裂缝两边露出原始大岩石，有些为多少年来长出的一些植物所覆盖，其阴暗的底部成为山泉湍流的天然通道。溪流源自山岭深处，缓慢向外流出，经过无数平原和热带的绿色山谷，注入大海。

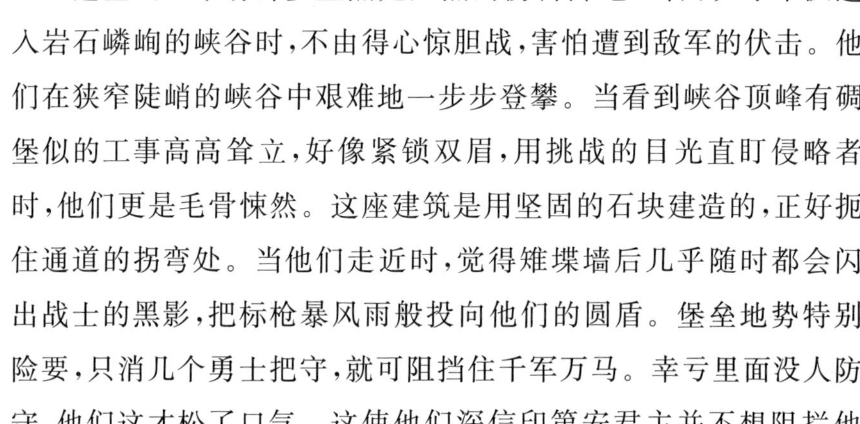

232 这些山口中有许多显然是天然的防御阵地，当西班牙军队进入岩石嶙峋的峡谷时，不由得心惊胆战，害怕遭到敌军的伏击。他们在狭窄陡峭的峡谷中艰难地一步步登攀。当看到峡谷顶峰有碉堡似的工事高高耸立，好像紧锁双眉，用挑战的目光直盯侵略者时，他们更是毛骨悚然。这座建筑是用坚固的石块建造的，正好扼住通道的拐弯处。当他们走近时，觉得雉堞墙后几乎随时都会闪出战士的黑影，把标枪暴风雨般投向他们的圆盾。堡垒地势特别险要，只消几个勇士把守，就可阻挡住千军万马。幸亏里面没人防守，他们这才松了口气。这使他们深信印第安君主并不想阻拦他们，因为要做到这一点易如反掌。

皮萨罗传令其兄立刻跟上，不得延误。将士们饱餐一顿，稍事休息，立即继续艰难的攀缘。黄昏前，登上另一高峰，上面有座更为坚固的堡垒。它用坚硬的巨石砌造，底部则是在天然的岩石上凿成。修建整个工事的技术水平不低于欧洲建筑师。[①]

① “像西班牙的堡垒一样，这里的围墙很厚，上面开有门洞。如果当时这里有西班牙的技师和工具，那么这座围墙就会是举世无双的了。”——赫雷斯：《征服秘鲁》，根据《巴西亚文集》，第3卷，第192页。

皮萨罗就在此处过夜。第二天，他不等后续部队来到就继
续行军，在锯凿山脊的重重峡谷中步步深入。气候已逐渐变化，
兵士和战马长期以来已习惯于热带的酷热气候，现在一遇寒冷，
冻得难受，特别是战马更适应不了。[①] 山上的植物也不同了，平
原上高大的森林逐渐为阴森的松林所取代。再往上，就只有像
阿尔卑斯山脉上的那样的无数长不高的植物。它们倔强耐寒，
不畏高地的冰冷气候。这些凄凉的荒地上几乎人兽绝迹。有时 233
可看见奔驰迅疾的野生骆马在猎人不敢攀登的高崖上朝下张
望。这里见不到赤道森林浓荫中羽毛绚丽的鸟类，只有安第斯
山脉的巨鸟——讨厌的秃鹰在云际翱翔，追随着远征军，发出凄
厉的叫声，似乎其嗜血的本性在驱使着它跟着这条充满鲜血和
杀戮的道路走。

他们终于登上科迪耶拉山的高峰。山顶上险峻荒凉，几乎寸草不生，只有一种名叫针茅的黄色枯草。从山脚朝上望去，白雪皑皑的山顶被一圈黄草围住，在灿烂的阳光照耀下，金光四射，煞似银顶镶金环。像矿区通常的情况那样，这里的土地贫瘠。在向卡哈马尔卡行军时，他们正走近一度十分出名的采金场。

“巨岩多宝石，高山多矿藏，
它们耸立在隆起的赤道高原上。”

皮萨罗在此暂时停下等待后续部队。天气严寒，还有霜

---

① “山区的气候很冷，由于骆马是从炎热的峡谷来的，所以有的就冻病了。”——赫雷斯：《征服秘鲁》，根据《巴西亚文集》，第3卷，第191页。

冻。兵士们搭起帐篷，生火取暖，设法在奔波劳累之后休息一下。[①]

他们住下不久，与皮萨罗派去见阿塔瓦尔帕的远征军使者同去的当地人中有一人回来。这个人向将军报告说，沿途敌人没有设防，而且代表印加王的使者即将来到卡斯提尔军营。皮萨罗传令后面部队火速赶来，因为他不愿秘鲁使者发现他兵力十分薄弱，后续部队离得不远，很快就来到了。

不久，印第安人的使团也来到了，这个使团由一位印加贵族和几名随从组成，他们把几匹骆马送给客人作为表示欢迎的礼物。这位秘鲁使者还代表他的主子印加王向皮萨罗致意，并说

234 印加王想知道客军到达卡哈马尔卡的日期，以便安排接待事宜。皮萨罗得悉印加王在一小队警卫人员保护下，已离开瓜马楚卓，到达卡哈马尔卡附近一个以温泉著称的地方。这位秘鲁使者十分聪明。皮萨罗从他口中打听到有关最近发生的震撼帝国的内战的许多详情细节。

当使者大肆吹捧其君主英勇无敌、足智多谋时，皮萨罗觉得自己应该装出无动于衷的样子。他只是称赞阿塔瓦尔帕军事上的胜利，说在印第安战士中，阿塔瓦尔帕的确算得上鹤立鸡群，出类拔萃。但是，为了压倒敌人的威风，皮萨罗大言不惭地说，印加王与白人皇帝相比，正如同贵国酋长与印加王相比一样。少数西班牙人能轻易地征服这块广袤的大陆，把胆敢抵抗的民族一一击败，就

---

① “西班牙人在他们从本土带去的棉制帐篷和车篷里宿营，他们生火取暖，抵御山区的严寒，否则他们是要吃苦头的。据基督教徒们说，西班牙的冬天决不会这么冷。这是确实的。”见奥维多：《西印度史》，手稿，第 3 卷，第 8 册，第 4 章。

清楚地说明了这一点。皮萨罗久仰阿塔瓦尔帕的盛名，愿来此为大王在征战中效劳；如蒙君王不弃，他将暂时留下，为君王服务；然后，再横跨帝国，扬帆远航。据卡斯提尔人的记录，这位印第安使者听到西班牙司令的这一番豪言壮语，大惊失色。然而，这位使者可能是个比他们所想的更精明的外交家，深深懂得他和比他开化的对手都只是在自吹自擂，玩弄权术而已。①

第二天清晨，西班牙士兵又继续行军。一连两天，都跋涉于科迪耶拉山脉的高山峡谷中。从东坡开始下山不久，印加王又派来一名使者，传达了跟上次内容相似的旨意，还以同样方式赠送秘鲁羊。这是在山谷中拜访过皮萨罗的同一个使者。但是，这一次他气派更大，从随员手中接过黄金高脚杯，饮奇恰酒——一种用玉米酿造的汁液。金杯使贪心的冒险家垂涎三尺。②

当印加王的使者还在兵营中的时候，皮萨罗派去见印加王的 235

印第安使者正好回来。他一见到印加王的使者，以及西班牙人对他们隆重的接待，不禁勃然大怒。要不是有人在旁劝阻，他很可能当场动武。他说这只秘鲁狗在这里受到如此优待，而他自己虽负有相同的使命，在秘鲁人当中却几乎丧生，真是越想越生气。当皮萨罗的使者到达印加王的军营时，人们不让他谒见印加王，理由是

① 赫雷斯：《征服秘鲁》，根据《巴西亚文集》，第3卷，第193页；奥维多：《西印度史》，手稿，第3卷，第8册，第5章。

② “这位使者带来了贵重餐具，他饮用的五六个杯子，都是用上等黄金制作的，并且让西班牙人用这些杯子喝他带去的奇恰酒。”见赫雷斯：《征服秘鲁》，根据《巴西亚文集》，第3卷，第193页；奥维多：《西印度史》，手稿，第3卷，第8册，第5章。后一作者在他书的有关部分中，仅能抄录赫雷斯的记载。他认为皮萨罗的秘书的话是对的。这一点很有价值，因为如果不想把事实夸大或歪曲的话，是他获得情报的极好机会。

印加王正在守斋，不能接见任何人。他说自己是白人派来的使者，但也没人理睬，甚至还要把他处死。只是因为他说，如果他们杀死他，白人将以牙还牙，正在西班牙兵营的印加使者必将遭到同样下场，这样他才幸免一死。他接着说，毫无疑问，阿塔瓦尔帕居心不良，因为卡哈马尔卡城的居民已全部撤离，而印加王将重兵驻在离城约一里格处，并严加防守。

印加使者对所有这些指责，不慌不忙地一一回答。他说皮萨罗的使者似乎没有带使者证件，当然会受到上述待遇。至于印加王守斋，这是事实。如果他知道是白人来使，或许会破例接待。但是，尽管如此，守斋是个重要的宗教仪式，还是不要轻易打扰君主为妥。由于印加王当时正在进行一场重大的战争，所以他周围的军队人数不能算多；而居民撤离卡哈马尔卡则是为了替即将到来的白人准备扎营的地方。[①]

这番解释虽然言之有理，但是皮萨罗深知阿塔瓦尔帕的狡诈阴险和仇视西班牙人的心理，所以仍不很相信。然而，目前他需要
236 跟当地人搞好关系，因此，不露声色。相反，他假装完全相信使者的话，并在送别使者时重申他要尽速朝见印加王。

尽管安第斯山脉的东坡比西坡平坦，但下山并不比上山容易。行军的第七天，他们看到了卡哈马尔卡山谷。这时，西班牙人心中大为满意，喜形于色。这个山谷中的肥沃的田野一望无际，像绿色地毯铺向远方，与环绕它的黑乎乎的安第斯山形成鲜明的对比。

---

①　赫雷斯：《征服秘鲁》，根据《巴西亚文集》，第 3 卷，第 194 页；奥维多：《西印度史》，手稿，第 3 卷，第 8 册，第 5 章。

这个山谷呈椭圆形，长约五里格，宽三里格。这里的居民穿着考究，清洁卫生，住房干净舒适。[①] 他们在各方面都胜过西班牙人在大山以西见过的土著人。放眼远眺，田地平整，庄稼茂密，这说明居民勤劳富有。一条宽阔的大河流经草地，人工开凿的水渠和地下水管使河水得以充分灌溉田野。在绿色篱笆围起来的田地上，种满各种农作物。这里土地肥沃，如果说气候不像海滩附近那样容易促进作物成长的话，对温带作物却更为适宜。冒险家们的脚下就是卡哈马尔卡城，城中的白色小屋在太阳下熠熠发光，像镶嵌在狭窄陡谷昏黑边缘中的一颗明珠。山谷后约一里格远的地方，一股股蒸气直冲云霄。那就是著名的温泉所在地，是秘鲁的王子们经常光顾的地方。在这里也可以看到西班牙人不愿看见的景象：白色幕帐云集在山坡上，像厚厚的雪花覆盖大地，足有数英里之广。远征军中一个兵士惊呼道："看到印第安人的浩荡大军占据这么险要地形，真令人惊异。"直到如今，我们还从来见到印第安人竟然能够把这么多的兵营布置得如此井然有序。即使最勇敢的人见了这一情景，也会惊慌失措。但是，想要后退已为时太晚了。现在如果稍稍流露畏惧情绪，大难就会立即临头，在我们队伍中的当地人将首先 237
起来造反。于是，在冷静地探察完地形之后，我们装作若无其事，昂首挺胸，准备进入卡哈马尔卡。[②]

① 赫雷斯：《征服秘鲁》，根据《巴西亚文集》，第 3 卷，第 195 页。

② "帐篷非常多，这使我们感到惊奇，我们没有想到印第安人有如此漂亮的住处，如此众多而整齐的帐篷。这一切在美洲其他地方是看不到的，它使我们西班牙人中引起极大的不安和惊慌。但是不能让这种情绪表露出来，更不能走回头路。如果表示软弱，我们带去的印第安人就会把我们干掉。因此我们只得强打精神，在仔细地察看了一阵村子和帐篷以后，就下了峡谷，然后开进卡哈马尔卡城。"见《最初发现》，手稿。

基督徒队伍从陡峭的阴暗峡谷深处走了出来，高举迎风招展的军旗，披着夕阳下闪光的盔甲，在迄今为止完全属于红色人种的美丽国土上排成战斗队列阔步前进。秘鲁君王凝视这种情景，心中作何感想，我们不得而知。正如其他一些报道所说，很可能是印加王故意诱使这些冒险家进入人口稠密的帝国腹地，以便派兵包围他们，这样可以比较容易地俘获他们的财物及他们本身。[①] 或者由于君王为好奇心所驱使，并且相信白人的友好表白，所以才不加抵抗地让白人进抵他所在的地方呢？不管怎么样，白人队伍来自陌生的外部世界，拥有如此神奇的聪明才智，翻山越岭，横跨深谷，冲破千万重自然的屏障和人们的阻挡，使这位十分自信的印加王也不禁为之愕然。

此时，皮萨罗把这支小小的远征军分成三队，命令士兵从容不
238 迫地徐徐前进，按战斗的队形走下山坡，直逼这座印第安城池。越走越近，但没人出城迎接。当他策马走过大街时，街上空无一人。全城悄然无声，只有士兵的脚步声在空城里回响。

这个城相当大，约有一万居民，可能比现在该城的居民还多。[②]

---

① 显然这是年老的征服者的意见，其不完整的手稿是这一段历史的最具有权威性的根据之一。“他看我们人数不多，又不曾想到 190 个人会伤害他，便允许我们从那个山口和其他难以通行的小道通过。以后知道，他的真实用意是想看看我们，询问我们从哪里来，是谁把我们赶到这里，我们将怎么办。他知识丰富，态度谨慎，虽然没有出众的智力，却是科学和才智的朋友。休息过后，他从我们那里挑走了几匹最好的马匹和其他的东西。”见《最初发现》，手稿。

② 据史蒂文森说，城内居民种族混杂，约 30 年前，总人数为 7000 左右，现仍没变。这位聪明的旅行家在该城居住过一个时期，对它特别喜爱，并且作过一番生动的描述。但是，如今该城已不具有印加时代那样的重要性了。见《南美居留记》，第 2 卷，第 131 页。

大部分是土坯房屋，屋顶是茅草或木板。有几幢高级住宅用切削加工后的石块砌成；城中还有一座由“太阳神贞女”们居住的女修道院和供奉太阳神的庙宇。神庙坐落在市郊古木参天的树林中。印第安兵营前有个几乎是三角形的广场——如果可以称它为广场的话——面积非常大，周围是一些低矮的建筑物。这些建筑物是一些宽敞的厅堂，都有大门或门洞通向广场。它们或许是印加军营。[①] 在这朝向市郊的广场尽头，有一座石堡垒，其阶梯可通城区，另有便门通往邻近的城郊。还有一座俯临城市的堡垒在高地上耸立着。堡垒由三道墙包围着，或者说由一道墙像螺旋一样把它围三层。堡垒极其坚固，在西班牙人见到的所有碉堡中，它的石工工艺最精良，建筑技术最高超。[②]

征服军于 1532 年 11 月 15 日下午很晚的时候开进卡哈马尔卡城。白天还是天气晴朗，可是现在却寒冷异常，开始下小雨，还夹着冰雹，似乎将有一场暴风雨来临。[③] 皮萨罗急切想摸 239
清印加王的意图，决定立即派遣一个使团前往印加王的行宫。他挑选埃尔南多·德索托率领 15 名骑兵去执行此项任务。他们走后，皮萨罗感到，如果万一印第安人动武，那派去的人马就

① 《埃尔南多·皮萨罗的信》，根据奥维多：《西印度史》，手稿，第 3 卷，第 8 册，第 15 章；赫雷斯：《征服秘鲁》，根据《巴西亚文集》，第 3 卷，第 195 页。

② “在印第安人中还没有看见过这样的军队。”见赫雷斯：《征服秘鲁》，根据《巴西亚文集》，第 3 卷，第 195 页；《最初发现》，手稿。

③ “过了一会儿开始下雨并下起了冰雹。”（赫雷斯：《征服秘鲁》，根据《巴西亚文集》，第 3 卷，第 195 页）卡哈马尔卡在印第安语中意思是“霜冻之地”；因为这里的气温虽然通常和暖宜人，但有时受冷风影响，不利于植物的生长。见史蒂文森：《南美居留记》第 2 卷，第 129 页。

太少了。于是，他又令兄长埃尔南多带领 20 名骑兵前去增援。埃尔南多和增援部队中的一名骑兵给我们留下了执行这次任务的记录。[①]

该城和王家军营之间有一条通过草地、修筑得非常坚固的公路。骑兵们在公路上扬鞭疾驰，不到一里格远就抵达位于平坦山坡的秘鲁营地。印第安兵士在帐外巡逻，标枪插在地上。当基督徒骑兵队在刺耳的军号和兵器的铿锵声中奔驰掠过时，他们瞠目结舌，不胜惊奇。

骑兵很快到达一条宽阔而又不深的小河，它弯弯曲曲流经草地，构成印加王的阵地的天然屏障。河上有座木桥；但骑兵们担心小桥不够坚固，宁愿涉水而过。他们毫不费事地到达小河对岸。一营全副武装的印第安战士在桥的另一端排成战斗队列，但是没有对西班牙人发起攻击；皮萨罗曾严令骑兵对当地人要态度和蔼，讲究礼貌。在当时情况下，骑兵们不用叮嘱也知道必须这么做。有一名印第安警卫给大家指出了印加王的住所。[②]

240 这是一个露天的院子，中央有一座精巧的建筑物或游乐厅。四周有长廊，后门通向花园。墙上涂着发亮的白色或彩色泥灰，屋

---

① 《埃尔南多·皮萨罗的信》，手稿。埃尔南多·皮萨罗在致圣多明各王家法院的信中，详细报道了本章及下一章记录的特别事件。他是执行这次任务的主要领导人，所以叙述中不免有些自我吹嘘，但他的记录仍不失为最具有权威性的报道。勤奋的奥维多当时居住在圣多明各，认为这封信十分重要，把它载入他的伟大著作《西印度史》，手稿，第 3 卷，第 8 册，第 15 章。——《最初发现》的佚名作者也奉命共同执行这次任务。

② 佩德罗·皮萨罗《发现和征服》，手稿；《埃尔南多·皮萨罗的信》，手稿。

前放着一只石制巨盆，由水管分别注入冷、热水。[①] 目前仍可在原址看到一只用切削平整的石块砌成的浴缸——可能是后人所制——人们仍称之为“印加浴池”。[②] 宫廷中有很多衣着华丽的印第安贵族，还有不少王室女眷。在这些人中间，不难认出阿塔瓦尔帕，虽然他穿得比大臣朴素。但是他头戴称为“波拉”的深红色王冠，王冠的缨带从前额垂及双眉。这是著名的秘鲁王权的标志，只是在打败王兄瓦斯卡尔后，阿塔瓦尔帕才得到加冕。他这时有些像摩尔人或土耳其人那样坐在低凳或坐垫上，贵族和大臣按官职大小、地位高低，各就各位，恭候在他的四周。[③]

西班牙人兴趣浓厚地凝视这位英勇战斗夺取王位的王子。他们听到过许多描绘其残忍和奸诈的传说。但是，从王子的长相，既看不出他有传说中谈到的凶暴残酷，也看不出传说中的那种聪明智慧。虽然他举止端庄、安详，深知一个国王应具有的威仪，但他似乎只通过面容来表情达意，显示出美洲印第安人特有的冷漠。
在目前情况下，他这副表情至少有些矫揉造作，不大自然。因为尽 241

① 赫雷斯：《征服秘鲁》，根据《巴西亚文集》，第 3 卷，第 202 页。“一条热水管和一条冷水管同时通向水池，专供国王和他的宫女洗澡。其他人谁也不得进入水池，否则就要掉脑袋。”见佩德罗·皮萨罗：《发现和征服》，手稿。

② 史蒂文森：《南美居留记》，第 2 卷，第 164 页。

③ 赫雷斯：《征服秘鲁》，根据《巴西亚文集》，第 3 卷，第 196 页；《埃尔南多·皮萨罗的信》，手稿。这位参加执行此项任务的征服者用简练、生动的语言描绘了秘鲁君王的外貌。他的记录经常被人引用。“我们来到了那所院落，在一大群印第安人中，我们看到了阿塔瓦尔帕先生（我们已听说过他的许多情况）。他头戴王冠，上面的缨带完全盖住了他的前额，这是国王的标记。他像土耳其人和摩尔人一样，坐在一张矮小的椅子上，威风凛凛，引人注目。当地的 600 名有地位的人聚集在他的身边，这是闻所未闻，见所未见的。”见《最初发现》，手稿。

管王子听到过有关白人行踪的报告，但那些报告不可能使他对这些神秘的陌生人突然出现在眼前，这种奇怪而又令人有些胆寒的场面有所准备，因而这位印第安君王不可能对此漠不关心。

埃尔南多·皮萨罗和索托只带了二三名兵士缓缓地骑马来到印加王跟前，埃尔南多向印加王深深施了个礼，但是并未下马。他向阿塔瓦尔帕说他是其弟、西班牙军司令派来的使节，让印加王得知西班牙队伍已开抵卡哈马尔卡。他们是海外强大国王的臣民，久仰印加王的武功和军威，特来效劳，并宣讲他们信奉的宗教真理。他带来了将军的请帖，邀请阿塔瓦尔帕到西班牙兵营做客。

印加王听了，一言不发；甚至连听懂没有也不表示，尽管有上文提到过的一个名叫菲利皮略的译员替他作了翻译。他两眼盯着地上，默不做声；但是，站在他身旁的一个贵族回答道，“很好。”[①]对西班牙使者来说，这是一种令人难堪的局面，因为他们搞不清秘鲁国王对他们的真正意图，好像双方之间隔着重重大山一样。

埃尔南多·皮萨罗毕恭毕敬地请求印加王亲自向他们谈谈自己的想法。[②] 阿塔瓦尔帕听了，莞尔而笑，竟开口答道——“转告你们的首领，现在我正守斋，明晨即可开斋。然后我将率领大臣回

① “他听了那些话后，总是问我们从哪里来，想干什么，还喜欢看看我们的人和马匹。他沉着冷静，举止庄重，不回答别人的问话，只有在场的一位人士替他说：‘很好！’”见《最初发现》，手稿。

② “埃尔南多·皮萨罗发现他不说话，而是由第三者做回答，便再次请求他讲话，回答愿意回答的问题。”见《最初发现》，手稿。

访。目前，他可住在广场的公房内，勿住别处，待我来后，我将做出一切安排。”① 242

如前所述，觐见印加王时，索托也在场。远征军中，他的骑术最为高超，他的坐骑也是全军的最佳良驹。索托注意到阿塔瓦尔帕饶有兴致地注视着他乘坐的马。那匹烈性战马大声咀嚼嚼子，急躁地用前蹄乱刨土地。骑士放开缰绳，用脚蹬子一夹马腹，催马向前，战马就在平原上飞奔起来。然后，他掉转马头，不停转圈，让它做各种美妙动作，以表演他过人的骑术。战马高速冲向印加王，快到他身旁时，索托猛地勒住缰绳，战马立即停下，前腿腾起，几乎坐倒在地，离印加王近在咫尺，连马身两侧的汗水都甩到了王袍上。但是，阿塔瓦尔帕镇定自若。然而，在索托策马急驰掠过几名当地的武士前面时，他们吓得急忙退缩。在生人面前的怯懦表现，使这些可怜的武士遭到极大的不幸，如果真像西班牙人所说的，阿塔瓦尔帕当夜就将他们处死的话。②

现在，宫廷侍者拿出食物、酒菜招待客人，但他们婉言谢绝，因

① “他转过身，微笑地看着对方说，告诉派你们来的头领，我现在正在斋戒，明天上午即可结束。我喝了水就同几个哨兵去见他，他应该住在广场附近的普通住房里，在我去见之前，他们不得闯进别的房子。一切应该做的事情都由我来安排。”《最初发现》，手稿。有关这次与众不同的会见，我根据随同埃尔南多·皮萨罗执行任务的一名骑兵的记录，而没有采用埃尔南多的记载，因为他说他跟印加王说话时，口气傲慢，出言不逊，这些话颇有西班牙下级贵族自我吹嘘的味道。

② 佩德罗·皮萨罗：《发现和征服》，手稿；《最初发现》，手稿。“几个印第安人感到害怕，离开了跑道，阿塔瓦尔帕因此下令把他们杀了。”（萨拉特：《秘鲁的征服》，第2册，第4章）——赫雷斯写道：阿塔瓦尔帕被俘后，在跟西班牙人交谈中亲口承认了这一点。怪不得索托的战马使印第安人大惊失色，如果，像巴尔沃亚所说，战马一跃可飞出20英尺开外，而马背上还骑着一个身披盔甲的骑士！见《秘鲁史》，第22章。

为不愿下马。然而，当后宫的黑眸美人手捧黄金大壶请战士喝泛着泡沫的奇恰酒时，他们没有拒绝；坐在马上，接过金壶，一饮而
243 尽。[①] 骑士们恭敬地辞别印加王，返回卡哈马尔卡。回营途中，骑兵们闷闷不乐，陷于沉思。他们想起了刚才目睹的一切：印第安君王的威严、财富、强大的军队、精良的装备，以及严明的军纪——这一切都说明这里的印第安人比他们在这个国家的较低地带所见到的其他土著人有较高的文明，因而也拥有更强大的力量。他们把敌人的现状与自身的情况相对比，愈发感到寡不敌众，何况又是孤军深入，后无援兵，这种贸然进入一个强大帝国的腹地的行动实在太鲁莽了。他们瞻望未来，深感凶多吉少！[②] 兵营中的伙伴们很快也受到这种有感染性的沮丧情绪的影响。入夜时，兵士们仍然垂头丧气。他们看到秘鲁人的营火照亮了山坡，在黑暗中四处闪烁着火光。据目击者声称："营火之多，宛若繁星。"[③]

然而，在那支小部队里有一个人丝毫没有惧怕或沮丧的感觉。此人就是皮萨罗。他还暗自高兴，因为长期以来日夜盼望的决战

① 《最初发现》，手稿；赫雷斯：《征服秘鲁》，根据《巴西亚文集》，第 3 卷，第 196 页。

② "观看了敌军的威严和令人惊叹的帐篷之后，我们回到了头领的住处，他正等着我们。我们对看到的一切感到很害怕，大家就怎么办的问题发表了许多意见。我们的人太少，又是孤军深入，得不到任何援助，大家都非常害怕。"（《最初发现》，手稿）——佩德罗·皮萨罗倒十分诚实，他证实西班牙兵士极为害怕是确有其事。（《发现和征服》，手稿）这位卡斯提尔骑士很少感到过害怕，但是，如果在这种情况下，他没有一点点类似恐惧之感的话，那么他一定有点像那位查理五世称之为"绝不能用手指掐灭蜡烛"的剽悍骑士。

③ "我们在广场站岗放哨，看到印第安人军队的火把不寒而栗。大部分印第安士兵驻扎在山坡上，密集的火把像天空中的繁星。"见《最初发现》，手稿。

时刻终于来到了。他懂得必须千方百计地激励士气，使全体将士
也怀有相似的感觉，否则，一切都将失败。他没有宣布自己的计
划，只是在兵士中来回串连。远征军经过长期搜寻，终于迎面遇见
敌人。皮萨罗请求他们在这个关键时刻，千万不能丧失勇气。“我
们必须自力更生，还得依靠保佑我们多次安然通过极大考验的上
帝。目前，老天也不会抛弃我们；如果敌众我寡，兵力悬殊的话，只
要上苍能助一臂之力，敌人再多也无济于事。”①这位西班牙将领
既有骑士般的冒险精神，也充满了宗教的热情，而后者在危险时刻 244
最为有效。皮萨罗充分理解部下的性格。他把这次冒险事业说成
是十字军远征，这样一来，他重新唤起士兵们心中快要消失的热
情，鼓起他们的余勇。

于是，皮萨罗召开军官会议，讨论作战计划，更确切地说，他在会上提出了他本人已决定的异乎寻常的计划。这就是：进行一次伏击，当着印加全军的面把印加王俘虏过来。这是一个充满危险的计划，也可以说是一次近似绝望的挣扎。但是，西班牙人现已濒临绝境，无论走哪条路，都是危机四伏。在走投无路的时候，与其退缩、躲避，不如挺身而出，正视危险。

想逃，现在已为时太晚！再说，他们能逃向何方？只要一发现侵略者要跑，印加王的军队会全部出动，跟踪追击。熟悉山峡地形的敌军在他们行动之前早就先发制人了；他们会派兵扼守要隘，从四面八方围歼。退却这一行动本身只会动摇军心，结果削弱自身

① 赫雷斯：《征服秘鲁》，根据《巴西亚文集》，第 3 卷，第 197 页；纳阿罗：《简述》，手稿。

的战斗力，增强对手的信心。

然而，长期驻守在目前的地方按兵不动，似乎有同样的危险。即使阿塔瓦尔帕对基督徒没有恶意，他们也无法担保他的这种感情会持久下去。他与白人一熟悉，很快将打消掉对白人天生神秘或优越的想法。他会觉得入侵者人少可欺。西班牙人的战马、武器和显眼的装备在印加王眼中是块肥肉。当他知道自己有力量消灭这些武器、装备的主人时，很快会寻找消灭他们的借口。征服者在闯入帝国后沿途干的杀人放火勾当早就足以构成他们的罪名了。

但是，有什么理由可以设想印加王对他们怀有这样的意图呢？他是个狡猾、无耻之徒。如果白人在行军中多次接到的情报是正
245 确的话，王子对西班牙人的入侵，一直怀恨在心。要他不持这种仇恨的态度几乎是不可能的。使者带来王子的温和言辞，只不过是为了诱使他们到山这边来，在这里，他的战士们可以将他们一网打尽。远征军现已陷入诡计多端的印加王布下的天罗地网了。

因此，唯一的出路是将计就计；如果可能的话，用印加王自己设下的陷阱抓获自己。目前应抓紧每一分钟，因为在南方获胜的印加王军队将随时凯旋，使得形势对西班牙人更为不利。

然而，在战场上公开迎战阿塔瓦尔帕，危险极大，即使侥幸取胜，也很少有可能生擒像印加王那样头等重要的人物。印加王丝毫不加怀疑地接受了回访的邀请，准备亲临白人军营，这是俘虏这个关键人物的最好机会。鉴于白人在性格上与武器上的优势以及出其不意的奇袭，此项计划也并非荒唐绝伦。只要全体士兵齐心协力，步调一致，就有可能变弱为强，压倒多数。但是，在发动攻击

之前，无需让印加部队全部开入城内；印加王一经抓获，保驾的臣民就会被这一突如其来的事件吓呆，不论他们人数多寡，就会无心抵抗；——只要把印加王掌握在手中，皮萨罗就可向全国发号施令了。

很容易看出，皮萨罗在这个大胆的行动计划中，是以科尔特斯在阿兹特克京城绑架其君王的光辉壮举为榜样的。但是，那次劫持事件并未使用暴力——至少没有公开使用暴力——而是得到君王本人批准的，虽然他也受到强制。事实上，那次事件的结果并不太理想，因为该国人民一致奋起要消灭绑架者，甚至连牺牲国王也在所不惜，所以，也不能照搬这一经验。至少，产生这种情况的部分原因在于绑架者处事太不谨慎。那次劫持国王的试验在开始时是完全成功的；如果皮萨罗能抓获并控制住阿塔瓦尔帕本人的话，他相信他自己会对下一步的行动谨慎从事。至少，皮萨罗可以通过掌握这一极其重要的人质来确保自身的安全，并且摆脱目前的困境。如果不能马上强迫印加王接受他的条件，国内增援部队的 246
到来十之八九很快会使他屈服。

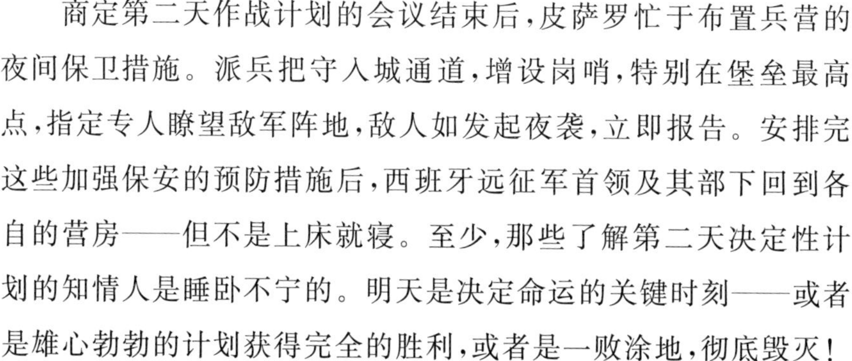

商定第二天作战计划的会议结束后，皮萨罗忙于布置兵营的夜间保卫措施。派兵把守入城通道，增设岗哨，特别在堡垒最高点，指定专人瞭望敌军阵地，敌人如发起夜袭，立即报告。安排完这些加强保安的预防措施后，西班牙远征军首领及其部下回到各自的营房——但不是上床就寝。至少，那些了解第二天决定性计划的知情人是睡卧不宁的。明天是决定命运的关键时刻——或者是雄心勃勃的计划获得完全的胜利，或者是一败涂地，彻底毁灭！

第　五　章

皮萨罗的孤注一掷——阿塔瓦尔帕回访西班牙人——骇人听闻的大屠杀——印加王被俘——征服者的所作所为——印加王许下重大诺言——瓦斯卡尔之死

1532 年

黑夜的乌云消散了。翌晨，旭日东升，这一天是秘鲁史册上最值得纪念的重大日子。1532 年 11 月 16 日，星期六。东方初露晨曦，嘹亮的军号声把西班牙士兵动员起来；皮萨罗扼要地宣布进攻计划之后，进行了必要的部署。

如前章所述，广场的三面是一排排低矮的建筑物，其宽敞的厅堂有通向广场的大门或出入口。皮萨罗把骑兵分成两队，由埃尔南多及索托分别担任指挥，并令他们在厅堂内待命。步兵埋伏在另一排房屋里。此外，从步兵中挑选出 20 名作为必要时的机动兵力，由皮萨罗亲自指挥。佩德罗·德坎迪亚领了几个士兵和炮兵——炮兵是个吓唬人的大字眼，实际上只有两门
247 小炮——驻守在堡垒内。全体将士奉命在印加王驾到之前要坚守岗位，严阵以待。在他进入大广场后，他们仍不得暴露，直到

作为信号的枪声一响，才能从隐蔽处出来，高声杀喊，挥舞刀剑，杀向秘鲁人，并把印加王绑架起来。面积巨大的厅堂通向与之同样高低的广场，它们的结构似乎专为突然事变而建造。皮萨罗再三嘱咐特别注意要有秩序，听从指挥；情况越紧急，越不能慌乱。一切都取决于大家的动作迅速，沉着应战，步调一致。[①]

然后，皮萨罗要求士兵认真检查武器，给战马的胸带系上响铃。冲锋时，铃声可壮大声势，吓倒印第安人。大力改善了当天的伙食，让大家吃饱喝足，养精蓄锐，准备决一死战。安排妥帖后，由随军僧侣以极其庄严的仪式做弥撒。他们向战神呼吁，祈求保佑那些为扩大基督教帝国的版图而战斗的兵士。全体热情高唱赞美诗，并高呼，"主啊，保佑我们去完成你的事业"。[②] 不知底细的人看了这等情景，还以为他们是一些捍卫信仰，准备以身殉道的人，绝对想不到他们是一伙利欲熏心的冒险家，正在策划历史上最残忍的背信弃义的阴谋之一！但是，尽管这位卡斯提尔骑士什么坏事都干得出来，他倒不是个装模作样的伪君子，他确实感到自己正在为十字架而战。在此危急

① 佩德罗·皮萨罗:《发现和征服》,手稿;《最初发现》,手稿;赫雷斯:《征服秘鲁》,根据《巴西亚文集》,第 3 卷,第 197 页;《埃尔南多·皮萨罗的信》,手稿;奥维多:《西印度史》,手稿,第 3 卷,第 8 册,第 7 章。

② "那天晚上,教士和信徒都在忙着祈祷并且在笞刑上洒上眼泪和鲜血,祈求上帝帮助他们顺利完成神圣的事业和传播宗教信仰,拯救如此众多的灵魂。弗朗西斯科·皮萨罗鼓励士兵们,并向他们发表最诚恳的讲话,说教士们以上帝和圣母的名义确保他们胜利。第二天起床后,大家摩拳擦掌,高呼'主啊,保佑我们去完成你的事业'。"见纳阿罗:《简述》,手稿。

关头，他受到这种信念的鼓舞，把宗教信念提高到压倒一切的地位，而看不到混杂其间的卑劣动机。就这样，皮萨罗的士兵
248 满怀宗教热忱，重新振奋精神，迎接即将到来的斗争；远征军首领满意地看到，在这考验的时刻，他的部下表现出了效忠领袖、义无反顾的精神。

秘鲁军营正在积极为印加王的隆重回访作准备，所以那天很晚才看到军营中开始有些动静。阿塔瓦尔帕派来使者通知西班牙司令官：印加王行将率领战士们回访，他们将像头天夜晚西班牙士兵觐见印加王时那样全副武装。皮萨罗不欢迎这个消息，尽管他没有理由指望印加王不这样做。但是，如果公开拒绝的话，会引起对方的猜疑，甚至可能露出破绽。于是，他说很好，并告诉使者，不管以何种方式来访，他将像朋友和兄弟一样欢迎印加王。[①]

午后，印第安人整队出发，浩浩荡荡的队伍占据了很长一段公路。走在最前面的是一大群仆从，他们的任务似乎是打扫道路。印加王的轿子由主要的贵族抬着，他在队伍中高高在上。其他的王公大臣列队步行在轿旁，身上佩戴着光彩夺目的装饰品。一个征服者说，“这些东西像太阳那样光芒四射”。[②] 但是，印加王的军队的主力集合在道路两侧的田野里。举目远眺，大

① “总督回答说，‘告诉你的主人，只要他愿意，可以在适当的时间到这里来，我将像朋友和兄弟一样迎接他’。”见赫雷斯：《征服秘鲁》，根据《巴西亚文集》，第3卷，第197页；奥维多：《西印度史》，手稿，第3卷，第8册，第7章；《埃尔南多·皮萨罗的信》，手稿。

② “他们带来的金银财宝非常之多，这些东西在太阳底下闪闪发光。”见佩德罗·皮萨罗：《发现和征服》，手稿。

片草地上尽是兵士。[1]

印加王的队伍在离城半英里处停下来。皮萨罗惊奇地看到阿塔瓦尔帕正准备支起帐篷,似乎要在那里安营扎寨。不一会儿,一个使者来了,向西班牙人报告印加王打算就地休息,翌晨进城。249

皮萨罗闻讯后,忐忑不安,因为他跟手下兵士一样,对秘鲁人的慢条斯理的行为已等得不耐烦了。从黎明起,士兵一直处于备战状态。骑兵骑在马背上,炮兵站在炮位前,静候印加王来到。全城鸦雀无声,只有堡垒顶端哨兵报告印第安军队行动的声音不时打破沉寂。皮萨罗深知,对士兵来说,最难熬的就是在像目前这样的关键时刻出现一拖再拖的局面。他害怕再拖下去,士兵的热忱会烟消云散,接踵而至的将是在这样的危急时刻里即使是最英勇的人也会有的神经紧张,这种紧张如果说不是惧怕,也相差无几。[2] 因此,他答复阿塔瓦尔帕道,希望他不要改变主意;并说一切接待事宜都已安排妥帖,期望能与他共进晚餐。[3]

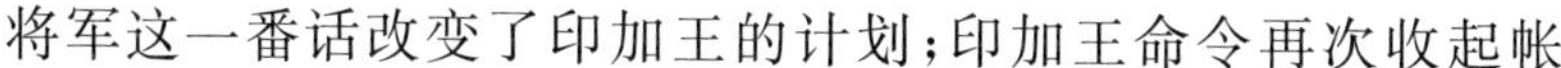

将军这一番话改变了印加王的计划;印加王命令再次收起帐

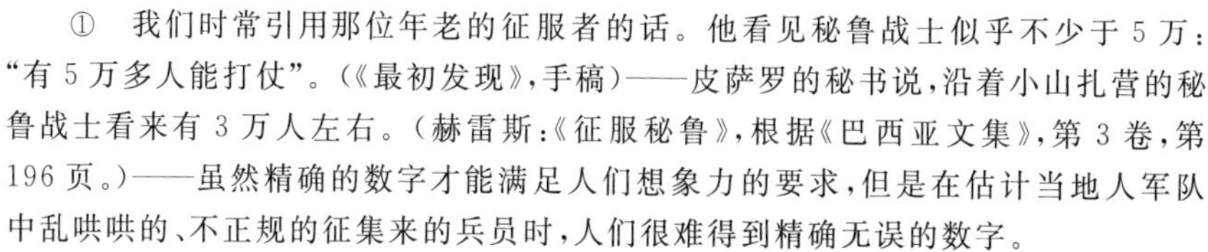

① 我们时常引用那位年老的征服者的话。他看见秘鲁战士似乎不少于 5 万:"有 5 万多人能打仗"。(《最初发现》,手稿)——皮萨罗的秘书说,沿着小山扎营的秘鲁战士看来有 3 万人左右。(赫雷斯:《征服秘鲁》,根据《巴西亚文集》,第 3 卷,第 196 页。)——虽然精确的数字才能满足人们想象力的要求,但是在估计当地人军队中乱哄哄的、不正规的征集来的兵员时,人们很难得到精确无误的数字。

② 佩德罗·皮萨罗说一个印第安探子向阿塔瓦尔帕报告:广场上的大厅里白人都挤在一起,一个个全吓呆了。皮萨罗又说,这种说法与事实很接近。见《发现和征服》,手稿。

③ 佩德罗·皮萨罗:《发现和征服》,手稿。"安顿好帐篷后,印加王就派人告诉总督,说天色已晚,他想睡觉,明天早上再来。总督回话说,务请他一定来吃晚饭,总督等着他。"见《埃尔南多·皮萨罗的信》,手稿。

篷，继续前进。出发前，君王通知皮萨罗，他将把大部分战士留下，随身只带少数侍从，而且都不带兵器，[①]因为他喜欢在卡哈马尔卡城过夜。同时，他下令在其中一幢石头建造的房屋中为自己和随行人员做好住宿准备。这幢石屋因墙上刻着一条蛇，被称为“蛇屋”。[②] ——这种安排对西班牙人来说真是天大福音。这位印第安君王似乎迫不及待地要跳入早已为他设下的陷阱！狂热的骑士
250 把这一切都归于老天的旨意。

要解释阿塔瓦尔帕这一犹豫不决的行动很困难，它与历史上记载的他那勇敢、果断的性格大不相同。毫无疑问，他是真心诚意地对白人进行回访的；尽管皮萨罗也许是正确地认为他对白人的友善态度的基础并不牢固。没有什么理由认为他不相信白人的诚意。否则，他不会提议回访时不带武装警卫，因为这种提议没有必要。他最初要率领全军出访的意图是炫耀王家威权，或许也是为了对西班牙客人表示更大敬意。但是，当他接受邀请，准备在西班牙军驻地过夜时，他愿意把大部武装战士留下，以完全信赖白人诚意的方式进行访问。印加王在本国拥有绝对权威，所以，不猜疑人们会对他无礼。或许他万万没料到集合在卡哈马尔卡的少数白人会如此胆大包天，竟敢阴谋袭击由在他的常胜军队保驾下的有权势的国君。他太不了解西班牙人的性格了。

日落前不久，王家队伍的先遣人员进入了城门。走在最前面

---

① “他想过一会儿来，而且不带兵器。不多久，阿塔瓦尔帕留下他的人马和武器，随身带上五六千印第安人来了，他们没有携带武器，但衬衫里藏着短小的棍子、投石器以及石头袋子。”见《埃尔南多·皮萨罗的信》，手稿。

② 赫雷斯：《征服秘鲁》，根据《巴西亚文集》，第3卷，第197页。

的是打扫道路的数百名仆从。他们边走边唱凯旋之歌。一个征服者说:“我们听起来很像地狱之歌!”[①]然后是身穿各色特别制服的大小官员列队而来。有些人服装华丽,满身红一块、白一块,宛若棋盘方格;[②]有些人全身纯白装束,手执银、铜锤子或狼牙棒;[③]御林军和印加王的贴身侍从穿着颜色与众不同的深蓝色制服,还佩戴耀眼的装饰品,而秘鲁贵族则带着巨大耳坠。

印加王阿塔瓦尔帕坐在用大块黄金铸成的价值连城的御座上,御座安放在侍从高高抬起的大轿里。[④] 轿上插着一排排热带飞禽的绚丽羽毛,还饰以闪亮的金片和银片。[⑤] 现在,印加王的服 251
装比前一天晚上的更为考究。颈上挂着一串闪闪发亮的特大绿宝石串成的项链。[⑥] 他头戴“波拉”王冠,短发上带着黄金饰物。他的举止稳重、庄严;他高高在上,用一种惯于指挥一切的安详态度,俯视身旁的无数臣民。

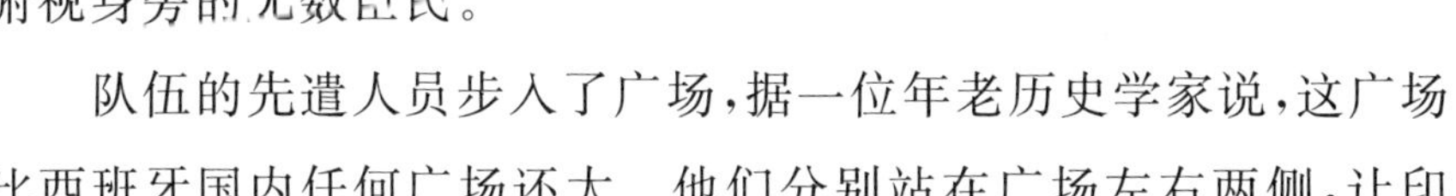

队伍的先遣人员步入了广场,据一位年老历史学家说,这广场比西班牙国内任何广场还大。他们分别站在广场左右两侧,让印

① 《最初发现》,手稿。

② “像棋盘那样红白相间。”《最初发现》,手稿。

③ “手持银、铜制锤子。”《最初发现》,手稿。

④ “他的轿子上的座位是一块重约100磅的金制板,据历史学家说,有25000杜卡多。”见纳阿罗:《简述》手稿。

⑤ “许多人带着盔甲、金银盘子和王冠过来了,阿塔瓦尔帕坐在轿子上,走在他们当中,那轿子上插着五光十色的鹦鹉的羽毛,轿子表面镀着一层黄金和白银。”见赫雷斯:《征服秘鲁》,根据《巴西亚文集》,第3卷,第198页。

⑥ 佩德罗·皮萨罗:《发现和征服》,手稿。“阿塔瓦尔帕是随身带着80个身穿漂亮蓝制服的部下来的,他自己衣着华丽,头戴王冠,脖子上挂着纯绿宝石的项链。”见《最初发现》,手稿。

加王的侍从在他们中间通过。一切都有条不紊地进行着。远征军让印加王静静地穿过广场，这里没出现一个西班牙兵士。在大约有五六千名臣民进入广场后，阿塔瓦尔帕停了下来。他用探询的目光扫视四周，问道："新来的白人在哪里？"

这时，皮萨罗的随军僧侣，一位后来担任库斯科主教的维森特·德巴尔维德神甫迎上前去。神甫一手执《每日祈祷书》——有人说是《圣经》——一手握十字架，走近印加王说道：他奉司令官之命，为印加王宣讲基督教教义，这就是西班牙人不远千里而来的目的。接着，神甫尽可能清楚地讲解神秘的"三位一体"教义，并且穷原竟委，从上帝造人说起，一直谈到失乐园，耶稣基督拯救人类反被钉在十字架上，救世主把信徒彼得留在人世作为他的代理人后自己升天。信徒彼得的这一权力传给其继承者、被称为教皇的智慧圣人。教皇有权统管尘世一切君王和权贵。当代教皇委派世上
252 最强大的国君西班牙皇帝远征这里的西半球土著，使他们改信天主教；他的将军弗朗西斯科·皮萨罗现已来此执行这项重要使命。最后，神甫要求印加王友善地接待将军，抛弃错误的旧信仰，皈依现在向他宣讲的基督教，因为这是希望得救的唯一道路；此外，还要向皇帝查理五世称臣，以获得查理皇帝对他忠心的臣下给予的援助和保护。[①]

① 蒙特西诺斯说巴尔维德向印加王宣讲的内容是西班牙人在进行征服时惯用的老一套。(《编年史》，手稿，1533 年。)但是，那篇演讲，尽管内容荒谬，还仅仅是这位神甫当时宣讲神学的一部分。不过，我根据的是纳阿罗神甫的报告。他从这次悲剧的参与者中收集到材料，做了细致的描写。它为皮萨罗兄弟们和秘书赫雷斯的一般性记述所证实。

阿塔瓦尔帕是否懂得神甫把皮萨罗跟圣彼得联系起来的那番议论中的每一个环节，这点值得怀疑。然而，他对“三位一体”教义的理解肯定是完全错误的，因为如加西拉索所说，译员菲利皮略把它译成“基督徒信奉三位神和一位神，合起来就是四位神明”。[①]但是，毫无疑问，印加王完全懂得这套大道理的主旨是劝他放弃王权，向外国皇帝称臣。

这位印第安君王用愤怒的目光看着神甫，气愤地回答道：“我决不向任何人称臣！我比世上一切王子都伟大。你们的皇帝或许是伟大的，看到他派遣臣民远渡重洋时，我对此并不怀疑。我愿以兄弟之礼相待。至于你谈到的那位教皇，他一定是个疯子，因为他说要把不属于他的国家赠送旁人。”他接着说，“我决不改变自己的信仰。如你所说，你们自己的神被他创造的人处死。但是我的神仍居天宫，保佑着他的孩子们。”——他边说边指天上的神明——可叹的是那位神明正坠向山后，神灵荣光也随之消失！[②]

然后他质问巴尔维德神甫说的这套话有何根据？神甫指指手中的圣经说就是根据这本书。阿塔瓦尔帕拿起圣经，翻了几 253
页。也许他忽然想起了刚才受到的侮辱，啪的一声把圣经扔在地上，大叫道：“告诉你的伙伴们，他们务必把他们在我的国土上的所作所为向我交代。我要对他们干下的大小坏事统统加以清

① “他把上帝三位一体翻译成上帝是三加一等于四位神。”见《王家评论》，第2卷，第1册，第23章。

② 请参阅附录八。读者可在该附录中读到有关俘获阿塔瓦尔帕的几篇同时代人写的手稿摘录。

算，直到我完全满意为止。否则，我就不走！”①

神甫眼看圣经受到这样的糟蹋，十分气愤，只好俯身将书拾起。他急忙赶到皮萨罗那里，把经过汇报一通，同时叫嚷道：“你没看见我们跟这只骄横至极的狗在枉费口舌时，印第安人大批开进来，把田野都挤满了吗？立即行动吧！我宣告你无罪。”②皮萨罗看到时机已到，挥舞一块白色头巾；这是约定的信号。立刻从堡垒中发出了致命的炮火。这位西班牙将领和手下士兵纵身跳入广场，高呼古老的战场上的呐喊“圣雅各保佑我们，冲啊！”城中的每个西班牙士兵立刻响应，从埋伏的
254 大厅沿着过道向广场飞奔而来。骑兵队、步兵队各自为战，冲进印第安人群中。震耳欲聋的炮声和毛瑟枪声雷鸣般地在四

① 有些记录说印加王用更不客气的话责骂西班牙人。(请参阅附录八)但是，在这样激动的时刻不可能把每句话精确地记录下来。根据一些权威人士的说法，阿塔瓦尔帕是由于不小心而把圣经掉在地上的。(蒙特西诺斯：《编年史》，手稿，1533年；巴尔沃亚：《秘鲁史》，第22章。)但是，就我们所知，当时在场的人们的说法都与本书所记载的一致。如果印加王讲话时真是怒气冲冲的话，他的这一举动符合他当时激动的心情。

② “看到自己的话没有产生什么影响，神甫拿起书，低下头，几乎是小跑着去见皮萨罗，并且对他说：‘你们没有看见这一切吗？你们为什么对这个目空一切、来自印第安人土地上的家伙如此谦让？干掉他，我宣告你无罪。’”(《最初发现》，手稿)如果没有证据，历史学家不太可能把这样邪恶的行为归诸巴尔维德神甫。在现场的两个人，佩德罗·皮萨罗和赫雷斯，仅仅说神甫将王子扔掉《圣经》的经过向将军作了汇报。但是，埃尔南多·皮萨罗和《最初发现》的作者也是目击者，他们的说法基本符合我上面的记载。纳阿罗，萨拉特，戈马拉，巴尔沃亚，埃雷拉，迫图库斯·尤潘基都是根据当时在场亲眼看见的人所提供的情况记载的。他们的记录也与本书的说法基本相符。然而，奥维多同意赫雷斯和加西拉索·德拉维加的话，坚持认为巴尔维德神甫并没企图激起将士的怒火。

周建筑物回响震荡着。广场上硝烟弥漫，令人难以睁眼，当地人被出其不意的奇袭吓得呆若木鸡。大难临头了，他们不知该逃向何处。无论贵族或庶民纷纷倒在铁蹄下，骑兵横冲直撞，他们挥舞马刀，东劈西砍，毫不留情。刀光在浓烟中闪烁，使可怜的土著人丧魂失魄，他们第一次尝到了白人骑兵的厉害。他们没有抵抗——因为他们确实是手无寸铁。那些企图逃跑未成而丧命的人们的尸体把通向广场的大门给堵住了。现在，广场的所有出口全都不通，而白人的攻势依旧凌厉如初。活着逃命的人群东碰西撞，进行垂死挣扎，一大群印第安人奋力推垮了广场一边的石壁和土墙！墙倒处留下一百多步宽的缺口，土人拼命外逃，骑兵们纵马扬鞭，跃过倒塌的墙紧追不舍，直杀得当地人尸横遍野。[①]

与此同时，战斗，或者说大屠杀，在印加王周围激烈地进行着，他是这次袭击的主要目标。效忠于他的贵族们紧紧聚集在他的四周，以自己的身躯阻挡着攻击者，千方百计想把敌人拉下马来，或者至少以自己的胸膛挡住快刀利剑，来掩蔽他们敬爱的君王。有些权威人士说，土著人衣服下暗藏武器。如果真是这样的话，武器也未发挥作用，因为没有人说他们使用了武器。但是，即使最胆小的动物在生死关头也会进行自卫。当地人们在当前情况下没有这

① 佩德罗·皮萨罗：《发现和征服》，手稿；赫雷斯：《征服秘鲁》，根据《巴西亚文集》，第 3 卷，第 198 页；《埃尔南多·皮萨罗的信》，手稿；奥维多：《美洲史》，手稿，第 3 卷，第 8 册，第 7 章；《最初发现》，手稿；萨拉特：《秘鲁的征服》，第 2 册，第 5 章；《迪图库斯印加王指令》，手稿。

么做，足以证明他们身上没带武器。[①]

255 然而，秘鲁贵族们仍用血肉筑起的人墙挡住骑士，不让他们接近君王，甚至临死还紧紧抓住战马不放，一个人被砍倒，另一个人立即接替他的位置，他们忠贞不屈，令人感动。

这位受惊的印第安君主给吓糊涂了。眼看一批批忠臣倒卧血泊中，不知到底出了什么事。在敌军压力下，慌乱的人群像潮水般起伏不定，他的轿舆也被冲得忽东忽西。他在轿内呆呆地望着惨绝人寰的景象，活像孤舟中不幸的水手，在浊浪排空，雷电交加的大海上，束手无策，没法挽回悲惨的命运。最后，西班牙士兵杀得不耐烦了。天色渐黑，他们担心印加王逃跑，于是有些骑兵急得想干脆把阿塔瓦尔帕一刀捅死，来结束混战。但是，最靠近印加王的皮萨罗用洪钟般的声音斥责道："谁敢伤害印加王，我就宰了他！"[②]皮萨罗边说，边伸手保护住他。这时有个兵士一下子把将军的手砍伤了——他是这次战斗中唯一受伤的西班牙人。[③]

轿舆四周的战斗愈来愈激烈。轿子开始东摇西晃，几名抬轿

---

① 《最初发现》的作者提到少数当地人带着弓、箭，还有些人手执银、铜制的锤子或狼牙棒，它们或许是作为装饰品而不是当武器使用的。——佩德罗·皮萨罗和一些后来的作者说印第安人随身带着皮带，准备捆绑白人俘虏。埃尔南多·皮萨罗和秘书赫雷斯却认为印第安人唯一的武器藏在衣服下面；但是，这种说法值得怀疑，或不大可信，因为土著人并未企图拿出武器，也因为印加王曾宣布随从不带兵器。一切具有权威性的可靠说法都一致认为土著人一点也没进行抵抗。

② "侯爵大声说，谁要伤害印加王，就处死谁。"见佩德罗·皮萨罗：《发现和征服》，手稿。

③ 卡斯提尔人对这次战斗的记录不管在其他方面存在什么分歧，大家都一致说，除了将军一人负伤外，谁都没挂彩。这真是一个奇怪的事实。皮萨罗把这事看成上苍特别保佑西班牙人的证明，请参阅赫雷斯：《征服秘鲁》，根据《巴西亚文集》，第 3 卷，第 199 页。

的贵族终于被杀死，轿子翻倒了。如果不是皮萨罗和其他几名兵士眼明手快，一把接住的话，印加王就会重重摔在地上。一个名叫埃斯特特的兵士立刻把“波拉”王冠从印加王头上一把夺下，[1]然 256
后这位不幸的君王便在重重掩护之下被转移到邻近的一幢建筑物内，在那里被严密地看守起来。

没有人再企图进行抵抗了。印加王被俘的消息很快传遍全国。把秘鲁人民团结在一起的神秘力量已经消失。人人在考虑自身的安危，就连驻扎在附近田野上的军队也惊恐万状。他们听到这致命的消息后，见了西班牙兵就不战而溃。远征军乘胜穷追，毫不留情。黑夜终于降临了，它比人们更富于怜悯之心，它张开夜幕掩护败兵逃脱。皮萨罗命令吹号收兵，将士们在卡哈马尔卡血腥

① 米格尔·埃斯特特把这顶丝织王冠作为此次战斗立功的纪念品长期保留着。这是加西拉索·德拉维加所记载的。(《王家评论》，第2卷，第1册，第27章。)有关这一段历史，他的记录不很可靠。这位受人欢迎的作家熟悉印加制度，所以，大家十分相信他的记载。甚至征服者本人的报告也不如他写的有关征服的书那样得到人们的信任。这位作家在记述阿塔瓦尔帕被俘经过时，让自己的想象力任意驰骋，犹如撰写浪漫主义作品似的达到不可宽恕的程度。据他说，秘鲁君王一开始就毕恭毕敬地尊入侵者为比拉科查*的后裔，因为神灵曾启示他们将来此统治帝国。但是，如果真有此事，征服者不可能不注意到印加王对他们的这种尊敬的表示。加西拉索曾说他读过科尔特斯写的评论，科尔特斯有关阿兹特克人中流传的类似的迷信的记录似乎是有根有据的。这位历史学者读了他的记录后，很可能想起秘鲁人也有类似的感情。它使西班牙人的虚荣心得到满足，同时，也为他自己的同胞不战而降所蒙受的怯懦之名在某种程度上进行辩白，因为尽管可以号召他们抗击侵略者，然而，抗御天意却是疯狂的行为。不过，加西拉索富于浪漫色彩的记叙具有一种吸引人的力量，所以，一直为大多数读者所喜爱。英国读者只要读一下那位喜欢寻根究源而又十分聪明的罗伯逊提出的批评，就可少受这位历史学者的影响了。

*(Viracocha 秘鲁印加人所信奉的最高神，曾创造日月星辰，在其周游世界时教人文化与耕作。曾许诺有朝一日将回秘鲁。——译者)

的广场上重新集合起来。

跟往常一样，关于土著的死亡人数众说纷纭，莫衷一是。皮萨罗的秘书说共毙敌 2000 名，[①]而印加王的后裔，一个比加西拉索较为可信的人，把死亡人数说成 1 万。[②] 一般认为确切的数字居
257 于这两者之间。屠杀在不停地进行着，因为无法加以制止。当我们考虑到可怜的受害者没带武器以及突然出现的惊人的可怕景象使他们惊惶失措，就会觉得他们没有抵抗并不奇怪。一个年迈的印加人对一个西班牙人说，那个西班牙人又把话告诉人家："同胞们看到血流成河，又看到我们崇敬的印加王被少数几个人劫持，他们全都吓呆了，这又有什么奇怪呢？"[③]然而，虽然大屠杀没有停，历时却很短暂。赤道的黄昏很短，整个屠杀在黄昏中进行，前后不超过半小时；半小时的时间实在不长——但也足以决定秘鲁的命运和颠覆印加王朝。

① 赫雷斯：《征服秘鲁》，根据《巴西亚文集》，第 3 卷，第 199 页。

② 他们像屠杀羊羔那样，用火枪和大刀屠杀印加人，而没有遇到任何抵抗。在 1 万多印加人中只有 200 人逃跑。《迪图库斯印加王指令》（下称"印加王指令"）。该文件共有对开本 200 页，由伟大的瓦伊纳·卡帕克的孙子，因而也是阿塔瓦尔帕的侄子，一位秘鲁印加所签署。文件写于 1570 年，企图向菲利普二世陛下提出迪图库斯及其王室成员有权要求得到王家津贴。请愿书中扼要记叙了帝国末期的大事；文笔相当累赘，菲利普二世一定看得很不耐烦。但是作为出自秘鲁王室的后人之手的历史文件，它具有极大的价值。

③ 蒙特西诺斯：《编年史》，手稿，1532 年。据纳阿罗说，印第安人对西班牙人发起突然进攻而引起的震天动地的骚乱并不十分惊慌，尽管"当时天空似乎快要塌陷下来"。使他们吓呆的是在奇袭的同时，天空出现了可怕的幽灵。那是一个妇女和一个孩子，旁边有个全身穿白色衣服的骑士，骑在一匹乳白色的战马上。——无疑是英勇的圣詹姆斯，——他用光芒四射的利剑刺向不信神的队伍，使他们丧失抵抗力。这位神甫是根据当时参加攻击的三个教徒的证词而作此报道，无数土著人也对这些教徒讲述了同样的经历。见《简述》，手稿。

那天晚上，皮萨罗实践了对印加王许下的诺言，如期宴请阿塔瓦尔帕。宴会是在面对大广场的厅堂中举行的。就在几小时以前，大广场还是大屠杀的地方，现在地上仍堆放着印加臣民的尸首。被俘君王被安置在他的征服者身旁就座。他似乎像个尚未充分理解他的灾难有多么深重的人。如果他已经意识到的话，那他一定是位坚强透顶的君王。他说："胜败乃兵家常事。"[①]假如我们可以相信西班牙人所讲的话，印加王对白人动作敏捷，在印加的千军万马中把他俘获，深表敬佩。[②] 他又说自白人登陆之日起，一直有人向他报告其行踪，但是，他觉得来者人数很少，因而低估了他们的力量。他在力量上有绝对优势可以在敌军到达卡哈马尔卡时调动他的军队不费吹灰之力全歼白人。因为他想亲自看看白人的 258
模样，所以让他们翻山越岭前来，他的意图是留下几个他喜欢的白人为自己服务，其余的人统统处死，把他们带来的兵器和战马据为己有。[③]

以上就是阿塔瓦尔帕的目的，这并不是不可能的。它说明了印加王为什么不把守那些可以作为坚固的防御侵略的工事的山口要隘的原因。但被征服者们一致认为是生性狡猾的这位印加王竟会如此失策，居然透露了自己内心的动机，这倒不大可能。白人与印加王交谈主要通过译员菲利皮略，或"小菲利普"，这是西班牙人给他取的教名——他似乎是个对阿塔瓦尔帕没有好感的恶毒青

① "他说胜败乃兵家常事。"见埃雷拉：《通史》，第 5 卷，第 2 册，第 12 章。

② "他很钦佩西班牙人的计策。"见《最初发现》，手稿。

③ 转述君王这番话的征服者接着说："据我看，他有充分理由相信自己能做到这一点，因为除了上天奇迹般地保佑我们外，谁也救不了我们。"见《最初发现》，手稿。

年。由于征服者急切想为自己采取的血腥手段找个借口，所以很容易接受翻译的话。

如在别处已提到的那样，阿塔瓦尔帕当时30岁左右，身体匀称，比一般土著人更为健壮。头部很大，面貌还算英俊，但是两眼充血，显出一副凶相。他谈吐审慎，举止庄重，对待本国人民一本正经，不苟言笑，甚至有些严厉；虽然在跟西班牙人相处时，显得和蔼可亲，有时甚至爱开个玩笑。[①]

皮萨罗对他俘虏的印加王关怀备至，即使不能消除，也设法减少君王脸上的愁云；尽管印加王表面上装出若无其事的样子，但仍不免紧锁双眉。皮萨罗求他别为自己时乖命蹇而郁郁寡欢，其他抵抗白人的王子也有跟他相同的命运。白人来此传播福音，即耶稣基督的宗教，他们能够旗开得胜是不足为奇的，因为有基督的保佑。由于阿塔瓦尔帕对西班牙人抱有敌意，并且对《圣经》不尊敬，所以上天要罚他受辱。但是他要印加王鼓起勇气，并且信任他。因为西班牙人生性宽宏大量，只对那些向他们开战的人打仗，对一切投降者都宽大为怀！[②] ——阿塔瓦尔帕
259 或许认为那天的大屠杀是西班牙人自我吹嘘宽厚美德的一种不太高明的注释。

皮萨罗在就寝前向官兵们简要说明了当时的形势。当他查明没有一人受伤时，他要他们为这样大的奇迹向老天感恩；

① 赫雷斯：《征服秘鲁》，根据《巴西亚文集》，第3卷，第203页。

② “我们怜悯被打败的敌人，只同那些同我们打仗的人作战。我们能够消灭同我们作战的人。但我们不这样做，而是宽恕他们。”见赫雷斯：《征服秘鲁》，根据《巴西亚文集》，第3卷，第199页。

如无上天相助，他们决不可能如此轻易地击溃敌军；他相信上天拯救他们的生命是为了来日赋予他们更大的重任。但是，如果要取得真正的成功，他们还得再接再厉。他们身处一个强大王国的中心地区，为效忠印加王的敌军所包围。因此，必须永远提高警惕，随时响应军号的召唤，即使在深夜熟睡时也要做好准备。[①] 在布置好了岗哨，加强了阿塔瓦尔帕住所的警卫，以及做好一个细心的司令员该采取的一切预防措施后，皮萨罗回营休息；倘若他真能感到在这一天的血腥屠杀中他只是为基督教事业而战的话，他无疑地会比还未拘获印加王的前一晚睡得更香。

第二天清晨，皮萨罗首先命令把全城打扫干净；兵营中有很多俘虏，他们奉命把尸体抬走，妥为埋葬。接着，司令官派出约 30 名骑兵到阿塔瓦尔帕最近占有的沐浴的温泉，任务是收缴战利品，并驱散仍出没在附近的秘鲁军队的残部。

快到中午时分，派往温泉执行任务的骑兵小队回来了。他们带来大批男女印第安人，女人当中有很多是印加王的妃嫔和侍女。虽然印加军队人数不少，装备优良，而且多数是身强力壮的年轻武士——老兵大都随印加将军在南方作战——但自印加王被俘后，
军心涣散，西班牙骑士在那里没遇到任何抵抗。由于印第安战士 260
只承认“太阳神之子”的权威，所以没有人取代他的位置。他们在印加王幽禁处附近似乎还感到一种肉眼看不见的神秘力量。白人竟能完成如此大胆的业绩，土著人见了他们，一种出于迷信的敬畏

① 见赫雷斯：《征服秘鲁》；佩德罗·皮萨罗：《发现和征服》，手稿。

心情油然而生。[1]

印第安俘虏的人数太多了，征服者当中有些人主张把他们统统处死，或至少砍掉双手，使他们无法暴动，也使其同胞见了感到害怕。[2] 无疑，这是征服者中最下层、最残暴的士兵的主张。提出这种办法的本身，就可说明皮萨罗部队中成分复杂，什么人都有。皮萨罗立即反对，认为它既不人道，也不明智。他把俘虏释放回家，并宣布只要对白人不加抗拒，就可保证他们的安全。然而，他留下足够的土人伺候西班牙人。每一个普通士兵都有一批仆从，在这方面真胜过贵族老爷。[3]

西班牙人在温泉附近发现有牧人放牧的无数头骆马，专供宫廷食用。皮萨罗留下一些骆马供应部队，其余的全放回山地。留下的为数不少，因为，如同远征军中一士兵说，时常一天宰秘鲁羊
261 150只。[4] 西班牙人屠宰过多，几年后秘鲁政府精心培育的良种骆马几乎绝迹。[5]

---

① 翁德加多说，此后，曾称为“大胡子”的西班牙战士，被土著人们称为比拉科查，因为该神肤色白皙。这位作者说，对被俘君王没有好感的库斯科人民“把外来的白人看成比拉科查本人派来的”。(《最初发现》)这种情况使人想起古希腊人中流传的迷信或者说可爱的幻想：“客人来自宙斯。”“来自宙斯的都是客人和化缘者，我们都要欢迎，虽然礼轻但情义重。”——荷马史诗《奥德赛》，第14卷，第57行。

② “有人主张把能打仗的人统统干掉，或是砍去他们的双手。”见赫雷斯：《征服秘鲁》，根据《巴西亚文集》，第3卷，第200页。

③ “到过那里的每个西班牙人都抢占了大量的财富，由于毫无纪律约束，有的西班牙人竟占有200个男女印第安人当佣人。”见《征服秘鲁居民》手稿。

④ “每天都要杀掉150只。”见赫雷斯：《征服秘鲁》，根据《巴西亚文集》，第3卷，第202页。

⑤ 谢萨·德莱昂：《秘鲁史》第80章；翁德加多：《第二次叙述》，手稿。“没有西班牙人和法律保护羊群，所以几乎被杀光。”见《征服秘鲁居民》，手稿。

派去掠夺印加王行宫的骑兵带回不少金银器皿，大部是御用餐具，又大又重。西班牙人见了无不吃惊。这些东西和抢来的一些巨大绿宝石，加上从被杀死的印第安贵族的尸体上取下的贵重物品都集中起来，妥为保存，以待将来瓜分。在卡哈马尔卡城内，白人士兵还找到存放质地优良的棉、毛织品的仓库。这些织品在纺织的精巧和染色的技术上，远远超过他们以往所见的织品。它们从地上一直堆到屋顶，白人士兵可随意取走，数量不限。就是这样，库存货物仍不见减少。①

皮萨罗现在很愿进军秘鲁首都。但是，路途遥远，自己的兵力过于薄弱、还须抽出一部分人看守印加王，人手更为紧张。由于掌握了这样一个重要的俘虏，皮萨罗害怕在一个人口众多、国势强盛的敌对的帝国里愈陷愈深。因此，他心急如焚地向各殖民地求援。他派了一名信使到圣米格尔，把这里最近的捷报带给留守在那里的西班牙人，并打听巴拿马有没有派人来。与此同时，他动员部下把卡哈马尔卡城改造成适宜于基督军队留驻的地方。他建立了一座教堂，或者是征用了一幢印第安建筑作为教堂。多明我会的修道士在这个教堂中定期做弥撒，仪式极其庄严隆重。破烂不堪的城墙也整修一新。不久前风暴造成的破损处也得到修复。

在西班牙人笃信宗教的虔诚外表下，阿塔瓦尔帕很快便发现他们心中潜伏着一种强烈的欲望，它比宗教或野心具有更大的力

① 赫雷斯：《征服秘鲁》，根据《巴西亚文集》，第3卷，第200页。这位没留姓名的征服者说，库存货物很多，可装满好几艘船。“仓库里的东西和棉、毛服装堆积如山，据我看，只有来许多船只才能运走。”见《最初发现》，手稿。

262 量，这就是对黄金的热爱。他决定利用白人的这种贪欲赎取自由。印加王被俘后，国内局势岌岌可危，因此争取恢复个人自由极为重要，刻不容缓。他的哥哥瓦斯卡尔战败后一直被囚禁着，听候胜利者的发落。目前，他正关押在距离卡哈马尔卡不太远的安达马卡城。阿塔瓦尔帕当然担心他自己被俘的消息传开时，瓦斯卡尔很容易买通看守，逃出监狱，并在没有对手争夺的情况下，自己当上帝国的首脑。

于是有一天，阿塔瓦尔帕怀着通过满足西班牙人的贪欲来赎得自由的希望，对皮萨罗说，如能获释，他答应把他们现正站在上面的这间房屋的地板铺满黄金。在场的人听后，笑了笑表示不相信；印加王见没人搭理，又强调说："不仅用黄金铺地，而且要把黄金在整个房间内堆到我的手能够得着的地方。"他边说，边踮着脚伸手在墙上比划。大家圆瞪双目，惊奇万分，但都认为这些话只是印加王急切想恢复自由而夸下疯狂的海口。然而，皮萨罗却被搞得茫然不知所措了。他深入秘鲁后的一切见闻，都证实了最初收到的有关这个国家财富的令人眩晕的报道。阿塔瓦尔帕曾亲自跟他讲过首都是如何富丽、豪华，那里的庙宇的屋顶用金片铺盖，四壁挂着金色幕帷，地板由金砖砌成。这一切谅必都有根有据。不管怎样，接受印加王的提议是上策，因为这样做，能一举而收集印加王手头的所有黄金，从而防止土著人把金子偷走或藏起来。于是，西班牙将军同意阿塔瓦尔帕的建议，并在墙上印加王比划处画上一条红线，让公证人将双方商定的条件正式记录下来。房间宽约 17 英尺，长 22 英尺，墙上红线

离地9英尺。[①] 必须用黄金填满这么大的空间；但双方议定，填放的黄金应不是熔融而成的金条而是金器原件，金器之间的空 263
隙可以不填满，算作对俘虏君王的优待。当时，印加王还同意用银器将邻近一间较小的房间堆到同样高度，并且堆满两次。他要求给他两个月的时间收集金银。[②]

协议商定后，印加王随即派信使到库斯科和王国的其他主要城市，命令大臣将王宫、庙宇及其他公共建筑物里的金器和黄金装饰品全都取下，立即运送到卡哈马尔卡，不得有误。与此同时，他仍住在西班牙军营，受到君主应有的礼遇，并且在保证其人身安全条件下享有一切自由。他没有戴上手铐脚镣，在守卫兵士严密监视下可于寓所内自由活动，但不得外出。看守人员对这位被俘君

① 有关房间的大小及红线的高度，我取材于秘书赫雷斯：《征服秘鲁》，根据《巴西亚文集》，第3卷，第202页。据埃尔南多·皮萨罗的记载，该房间9英尺高，但是35英尺长，17或18英尺宽。(《埃尔南多·皮萨罗的信》)最保守的估计也是够大的。史蒂文森说他们仍给人们看“一个属于古老王宫一部分的大房间。现在是阿斯托皮尔加酋长的住宅。那位苦命的印加王曾囚禁于此”；他还补充说墙上那条红线现仍可见。(《南美居留记》，第2卷，第163页)秘鲁有很多征服时期留下来的遗迹；把历史上如此重要的地方保存下来，这是不奇怪的，——尽管这对西班牙人来说决不是一个值得纪念的地方。

② 古代编年史作者们对上面一段谈到的事实的记载是相同的。(参见佩德罗·皮萨罗：《发现和征服》，手稿；《埃尔南多·皮萨罗的信》，手稿；赫雷斯：《征服秘鲁》，出处同上；纳阿罗：《简述》，手稿；萨拉特：《秘鲁的征服》，第2卷，第6章；戈马拉：《美洲史》，第114章；埃雷拉：《通史》，第5卷，第2册，第1章。)纳阿罗和埃雷拉两人都明确地写道：皮萨罗答应，印加王交足黄金，即可获释。其他史学家没有证实此点，然而，他们也未明白表示西班牙将军拒绝印加王提出的条件。据说，皮萨罗鼓励他的俘虏履行契约，所以，如没明说，至少双方的理解是：皮萨罗也要信守自己的诺言。如果印加王的理解不是这样，他决不会自己把帝国的金银宝贝双手奉献出来的。

王的身价十分清楚，因此，不敢稍有疏忽。他还可与他宠爱的妃嫔们团聚。皮萨罗严禁兵士侵犯他的家庭私生活。他的臣民可以自由谒见他，印第安王公大人每天朝拜他，献上贡品，并劝不幸的君王千万宽心。在朝见时，官职最高、权势最大的臣子也得事先脱下鞋子，背负重物，表示对君王的敬意。西班牙人在一旁好奇地观看这些礼仪。大臣表现出奴隶般的恭顺，而君王威严地、理所当然地接受朝拜，这些似乎都是天经地义的事。白人们这才了解印加王
264 的身份是多么高贵；即使一个处于目前这种听人摆布地位的国王，仍能使他的臣民如此恭敬、顺从。大臣天天上朝，从不间断。每次朝见这位被俘的君主的仪式又是如此隆重。最后，这种情况不禁引起看守人员的疑惑不解。①

皮萨罗没有放过摆在他面前的向他的俘虏宣讲基督教教义的机会，他和随军僧侣巴尔维德神甫共同进行这项工作。阿塔瓦尔帕安详地倾听白人的说教。但是，看来最有说服力的是皮萨罗这位军事评论家在结束他的议论时提出的这样一个论点：阿塔瓦尔帕所崇拜的不可能是真正的神，因为真正的神不会让印加王落入敌手。面对这个有力的论点，不幸的君王无言可答，只得承认他的神明在他最需要的急难关头抛弃了他。②

但是，阿塔瓦尔帕这时对待其兄长瓦斯卡尔采取的行为十分

---

① 《最初发现》，手稿；纳阿罗：《简述》，手稿；萨拉特：《秘鲁的征服》，第2册，第6章。

② “阿塔瓦尔帕还说，他听了总督的话后感到害怕，他很明白，总督提到的偶像不是真正的上帝，因为从他那里没有得到任何帮助。”见赫雷斯：《征服秘鲁》，根据《巴西亚文集》，第3卷，第203页。

清楚地证明，不管他如何尊重其宣传天主教的启蒙老师，基督教义在他心中几乎一点也不起作用。正像阿塔瓦尔帕所预料的那样，瓦斯卡尔一听说其弟被俘并愿出重金赎取自由的消息，就千方百计想逃出牢狱。他还向西班牙司令官送信，或企图送信，说他愿比阿塔瓦尔帕出更多赎金来换取自由，因为阿塔瓦尔帕从未在库斯科住过，所以，不知道京都有多少财富以及财富位于何处。

看守瓦斯卡尔的官员将所有这些情况暗中报告阿塔瓦尔帕。阿塔瓦尔帕闻讯后，又气又恼。这时，皮萨罗宣称：他准备下令将瓦斯卡尔押来卡哈马尔卡，由他亲自查问两位王子间的争端，以便决定何人最有资格继承印加王位。这使阿塔瓦尔帕更是坐立不安。皮萨罗一开始便看到在王子们的内讧中，自己可坐收渔翁之利。他只消凭借武力支持他选择的王子，那么这位王子就可稳坐

天下。他一手扶持起来的印加王今后将成为他手中的工具，这样 265

比亲自出马更好办事。读者诸君都知道，这就是爱德华一世在苏格兰玩弄的把戏，他以前和以后的很多君主都曾如法炮制。虽然不学无术的大老粗皮萨罗或许没听说过这些历史上的先例，但是他老奸巨猾，不用翻阅史册也会悟出此法的妙用。

阿塔瓦尔帕知道皮萨罗决心亲自过问争夺王位的纠纷之后，犹如惊弓之鸟，惶惶不可终日。他知道姑且莫论此事的是非曲直，皮萨罗一见到瓦斯卡尔，就会对他产生好感，因为性情温顺的瓦斯卡尔能充当征服者的驯服工具。阿塔瓦尔帕不再犹豫了，他决定处死兄长，以便根绝这个心腹之患。

他的命令立即执行了。据一般传说，不幸的王子是在安达马卡河中活活淹死的。王子临终时说白人会替他报仇，他死后他的

对头一定活不长。[1] 可悲的瓦斯卡尔，印加王位的合法继承人正当青春年华之时，即位不久就这样死于非命了。在位时间虽不长，却已显示出品质高尚，心地善良。他生性过于温顺，斗不过剽悍暴戾的弟弟。上面就是印第安和卡斯提尔的编年史作者为瓦斯卡尔所做的画像，虽然应该指出印加史学家是瓦斯卡尔的亲戚，而卡斯提尔历史学家对阿塔瓦尔帕肯定也没有好感。[2]

阿塔瓦尔帕获悉兄长的噩耗，装出十分惊讶，不胜悲痛的样
266 子。他立即把皮萨罗请来，忧伤万分地将此事告诉他。西班牙将军起初不信这令人不快的消息，直截了当地对印加王说，瓦斯卡尔不可能死。倘若他有三长两短，将唯阿塔瓦尔帕是问。[3] 对此，阿塔瓦尔帕答道，他兄长确已去世，并说瓦斯卡尔的看守者生怕囚犯在举国动乱之际，乘机逃脱，未经请示，擅自把他处死。皮萨罗立即下令进一步调查，发现王子的死讯是千真万确的。阿塔瓦尔帕的手下官员胆敢没有他的命令就动手，这一事实只能说明他们是事先就知道他们主子的意图而行事的。在我们看来这种罪行在双

① 史学家对处死瓦斯卡尔的方式和地点，说法不一，但他们一致认为瓦斯卡尔死于非命，是他弟弟下的毒手。参见埃雷拉：《通史》，第5卷，第3册，第2章；赫雷斯：《征服秘鲁》，根据《巴西亚文集》，第3卷，第204页；佩德罗·皮萨罗：《发现和征服》，手稿；纳阿罗：《简述》，手稿；萨拉特：《秘鲁的征服》，第2册，第6章；《迪图库斯印加王指令》，手稿。

② 加西拉索·德拉维加和迪图库斯·尤潘基两人都是瓦伊纳·卡帕克之子。他们是纯秘鲁血统，因此是阿塔瓦尔帕的天然敌人，他们把阿塔瓦尔帕看成篡位者。事态的发展使卡斯提尔人和阿塔瓦尔帕发生直接冲突，西班牙人自然而然地要宣扬瓦斯卡尔的美好性格，以便用对比方式败坏阿塔瓦尔帕的声誉。

③ “总督听说瓦斯卡尔被害后心头非常沉重，但是他表示，瓦斯卡尔被杀的说法是假的，并命令部下寻找活的瓦斯卡尔；如果他真的死了，那就干掉阿塔瓦尔帕。”见赫雷斯：《征服秘鲁》，根据《巴西亚文集》，第3卷，第204页。

方关系上讲真是卑鄙凶恶，但印加王族中却不是同样的评价。王族子女极多，兄弟情谊极不亲密，因此不能制止暴君的手消灭任何在他前途上的障碍物。

第 六 章

赎身的黄金运到——对帕查卡马克的访问——对偶像的破坏——印加王最宠信的将军——印加王在囚禁中的生活——特使在库斯科的行为——阿尔马格罗的到来

1533 年

自从阿塔瓦尔帕派遣使者去搜集金银以便向西班牙人赎身以来，已经过去好几个星期了。但是路途遥远，而且在送回物品时运输缓慢：这些物品大部分是一些巨大的金银箔片，其中有些重达二三阿罗瓦——这是西班牙的重量名称，合二十五英磅。在有些日子里，运来了价值三四万比索的黄金器物，偶尔甚至有价值五六万比索的。征服者们的贪婪目光，满意地注视着扛在印第安搬运工人肩上运来的闪闪发光的财物；在进行了详细登记之后，存放在一
267 个安全的地方，严密地加以警卫。他们现在开始相信，印加王作出的宏大的诺言，有可能实现；但是，由于在他们面前展现出了他们以前几乎不敢想象的大量财富，他们的贪心更重了，他们急于获得财富的心情使他们越来越不耐烦了。他们毫不体谅路途的遥远和途中的困难，只顾大声斥责人们在执行印加王的命令时拖拖拉拉。

他们甚至怀疑阿塔瓦尔帕想出这个方法只是为了借此同他那些距离遥远的臣民取得联系，而且尽可能地予以拖延，以便赢得时间，执行他自己的计划。关于秘鲁人正在举行一次起义的消息到处流传，西班牙人担心他们的驻地会遭到突然的总攻。他们新近获得的财富是他们担心的另一个原因：就像一个守财奴一样，他们守着自己的金银财宝战战兢兢地过日子。[①]

皮萨罗向他的俘虏讲述了在士兵当中流传的消息，指出附近的瓜马楚卓城就是印第安军队的集结地点之一。阿塔瓦尔帕惊奇地听着，他的惊奇并非出于伪装。他愤怒地反驳对他的指控，说那是彻头彻尾的捏造。他说，“没有我的命令，我的臣民中没有人敢拿起武器，甚至没有人敢动一个指头。”他接着说，“您控制住了我。我的生命难道不是在您的掌握之中吗？难道这不是您能获得我的忠诚的最可靠的保证吗？”然后他向西班牙指挥官解释说，很多地方距离非常遥远；就拿首都库斯科来说，尽管通过一系列驿使的接力传送，一封信可以在五天之内从卡哈马尔卡送到库斯科，而对一个背负重物的搬运工人来说，同样的路程就要走好几个星期。他进一步说，“但是，为了使您相信我是在诚心诚意地履行诺言，我希望您能派您自己的几个亲信去库斯科。我会发给他们安全通行证；他们可以在那里监督搜集金银的工作，并且亲眼看到没有人在准备进行任何敌对行动。”这是一个好建议；皮萨罗由于急于获得关于这个国家的情况的更确切和更真实的情报，高兴地接受了这

① 萨拉特：《秘鲁的征服》，第 2 册，第 6 章；纳阿罗：《简述》，手稿；赫雷斯：《征服秘鲁》，根据《巴西亚文集》，第 3 卷，第 204 页。

个建议。①

268　在这些特使出发之前，这位西班牙将军派遣他的兄长埃尔南多率领二十名骑兵和一小队步兵前往附近的瓜马楚卓城，以便对这一地区进行侦察，弄清关于那里有一支军队集结的报道是否属实。埃尔南多发现那里一切平静无事，并受到土著人的热烈欢迎；但是，在他离开该地之前，他接到他兄弟的进一步的命令，命令他继续进军帕查卡马克，那是一个濒海市镇，距离卡哈马尔卡至少有一百里格。该镇是以帕查卡马克神的名字命名的巨大的神庙所在地，秘鲁人把这个神奉为“创世主”。据说，秘鲁人在最初占领这个国家时就发现这里筑有奉祀这位神祇的祭坛；而且土著人对它的信奉十分虔诚，以致印加王没有企图禁止信仰它，而认为比较审慎的做法是让它与他们自己的神太阳神同样受到信奉。两座神庙并排耸立在俯瞰帕查卡马克城的高地上，各自享受其信徒们的隆盛的奉献。有位古老的作家说，“这是一种巧妙的安排，通过这种安排，人类的大敌可以招致双倍的信徒灵魂。”②

但是，帕查卡马克神庙继续保持其优势；从它那漆黑而又神秘的祭坛上发出的神谕，在“塔万廷苏尤”③（或“整个世界”，正如印加王统治下的秘鲁被称呼的那样）的土著人当中享有的权威，正如

① 佩德罗·皮萨罗：《发现和征服》，手稿；赫雷斯：《征服秘鲁》，根据《巴西亚文集》，第3卷，第203、304页；纳阿罗：《简述》，手稿。

② “大家都说，魔鬼帕查卡马克对这种安排很满意，他在回答问题时显得很高兴。不管在什么情况下都有人跟着他，因为他手里牢牢掌握着那些不幸的普通人的灵魂。”见谢萨·德莱昂：《秘鲁史》，第72章。

③ 原文Tavantinsuyu。——译者

希腊人得到特尔斐[①]的神谕一样。人们从最遥远的地方来到这个神圣的地点朝圣，帕查卡马克城在秘鲁人心目中的地位，就像麦加城在伊斯兰教徒心目中的地位一样。或者像乔卢拉城在阿纳瓦克人心目中的地位一样。由于朝圣者们的奉献而富裕起来的神殿，逐渐成为这个地区最兴盛的神殿之一：阿塔瓦尔帕为了尽可能迅速地凑足赎金，敦促皮萨罗派遣一支人马前往该地获取财物，以免被神庙中的僧侣们藏匿起来。

这是一段困难重重的旅程。三分之二的路程是在科迪耶拉
山脉的高原上，不时有山峰挡住去路，给他们的前进带来了很大 269
困难。幸运的是，他们在大部分路程上可以利用通往库斯科的大路。埃尔南多·皮萨罗声称，“在基督教世界里，没有任何东西能与这条通过山脉的道路的宏伟工程媲美。”[②]在有些地方，岩壁异常陡峭，只能在岩壁上凿出石级供行人攀登；尽管两旁有巨大的石栏杆或胸墙围护，马匹在爬上这些石级时仍然是极其困难的。道路上经常有河流穿过，河上架有木桥，有时是石桥；尽管如此，偶尔有水流沿着山坡奔腾而下，汹涌湍急，唯一的渡河方法就只能是通过用柳条编成的索桥。这是西班牙人以前很少遇见过的。索桥的两端固定在两岸的巨大的石壁上。但是，由于它们最初设计时的负载量仅仅是行人和骆马，而且由于它们在外观上似乎很脆弱，西班牙人不敢带着他们的战马上桥。但是，实践经验很快就表明，这些桥能够负载比这大得多的重量；

① 古希腊城市，因有阿波罗神庙著称。——译者

② “令人惊奇的是，在崎岖的山地里道路竟修得如此漂亮，这在基督教世界是看不到的。”见《皮萨罗的信》，手稿。

而且，尽管过桥者由于长桥的晃动而头晕眼花，看到桥下一百多英尺处的急流翻滚而心惊胆颤，但骑兵总算全部平安地渡过了桥，没有发生事故。应当指出，他们发现在这些桥边有专人驻守，代表政府向行人征收过桥费。①

当西班牙人看到一群群的骆马在啃食着安第斯山高原地区生长得不很茂盛的牧草时，这些骆马的数目之多和马群之大使他们感到吃惊。这些骆马有时圈禁在一起，但更经常的是在印第安牧人的放牧下在山间自由自在地流动；征服者们第一次知道，这些牲
270 畜同他们自己国家内的美利奴羊群一样得到精心的照料，它们的流动放牧也是同样妥善安排的。②

高原及其斜坡上，村庄和市镇星罗棋布，其中有些规模相当大；这个地区到处呈现出农业兴旺的景象。田地里，处于不同生长时期的玉米随处可见，有的刚刚结了嫩绿的苞，有的已经成熟得金黄了。当他们沿山而下走进那些隔断科迪耶拉山脉诸峰的深沟和峡谷中时，他们周围长满了属于气温较高地带的植物，这些植物绚丽多彩，令人目不暇给；芳香扑鼻，使人心旷神怡。天然肥沃的土地，由一个周密的水利系统加以灌溉，这个系统从那些沿着安第斯

---

① “所有的河流上都架有石桥或木桥。我们两次渡过一条水深流急的大河，我们的人马就是从架在河面上的索桥过去的。简直是奇迹。这条河每隔一段就有两座桥，一座供普通人使用，一座专供当地领主及其军官使用，后一座桥由印第安人守卫，所有过桥的人都要向守桥者交纳通行税。”见《埃尔南多·皮萨罗的信》，手稿；《最初发现》，手稿。

② 在 M. 泰尔诺·康潘翻译赫雷斯著作的杰出的译本中，印刷者犯了一个可笑的错误，即在叙述这次远征时说，“在整个路途当中看到很多 porcs（猪）和骆马。”（《征服秘鲁记事》，第 157 页）这里的 porcs 系 parcs（围栅）之误，这一错误可能使读者误以为秘鲁在征服以前已有猪这种家畜存在。

山山坡流下的小河和溪水中引来了甘泉；山上一层层的梯田布满了菜园和果园，长着各种各样的水果。土著者既会利用大自然给予的恩惠又能勤俭劳作以弥补大自然带来的缺点，这种精神使西班牙人赞赏不已。

征服者所到之处，受到热情的欢迎，这也许是出于印加王的命令，也许是由于他们的成就在整个国家引起了敬畏。人们向他们提供了住处，从分布在沿途的充实的仓库中拿出了丰盛的供应品。在很多城镇上，居民们载歌载舞地欢迎他们：当他们继续前进时向他们提供了很多身强力壮的搬运工人给他们搬运行李。[①]

尽管有这些方便之处，行程仍然是艰难的，最后，经过了几个星期的跋涉之后，埃尔南多·皮萨罗终于到达了帕查卡马城。该城人口众多，许多房屋建造得相当坚固。守护神之庙由一幢巨大 271
的石造建筑物构成，或者说是一组建筑物，它们围绕着一座圆锥形的小山，外貌像一座堡垒而不像是宗教建筑物。但是，虽然墙壁是石头砌成的，屋顶却由茅草构成，就像在那些很少或几乎不下雨的国家里的情况一样，那里主要抵御的是阳光。

当埃尔南多·皮萨罗来到神庙的一座位于较低处的大门时，门卫不让他进入；但是他声称“他来自遥远的地方，印第安僧侣的手挡不住他”，于是他强行进入，而且在他手下人的跟随下

① 《埃尔南多·皮萨罗的信》，手稿；埃斯特特，根据《巴西亚文集》，第3卷，第206、207页；《最初发现》，手稿。最后这位作者和随同埃尔南多·皮萨罗进行这次远征的皇家监督官米格尔·埃斯特特，当然和皮萨罗本人一样，是他们所叙述的事件的目击者。埃斯特特的叙述被吸收到了秘书赫雷斯自己的叙述中。

沿着走廊盘旋而上，直到山顶的一个地方，山顶的一端耸立着一幢类似教堂的建筑物。那是令人敬畏的神的殿堂。门上装有水晶饰物，缀以绿松石和珊瑚。[①] 印第安人在这里又一次想要阻止皮萨罗侵犯圣地；正在此时，一阵地震使古老的墙壁摇摇欲坠，土著人，包括皮萨罗自己手下的土著人和当地的土著人，全都惊恐万状，仓皇奔逃，无疑认为，他们的被激怒了的神灵将把侵略者埋在瓦砾之中，或者用雷电将他们消灭。但是，征服者的心中毫无此种恐惧之感，此时，他们至少认为，他们是在为他们的忠诚信仰而战。

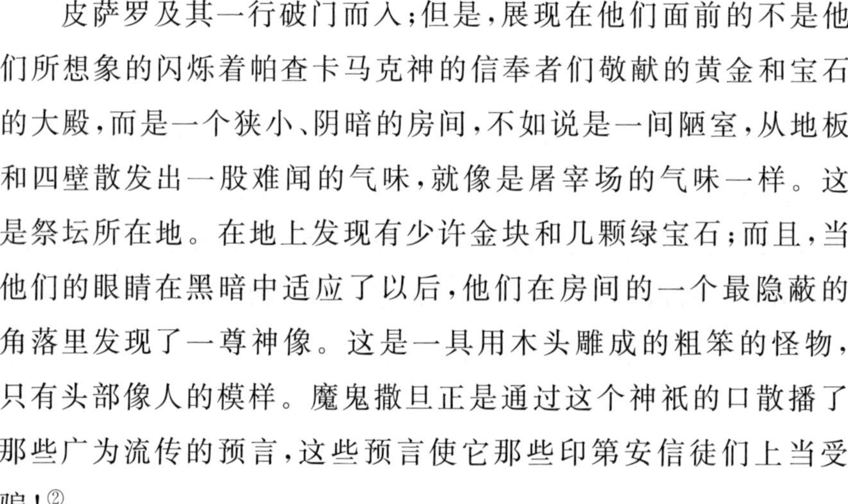

皮萨罗及其一行破门而入；但是，展现在他们面前的不是他们所想象的闪烁着帕查卡马克神的信奉者们敬献的黄金和宝石的大殿，而是一个狭小、阴暗的房间，不如说是一间陋室，从地板和四壁散发出一股难闻的气味，就像是屠宰场的气味一样。这是祭坛所在地。在地上发现有少许金块和几颗绿宝石；而且，当他们的眼睛在黑暗中适应了以后，他们在房间的一个最隐蔽的角落里发现了一尊神像。这是一具用木头雕成的粗笨的怪物，只有头部像人的模样。魔鬼撒旦正是通过这个神祇的口散播了那些广为流传的预言，这些预言使它那些印第安信徒们上当受骗！[②]

① “这扇门全是由珊瑚串珠、绿松石水晶和其他材料建造而成。”见《最初发现》，手稿。

② “那就是帕查卡马克，是他治好了大家的病。据说，这个魔鬼出现在山洞里，见到了那些神甫并同他们谈了话。神甫们是从阿塔瓦尔帕王国的各个地方，带着朝圣者的请求和赠礼而来的，就像摩尔人和土耳其人去麦加朝圣。”见《最初发现》，手稿；并见埃斯特特，根据《巴西亚文集》，第3卷，第209页。

这些亵渎神灵的西班牙人把这尊神像从神龛里拽出来，拖到 272
光天化日之下，把它打得粉碎。从此这个地方就被净化了，在那里竖立了一个由石头和石灰制成的巨大的十字架。几年以后，神庙的墙被西班牙定居者推倒，他们发现那里是一个能够供给他们自己的建筑物用的石料的方便的采石场。但是那个十字架依然存在，张开它宽阔的双臂屹立在废墟之中。它仍旧站在当初竖立它的那个地方，即在异教的堡垒中心；而且，尽管周围都是一片废墟，它宣称正教取得了永恒的胜利。

淳朴的土著人看到老天对征服者无可奈何，他们的神灵也无力阻止对它的祭坛的亵渎，便逐渐走进来向这些陌生人表示敬意，他们现在以一种迷信式的敬畏心情看待这些人。皮萨罗利用这种情绪尽可能地使他们放弃偶像崇拜；而且，正像他告诉我们的那样，尽管他不善于传教，还是发表了一通演说。从出自一个军人之口来说，这无疑是最好的传教了。[①] 而且，在结束演说时，他把十字架这个标记告诉他们，说这是一个极其宝贵的护身符，可以使他们在今后免受魔鬼之害。[②]

但是，这位西班牙指挥官并不专心致志于搞精神活动，而忽视了他到这一地区来的那些世俗的目的。他现在懊恼地发现，他来得多少有些迟了，帕查卡马克的僧侣们在得知他前来这里的使命后已经搜集了绝大部分黄金，在他到来之前逃之夭夭了。

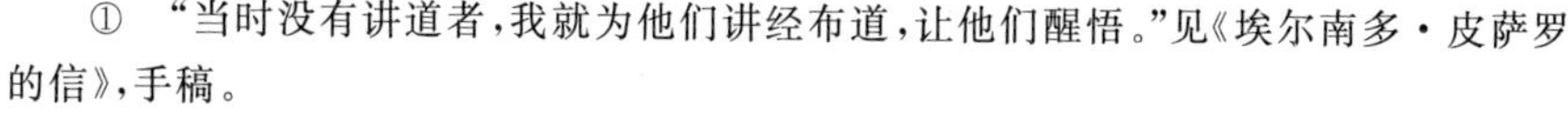

① “当时没有讲道者，我就为他们讲经布道，让他们醒悟。”见《埃尔南多·皮萨罗的信》，手稿。

② 同上。《最初发现》，手稿；埃斯特特，根据《巴西亚文集》，第 3 卷，第 209 页。

后来在附近地区发现有一部分黄金埋在地下。① 尽管如此，还是收缴到了大量的黄金，不少于 8 万卡斯提尔金币，这个数目应该
273 说是足以补偿他们所遭到的艰难困苦而有余的。但是西班牙人对黄金的胃口变大了；在最近所从事的浪漫的冒险事业的鼓舞下，他们沉湎于这样一些幻想，这些幻想是秘鲁的全部黄金也无法满足的。

然而，埃尔南多在这次远征中获得的一项战利品，大有助于弥补他在钱财上的损失。他在帕查卡马克时听说，印第安司令官查尔库奇马率领一支大军驻守在浩哈附近，那是一个实力雄厚的城镇，位于群山之中，距离帕查卡马克相当远。查尔库奇马是阿塔瓦尔帕的近亲，又是他手下经验最丰富的将军，而且，正是这位将军与现在在库斯科的基斯基斯一起，曾经赢得了南方战争的胜利，这些胜利使阿塔瓦尔帕登上了印加王位。从他的出身、才干和辉煌的战绩来看，他在这个王国里的地位是居于一人之下，万人之上。皮萨罗深知俘获这个人的重大意义。由于发现这位印第安贵族不愿在他的归途中同他会晤，他决定立即进军浩哈，在这位将军自己的住地将他俘获。从双方兵力众寡悬殊的情况来看，这样一个计划即使对西班牙人来说也是孤注一掷；但是，胜利鼓舞了他们的信心，以致他们不愿去考虑成败的机会如何。

翻山越岭的路程比上次进军时更加艰苦。骑兵遇到了各种各样的困难，战马的马蹄铁又磨穿了，马蹄在崎岖嶙峋的地面上创深

① “后来，罗德里戈·奥尔戈涅斯、弗朗西斯科·德戈多伊以及其他人都挖出了大量的金银财宝。有人猜测还有更多的金银没有挖出来，但是没有人知道埋藏在什么地方。”见谢萨·德莱昂，《秘鲁史》，第 72 章。

剧痛。手头没有铁，只有黄金和白银。在目前这种紧急情况下，他们只好考虑使用金银；皮萨罗让整个队伍的战马都钉上白银马掌。钉掌的工作是由印第安银匠完成的，这个工作完成得很好，他们发现这一贵金属可以用来代替铁，使他们得以完成以后的进军任务。①

浩哈是一个地广人多的地方；尽管我们并不相信征服者的说 274
法，经常有10万人聚集在这个城镇的广场上。② 据说，秘鲁指挥官率领一支3.5万人的军队驻扎在距离该诚仅有数英里的地方。经过一番周折之后，他被说服与皮萨罗会晤，后者对他以礼相待，并劝他一同返回卡哈马尔卡的西班牙人驻地，说这是印加王的命令。自从印加王被俘以来，查尔库奇马一直举棋不定，不知所措。印加王如此突然而神秘地被一群似乎是从天而降的人们所俘，而且正是发生在他取得胜利的时刻，这使这位秘鲁将军大惑不解。他没有制订任何救出阿塔瓦尔帕的计划，而且他也的确不知道任何这样的行动是否符合阿塔瓦尔帕的心意。他现在同意接受阿塔瓦尔帕的命令，并且不管怎样愿意与他的君王亲自会晤。皮萨罗兵不血刃便达到了他的目的。这位土著将军在同白人打交道时，似乎为后者的优越的才干所压倒，就像森林中的野兽在猎人的注

① “他们下令为其马匹钉上银制马掌。100个熟练的印第安铸工出色地铸出了规定数量的马掌，所以马匹能走两个月。”（奥维多：《美洲史》，手稿，第3卷，第8册第16章。）《最初发现》的作者说，他们用银和铜钉马掌。另一位秘鲁作者让我们相信他们用的是金和银。（引自拉穆西奥：《航海与旅行》，1565年威尼斯出版，第3卷，第376页中的《一位西班牙船长的自述》。）这些材料全都说使用了银。

② “那个城镇以及周围地区的居民很多，据西班牙人估计，每天都有10万人聚集在中心广场上。”见埃斯特特，根据《巴西亚文集》，第3卷，第230页。

视下丧魂失魄一样。

查尔库奇马在一大群随从的护送下起程。他乘坐着由他的仆从们肩抬的轿子；在他随同西班牙人返回时，所到之处受到居民们以君王之礼相待。然而，所有这些荣耀在他来到印加王面前时便消失了。他在朝见印加王时必须赤脚；从他的随从人员取过一副轻担扛在背上。这位老将在走近君王时高举双手，仰天高呼，“倘若我当时在此，决不会发生此事！”然后他双膝跪下，泪流满面地吻他的君王的手和脚。阿塔瓦尔帕则丝毫不动感情，除了表示欢迎之外，对他这位宠臣的来到没有任何其他高兴的表示。君王的冷漠态度与臣下的赤胆忠心形成了鲜明的对比。①

275 印加王的地位使他远远高于其最显贵的朝臣之上；西班牙人不止一次地看到，即使他处于目前这种倒霉的境况，他仍然保持着在他的臣民当中的至高无上的地位，臣民们在朝见他时仍然是怀着敬畏的心情。佩德罗·皮萨罗谈到有他在场的一次阿塔瓦尔帕和他的一位大臣之间的会见。这个大臣曾经获准去这个国家的某个边远地区去访问，条件是在某个日期以前返回。他滞留那里超过了预定的期限；在带着一件赎罪的小礼物朝见君王时，他的双膝战栗不已，据皮萨罗说，他似乎要摔倒在地。但是，他的君王仁慈地接待了他，没有责骂他一句便让他退下。②

被监禁中的阿塔瓦尔帕继续从西班牙人那里受到迄今一直受到的礼待。他们教他玩骰子和比较复杂的下棋，这位被俘的君王

---

① 佩德罗·皮萨罗：《发现和征服》，手稿；埃斯特特说，“这种情况是西印度群岛被发现以来前所未有的。”见埃斯特特，根据《巴西亚文集》，第3卷，第231页。

② 佩德罗·皮萨罗：《发现和征服》，手稿。

很快就精通棋艺，并喜欢用下棋来消磨被监禁的寂寞时光。他对他自己的臣民仍然尽可能保持往日的尊严和礼仪。他的嫔妃们陪伴着他，宫女们还同往常一样侍候他进餐和担负起服侍他的其他卑贱工作。一队印第安贵族驻守在前庭内，但未经宣召不得晋见君王；而在一旦进见时，要遵守他的大臣们所应遵守的同样卑躬屈膝的礼仪。他的餐桌上摆的是金盘和银盘。他的衣着经常更换，其中有用骆马毛织成的斗篷，织工非常精细，使得它的外观像丝织品一样。他有时换上一件由蝙蝠皮制成的外衣，柔软、光滑，如同天鹅绒一般。他的头上缠着“劳脱”，——一条精工细织的头巾，有色彩缤纷的许多褶皱；他的太阳穴上仍然围着“波拉”，它的深红色的流苏与黄金交错在一起，下坠到几乎遮住了眼睛的地方。[①] 当王权的实质已经沦丧的时候，王权的象征对他仍具有魅力。秘鲁君王曾经穿用过的衣服或用具，任何他人不得再用。当他把这些衣物弃置一旁时，就被小心地收藏在一个特备的箱子里，准备以后
焚烧掉。曾经由印加王使用过从而是神圣化了的东西，如果再给 276
庶民百姓使用，那将是一种亵渎。[②]

在从帕查卡马克归来的部队于 5 月下旬到达以后不久，派往库斯科的三位特使也返回来了。他们非常成功地完成了他们的使命。由于印加王的命令和由于白人在整个国家引起的敬畏，西班牙人到处受到热烈的欢迎。土著人用当地的轿子把他们抬在肩

---

① 文中劳脱原文为 llautu；文中波拉原文为 borla。——译者

② 关于阿塔瓦尔帕的这些个人生活习惯的叙述，摘自佩德罗·皮萨罗的著作，他在阿塔瓦尔帕被监禁期间经常见到他。由于他这些奇特的叙述很少为人所知，我把原文摘录在本书附录九中。

上，而且，由于他们在前往首都的途中全在帝国大道上行走，在这条大道上每隔一定的距离设有印第安人的驿站，因而他们在走完这六百多英里的旅程时，不但没有感到不便。而且非常轻松。他们经过了很多人口稠密的城镇，总是发现土著人把他们当作一种优越的种族对待。在库斯科，人们以盛大节日里的那种狂欢来接待他们，给他们安排豪华的住处，并且享受到一心想要向他们讨好的居民们所能想到的一切舒适。

他们的关于首都的叙述，证实了皮萨罗以前听到的关于这个城市的富庶繁华的一切说法。尽管他们在那里停留了一个多星期，但没有看到它的全貌。他们看到宏伟的太阳神庙完全是用金箔覆盖的。他们走进庙内，看到了先王们的木乃伊，每一具木乃伊都坐在一张黄金雕塑的椅子上，衣服上缀满了饰物。西班牙人懂得如何尊敬这些木乃伊，因为印加王曾把礼节告诉了他们；但是他们要求把装饰在墙上的金箔全部拆下。秘鲁人非常勉强地同意了他们的君王关于亵渎这座全国性庙宇的命令，这座庙宇是这个城市的每一个居民特别尊敬和引以自豪的。他们还不那么勉强地协助征服者取下其他建筑物上的饰物，但是，那些地方的黄金中混有大量的合金，因而价值低得多。[①]

277 他们从太阳神庙揭下的金箔共 700 片；尽管它们也许并不很厚，但大小同一个箱子盖差不多，宽约 10 或 12 英寸。[②] 一道纯金

① 引自拉穆西奥：《一位西班牙船长的自述》，第 3 卷，第 375 页；佩德罗·皮萨罗：《发现和征服》，手稿；埃雷拉：《通史》，第 5 卷，第 2 册，第 12、13 章。

② “他们从这所建筑物里抢走了类似木板的三四拃长的金箔。”见赫雷斯：《征服秘鲁》，根据《巴西亚文集》，第 3 卷，第 232 页。

的屋檐围绕着这座建筑物，但它牢固地嵌在石头内，幸免于破坏者的毒手。西班牙人指责印第安人在破坏工作中缺乏诚意，并且说没有让他们看到这个城市的其他一些藏有大量金银的建筑物。实际上，他们的任务本来就是令人憎恶的，他们执行任务的方式更加深了这种憎恶。这些特使是些品格十分低下的人，土著人对他们的尊敬使得他们趾高气扬，他们把这种尊敬视为理所当然，把可怜的印第安人视为一个远逊于欧洲人的种族。他们不仅表现出极端的贪婪，而且肆无忌惮地侮辱那些最高级的贵族。据说，他们甚至胆敢闯入修道院禁地，可耻地奸污了太阳神的贞女们，从而激怒了秘鲁人的宗教情绪。库斯科的人民义愤填膺，如果不是由于他们一贯尊敬印加王，而这些西班牙人是以印加王的名义来到这里的话，他们本来是会以武力相向的。事实是，印第安人搜集了足够多的黄金，以满足这些卑劣的访问者的需要，并使他们尽快地离开。[①] 皮萨罗派遣这样一些人前往是犯了一个大错；因为就是在他的随行人员中，也有一些人在其他场合下表现出某种程度的自尊自重，尽管他们并不尊敬土著人。

这些特使们除带回来大量白银外，还带回来满满 200 卡尔加(或驮)黄金。[②] 这对阿塔瓦尔帕的赎金来说是一笔重要的收入；尽管现有的金银还远远低于规定的数额，但这位印加王高兴地看

---

① 埃雷拉：《通史》，第 5 卷，第 2 册，第 12、13 章。

② 皮萨罗的秘书说，“运来了 200 卡尔加黄金和 25 卡尔加白银。”(赫雷斯：《征服秘鲁》，同前注所引处)——他说，一驮黄金由四个印第安人驮着。一驮(paligue-res)这个词不是西班牙语，其含义是模糊的。泰尔诺一康潘富于想象力地认为，一驮可能与四人抬(palanquin)的意思相近，因为字面有些相似。

到，凑足赎金的日期越来越近了。

278 在这以前不久发生的一件事，改变了西班牙人的处境，并对印加王的命运产生了不利的影响。那就是阿尔马格罗率领一支强大的增援部队到达卡哈马尔卡。阿尔马格罗在经过巨大的努力以后，装备了3艘船，并凑集了一支150人的队伍，他率领这支队伍于上一年的下半年驶离巴拿马。在航行途中又有一小支来自尼加拉瓜的队伍加入了他的行列，因此，他的整个兵力达到步兵150人和骑兵50人，拥有充足的弹药供应。他的船队由老舵手鲁伊斯领航；但是在驶过圣马修湾以后，他只能沿着海岸缓缓行驶，像往常一样，为暴风和急流所阻，并经历了伴随这次旷日持久的航行而来的一切艰难险阻。由于某种原因，他没有获得关于皮萨罗的消息；他手下的大多数人都是些冒险的新手；他们感到非常沮丧，当他们抵达别霍港时，他们建议放弃远征，立即返回巴拿马。幸好，阿尔马格罗派往通贝斯的一个小分队的队员之一带回了皮萨罗和他在圣米格尔建立殖民地的消息。由于受到这一消息的鼓舞，阿尔马格罗恢复航行，终于在1532年12月底把他的全部人马平安地带到了西班牙定居点，即圣米格尔。

他在那里听到了关于皮萨罗的翻山越岭的远征和俘获印加王的消息，不久以后，又听说印加王为了赎身而建议的巨额赎金。阿尔马格罗及其同伴们以毫不掩饰的惊奇倾听着关于他的同事的这些叙述，倾听着他的命运的如此迅速而又神奇的转变，看起来简直像魔术一样。与此同时，他从一些殖民者得到警告说，不要相信皮萨罗，因为据知皮萨罗对他不怀好意。

在阿尔马格罗到达圣米格尔以后不久，关于他到达的消息就传到了卡哈马尔卡，而且他的秘书佩雷斯送来一个秘密的条子，通知皮萨罗说，阿尔马格罗的到来不是为了同他合作，而是想要建立一个独立的政府。这两位西班牙领导人周围似乎都有一些卑鄙和狂暴的小人，他们力图使这两人互相争吵，无疑地是为了使他们自己从中获利。但是，他们这种恶毒的图谋一度未曾得逞。

皮萨罗对这样一支强大的增援队伍的来到，感到非常高兴。279
这将使他能够像他所希望的那样安排自己的命运，并促进对这个国家的征服。他并不重视那位秘书送来的情报：因为，无论阿尔马格罗最初的目的为何，皮萨罗知道，他在这个国家里已经揭示出来的财富，肯定会使阿尔马格罗与他合作共同开发它。因此，他以宽宏大量的态度立即致信他的老同事，并以充满友情的保证邀请他前来卡哈马尔卡，这种从服从正确的政策出发以消除细小的敌对情绪的做法确是宽宏大量的。阿尔马格罗是个坦率而且粗心的人，他以信中所表达的同样的精神接受了这封信；而且，在做了一些必要的停留之后，率队深入内地。但是在离开圣米格尔之前，由于知道了他的秘书的背叛行为，便将他就地绞死以示惩戒。[1]

阿尔马格罗大约在 1533 年 2 月中旬抵达卡哈马尔卡。皮萨罗的士兵们出来欢迎他们的同胞，两位领导人极其热烈地相互拥抱。以往的一切嫌隙似乎都付之东流，他们似乎只准备互相支援以便从事展现在他们面前的征服一个帝国的光辉业绩。

在卡哈马尔卡，这些西班牙人的到来对有一个人所产生的影

① 佩德罗・皮萨罗：《发现和征服》，手稿；赫雷斯：《征服秘鲁》，根据《巴西亚文集》，第 3 卷，第 204、205 页；《简述》，手稿；《征服秘鲁居民》，手稿；《最初发现》，手稿；埃雷拉：《通史》，第 5 卷，第 3 册，第 1 章。

响与对他们自己的同胞所产生的影响完全不同。这个人就是印加王阿塔瓦尔帕。他看到这些新来者只不过是又一群吞噬他不幸的国家的蝗虫。而且他感到，由于他周围的敌人增加了，他恢复自由和在恢复以后保持自由的机会减少了。这时候发生的一件小事给他的处境又增添了一层阴影，这件事的本身是没有什么意义的，但是由于迷信而把它变成令人可怕的了。

天空中发生了一个奇异的景象，也许是一颗流星，或者可能是一颗彗星，有些士兵看到了这个景象并指给阿塔瓦尔帕看。他聚精会神地观看了几分钟，然后悲观失望地高呼，说“在他父亲瓦伊
280 纳·卡帕克去世以前不久，天空中也曾看到同样的景象。”[①]从那天以后，他似乎充满了悲哀，因为他对未来怀有疑虑和难以形容的恐惧。因此，正是在危险的时刻，思想和情绪一样，变得致命的敏感：只要有丝毫脱离正常轨道的现象，这种现象在平时可能是无人注意的，而在迷信的人眼里看来，似乎具有某种含义，即与个人的命运有某种联系。

① 引自拉穆西奥：《一位西班牙船长的自述》，第3卷，第377页；谢萨·德莱昂：《秘鲁史》，第65章。

第七章

数不清的财宝——士兵当中的分赃——关于一次起义的谣传——对印加王的审判——对他的处决——反应

1533 年

阿尔马格罗的到来,使皮萨罗的前景起了很大的变化,因为这使他能够重新开始积极行动,并将他的征服事业扩展到内地。在他前进道路上的唯一障碍是印加王的赎金。西班牙人曾耐心地等待,直至特使们从库斯科回来,把财宝增加到很大的数量,尽管仍然低于规定的数额。但是现在,他们的贪婪使他们迫不及待,他们大嚷大叫要求立即把黄金分赃。再等待下去只会招致敌人的进攻,因为敌人会被这一诱人的钓饵所吸引。当这些财宝没有清点的时候,谁也不知道它们价值多少,也不知道自己应该分得的数额。最好是立即分掉,让每个人拥有和保卫自己的那一份。而且,有几个人现在准备回国,并把他们分得的黄金带回,在国内他们可以安全地放置这些黄金。但这仅仅是少数人,大部分人只是急于离开目前的住处立即进军库斯科。他们认为,前往首都比在这里继续等待下去能够获得更多的黄金。为了防止居民们隐藏财宝,

每一小时都是宝贵的。已经有迹象表明有这种隐藏财宝的企图。

使皮萨罗特别动心的是最后这一考虑；而且他认为，如果不获
281 得首都，他就不能指望成为帝国的主人。于是便毫不迟延地一致同意了分配财宝。

然而，在分配以前，必须把所有的黄金都熔成属于同一规格的金锭，因为这些战利品是一些各种各样的金器，其含金的程度各不相同。这些金器包括各种形状和大小的酒杯、水壶、托盘和瓶子，神庙和王宫的饰物和用具，公共建筑物装饰用的金砖和金箔，仿照各种不同的动植物形状的金制品。在植物当中，最美的是玉米，黄金的苞米裹在白银的宽叶中，从宽叶上垂下用同样的贵金属制成的无数的穗须。一道喷泉也赢得了人们的赞叹，它喷出一股耀眼的黄金，而由同样的金属制成的鸟和动物，在泉底的水中嬉戏。有些金器工艺之精巧和设计的美妙，赢得了比秘鲁的粗俗的征服者更高明的鉴赏家们的赞叹。[①]

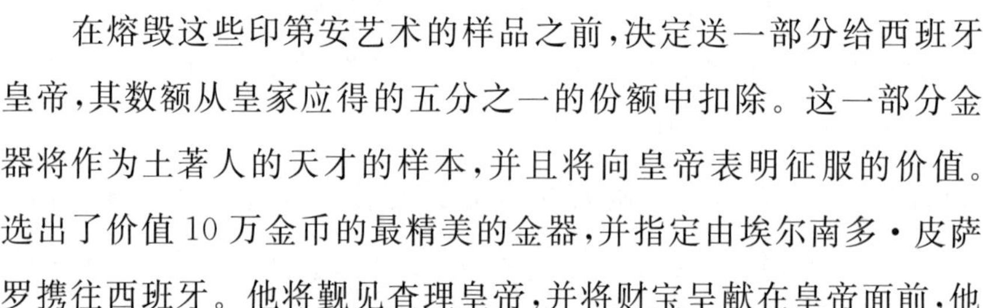

在熔毁这些印第安艺术的样品之前，决定送一部分给西班牙皇帝，其数额从皇家应得的五分之一的份额中扣除。这一部分金器将作为土著人的天才的样本，并且将向皇帝表明征服的价值。选出了价值10万金币的最精美的金器，并指定由埃尔南多·皮萨罗携往西班牙。他将觐见查理皇帝，并将财宝呈献在皇帝面前，他

① 引自拉穆西奥：《旅行记》第3卷，《佩德罗·桑乔的自述》第399页；赫雷斯：《征服秘鲁》，根据《巴西亚文集》，第3卷，第233页；萨拉特：《秘鲁的征服》，第2册，第7章；奥维多在圣多明各见到了埃尔南多·皮萨罗带住卡斯提尔的金器；他详细描述了几件由精炼的黄金制成的制作精美、雕镂富丽的金器，并估计高度为12英寸和周长30英寸。见《西印度史》，手稿，第3卷，第8册，第16章。

将陈述征服者所取得的进展，并请求赐予他们更大的权力和爵位。

从办事敏捷和了解情况来说，没有人比埃尔南多·皮萨罗更适合担任这项使命了；没有人能像他那样在尊贵的卡斯提尔宫廷里为他的事业提出有效的申请。但是在目前这个关键时刻，其他一些理由影响了对他的选择。

他以前对阿尔马格罗的忌妒仍然耿耿于怀，他毫不掩饰地以一种不满的情绪看待阿尔马格罗的到来。他认为他是来分享战利
品和盗取他兄弟的合法权益的。当阿尔马格罗在他们初次见面中 282
向他热情地致意时，这位骄傲的骑士不是报以同样热情的问候，而是冷冷地保持沉默。他的兄弟弗朗西斯科对于这种可能勾起旧怨的行为非常不满，他劝埃尔南多随他一起去阿尔马格罗的住地为他的不礼貌行为道歉。[①] 但是，尽管这样言归于好，弗朗西斯科认为现在是一个把他的兄长撤离战场的大好机会，他的兄长在这里结党营私之心超过了他的杰出的服务。[②]

熔化金器的任务交给了印第安的金匠们，这就是要求他们毁掉自己亲手制作的东西。他们夜以继日地工作，但由于熔化的数量太大，他们整整工作了一个月。当所有的金子都熔化成属于同一规格的金锭时，在王室监督员的监督之下进行了仔细的称量。黄金总额达 1326539 金比索，这个数额如果考虑到 16 世纪时的钱

① 埃雷拉：《通史》，第 5 卷，第 2 册，第 3 章。

② 根据奥维多的说法，当时达成协议，埃尔南多可以从印加王的赎金中分得比他应该分得的大得多的份额，希望他会感到太富了而不再想要回到秘鲁来。“他们力图把他调开，让他离开那个地方，如果他带着很多钱走，以后就不会回去的。”见《西印度史》，手稿，第 3 卷，第 8 册，第 16 章。

币比较值钱的因素，也许相当于现在的350万英镑，或者略少于1550万美元。[①] 据估计，白银的数额为51610马克。[②] 这样一笔
283 巨大的战利品，而且是最容易兑换的现金，竟然落人像秘鲁的征服者这样一小队军事冒险家之手，这在历史上是无与伦比的。西班

① 《阿塔瓦尔帕的赎金分配单》，手稿；赫雷斯：《征服秘鲁》，根据《巴西亚文集》，第3卷，第232页；为了缩小这本著作中所指出的数字，我利用了马德里皇家历史学院前秘书克莱门辛先生的劳动成果，正如我以前在《墨西哥征服史》一书中所做的那样。这位杰出的学者在主要由他编纂的六卷本的该学院的备忘录中，介绍了一篇关于费迪南德和伊莎贝利亚统治时期货币价值的情心制作的论文。尽管那个时期（15世纪末期）多少要比秘鲁的征服早一些，然而他的计算对于我们的研究来说是接近真实的，因为西班牙的货币那时还没有受到那个动乱因素（从新大陆流入大量的贵金属）的很大影响。在探讨一个过去很久的时代的货币时，我们首先可以考虑硬币的特定价值——即从该金属的重量、纯度等确定其价值，这些情况是容易断定的。其次，我们可以探求货币的商业价值或对比价值，即从同样数额的货币以前可以买到和现在可以买到的商品数额之差得出的价值。最后这种探求有很大的困难，因为难以找到任何一样物品可以作为真正的价值标准。小麦由于得到人们的普遍种植和食用，通常被政治经济学家们选为这样的标准；克莱门辛便把它用于他的计算中。他用小麦作为标准，试图确定天主教君王统治时期通行的主要硬币的价值。他在他的论文中没有提到金比索，而在16世纪早期，金比索比任何其他货币都更经常地用于计算金额。但他确定了古卡斯提尔金币（castellano）的特定价值和商业价值。几个较早的作家，例如奥维多、埃雷拉和赫雷斯，都把古卡斯提尔金币说成完全等同于金比索。从他计算的结果来看，他用实物表示的卡斯提尔金币的特定价值似乎相等于我们时代的三美元七美分，而商业价值则几乎是四倍，或者说是十一美元六十七美分，等于两英镑十二先令六便士。把这作为16世纪早期金比索的近似值，读者可以很容易地自己计算以上各页中提到的数额，其中大多数是以金比索计算的。我之所以不厌其烦地加以说明，是因为在我先前的著作中，我局限于这种货币的商业价值，由于这种价值大大高于以金属的质和量为基础的特定价值，因而被一位聪明的记者认为给了读者一个关于历史上指出的数额的夸大的估计。但是在我看来，读者关心的只是这种比较的或商业的价值；这种价值表示任何特定的货币数额所代表的商品数量，从而使他知道那个数额的真正价值；因此我采用了赫迪布拉斯（英国人塞缪尔·巴特勒所写的讽刺清教徒的诗中的主人翁）的原则而用相反的说法，“任何东西的价值是什么，难道不是它能换来钱的多少？”

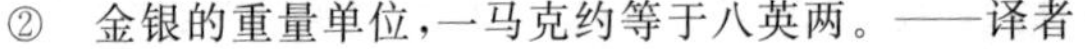

② 金银的重量单位，一马克约等于八英两。——译者

牙人远征新大陆的主要目标是黄金。他们取得如此圆满的成功是令人惊叹的。如果他们采取的是英国人、法国人或荷兰人所走的路线，在北美海岸登陆，结果将迥然不同！同样应该指出的是，如此突然攫取来的财富改变了他们为了国家繁荣所用的那种缓慢却比较稳妥又更长久的取得资源的办法，而结果是财富从他们的手中漏掉了，使他们还在基督教世界中处于最穷的国家之列。

在分配财物上，现在发生了一个新的困难。阿尔马格罗的手下人要求分享这些财物。由于他们的人数与皮萨罗的手下人相等，而且实际上是略多，这就会使后者的得益大为减少。阿尔马格 284
罗的士兵们对他们的同伙说，“的确，在俘获印加王时我们没在这里，但在他被俘获以后，我们参加了轮流值班看守他的工作，帮助你们保卫这些财物，而且现在使你们能够继续前进和完成征服事业。”他们极力说，“这是一项共同的事业，大家担负的是同样的任务，因而利益也应该在我们当中平均分配。”

但是这种看待事物的方式完全不符合皮萨罗的手下人的心意，他们认为阿塔瓦尔帕的契约只是同他们签订的；是他们擒获了印加王，获得了赎金，总之，是他们承担了远征的一切风险，因而现在不打算与后来的人分享果实。不可否认的是，这样的推理有很大的说服力，最后在首领们之间解决了：阿尔马格罗的手下人只能要求分享规定的一笔数目不大的金额，并且从目前展现在他们面前的事业中去自谋其致富之道。

在如此顺利地解决了这个复杂的问题后，皮萨罗十分庄严地准备分配帝国战利品。士兵们被召集到一个大广场上，记录说这位西班牙司令官“诚惶诚恐地在上帝面前要求上帝协助他诚实而公正地做好这一工作”。[①] 在分配如此非正义地得来的战利品上，发出这种呼吁似乎是不适当的；然而，实际上，鉴于财物的巨大数量以及皮萨罗所拥有的按照每个人的功绩分配财物的权力，可以说他一生的作为中很少有比这次任务承担的责任更重大了。他目前的决定可以说关系到他每一个部下的未来命运——在今后的岁月中是穷困潦倒还是可以独力维生。

在分配中首先减去皇室应得的五分之一，包括已经送往西班牙的贡品。皮萨罗应得的份额达 57222 金比索，和 2350 马克的白银。除此以外，他还分得印加王纯金制成的大座椅或御座，价值 25000 金比索。分配给他兄长埃尔南多的是 31080 金比索
285 和 2350 马克的白银。德索托分得 17740 金比索和 724 马克的白银。其余的大多数骑兵，共 60 人，每人分得 8880 金比索和白银 362 马克，虽然有些人分得多一些，少数人分得少一些。步兵总数为 105 人。大约其中五分之一的人每人分得 4440 金比索，和白银 180 马克，等于每个骑兵的一半。剩下的人分得四分之一弱，尽管其中也有一些例外，而且有些人被迫满足于分得少得多的份额。[②]

在秘鲁建立的第一个基督教教堂，圣弗朗西斯科新教堂获得 2220 金比索。如果分给阿尔马格罗手下人的数额不过 2 万比索

---

① “上帝开导他的良心，于是他就祈求神明开恩，帮助他做好这件事。”见《赎金分配单》，手稿。

② 分配的详细情况规定在《赎金分配单》中，那是由皇家公证人起草和签署的一个文件。因此，这个文件具有无可怀疑的权威性，它在我从穆尼奥斯的收藏物选出来的手稿之中。

的话，这个数目是不多的；[①]而留给驻在圣米格尔的殖民者的只有15000 比索，那的确是太少了。[②] 读者们可能还会记得，那些士兵当中有些人在远征的初期曾经半途而废，返回了圣米格尔。这些人显然没有权利要求分配战利品。但是那块殖民地上的大部分人是些伤病员，他们的健康是因以前的困难毁掉的，但是他们仍然有坚强的意志，恪尽职守地捍卫了海滨的军事据点。很难解释他们由于什么原因丧失了要求更多报偿的权利。

在分配战利品当中没有提到阿尔马格罗本人，按照原订的契约，他可以要求与皮萨罗分得同等的份额。同样也没有提到
另一个同伙人卢克。的确，卢克本人已不能享受人世间的财富 286
了。他在阿尔马格罗离开巴拿马之前不久已经去世；[③]他死得太早，没有来得及看到远征的完全胜利，这一事业如果没有他的努力，本来是会失败的；他死得太早，没有来得及看到皮萨罗的种种成就和种种罪行。但是，他所代表的埃斯皮诺萨教士，那个似乎是提供了远征经费的人，仍然在圣多明各活着，而且卢克的权利显然是要转让给他的。然而，在事隔如此长久之后，仅仅根据反面的证据是难以发言的；而且必须承认，可以作出一个强有力的推定是，皮萨罗在分配财物上一般说来是公平的，我们没有

① “2 万比索金币分给了迭戈·德阿尔马格罗的部下，以便他们偿还债务，交付运费，购买日用必需品。”（见赎金分配单，手稿）埃雷拉说，分给阿尔马格罗部下的为 10 万比索（《通史》第 5 卷，第 2 册，第 3 章），但文献中没有这样的记载。

② “留在皮乌拉的圣米格尔城的 30 人，有的是病人，有的没有看守过阿塔瓦尔帕的牢房，他们大都很穷，需要钱用，于是阁下拿出 15000 比索的金子分给他们。”——引书同上

③ 蒙特西诺斯：《编年史》，手稿，1533 年。

从有关的任何一方或当时的历史学家那里听到有关此事的非议。[①]

西班牙人分配赎金的工作告竣之后，在他们恢复积极行动和开始进军库斯科的道路上，似乎再没有别的障碍了。但是对阿塔瓦尔帕怎么发落呢？在决定这个问题时，无论怎样做只要是有利的便是公正的。[②] 如果释放他，就会使一个可能证明是他们最危险的敌人获得自由；这个人的出身和他所处的国王地位可能把整个国家团结在他周围，把整个政府机构及其所有的资源置于他的控制之下。总之，这个人只要一声令下，就可以集合他的人民的全部力量来反对西班牙人，从而长期推迟对这个国家的征服，即使不能完全挫败征服的话。然而，把他囚禁起来也同样是困难重重；因为要看守这样一个重要的俘虏就将分散他们很大一部分兵力，从而必然大大削弱他们的实力，而且他们怎么能够指望在通过那些险要的山口时看守住他们的俘虏不被人劫走呢？

印加王本人现在强烈要求释放他。当然，他曾许诺过的赎金
287 数额还未完全实现。它是否会实现是可疑的，因为那些守卫神庙的人制造了一些障碍，他们似乎要把财宝隐藏起来，而不是把这些

① 几次提到的那位“西班牙上尉”对我们说，他是被指定看守财物的人当中之一，他的确抱怨说，有大量的金瓶和其他金器没有分配——他认为，对那些历尽艰难险阻赢得这一切的诚实的征服者来说，这显然是不公平的。（引自拉穆西奥：《旅行记》第 3 卷《佩德罗·桑乔的自述》，第 378、379 页。）这位作者在他整个的叙述中充分表现了秘鲁探险者所特有的那种粗犷而贪婪的气质。

② “有利可图就是公正。”——埃雷拉指责皮萨罗有这种情绪，见《通史》，第 5 卷，第 3 册，第 4 章。

神圣的宝藏去满足陌生人的贪欲。对印加王来说，不幸的是，大部分质量最好的黄金是扁平的金箔或金砖，无论它们的价值多高，却是紧紧地挤压在一起，占据的空间不大。但是已经完成了一个巨大的数额，而且这位印加王可能说，如果西班牙人不是迫不及待的话，本来是会完成更大的数额的。无论如何，这是一笔巨大的赎金，是任何王子和贵人都未曾支付过的。

阿塔瓦尔帕把这些想法告诉了几位骑士，特别是告诉了埃尔南多·德索托，后者比皮萨罗更与他接近。德索托向他的领袖汇报了阿塔瓦尔帕的要求；但皮萨罗回避直接回答这一要求。他没有暴露他心中酝酿的阴险目的。[①] 不久以后，他让公证人起草一个文件，在文件中他让印加王完全解除了继续交纳赎金的义务。他下令在兵营中公开宣布这一点，但与此同时，他又公开宣布，为了西班牙人的安全，要求将印加王继续监禁，直至有更多的援兵来到时为止。[②]

与此同时，关于土著人准备进攻的老谣言又在士兵当中开始流传。这些谣言由一人传给另一人，每传一次就添枝加叶一番。据说，在阿塔瓦尔帕的出生地基多，集结了一支庞大的军队，还有

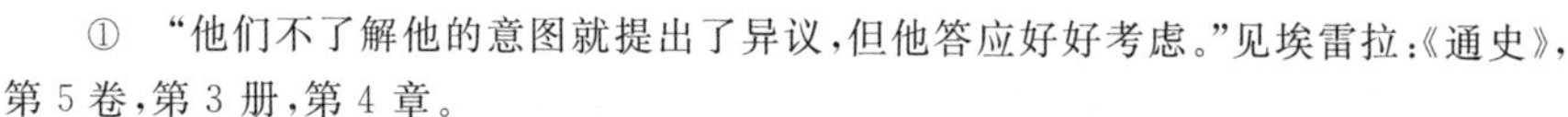

① “他们不了解他的意图就提出了异议，但他答应好好考虑。”见埃雷拉：《通史》，第 5 卷，第 3 册，第 4 章。

② “在实现并吞之后，总督让公证人拟定了一项公文，决定释放阿塔瓦尔帕，并准其收回许下的诺言，这一诺言是西班牙人在金殿抓获印加王时，他向他们许下的。印加王曾下令在那座城市的广场上鸣号，让人当众公布过他的这一诺言”。（引自拉穆西奥：《旅行记》第 3 卷，《佩德罗·桑乔的自述》，第 399 页。）这种说法的权威性是无可指摘的，至少就任何反对征服者的事实来说是如此，因为《自述》是皮萨罗本人的秘书之一所写，并经这位将军及其主要的军官们批准的。

288 3万加勒比人正赶来支援他们。[①] 这些加勒比人是被早先的西班牙人不加区别地一概驱散到美洲各地的，并被加上特殊的恐怖名声，说他们是一个吃人的种族。

很难找到这些谣言的来源。在兵营里有很多印第安人，他们属于瓦斯卡尔一方，自然对阿塔瓦尔帕怀有敌意。但他最大的敌人是本书中已经提到的来自通贝斯的翻译费利皮略。这个年轻人正在热恋着印加王的一个妃子，或者正如某些人所说的，他被发现与一个妃子勾搭。[②] 这件事传到了阿塔瓦尔帕的耳中，他感到十分震怒。他说，"这样一个小人干的这样一种坏事是对他的一种侮辱，这比他被监禁更难忍受，"[③]他还向皮萨罗说，"按照秘鲁法律，对这种罪行的惩罚是不仅要把罪犯本人处死，而且要把他的全家和亲属处死。"[④]但是，费利皮略对西班牙人来说太重要了，不能这样简单地处理；而且他们根本不把这样的事看成是罪行，因为，如果报道属实的话，那他们是以他们自己的榜样鼓励了这样的事。[⑤]

---

① "20万兵士和3万食人肉的加勒比人从基多赶来。"见赫雷斯：《征服秘鲁》，根据《巴西亚文集》，第3卷，第233页。并见引自拉穆西奥：《旅行记》，第3卷，《佩德罗·桑乔的自述》，第399页。

② "费利皮略被称做语言魔鬼，他是侯爵送往西班牙的青年人之一，现在是翻译，和阿塔瓦尔帕的一名妃子热恋着。"见佩德罗·皮萨罗：《发现和征服》，手稿。金塔纳似乎认为，费利皮略的爱情和阴谋，主要是根据加西拉索的说法（见《西班牙名人录》，第2卷，第210页），萨拉特、纳阿罗、戈马拉、巴尔沃亚都明确地提到这件事，他们全都是当时的人，尽管不像佩德罗·皮萨罗一样亲自参加军队。

③ "他说他为那种不法行为感到难过，比坐牢更难忍受。"见萨拉特：《秘鲁的征服》，第2册，第7章。

④ 萨拉特，同上注

⑤ "他们抢走了他的女人，在他的面前把她们分掉后又奸污她们。"见奥维多：《西印度史》，手稿，第3卷，第8册，第22章。

但是，费利皮略很快就知道印加王对他的情绪，从那时起，他就对印加王恨之入骨。不幸的是，他的恶毒性格找到了展示的场所。

人们认为，关于土著人准备起义的谣言是阿塔瓦尔帕制造出来的。查尔库奇马在这个问题上受到审查，但他发誓说他根本不知道任何这类的计划，他还把这种说法说成是恶毒的诽谤。皮萨罗然后把这个问题提到印加王本人面前，向他重复了流传的说法，带着一种相信这些说法的神色。皮萨罗说，“你蓄谋反对我，这是 289
一种背叛，我那么优待你，相信你的话，就像相信一个兄弟的话一样。”印加王也许没有感到这种信任的分量，他回答说，“您开玩笑，您总是跟我开玩笑。我或者我的人民怎么会想到阴谋反对像西班牙人这样英勇的人呢？我求您别这样跟我开玩笑。”[①]皮萨罗的秘书继续叙述说，“他用最平静和最自然的语气说出这样的话，一直用微笑来掩饰他的虚伪，使我们全都惊奇地发现一个野蛮人竟然这样狡诈。”[②]

但是，正如后来的事实所证明的，阿塔瓦尔帕向皮萨罗说话时并不带有狡诈，而是心地坦然。但是，他很快就看出了这种指责的原因，也许还看出了它的结果。他看到他的脚下出现了一条阴暗的鸿沟；他的周围是一群陌生人，他不能指望从其中任何

---

① “您真会开玩笑，总拿我开心。我和我的人民为什么要惹你们这些勇敢的人生气呢？请您不要开这种玩笑。”见赫雷斯：《征服秘鲁》，根据《巴西亚文集》，第 3 卷，第 234 页。

② “听到传闻的西班牙人，看到一个野蛮人如此狡诈，无不感到惊奇。”——同上注

人得到忠告或保护。被俘君王的生命通常是短促的；当阿塔瓦尔帕想到瓦斯卡尔的情况时，他可能懂得了这一点。他现在痛苦地哀叹埃尔南多·皮萨罗的离去，因为，看来似乎奇怪的是，那位骑士的高傲的心灵被这位囚禁的国王的处境所感动，他对他优礼有加，从而赢得了这个印第安人对他的特殊关心和信任。然而，阿塔瓦尔帕急于想要消除皮萨罗将军的怀疑和证明自己的无辜。他对皮萨罗说，“难道我不是您手中一个可怜的俘虏吗？我怎么能设想您归咎于我的那些阴谋呢？这些阴谋一旦实施，第一个遭殃的将是我。如果您认为这样一种活动可以在没有我的命令的情况下进行，那您就是不了解我的人民。”他用一种多少带有夸张的口气说，“在我的国土上，飞鸟也得按照我的意旨飞行。”①

但是这些表白对士兵们不起作用，他们之间仍然一直相信关
290 于土著人举行全面起义的说法。据说在不到100英里之遥的瓜马楚卓已经集结了一大支队伍，他们随时可能发动进攻。西班牙人已经获得的财物形成了一种有诱惑力的战利品，他们自己由于担心失去这些东西而提高了警觉。哨兵加了一倍，战马从不卸鞍。士兵们枕戈待旦；皮萨罗经常巡视哨兵是否严守岗位。总之，这支小部队时刻处于准备对付进攻的状态。

担惊受怕的人在如何消除恐惧的原因上并不总是小心谨慎的。可以听到人们在窃窃私议，反对这些阴谋的制造者印加王，并

① “要是我不愿意，连鸟都不敢在我的国土上飞行。”见萨拉特：《秘鲁的征服》，第2册，第7章。

伴之以险恶的威胁。许多人开始要求杀死他，认为这是为保卫西班牙军队所必需的。在这些人当中，最激烈的是阿尔马格罗及其部下。他们没有看到擒获阿塔瓦尔帕的情况。他们不同情他的失势。他们仅仅把他看成是一个障碍，他们现在希望在这个国家大发横财，因为他们在卡哈马尔卡得到的黄金太少。他们得到了司库里克尔梅和其他皇室官员的支持。这些人是被皮萨罗留在圣米格尔的，因为他不愿使他的行动受到这种官方的监视。但是他们同阿尔马格罗一起来到这里，他们强烈要求处死印加王，认为这是这个国家的安宁和西班牙皇室的利益所必需的。[①]

对于这些阴险的建议，皮萨罗置若罔闻，或者似乎是置若罔闻，显然不愿对他的俘虏采取极端的手段。[②] 有少数人支持他的观点，其中有埃尔南多·德索托，他们认为，从关于阿塔瓦尔帕的罪行证据来看，采取极端手段是完全不合理的。在这种情况下，西班牙指挥官决定派遣一个小分队去瓜马楚卓去进行侦察，弄清关于起义的谣言有什么根据。这次远征以德索托为首，由于距离并不遥远，只需要几天就可完成。

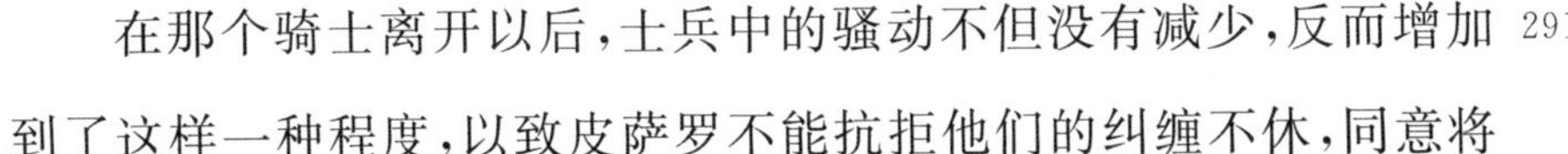

在那个骑士离开以后，士兵中的骚动不但没有减少，反而增加 291
到了这样一种程度，以致皮萨罗不能抗拒他们的纠缠不休，同意将

① 佩德罗·皮萨罗：《发现和征服》，手稿；《最初发现》；引自拉穆西奥：《旅行记》，第 3 卷；《佩德罗·桑乔的自述》，第 400 页。——这些骑士全都在兵营里。

② “这不是总督的意愿，他是不同意这样干的。”见《最初发现》，手稿；佩德罗·皮萨罗：《发现和征服》，手稿；并见拉穆西奥：《旅行记》，第 3 卷；《佩德罗·桑乔的自述》，第 400 页。

阿塔瓦尔帕立即交付审判。采取审判的形式是比较慎重的，而且肯定是比较安全的。组成了一个法庭，由两位首领皮萨罗和阿尔马格罗担任主审法官。任命一个检察长代表皇家起诉，并为被告指定了律师。

针对印加王的指控是以问题的形式提出的，一共是 12 个问题。其中最重要的是，他篡夺了王位和暗杀了他的兄长瓦斯卡尔；自从西班牙人征服这个国家以来，他浪费了国家的岁入，把钱挥霍在他的亲属和奴仆身上；他崇拜偶像和放纵淫欲，公开实行多妻；最后，他企图煽动起义以反对西班牙人。①

这些指控中大部分涉及民族风俗和印加王的个人生活，西班牙征服者对这些问题显然是没有审判权的。因此，这些指控是毫无道理的，只能引人发笑，不能激发人们更高的感情。最后这项指控是在这一审判中唯一有力的指控。由于把它同其他指控混在一起而削弱了它的力量。提出这些罪状就足以表明印加王的命运已经注定了。

对一些印第安证人进行了讯问，他们的证词经过费利皮略的

---

① 针对印加王提出的这些指控是由加西拉索·德拉维加记载下来的。(《王家评论》，第 2 卷，第 1 册，第 37 章。)人们本来希望有这个悲剧中的某些活动者能加以说明。但是加西拉索能够找到最好的材料来源，而且由于在这件事上没有伪造的动机，他的话也许是可信的。针对印加王采取了正式的程序这一事实，是几个当时的作家戈马拉、奥维多和佩德罗·桑乔等人明确承认的。奥维多把它说成是“一个构思粗疏和文字拙劣的文件，撰写这文件的是一个心存偏袒的无原则的僧侣、一个没有良心的笨拙的公证人，和其他一些属于同类的人，他们全都参与了这一恶行”。(《西印度史》，手稿，第 3 卷，第 8 册，第 12 章)大多数权威人士一致认为，提出了两项主要的指控：暗杀瓦斯卡尔和阴谋反对西班牙人。

翻译加以删改，据说被搞得与原来的证词面目全非。审讯很快就结束了，据皮萨罗的一个秘书说，“对于处死阿塔瓦尔帕会带来有 292
利的还是不利的后果问题，人们展开了一场热烈的辩论”，[①]问题的核心是怎样才算是得策之计。他被判定有罪(没有材料说明是否对他被指控的所有罪行都定了罪)并被判决在卡哈马尔卡的广场上活活烧死。判决将在当天晚上执行。他们甚至不想等待德索托的归来，那时他带回的材料将足以证实关于土著人起义的说法是真是假。最好是获得神甫巴尔维德对这些程序的支持，并将一份判决书送给他签字，他毫不犹豫地签了，宣称，“在他看来，印加王无论如何也该处死。”[②]

然而，在那个秘密的军事会议上，有少数几个人反对采取这种粗暴的做法。他们认为这种做法是对印加王忘恩负义，迄今为止，他给了他们很多好处，而从他们手中获得的只有冤屈。这少数人认为证据是不足的，而且他们认为这样一个法庭根本无权在一个国王自己的土地上审判他。如果需要对他审判的话，应当把他解送西班牙，将他的案件提到西班牙皇帝面前，只有皇帝才有权决定这件事。

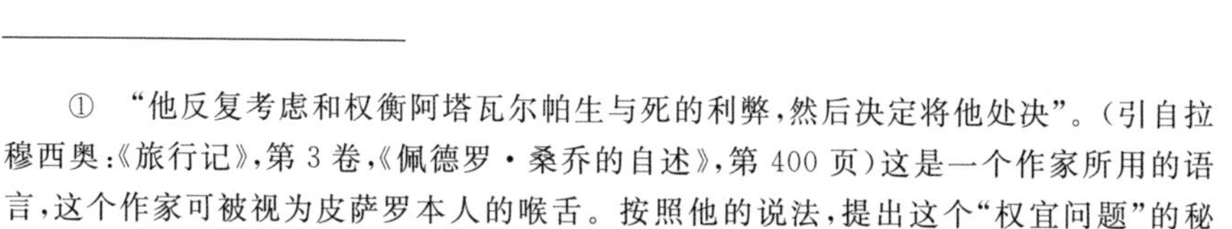

① “他反复考虑和权衡阿塔瓦尔帕生与死的利弊，然后决定将他处决”。(引自拉穆西奥:《旅行记》，第 3 卷，《佩德罗·桑乔的自述》，第 400 页)这是一个作家所用的语言，这个作家可被视为皮萨罗本人的喉舌。按照他的说法，提出这个“权宜问题”的秘密会议由下列人员组成:“皇家和军队的官员，一个碰巧在那里的懂法律的官员，和受人尊敬的维森特·德巴尔维德神甫。”

② “神甫答应签名，并且说印加王是罪有应得。当时有许多人支持神甫的看法。”见埃雷拉:《通史》，第 5 卷，第 3 册，第 4 章。

但是绝大多数人(十比一)驳斥了这些反对意见,他们宣称阿塔瓦尔帕的罪行确凿无疑,他们愿意承担处决他的责任。关于该诉讼的一份详细报告将送往西班牙,向皇帝陈明谁是他的忠实仆人,谁是他的仇敌。这场争论非常激烈,以致一度似乎要发生公开的破裂和使用武力;然而终于使人们相信反对是毫无效果的,人数较少的一方沉默了,但并不感到满意,他们只能递交一份书面抗
293 议,反对这一诉讼,它将给所有有关人员的名字带来无法抹掉的污点。[①]

在向印加王宣布这一判决时,他被吓呆了。的确,一些时候以来,他看到可能有这样的结果,并向他周围的人谈到过这种可能。但是,这样一件事的可能到来毕竟完全不同于它的真正到来——而且到来得如此突然和迅速。一时间,这种证实它的到来的巨大压力使他失去了控制,他热泪盈眶地高呼,"我或我的孩子们犯了什么罪?要让我得到这样一个结局。"他向皮萨罗说,"而且是从您的手里得到的!您从我的人民得到的是欢迎和款待,我把我的财富分给了您,您从我手中得到的只有好处!"然后他以最凄惨的声调要求饶他一命,答应对每个西班牙士兵提

① 加西拉索保存了这些人中的几个人的名字,这些人勇敢地然而是徒劳地发出了反对关于处死印加王的共同呼声。(《王家评论》,第2卷,第1册,第37章。)他们否认这个法庭有权审判一个像秘鲁印加王这样的独立的君王,这无疑是正确的;但是他们认为他们的皇帝在这一点有更大的权力就不那么正确了。见瓦特尔(1714－1767年,瑞士国际法学家,著有《国际法》。——译者)(第2卷,第4章)特别指责对阿塔瓦尔帕的这次所谓的审判,认为这是公然违反国际法。

供所需的任何安全保证，答应把已支付的赎金再增加一倍，只要给他时间去收集。①

一位目击者让我们相信，皮萨罗在离开印加王时显然是受了感动，但他无权听取印加王的请求而违反军队的呼声和违反他自己对这个国家的安全的想法。② 阿塔瓦尔帕发现自己无力挽回征服者的决定，便恢复了他那种惯常的沉着，而且从那时起便以一个印第安武士的勇气面对自己的命运。

在卡哈马尔卡的广场上用军号声宣布了印加王的命运；日落以后两小时，西班牙军队举着火把聚集在广场上目睹判决的执行。这一天是 1533 年 8 月 29 日。阿塔瓦尔帕被带了出来，戴着手铐 294
脚镣。自从关于土著人发动进攻的谣言在军队中引起巨大的骚动以来，他就被戴上了镣铐。维森特·德巴尔维德神甫跟在他的旁边，力求给他安慰，并在可能的情况下劝他在这最后的时刻放弃他的迷信，皈依他的征服者所信奉的宗教。神甫愿意拯救这个受害人的灵魂，使其免于来世的可怕的赎罪，这个来世是受害人高兴地把自己的皮囊舍弃在今世而前往的。

在阿塔瓦尔帕被监禁期间，这位神甫一再向他宣传基督教教义，印加王非常敏锐地理解了他的教师的讲课。但讲课没有

① 佩德罗·皮萨罗：《发现和征服》，手稿；埃雷拉：《通史》，第 5 卷，第 3 册，第 4 章；萨拉特：《秘鲁的征服》，第 2 册，第 7 章。

② 佩德罗·皮萨罗说："我亲自看到将军在哭泣。因不能挽救印加王的性命而伤心落泪。不过他仍然担心，如果把他释放，他会制造麻烦并构成威胁。"见《发现和征服》，手稿。

在他的心中产生信仰，而且，尽管他耐心地听着，但他不打算放弃他祖先的信仰。这位多明我会教士在这个庄严的时刻向他发出了最后的呼吁；而且，当阿塔瓦尔帕被绑在桩上，将要烧死他的木材堆积在他四周的时候，巴尔维德擎着十字架，要求他拥抱它并接受洗礼，答应他说，如果这样做了，他被判处的痛苦的死刑可以减轻为较轻的“绞刑”——西班牙用于罪犯的一种刑罚。[①]

这位不幸的君王询问是否真的如此，在经皮萨罗证实以后，他同意放弃自己的宗教，接受洗礼。受洗仪式由巴尔维德主持，新的皈依者接受了“胡安·德阿塔瓦尔帕”的名字，胡安这个名字是为了纪念“施洗者约翰”，因为事情发生在约翰日。[②]

阿塔瓦尔帕表示希望将他的遗体运往他的出生地基多，与他的母系祖先葬在一起。然后他转向皮萨罗提出一个最后的要求，他请求皮萨罗怜悯他的年幼的孩子们，把他们置于他的保护之下。难道在这群阴森森地围绕着他的人们当中，找不到一个人可以指望保护他的孩子吗？也许他以为没有别人更能提供这种保护，而
295 且他认为在这样一个时刻如此庄严地提出的愿望，也许连他的征服者也会加以尊重。然后他恢复了一度曾经动摇的冷静的姿态，安详地接受他的命数：聚集在周围的西班牙人则喃喃地“念经”以

① “绞刑”是一种处死方式，用一根绳索套在罪犯的颈上，绳索的后部系有一根木棍。在转动这根木棍时绳索就拧紧了，于是便使人窒息而死。这可能就是处死阿塔瓦尔帕的方式。在西班牙，不是用绳索，而是用一个铁环，用螺丝拧紧在受刑者的咽喉上。

② 贝拉斯科：《基多历史》，第1卷，第372页。

求超脱他的灵魂![1] 就这样,用处死一个可恶的罪犯的方法毁灭了最后一位印加王!

我已经谈过阿塔瓦尔帕的身体和素质。他有一副英俊的面容,尽管表情有些过于严肃,不惹人喜欢。他的身材魁伟、匀称,他的仪表威严,他在西班牙兵营里的举止有些文雅,更有意思的是由于带有忧郁的情调使人为之感动。他被指控进行残酷的战争和血腥的仇杀。[2] 这可能是事实,但是,敌人的笔墨可能过分渲染形象的阴暗面。他被认为是勇敢的、高傲的和豪迈的。[3] 大家一致认为,他表现出了惊人的洞察力和敏锐的知觉。他作为战士的功绩 296

① “眼看死神就要降临,他把自己的几个幼子交托给总督,求其抚养。这是他最后的遗言。他身旁的西班牙人为他祈祷着,只见他双唇微动,似乎要说什么,刹那间仙逝而去”。引自拉穆西奥著《旅行记》,佩德罗·桑乔的《自述》,第3卷,第399页;赫雷斯:《征服秘鲁》,根据《巴西亚文集》,第3卷,第234页;佩德罗·皮萨罗:《发现和征服》,手稿;纳阿罗:《简述》,手稿;《征服秘鲁居民》,手稿;《最初发现》,手稿;萨拉特:《秘鲁的征服》,第2册,第7章。阿塔瓦尔帕之死在很多地方与厄塞拉史诗中描写的伟大的阿劳坎人(智利中部和南部的印第安人。——译者)的首领考波利坎之死相似。两人都是在桩上接受征服者的宗教的,尽管考波利坎远不如秘鲁君王那么幸运,他的转变并没有使他免于最痛苦的死刑的折磨,他被绑在柱上用乱箭射死。那些激昂的诗句忠实地反映了那些早期的冒险者的性格,这种性格把十字军的狂热和征服者的残酷糅合在一起。这些诗句与现在描写的主题有密切关系,如果不是由于太长的话,我本来是乐于摘引它们的。见《阿劳坎纳》,第2卷,第24篇。

② 赫雷斯说,“他就这样为他的错误和残酷受到了惩罚。正如大家一致认为的那样,他是世界上前所未有的屠夫;为了极细小的罪行就把整个城镇夷为平地,为了一个人的过错而屠杀一千个人!”(《征服秘鲁》,第3卷,第234页。)赫雷斯是皮萨罗的私人秘书。在赫雷斯去西班牙以后,桑乔继任他的职务,他在回忆印加王时有一种比较慎重的赞赏,他认为,印加王“获得了荣誉,因为他为他的罪行做了忏悔,并且是以一个基督教徒的真诚信仰忏悔的”。引自拉穆西奥:《旅行记》,第3卷《佩德罗·桑乔的自述》,第399页。

③ “他热情开心,派头十足。”佩德罗·皮萨罗这样说。(《发现和征服》,手稿。)“他聪明博学,果断直率。”戈马拉这样说。(《西印度史》,第118章)

使他的勇敢无可怀疑。对这一点最好的说明是西班牙人不愿恢复他的自由。他们把他视为敌人，对他存有戒心。他们对他做了许多坏事，因而认为他不会成为他们的朋友。然而他自始至终对待他们非常友好，而他们回答他的却是监禁、抢劫和处死。

印加王的尸体在他被处死的地方摆了一个通宵。第二天清晨被移置圣弗朗西斯科教堂，在那里隆重地举行他的葬礼。皮萨罗和主要的骑士都参加了哀悼，士兵们虔诚地谛听着巴尔维德神甫为死者致的悼词。[①] 这些仪式为教堂门外大声的哭泣和悲恸以及嘈杂的人声所打断。大门突然打开，一群印第安妇女，即死者的妃嫔和姐妹们，冲进了教堂的走廊，围绕在死者身边。她们哭叫道，这不是印加王的葬礼方式；他们宣称，她们要为印加王殉葬，伴随他前往天国。听的人为这种狂热的行为所激怒，他们对这些闯入者说，阿塔瓦尔帕是在成为一个基督教徒以后死去的，基督教徒的上帝憎恶这种殉葬行为。然后他们把这些妇女赶出教堂，其中有几人回到自己的住处以后自杀了，妄想跟随她们的君王前往太阳神的天堂。[②]

不顾阿塔瓦尔帕生前的请求，他的遗体被葬在圣弗朗西斯科的墓地里。[③] 但是据说在西班牙人离开卡哈马尔卡以后，他的遗

---

① 秘书桑乔似乎认为，秘鲁人一定会把这种葬礼看成是足以抵偿阿塔瓦尔帕受到的一切错误的对待，因为他们一下子就把他提高到了与西班牙人同等的地位！——《西印度史》，第 118 章。

② 《最初发现》，手稿。见附录十，那里我摘引了关于阿塔瓦尔帕被处死的当时的几份原始记录，这些记录是些手稿，即使西班牙人也很难见到。

③ “我听印第安人说，他的坟墓就在圣弗朗西斯科修道院的墓地里的白石十字架的旁边。”见蒙特西诺斯：《编年史》，手稿，1553 年。

体被秘密地从那里移走，按照他的意愿迁往基多。后来的殖民者以为有些财宝随葬。但在掘开墓穴以后既未发现财宝也未看到遗 297
骸。①

在这些悲剧性的事件过后一两天，埃尔南多·德索托侦察归来了。当他听到在他外出期间发生的事情时，他大吃一惊而且非常气愤。他立即找到皮萨罗，而且据历史学家说，他发现皮萨罗“头戴一顶大毡帽，为了表示哀悼，帽檐垂到眼睛上”，而且他的衣着和举止，都表现出悲哀的样子。② “你太鲁莽了”，德索托直率地对皮萨罗说，“阿塔瓦尔帕受到了卑鄙的诬陷。在瓜马楚卓没有敌人；土著人没有举行起义。我在一路上遇到的只是人们善意的款待，一切平安无事。如果需要将印加王交付审判，应当将他押送西班牙由皇帝裁决。我本来会保证他平安上船的。”③皮萨罗承认自己过于急躁，而且说他是受了里克尔梅、巴尔维德和其他人的欺骗。这些指责很快就传到了司库和多明我会教士的耳中，他们为自己洗刷，当面斥责皮萨罗，认为只有他一个人应对这一事件负责。争

① 奥维多：《西印度史》，手稿，第 3 卷，第 8 册，第 22 章。按照史蒂文森的说法，“在以前王宫的一部分，后来属于公共看守所的教堂中的祭坛设在一块石头上，西班牙人把阿塔瓦尔帕置于祭坛上绞死然后埋在坛下。”（《南美居留记》，第 2 卷，第 163 页。）蒙特西诺斯是在征服以后 100 多年写作的，他告诉我们说“在阿塔瓦尔帕被斩首的卡哈马尔卡监狱的一块大石板上，仍然可以看到血迹。”（《编年史》，手稿，1553 年。）——再没有比这更无知和轻信的了。

② “大家看到他大动感情，头上戴一顶大毡帽，帽檐拉得很低，以示哀悼。”见奥维多：《西印度史》，手稿，第 3 卷，第 8 册，第 22 章。

③ 见奥维多：《西印度史》，手稿，第 3 卷，第 8 册，第 22 章。见佩德罗·皮萨罗：《发现和征服》，手稿；见附录十。

论非常激烈，在旁观者听来，双方都在指责对方撒谎。[①] 在事件刚过之后就发生领导人之间的这种庸俗的争吵，这就是最有力地说明他们自己的做法的不义和印加王的无辜。

298 对待阿塔瓦尔帕的做法自始至终无疑是西班牙殖民史中最黑暗的篇章之一。可能发生过更大规模的屠杀，也可能有更残酷的处刑。但是在沾满鲜血的殖民史中，再没有比这更冷酷无情和精心安排的迫害了，而且迫害的不是敌人，而是一个从行为举止上都是朋友和恩人的人。

从皮萨罗及其部下进入阿塔瓦尔帕的势力范围的时刻起，土著人就向他们伸出了友谊之手。而他们在翻山越岭之后的第一个行动就是绑架国王和屠杀他的人民。对于那些认为只要达到目的，一切手段都是正当的人们来说，擒获印加王也许是正确的，理由是这样做是为巩固基督教的胜利所必需的。但是这种借口不能用于屠杀手无寸铁和孤立无援的人民——这是滥杀无辜的邪恶行为。

对印加王的长期监禁曾被征服者们用来贪婪地从他手中榨取他的财富。在这令人不快的整个时期，他表现出慷慨和善意。他曾让西班牙人自由进入他的帝国的任何地方；并给他们执行计划提供一切方便。在所有这些都已完成之后，他成了他们手中的一

① 这是奥维多所发表的著名的评论，不是在他的正文里，而是在一章补充的文字里，在那里面他记载了一些多方面的然而往往是重要的谈话，涉及他所写的历史中的一些重大事件。由于他对这些事件中的领导人非常熟悉，他那些随手搜集来的证词具有很大的权威性。读者将在附录十中找到奥维多关于印加王之死的原始记载的摘录，与其他关于这一灾难性事件的记述在一起。

个累赘，尽管他们曾经明确或者默示地表明要释放他，而且正如我们已经看到的，皮萨罗通过一个正式的文件解除了他进一步交付赎金的义务，他仍然受到一个虚伪的法庭的审问，审判的理由同样是虚伪和轻率的，并被判处残酷的死刑。西班牙征服者对待他们的不幸的受害者的政策，自始至终是野蛮的和虚伪的。

皮萨罗在很大程度上应对这种政策负责，要想为他洗刷这一点是不容易的。他的同伙们曾经尽力想要表明这是形势的要求强加于他的，特别在印加王之死上，他是勉强地同意别人的要求。[①]
但是这种借口是软弱无力的，拥有材料、能够对当时的各种证词加 299
以比较的历史学家将会得出不同的结论。对这样的历史学家来说，似乎是皮萨罗也许早就感到除掉阿塔瓦尔帕是他的事业获胜所必需的。他预见到在没有充分理由的情况下将他的俘虏处死将会招来的憎恶；他在力求寻找借口的同时又想推卸对这一事件的责任，他宁可顺从别人的建议来做这件事，而不是自己建议这样做。就像很多无原则的政治家一样，他希望获得一件恶行所带来的好处，而让其他人去承担罪责。

据皮萨罗的秘书们说，最初是阿尔马格罗及其部下坚持要处死印加王。这些人得到了司库和皇家官员们的大力支持，他们认

① “判处阿塔瓦尔帕死刑是违反他的意愿的。”（佩德罗·皮萨罗：《发现和征服》，手稿）“这是违反了总督的意志。”（《最初发现》，手稿。）“而且，竟要采取这样一种行动，他是非常不情愿的”。引自拉穆西奥：《旅行记》，第3卷，《佩德罗·桑乔的自述》，第399页。甚至奥维多似乎也乐于同意皮萨罗可能在某种程度上受了别人欺骗的说法。“也可以认为，他是上当了。”见《西印度史》，手稿，第3卷，第8册，第22章。

为为了皇帝的利益不得不这样做。最后，关于阴谋起义的谣言使得士兵们发出了同样的呼声，因此，尽管皮萨罗怜悯他的俘虏，他不能拒绝将他交付审判。必须有审判的形式才能使这件事貌似公正。审判只是形式这一点可以从审判轻率地匆促举行上看出来，因为审查证据、判决和执行都是在同一天进行的。提出的罪状之多是为了使被告的罪行显得确凿有据，但是，正因为罪状太多，产生了相反的效果，只能证明是决心将他定罪。如果皮萨罗真像他所假装的那样不愿将阿塔瓦尔帕定罪的话，为什么他要在即将进行审讯的时候将阿塔瓦尔帕的最好朋友德索托派遣出去呢？为什么判决要这样仓促地执行，而不等待德索托的归来，以便有机会否定那条主要罪状的真实性呢？实际上，只有那条罪状是西班牙人真正关心的。皮萨罗装模作样地演了一场悲痛和哀戚的闹剧，想以对死者的尊崇表示他曾对生者给予亲切的关怀，这层面纱实在太薄了，连最易轻信的人也欺骗不了。

这些看法并不是想要解除军队中的其他人，特别是那些军官们在这件不名誉的事中应负的责任。但是皮萨罗作为军队指挥官应对这事负主要责任；因为他不是一个让自己的权威被别人夺走的人，也不是一个驯服地顺从别人意志的人。他甚至不是一个会屈从于自己的一时冲动的人。他的整个事业表明，不论是好是坏，他总是执行一种冷酷的和精心安排的政策。

300 有一个经常被重述的故事谈到皮萨罗的动机至少在某种程度上是出于个人的报复。印加王曾请求一个西班牙士兵把上帝的名字写在他的指甲上。他先后把指甲给几个看守他的士兵瞧，他们全都读出了这个名字，发的是同样的声音，这个未开化人的聪明的头脑对于这个在他看来几乎是奇迹的事情很感兴趣，因为他自己的国家里没有类似文字的东西。当他把指甲上所写的给皮萨罗看时，皮萨罗默不作声；印加王发现他不识字，对他产生了轻视，因为他甚至还不如他的士兵有教养。印加王没有完全掩饰他的轻视，皮萨罗在知道了轻视的原因后，既没有忘记也没有饶恕这一点。[①]这件轶事的记述并非确凿有据。它可能是真的；但没有必要从皮萨罗的个人仇怨中去寻找他行为的动机，因为有许多证据证明他执行的是一种阴险的经过深思熟虑的政策。

然而，西班牙首领的权术未能使他的同胞对他的残暴行为取得一致的看法。指出这样一点来是重要的：在事件发生之后人们对它记忆犹新之时第一批历史学家所使用的语调，与在几年之后舆论显示出了它的倾向之时的作家们所使用的语调之间，有着明显的不同。前者公然把这一事件说成即使不是必要的，也是权宜的；同时他们用一些不加考虑的词语谴责他们的不幸的受害者。[②]

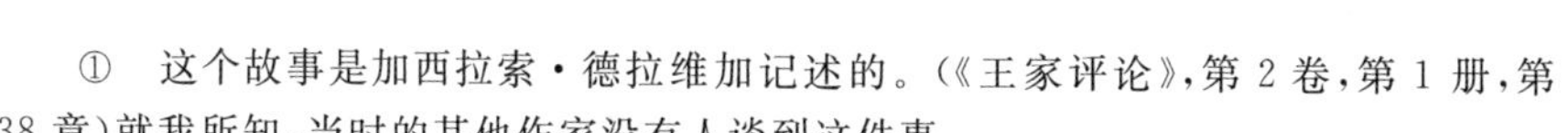

① 这个故事是加西拉索·德拉维加记述的。(《王家评论》，第2卷，第1册，第38章)就我所知，当时的其他作家没有人谈到这件事。

② 我已经指出赫雷斯给印加王的残暴所施加的种种形容词。他的记载于1534年在西班牙出版，那是印加王被处死后的第二年。另一个秘书桑乔说，“这个骄傲的暴君对于他从总督和我们每个人所得到的善意和款待，将报之以他通常对待他那些毫无过错的部下的同样的方法——将他们处死。”(引自拉穆西奥《旅行记》，第3卷《佩德罗·桑乔的自述》，第399页)上文援引过的一个老的西班牙征服者说，“他罪该处死，整个国家都为把他除掉而高兴。”引自拉穆西奥：《旅行记》，第3卷《佩德罗·桑乔的自述》，第377页。

另一方面，后者在掩饰印加王的过错的同时，公正地看待他的善意，无保留地谴责征服者，他们说，上苍对征服者的行为实行了天谴，使他们全都不得善终。[①] 当时人的这一定论得到了后代人的
301 完全批准；[②]处死阿塔瓦尔帕一事被公正地认为是给西班牙人在新大陆的行为留下了一个永远抹不掉的污点。

① “后来证明，(对他的判决)是多么的不公正……所有卷进这一案情的人后来都死得很惨。”(纳阿罗，《简述》)戈马拉几乎使用了同样的语言。“不要指责那些杀他的人，以后时间会惩罚他们的，结果这些人都没有好下场。”(《西印度史》，第 118 章。)按照前一位作者的说法，费利皮略不久以后便为他的罪行付出了代价——被阿尔马格罗在远征智利时绞死——当时，据“有些人说，他承认他曾更改了证明阿塔瓦尔帕无罪的证词，使之不利于印加王”。奥维多通常总是乐于原谅他的同胞们的过火行为，却无保留地谴责这整个事件，(见附录十)据另一位当时的人说，这一事件“使每一个稍有人道之心的人感到悲伤。”见《征服秘鲁居民》，手稿。

② 在这一点上最显著的例子是金塔纳对皮萨罗的回忆(《西班牙名人录》，第 2 卷)，在整个回忆中，作者摆脱了经常遮蔽其同胞们眼睛的民族偏见的迷雾，公正地坚持了历史批评的标准，充分地谴责了这一令人不快的事件的执行者。

第　八　章

秘鲁的混乱——向库斯科进军——与土著人遭遇——查尔库奇马被焚死——抵达库斯科——对库斯科的描述——在该城找出的财宝

1533—1534 年

秘鲁的印加王是一种特殊意义上的君王。他的臣下对他的忠顺超过了任何专制君王的臣下;因为他的权威管辖到了最秘密的行动,管辖到了个人的思想。他被奉为超人。[①] 他不仅是国家的首脑,而且是国家一切制度所汇集的一个共同的中心,——是政治组织的基石,一旦这个基石撤除,整个政治组织就会支离破碎。这就是阿塔瓦尔帕之死所发生的结果。[②] 他的死不仅使王位空缺, 302

---

① 皮萨罗说,"印加王享有无比的权威,只要他下一道命令,任何秘鲁人都会坠崖、自缢或以命令规定的任何方式结束自己的生命。"见《发现和征服》,手稿。

② 奥维多告诉我们,印加王的真正名字是"阿塔瓦利瓦"(Atabaliva),西班牙人常常把它拼错,因为他们关心自己攫取财富,胜过关心财富所有者的名字。(《西印度史》,手稿,第3卷,第8册,第16章。)尽管如此,我还是相信加西拉索的权威,他是秘鲁人,又是印加王的近亲,应该说是更了解情况。他说,他的同胞们诡称,由西班牙人带到秘鲁来的公鸡在啼叫时就是叫的阿塔瓦尔帕的名字;这位历史学家还补充说,"我和其他印第安男孩当时在学校里经常模仿这种叫声。"见《王家评论》,第1卷,第9册,第23章。

没有任何固定的继承者，而且向秘鲁人民宣布他的死讯的方式是说一个比他们的印加王更强大的人现在夺取了王权，太阳神之子的朝代一去不复返了。

这样一种宣布所带来的必然结果随后就发生了。古老的制度所产生的美好的秩序破坏了，因为维持这种秩序的权威破灭了。印第安人从他们以前遭受的不寻常的压制中解脱出来，爆发了过火行为。他们焚烧村庄，抢劫庙宇和宫殿，将其中的黄金分散或隐藏起来。当秘鲁人看到他们的征服者重视黄金和白银时，他们也重视起来。以前只做国家的或宗教的装饰物用的各种贵金属，现在收集起来埋进山洞和森林。被土著人隐藏起来的金银被认为大大超过落入西班牙人手中的金银。[①] 边远的省份不再对印加王效忠了。印加王的那些率领部队远出的将领们在为他们自己打算。镇守基多边境的司令官鲁米纳维，想要把那个王国从秘鲁帝国分离出去，重新获得它由来已久的独立。总之，这个国家处于这样一种状态：旧的事物已经消逝，新的秩序尚未建立。它处于一种变革的状态。

这些变革的制造者皮萨罗及其部下这时还留在卡哈马尔卡。但是西班牙指挥官采取的第一个步骤是给阿塔瓦尔帕指定一个继承人。利用印第安人长期尊奉的王权进行统治是比较容易的；找
303 一个继位者也不是难事。王位的合法继承人是瓦伊纳·卡帕克的

① “有些印第安贵族对基多的征服者贝纳尔卡萨尔说，印加王给西班牙人的金银同摆在他面前的大堆金银相比，只有一个玉米粒那么大。”（奥维多：《西印度史》，手稿，第 3 卷，第 8 册，第 22 章）并见佩德罗·皮萨罗：《发现和征服》，手稿；《最初发现》，手稿。

第二个儿子，名叫曼科，是不幸的瓦斯卡尔的合法兄弟。但是皮萨罗对这位王子的性格了解得太少；他毫不迟疑地选择了阿塔瓦尔帕的一个兄弟，并且让他以未来的印加王身份会见印第安贵族们。我们对这位年轻的托帕尔卡的性格一无所知，也许他甘愿忍受这样一种命运，这种命运尽管从某些方面看来是屈辱的，却比他在事物的正常发展中所能指望得到的命运要好一些。时间容许的话，可以很好地观看庆祝秘鲁王的加冕仪式；年轻的印加王的眉梢被他的征服者的手围以象征王权的“波拉”，同时他接受了他的印第安臣下的朝贺。他们更是甘愿这样做的，因为当时在兵营里的大多数人属于基多一派。

现在，所有的人都热切地盼望前往库斯科，士兵们当中流传着关于库斯科的最美好的传说，据说它的庙宇和王宫闪烁着金银的光芒。在这种想象的鼓舞下，皮萨罗和他的整个队伍，将近 500 人，其中几乎有三分之一是骑兵，于 9 月初从卡哈马尔卡出发。这个地方是值得纪念的，它以发生了某些最奇特和血腥的事件而记载在历史上。所有的人在出发时都是情绪高昂，皮萨罗的士兵们希望把已获得的财富增加一倍，而阿尔马格罗的士兵们则指望能与“首批征服者”①同等地分享战利品。年轻的印加王和老将查尔库奇马乘坐轿子跟随行军，他们有一大群封臣随侍左右，行进时的排场和架势，仿佛他们真的拥有实权一样。②

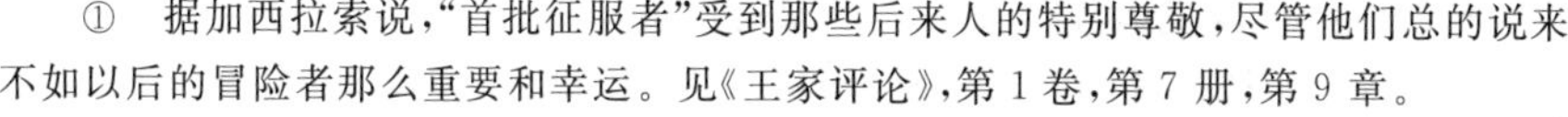

① 据加西拉索说，“首批征服者”受到那些后来人的特别尊敬，尽管他们总的说来不如以后的冒险者那么重要和幸运。见《王家评论》，第 1 卷，第 7 册，第 9 章。

② 佩德罗·皮萨罗，《发现和征服》，手稿；纳阿罗，《简述》，手稿；引自拉穆西奥《旅行记》，第 3 卷《佩德罗·桑乔的自述》，第 400 页。

他们的行程是沿着印加王的大路前进，这条大路通过科迪耶拉山脉高原地区一直延伸到库斯科。它的宽度几乎是统一的，尽管根据地面的不同，修筑时精心程度不同。[①] 有时它经过平坦的
304 山谷，对旅行者没有什么阻碍；有时它沿着一条山溪前进，溪流绕过一些突出的山崖底部，使得行路者难于插足其间；在另外一些地方，当山势十分险峻，似乎无法攀登的时候，道路根据地形的自然曲折蜿蜒而上，直抵那些不可能直接拾级而上的高处。[②]

但是，尽管骑兵以娴熟的技巧小心翼翼地前进，但这条道路对他们来说仍然是可怕的。山路被凿成梯级，但是粗糙的岩面磨损着马蹄；而且，尽管骑兵们下鞍揽辔而行，他们费了很大气力才使脚跟站稳。[③] 这条道路是为行人和行走轻捷的骆马修筑的；适于在这条道路上行走的唯一的驮重牲畜是敏捷而又脚步稳健的骡子，当时西班牙冒险者没有配备这种牲畜。事有凑巧的是，西班牙盛产骡子，因而秘鲁很快就有了这种牲畜，它们似乎生来就是为了征服科迪耶拉山脉的艰险山路的。

另外一个经常发生的困难是那些从安第斯山奔腾而下的湍急的溪流。这些溪流上悬架有柳条编成的吊桥，这种脆弱的枝条一经骑兵践踏就受到破坏，踏出的洞就给渡桥增加了很大的危险。在这种情况下，西班牙人力求用木筏渡河，牵着马缰让战马游过河去。[④]

---

① “整条道路宽阔，路面整齐。”见《最初发现》，手稿。

② “有许多地段看来是无法通过的。”见《最初发现》，手稿。

③ 引自拉穆西奥《旅行记》，第 3 卷《佩德罗·桑乔的自述》，第 404 页。

④ 同前注——《最初发现》，手稿。

在沿途中他们发现每隔一定距离就建有驿站，供王家信使住宿；在一些主要城镇里设有谷物和其他供应品的仓库，这是为印第安军队准备的。西班牙人从秘鲁政府的这种精心的预见中得益。

一路上经过了几个著名的村庄和城镇，其中主要的有瓜马楚卓和瓜努科，皮萨罗在经过一阵疲劳的行军后，看到了富饶的浩哈峡谷。这次行军虽然疲劳，却很少有受罪的地方，只有在经过令人毛发悚然的科迪耶拉山脉的山顶时例外，这些山顶时常阻碍他们的去路——山脉是美丽的峡谷的天然的背景，这些峡谷像宝石一样散布在这个高原地区上。在山口上，他们发现寒冷造成的某些 305
不便；因为他们为了行动迅速起见，丢掉了所有累赘的行李，甚至没有带帐篷。[①] 刺骨的山风吹透了士兵们的厚厚的甲胄；但是那些可怜的印第安人，他们穿着很少而且只习惯于热带的气候，冻得难以忍受。西班牙人似乎有坚强的身体和灵魂，使得他们对气候几乎毫无感觉。

他们在行军途中没有受到敌人的骚扰。但是他们不止一次地从燃烧着的村庄和毁坏了的桥梁看到了敌人的踪影。皮萨罗不时得到报告说有战士在追踪他；而且不时有小股的印第安人在远处，就像天际的叆叇一样，这些人在西班牙人到达时就消失了。但是，在抵达浩哈时，这些叆叇集结成了一大群战士，他们在流经这个峡谷的一条河的对岸严阵以待。

西班牙人前进到小河边，河水由于融化的雪水上涨，以致河面

① “夜里，大家都睡在那个村子里。大地白雪皑皑，但人们并无铺盖，甚至连烧火的柴和下锅的米都没有。”引自拉穆西奥《旅行记》，第3卷；《佩德罗·桑乔的自述》，第401页。

很宽，尽管并不很深。桥已被破坏，但是征服者们毫不犹豫地毅然跳入水中，游泳和徒涉前进，竭尽全力抵达对岸。印第安人被这种坚决的行动弄得仓皇失措，因为他们原来是指望用河流作为屏障的，这时他们在投掷了一束不起作用的标枪以后就逃走了。恐惧使得逃跑者如添双翅；但是战马和骑士比他们更快，胜利的追逐者对他们的敌人进行了血腥的报复，只是因为这些人竟然胆敢抵抗。

浩哈是一个相当大的城镇，我们曾经谈到这是埃尔南多·皮萨罗访问过的地方。它位于一个青翠的峡谷中央，由成千条小渠灌溉，这些小渠是勤劳的印第安农人从一条缓缓地流过草原的主河流中引来的。镇上有几处用粗石建成的巨大的建筑物，和一座在印加朝代颇有名气的庙宇。

但是巴尔维德神甫及其同胞们的强有力的手很快就把异教的神祇从它们的神座上挪开，换上了圣母和圣子的圣像。

306 皮萨罗建议在这里停留几天，并建立一块西班牙殖民地。他认为，这里的地理位置很便于控制山民，同时，与海滨的交通又非常便利。于是他决定派遣德索托率领一支60名骑兵的分队继续前去进行侦察，并修复被敌人破坏了的桥梁。①

这位机敏的骑士立即出发，但是发现在他前进途中阻力很大。在他前进时越来越经常地出现有敌人的迹象，村庄被焚、桥梁被毁，巨石和大树横倒路上，阻碍骑兵前进。在他快要到达比尔卡斯时，他与土著人在一条狭隘的山路上进行了激烈的遭遇战，使他丧

① 《浩哈市法院和市政会议的信》，见佩德罗·皮萨罗：《发现和征服》，手稿；《征服秘鲁居民》，手稿；埃雷拉：《通史》，第5卷，第4册，第9章；《最初发现》，手稿。

失了两三个骑兵的生命。比尔卡斯曾经是一个重要的地方，尽管现在已经从地图上消失了。这次损失不大，但是，由于西班牙人近来很少遇到抵抗，所以任何损失对他们来说都是重大的。

在继续前进的途中，这位西班牙首领越过了阿班凯河和阿普里马克河的宽阔水面，而且在他快要到达维尔卡孔加山的时候，他得悉有一大群印第安人在险要的山口上等待他。这座山距离库斯科有几里格；德索托由于想要在天黑以前翻过山去，粗心大意地催促他那些疲倦的骑兵前进。当他困乏地行进在崎岖不平的隘路上时，一大群武装的战士仿佛是从每个山洞或丛林中钻了出来，空中充满了他们的喊杀声，他们像山上的激流一样冲向正在艰难地攀登悬崖绝壁的入侵者。人马在这激烈的攻击下遭受伤亡，前列的人马滚倒在后列的人马上，在自己的队伍中造成了毁灭和惊惶。德索托徒劳地企图重整旗鼓并在可能的情况下还击进攻者。战马被投枪刺瞎了，变得狂怒起来。那些不顾死活的土著人，紧紧抱住战马的腿，力求阻止它们登上崎岖的山路。德索托看出，除非他能达到一块开阔的平地，否则就将全军覆灭。他向他的部下发出了那种经常激动西班牙人的心灵的古老的战斗呐喊，用踢马刺紧紧催促他那疲惫的坐骑，在部下们的英勇支持下，冲出了土著人的包围，左劈右杀，将土著人击退，终于成功地到达了开阔的平川地。 307

在这里，双方都暂停片刻，仿佛是彼此达成协议一样。一条小溪流经平原，西班牙人在那里饮了马；[①]战马恢复了精神，德索托和他的部下对攻击者进行了拼死的还击。勇敢的印第安人坚定地

① 引自拉穆西奥：《旅行记》，第3卷，《佩德罗·桑乔的自述》，第405页。

顶住了这种打击。在胜负未分的时候，夜幕浓重地笼罩了他们，把作战双方分开了。

然后双方都退出战场，各自驻扎下来，距离不过一箭之遥，因而在宁静的夜里可以清楚地听到对方说话的声音。但是双方军队的情绪大不相同。印第安人为他们的暂时胜利所鼓舞，信心十足地准备明天一早取得彻底的胜利。另一方面，西班牙人则大为沮丧。他们没有想到一个迄今为止非常驯服的敌人竟然具有如此坚强的抵抗精神。几个骑兵丧了生；其中之一是被秘鲁的战斧砍死的，脑袋从上至下一直劈到下巴，证明了这种武器和使用武器的手的威力。[①] 有几匹战马也被杀死了，这种损失几乎和骑士的死亡同样重大，因为这些战马是花费了巨大的代价经历千辛万苦才运到这些遥远的地区来的。没有负伤的人马很少，同他们站在一边的印第安人的伤亡更加严重。

从攻击的凶猛和井然有序来看，它可能是由某个具有军事经验的领导人指挥的；也许就是印第安司令官基斯基斯，据说他正率领一支大军在库斯科周围巡逻。

尽管有理由对第二天感到担心，德索托这个意志坚强的骑士力求鼓舞部下的士气。如果说当他们的战马疲惫不堪、他们自己几乎精疲力竭的时候尚且能够击退敌人，那么，当人马经过一夜的休息之后恢复了精神时夺取胜利将会容易得多！他告诉他们要“相信万能的上帝，他绝不会在他忠实的信徒们处于危急的时刻抛弃他们”。事件证明，德索托对这种适时的救援的信心是合理的。

① 引自拉穆西奥《旅行记》，第3卷：《佩德罗·桑乔的自述》，第405页。

在行军途中，他不时地把这个国家的险恶情况通知皮萨罗，以 308
致使皮萨罗警觉起来，意识到他可能被数量上占优势的敌人压倒。因此，皮萨罗派遣阿尔马格罗率领几乎是全部剩下的骑兵去支援他。没有步兵拖累他们，使他们得以疾驰前进。阿尔马格罗这位能干的领导人由于在途中听到的消息而急行军，并且非常幸运地在交战的当天晚上抵达维尔卡孔加山麓。

他在那里听到了关于遭遇战的消息，尽管他的战马已经困顿，他仍不停地前进。夜色漆黑，阿尔马格罗由于害怕遇上敌人的宿营地，并且希望通知德索托他已到来，便下令吹起军号，直至军号声曲折地通过山上的隘路惊醒了他的同胞们的酣梦，使他们听来就像是最美好的音乐。他们立即吹起自己的号角响应，而且很快就同他们的解救者拥抱在一起。①

当秘鲁军队在曙光中发现西班牙人的队伍中有了新的生力军时，他们感到大为不安。同一个在战斗中积蓄了力量并且似乎能够随心所欲地增加兵力的敌人作战，那是毫无用处的。他们没有企图恢复战斗，而是利用笼罩在山坡上的浓雾掩护他们撤退，让山口敞开在侵略者面前。然后两位骑士继续他们的进军，直至把他们的部队撤出山区，选择一个安全的阵地，准备在那里迎接皮萨罗的到来。②

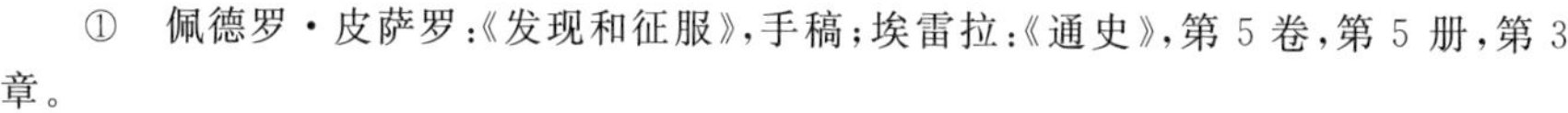

① 佩德罗·皮萨罗：《发现和征服》，手稿；埃雷拉：《通史》，第5卷，第5册，第3章。

② 关于德索托与土著人遭遇的事件，或多或少地记载在《佩德罗·桑乔的自述》，引自拉穆西奥：《旅行记》，第3卷，第405页；《征服秘鲁居民》，手稿；《最初发现》，手稿；佩德罗·皮萨罗：《发现和征服》，手稿，——这些人当时都在军中。

与此同时，总司令进攻了浩哈，他在那里对他所听到的关于这个国家的情况的谣言深感不安。迄今为止，他的事业进行得非常顺利，对于土著人的抵抗，他同他的部下德索托一样毫无思想准备。他似乎不懂得，即使是最驯服的性格也可能被压迫所激怒；也不懂得，杀害他们如此崇敬的印加王，可能比任何其他事情更能使他们从冷漠中奋起。

309 他现在得到的关于秘鲁人撤退的消息真是求之不得；他下令举行弥撒，向上帝谢恩，因为他“在整个伟大的事业中一直保佑着基督教徒。”这个西班牙人就像一个十字军战士一样。他在 16 世纪就如同“狮心理查”[①]及其勇敢的骑士们在 12 世纪时一样，只有如下的区别：12 世纪时的骑士是为十字架和荣誉而战，西班牙人的口号则是黄金和十字架。骑士的精神在牟利的精神面前多少有些减退；但是在美洲征服者的用毛絮填充的铠甲下面，同往昔巴勒斯坦士兵的铁制盔甲下面一样，宗教热情之火仍然在炽烈地燃烧。

看来似乎可能的是，某些有权威的人组织了或至少是支持了土著人的这种抵抗，而且嫌疑落在被俘的头领查尔库奇马身上，他被控与他的同事基斯基斯保持秘密联系。皮萨罗会见了这位印加贵族，指责他犯有这种阴谋，并且正如以前对他的国王所做的那样，斥责他对如此宽待他的西班牙人忘恩负义。皮萨罗最后肯定地说，如果他不能使秘鲁人放下武器立即投降，那么一俟他们抵达阿尔马格罗的驻地就要将他活活烧死。[②]

---

① 指英王理查一世（Richard I，1157－1199），曾率十字军东侵。——译者

② 佩德罗·皮萨罗：《发现和征服》，手稿；引自拉穆西奥：《旅行记》，第 3 卷，《佩德罗·桑乔的自述》，第 406 页。

这位印第安头领在听到这种可怕的威胁时态度十分镇静。他否认与他的同胞有任何联系，并说至少在他目前这种被监禁的情况下，他无力使他们投降。然后他固执地保持沉默，皮萨罗没有进一步提这问题。[①] 但是他下令对这个囚犯严加看守，给他戴上镣铐。这是一个不祥的措施，曾是处死阿塔瓦尔帕的先兆。

在离开浩哈之前，一件不幸的事落在了西班牙人的头上，他们扶植的年轻的印加王托帕尔卡死了。这自然又怀疑到查尔库奇马身上，现在他被选来作为他的国家的一切罪行的替罪羊。[②] 这件事使皮萨罗感到失望，他曾指望以印加王权作为合适的掩饰来进 310
行他未来的勾当。[③]

皮萨罗将军认为最好不要携带财宝行军，以免冒丢失的危险，因而他把财宝留在浩哈，由留在那里担任警卫的 40 名士兵看守。一路上没有发生重大事件，皮萨罗在与阿尔马格罗会师以后，他们的联合部队很快就进入距离库斯科 5 里格的哈基哈瓜纳河谷。这是经常可以找到的处于安第斯山环抱之中的美丽的地点之一，与

① 佩德罗·皮萨罗：《发现和征服》，手稿；引自拉穆西奥：《旅行记》，第 3 卷，《佩德罗·桑乔的自述》，第 406 页。

② 从浩哈市政当局致西班牙皇帝的信来看，军队本身也不相信查尔库奇马有罪。“尽管没有对此事进行调查或证实，但人人都知道是指挥官恰里科尼曼用毒草或毒酒把他弄死的。”见《浩哈市法院和市政会议的信件》，手稿。（根据上下文判断下毒药的是查尔库奇马（Challcuchima），但不知为什么在注释中改为恰里科尼曼（Chaliconiman）。——译者）

③ 据贝拉斯科说，托帕尔卡（尽管他用另外一个名字称呼）轻蔑地扔掉了皮萨罗加在他头上的王冠，几个星期以后由于忧郁而死。（《基多历史》，第 1 卷，第 377 页。）这位作家是基多的一位耶稣会会士，似乎感到自己有义务为阿塔瓦尔帕及其家族说好话，仿佛他曾公开被聘请为他们的辩护人一样。当他提出任何证言的时候，很少能够支持他的论点而使我们相信其正确性。

周围的荒凉景象相比，就显得更加美好了。一条河从山谷中流过，河水灌溉着土地，使土地四季常青；茂盛和繁花似锦的植物遍布在有如一片精耕细作的园田之中。这地方的美景和凉爽的气候使它被选中为秘鲁贵族们的居住地，山边到处是他们的别墅，供他们在炎热的夏季里避暑之用。[①] 然而山谷中央的景色被一片洪水泛滥的沼泽地大为破坏；但是，印第安建筑师们勤劳地建筑了一条坚固的堤道，铺上巨石，与大道相连，通过整个沼泽地。[②]

皮萨罗在这个峡谷里停留了几天，从印加王的储藏丰富的仓库里补充他部队的给养。他的第一件事便是把查尔库奇马交付审判；如果可以称之为审判的话，在这里，判决是与指控同时进行的。我们对于证据的实际情况一无所知。但它足以使西班牙首领们相信这位头领有罪。查尔库奇马在人民当中煽动一个旨在使他的国家和他本人获得自由的运动，这一点也并不是完全不可信的事。

311 他被判处就地焚死。埃雷拉说，“有些人认为这是一种残酷的做法，但是那些受国家政策所支配的人能够闭眼不看任何其他事物。”[③]人们不清楚为什么西班牙征服者经常采取这种残酷的处刑方式，除非是出于这样一种理由：印第安人是异教徒，自古以来，火就被认为是异教徒的适宜的归宿，就像地狱里等待着他的永不熄灭的火焰一样。

巴尔维德神甫伴随这位秘鲁头领来到火刑柱前。他似乎总是

---

① “在这个峡谷里有漂亮豪华的房间，库斯科的贵族常去那里寻欢作乐。”见谢萨·德莱昂：《秘鲁史》，第 91 章。

② 见谢萨·德莱昂：《秘鲁史》，第 91 章。

③ 《通史》，第 5 卷，第 6 册，第 3 章。

在这种可怕的时刻出场，尽可能利用这个时刻使受害人改变信仰。他用阴郁的语调描绘异教徒的悲惨命运，只有受洗的圣水能够带来天国的无比荣耀。[①] 他似乎没有许诺减轻今世的刑罚。但是他的说教没有打动一颗冷漠的心，这位头领冷淡地回答说，他“不理解白人的宗教”。[②] 他不理解那种似乎给他带来了很多苦果的信仰的好处，也许是可以原谅的。他在受刑当中表现出了美洲印第安人的典型的勇气，他的忍耐的力量胜过了敌人迫害的力量，他临死时还高呼帕查卡马克的名字。他自己的部下抱来了烧死他的干柴。[③]

在这个悲剧性的事件以后不久，皮萨罗出乎意料地受到了一个秘鲁贵族的来访，这个人来的气派很大，由很多服饰华丽的随员陪同。他就是年轻的王子曼科，不幸的瓦斯卡尔的兄弟，王位的合法继承人。在被带到西班牙司令官面前时，他声称他有权继承王位，并要求外来人保护。据说他曾想用武力抵抗外来人，并曾鼓励在他们行军途中对他们进行袭击。但是，在他发现抵抗无效的时候，他就采取了这种政治方式，这使他那些比较坚决的贵族大为不满。无论是否这种情况，皮萨罗非常满意地听取了他的申请，因为他看到这个新的真正的王家苗裔比他能从基多家族中找到的任何其他人更能成为达到他的目标的有效工具。秘鲁人对基多家族不

① 引自拉穆西奥《旅行记》，第 3 卷；《佩德罗·桑乔的自述》，第 406 页。

② 引自拉穆西奥《旅行记》，第 3 卷；《佩德罗·桑乔的自述》，第 406 页。

③ 引自拉穆西奥《旅行记》第 3 卷；《佩德罗·桑乔的自述》，第 406 页。见佩德罗·皮萨罗：《发现和征服》，手稿。——老征服者的手稿在这一部分上损坏很严重，所以关于他的大部分记述都消失了。

312 抱什么同情。因此，他以极大的热情接待了这位年轻人，并且毫不犹豫地向他声明，他是他的主人西班牙君主派遣到这个国家来的，为的是支持瓦斯卡尔对王位的权利，并且惩罚他的对手的篡夺行为。[①]

皮萨罗把这位印第安王子带在身边继续行军。由于一群土著人埋伏在附近的山中等待他，使行军中断了几个小时。一场激烈的战斗发生了，印第安人表现得很勇敢，给西班牙人造成了一些损失。但是西班牙人终于摆脱了他们，冲出了山间隘路，敌人也无心去到平原追踪他们。

当库斯科城出现在征服者眼前时，已经是将近黄昏了。[②] 夕阳把它那金色的光芒撒满在这座帝城上，那里有许多祭坛是筑来崇敬太阳的。一排排低矮的房屋，在阳光照耀下仿佛银光四射、密布在峡谷的中央和较低的山坡上，那些山的浓暗的身影笼罩在这座美好的城市上，仿佛掩护它不受危及其尊严的亵渎行径的侵犯。时候已经太晚了，皮萨罗决定把入城推迟到第二天清晨。

那天晚上，兵营里保持高度的警惕。士兵们枕戈待旦。但是当夜平静无事，没有敌人骚扰。第二天早晨，1533 年 11 月 15 日，皮萨罗准备好了他进入秘鲁都城的入城式。[③]

---

① 拉穆西奥《旅行记》，第 3 卷；《佩德罗·桑乔的自述》，第 406 页；佩德罗·皮萨罗：《发现和征服》，手稿。

② “离太阳下山还有两小时，他们快到库斯科城了。”见《最初发现》，手稿。

③ 各种史料上的具体日期各不相同。没有比佩德罗·皮萨罗的记述和浩哈市政当局的信更有权威的了，我在正文中就是按照他们的说法。

这支小小的军队组成三个分队，居中的一队，或称“战斗”队，由将军亲自率领。城郊拥挤着无数土著人，他们是从城里和附近郊外前来观看这种在他们看来是惊人的壮观仪式的。他们全都惊奇地注视着这些外来人，这些人的非凡事迹已经传遍了这个帝国最遥远的角落。他们惊奇地注视着这些人的闪闪发光的武器和英
俊的容颜，这似乎使他们可以称自己真正是太阳神之子：他们以神 313
秘的畏惧心情倾听着军号的拉长的声调掠过首都的大街，坚硬的地面在骑兵的沉重践踏下颤动。

西班牙司令官直接驰往大广场。广场周围是一些低矮的建筑物，其中有印加王的几处宫殿。宫殿之一是瓦伊纳·卡帕克建造的，其上耸立着一座塔，底层是一个或几个大厅，就像已经描述过的卡哈马尔卡的那些大厅一样，秘鲁的贵族们在暴风雨的季节里在这些大厅里举行游乐会。这些建筑物给西班牙士兵提供了舒适的兵营，但在最初几个星期内，他们仍然待在开阔的广场上搭起的帐篷里，把他们的战马拴在旁边，随时准备镇压居民的任何起义。[①]

印加王的首都虽然不像西班牙人曾经想象的那种“人间天堂”，但是他们惊奇地看到了壮丽的建筑物、漫长而整齐的街道，而且从它众多的人口中看到了秩序井然、富庶的甚至是奢侈的景象。它远远超过了他们迄今为止在新世界看到的任何地方。据一个征

① 见拉穆西奥《旅行记》，第3卷；《佩德罗·桑乔的自述》，第407页；加西拉索：《王家评论》，第1卷，第7册，第10章；《最初发现》，手稿。

服者统计，这个城市拥有 20 万居民，郊区的人口也不下此数。[①] 据我所知，这个数字没有被任何其他作家所证实。但是，尽管它可能有些夸大，但可以肯定的是，库斯科是一个庞大帝国的首都，是宫廷和主要贵族的所在地；各行各业技艺高超的机匠和工匠的汇集之所，他们发现在皇城里有需要他们的才能的地方；而且这个地
314 方由众多的军队警卫；最后，这里还是来自最边远省份的移民们的游乐之地。这些各式各样的人口来自何地，可以从他们的特殊衣着，特别是从他们的头饰看出来，这种头饰很少在美洲印第安人中发现，由于它们的五颜六色，使得街上的人群形成一幅美丽的图画。这些四面八方来的人群遵守秩序，彬彬有礼，表明首都的治安状况良好，唯一打扰西班牙人宁静的是欢乐和跳舞的声音，土著人由于无忧无虑，经常狂欢至深夜。[②]

为数众多的较好的建筑物都是用石头建成或者是用石块铺面的。[③] 其中主要的有王宫建筑；因为每个君王都要为自己建造

---

① “这个城市很大，人口众多，房子都很大。西班牙人第一次进城时，市区居民就达四万人之多。据我看，在库斯科城周围五六十公里的区县里，住着二十万左右的印第安人，这是个人口最多的王国。”见《征服秘鲁居民》，手稿。——通常在计算户主时，把他看成是代表五个人。——但是，巴尔维德神甫在此事以后所写的一封信中，说这个城市在被占领时只有三四千户人家，郊区有一万九千或两万户。（《给皇帝的信》，1539 年 3 月 20 日。）——他可能是只计算了那些像样的房屋，没有把那些茅舍计算在内。这些茅舍毋宁说是一些破屋，它们构成秘鲁城镇的很大一部分，因而不能予以忽视。

② “每天晚上，人们在密集的鼓声中唱歌、跳舞、饮酒作乐，一直要闹到深更半夜。”见佩德罗·皮萨罗：《发现和征服》，手稿。

③ “这里的房舍，大部分用石头砌成，即使是其余不多的房子，至少门面上也用了一半的石头。”根据拉穆西奥《旅行记》，第 3 卷；《佩德罗·桑乔自述》，第 413 页。

一座新宫，尽管不高，但占地很广。墙上有时涂以绚丽的油漆，我们得知，大门有时是用彩色大理石制成。[①] 另一位征服者说，“在石工技艺的精巧方面，土著人远远超过西班牙人，尽管他们的屋顶是用茅草而不是用瓦铺盖的，但铺盖得很巧妙。”[②]库斯科的阳光充足的气候，不需要用坚固的材料挡蔽风雨。

最重要的建筑物是碉堡，建造在一块突出在城市之上的坚固的岩石上。它是用砍凿的石块砌成的，砌得非常巧妙，以致看不出石块之间的接缝；堡垒的入口处有三道半圆的低墙保护，这些低墙由巨石砌成，很像建筑师们所知道的那种“赛克洛普”式[③] 315
的建筑。堡垒的高度在秘鲁建筑中是罕见的。从塔顶放眼四望，可以看到一幅美妙的图景：山上的岩石、森林和瀑布等自然风貌与平原的一派葱绿交织在一起，这个优美的城市正处在最显著的位置上。在蔚蓝色的热带天空下面，一切都显得那么和谐。

街道是狭长的。它们建造得非常整齐，彼此交叉成直角：从广场上引出四条主要的街道与这个帝国的公路相连接。广场本身和

① “这座城市的主要住宅皆用石块砌成，而且磨饰精致，色彩宜人。其中最为豪华者乃是老酋长瓜伊纳卡瓦的宅第。这座建筑物的大门系用以红白为主调的彩色大理石制成”（见上引文）——这些建筑物通常是用石灰石筑成的。可能有些从附近山上采来的斑岩混杂其间，使西班牙人误以为是大理石。

② “这个城市的全部房子都是用精细的石头建造的，其石工技艺比西班牙先进。虽然石屋像平顶的堡垒那样没有瓦，而是用茅草铺盖屋顶，但由于铺盖得法，看上去很漂亮。”见《最初发现》，手稿。

③ 意为“巨石堆积的”。——译者。

这个城市的很多部分都铺着漂亮的小鹅卵石。[①] 一条清澈的小河流经首都的中心，这条河也许可以称之为运河，在长达 20 里格的距离内，河的两岸都铺有石块。[②] 在这条河上，每隔一定距离架有由同样的宽石板建成的桥，使首都的各部分之间的交通非常便利。[③]

在印加王时期库斯科的最豪华的建筑物，无疑是为奉祀太阳神而修建的大庙，正如已经指出的那样，这座庙宇是用金箔装饰的，周围是僧侣们的修道院和宿舍，这些地方的花园和巨大的花坛也闪烁着金光。外部的装饰物已经全都被征服者取走了，只有镶
316 嵌在石头里的黄金饰带仍然围绕着主建筑。很可能的是，以贪婪的口吻在西班牙人当中流传的关于财富的说法，大大超过了事实。如果不是言过其实，那就一定是土著人成功地隐藏了他们的财宝没有让侵略者得手。但是仍然有很多财宝搁置未动，不仅在太阳神庙里是如此，在首都很多较小的庙里也是如此。

---

① 见拉穆西奥：《旅行记》，第 3 卷，《佩德罗·桑乔的自述》，第 413 页。——浩哈市政当局的信中的一段值得加以援引，因为它最有权威证明正文中提到的某些有趣的细节。“这是个在美洲看到的最好最大的城市，它如此漂亮，拥有这么好的住房，就是在西班牙也令人赞叹不已。它的街道是用石头整齐地铺设起来的，下面有下水道，广场上铺着细小石子。重要的封建领主的房子都是石屋。在山冈的一侧，即村庄的上面有一个建造得非常好的城堡，使跑遍各个异国他乡的西班牙人惊讶不置，他们说从未见过这样的城堡。”见浩哈市法院和市政会议的信件。

② “一条穿过城市的河流从其发源地起，流经遍布村庄的峡谷达一百多里。河床全是石头，有的地段的峭壁似乎是雕凿过的，这是未曾见过和听说过的。”见《最初发现》，手稿。

③ 读者可能发现在本章中有少数地方与我在导言中已经谈到的关于印加王时期的库斯科的情况重复。但是这里所谈的情况大部分取自其他的来源，为了给人一个关于首都的清楚的形象，有些重复是难免的。

皮萨罗在进入库斯科时曾经发布一道命令，禁止任何士兵强行闯入居民住宅。[①] 但是宫殿很多，士兵们很快就把它们抢劫一空，他们还抢掠了宗教建筑。内部的装饰物给他们提供了丰富的战利品。他们把科里坎查庙内的皇室尸体上的宝石和丰富的装饰物剥掉。由于憎恨居民隐藏财物，他们有时对居民进行非刑拷打，想要使他们供认出隐藏地点。[②] 他们让坟墓也不得安宁，把尸体拖出墓外，因为秘鲁人常常把值钱的东西放入墓中。这些贪婪的征服者无孔不入，找遍了所有的地方，有时也会碰到一窖财宝，使他们的辛劳有所收获。

在库斯科城附近的一个洞穴里，他们发现一些纯金制成的瓶子，瓶上装饰有各种蛇、蝗虫和其他动物的形象。在这批战利品中，有四匹金骆马，十个或十二个妇女塑像，有些是金的，有些是银的。有个征服者有些天真地说，“只要看到这些东西就心花怒放。”塑像上的镀金也许很薄，因为塑像和真人一样大小，其中有几个因为保存为皇家应得的五分之一的战利品而没有熔化，原样送回西班牙。[③] 仓库里堆放着各种各样的物品；有棉制的和羽毛制成的色彩绚丽的衣服，金制的凉鞋和妇女穿的拖鞋，以及完全用金珠编 317

① “侯爵命令西班牙人，不许闯进当地人的家里，也不许拿当地人的东西。”见佩德罗·皮萨罗：《发现和征服》，手稿。

② 戈马拉：《西印度史》，第123章。

③ “除此之外，还可以看到四尊镏金的男子塑像和十二尊女子塑像。四尊男子塑像十分高大，但阴部却被艺术家阉去；十二尊女子塑像的大小和当地妇女一样，体态妩媚，光彩照人，简直真假难分……”（见拉穆西奥：《旅行记》，第3卷；《佩德罗·桑乔的自述》，第409页）“许多和真人一样大小的妇女塑像全部用黄金、白银精雕而成。”见《最初发现》，手稿。

织成的衣服。[①] 仓库里充满了谷物和其他粮食，但征服者不屑一顾，他们想的只是满足他们对于黄金的贪欲。[②] 现在，谷物比金银更值钱的时候到来了。

然而，首都的财富并没有满足西班牙人心目中的奢望。但是这一缺陷由他们在行军途中从各地抢掠来的财物得到了补偿。例如，在有一个地方，他们见到了十块纯银板，每块长二十英尺，宽一英尺，厚二三英寸。这些银板是准备用来装饰一个印加贵族住宅的。[③]

和在卡哈马尔卡时的做法一样，所有的财物都集中起来成为一大堆；在挑出一些较好的样品送给皇帝外，其余的交给印第安工匠们熔成同样规格的金锭。分配赃物的原则和以前一样。共有480位士兵，包括守卫浩哈的人在内，每个人都有一份，骑兵比步兵加倍。关于这些赃物的数量，当时参加了分配的人各有不同的说法。有些人说大大超过了阿塔瓦尔帕应交的赎金。有些人却说不足此数。佩德罗·皮萨罗说每个骑兵分得6000金比索，每个步兵分得此数的一半；[④]尽管也和以前的做法一样，皮萨罗根据每个人的级别和各自所做的贡献，做了一些区分。但是，皇家公证人兼

---

① “人们用五光十色的各种羽毛为领主和贵妇人制作节日穿戴的服装，那里也有用玻璃串珠、黄金和白银编织的贵重毯子。织工精巧，令人叹绝。”见佩德罗·皮萨罗：《发现和征服》，手稿。

② 翁德加多：《第一次叙述》，手稿。

③ “当时我正在四处寻找玉米或其他食品，偶然钻进了一家茅屋，发现了十来块银块。这些银块宽约0.28米，长约5.6米，厚度达三指。我向侯爵报告了这一发现，他和其他人都进去看了。”见佩德罗·皮萨罗：《发现和征服》，手稿。

④ 《发现和征服》，手稿。

皮萨罗的秘书桑乔把整个的数额估计得少得多，不超过 580200 金比索和 215000 银马克。[①] 由于没有官方的报告，很难断定哪种说 318
法是正确的。但是，应当记住的是，桑乔的说法是经皮萨罗和皇家司库里克尔梅共同签署的，因而无疑地是代表了征服者向皇帝报告的真实数额。

无论我们接受哪一种说法，这个数额连同在卡哈马尔卡获得的在一起，即使最贪婪的人也会感到满足。突然间大发横财，而且是这样容易兑换的钱财，对于这些从未拥有过钱财的粗鲁人产生了必然产生的后果。它给他们提供了赌博的手段。西班牙人普遍酷爱赌博，以致可以被认为是一种民族的通病。一日之间的输赢数额，足以使赢者毕生吃喝不尽。许多孤注一掷的赌徒，由于一掷骰子或一翻纸牌之差，眼看自己多年劳累的成果弃于一旦，不得不重新开始劫掠生涯。在这些赌徒当中，有一个在骑兵中服役的人名叫莱吉萨诺，他分得的战利品中有一尊太阳神像，这尊神像塑造在一块闪闪发光的金板上，放置在太阳神庙一个壁龛的墙上。由于某种原因，也许是由于它的工艺精巧，没有像其他饰物一样被熔化掉。这个赌徒一夜之间便把这件宝物输掉了；从此出现了一句西班牙谚语："在日出之前把太阳输掉了。"[②]

这种贵金属过多的后果立即反映在物价上。最普通的物品也要花很高的价格才能买到。一刀纸要卖十个金比索；一瓶酒卖六十个金比索；一把剑要卖四十或五十个金比索；一件外衣要卖一百

① 见拉穆西奥：《旅行记》，第 3 卷；《佩德罗·桑乔的自述》，第 409 页。

② 加西拉索：《王家评论》，第 1 卷，第 3 册，第 20 章。（意为"一夜的赌博可使人倾家荡产"。——译者）

个金比索，有时还要多；一双鞋要卖三十或四十个金比索；一匹好马要花二千五百个金比索以上才能买到。[①] 有些还要更高的价钱。随着代表一切的金银的跌价，任何物品都涨价了。总之，在库斯科，似乎只有金银是不值钱的东西。然而，也有少数人非常明智，他们满足于带着已有的收获返回祖国。在那里，他们的财富使他们受到尊重和拥有权力。而且，在他们引起同胞们的妒忌的同时。鼓舞同胞们沿着同样的冒险道路去追求自己的幸福。

① 赫雷斯：《征服秘鲁》，根据《巴西亚文集》，第 3 卷，第 233 页。

第　九　章 319

新印加王加冕——都城管理条例——阿尔瓦拉多的可怕的进军——与皮萨罗的会晤——利马的建立——埃尔南多·皮萨罗抵达西班牙——朝廷的震惊——阿尔马格罗与皮萨罗兄弟之间的不和

1534—1535 年

在分配完战利品之后，西班牙将军首先关心的是让曼科登上王位，并使他获得其同胞们的承认。因此，他让这个年轻的王子以他们未来的国王、瓦伊纳·卡帕克的合法儿子、秘鲁王位的真正继承人的身份出现在他们面前。人民由于怀念他那杰出的父亲，所以热情地接受了这一宣布，而且高兴地看到他们仍然有一个由古老的库斯科世系统治的王朝。

一切都按维持印第安人的幻想的方式进行。加冕的仪式非常隆重。年轻的王子按照规定斋戒和守夜；在指定的一天，贵族和人民以及全体西班牙士兵集合在库斯科广场上观看最终的仪式。由巴尔维德神甫举行了公开的弥撒，印加王曼科不是从他的本国的高级僧侣手中，而是从他的征服者皮萨罗手中，接受了带穗的秘鲁王冠。然后由印第安贵族们以传统的方式表示了他们的忠顺；之后，皇家公证人高声朗诵了声称西班牙皇帝拥有至高无上的统治权的文件，并要求所有在场的人服从这一权威。这篇演说由一位译员翻译，然后由各方的每一个人逐一履行表示服从的仪式，即用手挥舞卡斯提尔皇家的旗帜两三次。曼科用一只金杯盛满涌出泡沫的奇恰酒为西班牙司令官的健康干杯；在后者热烈地拥抱了新国王之后，军号齐鸣，表示仪式结束。[①] 但这并不是胜利的号声，而是屈辱的号声；因为它宣告外来人的铁蹄践踏着秘鲁印加王的
320 厅堂；加冕仪式只是一场可怜的闹剧：他们的印加王子本身只不过是征服者手中的傀儡；太阳神之子的光辉已经一去不复返了！

然而人民仍然愿意沉浸在幻想中，而且似乎乐于接受他们的由来已久的独立的幻影。他们用通常那种全部的欢欣鼓舞来庆祝年轻国王的即位。他的那些先王们的干尸连同仍然留在尸首上的饰物，被抬到广场上游行。每具干尸都有一大群随从人员护送，这些人执行一切奴仆的差使，仿佛他们侍候的对象仍然活着而且能够感到他们的重要性似的。每个幽灵似的干尸在宴会席上就座(天哪，现在这种宴会已经丧失了往常在这些盛大的节日里所显示的那种豪华场面了)，客人们则为杰出的死者大口大口地干杯。酒宴之后继之以跳舞，这种狂欢一直继续到深夜，而且这些头脑发胀的人们一连几夜都是如此，仿佛他们的征服者没有侵入首都一样！[②] 这与

① 佩德罗·皮萨罗：《发现和征服》，手稿；拉穆西奥《旅行记》，第 3 卷，《佩德罗·桑乔的自述》，第 407 页。

② 佩德罗·皮萨罗：《发现和征服》，手稿。“上午他去墓地，在那里，尸体都涂上了防腐香油，躺在各自的椅子上。人们怀着崇敬的心情，有条不紊地抬出尸体，送到城里。每个干尸坐在轿子上，由穿制服的人抬着，如同抬活人一般。”见《最初发现》，手稿。

阿兹特克人在墨西哥被征服时的表现多么不同！

皮萨罗关心的第二件事就是组织一个库斯科市政府，像他本国的那些城市一样。任命了两个市长和八个市政会议成员，其中最重要的两人是他的兄弟贡萨洛和胡安。就职仪式于 1534 年 3 月 24 日在大广场庄严地举行，出席的有西班牙人和秘鲁人；仿佛将军乐于借此仪式与这些秘鲁人亲近，这些人尽管表面上保持了他们自古以来即有的职权，但从此以后却把实际权力交给了他们的征服者。[①] 他要求西班牙人在这个地方定居，给他们大量的土地和房屋，这些房屋和土地来自印加王的无数宫殿和公共建筑。很多骑兵在他们自己的国家里贫无立锥之地，现在则看到自己成
了巨大的庄园主，奴仆成群，仿佛一个王子一样。[②] 一位老历史学 321
家说，迄今为止以其军衔“上将”著称的皮萨罗，从这时起被称为“总督”[③]，这两个头衔都是由皇家授予的。

这位首领也没有忘记宗教的利益。巴尔维德神甫被提名为库斯科主教一事不久便得到了教皇的批准，准备履行他的职责。选择了一个面对广场的地点建筑他的主教管区的教堂。随后在壮丽

---

① 见拉穆西奥《旅行记》，第 3 卷；《佩德罗·桑乔的自述》，第 409 页；蒙特西诺斯：《编年史》，手稿，1534 年；《库斯科市的设立仪式》，手稿。这个文件属于穆尼奥斯的收藏物之内，它不仅记录了市长们的名字，而且记录了组成基督教首都的第一批居民(vecinos)的名字。

② 如果一座建筑物巨大无比，例如某些庙宇和宫殿，它往往分给两个甚至三个征服者每人分得一份。加西拉索在征服以后不久描绘这个城市时，不厌其详地指出分得这些建筑物的骑士的名字。

③ 蒙特西诺斯：《编年史》，1534 年。

的太阳神庙的废墟上建立了一所宽阔的修道院；它的墙是用旧有的石头砌成；祭坛设立在放置秘鲁人的神像的地方，印第安人庙宇的走廊里，走动的是圣多明我会的教士们。① 为了使这一变化更为彻底，太阳神贞女修道院为一所罗马天主教的女修道院所取代，②基督教的教堂和修道院逐渐代替了古老的建筑物，那些幸存下来但是被剥夺了异教标志的建筑物则被置于十字架的保护之下。

圣多明我会的神甫们，施恩会的修士们以及其他传教士们，现在忙于使人们改变信仰的工作。我们已经谈到，皇帝要求皮萨罗在他的船队中带一定数目的传教士出国；以后每只船都要带一些传教士来。这些人并不全都像库斯科主教那样，他们的心由于狂热而变得麻木起来，对于不幸的土著人没有同情之

322 感。③ 他们当中很多人非常谦逊，他们跟随征服者的足迹来散布神圣的真理，并以无私的热情致力于宣传福音。他们以虔诚的

---

① 加西拉索：《王家评论》，第 1 卷，第 3 册，第 20 章；第 5 册，第 21 章；纳阿罗：《简述》。

② 乌略亚：《南美航行记》，第 2 册，第 12 章。《最初发现》的作者说，“印第安修女们非常贞洁和庄重。”佩德罗·皮萨罗说，“她们的贞洁完全是假的，因为她们经常与神庙的看守人员不清不白。”（《发现和征服》，手稿）——真相如何？——在如此互相矛盾的说法中，我们应该接受对秘鲁人最有利的说法。征服者的偏见肯定不偏向秘鲁人。

③ 但是，这话并不是从事征服的粗鲁士兵们用来形容巴尔维德的，这对他来说就是公平的。浩哈市政当局在致西班牙朝廷的一封信中，称赞这位多明我会教士是一位模范的和有学问的神甫，给了他的同胞以极大的安慰。“这是个有学识、为人师表的人，所有的西班牙人都为此感到高兴。”（《浩哈市法院和市政会议的信件》，手稿。）——然而，这与极其忽视土著人的天赋权利这一点并不矛盾。

努力证明自己是真正的十字军战士，并且表明，如此大肆宣扬的把基督教的旗帜带到异教徒国家的目标，并不是空洞的吹牛。

力求使异教之邦改奉基督教是西班牙征服的一个光荣的特点。具有同样宗教热情的清教徒相对说来很少做改变印第安人信仰的工作，似乎满足于保留以自己的方式信奉上帝的特权。其他的占领新世界的冒险者往往本身就不怎么关心宗教，因而对于在土著人当中传播宗教一事不很热心。但是这位西班牙教士自始至终非常关心土著人的精神福利。在他的主持下，建立了大规模的教堂，创办了初级学校，采取了一切合理的措施来传播宗教知识，而他本人则只身深入边远的几乎是不毛之地传教，或者让他的印第安信徒们加入一些宗教团体，例如在库马纳的拉斯卡萨斯教会和在加利福尼亚和巴拉圭的耶稣会。这位勇敢的传教士随时准备大声疾呼地反对征服者的残暴，以及同样有害的殖民者的贪婪；而且，当他的抗议往往证明是无效时，他仍然去做一些善后工作，安慰伤心的人，教会可怜的印第安人听天由命，并唤起他们愚昧的良知，向他们展现一个更神圣更美好的世界。在回顾西班牙殖民史的血腥记录时，应当公正地同时也是愉快地指出，从其怀抱中派出了心如铁石的征服者的这个国家也派出了从事抚慰工作的传教士，把基督教文明的光芒传播到了新世界最遥远的地方。

自此以后，本书将称皮萨罗为总督。当总督驻在库斯科的时候，他多次收到报告说附近有一支相当大的军队，由阿塔瓦尔帕的 323

军官基斯基斯领导。因此，他派遣阿尔马格罗率领一小队骑兵，并由印加王曼科率领一大队印第安军队，去驱散敌人，并在可能的情况下俘虏其领袖。曼科很愿意参加这次远征，因为敌人是基多的士兵，这些士兵和他们的指挥官对他不怀好意。

阿尔马格罗以他特有的神速进军，不久便与印第安首领对阵。随后发生了几次激烈的遭遇战，基多军队退守浩哈，在那附近进行了一次全面的交战，以土著人的全面失败决定了这次战争的命运。基斯基斯逃回基多高原，仍然以不屈不挠的精神抗击那里的一支西班牙军队。直至最后他自己的士兵由于对这种长期而无效的敌对行动感到厌倦，冷酷地杀死了他们的司令官。[①] 就这样，阿塔瓦尔帕的两个伟大的军官中的最后一个也倒下去了。如果他们的国家曾经受到他们本人的那种精神鼓舞的话，可能长期成功地捍卫他们的领土，击败侵略者。

在此以前不久，西班牙总督在库斯科得知了一个事件的消息，这个事件比印第安人的任何敌对行动更使他感到震惊。那就是一支强大的西班牙军队在唐佩德罗·德阿尔瓦拉多的指挥下抵达海滨。这位勇敢的军官曾在科尔特斯手下服役，在墨西哥战争中卓著声名。那位骑士以其出身和军阶在西班牙与显赫的家族联姻之后返回他在危地马拉的驻地。他在那里每天收到

① 佩德罗·皮萨罗：《发现和征服》，手稿；纳阿罗：《简述》；奥维多：《西印度史》，手稿，第 3 卷，第 8 册，第 20 章；拉穆西奥：《旅行记》第 3 卷，《佩德罗·桑乔的自述》，第 408 页；《最初发现》，手稿。

关于皮萨罗的征服的详尽报告，激起了他的贪心。他得悉这些征服只限于秘鲁；北部的基多王国，阿塔瓦尔帕祖先的居住地，无疑也是其财富的主要储藏地，仍然没有触动。他装作不知道这个国家也在总督的管辖范围之内，立即命令他曾派往香料群岛的一支庞大的舰队改变航向驶往南美。1534 年 3 月，他率 500 名部下在加拉克斯湾登陆，其中半数是骑兵，全都配备有精良的武器和充足的弹药。这是迄今为止在南海地区出现的装备最好和战斗力最强的军队。①

尽管这是公然侵犯皇帝授予皮萨罗的领土，但这位不顾一切 324
的骑士仍然决定立即进军基多。在一个印第安向导的协助下，他计划走一条翻山越岭的捷径，这条路即使在最好的季节里也是很难走的。

在渡过达布尔河后，阿尔瓦拉多的向导背叛了他，因此他很快就在纷繁错综的山道中迷路了；而且，随着他越来越高地进入高寒地区，他被冰雪所围绕，他那些来自危地马拉的炎热地带的士兵对此毫无准备。由于寒冷愈来愈严重，他们当中很多人冻麻木了，很难继续前进。被迫尽力而为的步兵行进得最为顺利。很多骑兵在马鞍上冻僵了。对寒冷更为敏感的印第安人成百成百地死亡。西班牙人拥挤在他们那简陋的帐篷周围，燃着他们

① 历史学家们对这支军队的人数说法不一。但从在危地马拉所做的一次官方调查中可以看出，整个队伍的人数似乎是 500 人，其中 230 人是骑兵。见《来自圣地亚哥的报告》，1536 年 9 月 15 日，手稿。

捡来的那点可怜的柴火，而且几乎没有粮食，他们忧郁地沉默着等待黎明的到来。然而曙光冷冷地照在凄凉的荒原上，没有给他们带来欢乐。它只是更清楚地表明他们困难的程度。在艰难地通过蜿蜒曲折的雪路时，他们沿途可悲地遗留下了衣服的碎片，残破的马具，黄金饰物以及他们在行军途中抢掠来的其他贵重物品。还留下一些死尸或一些更不幸的人，让他们在荒野中自行死去。至于马匹，它们的尸体不会长久地阻碍道路，因为饥饿的士兵们很快就会把它们生吞，这些士兵就像饥饿的兀鹰一样，这些饿鹰成群地在他们头上盘旋，贪婪地啄着腐臭难闻的五脏，来满足它们的饿得难受的饥肠。

阿尔瓦拉多急于保住他在行军初期获得的战利品，他鼓励每一个人从公共财物堆中取走自己想要的黄金，只保留五分之一给皇室。但是士兵们只是讥讽地凄然一笑，“食物是他们唯一需要的黄金。”然而在这个危急关头，在这个似乎可能使人们之间的天然联系解体的时刻，发生了一些自我牺牲的动人事例；为了帮助其他同伴而牺牲自己的生命；有些父母和丈夫（因为有些
325 骑兵有妻子伴随）不是自寻生路，而是与自己所爱的人留在雪地上死去。

使他们更加不幸的是，有好几天，空中充满了浓重的尘烟土雾，使人睁不开眼，呼吸非常困难。[1] 这种现象似乎可能是远处

① 奥维多说，“天空中开始下起土雾来，使得人马都睁不开眼，森林和树丛布满了灰尘。”见《西印度史》，手稿，第3卷，第8册，第20章。

的科托帕希火山爆发造成的，那座火山大约在基多东南 12 里格，它那巨大而又十分匀称的火山锥远远高出雪线以上，形成美洲火山中最美和最可怕的一座。① 在阿尔瓦拉多进行远征期间，它正处于爆发状态，这是有记载的最早的一次爆发，尽管它当然不是最早的一次。② 从那个时期以来，它经常处于活跃状态，把它的大片火焰冲向半英里的高度，喷出的熔岩形成激流，在奔腾中吞没了城镇和村庄，并在地下的雷鸣声中震撼着大地，一百多里格以外听起来就像是炮声隆隆！③ 阿尔瓦拉多的部下们不了解这种自然现象的成因，当他们在冰雪覆盖的大地上（这种景象是他们前所未见的）徘徊，处于一种充满灰尘的环境中时，他们被这种尘土飞扬的混沌状态搞得迷惑不解，这种状态似乎是大自然有意制造出来毁灭他们的。这些人当中有些是科尔特斯的士兵，他们曾在多次艰苦的行军中和与阿兹特克人的多次交战中锻炼得十分坚强。但是他们现在承认，这种尘土之战比任何战争都可怕。

---

① 加西拉索说，雨点般的尘土来自“基多的火山”。（《王家评论》，第 2 卷，第 2 册，第 2 章。）谢萨·德莱昂仅仅说来自该地区的一座火山。（《秘鲁史》，第 41 章。）他们两人都没提火山的名字。洪堡接受普遍的意见，指出是科托帕希火山。见《调查报告》，第 1 号，第 123 页。

② 土著人中一个普遍流传的说法是，火山锥附近的一块巨大的斑岩在一次火山爆发中喷出，这件事正好发生在阿塔瓦尔帕死的时候。但是这种传说很难被认为是信史。

③ M. 洪堡对这座可怕的山做了一个详细的叙述（《调查报告》，第 1 号，第 118 页及以后各页），贡达明则叙述得更详细。（《赤道航行记》，第 48－56 页、156－160 页。）后面这位哲学家曾试图攀登几乎是垂直的火山壁，但没有人胆敢跟随他。

阿尔瓦拉多在经历了即使是最坚强的人也许只能再坚持几天326 的磨难之后，终于从雪路上走了出来，来到了高原上，这片高原海拔 9000 多英尺，伸展在里奥班巴附近。但是他的英勇的部队的四分之一留在荒野上喂了兀鹰，他的印第安人辅助部队的大部分，至少有 2000 人，也是如此。他的很多马匹也丧失了；逃脱出来的人马全都是由于寒冷和极端的苦难而多少负了伤的。这就是可怕的冰雪覆盖的隘路的情况，我仅仅简单地把它作为秘鲁征服史中的一个插曲加以叙述，尽管它为期不过几星期之久，对它的详细的叙述可能比成卷成卷的一般的叙述更能使人了解西班牙骑兵所遇到的困难。[①]

阿尔瓦拉多在稍事停留，使他那精疲力竭的士兵得到休整以后，开始他那通过高原的行军，这时他惊奇地发现地上有马蹄的痕迹。那就是说，西班牙人已经在他之前到达了这里，不管怎么说，在他经历了千辛万苦之后，别人却比他抢先进行了征服基多的事业！有必要稍费笔墨来解释这件事。

当皮萨罗离开卡哈马尔卡时，由于意识到圣米格尔作为当时唯一进入这个国家的港口的日益增长的重要性，曾派遣他最亲信

① 就现有材料来看，对阿尔瓦拉多的进军做了最生动和最全面记述的是埃雷拉，他仿效了利维描述汉尼拔的通过阿尔卑斯山的进军的写法。(《通史》，第 5 卷，第 6 册，第 1、2、7、8、9 章。)——并见佩德罗·皮萨罗：《发现和征服》，手稿；佩德罗·德·阿尔瓦拉多致皇帝的信，1535 年 1 月 15 日于圣米格尔，手稿。——阿尔瓦拉多在上述信件(保存在穆尼奥斯的收藏物中)中向皇帝解释了他进行远征的理由，其中不乏厚颜无耻之处。在这封信中，他很少谈到进军，主要是谈他同阿尔马格罗进行的谈判，并对征服者推行的政策加以评论和提出许多阴险的建议。

的人前去负责守卫。这个人是塞巴斯蒂安·贝纳尔卡萨尔，他是一位骑士，后来由于他的勇敢、才能和残酷，使他得以在南美征服者当中为第一流人物。但是，在这位骑士还没有到达他的辖区时，他和阿尔瓦拉多一样，听说了基多的富庶，虽则他在没有奉令，却自行决定以他所辖的兵力前往攻占基多。

他统率骑兵和步兵约140人，和一支强有力的印第安人辅助 327
部队，进军一望无际的安第斯山，直至它伸延到基多高原的地方，他采取的路线比阿尔瓦拉多采取的要安全和便当一些。在里奥班巴平原上，他遇到了印第安将军鲁米纳维。随后发生了几次交战，胜负难分，最后，科学战胜了与它奋力对抗的勇气，获胜的贝纳尔卡萨尔把卡斯提尔的旗帜插上了阿塔瓦尔帕的古老的塔顶。为了纪念他的将军弗朗西斯科·皮萨罗，他把这座城市命名为圣弗朗西斯科德基多。但是，使他极为失望的是，关于它充满财富的说法或者是编造的，或者这些财富被土著人隐藏起来了。他的胜利给他带来的只是一座空城——剩下一个没有实际价值的躯壳。在尽力搜括以弥补他的失望的同时，这位西班牙首领得到了关于他的上级阿尔马格罗到来的消息。①

关于阿尔瓦拉多远征的消息传到库斯科不久，阿尔马格罗就率领一小支部队出发前往圣米格尔，目的是想在那里补充自己的

① 佩德罗·皮萨罗：《发现和征服》，手稿；埃雷拉：《通史》，第5卷，第4册，第11、18章；第6册，第5、6章；奥维多：《西印度史》，手稿，第3卷，第8册，第19章；《贝纳尔卡萨尔的信件》。

力量，然后立即进军反对侵略者。在他抵达那个城市时，他惊奇地得悉该城的指挥官已经离去。阿尔马格罗怀疑该人的动机是否真诚，便以年轻人特有的激情（尽管实际上由于年龄较大而多少有些消退了）毫不犹疑地立即翻山越岭跟踪贝纳尔卡萨尔。

这位无畏的勇士以他惯有的精力克服了行军途中的一切困难，在几个星期以后就亲率他那支小部队来到了印第安城镇里奥班巴周围的高原上；他在行军途中曾经不止一次地同土著人进行了激烈的遭遇战，这些土著人的勇气和毅力与秘鲁人的冷漠形成鲜明的对比。但是秘鲁人的怒火只是在心头燃烧。他们在等待时机。

阿尔马格罗很快就在里奥班巴与圣米格尔城的指挥官会晤了，后者也许是真诚地否认在他那未经批准的远征中有任何背叛的意图。在这样加强了自己的力量之后，这位西班牙首领冷静地等待阿尔瓦拉多的到来。后者所率的部队尽管处于较差的
328 战备状态，但在人数和装备上却远远胜过其对手。当他们在里奥班巴的广阔的平原上相互对峙时，似乎可能立即爆发一场激烈的战斗，土著人们可以满意地看到，他们所遭到的虐待，由虐待者自己的手得到了报复。但是阿尔马格罗的政策是要避免这样一场争端。

双方开始谈判，每一方都声称有权获得这个国家。与此同时，阿尔瓦拉多的士兵们自由地与对方军队中的本国同胞们交谈，听到了关于库斯科的富庶与繁华的令人惊异的报道，于是他

们当中很多人想从他们目前的军队中转到皮萨罗的军队中去。他们自己的领袖也看出，基多未能补偿他所做出的牺牲，而且，如果坚持他的权利要求，以后也得不到补偿。他现在敏感地看到了即将发生的一种过程，这种过程无疑将会损害他的统治。在这种情况下，双方不难达成一项解决争端的协议；协议的基础是，阿尔瓦拉多将把他的舰队、他的士兵以及所有装备和弹药交给总督；作为酬报，总督将给他 10 万金比索。他的船只大大小小共有 12 艘，他所获得的报酬数额虽然很大，但抵消不了他的开支。达成这个协议以后，阿尔瓦拉多建议在离开这个国家以前同皮萨罗会晤一次。①

与此同时，总督已经离开秘鲁首都前往海滨，因为他准备击退阿尔瓦拉多可能试图从那个方向进行的任何侵略。他对阿尔瓦拉多的实际行动还一无所知。他把库斯科留给他的兄弟胡安照管，他认为胡安这位骑士的态度可能获得土著居民的友好待遇。皮萨罗还留下 90 位士兵作为首都的卫戍部队和他未来的 329

① 《征服秘鲁居民》，手稿；纳阿罗：《简述》；佩德罗·皮萨罗：《发现和征服》，手稿；埃雷拉：《通史》，第 5 卷，第 6 册，第 8—10 章；奥维多：《西印度史》，手稿，第 3 卷，第 8 册，第 20 章；《贝纳尔卡萨尔的信件》，手稿。—关于付给阿尔瓦拉多的"酬金"数额，作家们的说法不一。但是在阿尔瓦拉多和阿尔马格罗分别致皇帝的信件中提到的数额都与本书所说的相符。阿尔瓦拉多抱怨说，他别无选择，只有接受这个数额，尽管这使他蒙受了巨大损失。而且，他暗示说，由于使他的远征遭到失败，也给皇帝造成了损失。(《阿尔瓦拉多致皇帝的信件》，手稿。)但是，阿尔马格罗说，所付的款项是那些装备的价值的三倍。他补充说，"为了保持和平，他所做的牺牲是不惜任何代价的。"对一个西班牙征服者来说，这是一种多么奇怪的感情！见《迭戈·德阿尔马格罗致皇帝的信件》，手稿，1534 年 10 月 15 日。

殖民地的核心。然后，把印加王曼科带在身边，他前进到浩哈。在那里，印第安王子用一次盛大的狩猎来款待他，这样的狩猎在本书中曾经描述过，在狩猎中，无数的野生动物被屠杀，在山岭间游荡的骆马和其他种类的秘鲁羊被驱进栏圈中剪去它们的珍贵的毛绒。①

然后这位西班牙总督前往帕查卡马克，他在那里收到了关于与阿尔瓦拉多达成协议的可喜的消息；不久以后，他受到了那位骑士在乘船离去之前对他的来访。

会晤是在彬彬有礼的气氛中进行的，而且，至少双方都表现出了善意，因为彼此之间已经没有需要互相忌妒的理由了；而且，正如可以想象到的是，彼此都以很大的兴趣看待对方，因为双方都在冒险的道路上取得了杰出的成就。相形之下，阿尔瓦拉多似乎多少占了一点优势，因为皮萨罗虽然威风凛凛，却是其貌不扬，缺少那种潇洒和欢快的风度，而对那位危地马拉的征服者来说，这种风

① 《浩哈市法院和市政会议的信件》，手稿；《最初发现》，手稿；埃雷拉：《通史》，第 5 卷，第 6 册，第 16 章；蒙特西诺斯：《编年史》，手稿，1534 年。——本书经常引用的《秘鲁的最初发现》的作者，在此处突然搁起了笔。他是一个有理性和有经验的作者，尽管他也有想为本民族夸耀和渲染的倾向，他写作的态度是诚实的，所写的是他所见的东西。公证人《佩德罗·桑乔的自述》，也是写至浩哈为止，这本书写到的时期远比前一本书为短，但同样是可信的。由于它是皮萨罗的秘书所写，并由这位将军本人签署，因而这本书被认为具有最高的权威。然而对这些材料的来源显然可以大打折扣；因为它可被认为是皮萨罗对自己的行为的叙述，其中有些行为是很需要自我辩解的。还必须补充的是，为了对将军及其秘书公正起见，应该说这本书与当时其他人的叙述并无多大的不同，而且那种企图掩饰征服者的行为中某些过火的地方的做法也并不突出。对于这本书的出版，我们应当感谢拉穆西奥，他的明智的努力给我们保存下来不止一件当时的有价值的材料，尽管是以翻译的方式保存下来的。

度和他那漂亮的容颜与金色的头发一起，使他在与阿兹特克人的交战中赢得了“太阳神之子”的称号。

这时，古城帕查卡马克一片欢腾；这里见到的不是往常见到的那种为了崇敬印第安神灵而欢歌和祭祀的景象，而是满城回荡着马上比武和摩尔人式的芦笛比赛的声音，那些军事征服者们喜欢 330
用这种方式回忆他们故国的游乐。当这些娱乐结束以后，阿尔瓦拉多重新登船去他的危地马拉辖区，在那里，他那种不倦的精神很快使他卷入了其他的冒险事业，那些事业结束了他的冒险生涯。他的远征秘鲁之行，突出地表现了其为人的性格。这次远征的基础是非正义的，行动是粗暴的，结果则是灾难性的。[①]

从某种意义上说，现在可以认为秘鲁的征服已经完成了。的确，内地的有些未开化部落仍然在坚持抵抗，一位谨慎而又能干的军官阿隆索·德阿尔瓦拉多被派从事使他们归顺的工作。贝纳尔卡萨尔仍然留在基多，后来他被朝廷任命为该城的总督。他在那里为西班牙的权力奠定了更深厚的基础，同时进一步向北方扩展征服的区域。但是，库斯科这个印第安王国的古老的首都已经屈服了。阿塔瓦尔帕的军队已被击败并被解散了。印加帝国已经分崩离析，现在那位头戴秘鲁王冠的王子只不过是一个徒有虚名的

① 纳阿罗：《简述》，手稿；佩德罗·皮萨罗：《发现和征服》，手稿；《弗朗西斯科·皮萨罗致莫利纳先生的信》，手稿；阿尔瓦拉多死于 1541 年，在他试图攀登新加利西亚的一个陡峭的山冈时，一匹坠马滚在他身上，使他因伤致死。同年，他那美貌的妻子也因一次偶然事件死于她在危地马拉的住所中，她的住所被附近山上的一次山洪淹没了。

国王，完全听命于他的征服者。

总督的第一个行动是要确定这个庞大的殖民帝国的未来首都的地址。库斯科僻处群山之中，对于一个从事商业的民族来说距离海岸太远。那个小小的居民点圣米格尔的位置又离北方太远。最好是选择某个比较适中的地点，这样一个地点很容易在濒临太平洋的那些富饶的峡谷中找到。皮萨罗现在心目中所想的这样一个地点是帕查卡马克。但在进一步考察之后，他选择了附近的里马克峡谷，它位于北方，因一个著名的神而得名，在克丘亚语中意为“宣谕者”，这个神的神坛由于发布一些神谕而经常有印第安人来朝拜。一条宽阔的溪流贯串整个峡谷，它像一条大动脉，土著人们和在通常的情况下一样，从它引出成千条小渠，蜿蜒流过美丽的草原。

331 皮萨罗把他的新首都的地址确定在这条河畔，距离河口不到两里格，河口非常宽阔，在这位奠基者的有预见的眼光里，他看到有朝一日（而且是不太远的将来）水面上浮动着的商船。这个地点的位置居中，使它成为秘鲁总督的适宜的居住地，他从这里很容易同这个国家的不同地方保持联系，并且可以警惕地注视着他那些印第安封臣。这里的气候宜人，虽然地处赤道以南 12 度，但有来自太平洋和来自对面科迪耶拉山脉的冰冻的山坡的凉风，使它的气温低于南美其他同纬度的地方。海岸上从不下雨；但是浓云密雾缓和了这种干燥的情况，这种云雾在整个夏季像一座帐幕一样笼罩在峡谷上，使它免受赤道骄阳的照射，空气中弥漫着令人舒服

的水汽，使田地保持一派葱绿。

这个新建的首都被命名为“君王之城”，为了纪念据说是它的奠基日，1535 年 1 月 6 日，显现节，这一天更可能是确定它的地址的日子，因为实际的奠基似乎是在 12 天以后。[①] 但是这个西班牙名字即使在第一代人手中就停止使用了，代替它的是“利马”，这是西班牙人对原来的印第安名称“里马克”的误读。[②]

这个城市是按照很有规则的计划兴建的。街道比西班牙城镇的一般街道宽敞得多，而且都是笔直的，彼此相交成直角，街道之间的距离很大，留有足够的余地兴建私人花园和公共广场。城市的布局呈三角形，以一条河作为它的底边，河水通过石砌的小渠流经所有的主要街道，供人们灌溉房屋周围的土地。

总督一经决定地址和城建方案，便立即以他特有的精力开始 332
行动。从一百多英里以外征集印第安人来协助这一工作。西班牙人在他们的首领监视下积极从事这一任务。刀剑换成了工匠的工具。帐篷里拥挤着勤劳的劳动者；代替战斗呐喊的是忙碌的人群的和平的喧嚷。宽阔的“广场”四周是教堂、总督的官邸、市政公署和其他公共建筑。它们的基础建立在同一水平上，而且建造得非常坚固，经得起时间的冲击，有些建筑物甚至经得起最可怕的地震，这些地震曾经在不同的时期里使这个美好的首都的一些部分

① 这是金塔纳的说法，他是根据他所说的真正的权威贝尔纳维·科沃神甫在其题为《利马的建立》一书中的说法。见《西班牙名人录》，第 2 卷，第 250 页。

② 一些老的征服者的手稿表明，利马这个名称如何从一开始就取代了原来的印第安名称。“侯爵到了利马，建立了王公城。”（佩德罗·皮萨罗：《发现和征服》，手稿。）“浩哈的居民奉命迁往利马峡谷，现在利马城的居民原先大都住在浩哈。”见《征服秘鲁居民》，手稿。

沦为废墟。[①]

在这些事件发生的同时，被当时的编年史家通称为“元帅”的阿尔马格罗已经前往库斯科，他是被皮萨罗派去掌管首都的。他还奉命由他本人或其部下的军官执行征服南方各地区的任务，这些地区是智利的一部分。阿尔马格罗自从抵达卡哈马尔卡以来，似乎愿意缓和对他的同伙的原有的故意，或者，至少是不把这种故意流露出来。而且同意按照皇帝的旨意在皮萨罗的手下听从指挥。他甚至在他的公文中宽容地赞扬皮萨罗，把他说成是一个热衷于促进政府利益的人。但他并不相信他这位同事，因此，当埃尔南多·皮萨罗返回祖国执行任务时，他没有忽略采取防范措施，即派遣一个亲信代表他自己的利益。

埃尔南多·皮萨罗乘坐的船在圣多明各停泊了一下之后，已于 1534 年 1 月平安地抵达塞维利亚。除了携带着献给皇家的那五分之一的宝物外，他还携有价值 50 万比索的黄金和大量的白银，这些都是冒险者的私人财物，有些冒险者由于对已经获得的利益感到满足，与他同船返回西班牙。海关里堆满了金银锭和各种
333 形式的金银器，这些器皿是仿照动物、花卉、喷泉和其他物体的形象制作的，工艺有高有低，但质地都是纯金。从附近地区前来观看的人们，对这些精美的印第安艺术品惊叹不置。[②] 大部分制品是

① 蒙特西诺斯：《编年史》，手稿，1535 年；《征服秘鲁居民》，手稿。史蒂文森说，皮萨罗官邸的遗址仍可从军官胡同中辨认出来。在我所参考的现代旅游书籍中，史蒂文森对利马作了最好的叙述。见《南美居留记》，第 7 卷，第 8 章。

② 埃雷拉：《通史》，第 5 卷，第 6 册，第 13 章。埃尔南多·皮萨罗从秘鲁带回物品清单，见《穆尼奥斯的手稿》。

皇家的财产；埃尔南多·皮萨罗在塞维利亚作短暂停留之后，选择了一些最珍贵的样品，长途跋涉前往卡拉塔尤，皇帝正在那里主持阿拉贡的议会。

埃尔南多立即被准许晋谒皇帝，并且得到了优渥的接待。他比他的两个兄弟更善于与宫廷打交道，当他那高傲的脾性处于不得不收敛的场合下时，他的态度是文雅的，甚至是讨人喜欢的。他现在以一种彬彬有礼的口气述说他兄弟及其少数追随者的激动人心的冒险事业，他们所忍受的疲劳，所克服的困难，他们俘获秘鲁印加王的情况，以及印加王提出的巨额赎金。他用不着谈到如何杀害那位不幸的王子，因为那个悲剧性的事件发生在他离开那个国家以后，他现在还未得悉这个消息。这位骑士滔滔不绝地谈论那里的土地多么肥沃，人民多么开化，这一点可以从他们的各种精湛的工艺上看出；为了证明他所说的属实，他展示出了一些羊毛织品和棉织品，以及一些华丽的金银饰物。皇帝在看到最后这些饰物时，眼里闪烁着喜悦的光芒。他非常聪明，不会不欣赏征服给他带来了一个富于农业资源的国家。但是，从这些资源获得的利益必然是逐渐的和缓慢的；因而可以理解的是，他以更满意的心情听取皮萨罗关于它的矿产资源的报告；因为他那些野心勃勃的计划耗尽了帝国的财富，他从那股意外地倾泻到他头上的黄金浪潮中看到了补充帝国财富的手段。

因此，查理皇帝非常痛快地批准了幸运的冒险者的请求。所有以前授予弗朗西斯科·皮萨罗及其同伴的一切权利，得到了完全的确认；而且把总督的管辖范围向南扩充 70 里格。这一次，阿尔马格罗的活动也得到了报偿。他被授权发现和占有 200 里格的

334 土地，从皮萨罗的领地的南端开始。[①] 查理皇帝为了进一步表明他感到满意，兴致勃勃地亲自致函两位指挥官，他在函中称赞他们的英勇，感谢他们的效劳。这种公正对待阿尔马格罗的做法，如果不是由于有这位元帅自己的代理人在场而不得不这样做（正如已经指出的那样，这些代理人随时准备弥补特使的报告中的任何漏洞）的话，应该说埃尔南多·皮萨罗是非常正直的，因为他与阿尔马格罗之间的关系并不友好。

在这样显示皇恩浩荡之中，正如可以想到的那样，这位特使也无例外地从中沾了光。他被授命为宫廷侍从，被给予圣地亚哥骑士称号，这是西班牙的骑士等级中最高的；还被授权装备一支军队和担任这支军队的指挥官；而且塞维利亚的皇家军官们奉命协助他实现他的理想，使他能够乘船前往西印度群岛。[②]

埃尔南多·皮萨罗的归来，和他及其手下人所散布的消息，在西班牙人当中引起了自从哥伦布的首次航行以后未曾有过的激动。新大陆的发现曾经使人们的心目中充满了对财富的无穷希望，但是随后的几乎每一次远征都证明了这些希望的破灭。墨西哥的征服虽然被公认为是一次奇妙的壮举，但是没有带来人们曾经热烈盼望的黄金般的结果。弗朗西斯科·皮萨罗不久以前回国访问时所许下的美好的诺言，没有能重新鼓舞起他的同胞们的信

① 在皇家的授权证书中，这个即将被占领的地区被命名为“新托莱多”，正像皮萨罗的征服地区已被命名为“新卡斯提尔”一样。但是这一次更改印第安名称的做法就像上一次一样无济于事，古老的名称“智利”仍然被用来称呼这个位于安第斯山脉和大洋之间的肥沃的狭窄地带，这个地带一直延伸到这个大陆的南方。

② 同前注。

心，他们由于一再失望而变得不肯轻信了。他们所相信的只是冒险事业的艰难；追随者人数之少就充分表明人们不相信冒险的结果，而那些追随者只不过是些亡命之徒，想从冒险事业中碰碰运气。

但是现在，这些诺言实现了。他们不再会相信黄金般的报告；而是会相信黄金本身；大量的黄金正展现在他们面前。现在，所有的眼睛都朝向西方。破产的浪子看到可以从那里像他迅速地挥霍掉财产那样迅速地重新发财。商人们不再追求东方 335
的奇珍异宝，而把眼光转向相反的方向，指望获得利市百倍，因为在那里最普通的日用品也可以漫天要价。热衷于以长矛赢得黄金和荣誉的骑士想从安第斯山脉的高原上找到一个发挥其勇气的天地。埃尔南多·皮萨罗发现他的兄弟在让其部下中尽可能多的想要回国的人归去这一点上是做出了正确的判断，因为他相信回国的人所展示的财富将会使他的麾下每走掉一人就有十人来补充。

在很短期间，这位骑士就发现自己统率了这样一支军队，这支军队也许是自从费迪南德和伊莎贝利亚时期的奥万多的庞大舰队以来从西班牙海岸出发的人数最多和装备最好的军队之一。这支军队的命运几乎和那支舰队相同。埃尔南多刚一出海，一阵暴风雨就向这支军队袭来，使他不得不返回港口重新装备。最后他终于渡过大洋，平安地抵达一个名叫诺姆布尔德迪奥斯的小港。但是那里没有为他的到来做什么准备工作。在他开始翻山越岭之前，被迫在那里停留了一些时候，他的部队严重缺粮。在极端困难的时候，最不卫生的东西也被大口大口地吃掉了，很多骑士都把自

己的些少积蓄花在维持最低限度的生活上。像通常的情况一样，疾病伴随着饥饿而来，很多不幸的冒险者在不习惯的炎热气候的情况下身体虚弱不堪，在冒险事业的门槛上倒下去了。

这是西班牙冒险史上经常重复的故事。少数人比其他人幸运，偶然发了意外的横财，然后是成百上千的人被他们的成功所吸引，沿着同样的道路前进。但是摆在表面上的丰富的战利品已经被第一批人一扫而光，后来者必须经过长期而艰苦的努力才能获得财富，很多人精神沮丧、命运不佳，懊恼地回到了故国的海岸。另一些人则留在他们将要失望地死去的地方。他们指望挖到黄金；但只是挖了自己的坟墓。

然而，皮萨罗的军队中的人们的遭遇并非都是如此。很多人跟随他越过地峡到达巴拿马，然后及时抵达秘鲁，在那里进行的你
336 死我活的大变革的斗争中，有少数人爬上了有利可图的显要地位。
在那些第一批到达秘鲁海岸的人们当中，有阿尔马格罗的代理人派来的一位特使，为了通知他关于皇帝对他的重要授权。这个消息来到时他正在进入库斯科。他在那里受到胡安·皮萨罗和贡萨洛·皮萨罗的有礼貌地接待。他们遵从他们的兄弟的命令，立刻把首都的行政权交到元帅的手中。但是阿尔马格罗非常高兴地看到自己现在已由皇帝的一道命令使他不再受那个曾经深深地伤害了他的人的管辖。于是他宣称在行使他目前的权力时，他不承认有上司。他这种傲慢情绪的说法由他的几个部下加以证实，他们坚持说库斯科处在授予皮萨罗的领地以南，因而是位于现在授予元帅的领地以内。在这些部下中有几个是阿尔瓦拉多的士兵，他们的装备虽然胜过皮萨罗的士兵，但纪律却差得多，而且实际上在

那个蛮横无理的首领手下养成了一种肆无忌惮的习气。[①] 他们现在公然忽视库斯科土著居民的利益；而且，他们不满足于占用公共建筑物，进而侵入私人住宅，随心所欲地瓜分其中的财物。总之，既不尊重人，也不尊重财物，就像这地方是被强攻下来的一样。[②]

当这些事件正在古老的秘鲁首都发生时，总督仍然在利马。他在那里对于他所听到的关于授予他的同事以新的爵职这一消息深感不安。他还不知道他自己的管辖区向南扩展了70里格，因而他与阿尔马格罗一样怀疑印加首都不在他目前的辖区之内。他看 337
到了落入他的对手手中的这座繁华的城市可能要发生的一切不幸。这位对手将拥有几乎是无限的手段用来满足他自己及其部下的贪欲。皮萨罗认为，在目前的情况下，让阿尔马格罗提前享有他目前还没有合法权利享有的权力是不安全的，因为写有这种任命的正式文书还和埃尔南多·皮萨罗一起在巴拿马，传到秘鲁来的只不过是一份断章取义的摘要抄件。

因此，他毫不迟延地向库斯科发出指示，让他的兄弟们重新执掌行政权，同时向阿尔马格罗解释这一措施的理由是，由于他日后

① 从纪律看，这些人与秘鲁的征服者形成鲜明的对比，如果我们可以相信佩德罗·皮萨罗的话，他让我们相信，他的同伴们在未经司令官准许的情况下甚至不敢掰一根玉米棒子。“在我们这些跟随侯爵远征的人中，未经他许可，谁也不敢拿别人的半根玉米棒子。”见《发现和征服》，手稿。

② “他们平静地进入库斯科城，受到了当地人的欢迎。但是他们占领了这座城市，霸占了城里的一切东西：房子、衣服、黄金、白银以及其他许多贵重物品；一些空房子则成了他们抢来的物品的贮藏室。他们哪里想到，这是一种亵渎神明和人类的举动。此事说来话长，几乎不可理解，我还是把它留给了解内情的人去判断吧。当然，我从自己的过错中清楚地知道，他们是不想知道和看到本文谈到的当地人的损失。”见《征服秘鲁居民》，手稿。

要接受任命书，如果发现事先已经就职是不合适的。最后他要求阿尔马格罗立即向南方远征，不得延误。

但是，无论是元帅本人或者他的友人都不喜欢如此迅速地放弃他们现在认为属于他的权利。另一方面，皮萨罗兄弟则坚持要重新掌权。争论越来越激烈。双方都有其支持者；这个城市分为两派：市政当局、士兵，甚至印第安居民都参加了这场权力斗争。事态发展得极为严重，首都有发生暴力和流血的危险，这时皮萨罗本人来到了他们中间。[①]

在得知他的命令发生了不幸的后果时，他迅速兼程来到库斯科，他受到土著人和比较温和的西班牙人的欢迎，他们急于避免即将来临的风暴。总督第一个接见的是阿尔马格罗，他以一种显得很亲热的姿态同他拥抱；而且以一种丝毫没有怒形于色的态度询问目前这种动乱的原因。元帅在回答这个问题时归咎于皮萨罗的兄弟；但是，尽管总督相当严厉地斥责他们违反命令，但是很快就表明他同情他们，两位同事之间彼此反目的危险似乎比以往任何时候都要大。幸运的是，这种反目由于双方共同的朋友们的干预而推迟了，这些人比他们的领导人显得更为谨慎。在他们的帮助下，终于使双方在旧的协议的基础上重归于好。

338 双方同意，他们之间的友谊应予维持，不受侵犯；而且，在未给任何一方带来巨大好处的情况下规定，任何一方不得诽谤或中伤另一方，特别在他们呈送皇帝的报告中应该这样；任何一方不得瞒

① 佩德罗·皮萨罗：《发现和征服》，手稿；埃雷拉：《通史》，第5卷，第7册，第6章；《征服秘鲁居民》，手稿。

着另一方同政府打交道；最后，今后在发现事业上的支出和收益由双方平均分摊。他们以最庄严的祈祷请求上天降罚于破坏这一协议的人，并且祈求万能的主惩罚违约者，使他丧失财产和生命，并在来世中永远坠入地狱！[①] 双方在一次圣礼仪式上庄严宣誓遵守协议，这次仪式由巴托洛梅·德塞戈维亚神甫主持，他以举行弥撒结束这一仪式。整个过程和协议条款由公证人仔细记录在一个文件里，文件的日期是 1535 年 6 月 12 日，由一长列证人签字证明。[②]

就这样，这两位老同事在践踏了友谊和荣誉的联系之后，指望用宗教的神圣纽带把他们联结在一起。他们不得不采取这种非常的手段，然而这种手段却向他们证明它是无效的。

在这样弥合了彼此的分歧之后不久，元帅挥舞他的旗帜进军智利。由于他平易近人、慷慨大方（挥金如土），使得很多人踊跃加入他的事业，这些人天真地相信，这一事业将会给他们带来比他们在智利已经找到的更多的财富。两个印第安人，一个是印加王曼科的兄弟保罗·托帕，另一个是这个国家的高僧比利亚克·乌穆，被派与三个西班牙人一道出发打前站，为这支小部队开路。随后是一支 150 人的小分队，由一个名叫萨维德拉的军官指挥。阿尔马格罗留在后面征集更多的兵员；但他在征集工作还未完成之前就出发了，因为他感到在他的兵力减少了的情况下待在皮萨罗的

① “我们恳求万能的天主严厉惩罚毁约者，让他身败名裂，家破人亡，直至把他的灵魂打入地狱。”见皮萨罗和阿尔马格罗的协议，1535 年 6 月 12 日，手稿。

② 这份著名的文件原本保存在西曼卡斯档案馆中，本书附录十一载有它的西班牙全文。

339 附近是不安全的！① 他的其余部队在集合起来以后再去追赶他。

在这样使他的对手离开以后，总督毫不迟延地返回海滨，重新从事建设这一地区的工作。在“君王之城”这个王城之旁，他还沿太平洋建立了其他一些城市，目的是使它们日后成为繁华的商业中心。他为了纪念他的出生地，把其中最重要的一个城市命名为特鲁希略。这个城的地址位于阿尔马格罗已经标明是他的地方。② 他还用西班牙征服者通常惯用的那种方式给他的部下分配许多管辖区，管辖土地和印第安人民。③ 尽管由于忽略了这一地区的真正资源而使结果与他预料的完全不同。因为范围狭小的土地往往由于它所蕴藏的财富而使它变得身价百倍。④

但是，皮萨罗最关心的还是建造利马城，他积极督促施工，并以他所指挥下的大量劳工予以支持，使他得以满意地看到，这个年轻的首都及其拥有的宏伟的建筑和秀美的园林正在迅速建成。想一想这个粗鲁的军人的性格中比较温和的一面是有趣的，他忙于

---

① 阿尔马格罗元帅得知他的几个兄弟在和侯爵吵架以后，立即离开库斯科和他的部下，乘驿车去帕利亚村找萨维德拉军官，因为他担心那次争吵将给他带来不祥的后果。见《征服秘鲁居民》，手稿。

② 《埃尔南多·皮萨罗致莫利纳的信》，手稿。

③ 我手头有两份皮萨罗颁发的封地证书，一份是 1534 年于浩哈，另一份是 1539 年于库斯科。它们都强调指示殖民者应对其管辖下的土著人进行宗教教育，并要给以仁慈而宽厚的待遇。这些指示的无济于事，可以从经常引用的当时一位匿名者的悲叹中看出，“从这时起，人身奴役这种灾害就在印第安人当中盛行，对主人和奴隶的身心同样有害。”（《征服秘鲁居民》，手稿）这种正直的谴责不会来自粗暴的征服者，可能出自一个传教士之口。

④ “侯爵授予西班牙人封地，但是据说连他自己都不知道授予的是什么东西，也没有人清楚地知道自己接收的是什么；以为分得很少的人却分得很多，以为分得多的人却分得很少。”见翁德加多：《第一次叙述》，手稿。

这样医治战争的创伤，并且奠定了一个比他推翻的帝国更加文明的帝国的广泛基础。这个和平的工作与他迄今为止所过的动荡生活形成了对照。它似乎更适合他年事日高的情况，这种情况自然 340
要求宁静。而且，如果我们可以相信他的编年史家的话，他对他一生中的这一时期最为满意；而且，在皮萨罗及其部下给印加人热爱的土地带来灾祸与荒凉的同时，利马这座美丽的君王之城存在至今，这是他最光辉的杰作，是太平洋岸的一颗明珠。

第 十 章

印加王的逃跑——埃尔南多·皮萨罗的归来——秘鲁人的起义——库斯科的被围和被焚——西班牙人的不安——城堡的风暴——皮萨罗的焦虑——印加王撤围

1535—1536 年

虽然由于对手阿尔马格罗的离开使皮萨罗解除了来自那一地区的眼前的忧患，但是他的权威受到了另一方面的威胁，这是他所最不希望发生的。那就是来自这个国家的土著居民的威胁。在此以前，秘鲁人表现的只是驯服和顺从，使得他们的征服者非常轻视他们，以致对他们无所顾忌。他们被迫同意了侵略者的篡夺；眼看一位君王被屠杀，另一位被扶上了空缺的王位，他们的庙宇里的财宝被抢掠一空，他们的首都和国家被西班牙人瓜分；但是除了在山口进行了一次偶然的战斗以外，没有进行过任何打击来保卫他们的权利。然而这就是那个好战的民族，是他们把征服扩大到了这个大陆的如此大的地区！

尽管皮萨罗在其一生中为了实现其目标不惜采取任何手段，但他通常并不赞成他的同胞那样的不必要的残酷行为：他们在这个大陆的其他地区经常在刀枪上沾满血污，这种行为在几年之内就几乎消灭了伊斯帕尼奥拉岛上的全部居民。他在擒获阿塔瓦尔帕时进行了一次重大的打击，他似乎想以此使土著人胆寒。他甚至假装在某种程度上尊重这个国家的制度，并且以一个属于合法 341
世系的君王代替一个被他谋杀了的君王。然而，这不过是表面文章。这个王国经历了一次最具有决定意义的革命。它的古老的制度被推翻了。它那些属于天之骄子的贵族几乎降到了与农民同等的地位。人民成了征服者的农奴。他们在首都的住宅——至少在阿尔瓦拉多的军官到达后，被侵占和被分配。庙宇被改成了马厩，王宫变成了兵营。宗教场所的尊严遭到了侵犯。数千名中年的和年轻的修女，无论她们的信仰多么错误，是在修道院里过的贞洁的独身生活，现在却被赶出院外，成了一支淫荡的军队的牺牲品。① 年轻的印加王的一位宠妃被西班牙的军官们诱奸。遭到蔑视的印

① 这是《征服秘鲁居民》的作者说的，那是一位当时的作者，写的是他亲眼所见和从别人处搜集到的情况。有几件事，特别是他对征服者的过火行为所表示的正当的愤慨，使人以为他可能是一位传教士，是那些负有爱和怜悯的使命参加残酷的远征的善良人们之一。可以想象的是，由于他的轻信使他夸大了他的同胞们的恶行。据他说，足足有6000名有身份的妇女住在库斯科的修道院里，每人由15名或20名使女侍候，这些女人大部分没有在战争中死亡，而是遭受了更悲惨的命运，沦为妓女。这段文字很出名，手稿又很珍贵，现将其原文摘录如下。"库斯科城的贵妇人感情丰富，胸脯丰满，她们中许多人在库斯科昌盛时期即西班牙人到来时都有和睦、宁静的家庭和很好的政治生活。她们是贤惠淑女，每人都有15至20个女佣人。这些女佣人老实、正派，穿着日常的服装，很少出家门。依我看库斯科贵妇人的数字至少有……，没有女佣人的有6000多，有女佣人的妇女和守护太阳神庙的老处女共有2万多人。这些老处女是虔诚的教徒，但是两年前在库斯科或她们的家乡已经看不到她们了，因为许多人死在战争中，更多的人则变成了妓女。上帝啊，宽恕造成此种结局的人，原谅无法挽救这种局面的人吧。"见《征服秘鲁居民》，手稿。

加王本人发现自己如果不是他的征服者手中的工具便是一个可怜的附庸。[①]

然而印加王曼科是一个心高气盛、胆量超群的人；他可以与这
342 个帝国的昌盛时期他的最勇敢的祖先媲美。由于对自己所遭受的屈辱感到痛心疾首，他一再要求皮萨罗不仅把名义而且把实权交还给他。但是皮萨罗回避了这个要求，因为它与他自己的野心，或者说，的确与西班牙的政策格格不入。于是年轻的印加王及其贵族们只能在暗地里沉思他们所遭到的损害，并且耐心地等待着报复的时机。西班牙人当中的内讧似乎给这样做提供了有利的机会。秘鲁的首领们多次开会研究这个问题，高僧比利亚克·乌穆强调必须在阿尔马格罗将他的军队撤出这个城市时立即举行一次起义。那时会比较容易一些，因为可以攻击散布在全国几个据点上的侵略者，用优势的兵力压倒他们，并在援军到来之前打碎他们憎恨的桎梏，因为援军的到来将把桎梏永远牢系在他的同胞们的颈上。制订了一个全面起义的计划，根据这个计划，印加王选派这位高僧随同阿尔马格罗进军，以便争取这个国家的土著人的合作，然后他将秘密返回（他的确这样做了）参加起义。

为了实现他们的计划，印加王曼科应该离开库斯科，亲自到人民当中去。他要离开库斯科没有什么困难，西班牙人很少注意他的行踪，因为那些高傲而自信的征服者不把他那名义上的权力放在眼里。但是在首都，有一群印第安同族人对他的活动心怀妒忌。这些人来自卡纳尔部落，那是北方的一个好战的民族，不久以前才

① 同前页注。

被印加王征服，因而对于印加王及其制度不抱同情之感。他们在首都约有 1000 人，而且，由于他们怀疑印加王的目的，因而对他的行动进行监视，并将他的出走迅速报告了胡安·皮萨罗。

这位骑士立即率领一小队骑兵追赶逃亡者，他非常幸运地在离库斯科不远的地方找到了这个企图躲藏在芦苇深处的印加王。曼科就这样被捕，被当做俘虏带回库斯科，严密地监禁在堡垒中。现在，起义的图谋似乎结束了；不幸的秘鲁人别无他策，只有悲叹他们的破灭了的希望，用忧郁的歌谣诉说他们的失望，这些歌谣叙 343
述了他们的印加王的被俘，和他的宫殿的毁灭。[①]

正当这些事情进行的同时，埃尔南多·皮萨罗回到了“君王之城”，带来了皇帝关于扩大他的兄弟的权力以及赋予阿尔马格罗的权力的命令。这位特使还带来了关于授予弗朗西斯科·皮萨罗“阿塔维洛斯侯爵”的皇家特许状，阿塔维洛斯是秘鲁的一个省。这个幸运的冒险家就这样置身于高贵的卡斯提尔贵族之列，这些贵族当中很少有人能够夸耀（如果他们有勇气夸耀的话）自己是从如此卑贱的出身青云直上的，更少有人能够用对皇帝做出的更大的功绩来证明这种青云直上是正当的。

这位新侯爵决定不在目前把这个命令送交元帅，他想让元帅更进一步地致力于智利的征服，从而把注意力从库斯科挪开，尽管他的兄弟向他保证，库斯科现在毫无疑问地属于他的新近扩大的土地范围之内。为了使这一重要的战利品更有把握，他迅速派遣

① 佩德罗·皮萨罗：《发现和征服》，手稿；埃雷拉：《通史》，第 5 卷，第 8 册，第 1、2 章；《征服秘鲁居民》，手稿；萨拉特：《秘鲁的征服》，第 2 册，第 3 章。

埃尔南多去接管首都的行政权，因为在他的兄弟当中，他最信赖埃尔南多的才能和实际经验。

埃尔南多虽然对自己的同胞保持高傲的态度，却对印第安人表现出不平常的同情。他曾经是阿塔瓦尔帕的朋友，据说他们非常要好，如果他当时在兵营里，那个不幸的君王的命运可能会有所不同。他现在对阿塔瓦尔帕的继承人曼科表现出同样友好的态度。他设法使这位秘鲁王子解除监禁，并且逐渐同他建立了某种亲密关系。这个狡猾的印第安人利用他的自由来推进他的起义计划，但是非常小心，以便不使埃尔南多产生怀疑。保密和缄默是这位印第安人的特点，就像他的皮肤的特殊颜色一样。曼科向他的征服者透露有几堆财物存在，并且透露了这些财物隐藏的地点；在这样赢得了后者的信任后，又进一步刺激他的贪欲，说有一尊他父亲瓦伊纳·卡帕克的纯金塑像，这个狡猾的秘鲁人要求让他离开，

344 前往附近安第斯山中一个匿藏这尊金像的秘密山洞去把它取回。埃尔南多由于利欲熏心，同意印加王离开。

他派两名西班牙士兵随同他前往，与其说是监视他，不如说是协助他完成他远征的目标。一个星期过去了，他还没有回来，也没有得到关于他的任何消息。埃尔南多现在发现自己错了，特别是当他的怀疑得到了来自他的印第安盟友的不利的报告证实了的时候。他再不犹豫了，立即派遣他的兄弟胡安率领60名骑兵前往搜寻秘鲁王子，命令再一次把他押回首都监禁起来。

这位骑士率领他全副武装的骑兵，很快就找遍了库斯科周围，没有发现逃亡者的任何踪迹。田野里一片寂静和荒凉，终于在他们来到距离库斯科六里格的尤开峡谷周围的山脉时，遇见了曾经伴随

曼科的两个西班牙人。他们向皮萨罗报告说，只有用武力才能重新抓住印加王，因为这个国家的人全都拿起了武器，为首的秘鲁君王准备向首都进军。但这位君王没有加害他们，而是让他们平安返回了。

当西班牙首领抵达尤开河时，他发现这种说法得到了充分的证实，河对岸布满了印第安军队，数目达几千人，以他们的年轻君王为首，准备阻止他通过。如果不像通常所做的那样让一条河横在他们与敌人之间的话，他们就似乎不能感到自己处于充分强大的地位。西班牙人没有被这道障碍阻止住。这条小河虽然很深，却很狭窄；他们投身其中，勇敢地同他们的战马一齐泅渡，石头和箭镞像雨点似地打在他们的盔甲上，不时发现有被击破或击穿的地方，然而这些伤痛只能促使他们更加拼死地前进。当骑兵们登陆时，土著人后退了；但是，他们没有让敌人有喘息的时间，以一种迄今为止很少表现出来的精神卷土重来，以他们拥有的人数上的巨大优势把敌人团团围住。现在战斗非常激烈。很多印第安人手执长矛，矛头是铜制的，坚硬得几乎同钢一样，还持有用同样金属制成的大锤和战斧。他们的防身甲胄也有很多精良之处，有坚实 345 的棉絮的紧身上衣，有蒙着兽皮的盾牌，和装饰着黄金和宝石的头盔，或者有时像墨西哥人制作的头盔一样形如兽头，狰狞可怖，装饰有一排排牙齿，在战士的脸部上方现出可怕的狞笑。① 整个军

① 奥维多说："这些人武艺高强，英勇善战，他们使用的武器是长矛、大棒和金银或铜制的戟。"(《西印度史》，手稿，第 3 卷，第 8 册，第 17 章)赫雷斯列举了很多当地的秘鲁武器。(《征服秘鲁》，根据《巴西亚文集》，第 3 卷，第 200 页)贝拉斯科神甫对这个目录做了大量增加。按照他的说法，他们使用铜刀、短剑和其他欧洲武器。(《基多历史》，第 1 卷，第 178—180 页)他不坚持说他们在征服以前知道使用火器！

队有一种凶猛的气势，其所受的高度的军事训练是西班牙人在这个国家从未见过的。

这一小队骑兵，受到印第安人的激烈攻击之下，最初陷入某种程度的混乱，但是终于在互相用古老的战斗口号“圣雅各”的鼓舞之下组成了坚强的队列，勇敢地冲入敌人群中。后者未能抵挡住这种打击而退后了，或者遭到马蹄的践踏，或者被骑兵的长矛刺中。然而他们的后退是有秩序的；不时回过头来发出一排排的箭，或者用他们的战斧和棍棒进行凶猛的打击。他们仿佛觉得是在他们的印加王亲眼目睹下进行的战斗一样。

在他们完全离开平原，退入围绕美丽的尤开峡谷的高山密林中以前，已经是黄昏了。胡安·皮萨罗和他的一小支部队在山麓的平原上宿营。像往常一样，他又一次在敌众我寡的情况下赢得了胜利，但他从未遭遇过如此严重的抵抗，他的胜利使他损失了几名骑兵和几匹战马，负伤的人马更多，而且由于整天的劳累几乎筋疲力竭了。但是他认为他已经给了敌人沉重的打击，使他们伤亡枕藉，可能会丧失斗志。但他错打了算盘。

第二天早晨，他深为不安地看到，各个山口上布满了一排排的战士，一直延伸到一望无际的山林深处，而在山坡和山顶上，敌人密集在一起，就像浓云一样准备扑向侵略者。地形很不便于骑兵
346 的行动，却对秘鲁人非常有利，他们从他们所处的高地上滚下巨石，并把无数的投枪像雨点似地掷向西班牙人。胡安·皮萨罗不想进一步困在这条危险的隘路上，然而，尽管他一再向敌人发起进攻，并使他们在遭受重大伤亡的情况下后退，但是第二天晚上仍然和前一天晚上一样，他的人马困倦而又负伤，远征却毫无进展。在

这种尴尬的局面下经过一两天徒劳的战斗之后，他突然接到他兄弟的命令，要他率领全部远征军返回库斯科，因为该城现在被敌人围困了。

他毫不迟延地开始撤退，重新通过最近曾是战场的峡谷，泅渡过尤开河，经过一次急行军于黄昏前抵达首都附近，而胜利了的敌人则尾追其后，用歌声（毋宁说是胜利的欢呼声）庆祝他们的获胜。

他现在看到的景象与他几天前离开时所看到的大不相同。目光所及的广大城郊被一支巨大的军队所占领，关于这支军队的数目，说法各有不同，有说多达 20 万战士的。[①] 印第安大军的轮廓隐隐约约地一直伸延到山边；而在四周，眼睛所能看到的只是头领们的头饰和飘舞的旗帜，与用羽毛编成的华丽的饰物混杂在一起，这使曾在科尔特斯手下服役的少数人想起阿兹特克人的战斗服饰。最重要的是，镶铜的长矛和战斧耸立如林，纷乱地挥舞，在晚霞中闪闪发光，就像在一片漆黑和动荡的海面上闪烁着的灯光一样。这是西班牙人第一次见到一支令人生畏的印第安军队；历代的印加王曾经率领这样一支军队作战，把太阳神的旗帜胜利地插在这块土地上。

但是，如果说骑士们的勇敢精神暂时为所见的景象而沮丧的话，当他们把队伍集结起来准备从围城的敌军中为自己冲开一条去路时，他们很快又恢复了勇气。但是敌人似乎避免接触；在他们

---

① “印加王派去的全部人马集结在一起。印第安人说，派去包围的人是 20 万印第安士兵。”见佩德罗·皮萨罗：《发现和征服》，手稿。

347 的进攻面前退却，闪出一条道路让他们进城。秘鲁人也许是宁愿让尽可能多的牺牲者进入包围圈内，因为被包围的人数愈多，他们就愈快会感到粮荒的到来。[①]

埃尔南多·皮萨罗高兴地迎接他的兄弟；因为后者给他的军队增加了重要的生力军，他的军队现在总共不超过 200 名骑兵和步兵，[②]另外还有 1000 名印第安辅助部队；与蜂拥在城外的无数军队相比是微不足道的。那天夜里，西班牙人是在极为不安的心情中度过的，因为他们理所当然地担心着明天将要发生的事。库斯科的围城开始于 1536 年 2 月初；这次围城是令人难忘的，因为它要求印第安人和欧洲人各显示其最大的勇气，并使这两个种族处于自秘鲁征服以来前所未有的殊死斗争之中。

敌人的人数之多，在夜间看来与在白天看来同样可怕；他们的营火分布很广，在峡谷和山冈上闪耀，正如一位目击者所说的，密密麻麻地“就像夏夜晴朗的天空中的点点繁星”。[③]

在这些营火由于晨曦的照射而显得苍白起来以前，西班牙人被海螺、军号和铜鼓的可怕的声音所惊醒，这些声音与土著人的凶狠的战斗口号声混杂在一起，他们一面呼喊一面一阵阵地掷出各种各样的投枪，其中大部分掉在城内但未造成伤害。但

---

① 佩德罗·皮萨罗：《发现和征服》，手稿；《征服秘鲁居民》，手稿；埃雷拉：《通史》，第 5 卷，第 8 册，第 4 章；戈马拉：《西印度史》，第 133 章。

② “我们这些西班牙人还不到 200 人。”见佩德罗·皮萨罗：《发现和征服》，手稿。

③ “晚上，密密麻麻的火把宛如夜间晴空中的繁星。”见佩德罗·皮萨罗：《发现和征服》，手稿。

是另外一些投掷物却引起了严重的后果。这些投掷物是燃烧着的箭和裹着棉花的烧红了的石头，这些棉花曾在某种沥青类的物质中浸泡过，它们在空中曳着长长的火尾巴，落在房屋的顶上，很快使房屋着了火。[①] 这些屋顶全都是茅草覆盖的，即使那些较好的建筑物的屋顶也是如此，就像火绒一样容易着火。刹 348
时间，火焰就从该城最暴露的地区喷射出来。烈火迅速地烧到建筑物内部的木结构，巨大的火舌夹着浓烟直冲霄汉，给每个物体都披上一层可怕的火光。稀薄的空气加剧了本来已很猛烈的风，风搧着越来越高的火焰，烈火迅速地从这所住宅蔓延到另一所住宅，直至成团的烈火被暴风吹过来吹过去，发出巨大的轰鸣，就像火山爆发一样。热焰翻腾，浓烟滚滚，像一个漆黑的烟幕笼罩城的上空，在它被风驱赶着到达的地区，呛得使人透不过气来，并且几乎是伸手不见五指。[②]

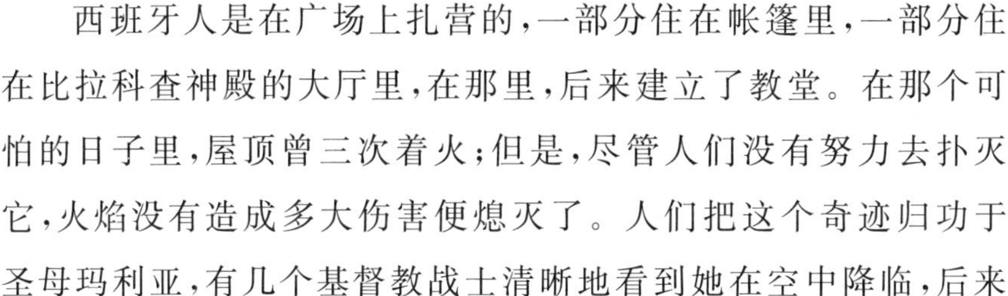

西班牙人是在广场上扎营的，一部分住在帐篷里，一部分住在比拉科查神殿的大厅里，在那里，后来建立了教堂。在那个可怕的日子里，屋顶曾三次着火；但是，尽管人们没有努力去扑灭它，火焰没有造成多大伤害便熄灭了。人们把这个奇迹归功于圣母玛利亚，有几个基督教战士清晰地看到她在空中降临，后来

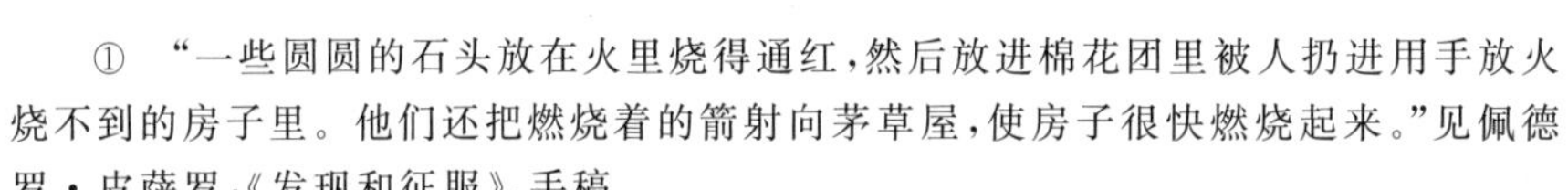

① “一些圆圆的石头放在火里烧得通红，然后放进棉花团里被人扔进用手放火烧不到的房子里。他们还把燃烧着的箭射向茅草屋，使房子很快燃烧起来。”见佩德罗·皮萨罗：《发现和征服》，手稿。

② “烟雾滚滚，大有吞没他们之势，他们也因此吃了不少苦。如果不是因为广场的一边没有房子的话，他们是逃不出弥漫的浓烟和滚滚的热浪的。但他们得到了神明救助，仅仅是吃了点苦头而已。”见《征服秘鲁居民》，手稿。

在她显圣的这个地点建立了崇奉她的圣殿。[1]

幸运的是，在埃尔南多这支小部队的周围有空旷地带与烈火熊熊的现场隔开。它所起的保护作用与美洲猎人所用的方法相同，猎人在草原上被大火包围时，力求在自己周围保持一个荒芜地带。大火整天燃烧，一到夜间，景象甚至更加可怖；因为从通红的火焰中，不幸的西班牙人可以彼此看到灰白的面
349 容上所表现出来的惊恐，而在郊外，沿着周围小山的山坡上，可以看到成群的围城者以恶魔般的狂欢注视着他们的破坏工作。在该城的北方高处，耸立着一座灰色的堡垒，它现在被火光映得通红，忧郁地俯瞰着它不再能够保卫的这座美好城市的废墟；远处依稀可见安第斯山的轮廓，它巍然地高耸入云，伸入到永恒寂静的世界，远远超脱出山脚下发生的令人生畏的混乱情景。

这座城规模宏大，烈火延烧了几个昼夜才告熄灭。宝塔和庙宇，茅屋和宫殿以及厅堂，都在大火中荡然无存。可喜的是，在那些幸存下来的建筑物中有宏伟的太阳神庙及其附近的贞女修道院。它们处于一种与其他建筑物隔绝的地位，印第安人出于崇敬

① 这座神殿是奉献给我们的圣母的。圣母不仅向基督教战士，也向印第安战士显灵。很多印第安战士向加西拉索·德拉维加谈到了这一点，在他的笔下，奇迹是不会失去任何光彩的。(《王家评论》，第 2 卷，第 2 册，第 25 章。)这件事由阿科斯塔神甫进一步加以证实，他是在事件发生后 40 年来到这个国家的。(第 7 册，第 27 章。)两位作者都证实了关于圣雅各给予了及时的帮助的说法，说他手持圆盾，摆开他的战斗阵势，高举他的火剑，催动他的白色坐骑直入敌军密集之处。这位西班牙的保护神在人们需要他显灵的时候总是可以信赖的。这样的难事只有这样的人来解决。

的动机正乐于利用这一点把它们保存下来。[①] 这个首都长期以来一直是西方文明的优秀中心，是历代印加王的骄傲和他们的保护神的辉煌的庙宇所在地，如今被他们自己的子孙亲手付之一炬。他们回想起来差堪告慰的是，它是在征服者面前毁掉的——它既是征服者的战利品，也是他们的坟墓！

在大火延烧的长时期里，西班牙人没有设法努力去扑灭火焰。这种努力也许是徒劳的。然而他们并没有驯服地坐待敌人进攻，350
而是不时出击以打退敌人。但是房屋倒塌下来的木料和散布的废料给骑兵的行动造成了严重的障碍；而当这些东西被步兵和印第安同盟军清除了一部分时，秘鲁人又在道路上埋下木桩和设置路障，造成了同样大的困难。[②] 清除这些东西很费时间而且非常危

① 加西拉索：《王家评论》，第 2 卷，第 2 册，第 24 章。——巴尔维德神甫是库斯科的主教，他曾在俘获阿塔瓦尔帕的过程中起过重要的作用，这段时期却不在这个国家里，但在第二年又重返此地。他在致皇帝的一封信中，把他在离开时所见到的首都的繁荣景象与现在所看到的破坏景象对比，不仅破坏了它美丽的郊区，而且破坏了它古老的荣耀。他说，"如果我不曾知道这个城的地址的话，我也许认不出它来了。"这段话太重要了，不能加以省略。原信保存在西曼卡斯档案馆中。"启禀陛下，如果我不知道这座城市的位置，我就无法从其住房和附近的村庄认出它。我是和唐弗朗西斯科·皮萨罗总督一起来到这座城市的，那时，这个峡谷的楼房和村庄非常漂亮，人人交口赞誉。虽然市区的房子不到三四百幢，郊区却有一万九千或二万幢房子。堡垒俯瞰城市，宛如雄伟的西班牙城堡。但是，现在城市的大部分已经烧毁倒塌，堡垒也已残缺不全，城郊的村庄只剩断垣残壁，除非出现奇迹，否则是看不到一幢完整的房子的。唯一令我欣慰的是城里的教堂犹在，这是西印度不幸中的大幸。这一地区美丽、富饶，应该有一座里面有大量的财富，像所罗门庙那样的教堂。"见《F. 维森特·德巴尔维德给皇帝的信》，1539 年 5 月 20 日。

② 佩德罗·皮萨罗：《发现和征服》，手稿。"印第安人每夺取一条街道，就筑起一堵墙，以防西班牙人和马匹冲进来，他们用此办法，几乎占领了整个库斯科城。"见《征服秘鲁居民》，手稿。

险，因为清除者会暴露在敌人的全部弓箭之下，而且秘鲁人的射箭是非常准确的。当障碍终于被清除，一条通道展现在骑兵面前时，他们以不可阻挡的气势冲向敌人，敌人仓皇后退，他们有的被骑兵剁成肉块，有的被长矛刺穿。在这种死伤枕藉的情况下，印第安人毫不畏惧，通常是重新鼓起勇气进攻，而且在用生力军正面迎击西班牙人的同时，其他人埋伏在断垣残壁之间，从侧面攻击骑兵，使他们陷入混乱。秘鲁人善于使用弓箭和投石器；尽管西班牙人在武器上占有优势，但这种遭遇战给他们带来的牺牲人数是他们在已经伤亡惨重的情况下所经受不起的，这种损失即使用敌人的十倍伤亡也无法弥补。秘鲁人多少成功地使用了一种在南美战争中罕见的武器。这种武器叫做“套索”，即在一根长绳的一端结成一个圈套，他们灵活地把圈套扔在骑兵的头上，或者用来绊马腿，使人马全都倒地。不止一个西班牙人被敌人用这种方式擒获。[①]

在这样遭受骚扰的情况下，西班牙人枕戈待旦，把战马拴在身旁，随时准备作战，因而昼夜不得休息。使他们的情况变得更糟的是，那座俯瞰该城、完全控制着他们居留所在地的广场的堡垒，由于他们对安全的错觉而防守薄弱，在秘鲁人来到时不战而放弃了。现在它被敌人的一支重兵据守，居高临下地不时发射出雨点般的
351 投枪，极大地增加了被围者的不安。他们的头领现在深深地后悔由于缺乏对安全的远见而使他曾经忽视了这样一个重要的据点。

关于这个国家的状况的谣言不断传入他们耳中，进一步加剧了他们的不安。谣言说，起义遍及全国各地；居住在各个小块殖民

---

① 同前注。见埃雷拉:《通史》,第 5 卷,第 8 册,第 4 章。

地上的西班牙人已经全部被杀死;利马、特鲁希略和其他一些主要城镇被围,很快必将落入敌人之手;秘鲁人占据了各个山口,所有的交通都被切断,因而不可能从他们位于海滨的同胞得到援救。现在,从围攻者的兵营里流传到城中的就是这些令人不安的说法,这些说法尽管有些夸大,却有充分的事实根据。为了使谣言更可信,有八颗或十颗人头滚到了广场上,从这些人头的血淋淋的面容上,西班牙人惊恐地认出了他们的同伴的容颜,他们知道这些人是孤零零地住在他们的庄园里。①

由于被这些恐怖事实所吓住,很多人主张立即放弃通道,因为它已无法固守,并且主张用自己的利剑开辟一条通往海滨的道路。这样做是有风险的,但它对西班牙人的冒险精神具有吸引力。他们说,与其不光彩地死去,像狐狸躲在洞里等待猎人把它们熏死,不如英勇地去战死。

但是,皮萨罗兄弟、德罗哈斯和其他一些主要骑士拒绝默许这样一种做法,他们说,这种做法将使他们蒙受耻辱。② 库斯科曾是他们争夺来的巨大的战利品;它是帝国的古老首都,虽然目前成了一片灰烬,但它终将从废墟上重建得与往日一样繁华。作为该城的捍卫者,所有人的眼睛都将注视着他们,他们的失败将使敌人增加信心,这可能决定他们的同胞在这整个国家里的命运。他们被置于一个荣誉的岗位上,宁可死在这里,不能放弃它。

① 埃雷拉:《通史》,第5卷,第8册,第4章;《征服秘鲁居民》,手稿。

② "埃尔南多·皮萨罗从来就不同意那种主张,他回答说,我们宁可全部战死,也不能舍弃库斯科。埃尔南多·皮萨罗及其兄弟、格拉维尔·德罗哈斯、埃尔南·庞塞·德莱昂和司库里克尔梅都持这种意见。"见佩德罗·皮萨罗:《发现和征服》,手稿。

352 的确，他们似乎别无选择；因为所有逃跑的道路都被敌人切断了，这个敌人对这个国家了如指掌，并且占领了它的全部山口。但是这种状态不会长期持续。印第安人终究不能与白人长期对峙。起义的勇气将自行消失。他们的庞大的军队将会瓦解，因为土著人不习惯于一场持久战将要带来的不便。每天都会从各殖民地得到支援；而且，只要西班牙人坚守一个季度，他们就会被自己的同胞解救出来，他们的同胞是不会让他们像茫茫群山中被抛弃的人那样死去的。

骑士们的豪言壮语和勇敢的姿态使他们的部下深为感动；因为西班牙人的内心深处如果说对人道主义无动于衷的话，对荣誉的号召却是积极响应的。现在，所有的人都同意与领导者站在一起战斗到最后一息。但是，如果他们要想维持目前的阵地的话，就绝对必需把敌人从堡垒中驱逐出去；在试图执行这一危险的任务之前，埃尔南多·皮萨罗决定进行一次重大的打击，使围攻者丧胆，不敢进一步袭扰他目前的驻地。

他把进攻计划下达给了他的军官们；并把他那支小小的骑兵分成三个小分队，分别指派由他的兄弟贡萨洛、格拉维尔·德罗哈斯（他非常信任的一个军官）和埃尔南·庞塞·德莱昂指挥。派出印第安先遣队清扫道路，然后几支小分队同时从主要道路上出动，直趋围攻者的兵营。他们轻易地击溃了在途中遇到的小股敌人，三支部队同时猛烈地冲入秘鲁人的纷乱的队伍，使他们完全惊惶失措。在一段短时期里，没有人进行抵抗，杀戮是惨重的。但是印第安人逐渐恢复过来，而且多少是有秩序地以那种久经风险的人们的勇气重新战斗。他们用铜头战矛和长

柄战斧进行肉搏，同时用雨点般的飞镖、石头和箭镞飞向全身披挂的基督教徒身上。

野蛮人表现得比人们想象的更为训练有素；据说，这要归功
于某些西班牙俘虏，这些俘虏中有几个人曾被印加王慷慨地饶
恕了生命，他们给土著人进行了一些战术训练。秘鲁人还在某
种程度上掌握了他们的征服者的武器技术；而且人们看到他们 353
装备有欧洲工匠制造的圆盾、头盔和宝剑，而且甚至有少数人骑
上了他们从白人手中夺取过来的战马。[①] 特别是年轻的印加王，
穿着欧洲的服装，用相当娴熟的骑术乘坐着一匹战马；手持长
矛，率领他的部下进攻。这种乐于采用征服者的优越的武器和
战术的做法，说明他们的开化程度高于阿兹特克人，后者在同西
班牙人进行的长期斗争中，从未克服过对马匹的恐惧，不敢冒险
乘坐它们。

但是，几天或者几个星期的训练是不足以使人掌握武器的，更不用说使人掌握战术了，这种武器和战术与秘鲁人迄今为止所习惯使用的完全不同。目前进行的战斗虽然十分激烈，但延续的时间不长。土著人进行了一场英勇的斗争，他们毫不畏惧地扑向骑兵。力求把骑兵从马鞍上曳下来，但在骑兵的一再攻击下，他们不得不后退。很多人被踩在脚下，另外一些人被西班牙的腰刀砍倒，而支援骑兵的火绳枪连续发射，猛烈攻击逃跑者的侧翼和后背。最后，西班牙将军对屠杀感到厌烦了，并且相信他对敌人的追逐使

① 埃雷拉向我们保证说，秘鲁人甚至用征服者的火器对付征服者，强迫他们的俘虏把毛瑟枪准备停当，并给他们制造火药。见《通史》，第 5 卷，第 8 册，第 5、6 章。

他可以不再受到目前这样的骚扰，他才把他的部队撤回首都的驻地。①

他采取的第二个步骤是重新夺回堡垒。这是一件危险的事。俯瞰该城北部的这座堡垒高踞于一块突出的岩石上，岩石非常陡峭，从城里这方面几乎无法攀登，这一面只有一道围墙保护。通向城外的那一面比较容易攀登；但那面有两道半圆形的围墙保护，每道约有 1200 英尺长，非常厚实。它们是由巨大的石块筑成，或者说是由岩石筑成，没有用灰浆砌在一起，因而形成一种粗糙的石工
354 工艺。在这些防线之间的地面是垒高了的，以便能够使守卫者向进攻者施放箭矢，而他们本身则由胸墙保护。内墙以内才是堡垒，由三座坚固的塔楼组成，其中一座高耸入云，它与另外一座较矮的塔楼一起，现在由敌人据守，由一位印加贵族指挥，这人是一个久经沙场的战士，准备在那里死守。

埃尔南多·皮萨罗把这个危险的任务交给他的兄弟胡安，胡安是一个胸中充满了游侠的浪漫精神的骑士。由于必须通过山间隘路到达堡垒，因而有必要把敌人的注意力转向其他地方。在日落之前不多时，胡安·皮萨罗率领一群经过挑选的骑兵，朝着与堡垒相反的方向前进，使围攻部队可能认为其目的是进行一次掠夺粮食的远征。但到夜间便秘密地掉转头来行军，它幸运地发现隘路上没有人守卫，便在没有惊动警卫部队的情况下抵达堡垒的外墙。②

---

① 佩德罗。皮萨罗：《发现和征服》，手稿；《征服秘鲁居民》，手稿；埃雷拉：《通史》，第 5 卷，第 8 册，第 4、5 章。

② 《征服秘鲁居民》，手稿。

入口处是位于城墙中部的一个豁口;但是现在豁口被巨石堵塞了,这些巨石似乎与其他的石造建筑形成一个坚固的整体。搬走这些巨石需要时间,而且不能惊动守卫者。印第安民族很少在夜间遭受过袭击,他们不十分了解战术,甚至不知道要设置哨兵以防突然袭击。在完成了搬走巨石的任务后,胡安·皮萨罗及其英勇的骑兵驰过通道,直趋第二道城墙。

但是他们的行动进行得不够秘密,没有逃脱对方的注意,他们现在发现内院里拥挤着战士,当西班牙人靠近的时候,他们投掷出密密麻麻的标枪,迫使前者不得不暂停。胡安·皮萨罗认识到不能耽搁时间,命令他的一半士兵下马,由他率领准备像上次一样在堡垒上打开一个缺口。几天以前,他的下巴曾经受伤,由于发现头盔使他疼痛,他不假思索就把它扔掉,指望圆盾来保护他。[①] 他身先士卒,鼓励他们进行突破,面对如此猛烈的石块、标枪和箭矢,即使是最坚强的人也会畏缩不前。西班牙人的坚固的铠甲并不总是能保护他们,但是他们前仆后继,直至打开一个缺口,然后骑兵一 355
拥而进,把所有阻挡他们的人踏倒在地。

现在,城墙被放弃了,敌人仓皇逃过场院,躲避在一个由主要的塔楼控制的平台上。他们在平台上集结,重新向西班牙人一阵阵地发射投枪,堡垒内的卫兵则向他们头上投下石块和巨木。胡安·皮萨罗仍然冲在最前面,跳上平台,以他的声音和榜样鼓舞他的士兵;但是,就在此时,一块巨石打在他那没有被圆盾护住的头上,他便跌倒在地。这位无所畏惧的头领继续用他的声音激励他

---

① 佩德罗·皮萨罗:《发现和征服》,手稿。

的部下，直至占领平台，将不幸的保卫者全都砍死。之后他疼痛难禁，被抬往城中，在那里虽然尽了一切努力挽救他的生命，但他只多活了 14 天，终于在极度痛苦中死去。[1] 说他是皮萨罗家族的一员，就足以证明他是勇敢的。但是，他的值得赞美的地方是，他的勇敢与谦逊结合在一起。与他那些性格高傲的兄弟们相比，他似乎生性温和，而且他的风度使他成为军队中受欢迎的人物。他从最初起就在秘鲁的征服中服役，在那些征服者当中，他的名字最少招来因残暴而受到的唾骂，在具备真正的和英勇的骑士特点方面，他也是名列前茅的。[2]

埃尔南多·皮萨罗虽然对他兄弟的遇难深感悲痛，但他看到必须不失时机地利用已经获得的优势取得战果。他把库斯科城交给贡萨洛负责，自己亲自去统率攻击者，对那几座堡垒进行强有力的围攻。其中一座经过短暂的抵抗后投降了。另一座更坚固的堡垒在其指挥官、一位勇敢的印加贵族的统率下仍然坚持。他是一
356 个身强体壮的人，人们可以看到他在雉堞之间大步地踱来踱去，他身披西班牙的盾和甲，手中挥舞着一根令人生畏的狼牙棒，上面缀有铜制的尖头或圆头。他用这件可怕的武器打倒了所有企图强行

① “胡安·皮萨罗在同敌人战斗中头上的椭圆形皮盾不慎掉落在地，敌人打过来的一块石头击中了他，打破了他的头盖骨。他带伤挣扎着，直至西班牙人夺取平台取得胜利，才被人送到库斯科去，15 天后就死了。”见佩德罗·皮萨罗：《发现和征服》，手稿。

② 佩德罗·皮萨罗说：“他很勇敢，也很果断，是位相貌堂堂、宽宏大量、和蔼可亲的男子汉。”（《发现和征服》，手稿。）萨拉特直截了当地赞扬他说：“胡安·皮萨罗在同印第安人的战斗中，英勇善战，受到大家的爱戴，他的死是个很大的损失。”见《秘鲁的征服》，第 3 册，第 3 章。

进入堡垒的人。据说他亲手杀死了一些建议投降的部下。埃尔南多准备用云梯攻占堡垒。云梯架在了墙上，但是，每当一个西班牙人爬到最高一级时，总是被那个印第安战士推倒坠地。他的动作与他的力量协调一致；而且他似乎总会在需要他出现的时间和地点出现。

西班牙指挥官非常钦佩这种勇敢的表现，即使是敌人的勇敢，他也是钦佩的。他下令说不要伤害那个土著人头领，而要尽可能把他生擒。[①] 这一点不容易做到。最后，很多云梯架在塔楼上，西班牙人同时从几个地方攀登，跳进塔楼，战胜了少数仍在负隅抵抗的战士。但是没有抓到那个印加头人；当他发现继续抵抗已经是无效了时，便跑到雉堞旁，扔掉手中的战矛，用斗篷裹着身子，头朝下地从高处跳下。[②] 他死得像古罗马人一样壮烈。他为祖国的自由战斗到了最后一息，而且不愿在祖国受辱的情况下继续活下去。西班牙指挥官留一小支部队驻守堡垒以巩固战果，然后胜利地返回自己的住地。

周复一周地过去，没有人来解救被围困的西班牙人。他们很早就开始感到了饥荒的降临。幸运的是，他们从流经城中的小溪得到水的供应。但是，尽管他们节衣缩食，他们的供应品匮乏了，他们曾经在一段时期里依靠从被火烧毁的仓库和住宅中找到的一

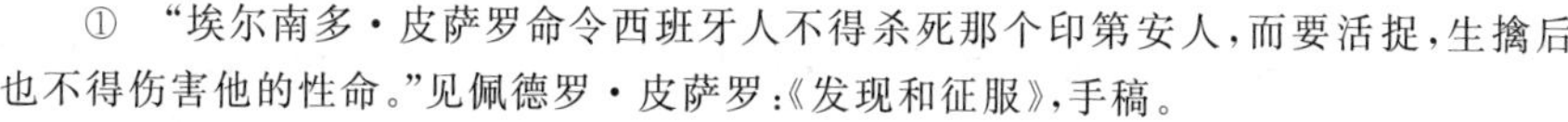

① “埃尔南多·皮萨罗命令西班牙人不得杀死那个印第安人，而要活捉，生擒后也不得伤害他的性命。”见佩德罗·皮萨罗：《发现和征服》，手稿。

② “那个大耳人看到自己已经被打败，敌人已从三面包围并夺取了他的据点，于是，他用毯子蒙住脑袋和脸，从七百多英尺的塔楼上跳了下去，摔得粉身碎骨。埃尔南多·皮萨罗为没有活捉到那个大耳人，感到很惋惜。”见佩德罗·皮萨罗：《发现和征服》，手稿。

357 点少得可怜的谷物充饥，或者指靠抢掠粮食过活。[①] 后一种做法存在很大困难；因为每一次远征都导致同敌人进行激烈的遭遇战，这通常要使几个西班牙人丧生，并对印第安盟军造成更严重的损失。但是，这种损失至少也有一个好处，那就是使要养活的人数减少了。然而，被围者的人数太少，任何损失都会使剩下的人在防御上增加困难。

几个月过去了，仍然没有听到关于他们的同胞的任何消息，他们思想上对他们的命运感到更加忧郁了。他们深深知道，总督是会竭尽一切力量来把他们从绝望的境况中挽救出来的。他之所以未能做到这一点也许是由于他自己的处境并不比他们好，或者，也许他和他的部下已经成了愤怒的起义者的牺牲品。一想到他们在这块土地上孤立无援，没有任何人来拯救他们，只能在这茫茫群山之中悲惨地死于土著人之手，就令人不寒而栗。

然而，实际情况尽管极为不妙，但还没有达到他们所想象的那种绝望的境地。的确，起义是遍及全国的，至少在被西班牙人占领的那部分是如此。起义组织得很出色，几乎是在各地同时爆发，那些居住在没有戒备的庄园里的征服者被杀死了好几百人。一支印第安军队已经进抵浩哈，为数众多的军队已经占领了里马克峡谷并且围困了利马城。但是那个首都的周围是一片开阔的平地，有利于骑兵的作战。皮萨罗刚一看到自己受到敌军的威胁时，立即派遣一支军队迅速迎战秘鲁人；并且在取胜之后对敌人进行了穷追猛打，使得敌人尽管还在远处摇旗呐喊并切断了他和内地的联

---

① 加西拉索：《王家评论》，第2卷，第2册，第24章。

系，但他们不得不退守里马克河对岸。

西班牙司令官在这时收到的关于这个国家的情况的报告，使他极为震惊。他特别担心库斯科卫戍部队的命运，一再力求援救这个首都。他先后派遣了四支部队，总数达四百多人，其中半数是 358
骑兵，由他的一些最勇敢的军官统率。但是没有一支到达了目的地。狡黠的土著人让他们深入内地，直至陷入科迪耶拉山脉中的一些隘路上。然后土著人们以极大优势的兵力包围了他们，占领了制高点，把致命的投枪像雨点似地投掷在西班牙人头上，或者从山上滚下一块块的巨石把他们砸得粉身碎骨。有几次，整个队伍全部被歼灭。在另外几次中，只剩下几个散兵游勇活着回来把血战的情况告诉他们在利马的同胞。[1]

此时，皮萨罗惊恐万状。他对散布在全国的西班牙人的命运作了最危险的预测，甚至怀疑他自己在没有外来援助的情况下是否能守住他的据点。他派遣一艘船前往附近的特鲁希略殖民地，要求那里的西班牙人放弃该地，以他们的全部力量前来利马与他会合。幸运的是，这一做法没有实现。他的很多部下主张利用停泊在港口的这条船立即逃出这个国家，前往巴拿马避难。皮萨罗不愿听取这种卑怯的建议，因为它意味着抛弃那些在内地仍然指望他去援救的勇敢的人们。他为了使这些怯懦的人放弃逃跑的想

① 萨拉特：《秘鲁的征服》，第 4 册，第 5 章；埃雷拉：《通史》，第 5 卷，第 8 册，第 5 章；加西拉索：《王家评论》，第 2 卷，第 2 册，第 28 章。——按照印加历史学家的说法，在这几次远征中有 470 名西班牙人丧生。谢萨·德莱昂估计在这次起义中被杀死的基督教徒总数为 700 人，他还说，其中很多人死得非常惨。（《秘鲁史》，第 82 章。）从起义的规模和气氛来看，这些估计似乎并不夸大。

法，把当时在港内的所有船只都派出执行一项完全不同的任务。他让这些船只带信给巴拿马、尼加拉瓜、危地马拉和墨西哥等地的总督们，说明他的危险处境，要求他们进行援助。他写给当时在危地马拉的阿尔瓦拉多的信件被保存了下来。他在信中要求阿尔瓦拉多以其荣誉感和爱国心来援助他，而且要在为时还不太晚的时候。如果无人援助，西班牙人就不能继续在秘鲁立足，卡斯提尔王室就会失去这个巨大的帝国。他最后答应与阿尔瓦拉多分享他们的联军可能进行的征服的战果。[①] 仅仅在几个月之前，皮萨罗曾
359 经不惜一切代价要求这个人离开这个国家，现在却做出如此大的让步，充分证明他的处境极为不妙。这样热烈恳求的援军及时到达了，不是在扑灭印第安人的起义上来得及时，而是及时帮助他进行一场与自己同胞之间的同样是殊死的战斗。

现在是 8 月份了。从库斯科围城开始以来，已经过去了五个多月，然而秘鲁军队仍然在城市周围安营扎寨。围攻拖延的时间之长，在印第安的战争中是罕见的，这表明土著人决心消灭这些白人。但是，秘鲁人自己一段时期以来也为供应缺乏所苦。供养这样一支庞大的军队不是易事；历代印加王储备丰富的谷物仓库这个明显的来源对他们没有起到多大作用，因为西班牙人在占领这个国家之初就把它们大部分挥霍掉了，甚至分掉了。[②] 现在，耕种

① “请阁下相信，如果我们得不到增援，库斯科就将丢失，我们的全体人马也将完蛋。因为我们的人和武器都不多，而印第安人又十分骁悍神勇。此事关系重大，请速增援。”见《弗朗西斯科·皮萨罗在君王城写给佩德罗·阿尔瓦拉多的信》，1536 年 7 月 29 日，手稿。

② 翁德加多：《第一次和第二次叙述》，手稿。

的季节来到了，印加王深深知道，如果他的部下不事耕种，他们就将遭到一场天灾，它甚至比侵略者更可怕。因此，他把他的大部分军队解散，命令士兵们回家，待耕种完毕以后再回来重新封锁首都。印加王保留了一支相当大的军队保卫他自己，他率领这支军队回到坦博，那是位于尤开峡谷以南的一个坚固设防的地方，是他的先王们的一个喜爱的住地。他还在库斯科周围布置一支人数众多的警戒部队，以监视敌人的行动和切断他们的供应。

西班牙人高兴地看到那支长期围困该城的强大的军队消失了。他们迅速地抓住了这一时机，埃尔南多·皮萨罗趁暂时的解围派出抢粮部队外出抢掠，给他的饥饿的士兵带回供应品。在这件事上他做得非常成功，有一次从印第安人的农场上抢掠了不下2000头家畜——秘鲁羊——并且安全地赶回了库斯科。① 这就使这支军队目下可免除一切匮乏之忧。 360

然而，这种抢掠是在刀刃矛尖下得来的，因此进行了许多次你死我活的战斗，在这些战斗中流了西班牙骑兵的血。这些战斗的确不限于大部队作战，而且在小部队之间有小规模的战斗，有时采取肉搏战的形式。在这些个别的遭遇战中，双方的力量也不像想象的那样悬殊；秘鲁战士们用他们的投石器、弓箭和套索，证明他们是那些全身披挂的骑兵们的不容忽视的对手，他们有时敢于用可怕的战斧与骑兵面对面厮杀。库斯科周围成了一个战场，就像格拉纳达的“河滩地”一样，在那里，基督徒和异教徒各自使用他们的独特的战术；出现了许多英勇的事迹，这些事迹需要吟游诗人的

① “我们收集了二千多头牲畜。”见佩德罗·皮萨罗：《发现和征服》，手稿。

歌唱来赋予他们以光彩，就像赋予西班牙回教徒的末日以光彩那样。①

但是，埃尔南多·皮萨罗并不满足于完全处于防御的地位；他设想了一个可以立即结束战争的大胆的打击。那就是俘获印加王曼科，他策划了对曼科在坦博的住地进行突袭。

为了执行这一任务，他挑选了 80 名最精锐的骑兵，还有一小队步兵；迂回绕道经过人迹罕至的山间隘路，他到达了坦博而没有为敌人察觉。他发现这个地方防守得比他所想象的还要坚固。印加王的王宫，或者不如说是堡垒，坐落在一块突出的高地上，在西班牙人到达的地方，高地的峭壁凿出了梯级，外面围有用石块和晒干的砖砌成的厚墙。② 这个地方从这一面是无法攻破的。在另一
361 面，它朝向尤开峡谷，地势逐渐下降直至平原，一条又深又窄的溪流流经那里。③ 那一面正是进行攻击的地方。

没有费多大力气渡过小溪后，西班牙指挥官尽可能不声不响地爬上光滑的斜坡。曙光即将出现在山头；皮萨罗接近了外围的防线，这防线和库斯科的城堡一样，由一道围绕内部场院的非常坚固的石墙组成。他迅速前进，以为守卫的部队正在酣睡。但是，几

① 佩德罗·皮萨罗重述了几桩这样的战斗事迹，在有些事迹中，明显地表现出了他自己的英勇。他记录下来的一件暴行是对他的指挥官埃尔南多·皮萨罗不利的。他说，后者在一次激烈的遭遇战之后，下令将他的俘虏们的右手砍掉，让他们这样残废着回到他们的同胞身边！（《发现和征服》，手稿。）这样的暴行往往不为历史学家们所注意；我们希望这只是征服者在这次侵略中的一般政策的例外。

② “坦博位置险要，设防坚固，上面有高高的石阶和用坚硬的石块砌成的墙。”见佩德罗·皮萨罗：《发现和征服》，手稿。

③ “尤开河是条大河，但流经那里时变得又狭又深。”见佩德罗·皮萨罗：《发现和征服》。

千双眼睛正在盯着他；当西班牙人进入弓箭的射程以后，许多黑影突然出现在城墙上，人们可以看到手持长矛的印加王在场院内骑在马背上指挥他的部队作战。[1] 与此同时，空中射来了密密麻麻的投枪、石块、标枪和箭矢，像风暴一样落在士兵们的头上，群山回响着敌人的激烈的战斗口号声。西班牙人被打得措手不及，许多人身负重伤，阻滞不前；而且，尽管他们迅速地重新集结，并且两次企图恢复进攻，但他们终于被迫退却，经受不住这样暴风雨般的压力。使他们的混乱加剧的是，他们后方的低地上被水淹了，这是土著人打开闸门从河床里引来的，因而他们的阵地再也守不住了。[2] 于是召开了一次军事会议，决定放弃这种没有希望的进攻，并且尽可能有次序地撤退。

这一天就在这种无效的战斗中度过了，埃尔南多利用黑夜为掩护，让步兵和辎重在前，自己居中指挥，让他的兄弟贡萨洛殿后，开始撤退。他们平安无事地重新渡河，敌人则在这时对自己的力量充满了信心，他们冲出了他们的防线，追击撤退中的西班牙人，
不断地向他们发射箭矢。他们不止一次地逼近逃跑者，使得贡萨 362
洛和他的骑兵不得不掉转头来对他们进行猛烈的攻击，从而有效地惩罚了他们的大胆追击，并且制止住了追击的浪潮。然而，胜利了的敌人仍然尾随在狼狈不堪的骑兵后面，直到他们越过了山口，

① “印加王手持长矛，骑着马，立在他的部下之中。”见埃雷拉：《通史》，第5卷，第8册，第7章。

② “为了夺取这块地方，我们发起了二三次攻击，但每次都被打回来。我们一直打到天黑，这时，印第安人决堤淹没平地，企图把我们全部淹死。”见佩德罗·皮萨罗：《发现和征服》，手稿。

看得见首都的黑色城墙时为止。这是印加王的最后一次胜利。[①]

在已故的著名的西班牙学者纳瓦雷特慷慨地让我查阅的手稿中，与这段历史有关的最重要的著作是佩德罗·皮萨罗的《关于秘鲁王朝的发现和征服的叙述》。这个重要的文件似乎只有一份保存下来，在它落入纳瓦雷特先生之手以前，很少为人所知，尽管埃雷拉的不倦的研究没有把它放过，这一点从提到的几次事件中可以看出，其中有些与佩德罗·皮萨罗本人有关，这位印第安历史学家不可能从其他渠道找到这些材料。这份手稿最近已经作为珍贵的历史文献藏品的一部分而公之于众，目前正在马德里印刷中，我们相信有人赞助会使印刷获得成功。由于我在本书写作了大量篇幅之后才获得这一印刷的文件，我宁愿依靠手稿本作为我的叙述的下半部分的参考，就像我在本书的前半部曾经不得不这样做一样。

我很清楚的是，除了从作者在他所写的历史中偶尔提到自己的情况时了解一鳞半爪之外，我们对作者的身世一无所知。他生于埃斯特雷马杜拉省的托莱多，这个省份里产生了很多前往新大陆冒险的人，与佩德罗有亲戚关系的弗朗西斯·皮萨罗也出自该省。当那位头领于 1529 年在接受了皇帝的任命之后前往从事秘鲁的征服时，当时年仅 15 岁的佩德罗·皮萨罗以随侍身份随同前往。最初三年，他在他的司令官家里干活，以后继续在他麾下当一名军事冒险者。他参加了征服中的大多数重大事件，而且似乎在

① 佩德罗·皮萨罗：《发现和征服》，手稿；埃雷拉：《通史》，第 5 卷，第 8 册，第 7 章。

很大程度上赢得了他的领袖的信任，后者派他执行某些困难的任 363
务，他在执行任务中表现得冷静和勇敢。当然，我们是从作者自己的话中知道所有这些情况的。但是，他在谈到他的成绩时，态度是诚实的，没有任何力求夸大其词的地方。他用第三人称称呼自己，而且，由于他的手稿并非完全是为后人而作，他不会有太多的虚构之词，因为不实之处当时很容易暴露。

在征服之后，我们的作者仍然与他的司令官共命运，并在以后的所有困难中一直站在司令官一边；而且在司令官遭到暗杀时，他退隐到阿雷基帕，安享他分得的土地和印第安人，那曾是作为对他服务的酬报而分给他的。当贡萨洛·皮萨罗的大叛乱爆发时，他还在那儿。但是他坚持他以往的忠顺，正如他向我们所说的，他宁愿背叛自己的姓氏和家族，不愿背叛自己的忠诚。贡萨洛为了报复，没收了他的庄园，并且当佩德罗·皮萨罗在利马落入他的手中时，准备进一步对他采取极端手段，只是由于他的副官，著名的弗朗西斯科·德卡瓦哈尔的干预才作罢，这位历史学家曾经有幸向这位副官施了大恩。卡瓦哈尔用两次救了他的生命来报答他；但在第二次时冷冷地对他说，“一个人无权能有两次生命；如果你第三次落入我手中，只有上帝能再给你一条命。”幸运的是，皮萨罗没有机会试验一下这个威胁。在这个国家平静了之后，他仍旧退隐到阿雷基帕；但是从他那发牢骚的语气来看，他似乎没有完全重新获得因忠于朝廷而牺牲了的财产。我们听说的关于他的最后的情况是 1571 年，他把这一年规定为完成他的历史写作的期限。

佩德罗·皮萨罗的叙述包括了征服的整个情况，从自巴拿马出发的第一次远征之时起，到加斯卡总督离开后发生的混乱止。

这本著作的第一部分是从其他人证词中搜集的材料，因而不能说是高度准确的证据。但是，在弗朗西斯科·皮萨罗从卡斯提尔归来以后发生的一切事情，总之，在征服这个国家时所发生的一切事情，可以说是根据他自己的观察，作为一个目击者和行动者而报道的。这使他的叙述具有这样一种价值，即在它的文字技巧上不可
364 能有矫揉造作的地方。皮萨罗是一个军人，他受的教育很少，也许就像那些从青年时代起就在军队这个粗犷的学校里受训练的人们的通常情况那样——这个学校无论从精神的或道德的发展来看，都是这个世界上最不祥的。而且，他非常理智，不去追求他达不到的完美无缺的境界。在他的历史中，他不想把文字写得多么美妙；那里面没有那种虚伪的修饰，这种修饰只会使那些企图修饰的人们的可怜的境况更加突出。他的目的只是要把他所看到的征服的故事告诉人们。他要写出的是事实，而不在于文字的好坏，他明智地把文字工作留给后来人去做，那些后来人是在当事者已经离开现场后前去搜集第二手材料的人。

皮萨罗的处境可能使人认为他必然受到党派的影响，从而使他的叙述带有偏见。的确，要判定他是在谁的麾下当兵并非难事。他像一个党徒一样写作，然而是一个正直的党徒，不像那些先入为主的人必然产生的情况那样，他对正在发生的事物没有偏袒的看法。他没有力图左右读者偏向这一方或另一方，更没有任何明显的歪曲事实的地方。他显然相信自己所说的是真话，而这正是最重要之点。我们可以因他的处境所受的必然影响而对他的话打出折扣。如果他比这更加不偏不倚的话，今天的批评家由于要对偏见和偏袒打更大的折扣，就只能导致错误。

皮萨罗不仅是不偏不倚的，而且有时在谴责他的上司时是苛刻的。尤其是在上司们的措施损害了他自己的和军队的利益时更是如此。至于对那些不幸的土著人，他在看待他们所遭受的苦难上，就像古时的犹太人看待腓力斯人的苦难一样，犹太人认为腓力斯人命该被他们杀死，腓力斯人的土地是他们的合法财产。冷酷无情的征服者对待异教徒是毫无恻隐之心的。

皮萨罗是他所处的时代的代表。然而，对那个时代加上这样的恶名是太过分了。他更能代表的是那些推翻印加王朝的剽悍的战士的精神。他不仅仅是一个十字军战士，为了把基督教的帝国扩展到黑暗的异教的土地上而战斗。黄金是他的伟大目标；是他用来估计征服的价值的东西；是他为辛劳而又冒险的生涯要求得到的补偿。秘鲁冒险者的庸俗的想象中，充满着这种黄金梦，它远

远超过荣誉感（其中最重要的是宗教的荣誉感）。皮萨罗并没有高 365
出他的同僚，在智力上和在道德上一样没有高出同僚的地方。他所写的历史中没有表现出有深邃、活跃而丰富的思想。它是一部军人的著作，只是写出了他的血腥的经历。它的价值在于，它是由一个当事者所写；而这一点对现在的编纂者来说，比那些第二手的写得好得多的著作具有更高的价值。这是一块粗糙的黄金，如果经过正常的纯净和冶炼的过程，就可以通过现在的印模冲压使它成为通行的货币。

我曾经不时指出的另一个权威是埃尔南多·蒙特西诺斯教士，他的著作至今仍然只是手稿。他在各方面都与我们刚刚提到的军事历史学家恰恰相反。他的创作旺盛时期是在征服以后大约一个世纪。当然，他的著作作为历史事实的权威取决于他有更多

的机会参考一些原始文件。他在这方面有优越的条件。他两次被派往秘鲁担任官职，这种官职要求他访问这个国家的各个地方。这两次任职长达 15 年；因此，他的职位使他得以接触殖民地的档案和一些文物陈列馆，而且他还能通过对这个国家的实地考察在某种程度上证实他的研究。

结果是产生了他的两部历史著作，《秘鲁古代史》和《编年史》，有时为本书所引证。前一部著作谈的是这个国家的古代史——应该承认，谈的是远古的历史，因为它追溯到了洪荒时代。这部著作的第一部分主要是谈这样一个论点，即把秘鲁同所罗门时代的产金地等同起来！这种假想的说法决不是作者的创造，但可以公正他说明他的思想的性质。在他的著作过程中他遵循的是印加王公的世系，这些人的业绩甚至名字都与加西拉索列举的不同；但是，这种情况并不能说明这些材料是不准确的。然而，人们不会怀疑本书作者有权提出这样的指责，即指出蒙特西诺斯用庄严的可靠的语气述说的一些传说是荒唐的，他所相信和热爱的大多是属于一个更早的和更不开化的时期的奇异事物。

在他的编年史中也可以看出同样的特点，那部著作完全是叙
366 述征服的。的确，作者在这部著作中从腾云驾雾后转到了脚踏实地，再也看不到有严重违反事实或至少是可能违反事实的地方。但是，任何人只要有机会把他的叙述同当时的其他作家的著作对比，就会经常发现有理由不相信他的叙述。然而，蒙特西诺斯有一个优点。在他进行广泛的研究时，他熟悉了一些原始文件，他不时把这些文件纳入他自己的著作中，这些文件现在很难从其他地方找到。

他的一些有学问的同胞曾经评论说他的著作是辛勤研究和搜集资料的成果。我自己的经验认为它们不是高明的历史见证材料。在我看来,无论从它们的叙述的准确性和其见解的明智性来看,都不值得赞扬。这些著作所表现出来的对土著人的苦难漠不关心的态度,是一个丑恶的特点,这一点对于一个17世纪的作家来说,比一个身为最初的征服者的作家更难使人谅解,因为后者是由于长期的敌对行动而煽起他的狂热的。

第四卷

征服者的内战

第　一　章

阿尔马格罗向智利的进军——阿班凯河战斗——加斯帕尔·德埃 367
斯皮诺萨——阿尔马格罗离开库斯科——与皮萨罗进行谈判

1535—1537 年

当前一章记叙的事件与时俱逝之际，阿尔马格罗元帅正忙于他那令人难忘的向智利的远征。如我们所知，他只带领其一部分队伍出发，让他的副司令官率领余部尾随其后。在征途的第一程，他得益于印加人修筑的军用大道，这条大道穿过台地远远地伸向南方。但是在挨近智利的时刻，这个西班牙司令官却被缠困在深山峡谷之中，根本辨认不出道路的痕迹。在这里，他的行军被连绵的安第斯山脉的荒山野岭中各种障碍所阻滞：深邃而崎岖的沟壑，沿着它的边缘是一条细长的羊肠小径，蜿蜒曲折，直达悬崖绝壁顶上令人头晕目眩的山巅；河水沿着丛山的陡坡汹涌奔腾，形成巨大的瀑布，倾泻在张着大嘴的深渊之中；黑洞洞的松树林似乎漫无边际，再往前，又是广阔的荒无人烟的台地，甚至连矮树丛或灌木都不生长，使得这些冻得发抖的过路人无遮无掩，难以躲避从锯齿形山脉的冰冷的山巅呼啸而下的狂风。

天气酷冷到如此剧烈的程度，以至于很多人冻掉了指甲、手指，有时甚至冻僵了他们的肢体。另外一些人被耀眼的荒漠雪原映瞎了眼睛，它反射的太阳光线在这些高原地区的稀薄大气中闪耀得令人难以忍受。饥饿照例随着灾难接踵而来；因为在这些荒凉的、与外界隔绝的冷僻地带，根本看不到足以供人食用的植物，也没有飞禽走兽，只有安第斯山兀鹰在他们头上翱翔盘旋，指望着弄到一顿丰盛的美餐。经常会有许多可怜的印第安人来供其啄食，这些可怜的印第安人衣不遮
368 体，难以抵御这严寒的气候，常常冻死在道旁。饥饿之神步步紧逼，悲惨的残存者靠食用他们同胞的尸体来苟延残生，而西班牙人同样不得不用他们的马匹的尸体来维持生命，这些马匹实实在在是冻死在崇山峻岭的山道之上[①]——这就是大自然对那些鲁莽地撞入它的这些荒僻而且最原始地方的人们所施加的严厉惩罚。

但是，这些西班牙人自己所经受的苦难似乎并没有使他们对较弱小的土著人有丝毫恻隐之心。他们所到之处，被焚烧破坏得只剩下断垣残壁的村庄比比皆是，这些村庄的居民像驮兽一样被驱赶来替他们服苦役。这些人被铁链锁住，每十个或十二个人拴在一起，患有疾病或身体虚弱都不能使这些不幸的俘虏免除日常苦工的全副重担，直到有朝一日他完全筋疲力竭，[②]倒毙在拴着他

---

① 埃雷拉：《通史》，第 5 卷，第 10 册，第 1、3 章；奥维多：《西印度史》，手稿，第 3 卷，第 9 册，第 4 章；《征服秘鲁居民》，手稿。

② 《征服秘鲁居民》，手稿。——该作者可能是此次远征的参加者之一，因为他是以亲眼看到的口吻来谈话的。这些可怜的土著人至少在基督徒阵营里有一个朋友。“在雷阿尔有一个西班牙人，他是个勇敢、残暴的斗士，杀了许多印第安人，却被他们看做好人，在他们当中享有很高的声誉。然而有人愿意做好事，对待当地人也不错，对他们有帮助。却没有受到应有的重视。我所以指出这一点，那是因为我亲眼所见，其中也有我的过错。请读者注意，像我说的那样，这一天和在发现智利的过程中，发生了许多严重的暴行。”

的铁链之中。阿尔瓦拉多的队伍被人谴责说比皮萨罗的队伍更凶残，我们可以回想一下，阿尔马格罗的许多士兵正是从阿尔瓦拉多的队伍招募来的。据说，阿尔马格罗对这些穷凶极恶的行径很不满意，并且尽其所能来管束他们。可是，他自己的所作所为并没有树立好的榜样，如果没弄错的话，他活活烧死不下30名印第安人首领，只是因为他们杀死了他的三名随从[①]。对一个无辜的种族所犯下的诸如此类的暴行，一提起来就令人憎恶，这些人是无辜的，或者，至少可以这样说，他们除了殊死捍卫自己的乡土之外，何罪之有？

从心理方面看，拥有优势力量的人，于其优势力量中具有某种 369
最大的危险性。在与半开化的人打交道中，欧洲人拥有无比优越的才能和战斗实力，因而把这些人看得不比牲畜高多少，而且和牲畜一样，天生就是供他役使的。他觉得他似乎有一种令其顺从的天然权利，而这种顺从不是以野蛮人的力量来衡量而是以其征服者的意志来衡量。反抗变成一种罪恶，只能以牺牲者的鲜血来清洗。诸如此类的暴行史实并不只是西班牙人才有。凡是文明人和野蛮人打交道的时候，不论是在东方或西方，其历史经常是用鲜血写成的。

从茫茫群山的一派荒凉景象中走出之后，西班牙人出现在绿

① “为了惩办打死三个西班牙人的人，他把他们集中到一个房间（他自己就住在那里），然后命令骑士和看护大门的人都骑上马。大家准备好之后，他把那些人捆绑在各个木杆上，最后下令活活烧死了三十多人。”（《征服秘鲁居民》，手稿。）奥维多总是表现出殖民开拓者冷酷的感情，用“需要”——这种惩罚是必需的——这一陈腐的辩解来开脱这一切。并且还说，从此以后，一个西班牙人可以派遣一名使者从这个国家的一端到另一端，而不必担心受到伤害。——《西印度史》，手稿，第3卷，第9册，第4章。

色的科金博溪谷之中，那里位于南纬30度左右。在经受了前所未有的磨难和劳累之后，他们在这个溪谷的富饶的平原上停下来进行了休整。与此同时，阿尔马格罗派遣了一名军官带领一支精悍的特遣队打前站，去探明南面国家的情况。过了不久，他的副司令官罗德里戈·德奥尔戈涅斯率领其余部赶到，这使阿尔马格罗无比振奋。这位副司令官是一个非凡的人才，而且是与阿尔马格罗后来的命运密切相关的。

他是奥罗佩萨人，曾在意大利战争中受过锻炼，在著名的攻陷罗马之役中，领有波旁将军军队中的掌旗官军衔。对他来说，那是一个很好的学校，他在那里经过铁似的锻炼，心肠变得铁硬，对人所遭受的苦难从不表示过分的怜悯之情。奥尔戈涅斯是一个出色的军人，忠于他的司令官，在执行他的各项命令时，表现得果断、无畏和坚定不移。他的功劳引起了国王的注意，在这期间之后不久，他就被擢升为新托莱多元帅军衔。但是人们也许要怀疑，是否他的气质与其说使他不适宜做一名执行官和从属职位，不如说不适宜担任更高的负责职位。

阿尔马格罗也得到了授予他新的权力和地域管辖范围的王室授权书。这份文件一直被皮萨罗兄弟扣留着，到最后才给他。他的士兵们对他们的劳累而无利可图的进军早就厌恶了，现在吵嚷着要回去。他们说，库斯科无疑在他的管区之内，最好把库斯科舒
370 适地区占领下来，犯不着像一群流浪汉一样在这种令人丧气的荒山郊野里晃来荡去。他们对其司令官提醒道，只有如此他才能供养他的儿子迭戈。迭戈是阿尔马格罗的私生子，他父亲对这个儿子过分地溺爱，这种溺爱远不能用这个少年的大有希望来加以

辩解。

在离去大约两个月之后，被派去侦察探险的军官返回来了，带来的消息说智利南部地区没有什么指望。对这些卡斯提尔人来说，唯一的理想之地是一个盛产黄金的地方。[①] 他已经深入100里格远，也许到了征服马乌莱河[②]流域的印加人所达到的极限。西班牙人幸好在到达阿劳科地方之前停了下来，他们的同胞不久之后将在那个地方血流成河，这块土地在邻近的印第安种族普遍被征服的情况下仍然保持着引以自豪的独立。

阿尔马格罗稍事踌躇，听从了他的士兵们一再提出的要求，决意回师北上。对他的归程不必赘述。由于被翻越崇山峻岭所要遇到的重重困难吓破了胆，他于是沿海岸取道北上，穿过阿塔卡马大沙漠。在穿越这个延伸到智利北部边界差不多100里格的荒凉的不毛之地时，在这浩瀚的原野上，很难找到一块绿洲使虚弱的过路人得以解除风尘劳顿之苦，阿尔马格罗和他的部下经受了有如在通过安第斯山时所遇到的那些巨大的磨难，诚然，在形式上并不完全雷同。的确，今天不易找到像这样的军事首领，竟敢于冒险率领其军队穿过这种荒凉地带。但是这个16世纪的西班牙人有如虎添翼和精神奋发的劲头儿，这使他勇于蔑视各种障碍，几乎可以对历史学家的褒扬之词当之无愧，“他毫不在乎地同时与人斗，与自

① 那是一个西班牙人说的话：“他不认为那地方好，因为那里没有黄金。”见《征服秘鲁居民》，手稿。

② 根据奥维多的说法，有150里格，有如他们告诉他的那样，非常接近世界的极端——临近世界的极端(cerca del fin del mundo)——(《西印度史》，手稿，第3卷，第9册，第5章)人们不能指望在美洲的粗野士兵嘴里会道出非常准确的地理概念。

然环境斗，与饥饿斗！”[①]

在穿过这个可怖的不毛之地以后，阿尔马格罗到达了古老的城镇阿雷基帕，此地离库斯科约有60里格。在这里，他惊讶地得
371 悉了秘鲁人暴动的消息，还听说那个年轻的印加王曼科仍然率领着一支难以对付的队伍驻扎在离首府不太远的地方。他曾一度与这位秘鲁君主有过友好的交谊，所以他现在决定，在进一步有所行动之前，派一个使团到他的军营去，安排一次在库斯科城郊与他的会见。

阿尔马格罗的使者们受到了这位印加王的盛情接待，他提出了控诉皮萨罗兄弟的各种缘由，并且指定以尤开溪谷为他与这位元帅会晤的地点。这位西班牙司令官因而重新开始了他的进军，并且率领其部队的一半人马（整个队伍的人数大约不足500人）亲自前往指定的会晤地点，而其军队的余部则在离首府约6里格的乌尔科斯安营扎寨。[②]

驻扎在库斯科的西班牙人，对这支新冒出来的队伍出现在他们跟前大为吃惊，当他们得悉这些人来自何处时，心里捉摸不透将给他们带来福还是祸。埃尔南多·皮萨罗率领一小队人马急驰出城，临近乌尔科斯时，听说阿尔马格罗的意图是坚持要占取库斯科，不由得忧心忡忡起来。虽然他的兵力大大劣于其对手，但他仍然决定对他进行抵抗。

① “他同时要同敌人、同大自然、同饥饿作斗争。”见埃雷拉：《通史》，第5卷，第10册，第2章。

② 佩德罗·皮萨罗：《发现和征服》，手稿；《征服秘鲁居民》，手稿；奥维多：《西印度史》，手稿，第3卷，第9册，第6章。

当其时，曾经目睹两个对立的军营的士兵之间的会晤情景的秘鲁人，怀疑双方之间有某种秘而不宣的默契，这种默契将危及印加王的安全。他们把其怀疑告诉了曼科，而曼科也有同样的看法，或许他从一开始就策划了一次对西班牙人的突袭，现在猝然间以15000人之众向驻扎在尤开溪谷的西班牙人袭来。但是这些富有经验的智利远征军太熟悉印第安人的策略了，所以没有被搞得措手不及。于是发生了一场激烈的战斗，持续了一个多小时，奥尔戈涅斯胯下的一匹战马被击毙，土著人在遭到大肆杀戮后终于被击退，印加人经这次打击，战斗力大大削弱，暂时不大可能再进行骚扰。[①]

眼下正与其留守乌尔科斯的分部进行会师的阿尔马格罗，看出进军库斯科的障碍已不复存在。他立刻派出一名使者到地方市政当局，要求承认他为这个地方的合法管辖者，同时出示了他的一份皇室信任状。但是，管辖范围的问题不是一件容易解决的事，根 372
据当时的情况，取决于一项关于纬度线的知识，而皮萨罗的粗野的部下不大可能具备这种知识。皇室的授予令曾把从位于赤道以北一度又二十分的圣地亚哥河以南的270里格的全部地域皆置于阿尔马格罗的管辖范围之内。根据我们的测量，如果按子午线上的270里格计算，差一度多不到库斯科，实际上，很难把利马城本身包含在里面。但是如果按西班牙里格计算，十七里格半就是一度[②]，南部边界要挪到超出这座印加人首府差不多半度，这样一

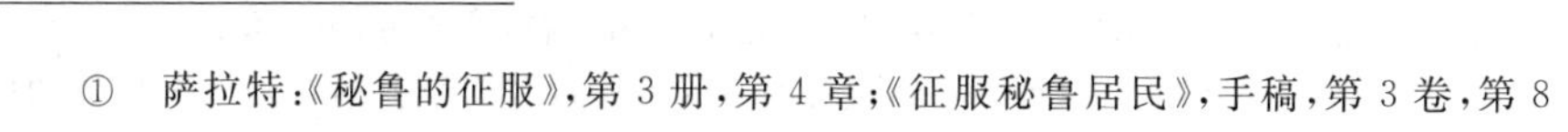

① 萨拉特：《秘鲁的征服》，第3册，第4章；《征服秘鲁居民》，手稿，第3卷，第8册，第21章。

② “十七里格半为一度。”见埃雷拉：《通史》，第6卷，第3册，第5章。

来，就落到了皮萨罗的管辖范围之内①。可是分界线离有争议的土地太贴近了，以致真正的测定结果是有相当理由值得怀疑的，因为这些结果不是经科学的观测而取得的；遇有这种情况，每一方总是立即声称，他自己的主张是明确而且不容置疑的。②

由阿尔马格罗召集来的库斯科地方当局官员，不愿惹恼发生争执的两个首领中的任何一个，他们做出决定说，他们必须向某些比他们自己更能提供关于圣地亚哥河位置的实际情况的领航员征求意见——他们答应立即着手去征求意见。与此同时，双方达成休战协议，每一方都庄严约定不采取敌对行动，在他们的现防区按兵不动。

373 寒冷和多雨的恶劣天气来到了。对于他们所处的遭受大水淹灌的境况大为不满的阿尔马格罗的士兵们，很快发现埃尔南多·皮萨罗违反协议，正忙着在城里加强他自己的实力。他们还惊愕地得悉，由这个地方行政长官从利马派遣，在阿隆索·德阿尔瓦拉多指挥下的大队人马正兼程来解救库斯科。阿尔马格罗的部下惊呼他们被出卖了，休战协议只是一个诡计，用来束缚他们的手脚，以待援军的到来。在这种群情激愤的情况下，不难说服他们的司

① 政府早就曾竭力在有关各自的管辖范围方面预防发生任何争执。原始授予令的措辞留下了某些引起误解的余地；并且，早在 1536 年，大陆主教弗赖·霍马斯·德贝尔兰加曾被派到利马全仅确定边界问题，测定了圣地亚哥河的纬度，并且对子午线以南 270 里格的地域进行了测量。但是，皮萨罗既已把阿尔马格罗支使去远征智利，所以就不想再提起这个问题，而这位主教未完成使命就返回到其主教管区，对这个地方长官怀有强烈的憎恶情绪。见埃雷拉：《通史》，第 6 卷，第 3 册，第 1 章。

② “所有人都说”，奥维多在给皇帝的一封信中说，“库斯科落在阿尔马格罗的区域之内。”奥维多很可能是殖民地中最识多闻广的人。可这是一个错误。《来自斯托·多明戈的信》，手稿，1539 年 10 月 25 日。

令官——他太容易使他自己的判断听从于其周围那些急躁鲁莽的进言人——违背协议，从而占领首府。[①]

在一个漆黑和雷雨交加之夜的掩护下（1537 年 4 月 8 日），他在未遇到抵抗的情况下进入了要占领的地区，成了主要教堂的主宰者，在通衢大道的两端部署了精锐的骑兵部队以防突然袭击，并且派遣奥尔戈涅斯率领一支步兵强攻埃尔南多·皮萨罗的住所。这个首领和他的兄弟贡萨洛居住在印加人为公共娱乐之用而建筑的许多大厅之一里，这座大厅有几个通往广场的大门。大厅由大约 20 名士兵守卫着，这些士兵在大门被冲破时，顽强地保卫他们的首领。剧烈的战斗展开了，有一些伤亡，直到最后，奥尔戈涅斯被这一顽强的抵抗所激怒，放火烧了这座建筑物易燃的屋顶。顷刻间，火焰骤起，燃烧着的木椽坠落在屋内的人们的头上，他们迫使其不愿投降的首领无条件投降。这些西班牙人刚刚离开这座建筑物，整个屋顶突然发出巨大的爆裂声，坠毁在地。[②]

现在阿尔马格罗成了库斯科的主人。他下令将皮萨罗的人，
连同 15 或 20 个主要的骑士看管并且监禁起来。除了就确保其权
力采取了所需要的措施外，他似乎没有犯下侵扰居民的罪行，[③]而 374

① 根据萨拉特的说法，阿尔马格罗在进入首府时，没发现有归咎于埃尔南多的那些图谋，并且惊呼“他受骗了”。（《秘鲁的征服》，第 3 册，第 4 章）他也许对此事太轻信了。

② 《新托莱多司库埃斯皮纳尔的信》，1539 年 6 月 15 日；《征服秘鲁居民》，手稿；佩德罗·皮萨罗：《发现和征服》，手稿；奥维多：《西印度史》，第 3 卷，第 8 册，第 21 章。

③ 所以那可能是采自一般人的证据；可是作为反对派别的一员，属于被阿尔马格罗囚禁的那些人之列的佩德罗·皮萨罗却控诉说，那个该死的首领抢劫了他们的马匹和财产。见《发现和征服》，手稿。

且他还任命了皮萨罗的最能干的官员之一，加夫列尔·德罗哈斯出任该市市政府的官员。现在眼看阿尔马格罗的权利已成事实，市政当局没有再在承认他对库斯科的管辖权问题上有所踌躇。

这位元帅采取的第一个步骤就是向阿隆索·德阿尔瓦拉多的军营发出信息，将他占领该城的事通知这个军官，要求他把阿尔马格罗当做合法的主人而俯首听命。阿尔瓦拉多带领了一支500人的队伍，包括骑兵和步兵，驻扎在浩哈，离首府大约30里格。他被派出已有几个月了，原先是为解救库斯科而来的；但是，由于多半是无法解释的原因，却一直逗留在浩哈，事实证明，这对这座秘鲁人的首府是极大的不幸，而其所谓的动机乃是保卫这处新开拓的殖民地及其周围的乡村免受暴乱者的骚扰。[①] 现在他却表现得忠于他的司令官；所以当阿尔马格罗的使者来到他的军营时，他给他们通通带上了镣铐，并派人向驻在利马的地方行政长官报告了他所采取的措施。

阿尔马格罗因拘留他的使者而被触怒，准备立刻向阿隆索·德阿尔瓦拉多进军，并采取更有效的措施来制服他。在出发之前，他的副司令官奥尔戈涅斯强烈要求他将皮萨罗兄弟斩首，声称，“只要他们活着，他的司令官的生命就得不到安全；”并且用西班牙谚语作为结语说，“死人永远不会咬人。”[②]但是这位元帅，虽然内

① 皮萨罗的秘书皮卡多有一块领地在那附近，而阿尔瓦拉多受过他个人的恩惠，所以就待在那里，据说，是受皮卡多的怂恿。（埃雷拉：《通史》，第5卷，第8册，第7章）。阿尔瓦拉多是一名很好的军官，无论在此事之前或以后，他都受到皮萨罗兄弟的极大信任；所以我们可以推想，对他的这一行为一定有某种解释，但我们没有掌握材料。

② “死者不咬人”见埃雷拉：《通史》，第6卷，第2册，第8章。

心憎恨埃尔南多，却强按住自己，没有采取这样激烈的行动，并且不受其他思虑的牵制，他仍然对他的老同事弗朗西斯科·皮萨罗有一种依恋之情，而且不情愿永远割断他们之间的联系。因此，满足于将他的俘虏置于严密的看守下，关押在一座属于太阳神之屋的石砌建筑物内，自己亲自率领部队，离开首府去寻找阿尔瓦拉多。

这个军官眼下占据了阿班凯河的另一河岸上的阵地，在这里，他将其小股部队的兵力部署在一座桥的前面，急湍的河水从桥下 375
流过，而另一支精悍的特遣队占据着一个制高点，它控制着河下游一个可徒涉的浅滩。但是这支特遣队里有一名该军中很重要的骑士佩德罗·德莱马，由于对他的司令官不满，已和敌方通了消息，进行叛逆活动。根据他的献策，阿尔马格罗抵达河边时，在面对阿尔瓦拉多的那座桥的对面安顿下来，好像准备强行通过这座桥梁，以便把敌人的注意力吸引到这一点上。可是，当夜幕降临时，他却派出由奥尔戈涅斯率领的一支大部队涉过河下游的浅滩，与莱马协同作战。奥尔戈涅斯以他惯有的机敏果断执行了这项任务。他们渡过了浅滩，尽管因水流太湍急，有几个士兵被急流冲倒淹死在水中。他们的领队在抢占对岸时口部受了重伤，但是，他毫不畏惧，鼓动他的士兵奋勇向前，像狂飙一般地杀向敌人。莱马及其争取过来的士兵迅速地和他会合在一起，敌人由于分不清哪是朋友哪是敌方，陷入了一片混乱。

此时此刻，阿尔瓦拉多被进攻这个防区的喧闹声惊醒，仓皇赶去支援他的军官。阿尔马格罗抓住战机冲过桥去，分派了一小股部队守卫桥梁，然后向阿尔瓦拉多的后方猛扑过去，阿尔瓦拉多眼

巴巴地看着自己身陷重围。战斗没延续多久，这位倒霉的首脑，摸不清该依靠谁，只得率领全军投降——除了那些已经逃往敌方的部队。这就是阿班凯战役，因在该河两岸进行战斗而得名，时值1537年7月12日。这次战役获得了前所未有的全胜，而且付出的伤亡最少，于是阿尔马格罗押着一长列人数几乎不少于其自己军队的战俘凯旋班师库斯科。①

当前面叙述的事件发生时，弗朗西斯科·皮萨罗待在利马，热切地等待着他所吁请的援军的到来，使他能驰往解救被围困的印加首府。他的呼吁并非没有得到响应。除其他部队以外，有一支
376 由加斯帕尔·德埃斯皮诺萨率领的250人的队伍，这是三个最初的伙伴之一，人们还会记得，他们都参加了征服秘鲁的战争。现在他撇下他自己在巴拿马的住宅，似乎是第一次，亲自来拯救其同伙的日益败落的命运。皮萨罗还从墨西哥的征服者科尔特斯那里接受了一艘满载给养、军需品和其他必需物资的船只，此外还有赠送给他本人的一整套奢华的服饰。这位墨西哥征服者在需要的时刻向他的亲属伸出了慷慨的援助之手。②

这位地方行政长官率领了一支450人的队伍，其中半数为骑兵，离开了利马，开始他的向印加首府的进军。他还没前进多远就得到了阿尔马格罗返回的消息以及库斯科被占领以及他的兄弟们

① 《弗朗西斯科·皮萨罗给大陆主教的信》，手稿，1539年8月28日。见佩德罗·皮萨罗：《发现和征服》，手稿；奥维多：《西印度史》，手稿；《征服秘鲁居民》，手稿；《托莱多司库埃斯皮纳尔的信》，手稿，1539年6月15日。

② “费尔南多·科尔特斯和罗德里戈·德格里哈尔瓦一起，派一只船，从新西班牙出发，运去武器、弹药、马具及其装饰、丝绸衣服和一套松貂皮衣。”见戈马拉，《西印度史》，第136章。

被关押的消息；在他尚未从这一令人震惊的消息中清醒过来之际，又获悉阿尔瓦拉多已全军覆没并且已被俘获。他被其敌手这些迅雷不及掩耳的出奇制胜吓得惊恐万状，火速撤回利马，在这里，他摆下了最坚强的防御阵势，以防敌人的行动，他认为，这一进攻并非不可能指向首府本身。当其时，他不仅没有耽溺于说一些无用的、愤恨的挖苦话，或者抱怨他的老朋友，只是对阿尔马格罗竟会诉诸这些极端的手段来解决他们的争执这一点表示痛惜；这很少——如果我们可以用他的话来说——是出于个人的考虑，而多半是从它可能对皇室利益造成的损害来考虑的。[1]

但是，当他忙于战争准备之际，也没有忘记试探用谈判来解决争端。他派遣了一个使者团到库斯科，由他信任的，可以代他酌情处理问题的几个人组成，以埃斯皮诺萨为首，因为弗朗西斯科·皮萨罗这一方最关心达成一种和平解决的结局。

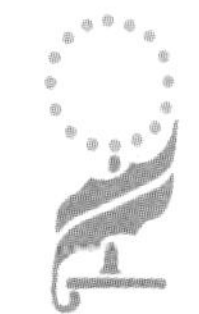

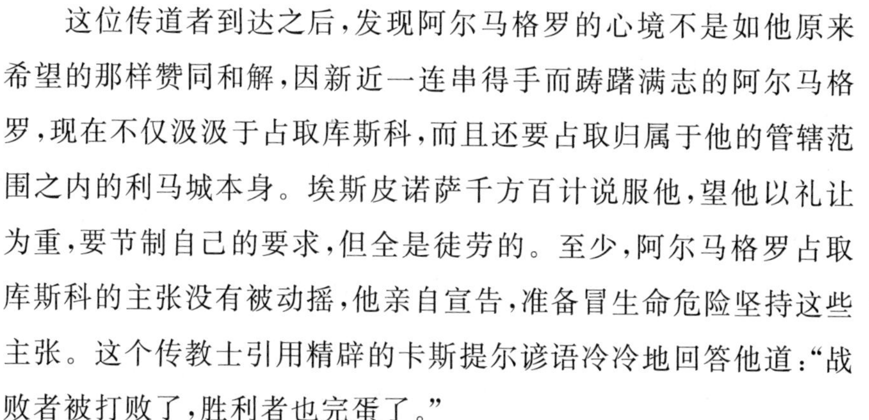

这位传道者到达之后，发现阿尔马格罗的心境不是如他原来希望的那样赞同和解，因新近一连串得手而踌躇满志的阿尔马格罗，现在不仅汲汲于占取库斯科，而且还要占取归属于他的管辖范围之内的利马城本身。埃斯皮诺萨千方百计说服他，望他以礼让为重，要节制自己的要求，但全是徒劳的。至少，阿尔马格罗占取库斯科的主张没有被动摇，他亲自宣告，准备冒生命危险坚持这些 377
主张。这个传教士引用精辟的卡斯提尔谚语冷冷地回答他道：“战败者被打败了，胜利者也完蛋了。”

这位传教士温和的论证对这个军人的热烈的妄想最终可能产

① 埃雷拉：《通史》，第6卷，第2册，第7章。

生何种影响是难以料定的；但是，对这次谈判说来不幸的是，由于埃斯皮诺萨本人的死亡而突然终止。这件事发生得很意外，尽管说来也奇怪，在当时竟没有关于施放了毒药的指责。[①] 在双方头脑中还激荡着不安的情况下，他的死去是一个很大的损失。因为他秉性属于那种能够提出明智而稳健的忠告的人，并且比任何其他的人更热心向他们提出这种忠告。

埃斯皮诺萨由于他很早参与远征秘鲁而名垂史册，要不是他适时地，虽然是秘密地，提供资金，这一远征在那时恐难达到目的。他很久以来就是西班牙驻在南美大陆和巳拿马的殖民地的一名官员，在这里，他曾担任过各式各样的官职，有时担任主持法院工作的法律官员[②]，在早期的从事征服和发现的远征中，他常常是一名精明强干的首领。由于多才多艺，所以他以其笃实，聪明和勇敢而颇享盛名，在当前这个危机之中，他的死无疑是降临在这个国家头上的最不幸的事件。

现在，进行谈判的一切努力都放弃了；而阿尔马格罗宣布了他进袭沿海一带的意向，在此地，他可以建立一块侨居地并为自己设置一个港口。这将确保他拥有与母国保持通讯联系必要的手段，在这里，他将与皮萨罗重开解决争执的谈判。在离开库斯科之前，他派遣了奥尔戈涅斯率领一支强大的队伍向印加王进击，但对于

① 《皮萨罗给大陆主教的信》，手稿；埃雷拉：《通史》，第 6 卷，第 2 册，第 8 章；《埃斯皮纳尔的信》，手稿。

② 他担任主持对不幸的巴斯科・努涅斯・德巴尔沃亚进行审判和定罪的官员时招致了某些憎恨。但是必须承认，他以极大的努力抵制了佩德拉里亚斯的专横做法，并且诚挚地建议过宽大处理这个被囚禁的人。参看埃雷拉：《通史》，第 2 卷，第 2 册，第 22 章。

在他离开期间使首府面临来自那个地区的更多的烦扰则未曾介意。

但是，被最近的挫败搞得灰溜溜的印加王，大概没有能力聚集足够的力量进行抵抗，放弃了在坦博的要塞，穿山越岭退却了。他 378
被奥尔戈涅斯翻山涉谷地紧追不舍，直到被他自己的部下舍弃，只带了他的一个妻子与他做伴，这个逃亡的君王逃到安第斯山遥远的荒僻处隐匿起来了。①

在离开首府之前，奥尔戈涅斯又一次敦促他的司令官把皮萨罗兄弟斩首，然后立即向利马进军。他如果采取这一决定性步骤，就可以结束战争，确保自己不再受敌人狡诈的诡计所缠扰。但是，恰值此际，被俘获的皮萨罗兄弟冒出了一位新朋友。此人就是那个佩德罗的兄弟迭戈·阿尔瓦拉多，如前一章所述，佩德罗·阿尔瓦拉多曾进行过进军基多的倒霉的远征。在他的兄弟出发之后，迭戈曾将自己隶属于阿尔马格罗的麾下，并曾伴随他到过智利，因为他出身于骑士世家，具备相当出类拔萃的优良品质，他赢得的威望理所当然地超过了他的司令官。阿尔瓦拉多在埃尔南多·皮萨罗被监禁期间经常去看望他，在那里，为了消磨监禁的冗长沉闷的生活，他以赌博自娱——这是西班牙人的爱好。他们的赌注很大，阿尔瓦拉多输掉了数达 8 万卡斯提尔金币的巨款。他要当场偿付债务，但是埃尔南多·皮萨罗断然拒绝接受这笔钱。借助于这一精明的慷慨行动，他在阿尔马格罗的顾问班子里赢得了一名重要的辩护者。这在当时对他非常有利。阿尔瓦拉多向这位元帅进言

① 佩德罗·皮萨罗：《发现和征服》，手稿；《征服秘鲁居民》，手稿。

说，如果采取奥尔戈涅斯所力主的那种措施，不仅会伤害其部属的感情，而且必然会在宫廷招致义愤而使其事业毁于一旦。阿尔马格罗事实上最应感谢他自己的好脾气对这些看法表示默许，这时奥尔戈涅斯对他的决定深表懊恼，宣称，终有一天他要为这一错误的宽大行为而后悔。他说，“从来没听说皮萨罗会忘记伤害他的行为；而他们从阿尔马格罗那里受到的创深巨痛，已经达到他们不会原谅的程度。”多么有卓识的预言啊！

在离开库斯科的时候，这位元帅下令将贡萨洛·皮萨罗和其他俘虏严加看管。行军时，他将埃尔南多带在身边，看守得很严密。他循势而下很快就来到了沿海一带，于 8 月下旬到达了景色宜人的钦查溪谷。在这里，他忙碌于为以他自己的名字命名的城
379 镇进行奠基工程，该城可与君王之城形成旗鼓相当之势——从而，如当时的情况，在他自己的边境上与其敌手相对峙。正值忙碌于此举之际，他得到了令人讨厌的消息，据说贡萨洛·皮萨罗、阿隆索·德阿尔瓦拉多以及其他俘虏贿赂了看守，已经设法从库斯科逃脱了，不久之后，又听说他们已经安全到达了皮萨罗的军营。

由于被这一消息所激怒，这位元帅没有从奥尔戈涅斯的暗讽中得到安慰，后者说这全是因为他听信了谗言而宽大处理造成的恶果；要不是阿尔马格罗眼下被弗朗西斯科·皮萨罗建议恢复的谈判转移了注意力的话，本来可能要与埃尔南多为难的。

经过双方之间几度的通信联系，达成协议将争执提交给一个单独的个人，弗赖·弗朗西斯科·德博巴迪拉来仲裁，他是教团中的一名成员。虽然生活在利马，谅必在皮萨罗的影响之下，但他却享有正直无偏的盛名，使得阿尔马格罗唯独信得过他来调解他们

的问题。奥尔戈涅斯不像他的首领那么乐观，对这个修道士的公正无私不寄予绝对的信任。①

在这两个敌对的首领之间安排了一次会见。1537 年 11 月 13 日举行于马拉；这两位司令官相互对待的举止，较之他们在以前的会议上所表现的态度大不一样。阿尔马格罗，的的确确，脱下他的帽子走向前去，以其惯常的坦率风度向他的老朋友致敬；但是皮萨罗，几乎没有还礼，而是傲慢地责问为什么这位元帅要占据他的库斯科城并把他的兄弟们监禁起来。这引起了他朋友方面的反唇相讥。讨论显出了一种恼怒争吵的调子，直到阿尔马格罗领会到一名随从的暗示——抑或是他想象到这一着，估计他的对手企图采取某种背信弃义的行动，所以突然离开了房间，翻身上马，飞奔返回他设在钦查的防地。② 会议就这样结束了，在开始时，他们发热 380
的头脑中本来预想达到某种妥协，然而却使想要弥合的裂痕更扩大了。这位修道士，当下只得完全自行其是，经过某种考虑之后做出了他的裁决。他决定，要派一只由熟练的舵手驾驶的船只来测定圣地亚哥河的准确纬度，也就是皮萨罗领土的北部边界，据此可

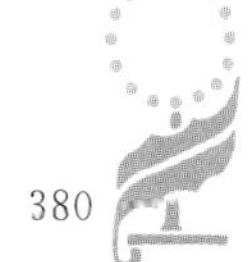

① 《古铁雷斯写给皇帝的信》，手稿，1539 年 2 月 10 日；《埃斯皮纳尔的信》；奥维多：《西印度史》，手稿；埃雷拉：《通史》，第 6 卷，第 2 册，第 8—14 章；佩德罗·皮萨罗：《发现和征服》，手稿；萨拉特：《秘鲁的征服》，第 3 卷，第 8 章；纳阿罗：《简述》，手稿。

② 据说贡萨洛·皮萨罗率领了一支强悍的队伍埋伏在附近来截击这位元帅，而对方的一名正直的骑士把这危险的处境预先通知了后者，这位骑士反复吟唱一首古老民歌中的一组对句："时间属于骑士，来得及离开这里。"（埃雷拉：《通史》，第 6 卷，第 3 册，第 4 章）。佩德罗·皮萨罗承认这个归咎于贡萨洛之图谋是真实的，这个图谋被这位地方行政长官下令阻止执行，这位编年史学家，以富于启迪性的直率或断言，告诉我们说，这位地方行政长官是一个说话板上钉钉的人。"唐弗朗西斯科·皮萨罗是个说话算数的人。"见《发现和征服》，手稿。

以校准所有的测量数据。与此同时，阿尔马格罗要撤出库斯科，释放埃尔南多·皮萨罗，条件是埃尔南多在六个星期内离开这个国家去往西班牙。双方都撤退到他们的无争议的领土以内，并且放弃以后的一切敌对行动。[①]

这一裁决，可以想象，大大迎合了皮萨罗的要求，而阿尔马格罗的部下则报以愤怒和轻蔑。他们大喊大叫说，他们被其将军出卖了，他是老糊涂了，不中用了。他们的敌人将要占据库斯科及其所属的舒适地段，而他们却要被赶出来进驻到查尔卡斯的荒郊僻野。他们很少梦想到在这贫瘠的外观底下蕴藏着巨额的财富。他们谴责这个仲裁人是那个地方行政长官花钱买通的佣工，由于奥尔戈涅斯的鼓动，所以在队伍中到处可以听到嘁嘁喳喳的怨言，要求杀掉埃尔南多。这是那位骑士从未有过的千钧一发的危机。但是他的守护神阿尔瓦拉多又一次介入对他进行保护。他的监禁生活是缓刑的一种持续。[②]

可是他的兄弟，那位地方行政长官，不同意他听任命运的摆布。相反，他现在准备做出一切让步来使他获得自由。精明的首领们都非常清楚，让步对于那些不关心去遵守它的人们来说花的代价是很小的。在经过初步的协商之后，又做出了一项比较平等的，或者说，无论如何比较更能满足不满意的那一方要求

---

① 佩德罗·皮萨罗：《发现和征服》，手稿；《埃斯皮纳尔的信》，手稿。

② 阿尔马格罗的司库埃斯皮纳尔因这一裁决谴责这个传道士“证明自己是一个货真价实的魔鬼”。（给皇帝的信）而奥维多作为一个更为无偏见的评判者，未加谴责地引用了一名骑士对这位神甫讲的话说，“自庞修斯·比拉多时代以来，尚未宣判过这样一项不公正的判决！”见《西印度史》，手稿，第3卷，第8册，第21章。

的裁决。其主要条款如下：在发自卡斯提尔的对这桩公案明确 381
的指令到来之前，库斯科城，连同它管辖的地域，应当仍由阿尔马格罗掌管；埃尔南多·皮萨罗应当恢复自由，其条件是，按上述规定，六个星期之内离开这个国家。——当把这个协议的条款通知奥尔戈涅斯时，这位军官用手指抹过其喉咙，表示了他对这些条款的意见，他仰天长叹道，“我对我的司令官的忠诚使我付出多大的代价啊！”[①]

阿尔马格罗为了对他的俘虏表示更大的敬意，亲自去狱中看望他，并向他宣布，自即日起他已经自由了。与此同时，他表示希望，所有过去的不和都将被忘却，从今以后，他们只应当生活在对他们的老交情的美好回忆之中。埃尔南多带着明显的真诚表情回答说他本人的最大愿望莫过于此。于是他以最庄严的方式宣誓，并用骑士的荣誉保证——也许，这一保证在他头脑中所占的分量与宣誓相同，——说他将忠实遵守协议各项条款的规定。接着他由这位元帅带到他的营房，在这里，他与主要官员们一起进餐；然后，由其中几名官员和将军的儿子迭戈·阿尔马格罗一道护送这位骑士到他兄弟的军营，该军营已转移到附近的马拉镇。在那里，这一行人受到了这位地方行政长官最热烈的欢迎，他以最谦恭的礼遇接待了他们，特别对他朋友的儿子更是殷勤备至。总而言之，在他们回去时，把接待他们的盛况描述得如此动人，以致在阿尔马格罗的头脑中

① “他的左手摸着胡子，右手做了个砍头的动作，同时说：奥尔戈涅斯啊，奥尔戈涅斯，为了唐迭戈·德阿尔马格罗的友谊，现在得砍掉你的头。”见埃雷拉：《通史》，第6卷，第3册，第9章。

丝毫不存怀疑，认为一切最终都和平解决了。[1] 然而，他根本不了解皮萨罗的为人。

① 埃雷拉：《通史》，第 6 卷，第 3 册，第 9 章；《古铁雷斯的信》，手稿；佩德罗·皮萨罗：《发现和征服》，手稿；萨拉特：《秘鲁的征服》，第 3 册，第 9 章。

第　二　章 382

第一次内战——阿尔马格罗向库斯科撤退——拉斯-萨利纳斯（盐场）之战——征服者的残忍——审判和处决阿尔马格罗——他的为人

1537—1538 年

阿尔马格罗的军官们刚刚离开这位地方长官的营房，这位长官就把他的小股部队召集起来，简单扼要地说明了他的对手干下的许多对不起他的事：夺取他的首府，监禁他的兄弟，袭击并击败他的军队。讲话结束时他宣告，现在是复仇的时候了，士兵们热烈响应他的号召。在谈判正在进行的整个期间，皮萨罗一直在忙于军事准备。他征集了一支比其对手大得多的军队，士兵们是从各个营房抽调来的，但他们大部分都久经征战。于是他宣布，他年纪太大了，不能亲自指挥这场战役，他想把这个任务交给他的兄弟。他解除了埃尔南多对阿尔马格罗所作的一切约定，认为这是一个由于实际需要而被证明是正当的措施。那位骑士，出于一种要面子的执拗，表示要遵守自己做出的保证，但是，最终还是勉强同意屈从他兄弟的命令，犹如同意服从因其对皇室的责任而不得不服从的一项法度一样①。

① 埃雷拉：《通史》，第 6 卷，第 3 册，第 10 章。

这位地方长官的下一个步骤就是通知阿尔马格罗说这项协议已经结束了。在这同时，他要求他放弃其占据库斯科的企图，并且撤退到他自己的领地以内，不然的话，一切后果将完全由他来负责。

沉溺在虚假的安全感中的阿尔马格罗，现在完全醒悟到他所犯下的错误；这时，他的副司令官的警告声可能在他的回忆中琅琅作响。预言的第一部分完全应验了。如何防止后一部分重蹈前车之覆呢？糟糕的是祸不单行，正值此际他不得不拖着已罹重病的身子进行繁重的工作，这是由于先前操劳过度而搞垮了他的身体，从而使他在脑力和体力方面都力不从心①。

383 在这种山穷水尽的状况下，他只得把事务交由奥尔戈涅斯办理，他深知他可以绝对信赖他的忠诚和勇敢。第一步是确保瓜伊塔拉的通路，这是包围着赞加拉溪谷的连绵的丘陵地带，阿尔马格罗目前正驻扎在这里。但是，由于某些失算，通路没有及时加以确保；而机灵的敌人穿过了危险的隘路，越过了锯齿般的峻峭山岭，在这里，一支数量上远比他的军队居于劣势的兵力就可乘其不备打他个措手不及。阿尔马格罗的命运正处在风雨飘摇之中。

他的想法是立即挥师指向库斯科，他热切地希望在敌人到来之前占领这座首府。因为身体太虚弱不能骑马，所以不得不用轿舆抬着他；而且，当到达距离瓜曼加不远的古老城镇比尔卡斯时，他病得太厉害了，以致被迫停了下来，在这里待了三个星期才重新

① “他病倒了，病得很重，差一点死于疾病和痛苦之中。”（《埃斯皮纳尔的信》，手稿）。际此危急之秋发生这种事情，也许是对早日的罪恶的一种严厉的惩罚；然而，“上帝是公正的，由于我们的得意忘形的罪孽而借此惩罚我们。”

开始行军。

这时，那位地方长官和他的兄弟们，在越过瓜伊塔拉通路之后，进袭到伊卡溪谷，皮萨罗在这里逗留了相当长的时间，秣马厉兵，为战役做好了充分准备。然后，他告别了部队，回到利马，按他以前已经宣布的命令，把指挥作战的事宜交托给他的更年轻有为的兄弟们去干。埃尔南多在离开伊卡以后不久就沿着海岸前进一直到达纳斯卡，打算采取迂回路线，避开其敌人深入到这个国家的腹地，因为敌人很可能在科迪耶拉山脉的某些山口给他带来很大的麻烦。但是，对阿尔马格罗说来不祥的是，这个对他有明显好处的作战计划并没有为他所采纳；而他的对手，除了克服行军中由自然环境而引起的困难之外没有遇到其他的障碍，于 1538 年 4 月下旬到达了库斯科附近。

阿尔马格罗已经占领了这座首府，他在十天之前就已抵达。他举行了一次军事会议，商讨采取哪一种行动方针。有的人主张固守城池。阿尔马格罗还想尽可能进行谈判。但是奥尔戈涅斯直率地回答道："这已经太晚了，你已经放走了埃尔南多·皮萨罗，现 384
在别无他途，只有迎击他了"。奥尔戈涅斯的意见最后占了上风，决定陈兵城外，与敌人在平原上展开决战。这位元帅仍然重病在身，不能指挥，他把指挥权移交给了他所信任的副司令官，这位副司令官集合部队，离开城池，在距离库斯科不到一里格的拉斯-萨利纳斯（盐场）布下阵势。此地以在地面上有许多坑坑洼洼而得名，是用来把附近的天然泉水引来晒制成盐的场地。选择这个地形很不明智，因为地面的坑洼不平最不利于骑兵的自由行动，而阿尔马格罗队伍的精锐正是由骑兵构成的。然而，虽然军官们再三

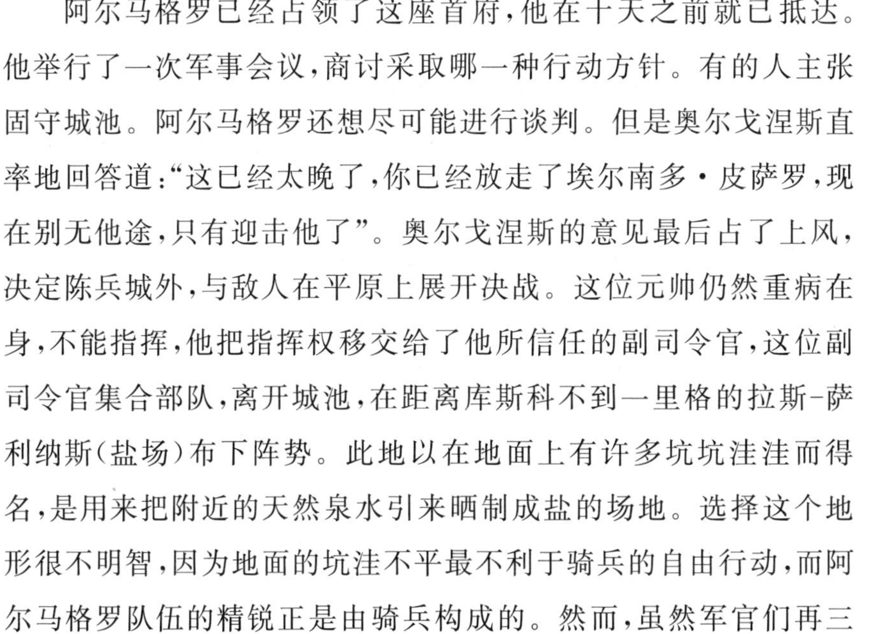

催促向前行进到开阔地带，但奥尔戈涅斯仍坚持认为他选择的阵地最利于防守，因为其前沿被一片沼泽地掩护着，还有一条流过平原地带的小河作为屏障。他的部队总共大约有500人，其中大半是骑兵。他的步兵缺乏火器，不足之数由长矛来补充。他还有六门小火炮，或者按它们的称呼叫小炮，和他的骑兵编在一起，组成两个数量相等的分队，他将他们部署在步兵的两翼。一切部署停当，他静候着敌人的来犯。

不大一会儿，可以看到在埃尔南多·皮萨罗率领下的西班牙人的闪闪发亮的武器和迎风招展的旗帜出现在山岭的通道之间。这支部队排着整齐的队形前进，士兵们步伐坚定，这表明他们在行军中曾经养精蓄锐，现在是精神抖擞，准备随时投入战斗。他们缓慢地向前行进，越过了平原地带，在掩护着奥尔戈涅斯的前沿阵地的那条小河的对岸停住了。这时太阳已经落山，埃尔南多在这里扎营过夜，打算把这次交战推迟到天亮之后①。

关于这次一触即发的战斗的传说已经传遍了这个国家的四面八方；周围的山岭和多岩石的高地上挤满了大群的土著人，他们热切地想就这一场面大饱眼福，因为，无论哪一边得胜，失败都会落在他们的敌人的头上②。西班牙妇女和儿童们也怀着更大的关切
385 从库斯科蜂拥而出，来亲眼观看这殊死的争斗，这是一场为了争夺

---

① 《古铁雷斯的信》，手稿；佩德罗·皮萨罗：《发现和征服》，手稿；埃雷拉：《通史》，第6卷，第4册，第1—5章；《埃斯皮纳尔的信》，手稿；萨拉特：《秘鲁的征服》，第3册，第10、11章；加西拉索：《王家评论》，第2卷，第2册，第36、37章。

② 埃雷拉：《通史》，第6卷，第4册，第5、6章。

统治权而兄弟阋墙、亲人反目的争斗。[①] 参加战斗的整个兵员数不算太多;虽然与各次美洲战争中通常参战的兵员数相比不能算少,然而,问题不在参战者的数量,而在于利害关系的重大,正是这种利害关系赋予这场争斗以重要性并引起了人们极大的关注;在这场流血的争斗中,他们争夺的是一个帝国的所有权。

夜静静地流逝了,这种静寂没有被散布在周围山顶的众多的人群所扰。两个敌对军营的士兵们尽管在彼此能听得见的距离之内严阵以待,而且他们的血管里都流动着相同的血液,却没有试图进行任何交往。他们心中的积怨真是太深了![②]

1538 年 4 月 26 日[③]这一天,星期六,太阳像平日一样闪烁着明亮的光辉冉冉升起,天朗气晴。早在太阳的光线还未照到平原之上以前,埃尔南多·皮萨罗的军号就向他的士兵们发出了准备战斗的号令。他的兵力总共有大约 700 人。他们是从不同的营房里抽调出来的,有的是皮萨罗手下的有经验的老兵,有的是阿隆索·德阿尔瓦拉多的部下,——他们当中的许多人,在被击溃之后,曾设法潜回利马,——还有一些不久以前从各海岛征集来的生力军,他们大都在和印第安人作战的战役中经历过多次劳累的行

① 埃雷拉:《通史》,第 6 卷,第 4 册,第 5、6 章。

② “值得指出的是,他们就这样待了一个晚上,双方都没有人主动出来讲和,他们之间的怨仇太深了。”见埃雷拉:《通史》,第 6 卷,第 4 册,第 6 章。

③ 后来在这个战场上建立了一座纪念圣·拉扎鲁斯(穷人)的教堂,这次战斗中被杀死的人的尸体埋葬在这座教堂里。这一情况导致加西拉索猜想该次战斗发生在星期六,即 4 月 6 日,——圣·拉扎鲁斯节之后的一天——而不是如通常所说的 4 月 26 日。见《王家评论》,第 2 卷,第 2 册,第 38 章。也可参看蒙特西诺斯:《编年史》,手稿,1538 年,一部不偏不倚的权威著作。

军，并且都打过许多硬仗。他的骑兵部队比阿尔马格罗的骑兵差一些，但这可以用其步兵的力量大大地加以补偿，它包括从圣多明各派来的训练有素的火绳枪队，他们都配备着新近从佛兰德买进的经过改进的武器。这些武器都是大口径的，并且能发射双头子弹，它是由一根细铁链连在一起的两颗子弹。毫无疑问，这和新式的火器相比是一种笨重的武器，但是，在能够娴熟地运用它的人手中，它是一种很有杀伤力的手段①。

386 埃尔南多·皮萨罗把他的兵力排列成的作战阵势，和其敌人排列的一样，即把他的步兵配置在中间，骑兵部署在两翼；他将一队人马交给阿隆索·德阿尔瓦拉多指挥，自己亲自指挥另一队。步兵则由他的兄弟贡萨洛率领，以佩德罗·德巴尔迪维亚——这是后来的阿劳科的英雄——做后备队，他的灾难史成了传奇和编年史的主题②。

众说纷纭，好像西班牙人将要进行一场他们认为是为信仰而进行的虔诚之战，而不是用其双手去沾满其同胞的鲜血。埃尔南多·皮萨罗对他的士兵发表了简短的讲话，他历数了他和他的家族从阿尔马格罗那里受到的个人损害；提醒他兄弟的老战士们说，库斯科是从他们的手中被夺走的；当他谈到阿班凯溃败时，在阿尔瓦拉多的部下的眉宇间点燃起雪耻的火焰，并指出，这座印加人首

① 萨拉特：《秘鲁的征服》，第 3 册，第 8 章；加西拉索：《王家评论》，第 2 卷，第 2 册，第 36 章。

② 埃尔西利亚所写的《阿劳坎人》的确可以自称有这种把传奇和历史结合为一体的荣誉——如果它可以称做一种荣誉的话。缪斯确实从未进行过像在这部著名的卡斯提尔史诗中进行的这样一种细节描述，即不仅在诗歌方面，而且在政治、地理和统计方面进行描述。它是一部押韵的军事日志。

府正在晨曦中闪闪发光，他对他们说，攻占该城的胜利者定有重赏。他们对他的号召报以热烈的欢呼；接着发出了战斗信号，指挥步兵营的贡萨洛·皮萨罗率部正面强渡过河，河水不宽也不深，士兵们没遇到什么困难就登上了对岸，这时，敌人的骑兵则因沼泽地的阻碍未能到达前沿。但是，当士兵们寻路穿越沼泽地带时，奥尔戈涅斯的重炮狠狠地轰击了其前锋纵队，把他们打得七零八落。贡萨洛和巴尔迪维亚亲临前线，在其士兵中大力督战，又是恫吓，又是鼓动，终于率领他们勇猛地冲向坚实的地带。火绳枪手们立即离开步兵的其余部分，抢占了一个制高点，从这里，轮到他们向奥尔戈涅斯倾泻激烈的炮火，打乱了长矛队的阵列，并且极大地打扰了侧翼的骑兵。

当此时刻，埃尔南多把他的两中队骑兵编成一个纵队，在支援
炮火的持续掩护下，穿越沼泽到达坚实的地带，立刻策马冲向敌 499
人。奥尔戈涅斯的步兵已受到相当大的削弱，他指挥他的骑兵前
进，像他的敌手一样把两个中队编成一个纵队，并且驱马全速冲向 387
这些进犯者。战斗非常猛烈；在周围的高地上密密麻麻聚集着印第安观战者，他们幸灾乐祸地欢笑呼喊着，其喊声远远高过战斗的喧闹声，直到消逝在遥远的群山的回响之中为止①。

这是一场殊死的斗争。因为它不是白种人进攻无防御能力的

① 埃雷拉：《通史》，第6卷，第4册，第6章；佩德罗·皮萨罗：《发现和征服》，手稿；《埃斯皮纳尔的信》，手稿；萨拉特：《秘鲁的征服》，第3册，第11章。关于这次战斗的每一情节——部队的配置、场地的特征、攻击的气势等都说法不一，真假混淆，好像是两支大军的对阵，而不是双方都只有一小部分人。看来似乎是，真实情况在任何地方也没有在战场这么难搞清楚。

印第安人，而是西班牙人进攻西班牙人；双方都用“国王和阿尔马格罗在一起”或“国王和皮萨罗在一起”的战斗口号来激励他们的同伴——他们各自怀着仇恨进行战斗，与这种仇恨相比，对异民族的厌恶感就是微不足道的了，已经破裂了的同胞关系愈深，这种仇恨就愈加强烈。

在洒满鲜血的战场上，奥尔戈涅斯恪尽了他的职守，打仗就像是他天生的看家本领。他盯住了一名骑士，因其铠甲上的朴实的防护衣的颜色，他错误地猜想这就是埃尔南多·皮萨罗，他全力向他冲去，用长矛将他刺翻在地。他用同样办法结果了另外一名敌人的性命，第三个敌人被他用剑砍倒，这时他过早地高呼“胜利了！”。但是，正当他这样建立其传奇武士的功业时，一个火绳枪手发射的一枚链弹击中了他，穿透了他的脸盔罩栅，擦伤了他的前额，使他暂时失去思考能力。在他还未完全清醒过来之前，他坐下的战马也被击毙，虽然这个坠落在地的骑士得以从马镫中挣扎出来，但他已经被包围了，一会儿就变得寡不敌众。他仍然拒绝放下他的剑，他问道：“这里有没有可接受他投降的骑士。”皮萨罗的一个名叫富恩特斯的奴仆，自称他就是这样的骑士，奥尔戈涅斯把剑交到他的手中——而这个卑怯的家伙却拔出他的短剑，刺进了这个不能自卫的俘虏的心脏！然后砍掉他的头，挑在一支长矛上，当做血的战利品在库斯科的大广场上示众，说是枭叛徒之首以儆效尤。[①] 就这样，一名忠诚的骑士倒下去了，这个骑士自从远渡重洋

① 佩德罗·皮萨罗：《发现和征服》，手稿；埃雷拉：《通史》，第6卷，第4册，第6章；萨拉特：《秘鲁的征服》，第3册，第11章。

来到美洲海岸，一向是议事果断，勇敢无畏地战斗。

战斗持续了一个多小时，这一天大大不利于阿尔马格罗的部 388
下。奥尔戈涅斯牺牲了，他们的混乱状态越来越严重，步兵由于无法忍受火绳枪的火力轰击，四散溃逃，纷纷往散在村野各处的石墙后面躲避。佩德罗·德莱马徒费力气地重整骑兵，策马冲向埃尔南多·皮萨罗，他与埃尔南多有个人的宿怨。皮萨罗对这场遭遇战并不畏缩。两个骑士的长矛都击中了目标。埃尔南多的长矛刺入了其敌手的大腿，而莱马的武器掠过其对手的鞍前穹，猛力刺在穹棱以上，穿入了他的铠甲的接缝，轻微地刺伤了这个骑士，迫使他的马后腿蹲着地。但是战斗越打越紧张，很快就把这两个格斗者分开了，接着是一阵骚乱，莱马摔下马来，被丢弃在遍地都是伤员的战场上！①

阿尔马格罗的部下溃不成军，几乎失去了抵抗能力。他们纷纷奋力夺路逃向库斯科，而那些要求饶命的人如果保全了性命便算是走运。阿尔马格罗本人的身体太虚弱了，以致无法长时间骑在马上，只能斜倚在轿舆上，从附近一处高地观看这场战斗，全神贯注着这场战斗的胜负，他感到他的荣誉、命运和生命本身全系于此一举。他以笔墨无法形容的极度痛苦看到他的忠诚的追随者在经过艰苦卓绝的搏斗之后被他们的敌手击倒。直到他相信一切都完了的时候，才骑上一匹骡子，逃回库斯科的要塞里暂作躲藏。敌

① 埃雷拉：《通史》，同上；加西拉索：《王家评论》，第 2 卷，第 2 册，第 36 章。根据加西拉索的说法，埃尔南多·皮萨罗在其铠甲上穿着橘色丝绒防护衣，并在战斗之前把这个消息通知了奥尔戈涅斯，以便后者能在混战中辨认出他来。可是埃尔南多的随从中有一个骑士也穿了同样颜色的衣服，看来，这就是导致奥尔戈涅斯误认的原因。

人迅速尾追到那里，将他俘获，得意洋洋地把他押解到这座首府。在这里，他虽然病得很厉害，仍然被戴上镣铐，关押在他曾监禁过皮萨罗兄弟的那座石头建筑物的同一个房间里。

战斗持续了不到两小时。关于死亡数字有不同的传说，大概不少于150人，——有一个战士说是200人[①]，——这是一个很大
389 的数字，要知道这是一场短暂的战斗，而且是小股兵力进行的战斗。没有提到受伤者的情况。受伤本是骑士命中注定的事。据说佩德罗·德莱马受了17处伤，还是活着从战场上被救走！损失主要落在阿尔马格罗的部下这一边，可是残杀不仅发生在战斗的高潮中，还因双方结下的仇恨太深了，以致有些人被残忍地蓄意谋杀了，例如奥尔戈涅斯，就是在投降之后被残杀的。佩德罗·德莱马本人则是当他躺在库斯科的一个朋友的营房里的一张病床上时，受到一个叫萨马涅戈的士兵侵袭的，这个人有一次因不服从命令曾受过他的惩治。此人走进这个伤员独居的房间，站在他的床前，为过去所受的侮辱而责骂他，扬言他是来用莱马的血洗刷耻辱的！莱马白费力气地向他保证，说等他恢复了健康之后，一定满足他的心愿。这个无赖一面大声喊叫道“现在就是时候！”一面把剑刺进了莱马的胸膛。这个无赖多活了几年，成天吹嘘他这一残暴的业绩，他宣称这是恢复他的荣誉之举。人们后来知道这种对野蛮行

① “在萨利纳斯的那场战斗中，双方都有近200人死亡。”（佩德罗·皮萨罗：《发现和征服》，手稿。）大多数权威著作估计的死亡数字比这少。阿尔马格罗的党徒、司库埃斯皮纳尔说，在一场大血战之后他们杀死了150人。“这是一次最残暴的追击战，他们不仅杀死没有立即交出武器的人，而且残杀缴械投降的人。已经缴械投降的鲁伊·迪亚士被人用马驮过来和其他150多人一起被杀害。”见《埃斯皮纳尔的信》，手稿。

为自我吹嘘到头来却误了他自己的性命，对此感到由衷的满意。[①]这类令人发指的轶事不仅说明了那个时代的精神面貌，并且还标志着由内战引起的特别残忍的精神状态，——在性质上是除了宗教战争之外的所有战争中最残酷无情的战争。

由于一方仓皇溃逃，另一方紧追不舍，所以人马全都涌向库斯科，战场被弃置不顾了。但是它很快又挤满了盗掠者，因为印第安人从山上下来，像秃鹫一般占据了这一片洒满鲜血的土地，他们甚至把死者的最细小的衣物都抢劫一空，让尸体赤裸裸地躺在这旷野之上。[②] 令人奇怪的是，这些土著人竟没有依仗他们人多势众， 390
在这些胜利者打得筋疲力竭的时刻向他们发起攻击。然而，这些乌合之众的秘鲁人已经是群龙无首了，而且被最近的挫败搞得灰心丧气；而这些西班牙人，虽然暂时因争斗而有所削弱，但在库斯科他们却拥有比以前任何时候都强大得多的力量。

的确，这座城里聚集的兵员为数多达1300人，他们是由最乌七八糟的成分组成的，这使埃尔南多·皮萨罗感到很大的忧虑。因为这里有心怀极深的但却抑制着的积怨而彼此怒目相视的仇敌，对他也是如此，还有这样的朋友，他们虽然不那么危险，但是他们的那些奢望和不合理的要求也够令人厌烦的了。他曾听任这座

① 《埃斯皮纳尔的信》，手稿；加西拉索：《王家评论》，第2卷，第2册，第38章。就是由于这个罪行，大约在五年之后，他被别霍港的地方长官绞死了，由于他傲慢而且肆无忌惮地吹嘘其残暴的业绩，所以激起了这位官员和公众的义愤之情。

② "看到战斗已经结束，印第安人一个又一个地去剥西班牙死者的衣服，一些因受伤而失去自卫能力的西班牙人的衣服也未幸免。在乘胜追击的纷乱人群中，谁也无法阻挡此种举动，所以阵亡者的尸体都是赤身裸体的。"见萨拉特：《秘鲁的征服》，第3册，第11章。

首府遭到劫掠，他的部下在阿尔马格罗的军官们的营房里抢到大量的战利品。可是这还不能满足那些野心更大的骑士的要求；他们吵吵嚷嚷地强烈要求布置任务，并要求指派他们带队去远征探险，丝毫不怀疑其前程是无量的。所有人都在追求一个“金色的前程”。埃尔南多·皮萨罗尽可能地默许他们的这些欲望，多半是想使自己摆脱这些纠缠不休的讨债者。说实在的，这些探险通常都是以灾难而告终，但是却考察了这个国家。这是一种抽彩给奖式的冒险，奖品很少，但却是特别诱人的；在这种冒险行当的刺激下，很少西班牙人费神去考虑成功的机会究竟有多大。

在离开这座首府的人当中有阿尔马格罗的儿子迭戈。埃尔南多没有忘记在严密的护卫之下把他送往其当地方长官的兄弟处，想在这紧急时刻把他从他父亲身旁调开。此时此刻这位元帅自己却在狱中因疾病和忧虑交加而一天天瘦弱下去。在萨利纳斯战役之前，就有人对埃尔南多·皮萨罗说，阿尔马格罗像是要死了。他大声叫喊道：“上天不允许这事发生在他落到我手中之前！[①]”然而上帝现在像是倾向于只满足这位虔诚的祈求者的一半要求，因为
391 他的俘虏正当他已经掌握了权力的时候就似乎要从他那里逃脱。为了安抚这位不幸的首脑，埃尔南多到狱中去探望了他，宽慰他说，只要等到地方长官一到，保证恢复他的自由；还说，“如果皮萨罗不能很快来到首府的话，他本人负责释放他并且用车把他送到他兄弟的营房去。”同时，还非常注意他生活上的舒适，他问这位元

① “埃尔南多·皮萨罗回答说，上帝不会如此伤害他，不会见死不救的。”见埃雷拉：《通史》，第6卷，第4册，第5章。

帅，“哪种样式的运输工具最适合于他的健康状况。”在这之后，他继续从他自己的饭菜中送一些可口的菜肴给他以恢复其已经衰退了的食欲。阿尔马格罗对这些友好的关注感到快慰，并且盼望着自由很快地来临，因而健康和精神逐渐有了好转。[①]

他做梦也没想到，在整个这段时间里却精心安排了讼诉程序控告他。那是从他被捕以后立即开始的，而且每一个人，无论地位多么低下，只要有任何理由控诉这个不幸的阶下囚，都被邀请来提出控诉。传唤都被欣然接受了；有许多仇人在他现在倒霉的时刻出现了，他们就像卑鄙的爬虫从一座宏伟大厦的废墟当中爬到光天化日之下一样；而在那些曾经受过他的恩惠的人们当中，不止一人甘心情愿乞求敌人的施舍而攻击他们的恩人。从这些令人恶心的材料中搜集了大量的控诉材料，洋洋洒洒竟达四千多对开页！唉！阿尔马格罗还是他的士兵们崇拜的偶像！[②]

在完成了这一套程序之后（1538 年 7 月 8 日），那就不难作出指控这个阶下囚的裁决了。对他宣布的主要罪状是，他犯有发动反对王室的战争罪，因而导致了陛下臣民的大量死亡；与印加王狼狈为奸；最后一项罪名是撵走王室任命的库斯科城地方长官。根据这些罪状，宣判他是叛逆分子，处以死刑，在本城的大广场上公开斩首。谁是审判官，什么样的法庭宣判他有罪，这些我们都一无所知。的确，如果这能叫做审判的话，整个审判简直是一场拙劣的

---

① 埃雷拉：《通史》，第 6 卷，第 4 册，第 9 章。

② “书写员们并没有停手，已经写了二千多页了。”见埃雷拉：《通史》，第 6 卷，第 4 册，第 7 章；纳阿罗：《简述》；《征服秘鲁居民》，手稿；《古铁雷斯的信》，手稿；佩德罗·皮萨罗：《发现和征服》，手稿；《埃斯皮纳尔的信》，手稿。

把戏，被告本身甚至都不知道他被控告的罪名。

392 判决是由专门委派的一名男修道士传达给阿尔马格罗的。这个可怜的人，一直毫无知觉地沉睡在悬崖峭壁的边沿上，开头还弄不清楚他的处境的性质。当他从第一次打击中醒悟过来时，还说，“不可能这样错误地对待他，——他不相信这些。”于是他恳求埃尔南多·皮萨罗接见他，那位骑士并不厌烦亲眼看一看他的俘虏的痛苦的挣扎，欣然同意了；而阿尔马格罗由于自己的不幸是如此地低声下气，以致屈尊用最令人怜悯的哀告请求饶他一命。他向埃尔南多提到与他兄弟的旧谊，以及在他们生涯的早期他给他和他的家族提供的巨大帮助。他谈到他对国家所做的众所公认的贡献，并且恳求他的敌人“宽容他这白发苍苍的老人，不要剥夺他那再也不能使人害怕了的短暂的风烛残年”。——对这些恳求，对方冷冷地回答说，“他很吃惊地看到阿尔马格罗竟以与一位勇敢的骑士不相称的举动使自己低三下四，他的命运不会比在他之前降临到许多士兵身上的命运更坏，并且说，因为上帝已赐予他基督徒的荣誉称号，他应当利用这剩下的时刻向上帝交账！”①

但是，阿尔马格罗没有被堵住嘴。他极力谈到他曾对埃尔南多本人所做的好事。“这是恩将仇报，”他说，“因为最近在类似情况下，我曾饶过你一命，同样也是在周围的人再三再四地要求结果你的性命的情况下做到的。”他最后威胁他的敌人说，皇帝会替他报仇，决不会容忍这样的暴行，让一个曾对皇室做出过如此卓绝贡

① “他得到上帝的极大恩典，使他成为基督教徒，从此他纯洁了灵魂，信奉天主。”见埃雷拉：《通史》，第6卷，第5册，第1章。

献的人含怨死去。这一切都是徒劳的；埃尔南多突然结束了这次会谈，重复说，“他的死是不可避免的，他必须准备面对现实。”①

阿尔马格罗发觉任何哀求对那个铁石心肠的胜利者都不会发 393
生任何作用，于是他才认真地着手安排他的后事。按皇室赐给他的地位，他有权任命他的接班人。他于是按常规把他的官职移交给他的儿子，并任命他极为信赖的迭戈·德阿尔瓦拉多在他儿子尚未成年期间担任省的行政官。所有他在秘鲁的财产和领地，不管哪一类，都遗赠给他的皇上，同时还向皇上说明，在与皮萨罗还未清算的账目中有很大一部分余额仍然应归于他。借助这种带有政治意义的遗赠，他希望获得君主对他儿子的保护，以及对他的敌人的图谋严加调查。

对阿尔马格罗判决的消息，在库斯科的社会上引起了深刻的轰动。所有的人都对这种傲慢的自以为是感到吃惊，一个依仗着一种可鄙的和短暂的权力的人，竟敢冒天下之大不韪来审判一个像阿尔马格罗这样有地位的人。人们都在怀念这位不幸的老战士的那些慷慨的和善良的行为。甚至那些曾经为控告阿尔马格罗提供过材料的人，现在对导致这一悲剧性的后果也大为吃惊，人们听到这些人也在谴责埃尔南多的行径像是一个暴君。一些主要的骑士，其中包括迭戈·德阿尔瓦拉多，在埃尔南多·皮萨罗被俘的时

① 埃雷拉：《通史》，同前页注。这位元帅不服法官的判决而向国王上诉，他向其胜利者所说的那些哀求的话语（司库埃斯皮纳尔在其给皇帝的信中说的）甚至能打动一个非基督徒的心。“法官就此上诉国王陛下，他跪在陛下面前，哀求陛下看在上帝的份上，看在他已经白发苍苍，为陛下效劳多年的份上，同意他的上诉；他们兄弟几人正是为陛下效劳而得到现在的地位的。他死后我才知道，他还说了许多引人痛惜和同情的话，听了这些话，任何人，哪怕他不是基督徒，也会心软的。”《埃斯皮纳尔的信》，手稿。

候，如我们已经谈到的，由于他们的说情才救了他一命，他们都去谒见这位司令官，努力劝阻他不要诉诸这种专横的和残暴的举动。这完全是徒劳的。但这使他改变了执行的方式，不在广场上，而是改为在狱中处死。[①]

在指定的那天，一支精锐的火绳枪队在广场上整队列阵。阿尔马格罗的一些主要的战士居住的房屋都加倍放上了岗哨。刽子手由牧师陪伴着秘密地进入了他的牢狱，这个不幸的人，在进行过忏悔和行过圣礼之后，未加抗拒地甘受绞刑。就这样不清不楚地，在一座土牢的郁闷的寂静中，这位身经百战的英雄死去了！他的尸体被移到本城的大广场上，在这里，遵照判决，头颅被从身体上
394 割下来。一名传令官大声宣读了他所犯下的罪行的性质；他的遗体，用他的沾满鲜血的寿衣卷裹着，被抬到他的朋友埃尔南·庞塞·德莱昂的家里，第二天非常隆重地安放在圣母教堂里。在主要的哀悼者当中也出现了皮萨罗兄弟们。这使人注意到，他们的兄弟在悼念阿塔瓦尔帕时曾给予过类似的敬意。[②]

阿尔马格罗死时大概将近 70 岁了。但是这一点不能肯定，因为阿尔马格罗是一个弃儿，他早年的历史已失之模糊不清了。他

---

① 《埃斯皮纳尔的信》，手稿；蒙特西诺斯：《编年史》，手稿，1538 年。巴尔维德主教正如他向皇帝保证的，在利马规劝弗朗西斯科·皮萨罗，反对他允许对这位元帅施加暴行，敦促他作为一项紧急任务立刻亲自前往库斯科，恢复元帅的自由。“这件事太重大了，”他又正确地补充说，“不能委托给第三者。”（给皇帝的信，手稿）司库埃斯皮纳尔当时在库斯科，进行了类似的使埃尔南多回心转意的徒劳无功的尝试。

② 《埃斯皮纳尔的信》，手稿；埃雷拉：《通史》，第 6 卷，第 5 册，第 1 章；《巴尔维德给皇帝的信》，手稿；《古铁雷斯的信》，手稿；佩德罗·皮萨罗：《发现和征服》，手稿；蒙特西诺斯：《编年史》，手稿，1538 年。没有提到处决阿尔马格罗的日期；这是一个令人惊异的疏漏，但是这并不很重要，因为这个事件一定是在定罪之后不久接着发生的。

有很多天赋的优秀品质，但缺点也不少，这些缺点可以用他所处的社会环境合理地加以辩解。无论什么样的袒护之词对于一个弃儿来说都是公允的，——没有父母，早年的朋友或老师来指引他，——他那小小的航船在生活的海洋里漂泊着，在狂暴的波涛和激浪中闯荡，没有一只友谊的手伸向前来指引或搭救它！“弃儿”的称呼包含着对其后半生的许多错误的辩护之意。[①]

他是一个热情奔放的人，可是不太能很好地控制这种感情。[②]但是他既不恶意欺人也不残忍成性。我曾提到过他对土著人犯下的一次残暴的暴行。但是在无视印第安人的权利上，他与很多受过良好教育的西班牙人是相同的。然而在他定罪之后，印第安人出面证明他的博爱仁慈，声称在白人中没有比他再好的朋友了。[③]的确是这样，他远非心怀恶意，而是温厚并且随和，很容易受别人的影响。善良轻信的结果使得他经常成为阴谋诡计的受骗上当

者；这当然表明还缺乏属于强有力的人物的那种自信心。但是他 395
的好脾气和慷慨大方使他深受部下的拥护。没有哪个司令官曾如此受其士兵的爱戴。他的慷慨常常引起大量挥霍。当他进军智利时，他借给比较穷苦的骑士十万金币来装备他们自己，后来却免掉

---

① 蒙特西诺斯说，由于不是名门出身，“他是以他自己的伟大业绩来光耀门第的，许多著名的英雄人物也是以此光宗耀祖的！”（《编年史》，手稿，1538 年）一个西班牙人若不能虚构一种哪怕是模糊不清的家系，那他的日子将是很难过的。

② “他是个恶语伤人、有失体统的人，他生气的时候对周围的人态度非常横蛮，即使是对待贵族绅士也是如此。”（《发现和征服》，手稿。）那是由一名仇敌所做的描述。

③ “印第安人失声痛哭，他们说，他从来没有亏待过他们。”见埃雷拉：《通史》，第 6 卷，第 5 册，第 1 章。

了他们的债务。[1] 他对铺张浪费毫不在乎。但是他的挥霍无度对军营中那些四海漂泊的人物无所损害，对他们来说，浪费比节约和精打细算更易于博得好感。

他是一名优秀的战士，多谋善断，处事坚忍和无畏。他浑身布满战斗的伤痕，以致他身体上天生的平坦之处反而成了异常的了。不应当用结束其军事生涯的那场战役来论定他的指挥才能，这时他被疾病折磨得意志消沉，降服在其对手的略高一筹的才能之下；而应根据无数次陆地和水上的远征，征服秘鲁和遥远的智利之举来评价他。然而人们可能会怀疑他是否具有那些不平凡的品质，不管是作为一名武士或是作为一名普通的人，这些品质在通常的情况下会使他名噪一时。他是三个伙伴中的一个，更严格地说，是两个伙伴中的一个，这几个伙伴有幸参加了西方世界的最光辉的发现新大陆事业中的一项伟业并因此而享有盛名。他主要和皮萨罗分享这一盛誉；因为虽然他没有伴随这位首领去进行危险的远征，但他在各殖民地所做的努力对他们的成功起了同样大的作用。

但是他和这个首领的关系在他的事业中很难认为是一件幸事。为发现新大陆和征服事业而结成的个人之间的合伙关系不大可能被人们严格认真地加以遵守，特别是不大可能被那些更习惯于支配别人而不习惯于管束自己的人们加以遵守。即使以前没有

① 如果我们可以相信埃雷拉的话，他在其部下中间分发了 180 担白银和 20 担黄金！“他派人去他的公寓运来 180 多担白银和 20 多担黄金分给大家。”(《通史》，第 5 卷，第 7 册，第 9 章)一担是一个人能轻而易举地肩负的重量。这种说法使我们难以轻信，但是很难确定一个人对有关这个黄金之乡的事情究竟应该相信到什么程度。

发生彼此不和的事件,他们也必然会在战利品分配上发生争论。他们之间的联合,是一种特别搭配不当的联合。因为阿尔马格罗的随和、热情和胸怀坦荡的性格敌不过皮萨罗的冷酷和诡计多端的权谋;每当他们各自的利益相互冲突时,他一定要为其同伴的诡计所赚。

虽然如此,阿尔马格罗的最后毁灭应当归咎于他自己。他犯 396
了两个重大错误。首先是他诉诸武力夺取库斯科。分界线的确定不能靠武力来解决。那是一个提交仲裁的问题,如果仲裁人不可信赖,则应提交给皇室裁决。但是,如果一旦诉诸武力,他就不应再求助于谈判,最重要的是,不要和皮萨罗进行谈判。这是他的第二个也是最大的错误。他对皮萨罗的所作所为已经看得够多的了,理当知道他不可信赖。而阿尔马格罗竟然相信了他,因而为此付出了生命的代价。

第　三　章

皮萨罗回到库斯科——埃尔南多返回西班牙——他的长期系狱——派往秘鲁的高级专员——与印加王的敌对状态——皮萨罗的积极施政活动——贡萨洛·皮萨罗

1539－1540 年

前已提及，马克斯·弗朗西斯科·皮萨罗在他的兄弟出发追击阿尔马格罗之际回到了利马。在这里，他焦虑不安地等待着战役的结果。在得到拉斯-萨利纳斯之战胜利的喜讯之后，他就立刻准备好进军库斯科。然而，他由于这个国家所处的那种乱哄哄的状态而长期滞留在浩哈，并且似乎还要滞留更长的时间，因为在对阿尔马格罗的审判正在进行的时候，他迟迟不愿进入这座秘鲁人的首府。

在浩哈，他受到阿尔马格罗元帅的儿子迭戈的迎接，他是由埃尔南多·皮萨罗遣往海岸地区的。这个年轻人对他父亲的命运感到忧心忡忡，他恳求这位地方长官不要让他兄弟对其父亲施加暴力。皮萨罗以貌似亲切的态度接见了迭戈，嘱咐他尽管放心，不会加害于他父亲①；还说，他相信他们很快会重修旧好。这个年轻人

① “他说他一点儿也不感到痛苦，因为他不相信他的父亲已经被杀害。”见埃雷拉：《通史》，第 6 卷，第 6 册，第 3 章。

受到这些保证的安抚之后，就起程去利马了，在那里，根据皮萨罗的命令，他被接纳到皮萨罗的家里，以子侄相待。

这位地方长官对巴尔维德主教以及对那些与这位阶下囚有利 397
害关系的主要骑士也做了同样的关于不会加害阿尔马格罗元帅的保证[①]。但是，皮萨罗仍然迟迟不向这座首府进军，而当他再度起程时，仅仅前进到阿班凯河就收到了其敌手已死去的消息。他好像对这一消息感到极大的震动，全身颤抖，他沉默良久，眼睛注视着地面，状似异常激动。[②]

这是他的朋友们所做的描述。而事情的更可能的真相表明，他完全洞悉在库斯科发生的事态。在审判结束时，据说他收到埃尔南多的信，请示如何处置这个囚犯。他用几句话做了回答："要这样处置他，使他不再能给我们制造麻烦。"[③]还有人说，埃尔南多后来在因阿尔马格罗之死遭到强烈指责而苦恼时，他就用曾收到过地方长官批准的指令来为自己辩护。[④] 有一点是确凿无疑的，当他长时间居留在浩哈时，经常和库斯科保持着联系；如果他能像

① "他表示，他说到做到，他唯一的愿望是看到王国的安宁；阿尔马格罗完全可以放心，他一定和这位长官重修旧好。"见埃雷拉：《通史》，第6卷，第4册，第9章。

② 佩德罗·皮萨罗：《发现和征服》，手稿。"他甚至泪流满面，这是埃雷拉的说法，他显然对皮萨罗的这些作态是不以为然的。"同上，第6卷，第6册，第7章；参见第5册，第1章。

③ "他说，绝不能让地方长官再次把人们煽动起来。"（同上，第6卷，第6册，第7章。）埃斯皮纳尔说："这一切，皮萨罗长官了如指掌，我和其他人都看到了这一点，并且都有自己的判断。"见《埃斯皮纳尔的信》，手稿。

④ 埃雷拉：《通史》，第6卷，第5册，第1章。埃雷拉的证词近乎是同时代的，他对我们说，因为那是从这些征服者的通信中以及从他们的儿辈向他做的描述中推论出来的。

巴尔维德再三敦促[1]的那样兼程向这座首府进军的话，他本来很容易阻止这一悲剧的结局。他身为总司令，阿尔马格罗的命运完全在他的掌握之中；不管他的同党如何证实他的无辜，但历史的公正判断一定会认为他和埃尔南多同样要对他的盟友之死负责。

他后来的所作所为也没表现出他对这些行径有任何悔恨之
398 心。据一名目睹者说，他进入库斯科时，管乐齐鸣，由军车队簇拥着，穿着科尔特斯送给他的华丽服饰，完全是一副趾高气扬和得意忘形的征服者的姿态[2]。当迭戈·德阿尔瓦拉多（正如我们已经提到的，他的父亲曾将他托付皮萨罗保护）以年轻的阿尔马格罗的名义向他申请南方各省的行政管理权时，皮萨罗回答说："由于这位元帅的叛乱，已经丧失了向政府提出任何要求的权利。"而当这个骑士仍然进一步强烈要求时，他便生硬地打断了这次谈话，宣称："他自己的领土遍及佛兰德的这一边所有的土地"[3]——毫无疑问，这是借这种堂而皇之的吹嘘暗示，他不能容忍在大洋的这一边有任何对手存在。

出于同样的心计，他不久前曾派人去替换基多的征服者贝纳尔卡萨尔，他得到消息说，贝纳尔卡萨尔渴望搞一个独立的政府。皮萨罗的密使奉令将这个犯罪的将军送到利马；但是贝纳尔卡萨尔在把节节胜利的军事行动远远向北推进之后，已经回到西班牙

① 《巴尔维德给皇帝的信》，手稿。

② "与此同时，总督唐弗朗西斯科·皮萨罗带着喇叭、十孔笛，穿着华丽的貂皮外衣来到了库斯科城。"见《埃斯皮纳尔的信》，手稿。

③ 《埃斯皮纳尔的信》，手稿。"总督粗暴地回答说，他管辖的范围没有止境，甚至可以到达佛兰德。"见埃雷拉：《通史》，第6卷，第6册，第7章。

去向皇帝请求赏赐了。

对于恳求他给予保护的受害土著人的诉苦，他表现了令人惊奇的麻木不仁，而对待阿尔马格罗的部下，他则毫不掩饰地轻蔑他们。许多首领的财产都被没收了，不经任何手续便转给了他自己的党徒埃尔南多曾经企图用慷慨施舍的行动来赢得某些反对派的支持，但是他们拒绝接受来自双手沾满其司令官鲜血的人的任何东西。[①] 这位地方长官却没给他们这样的优待；因而许多人沦落到赤贫的程度，这些人非常自尊，不愿在这些胜利者眼皮子底下显现自己的寒酸相，所以他们撤到城外，并打算退到附近的丛山之中。[②]

对他自己的兄弟们，他提供了非常优厚的分配份额，以致引起 399
他的追随者们的啧啧喳喳的议论。他命令贡萨洛率领一支强大的军队，矛头指向查尔卡斯的土著人，这是占据在皇室分配给阿尔马格罗的领地上的一个强悍的民族。贡萨洛遇到了顽强的抵抗，但是，经过几个硬仗，终于降服了这个地方。他和在这次征服行动中帮助他的埃尔南多一起又一次得到了授予波尔科附近的大片土地的酬报，这块土地的富饶的矿藏在印加人掌握下曾进行过部分地开采。这块土地是这样坐落的，它环抱着人称波托西（巨富）的银山的一部分，这些银矿从那以后一直向欧洲供应着大量的这种贵金属。埃尔南多了解这块土地的潜力，他采取了从没有比这更大的规模来开采这些矿产，诚然，当时似乎还没有试图穿透波托西山

① “他想和智利的各位头领做朋友，分给他们一些土地，但头领们拒绝接受。”见佩德罗·皮萨罗：《发现和征服》，手稿。

② “他们饥肠辘辘，衣衫褴褛，负债累累，绝望地躺在山里不敢见人。他们没有钱买衣服，身上穿的是印第安人的服装。”见《埃斯皮纳尔的信》，手稿。

丘的富饶的地壳①。又过了几年之后，西班牙人发现了埋藏在丛山中间的银矿②。

现在，埃尔南多最重要的事就是搜集足够数量的财宝带回西班牙。自从阿尔马格罗死去几乎过了一年，现在是他应当回到西班牙并且去宫廷觐见的时候了，因为早已离开秘鲁的迭戈·德阿尔瓦拉多和阿尔马格罗元帅的其他朋友再三坚持年轻的阿尔马格罗提出的权利主张，并且要求给他父亲平反冤情。但是埃尔南多自恃他的金银财宝可以击退对他提出的控告。

在起程之前，他劝告他的兄弟要提防“智利帮”，人们一般都这样称呼阿尔马格罗的部下，他说，这是一伙亡命徒，他们会不顾一切地寻衅报复。他恳求这位地方长官不要让他们在距离他本身50英里之内进行任何数量的串连，如果他允许这样做的话，对他将会是致命的危险。最后他建议建立一支强大的卫队；他接着说道：“因为
400 我将不能在此保卫你。”但是，这位地方长官把他兄弟的这些话称做是杞人忧天，因而只是置之一笑，他吩咐他兄弟不要为他担心，“因为阿尔马格罗部下的每根头发都是他的安全的担保物”③。他究竟

① 埃尔南多·皮萨罗在给皇帝的信中说：“这片土地现在恢复了平静，当地居民已经并正在不断发现新的金银矿藏，每天都向陛下交纳五一税和皇室税，并为大家建造房子”。见《给皇帝的信》，手稿，1539年7月于别霍港。

② 发现波托西银矿的故事已是家喻户晓了，据说，一个印第安人从地下拔起一棵灌木，发现有一大堆小银球系在须根上。该矿直到1545年才注册。

③ 埃雷拉：《通史》，第6卷，第6册，第10章；萨拉特：《秘鲁的征服》，第3册，第12章；戈马拉：《西印度史》，第142章。“请阁下不要同意他们在这方圆50西班牙里的范围内集结，否则，他们一定会加害于阁下的。阁下被杀，我将无法交代，阁下的名声也随之消失。埃尔南多·皮萨罗是大声地说这些话的，我们大家都听见了。他拥抱了侯爵就走了。”见佩德罗·皮萨罗：《发现和征服》，手稿。

不及埃尔南多那样深知其敌人的脾性啊！

此后不久，埃尔南多于 1539 年夏天在利马登船起程。他没有取道巴拿马，因为他已经听说当地的当局打算扣留他。因此，他采取了路经墨西哥的迂回路线，在特科安特佩奇海湾登陆，正当他取道穿越分隔两个大陆的地峡时，他被逮住了并且被押解到首府。但是，门多萨总督不认为自己有权扣留他，因此他历经周折在维拉克鲁斯上船，继续其航程。可是，在没有进一步的情报时，他仍然不相信他在西班牙会是安全的。因而他在亚速尔群岛的一个岛入港，停留在那里直到和家里取得了联系。他在宫廷里有许多有权势的朋友，这些人鼓励他亲自晋见皇帝。他采纳了他们的建议，不久他就平安地抵达了西班牙海岸[①]。

宫廷当时在巴利阿多里德，但是，尽管埃尔南多使他的进城式极为隆重并且大肆炫耀他的印第安财宝，受到的接待却比他所预期的冷淡得多[②]。这种情况主要是由迭戈·德阿尔瓦拉多造成的，他当时住在那里，作为一名有声望和有上等社会关系的骑士，在当地有相当大的影响。如我们已谈到的，他先前曾及时地出面干预，不止一次地救过埃尔南多的命；他并且同意过从他那里接受一笔巨大的金钱报酬。但是所有这一切现在都因回忆起对其司令官所干下的恶行而忘得一干二净；忠实于司令官在临终时对他的 401
重托，他来到西班牙为年轻的阿尔马格罗的权利进行辩护。

虽然开始时受到了冷淡的接待，但是埃尔南多的出庭，他自己

① 《埃尔南多·皮萨罗给皇帝的信》，手稿；埃雷拉：《通史》，第 6 卷，第 6 册，第 10 章；蒙特西诺斯：《编年史》，手稿，1539 年。

② 戈马拉：《西印度史》，第 143 章。

对与阿尔马格罗的争端的叙述，加上他毫不吝惜地用金钱买来的绝妙的论证，阻止了愤怒的激流，法官们的意见暂时好像是悬而难决了。阿尔瓦拉多作为一名骑士，更习惯于军队式的速战速决，而不习惯于法院里的曲折复杂的伎俩，他被这种旷日持久的拖延激怒，向埃尔南多提出挑战，要求用两人决斗来解决他们之间的争吵。但是，他的精明的对手不想把问题诉诸这样一种痛苦的解决办法；这个问题很快由阿尔瓦拉多自身的死亡得以结束，这是在提出挑战五天后发生的。事情这样巧合，自然会令人猜疑是毒死的①。

但是对埃尔南多·皮萨罗的控告并没有完全落空，因为他采取的手段太横暴了，严重地伤害了公众的情感，所以绝不能放过他。他没有受到正式的判刑，但是被监禁在麦迪纳镇的牢固的要塞里，他被批准在那里待 20 年。1560 年，在几乎过了一代人的时间，当时间在某种程度上给昔日蒙上了一层柔软的轻纱时，他才历尽艰辛重新获得了自由②。但这时他已经是一个老态龙钟的人了，腰弯体弱并且情绪低落，——已经变成了一个可怜的而不是可恨的对象了。对如此高职位的罪犯很少给予这么彻底的惩罚性审判，——在卡斯提尔极少见③。

但是埃尔南多对这一长期监禁处之泰然，如果它是基于原则

① “但是，五天之后，迭戈·德阿尔瓦拉多突然死亡，这不禁使人怀疑他是被毒死的。”见埃雷拉：《通史》，第 6 卷，第 8 册，第 9 章。

② 这个日期是由金塔纳根据埃尔南多的孙子在 1625 年为维护侯爵称号而进行的法律诉讼加以证实的。

③ 纳阿罗：《简述》，手稿；皮萨罗及奥雷利亚纳：《名人录》，第 341 页；蒙特西诺斯：《编年史》，手稿，1539 年；戈马拉：《西印度史》，第 142 章。

性理由,那倒足以博得我们的尊敬。他眼看着他赖以支持的所有兄弟和亲戚一个接一个地死去,他的财产有一部分被没收了,同时他陷入了为保留剩余部分而进行的昂贵诉讼[①];他的名望毁损了, 402
他的事业在过早的时刻终止了,他本人则成了流放在自己国家腹地的人,——但是,他以一种坚定的勇敢精神承受了这一切。虽然被释放时已经年迈了,但他仍然又活了一些年,一直活到百岁高龄[②]。他的长寿使他能够看到他的朋友们、对手们和仇敌们在他之前都见上帝去了。

埃尔南多·皮萨罗在许多方面都是非凡的人物。他是其兄弟中最年长的,他与这些兄弟只是同父关系,因为他是婚生儿,家中父母双方都出身高贵。他早年受到了良好的教育,——在当时是最好的。当他还十分年轻的时候,他父亲就把他带到了意大利,在那里,他跟随伟大的将军学习战争艺术。他回到西班牙以后那段历史很少为人所知,但是,当他的兄弟自己想要去进行发现秘鲁的辉煌事业时,埃尔南多同意参加他的冒险。

他受到弗朗西斯科的极大敬重,不仅因为他是兄长,而且因为他具有较高的教育程度和广博的知识。他有敏锐的洞察力,足智

① 卡罗·德托雷斯给出了一张关于经营波尔科银矿的王室证明,该矿于 1555 年仍归埃尔南多·皮萨罗所有,并且给出了另外一份几乎是同一日期的文件,通告他收到了由舰船从秘鲁运来的一万金币。(奥尔德内斯军事史,马德里,1629 年,第 144 页)埃尔南多的孙子由菲利普四世封为征服侯爵地位,从政府领取一笔丰厚的年金。——皮萨罗及奥雷利亚纳:《名人录》,第 342 页,以及《谈话》,第 72 页。

② "朱庇特赐予我们长寿。"在皮萨罗及奥雷利亚纳看来,这是上帝赐予的最大恩惠!"上帝给了他最高奖赏,使他活了 100 多岁。"《名人录》第 342 页。根据同一个多少有些片面性的权威说法,埃尔南多有如他活着的时候一样,死时声誉高洁!

多谋，并且做事的魄力很大。他胆大心细，他的主意，如果不受激情的干扰，总是明智的和审慎的。但他还有一些其他的品质，这些品质足以抵消那些优秀品质和造诣所造成的好结果。他的野心和贪婪是无法满足的。他甚至对与他处于同等地位的人也是傲慢无礼，他有一种喜欢报复的习性，什么力量也无法将它平息。因而，非但没有在征服事业中帮助他的兄弟，他倒简直成了摧毁其道路的恶魔。他从一开始就无端地厌恶阿尔马格罗，他把阿尔马格罗看成他兄弟的对头，而不是看成当时他兄弟的事业的忠实合作者。他对他进行人身侮辱，并且在宫廷玩弄阴谋诡计，千方百计对之进行明显的伤害。他曾落到阿尔马格罗手中，险些为这些胡作非为
403 付出生命的代价。埃尔南多对这件事是不能宽恕的，他冷静地等待时机进行报复。但是，处决阿尔马格罗是一个最不策略的行动，这是因为一种邪恶的情欲很少能得到满足而不受惩罚。埃尔南多想用秘鲁的金子买通法官。他深知人类性格中的弱点和劣根性，他指望从中得利。幸运的是，他想错了。他确实是报了仇，但是，他报仇之时即他毁灭之日。

秘鲁的混乱状态达到了很严重的程度，以致要求政府立即加以干预。到处是骄横跋扈，印第安人和西班牙人的权利同样遭到践踏。然而问题很难解决，因为皮萨罗的统治权现在已在这个国家里牢固地建立了起来，而它距离西班牙又这样遥远，以致从本土不容易加以控制。而且，皮萨罗是一个很难与之打交道的人，他狂妄自信，对政府的干预时有戒备，同时他有一种火暴性子，只要政府稍有不信任，他就会火冒三丈。在他的行为没有调查清楚之前，派出专员来停止他行使其权力是不适宜的，不能像对待科尔特斯

和其他重要的殖民地官员那样对待他，那些官员的根深蒂固的忠诚是皇室可以完全加以信赖的。皮萨罗对皇室的忠诚恐怕在他身上占的地位太微弱了，难以成为驾驭他的行动的强大的约束力；而且，在他的那些鲁莽的部下中间也不乏这样的人物，在极端的情况下，会干脆怂恿他抛掉一切忠诚，为自己建立一个独立的政府。

因此，必须派出一名官员，这人应具有某种抑制的权力，或者至少应有一种与这个危险的首脑同等的权力，而表面上他应在他的领导下工作。无牧师资格的传道者巴卡·德卡斯特罗就是被选来执行这一棘手使命的人物，他是巴利阿多里德的检审法院成员之一。他是一名学识渊博的法官，一个正直和有才智的人，虽然未曾习过武，但他机敏过人并且具有识多见广的特长，这就足以能够使他轻而易举地将别人的计谋转而为他自己所利用。

对他的委任小心翼翼，足见政府的窘迫之态。他是作为一名皇室法官来到皮萨罗这里的，来和他商谈平反冤案事宜，特别是给那些不幸的土著人平反冤案，共同采取措施以防止未来的恶行。
而最重要的是详尽地熟悉这个国家情况的所有细节，并向西班牙 404
宫廷报送这些情报。但是，倘使皮萨罗去世，他则将拿出任命他为王室的地方长官的授权书，而且要求整个国土的政权当局都服从他。——事变的经过显示了他为这后一个可能性做好准备的智谋[①]。

---

① 佩德罗·皮萨罗：《发现和征服》，手稿；戈马拉：《西印度史》，第 146 章；埃雷拉：《通史》，第 6 卷，第 8 册，第 9 章；蒙特西诺斯：《编年史》，手稿，1540 年。后一个作者认为，这完全是政府的预见中的一种“神机妙算”，奇异地为事变所应验。“国王神机妙算，不可思议。”同上。

这位无牧师资格的传道者于是受命离开他在巴利阿多里德的安静居所，于1540年秋天在塞维利亚登船，经过横渡大西洋的沉闷的航行之后，他穿过了巴拿马地峡，在太平洋沿岸碰上了连绵不断的大风暴，几乎把他那脆弱的三桅帆船葬身海底，它驶入了北边的布埃纳文图拉港[1]，仅剩下一只残缺不全的船身了。这个国家的事态迫切需要他的来临。

内战在最近一个时期大大扰乱了这片国土，并且遗留下不安定的状态，在直接起因停息之后还继续动荡了很长时间。这种情形特别表现在土著人当中。在这种狂暴的变换授予制[2]的过程中，可怜的印第安人很难知道应把谁看成是自己的主人。两个对立的首领之间的猛烈斗争同样使他们疑惑谁应被看做是这块土地的统治者。至于对大西洋彼岸高于这一切的共有的君主，他们抱有更大的不信任。因为甚至连自己的臣属都指挥不动的政权还算什么权威呢？[3] 印加王曼科没有放松利用人们的这样一种感觉上的状态。他离开了安第斯深山里的偏僻住所，和他的一支强大的随从部队进驻位于库斯科和海岸间的山乡中。从这个隐蔽的驻

405 地，他袭击了附近的种植园，毁坏房屋，赶走牲畜并屠杀平民。他

① 或者，如佩德罗·皮萨罗一语双关地说道，那个港口更应叫做“厄运港”。他在那次海上航行中遇到麻烦，不得不在幸运港靠岸，而我们则叫它“厄运港”。——见《发现和征服》，手稿。

② 原文为 repartimiento 指的是西班牙征服者赐给部下或同侪的领土，包括无偿使用土著劳力的权利。——译者

③ “他们看到这里的军官同室操戈，因而对于在卡斯提尔有位伟大的君主的说法很不以为然。在他们看来，只有战胜对手的人才能为王，而同属一个君主的两名军官互相残杀是不可思议的。”见《巴尔维德给皇帝的信》，手稿。

袭击来自海岸的单人或结队旅行的旅客，并用酷刑——据他的敌人说——把这些人弄死。虽然不时地派出个别的特遣队进剿他，但是没有什么效果，有些进剿被他巧妙地躲避过去了，而另一些则被他击败，有一次，他把一个30人的骑兵队打得只剩下一个人。[①]

最后，皮萨罗认为有必要派出一支由他兄弟贡萨洛率领的相当大的军队来对付这个印加王。这个强悍的印第安人在科迪耶拉群山的崎岖不平的隘口几度与其敌人遭遇。他通常是被打败，有时遭受沉重的损失，但是他以令人惊异的敏捷重新补充力量，因为他总是设法让自己溜掉，而他的部下是那样的忠实，尽管有追赶和伏击，他总是能在崇山峻岭中的秘密巢穴找到一个安全的隐蔽处。

受到挫折之后，皮萨罗决定试探一下提出和平建议的效果。他以他自己的名义和这位秘鲁王子所敬重的库斯科主教的名义，派人到印加王那里去邀请他开始谈判[②]。曼科默许了，并指定他先前与阿尔马格罗进行谈判时的尤开溪谷作为他们这次谈判的地点。这位地方长官在严密的保卫下，在指定的时间去到那里赴会，

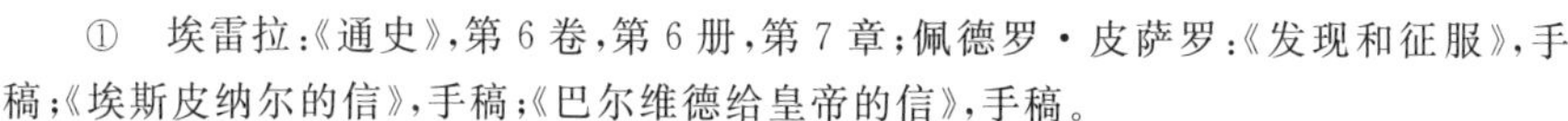

① 埃雷拉：《通史》，第6卷，第6册，第7章；佩德罗·皮萨罗：《发现和征服》，手稿；《埃斯皮纳尔的信》，手稿；《巴尔维德给皇帝的信》，手稿。

② 印加王拒绝了与这位主教的会晤，理由是他曾看见过主教摘下帽子向皮萨罗致敬。这证明主教对皮萨罗低三下四，他说，在这种情况下，主教绝不可能反抗地方长官而来保护他。这段谈话所叙及的事情是稀奇古怪的。“我问傲慢无礼的印加王手下的印第安人，印加王是否知道我是以皇帝的名义来这里保护他们的，印第安人说，印加王清楚地了解这一点。我又问，为什么印加王不来迎接我，印第安人说，印加王说过，那是因为我到这里的时候向总督脱帽致敬。他不想迎接我，只愿意欢迎一个来自卡斯提尔而不向总督点头哈腰的人。在他看来，只有这种人才能保护这里的一切。”见《巴尔维德给皇帝的信》，手稿。

而且为了谋求这位野蛮人君主的好感，他派了一名非洲奴隶双手奉献上送给他的珍贵礼品。这个奴隶在路上遇到了一队印加王的士兵，不知这些士兵是否奉有他们主人的命令，总之是残酷地杀害了他并且把掠夺物运到他们的营地。皮萨罗对这一暴行报之以另一次更残暴的报复。

在印第安人囚犯当中有印加王的一名妃子，这是一个年轻美丽的妇女，据说很得印加王的宠爱。皮萨罗下令把她的衣服剥光，
406 捆在一棵树上，当着军队的面，用枝条鞭打，然后用箭射死。这个可怜的受害者以惊人的刚毅忍受了这残酷的行刑。她没有哀求怜悯，也不会得到怜悯。在这可怕的酷刑折磨之下，她没有哀叫，几乎没有哼一声。这些铁石心肠的征服者们对一个娇弱女子的身上竟能有这种忍耐的力量也深感惊愕，他们表露了他们的钦佩之情，同时在他们心中谴责其司令官的残酷[1]。但是，在人类的残酷性所能做出的最痛苦的折磨面前坚定不屈，几乎是美洲印第安人普遍具有的性格。

皮萨罗现在准备在这个不忠顺的国家的中心建立定居点，作为防止土著人中这些混乱状态的有效措施。这些定居点都得到了城市的高贵名称，可以看做是军事征服区驻防地。房子通常是用石头建筑的，有政府各个部门的办公处和它们连在一起，有时还修

① 至少我们可以假定他们有过这种情况，因为他们在其对这次行刑情况的叙述中公开地谴责了他。我还要引证佩德罗·皮萨罗的叙述，他不倾向于太严厉地批评其将军的行为。“印加王深深爱着的一名妃子被皮萨罗抓获，以为抓到她就能得到安宁。这位妇女在尤开曾下令谋害侯爵，所以侯爵命令部下用棍棒打她，用箭射她。印加王嘲弄过侯爵，招致了这次暴行。此外，印加王的妹妹阿卡帕伊在印第安人围攻利马城时，也在那里被杀害。在我看来，这是天主给她应得的惩罚。”见《发现和征服》，手稿。

筑起堡垒。建立了市政机关。定居者应募而来是因为可以分配到邻近的大片土地，而且每一个定居者还可分配到规定数量的印第安人奴仆。士兵们屯驻在这里，有时由他们的妻子和家属陪同，因为西班牙妇女在夫妇眷恋的炽热劲头上似乎认为性行为受到抑制是不可取的，或者是为了来这里搞点儿罗曼蒂克的冒险。这样一来，一个人口众多的定居点很快就在这个荒芜的地方发展起来，它对周围的土地提供了保护，并且为这个国家提供了一个商业点，而且还有一支武装力量经常维持着公共秩序。

现在在瓜曼加也建立了这样一个定居点，它位于库斯科和利马的中途，因为它保卫了通向海岸的交通，所以非常符合建立这一定居点的目的。[①] 另一个城镇建立在查尔卡斯矿区，起了“银之 407
城”这个恰当的名称。而皮萨罗沿着南海岸取迂回的路线朝着利马行进，建立了阿雷基帕城，从此发展成商业名城。

在这位地方长官特别喜爱的首都利马，他又一次忙于从事与城市有关的事务，和忙于供养广泛增长的人口。他对太平洋沿岸兴起的其他定居点也是苦心经营的。他鼓励与秘鲁北部更远的殖民地进行贸易，并且采取措施便利内部的经济交流。他促进各行各业的发展，对耕作给予很大的注意，引进了各种欧洲谷物的种子，他看到这些种子很短时间就在这个国家中繁茂生长起来，感到

① 谢萨·德莱昂介绍了瓜曼加的建筑物罕见的美观及坚固。“在这里，人们用石块和砖瓦建造了堪称全秘鲁最大和最好的房子，所以不缺住房。此外，这里到处高塔林立，而广场平坦且宽阔”。见《秘鲁史》第 87 章。

非常满意，这里的多种土壤和气候几乎适宜于每一种作物的生长。[①] 而最重要的是，他促进了开矿的工作，这些矿山已经开始赚取非常高的利润，致使最普通的生活用品的价格猛涨，而这些贵重金属的本身却似乎是唯一的不太值钱的东西。但是，这些东西很快就转手了，找到了销往母国的门路，在它们和欧洲的普通货币混在一起时，它们就升值到其真正的标准。西班牙人发觉他们终于抵达了他们曾长久寻找的土地，——金银之乡。移民大量地来到这个国家，遍布在它的地面上，这种不断增长的人口，形成了一道屏障，对这片土地的合法所有者的最有效的排斥。[②]

皮萨罗因这些新的冒险者的到来力量更加壮大，他现在把注意力转到这个国家更遥远的地区。佩德罗·德巴尔迪维亚被派去进行难忘的智利远征；至于对他自己的兄弟贡萨洛，这位地方长官则把基多这片国土分配给他，并且指示他对东面不熟悉的国家进行勘察，在那里，据报告说，生长樟属植物。这个首领在征服事业中迄今只扮演配角，由于从今以后他将扮演最引人注目的角色，我们最好把他描述一番。

408 他的早年很少为人所知，因为他和弗朗西斯科来自同样不明的出身，而且似乎如其兄长一样很少受过其父母的养育之恩。他早年就开始了士兵生涯，在那个动乱时代的每一个人，无论是骑士

---

① "在那些土地上，开始出现卡斯提尔的小麦、大麦和其他许多农作物。"见埃雷拉：《通史》，第 6 卷，第 10 册，第 2 章。

② 《卡瓦哈尔给皇帝的信》，手稿；蒙特西诺斯：《编年史》，手稿，1539 年和 1541 年；佩德罗·皮萨罗：《发现和征服》，手稿；埃雷拉：《通史》，第 6 卷，第 7 册，第 1 章；谢萨·德莱昂：《秘鲁史》，第 76 章及其他地方。

还是流浪汉，如果听任自己选择，似乎都会最易于喜爱这种生涯。在这里，他很快以他的技巧在军事操练中崭露头角，是一名优秀的骑士，当他来到这个新世界时，被尊为秘鲁最好的长矛手①。

论才干和眼界的开阔他不及他的兄弟们。他也未显露出同样冷酷和狡猾的权谋，但他同样勇敢，在执行他的措施时同样蛮横。他仪表堂堂，气度开朗，无拘无束，有军人般的风度和一种对人深信不疑的脾气，这些都使他为其部下所喜爱。他的精神面貌是高昂和富于冒险性的，而同样重要的是，他能激励别人具有同样的精神，因而有助于保证他的事业的成功。他是一名卓越的"游击战"战略家，在难以预料的和困难的远征中，他是一名极好的指挥官；但是，他没有一个军事领袖所应具有的那种雄才大略，更没有成为一名政府统治者的才干。他被召来充任这两个职位是他的不幸。

① 骑士皮萨罗及奥雷利亚纳曾对这些兄弟们中的每一个人都作了评传。无需什么魔法就可发现，皮萨罗家系的血液在作者的血管里流动，一直达到他执笔的指尖。但是他提供的事实比他所做的推论可能引起人们较少的怀疑。

第　四　章

贡萨洛·皮萨罗的远征——穿越崇山峻岭——发现纳波——难以置信的磨难——奥雷利亚纳航行到亚马孙河——西班牙人陷入绝境——幸存者回到基多

1540—1542 年

贡萨洛·皮萨罗收到任命他为基多政府长官的消息时，丝毫不掩饰他的高兴心情，这种高兴与其说是因为这一任命使他拥有这个古老的印第安省份，不如说是因为它敞开了向东进行发现的大门，去发现那个传奇式的东方香料之国，这在很久之前就是这些征服者们心向往之的地方。于是，他毫不拖延地集合队伍到其管
409 辖的行政区去赴任，并且毫无困难地在其部下的胸中唤起了与他同样的热情。在一个很短的时间内，他就召集了 350 名西班牙人和 4000 名印第安人。他的队伍中有 150 名骑兵，全都配备有为完成任务所必需的全副装备。而且，他为了防止匮乏，准备了大量的给养，并且还赶了一大群猪跟在队伍的后边。[①]

---

① 埃雷拉:《通史》，第 6 卷，第 8 册，第 6、7 章；加西拉索:《王家评论》，第 2 卷，第 3 册，第 2 章；萨拉特:《秘鲁的征服》，第 4 册，第 1、2 章；戈马拉:《西印度史》，第 143 章；蒙特西诺斯:《编年史》，1539 年。历史学家们关于贡萨洛的部队的人数、马匹数以

1540年年初，他出发去进行这次著名的远征。旅程的第一阶段碰到的困难比较少，这时西班牙人还是在印加人的土地上；因为秘鲁的动乱局势尚未影响到遥远的省份，这里的纯朴人民仍然生活在太阳神之子的原始统治状态下。但是，当西班牙人进入基多人的领土时，景象就不同了，这里居民的性格以及气候似乎都是另一种风貌。安第斯山脉的崇山峻岭横贯这个国家，这些探险者不久就陷进丛山的深邃和千回百转的山路之中。当他们爬上更高的地区时，寒风突然袭向科迪耶拉山脉的两边，冻僵了他们的肢体，许多土著人在这荒野里丧身于风雨交加之中。在穿过这个令人生畏的障碍的时候，他们经历了一次极大的地震，在这些火山区，地震经常把山震塌。在一个地方，地球被大自然可怕的挣扎给崩裂了，亚硫酸气流从火山洞口不断向外喷射，一个几百户人家的村庄被抛在可怕的深渊里！[①]

在走下山的东坡时，气候起了变化，当他们来到更低的地带时，严寒继之以闷得透不过气来的炎热，同时还有从锯齿状山峡突 410
然出现的雷电交加的暴风骤雨倾泻在他们的头上，几乎是昼夜不停，好像生了气的土地神要想对破坏它们的山中宁静的入侵者进行报复。因为暴雨连绵不断地下了六个多星期，不见减弱，这些可怜的漫游者，浑身湿透，被持续不停的劳累搞得疲惫不堪，几乎

及猪的数目说法不一。根据埃雷拉的说法，猪的数目不少于5000头：这对如此小的一支队伍来说，可以极为丰盛地供应咸猪肉，因为印第安人无疑地是靠烘烤的谷物“古柯”来维持生活的，这种食物通常是他们在最漫长的旅程中的唯一的给养。

① 萨拉特提到的准确数字为500幢房子。“一次强烈地震发生了。顿时，地动山摇，翻江倒海，雷雨交加，到处有地陷裂缝，500幢房子倒塌。”见《秘鲁的征服》，第4册，第2章。没有比准确的数字更使读者满意的；也没有比它更不值得读者相信的。

无法在这裂开的并且被雨水浸泡的土地上拖动他们的腿。经过几个月的艰苦跋涉，跨越了许多沼泽地和山间溪流，他们终于抵达了卡内拉斯[①]，即肉桂之乡。他们看到长珍贵肉桂皮的树，延伸成广阔的森林。但是，一种可用来进行贸易的物品，当它产在容易取得的地区时无论多么值钱，而在这些遥远的地区，它们却没有什么价值。但是，他们从在路上偶然遇到的未开化的游牧部落那里得知，再走十天的路程就是一片盛产黄金的富庶丰饶的土地，而且居住着人口众多的民族。贡萨洛·皮萨罗本来已经到达了原计划远征的范围。但是这个情报重又燃起他的希望之火，并且决定继续向前探险。如果他们满足于踏着来时的足迹回去的话，他和他的部下的日子会好过得多。

当他们继续行进时，这个地区就延伸成为广阔的大草原，其尽头则是森休，当他们走近时，看上去似乎森林的每一边都伸到了地平线的真正的边沿。在这里，他们看到了只有在赤道地区才能看到的有着巨大躯干的树木。有一些竟有这么粗大，16 个人伸开双臂都很难将它们合抱过来！[②] 这些树木被厚厚的匍匐植物和寄生藤本植物缠绕着，有如五彩缤纷的花饰悬挂在树与树之间，像是给它们覆盖着悦目的服装，但是却形成了一个难以通过的网络。他们每前进一步都不得不用斧头劈开一条通路，而他们的衣服，由于

---

① Canela（卡内拉）是西班牙人对肉桂的称呼。

② 假若我们估计一个人的双臂伸开为 6 英尺，那么这棵树的周围就将是 96 英尺，或者说直径为 32 英尺，这可能是比在欧洲为人所知的最大的树还要大。可是它还未达到 M. 洪堡提到的那个仍然在瓦哈卡监督管辖区茂盛生长的著名的森林巨物的水平，这棵巨树于 1839 年经一名旅行者精确丈量的结果是：离地 4 英尺高度上树的周围为 112 英尺。这个高度可能与西班牙人进行丈量的高度是相当的。

经常受湿透浑身的大雨的淋浸都腐烂了，被每一棵灌木和荆棘钩住时，就会一条一条地缠挂在它们上面。[①] 他们的给养被恶劣的 411
天气给损坏了，很久以前就供应不足，他们携带的那些家畜，有的已经吃光了，或者在树林或山中的羊肠小道上逃跑了。他们出发时携带了差不多一千条猎犬，很多都是凶猛品种，是用来搜寻捕获不幸的土著人的。现在他们倒乐于把这些猎犬宰掉，但是它们的可怜的尸体只能给这些饿得发慌的旅行者提供一顿没有油水的宴席。而当这些都吃光了的时候，他们只能吃在森林中能采集到的草本植物和对人体有危害的树根。[②]

最后，这支饱尝旅途劳顿的队伍来到由纳波河形成的一片浩瀚的水面，它是亚马孙河的一条大的支流，它虽然只是美洲的一条三等的或四等的河流，但是在旧大陆会被看做是头等的大河。这

① 剧作家莫利纳在其戏剧《西印度的巾帼英雄》中用几十段“四行诗”来描述他的同胞在远征亚马孙河时所遭受的磨难。诗人蛮有把握地估计到其观众的耐心。下面的诗句描述了这些西班牙人被连绵不断的大雨折腾的那种悲惨可怜的情景。

“天昏地暗无日光，
乌云翻滚风雨狂。
瓢泼大雨头上浇，
无休无止实难熬。
疾病缠身地下倒，
破烂衣裳洪水冲。
暴风骤雨何时了，
赤条一身何所有。”

② 《与奥雷利亚纳达成的协议》，手稿；佩德罗·皮萨罗：《发现和征服》，手稿；戈马拉：《西印度史》，第143章；萨拉特：《秘鲁的征服》，第4册，第2章；埃雷拉：《通史》，第6卷，第8册，第6、7章；加西拉索：《王家评论》，第2卷，第3册，第2章。据最后一名作者告诉我们说，他是从几个参加过这次远征的人那里获取他的写作资料的。读者可以相信，经过他的手时，什么也没有被遗漏掉。

个景观使他们心旷神怡，于是他们沿着河岸弯弯曲曲地前进，希望找到一条比较安全和更便于通行的路线。当他们沿着水边穿越了相当大一段距离之后，被灌木丛紧紧地包围住了，耗尽了他们的力气才辟开了通路。贡萨洛和他的部队来到了一个地方，在这里能听到一种有如地下闷雷轰鸣般的急流冲击声音。河水猛烈地冲击、翻滚，以惊人的速度沿着陡坡奔腾，奔向一个巨大的瀑布的边
412 缘，这个大瀑布，令人难以想象地直泻而下形成一个巨大的泡沫柱，直落到 1200 英尺深的深渊！[①] 他们所听到的这令人震惊的声响是在 6 里格距离之外发出的，与周围森林的一片阴郁的寂静对比，使人在精神上更是难以忍受。这些粗犷的武士充满了畏惧的情绪。没有一条船使水面起波纹。看不见活的东西，只有荒野中的野生居住者：粗大的蟒蛇和讨厌的鳄鱼在河边晒太阳。巨大和广为笼罩的大树高耸入云，河水奔流在岩石形成的河床上，历经长年累月，这种荒僻和寂静的景象只有被河水跌落时的嘶哑声所打破，或者被树林微弱的沙沙声所拨动；——所有这一切，都以一种荒凉和原始的状态在他们的周围伸展着，好像正处在从造物主手中刚刚降临的时刻那样。

① “长途跋涉之后，他们到达河边，这条河的水从 330 多米高的石山上飞泻而下，发出巨大的响声，30 多公里外都能听到。”（加西拉索：《王家评论》，第 2 卷，第 3 册，第 3 章）。我在稍后的、在这些荒野地区旅行的为数不太多的旅行者的叙述中，没有发现可证实或可驳斥这种描述的材料。这个所谓的瀑布下泻高度，是波哥大的特肯达马大瀑布的两倍高，这是由洪堡测量的，通常被认为是美洲最高的瀑布下泻高度，但不如在瑞士的从悬崖上直抛而下的某些飞瀑的高度那么大。但是，这些西班牙人在情绪沮丧的情况下所做的估计，无疑地要大大受这雄伟和可怕的印象的活灵活现的影响，因而不能有把握地相信它。

在瀑布的上游和下游的若干距离之内，河床收缩到宽度不超过 20 英尺。由于饥饿的极度折磨，这些探险者决定不顾一切危险渡到对岸，希望能找到一块可以给他们提供食物的土地。他们放上一些巨大的树干横跨这个深渊构成一座便桥。此处的悬崖，好像是被大自然的某种震动所劈开，陡峭地垂直下伸到几百英尺的深度。通过这个空中通道，人马得以通行过去，只失落了一个西班牙人，他漫不经心地向下看，眼一发晕就失足掉进下面汹涌的波涛之中。

可是他们来到河这边也一无所得。这边的土地也呈现出同样无希望的状态，河岸密布着巨大的树木，或者长满了无法通行的灌木丛。他们在没有道路的荒野上偶尔会碰上印第安人部落，这是些凶猛的和不友好的人，不断要和他们发生一些小规模的战斗。

他们从这些人那里得知，在河下游可以找到一块富饶的土地，距此 413

仅需几天的行程，西班牙人于是就继续他们那令人疲乏的旅途，仍然抱着希望，也感到弄错了，当他们继续前进时，他们所指望的土地就像逝去的彩虹一样从他们眼前掠过。

最后，人们被劳累和痛苦搞得精疲力竭，于是贡萨洛决定建造一艘足够大的帆船用来装运其部队的病弱人员和他的辎重。森林给他供应木材，在路上死亡的或者被屠宰来供食用的马匹的蹄铁被改造成钉子，从树上提取的胶浆代替沥青，士兵们的撕碎了的衣服提供一种填絮的代用品。这是一件很困难的工作，但是，贡萨洛在这一艰苦的工作中不断想法使他的部下振奋起来，并且还以身作则带头参加他们的劳作。在两个月的末尾，一艘双桅帆船建成了，粗糙地安装在一起，但是非常坚固而且有足够的装载量，可以携带其部队的半数，这是在这些内陆水域中漂浮的第一艘欧洲船只。

贡萨洛把指挥权交给了弗朗西斯科·德奥雷利亚纳，一名来自特鲁希略的骑士，他认为这位骑士的勇敢和对他的忠诚是可以信赖的。现在部队向前移动，仍然沿河顺流而下，双桅帆船同时齐头前进，当一个陡峭的岬角和不能通行的地区作梗时，它可提供暂时的帮助，把身体较弱的士兵运走，他们就是这样跋涉着，经过许多个令人厌烦的星期，穿过纳波河沿岸阴郁的荒野。每一点滴的给养都早已消耗尽了。他们最后剩下的马匹也已被吞食完了。为了平息饥饿的痛苦，他们不得不吃马鞍上的皮革和皮带。树林给他们供应不很充足的食物，因而他们贪婪地以蟾蜍、蛇和他们偶尔找到的其他爬虫为食。[①]

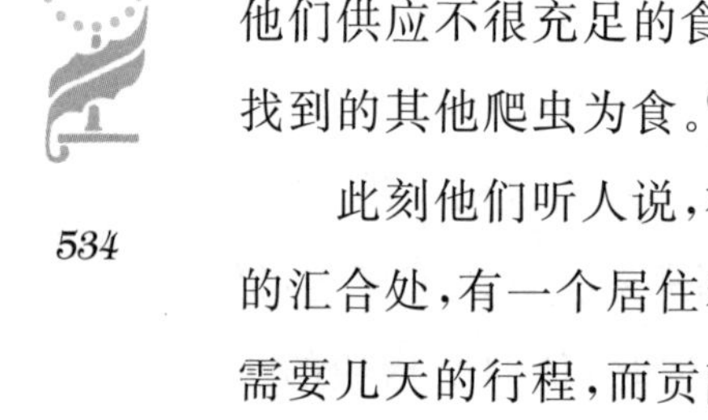

此刻他们听人说，在纳波河流入另一条向东流去的更大的河的汇合处，有一个居住着人口众多的部落的富饶地区。照例又是需要几天的行程，而贡萨洛·皮萨罗决定原地停下来，派奥雷利亚
414 纳乘坐双桅帆船顺流而下，在诸水的汇合处去获取给养，用他可能带回的给养使他们处于能重新踏上征程的身体状况。因此，这位骑士随身带了50名探险者，把船驶向河中心，此处水流甚急，他的双桅帆船被激流裹带着，像箭一般地射向前方，一会儿工夫就不见踪影了。

① “高山上有树皮草根、野果、蟾蜍、蛇类和其他令人作呕的小爬虫，这些都可以供西班牙人充饥；没有这些东西，他们连命都保不住。”见加西拉索：《王家评论》，第2卷，第3册，第四章；《与奥雷利亚纳达成的协议》，手稿；埃雷拉：《通史》，第6卷，第8册，第7章；萨拉特：《秘鲁的征服》，第4册，第3、4章；戈马拉：《西印度史》，第143章。

几天过去了，几个星期过去了，但这艘船却不见回程，在河上连一点儿迹象也看不见，这些西班牙人眼睁睁地望着最远处，只见光线渐渐消失在河边树木簇叶的黑影之中。派了几支分遣队外出侦察，虽然出去了好几天，但是没有探得有关其同伴的消息就回来了。由于无法忍受这种悬念，或者说，实际上是无法在现在的营地立足，贡萨洛和他的饥饿的部下现在决定继续前进到诸河的汇合口。在他们走完了这段可怕的路程之后，两个月已经过去了，——指那些在途中没有死掉的幸存者——虽然这段距离也许不超过200里格。最后他们终于抵达了久已想望的地点，在这里，纳波河的水流倾泻到亚马孙河，这条由千百条支流汇集成的大河滚滚向前，注入大洋，浩浩荡荡数百英里流经大陆的中央，——这是美洲最雄伟的河流。

但是这些西班牙人没有探听到奥雷利亚纳的消息，而且这个地区虽然比他们刚离开的那个地区的人口稠密一些，可各方面同样是没有什么吸引人的地方，并且居住着一个更为凶猛的种族。他们现在放弃了重新找到他们的伙伴的希望，他们料想，这些人必定是由于饥饿或者落到土著人的手中而悲惨地死去了。但是他们的疑虑终于由一个半裸着在树林中漫游的白人的出现而消失了。从他的被饥饿折磨得憔悴不堪的面容上，他们认出了这是他们的一个同胞的面貌。他是桑切斯·德巴尔加斯，一个出身名门的骑士，在军队中很受敬重。他有一段凄惨的故事有待讲述。

原来，奥雷利亚纳顺着纳波河的急流飞速而下，不到三天工夫就到达了纳波河和亚马孙河汇合处，在这段短短的时间里走完了皮萨罗和他的部队费了两个月时间所走的路程。他发现这个地区

与人们曾经描绘过的面貌完全不同，而且非但不能为其同胞提供
415 给养，就连他自己的食物也勉强才能弄到。他也无法逆流而上再回到原来的地方，同时，企图由陆地步行，这条可供选择的途径同样是困难重重。在这进退两难的情况下，他的脑海里闪过了一个念头。那就是立刻把他的双桅帆船驶向亚马孙河的河中央，顺流而下直达它的入海口。他将访问传说中的这条河两岸的一些富饶和人口稠密的国家，然后驶向大洋，穿过附近的岛屿，返回西班牙去请求得到发现的荣誉和发现的报酬。这个建议被他那些鲁莽的伙伴热切地接受了，他们欢迎将他们从目前的悲惨境地营救出去时任何行动方针，并且被新的和激动人心的探险前景鼓动得跃跃欲试。——因为酷爱探险是西班牙骑士胸中最难熄灭的一种感情。他们毫不在意他们那些不幸的伙伴的命运，竟忍心将他们抛弃在茫茫的荒野之中。[①]

在这里不便于记录奥雷利亚纳离奇的探险的各种情况。他在探险事业上获得了成功。但是简直难以设想他竟能在这条河中的危险的和陌生的航行中免于船只失事。有很多次，他的船只几乎在暗礁和狂暴的急流中被撞得粉碎；[②]而且，他还

① 德巴尔加斯的这段叙述由奥雷利亚纳证实了，当这个骑士回到西班牙时，在王室给他的授权书中就是这么写的。该文件完整地保存在穆尼奥斯手稿中。“你带着几个伙伴顺水而下，去寻找食物，河水把你们冲到一千多公里以外的一个地方，使你无法回去。由于这个原因，也由于打听到那里蕴藏着巨大的财富，你置个人安危于不顾，毫不犹豫地为国王陛下效劳，毅然前去寻找那些地区的财富，因此发现了许多人口稠密的村镇。”见《与奥雷利亚纳达成的协议》，手稿。

② 贡达明于1743年到亚马孙河去游历时，经常有机会记下他在这条河中航行所经历的危险和窘困，正如他所说，如果没有一名干练的舵手来做向导的话，进行这一航行实在是太困难了。

处在沿岸好战部落袭击的更大危险之中，每当他那股小部队试图登上河岸的时候，就会遭到他们的袭击，而且他们划着他们的独木舟尾随着他们达数英里。最后他终于从大河中脱身；一旦出现在大海之上，奥雷利亚纳就向库巴瓜岛前进，从那里越过大洋回到了西班牙。他去到宫廷并且讲述了他的航行情况，——他在这条河的两岸所发现的那些亚马孙河流域国家，传说使他确信，埃尔多拉多河（黄金河）就在附近，还有其他各种各样的奇迹，——这与其说是一种轻信的幻想的产物，不如说是夸大之词。416 他的听众兴味十足地倾听着这个旅行者的故事，而在那奇迹层出不穷的时代，当东方和西方的神秘事物时时刻刻接踵出现的时候，他们分辨不清传奇和现实之间的真正界线是可以谅解的。[①]

他轻而易举地就弄到了去征服并开拓他所发现的国土的委任状。他不久就发现自己成为有500名部下的首脑，这些人准备在他的探险事业中共担风险并分享收益。但是无论他还是他的国家都注定不能获得这些收益。他在外出的航行中死去了，而亚马孙河流经的土地落到了葡萄牙的版图之内。这个不幸的航海家甚至没有享受到那种别人不能分享的荣誉。对他所发现的水域未能以他的名字来命名，只享有一种徒具虚名的荣誉，这种荣誉确实不能

---

① 即使用所有关于现代发现的知识来看，在晚一些时候也很不容易分辨出这个准确的界线。贡达明在经过仔细的调查之后认为，有充分理由相信，存在一个有武装的妇女公社，曾一度生活在亚马孙河附近的某个地方，虽然她们现在已经绝迹了。很难反驳这一事实，但是，如果考虑到这样一个公社要长久存在下去必然会有的各种麻烦，则更难以相信它的存在。《南美航行记》，第99页及以后各页。

为伴随它的一些邪恶的事件所抵消。①

奥雷利亚纳的一个伙伴坚决反对他的做法，认为这是与人性和荣誉不相容的。这个人就是桑切斯·德巴尔加斯。而这个残忍的司令官为了报复，就把他扔在这荒无人烟的地区，现在才被他的同胞们所发现。②

417 这些西班牙人怀着恐怖的心情倾听着巴尔加斯的叙述，当他们发现他们自己就这样被遗弃在这个遥远的荒野的中心，并且被剥夺了逃脱出去的唯一手段时，血管里的血液几乎都凝结住了。他们努力地沿着河岸进行他们的旅程，但是经过几天的劳累之后，体力和精神都垮了下来，放弃了任何希望！

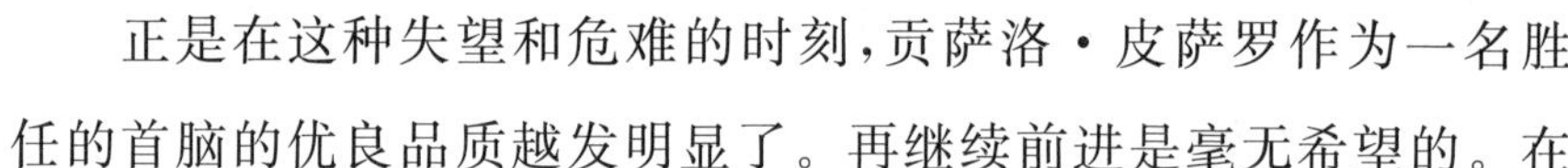

正是在这种失望和危难的时刻，贡萨洛·皮萨罗作为一名胜任的首脑的优良品质越发明显了。再继续前进是毫无希望的。在

---

① “他的罪行在某种程度上被他的荣誉所抵消了，因为他进行了近 2000 里格的航行冒险，通过了一些不为人所知的国家，乘坐着一只用未干的木材匆忙赶制出的船只，并且由很不熟练的人手驾驶着，既无食物，又无罗盘或舵手。”（罗伯逊：《美洲》，1796 年，伦敦出版，第 3 卷）。这位美洲史学家在评判奥雷利亚纳的辉煌业绩时，用了通常所使用的准确手笔，没有持道德上互相抵消的观点。他以一个不太严格的道德家的语言说：无论成就多么辉煌，也不“能为罪行开脱，或使罪恶化为圣洁”。

② 比奥雷利亚纳的探险更为有名的探险是由一位娇弱的女性戈丹女士完成的，她在 1769 年打算乘坐一只无篷的小船沿亚马孙河顺流而下直达其入海口。有七个人陪伴着她，其中有两个是她的兄弟，还有她的两个女仆。那只小船失事了，戈丹女士勉强逃出命来，和她的同伴力图步行走完其旅程的余下部分。她目睹他们一个接一个地因饥饿和疾病相继死去，直到她孤零零一个人失落在凄凉的荒野之上。但她仍然像弥尔敦在《科玛斯》中所写的女主人公一样，有幸地安全逃脱了这些危险，并且经过难以比拟的磨难之后，碰见了一些友好的印第安人，她被他们带到一个法国人的定居点。虽然她当时还是一个年轻的妇女，但毫不奇怪，她所经受的困难和恐惧使她的头发完全变白了。这段非凡的故事的细节是她的丈夫在给贡达明先生的信中叙说的，他以一种诚挚的、自然的笔调叙述此事，因而赢得了我们的信任。

没有食物和衣着，无以防御森林中凶猛的野兽和凶残的土著人的情况下，原地停下来也是不可能的。只有一条路可走：那就是返回基多。但是这引起了他们对过去的回忆，回想起他们异常熟悉的痛苦遭遇，——这是甚至连想象起来都觉得难以忍受的。他们现在离基多至少有400里格，自从他们出发进行这次痛苦的远游以来，一年多的时间已经过去了。他们怎么能再次硬着头皮去碰这些危险呢？[①]

但是，没有别的选择。贡萨洛努力使他的部下消除疑虑，详细向他们讲述了迄今他们所表现出的那种无敌的坚定性，要求他们表现出依然无愧于卡斯提尔人的声誉。他提醒他们说，当他们一旦抵达他们自己的国土时，他们所完成的勋业将使他们得到永久的荣誉。他说，他将领着他们从另一条路线返回去，并且这条路线必然会使他们在某个地方遇到他们经常听说的那些富饶的地区。至少，这条路线的每一步都将使他们接近家乡；而且因为，无论如何，现在显然只有这条退路可走，所以他们应当以男子汉的气概迎头而上。精神必定能支持肉体；而困难在高昂的斗志的面前就已经被战胜一半了！

这些士兵们热切地倾听着他那充满希望和鼓励的诺言。他们 418
首脑的信心给这些灰心丧气的士兵们增添了生气。他们感到他的论据是有力的，而且，由于他们愿意倾听他所做的保证，旧时卡斯

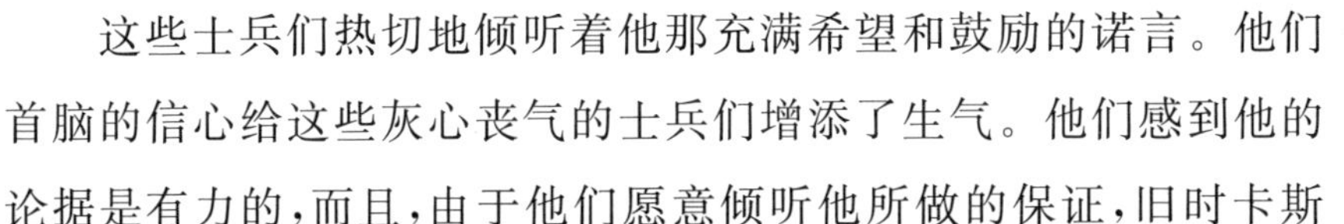

① 加西拉索：《王家评论》，第2卷，第3册，第5章；埃雷拉：《通史》，第6卷，第8册，第8章；萨拉特：《秘鲁的征服》，第4册，第5章；戈马拉：《西印度史》，第143章。人们不能指望从这些在荒野中漫游者那里得到任何准确的时间或距离的计算，因为他们缺乏对两者进行准确观察的手段。

提尔人的自豪感在他们的胸中复活了，每个人都有些被他们司令官的充沛的热情所感染。他的确有资格受到他们的爱戴。从探险的最初时刻起，他就心甘情愿地和大家一起忍受匮乏的生活。他不仅不自视自己的地位特殊，而且还与最贫穷的士兵共命运，照顾病号的需要，给情绪低落的人打气，把他那有限的物品与其挨饿的部下共享，全力承受行军的劳累和艰难，他所表现的既是他们的指挥官又是他们的忠实伙伴。因此，在像目前这种考验的时刻，他的这种行为很有好处。

我用不着向读者扼要叙述这些西班牙人在返回基多的行军中所忍受的痛苦。他们走了一条比他们抵达亚马孙河所走的路线更往北的路线，虽然遇到的困难少些，但是由于他们比先前更无力克服这些困难，因而经受了更为深重的痛苦。他们唯一的给养是他们在森林中能找到的很少的食物，或者是有幸无意中在被舍弃的印第安人的村落中碰到的食物，或者是用暴力从土著人那里勒索来的食物。有些人病倒在途中，因为没有人帮助他们。极度的痛苦使得他们自私起来，很多可怜的不幸者都被抛弃不顾，任凭他们孤独地死在荒野之中，或者更可能的是，让漫游的野兽遇上，活活地给吞噬了。

最后，于 1542 年 6 月，在归途中耗费了大约一年多的时间之后，这支备尝旅途劳顿的队伍来到了基多附近的高原。但是和两年半之前他们从同一首府的大门出发时所表现的气概多么不同啊！那时他们充满着高度的浪漫主义的希望，而且有一副壮丽的军容！他们的马匹完全没有了，武器都已破损和生锈了，野兽的皮代替了衣服，松松散散地挂在他们的肢体之上，他们的缠结在一起

的长头发杂乱地披散在肩头，脸被热带的太阳晒得黝黑，身体受到
饥饿的损耗，伤疤严重地毁损了面容，——看上去好像是尸体停放
所抛弃的死尸，当他们迈着跌跌撞撞的脚步慢腾腾地一声不吭地
往前走时，活像一群阴郁的幽灵！随从他们探险的4000名印第安
人有一多半都死亡了，西班牙人中只有80名回到基多，而且很多 419
人的体格都损坏得无法复原了。[①]

当地少数基督徒居民，领着他们的妻子和子女出来欢迎他们的同胞。他们竭尽全力照料和宽慰这些人，当他们倾听这些人讲述其令人悲痛的苦难时，他们的眼泪与这些漫游者的眼泪交织在一起。整个队伍于是进入首府，他们的第一个行动——为了让他们的荣誉得到传扬——就是全体去到教堂，为他们经历了漫长而危险的远游竟能奇迹般地活下来而向上帝做感恩祈祷[②]。这就是向亚马孙河地区进行探险的结局。这次探险，就其危险和艰难程度，就其经过时间之久，以及就他们的忍耐到底的坚定性来说，大概在美洲的发现史中是首屈一指的。

---

① 佩德罗·皮萨罗：《发现和征服》，手稿；萨拉特：《秘鲁的征服》，第4册，第5章；戈马拉：《西印度史》，第143章；加西拉索：《王家评论》，第2卷，第3册，第15章；埃雷拉：《通史》，第7卷，第3册，第14章。这最后一位历史学家，不考虑他对这次探险所做的叙述，一味地对其同胞的勇敢和坚定推崇备至，这种推崇我们应认为他们是当之无愧的。

"贡萨洛·皮萨罗是个勇敢顽强、不畏艰难、百折不挠、一往无前的人，他终于胜利地进入基多城。他经历的苦难和不幸的遭遇，在世界上实属罕见。"引文同上。

② 萨拉特：《秘鲁的征服》，第4册，第5章。

第　五　章

阿尔马格罗集团——他们的险恶处境——反弗朗西斯科·皮萨罗的密谋——暗杀皮萨罗——密谋者的行动——皮萨罗其人

1541 年

当贡萨洛·皮萨罗抵达基多时，他得到了些消息，情况表明他到亚马孙河地区探险对其利益来说，比他想象的更具毁灭性。当他不在的时候，发生了改变秘鲁整个形势的变革。

在前一章里我们已经看到，当埃尔南多·皮萨罗返回西班牙时，他的那位侯爵兄弟去到了利马，在这里，他继续致力于建设他
420 的新首府，而且照管着这个地区的总利益。在他忙于这些事务的时候，很少注意到在他的道路上时刻都有遭围攻的危险，而且尽管有更为谨慎的朋友再三警告他，也没有引起他的注意。

在阿尔马格罗被处决之后，他的部下，为数有几百人，仍然散布在全国，不管如何七零八落，仍然由一种共同反对皮萨罗兄弟的愤怒感情联系在一起，把他们看做是杀害他们的首领的元凶。这位地方长官在作为这种愤怒感情的目标比他的兄弟埃尔南多略小一些，因为他在策划这一恶行时起的作用较小。在这种情况下，很

明显，皮萨罗的政策必须做两件事情中的一件：把反对派或者看做朋友，或者看做公开的敌人。他本可用友好手段安抚那些最富于派性的人，如果可能的话，给他们某些现实的好处，使他们忘却对过去创伤的回忆；总之，要向他们证明，他的争吵是针对他们的首领的，而不是针对他们的，并且很明显，为了他们的利益计，应再次归顺到他的旗帜之下。这本来是最得策的，并且是最宽宏大量的方针，而且，扩大他的拥护者的数量，将大大加强他在这个国家中的实力。但是不幸得很，他没有这样的气度来实行这一条。皮萨罗兄弟中没有一个人具有对伤害过他的行为或者他曾伤害过的人予以宽恕的品格。因此，由于他不努力去安抚阿尔马格罗的追随者，那就很清楚，这位地方长官的政策是把他们看做敌人，——虽然表面上不露，却仍然是敌人，——并且采取措施使他们不能有所危害。他本来应当听从他的更为深谋远虑的兄弟埃尔南多的劝告，把他们分配到不同的营房里，当心不要让他们在任何地点纠集众多的人，或者，最要紧的是，不要让他们在他自己的住所附近集会。

但是这位地方长官打心眼儿里认为这些被击溃的阿尔马格罗的部下无足轻重，以致不值得采取防患于未然的措施。他容忍其敌手之子留在利马，后者的营房很快就成了这些心怀不满的骑士们常去的地方。阿尔马格罗的绝大多数士兵都很熟悉这位年轻人，他曾和他们一起在军队中由他父亲监督进行过操练，而现在他的父亲被杀掉了，他们很自然地就把他们的忠心转移到幸存的儿子身上。

然而，这位年轻的阿尔马格罗不大能够供养这一批无利可图的追随者，因为他的很大一部分印第安人奴仆和土地被皮萨罗给

剥夺了，同时他还被逐出了新托莱多政府，这是他父亲的遗嘱确定
421 给他的。[①] 由于被剥夺了所有的谋生手段，没有任何官职和工作，这些智利帮的人（因为人们继续这样称呼阿尔马格罗的部下）处于极端贫困的境况之中。正如当时的传说所云，他们穷到如此程度，以致住在同一所房子里的十二名骑士当中只能搜罗到一件外衣，而这些贫穷的骑士还有一种惯常的自尊感，不愿暴露自己的贫困，于是他们就轮流穿这件外衣，那些穿不上的人就留在家里。[②] 不论是真还是假，这件逸事很好地说明了阿尔马格罗的党徒们处于极端窘困的境地。而这种穷苦由于敌人的厚颜无耻的行径搞得更是使人激怒不已，这些敌人靠没收来的东西发了横财，在他们面前炫耀一切华丽无比的装备和衣饰，这就足以大大伤害他们的感情。

被这样的侮辱和伤害而激怒的人们是太具危险性了，以致对他们不能掉以轻心。但是，虽然皮萨罗得到各种各样的暗示，要他提防，然而他置若罔闻。“可怜的家伙！”他会大声喊道，以轻视的怜悯来谈论这些智利帮的人，“他们够倒霉的了，我们不要再进一步折磨他们啦。”[③]所以他根本很少考虑他们，像往常一样随便走来走去，不带随从骑马到这个城镇的所有地区去，并且到近郊去。[④]

由王室任命一名法官来监督秘鲁事务的消息现在传到了这个殖民地。皮萨罗虽然对这个消息大为吃惊，但还是下令让人在他登陆时好生款待他，而且在途中为他准备舒适的膳宿。阿尔马格罗部下的精

---

① 《阿尔马格罗的信》，手稿。

② 埃雷拉：《通史》，第 6 卷，第 8 册，第 6 章。

③ 戈马拉：《西印度史》，第 144 章。

④ 加西拉索：《王家评论》，第 2 卷，第 3 册，第 6 章。

神被这个消息大大振奋起来。他们满怀信心地期待这位高级官员为他们所受的冤屈平反，并且在他们当中选派出两个人，穿着丧服到北方去，到这位法官可能登陆的地方，向他申诉他们的冤情。

但是几个月过去了，没有他到达的消息，直到最后，一只船进入了港口，船上的人宣布说，船队的绝大多数都在沿岸的强烈风暴中沉没了，这位高级专员可能已和他们同归于尽了。这是一个使智利帮的人泄气的消息，他们的"痛苦"——用他们的年轻的首脑的话来说——"已经严重到无法忍受的程度。"[①]不满的征兆已经开始公开 422
显露出来。高傲的骑士们在街上遇到这位地方长官时并不总是向他脱帽致敬，有一次发现三根绳子悬挂在公开陈设的绞刑架上，绳上系着标签，标签上写着皮萨罗、法官贝拉斯克斯和地方长官的秘书皮卡多的名字。[②] 这最后一个官员特别为阿尔马格罗及其部下所憎恶。因为他的主人既不会识字也不会写字，所以所有他的通信都经过皮卡多的手；而皮卡多具有一种冷酷无情和骄傲自大的性格，由于位居要职更使他洋洋自得，他对这个地方长官所采取的措施起了很有害的作用。阿尔马格罗的一贫如洗的部下是他公开嘲弄的对象，他对人们现在给他的侮辱进行报复的方式是，骑马在他们年

① 阿尔马格罗在他给巴拿马检审法院的信中说，"我的痛苦足以扰乱我的理智。"参看他的信的原件，附录 12。

② "侯爵的秘书皮卡多伤害了许多人。唐弗朗西斯科·皮萨罗侯爵目不识丁，完全信任和依靠其秘书，只要是秘书出的主意，他就采纳，致使他在这个王国中干了许多坏事。谁要是不屈从他的意志为他效劳，不管有多大功劳，都要被他干掉。也就是这个皮卡多使得智利帮仇恨侯爵，直至把他杀死。侯爵秘书要所有的人都向他鞠躬致意，不过，智利帮不吃这一套，因而招致残酷的迫害，但后来人们都仍然仿效智利帮的做法。"见佩德罗·皮萨罗：《发现和征服》，手稿；还有萨拉特：《秘鲁的征服》，第 4 册，第 6 章。

轻的首领住所前炫耀他的一件俗气而华丽的衣服，衣服上的金和银饰物闪烁发光，而且还在他的帽子上标着“让智利帮的人瞧瞧”的字样。这是一种愚蠢的嘲弄，但是这些成为嘲弄对象的贫困的骑士们，被他们的痛苦折磨得异常敏感，不能对此逆来顺受。①

最后，阿尔马格罗的党徒们，由于巴卡·德卡斯特罗长久不见到来而变得灰心丧气，况且最近又传说他已死亡，他们感到从合法当局那里求得平反已经绝望，于是就决定自己下手。他们孤注一掷，下决心暗杀皮萨罗。这一天就是1541年6月26日，星期天。有18到20名密谋者集合在阿尔马格罗的房子里，这幢房子位于大广场上，紧挨着大教堂。当这位地方长官做完弥撒回来的时候，

423 他们就跳出来在街上向他进行袭击。一面白旗在同一时间从这所房子上面的窗户来回摆动，这是一个信号，要求他们其余的伙伴来支援那些直接实施这一行动的人员。②

这些准备工作很难瞒住阿尔马格罗，因为他自己的营房就是聚会的地点。但是没有可靠的证据证明他参加了这次密谋。③ 他确实

① 佩德罗·皮萨罗：《发现和征服》，手稿；加西拉索：《王家评论》，第2卷，第3册，第6章；埃雷拉：《通史》，第6卷，第10册，第2章。

② 佩德罗·皮萨罗：《发现和征服》，手稿；蒙特西诺斯：《编年史》，手稿，1541年；萨拉特：《秘鲁的征服》，第4册，第6章。

③ 但是这好像与阿尔马格罗自己给巴拿马检审法院的信相矛盾，在那封信里，他声称，由于被难以忍受的损害所激怒，他和他的部下决心自己动手来进行补偿，方式是闯进这个地方长官的住宅并且抓住他。（见附录十二中的原件。）然而；确凿无疑的是，从我们读到的由掌握着最可靠资料的作家所写的关于此事的全部叙述来看，其中没有发现提到积极参加这一悲剧的人之一阿尔马格罗的名字。他自己的信仅仅表示，他有参加的意图，而且进一步声明，只不过是要抓住皮萨罗，而不是要杀死他；——这是一个任何读过这一事件的历史的人都不能轻易相信的声明。

是太年轻了，以致不大可能在其中起领导作用。他被同时代的作家描述为具有很多优秀品质的人物，诚然，不幸的是，他没有被置于使这些品质得以发展的有利地位。他是一位巴拿马印第安妇女的儿子，但从早年起就追随他父亲闯荡那动乱不安的事业，他在很多方面很像他父亲那种随和与慷慨以及在激怒时暴跳如雷的性格。他的年幼和缺乏经验使他在他所置身的那种错综复杂的情况下不能起领导作用，并且使他只不过是别人手中的一个傀儡而已。[①]

他的最受人注意的顾问是胡安·德埃拉达，或者叫拉达，因为他的名字更惯常于这样拼写，这是一位出身尊贵的骑士，但他早年就入伍当了一名普通士兵，由于他的军事才能，在军队中逐渐升到最高军职。这时他的年纪已经很大了，但是青年人的热情没有在他的胸膛中熄灭，他胸中激荡着为他的老司令官的冤屈报仇雪耻的欲望。他对老阿尔马格罗的依恋感情好像全部转移到其儿子的

身上，很明显，正是为了小阿尔马格罗，甚至超过为他自己，他才策 424
划了这次冒险密谋，并且准备带头去实施它。

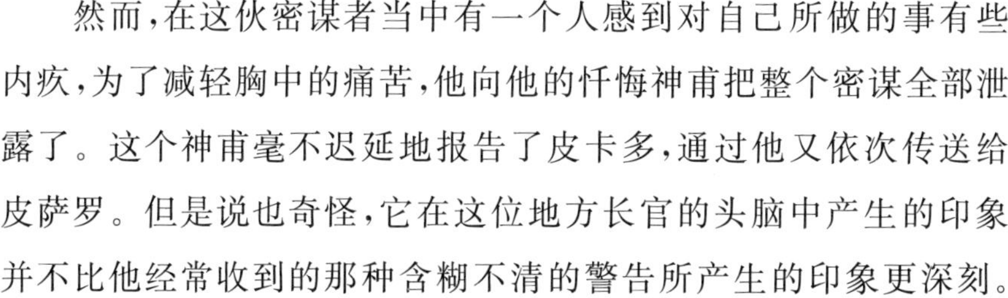

然而，在这伙密谋者当中有一个人感到对自己所做的事有些内疚，为了减轻胸中的痛苦，他向他的忏悔神甫把整个密谋全部泄露了。这个神甫毫不迟延地报告了皮卡多，通过他又依次传送给皮萨罗。但是说也奇怪，它在这位地方长官的头脑中产生的印象并不比他经常收到的那种含糊不清的警告所产生的印象更深刻。

① “他是个精力充沛、有德行、有教养的人，他特别注意练习骑马，骑有鞍具的马的技术熟练，姿势优美，他还学习写字和读书，他的学习方法灵活，学得比他的职业所要求的还要好。因此，他像胡安·德埃拉达那样得到了教官的职位。”见萨拉特：《秘鲁的征服》，第4册，第6章。

“那是神甫的一个花招,”他说,“他要求升任主教。”[1]可是他还是向贝拉斯克斯法官重述了这个故事,而这位法官,并没有下令逮逮这些密谋者以及采取适当的步骤来查清这一控告的真相,看起来他和皮萨罗一样昏头昏脑,他请这位地方长官不必忧虑,“因为只要当法官的法杖,”——这在西班牙不是一个隐喻的权力象征——“掌握在他手中时,是不会有伤害加到皮萨罗身上的。”[2]虽然如此,但为了预防可能出现的种种危险,人们认为皮萨罗在礼拜天不去教堂做弥撒,并且待在家里装病是明智的。

在约定的那一天,拉达和他的伙伴们在阿尔马格罗的房子里聚会,急切地等待着这个地方长官从教堂里走出来的时刻。但是当他们得悉他不在那里时有如晴天霹雳,大吃一惊,当时有人报告说,他待在家里,生病了。毫无疑问他们的计划已被发觉,他们预感到自己的不可避免的毁灭下场,同样也毫无疑问的是:对他们遭受的打击也不会得到令人伤感的安慰。在极端困惑的处境下,有些人就想散伙了,希望皮萨罗毕竟有可能对他们的密谋一无所知。但是绝大多数人主张立即行动起来,到他家里去袭击他。问题由成员之一迅速决定了,他认为后一种办法是唯一可以保全他们自

425 己的好机会。他打开门,冲了出去,号召他的伙伴们“跟他一块儿干,否则他将宣布他们聚会的目的”。不容再有所迟疑,这些骑士

① “前一天晚上,一个名叫贝纳奥的神甫去通知皮卡多秘书,对他说,‘明天是礼拜天,智利帮密谋在侯爵去做弥撒时,对他、您和你们的朋友下毒手。一位忏悔者告诉我这个消息,让我来通知你们。随后皮卡多告诉了侯爵,侯爵说,‘这个神甫想得到主教职位’”。见佩德罗·皮萨罗:《发现和征服》,手稿。

② “胡安·贝拉斯克斯告诉他:‘请阁下放心,只要我手握着这根权杖,谁也不敢轻举妄动。’”见佩德罗·皮萨罗:《发现和征服》,手稿。

跳出来冲向前去，以拉达为首，一面走着，一面高呼，“国王万岁！处死恶霸！”①

那正是正餐时刻，在这个西班牙殖民地的早期年代，正餐是在中午。有许多人被这些攻击者的喊声惊动了，纷纷来到广场打听个究竟。“他们要去杀侯爵，”有些人冷淡地说；另一些人回答说，“要杀皮卡多”。没有一个人起来保卫他们。皮萨罗的政权很不得人心。

当这些密谋者经过广场时，有一个成员为了躲避他们前进道路上的一个小水坑就绕道前进。“你干嘛！”拉达大声喊道，“你马上就要淌过没过膝盖的血泊了，难道还怕水坑湿了你的脚吗！”于是他命令这个人停止行动，回到他的营房去。这件轶事很足以描绘出当时的情景。②

这位地方长官的官邸位于广场的对面。穿过两个庭院才能进去。外边那个庭院的入口由一扇又厚又重的大门挡着，足能止住一百多人。但是当时是敞开着的，攻击者们急忙冲过去，来到里院，仍然高呼着令人胆寒的战斗呐喊，迎面碰到两个在庭院里溜达的家仆。他们击倒了其中的一个。另一个急忙往家里飞跑，一面大叫，“救命啊！救命啊！智利帮的人全都杀害侯爵来了！”

---

① 埃雷拉：《通史》，第 6 卷，第 10 册，第 6 章；佩德罗·皮萨罗：《发现和征服》，手稿；萨拉特：《秘鲁的征服》，第 4 册，第 8 章；纳阿罗：《简述》，手稿；《教师马丁·德阿劳科的信》，手稿，1541 年 7 月 15 日。

② “戈麦斯·佩雷斯注意到那里积满了河沟溢出的水，就绕道而行，以免弄湿衣裳。胡安·德拉达蹚着水过来说：‘我们马上就浴血而战，难道你还怕河水弄湿了双脚？喂！你回去吧。胡安·德拉达命令他回去，所以他不了解那件事。’”见蒙特西诺斯：《编年史》，手稿，1541 年。

皮萨罗这时候正在用餐，或者说，更可能的是刚刚吃完饭。他的周围围着一伙朋友，他们是顺便来走访的，好像是做过弥撒之后来探视他的病情的，其中有些人留在这里和他一道进餐。这些人当中有皮萨罗的异父兄弟唐马丁内斯·德阿尔坎塔拉，有贝拉斯克斯法官，有基多的主教当选人，以及当地的几个主要骑士，人数
426 约有 15 到 20 人。他们当中有些人被院子里的吵闹声所震惊，离开了大厅，跑到楼梯的第一个平台去询问骚乱的原因。他们根据仆人的喊声刚弄清楚怎么回事，就仓促退回到屋子里来，因为他们无心在手无寸铁的情况下，或者说，大多数人至多是在武装得很差的情况下来顶住这场风暴，因此他们夺路奔向俯瞰着花园的走廊，从这里他们轻而易举地爬了下去而未受伤。贝拉斯克斯法官是利用手往下爬得最棒的一个，他把法杖衔在嘴里，正如一位历史学家带着讽刺性的口吻所说的，他小心翼翼地不违背他的保证，即“当法杖掌握在他手中时，皮萨罗的身上不会受到伤害！”①

正值此刻，这位侯爵也得悉了这次骚动的严重性质，于是大声叫喊他最信任的一名官员弗朗西斯科·德查维斯，这个人正在通向楼梯的外面房间里。皮萨罗叫他把住门，好让他和他的兄弟阿尔坎塔拉扣紧他们的盔甲。如果这道冷静地下达的命令被同样冷静地服从的话，那将救出他们所有人的命，因为这个入口在已经逃

① “看来，他信守自己的诺言，当有人想杀死侯爵(后面还要提到这件事)的时候，他就把法杖咬在嘴里，仓皇逃跑，并从窗口跳下菜园。”见萨拉特：《秘鲁的征服》，第 4 册，第 7 章；佩德罗·皮萨罗：《发现和征服》，手稿；纳阿罗：《简述》，手稿；《教师马丁·德阿劳科的信》，手稿；《维森特·德巴尔维德神甫从通贝斯写给巴拿法院的信》，手稿，1541 年 11 月 15 日；戈马拉：《西印度史》，第 145 章。

跑的那些骑士去报警而给皮萨罗招来援军之前，能够轻易地顶住一支相当强大的兵力。但是不幸的是，查维斯没有服从他的司令官的命令，而是半开着门，企图和这些密谋者进行谈判。这些密谋者现在已经冲上楼梯口，把查维斯刺透了，辩论这才停止，查维斯的尸体被摔倒，一直滚到楼下的地上。他们曾有一度受到那些被杀死的骑士的随从们的牵制，但是这些人也很快被他们结果了。拉达和他的伙伴进到房间，急忙穿过房中，大声喊道，“侯爵在哪里？处死这个恶霸！”

马丁内斯·德阿尔坎塔拉在毗连的那个房间里，正在帮助他的兄弟扣紧铠甲，一看到前室的入口已被敌人夺取了，他就跳到房间的门口，由皮萨罗的两个年轻的侍役帮助，并由一个或两个骑士护卫着，奋力抵挡这些攻击者逼近。于是发生了一场殊死的搏斗。双方都受到沉重的打击，有一些是致命性的，有两名密谋者被杀 427
死，而阿尔坎塔拉和他的勇敢的伙伴则多处受伤。

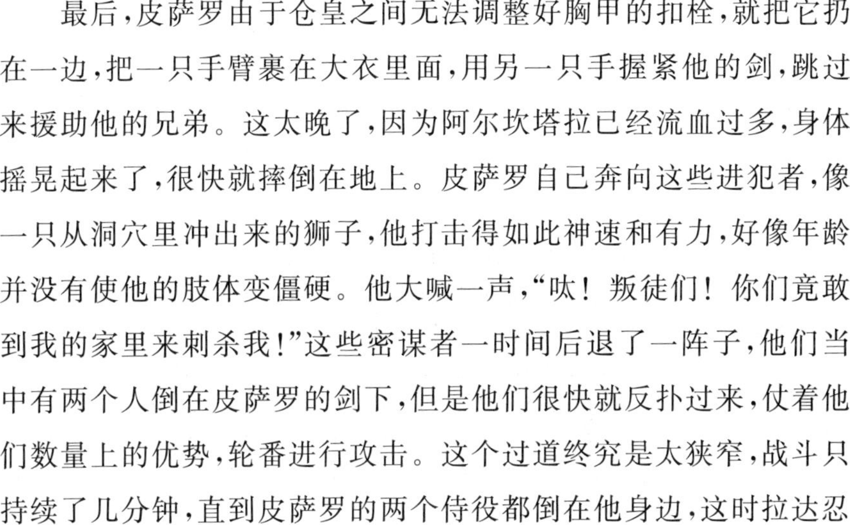

最后，皮萨罗由于仓皇之间无法调整好胸甲的扣栓，就把它扔在一边，把一只手臂裹在大衣里面，用另一只手握紧他的剑，跳过来援助他的兄弟。这太晚了，因为阿尔坎塔拉已经流血过多，身体摇晃起来了，很快就摔倒在地上。皮萨罗自己奔向这些进犯者，像一只从洞穴里冲出来的狮子，他打击得如此神速和有力，好像年龄并没有使他的肢体变僵硬。他大喊一声，“呔！叛徒们！你们竟敢到我的家里来刺杀我！”这些密谋者一时间后退了一阵子，他们当中有两个人倒在皮萨罗的剑下，但是他们很快就反扑过来，仗着他们数量上的优势，轮番进行攻击。这个过道终究是太狭窄，战斗只持续了几分钟，直到皮萨罗的两个侍役都倒在他身边，这时拉达忍

耐不住再拖延下去了，他大声叫喊道，"我们干吗磨蹭这么久？砍倒这个恶霸！"他把他的一个伙伴纳瓦埃斯搂在怀抱里，猛推他扑向这位侯爵。皮萨罗当即和其敌手格斗起来，用剑刺穿了他。但是就在这一刹那他的喉咙受了伤，他摇晃了几下，就倒在了地上，这时拉达及其几个伙伴的剑刺进了他的躯体。"天哪！"这个垂死的人惨叫了一声，用他的手指在血淋淋的地板上画了一个十字，垂下头去亲吻它，此刻，一记比其余打击更为痛快的一击结果了他的性命。①

428 这些密谋者在血洗了皮萨罗的官邸之后，当即奔向大街，挥舞着他们那血迹斑斑的武器，高声狂呼，"这个恶霸死掉啦！法律重见天日了！我们的皇上和他任命的总督阿尔马格罗万岁！"被这一欢呼声唤起的智利帮的人从各个角落聚拢来参加到拉达的旗帜之下，他很快发现自己已经居于差不多三百多名追随者之首，所有人都全副武装并准备支持他执掌大权。在前地方长官的主要党羽的

① 萨拉特：《秘鲁的征服》，第4册，第8章；纳阿罗：《简述》，手稿；佩德罗·皮萨罗：《发现和征服》，手稿；埃雷拉：《通史》，第6卷，第10册，第6章。《司法机关与雷耶斯城市居民团的信》，手稿，1541年7月15日；《教师马丁·德阿劳科的信》，手稿；《维森特·巴尔维德神甫从通贝斯写来的信》，手稿；戈马拉：《西印度史》见上。蒙特西诺斯：《编年史》，手稿，1541年。

皮萨罗和奥雷利亚纳似乎不怀疑他那被杀死的亲属死于圣洁的气氛之下。——"他遍体鳞伤，被敌人活活打死。这个西班牙的恺撒即使在重伤的情况下，仍然用自己的鲜血画了个十字架，并亲了亲画成的十字架以示忏悔。"见《名人录》，第186页。

根据一位权威人士的说法，那致命的一击出自一名叫博雷甘的士兵之手，在皮萨罗已经倒下去的时候，他用从桌子上抓到的一只水罐子砸在他的后脑勺上。（埃雷拉：《通史》，第6卷，第10册，第6章。）假若考虑到当时现场上那种骚乱和混战一团的情景，那么我们就可以说，对这场灾难的不同的记叙，虽然在事实的细节上必然会有些微不同的描述，但是各种说法相互之间却有非常一致之处。

房前布置了看守，这些党羽都被监禁起来。皮萨罗的房子和他的秘书皮卡多的房子听任人们抢劫，在前者的房子里发现了大量金银掠获物。皮卡多本人躲在司库里克尔梅的寓所里，但是他躲藏的地方被侦察到了，据某些传说的描述，是由于司库本人的神态而不是话语泄露了秘密，于是他就被拖了出来，关进了看守得严密的监狱里。[①] 整个城市陷入一片惊恐之中，一队队的军人急急忙忙地来来往往，执行各自的差使，而所有非阿尔马格罗集团的人，都吓得战战兢兢，唯恐落到被其敌人宣布为不受法律保护者之列。造成的骚动是非常之大，以致不得不由神职人员集体出动在大街上排成庄严的队列游行，把圣饼高高举在空中，希望借此神圣象征的存在来安抚广大群众的情绪。

但是，拉达及其追随者除了拘押少数有嫌疑的人员和把所发现的马匹和武器都没收以外，未搞其他的暴力行动。然后市政当局被召集来承认阿尔马格罗的权力，那些难驾驭的官员干脆就被免职了，智利帮中的别的人被用来代替。新上台的人的权利全部得到承认，青年阿尔马格罗骑马在大街上游行，由一队全副披挂的骑士护卫着，用军号声宣告他是秘鲁的总督和总首领。

这时刻，皮萨罗和他的忠实追随者的被砍得血肉模糊的躯体被弃置在血泊之中。有些人正打算把这个地方长官的尸体拖到市场上，并

① “人们没有忘记寻找安东尼奥·皮卡多。在司库阿隆索·里克尔梅家里，他一面说，‘我不知道皮卡多先生在哪里’，一面把目光投向床底下，结果皮卡多被人发现了”。（埃雷拉：《通史》，第 6 卷，第 10 册，第 7 章。）

在这不久之后，我们在利马市的登记册中发现了里克尔梅的名字，这表明，他认为至少暂时追随阿尔马格罗是合宜的。见《司法机关和雷耶斯城市居民团的信》，手稿。

429 且把他的头钉在示众架上。但是阿尔马格罗经人秘密劝说批准了皮萨罗的朋友们的请求，允许将他安葬。这一行动进行得很隐秘和匆忙，唯恐有瞬息的耽误。一个忠实的随从和皮萨罗的妻子，带着几个黑人家仆用棉布把其躯体裹了起来，运到大教堂。在一个昏暗的角落匆匆忙忙地掘了一个墓穴。只有这些卑下的仆人手中拿着几枝小蜡烛，凭这点微弱烛光，秘密地、仓促地完成了葬礼。皮萨罗的遗体被卷裹在其血淋淋的裹尸布中，埋入了它的长眠之地。这就是这个秘鲁征服者的悲惨下场，——就是这个人，在几个小时之前，曾在这块土地上称王称霸，像这块土地的世袭占有者印加王一样施行着完全的统治。而却在光天化日之下，在其自己的首府的中心，就在那些曾是他的军队伙伴并且与他分享过他的胜利和战利品的人们当中断送了性命，他像一个可怜的被遗弃者一样死掉了。编年史学家意味深长地叹息道，“甚至没有一个人说一声‘上帝饶恕他’！”[①]

几年之后，当这个国家恢复了平静，皮萨罗的遗体被放进一具豪华的棺木里并且存放在大教堂惹人注目部位的一座纪念碑下。在 1607 年，当时间已经用其友好的帷幕把过去笼罩起来的时候，当对他的过错和罪恶的记忆渐渐消失在他因扩张殖民帝国向王室所做的巨大贡献而享有的尊敬之中的时候，他的尸骨被移放到新教堂，并准许与秘鲁的英明而有德政的总督门多萨的尸骨并排安放。[②]

---

① “他咽气的时候画着十字，要求忏悔，但谁也不说一声，‘上帝宽恕你。’”见戈马拉：《西印度史》，第 144 章；《卡拉班特斯回忆录》，手稿；萨拉特：《秘鲁的征服》，第 4 册，第 8 章；《教师马丁·德阿劳科的信》，手稿；《维森特·德巴尔维德神甫从通贝斯写来的信》，手稿。

② “我看见，他的尸体被装进裹着紫色丝绒、飘着金制丝带的棺材里。”见《卡拉班特斯回忆录》，手稿。

皮萨罗死的时候大概将近65岁，诚然，应补充一句，这不过是粗略的推测，因为对他出生的年月没有可靠的记载。[①] 他从来没结过婚，但是他与一位印加血统的印第安公主（阿塔瓦尔帕的女儿和伟大的瓦伊纳·卡帕克的孙女）生了两个孩子，一子一女。两个孩子都在他死时幸存下来，但是他的儿子没有活到成年。他们的母亲在皮萨罗死后，与一个名叫安普埃罗的西班牙骑士结了婚，并和他一起迁移到西班牙。她的女儿弗朗西斯卡陪伴着她，随后这 430
个女儿在那里与当时还是梅迪纳监牢中一名囚犯、她的伯父埃尔南多·皮萨罗结了婚。无论是弗朗西斯科侯爵的称号还是产业都没有传给他的非婚生子女。但是在第三代，在菲利普四世统治时期，这个称号重又授给了唐胡安·埃尔南多·皮萨罗，由于感激他的祖先的贡献，封他为征服侯爵并可从政府领取丰厚的津贴。他的享有这一高贵称号的后裔仍然可以找到，据说住在古老的埃斯特雷马杜拉省的特鲁希略，皮萨罗家族最初出生的地方。[②]

① 见本书前面第2卷，第2章的注。

② 《卡拉班特斯回忆录》；金塔纳：《西班牙名人录》第2卷，第417页。据说，在特鲁希略广场上，还可以见到皮萨罗的住宅。“这位征服侯爵的不肖的子孙们听任这所住宅衰败下去。住宅的角落里有一些上了锈铸的印第安人的塑像，这是血腥的‘征服’、抢掠和谋杀阿塔瓦尔帕的最好的标志。”见理查德·福特：《默里的西班牙旅行者手册》，第1卷，第535页。这本实事求是地取名手册的著作，就像洪堡：《新西班牙》一样，含有大量的新奇的知识，尖锐的批评，并且熟悉西班牙人的性格和状况。据我所知，这在西班牙文或任何其他文字的著作中所没有的。尽管它是为旅行者所写的，但它对研究者来说同样是一本重要的手册，研究者可以在他的静室里仔细地熟悉“著名的浪漫之乡”的奇迹。还请参看由皮萨罗和奥雷利亚纳编入其巨著的附录中的“法律和政治论文”，在这篇文章里，这位骑士极力主张恢复皮萨罗的权利。那是一份为了皮萨罗的后裔们的利益呈给菲利普四世的请愿书，在这份请愿书里，作者在陈述了这位征服者的多方面贡献之后指出，他的后代从王室给予他丰厚的赏赐受益不少。这位王室顾问争辩并非没有效果。

皮萨罗的体貌已经描述过了。他身材高大，体型匀称，并且长着一副不令人讨厌的面容。由于是行伍出身，所以毫无宫廷的矫饰，他有军人的风度，并且有一种习惯于发号施令的气质。但虽然没有矫饰，在他的谈吐中却没有出言不雅或粗野的乡土气。在说明他的意图时，可能是能言善辩，甚至能哗众取宠。在他第二次探险之后，他作为一个对宫廷的礼仪及习惯完全陌生的人，在西班牙的讲究繁文缛礼的宫廷上表白自己时所得到的令人称赞的良好印象就足以证明这一点。

他不像他的许多同胞，他没有追求衣着华丽的强烈欲望，他把这看成一种累赘。他在公开场合最喜欢穿的一种服装是一件黑色

431 外套，一顶白帽子和一双白色的鞋子，最后一项，据说，是模仿一位伟大的将军，他早年在意大利时听人讲过这位将军的伟大品格，感到非常钦佩，但是，他自己的品格却很少有与之相似之处。[①]

他的饮食很有节制，很少喝酒，通常在破晓一小时之前起床。他总是准时办公，并且不辞辛劳。他确实有巨大而坚韧的耐久力。像他的民族中的许多人一样，他喜爱赌博，并且很少介意与他赌博的人的身份，不过，当他的对手输不起的时候，据说，他宁可自己成为输家，这是一种施舍恩惠的做法，一位西班牙作家对这种慷慨之

---

① 戈马拉：《西印度史》，第 144 章；萨拉特：《秘鲁的征服》，第 4 册，第 9 章。在利马的总督府中悬挂的皮萨罗画像把他画成一个身着平民装，穿着黑色外套的人，即西班牙绅士穿的斗篷并佩带着剑。在宽敞的总督厅中，每一块画板上都保存着一名总督的画像。长长的纵列完整齐全，从皮萨罗到佩苏埃拉；而且斯蒂文森还注意到一个稀奇的事实，即当总督的统治被革命突然结束时，最后一块画板恰好镶上了画像。（《南美居留记》，第 1 卷，第 228 页。）一种奇异的巧合是，在威尼斯竟也发生了同样的事情，如果我没有记错的话，当古老的贵族统治被推翻时，保存执政官肖像的最后一个壁龛也恰好镶上了画像。

举大加赞扬。[①]

他虽然贪婪，却是为了挥霍，而不是要当守财奴。他那富足的钱财，大概比以前任何一个探险者获得的钱财都要多，[②]绝大部分都花费在他的事业里，花在他的建筑工程上，以及花在改善公共设施的规划上，在一个由于金银非常充裕以致可说是失却了其价值的国家，这些项目能花掉惊人数量的钱财。尽管他有点儿把整个国家看成他自己的，并且在其将领中间任意分配，然而由王室给他一处领地和两万名奴仆的丰厚的恩赐从未得到实现，他的后嗣也未曾从中获益。[③]

在一个像皮萨罗这样充满积极进取干劲的人看来，懒散是最 432
大的罪恶。喜爱赌博的激情在某种意义上说是一个习惯于战争和探险的惯常刺激的人的精神上所必需的。他那未曾受过教育的头脑没有兴味去进行更为优雅，更为理智的娱乐。这个被遗弃的弃儿既没有念过书也没学过写字。这一点曾在一些人中引起过争论。但是它被无懈可击的权威性意见证实了。[④] 蒙特西诺斯说，

① 加西拉索:《王家评论》，第 2 卷，第 3 册，第 9 章。

② “他发现并拥有的黄金、白银，比在美洲的任何一个西班牙人都多，跑遍世界各地的任何一位军官都不如他。”见戈马拉:《西印度史》，第 144 章。

③ 《卡拉班特斯回忆录》，手稿；皮萨罗和奥雷利亚纳，《法律和政治论文》，载《名人录》。

当贡萨洛·皮萨罗被加斯卡院长俘虏时，要求后者指出，在这个国家的哪一个地区曾经把王室的赐予付诸实现，即以专门的土地分配手续分给过他的兄弟。参看加西拉索:《王家评论》，第 2 卷，第 5 册，第 36 章。

④ 甚至像穆尼奥斯这样一位有经验的人似乎都曾陷入到这个错误之中。在皮萨罗的一封信里，我发现了由这位著名学者亲笔写的一项备注的下列抄录：——“弗朗西斯科·皮萨罗的信，他的书写得很流利的字体”。

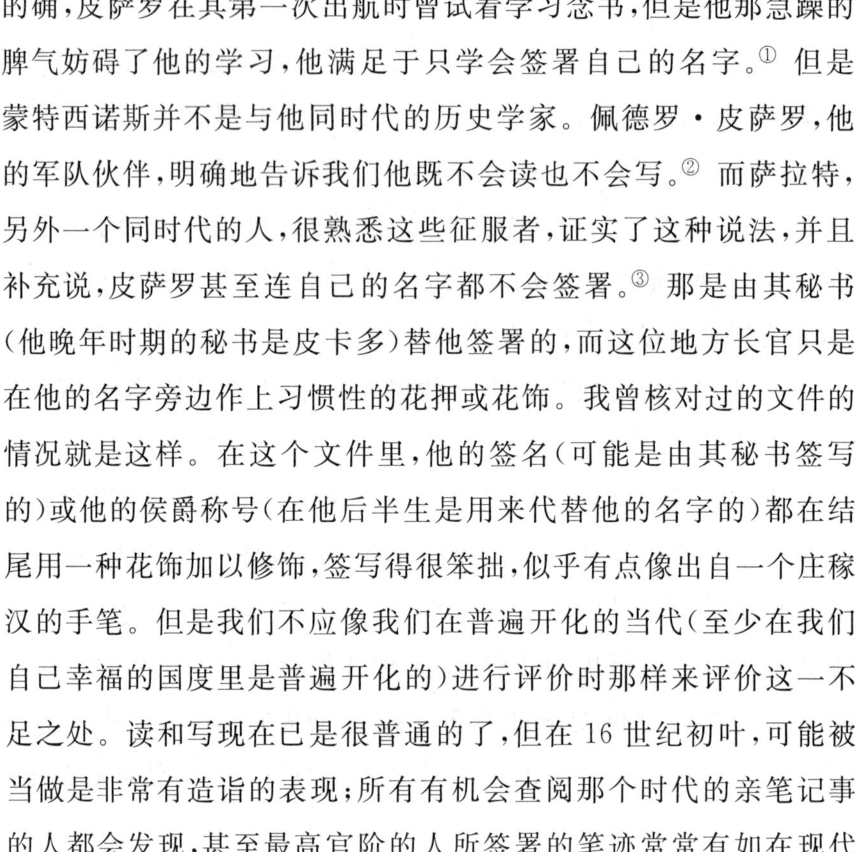

的确，皮萨罗在其第一次出航时曾试着学习念书，但是他那急躁的脾气妨碍了他的学习，他满足于只学会签署自己的名字。① 但是蒙特西诺斯并不是与他同时代的历史学家。佩德罗·皮萨罗，他的军队伙伴，明确地告诉我们他既不会读也不会写。② 而萨拉特，另外一个同时代的人，很熟悉这些征服者，证实了这种说法，并且补充说，皮萨罗甚至连自己的名字都不会签署。③ 那是由其秘书（他晚年时期的秘书是皮卡多）替他签署的，而这位地方长官只是在他的名字旁边作上习惯性的花押或花饰。我曾核对过的文件的情况就是这样。在这个文件里，他的签名（可能是由其秘书签写的）或他的侯爵称号（在他后半生是用来代替他的名字的）都在结尾用一种花饰加以修饰，签写得很笨拙，似乎有点像出自一个庄稼汉的手笔。但是我们不应像我们在普遍开化的当代（至少在我们自己幸福的国度里是普遍开化的）进行评价时那样来评价这一不足之处。读和写现在已是很普通的了，但在16世纪初叶，可能被当做是非常有造诣的表现；所有有机会查阅那个时代的亲笔记事
433 的人都会发现，甚至最高官阶的人所签署的笔迹常常有如在现代

① “在那次旅行中，皮萨罗力图学会认字，但他的火暴性子使他一无所获，他只好满足于会签名。阿尔马格罗了解这一切，他说，不会认字就签名等于不会伤人而会受伤。以后，皮萨罗总是自己签名，而阿尔马格罗总是让秘书代为签名。”蒙特西诺斯：《编年史》，手稿，1525年。

② “唐弗朗西斯科·皮萨罗既不会写字，也不会看书。”见佩德罗·皮萨罗：《发现和征服》，手稿。

③ 作者在谈到皮萨罗和阿尔马格罗时说：“他们完全没有文化，就连自己的名字都不会写，这是一大缺点……侯爵非常信任他的侍从和朋友，在签发分配印第安人名单和一切文件时，他只在上面画两道杠杠，然后安东尼奥·皮卡多在当中签上弗朗西斯科·皮萨罗的大名。”见萨拉特：《秘鲁的征服》，第4册，第4章。

连对一个小学生都不值得称赞的笔迹。

皮萨罗虽然勇于行动并且不容易改变其宗旨，但在做决定时却很缓慢。这使他表现出与其性格不合辙的优柔寡断。[①] 也许是这种优柔寡断的意识导致他在对申请权利的人说话时，一开头总是习惯于说“不成”；而随后则从容地修改他的判断，并授给他认为合宜的权利。他采取与其伙伴阿尔马格罗相反的路线，据说，后者通常说“可以”，但常常不遵守其诺言。这是后者那种大大咧咧与平易近人的性格所具有的特征，受感情冲动的主宰而不是按原则行事。[②]

几乎没有必要谈论像皮萨罗这样立志进行探险事业的人的勇敢问题。的确，勇敢在西班牙探险者当中是一种平凡无奇的品质，因为历险是他们的乐趣所在。但是他具有比仅仅是动物性的勇敢更高一筹的东西，对达到目的坚定不移的毅力深深扎根于其性格之中，命运的狂风巨浪难以使其动摇。正是这种不可动摇的坚定性形成了他的性格中最关键的品质，而这正是成功的秘诀。最明显的证明就是他第一次在乔科的美洲红树林中和阴郁的沼泽地中的探险。他眼看他的部下被毁损人体的疟疾折磨得在他周围动弹不得，在一个看不见的敌人面前逐渐衰弱下去，而却无法为保卫自

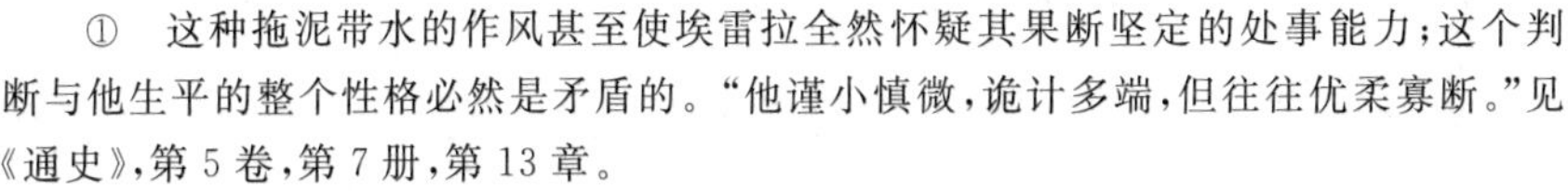

① 这种拖泥带水的作风甚至使埃雷拉全然怀疑其果断坚定的处事能力；这个判断与他生平的整个性格必然是矛盾的。“他谨小慎微，诡计多端，但往往优柔寡断。”见《通史》，第5卷，第7册，第13章。

② “他有个习惯，每当有人向他提出要求时，他总是说不行。一切说话算数的人都这么说。虽然他是这么说的，但只要没有困难，他就满足人们的要求……唐迭戈·德阿尔马格罗正好相反，他对所有的人都说行，但他的话很少兑现。”见佩德罗·皮萨罗：《发现和征服》，手稿。

己进行反击。但是他既没有泄气，也没有在这一探险计划中表现得畏缩不前。

在这场征服大自然的战争中有些难以设想的困难。在人与人的搏斗中，由于是在同等条件下进行争夺而激起了斗志，但是在对自然环境的斗争中，我们感到，无论我们多么勇敢地去斗争，但不可能有控制它的力量。我们也不会被在这一争夺中获得荣誉的前景所激励，因为在对人类荣誉所做的变幻莫测的估价中，默默地忍受不管多么巨大的生活上的困苦，在与显赫的胜利纪念碑相比时
434 是微不足道的。啊！英雄的桂冠——对人类来说竟然是如此！——只有在战场上才是大显身手的场所。

当皮萨罗在小小的加洛岛上时，他的这种坚韧不拔的精神表现得更为强烈，那时他在沙滩上画下一条线，把他及其少数追随者与他们的故土和那些已开化的人们分开。他相信他自己的坚定性会给弱者以力量，并把勇敢的人们团结起来跟着他去执行他的探险计划。他对未来充满信心，并且没有估计错误。这是一种英勇的精神，所欠缺的只是一种对其目标的更高尚的动机来造就真正的精神上的崇高境界。

但是在其性格中的同样的特征在以下这件事上表现得也几乎是毫不逊色：当他在海岸登陆之后，在查明了印加人真实的力量和文明之后，他坚持率领一支不到 200 人的队伍向内地进军。他这样做，无疑是以科尔特斯为自己的榜样，这个榜样对那个年代的探险者们具有高度的感染力，特别是对从事同样探险事业的皮萨罗来说更是如此。但是皮萨罗所设想的危险远比墨西哥的征服者的大得多，墨西哥征服者的兵力几乎是他的兵力的三倍，同时印加人

这个名字当时所造成的恐怖——无论结果证实如何——也像阿兹特克人的名字一样广为流传。

这无疑是模仿皮萨罗所设计擒拿阿塔瓦尔帕具有吸引力的模式。但是这两个西班牙首领的境遇以及他们实施暴力行动的方式却是不同的。对秘鲁人的肆无忌惮的屠杀就像阿尔瓦拉多在墨西哥所干的一样，如果秘鲁人的性格也像阿兹特克人那样凶猛的话，可能会招来灾难性的后果[①]。但是把阿兹特克人激得狂怒的打击却制服了较为驯服的秘鲁人。那是一个大胆的打击，是要冒很大风险的，这很难说得上是什么政策。

当皮萨罗在这个国家登陆时，他发现它被争夺王位的斗争搞得四分五裂。这似乎有利于他玩弄挑拨离间的手法，自己从中渔利。他没有这样做，而是诉诸大胆的暴力行动，一举将两者都制服了。他后来的经历没有科尔特斯所表现出的那种深谋远虑的策略性，那时科尔特斯把互相斗争的民族集拢在他的旗帜下，指引他们
去反对一个共同的敌人。皮萨罗更少有机会表现出他的匹敌者那 435
样的战术和战略修养。科尔特斯是以一位统率强大军队的大将的合乎科学的原理来指挥他的军事行动的。皮萨罗似乎只是一个冒险家，一位幸运的游侠骑士。只用一次打击，他就打破了使印加王得以统治这块土地如此之久的魔法。魔法被打破之后，在迷信时代建立起的帝国的虚弱结构就一触即溃。这是一种好运气，不是由于政策造成的结果。

皮萨罗的背信弃义是出名的。但是没有比这更有损于正确的

---

① 参看《征服墨西哥》，第 4 册，第 8 章。

政策的了。一次表演得充分的背信弃义行为会变成实施这种行为的人的毁灭深渊。一个人舍弃了忠诚信誉就是毁坏了未来行动的最好的基础。谁愿意故意地在流沙上盖房子呢？由于皮萨罗对阿尔马格罗的背信弃义行为，他受到西班牙有识之士的疏远。由于他对阿塔瓦尔帕以及后来对印加王曼科的背信弃义行径，他使秘鲁人感到憎恶。皮萨罗的名字变成了背信弃义的别称。阿尔马格罗在一场内战中对他进行了报复；而曼科则在一场暴动中几乎推翻了皮萨罗的统治。这场内战是以一个使他付出了生命代价的密谋而告终的。这就是他的政策的结果。皮萨罗可以被看做是一个狡诈的人，但是不像他的同胞曾经常颂扬的那样，他不是一个精明的人。

当皮萨罗占领库斯科的时候，他发现这是一个文化艺术很先进的国家：人们在现存的风俗与制度下生活在宁静和可以确保人身安全的气氛之中；群山和高原上遍地是白色的羊群；溪谷充满精心耕作的果实；粮食满仓满囤；整个国家丰衣足食，欢欣鼓舞；这个民族的性格，在最温和和最单纯的迷信形式的影响下已经软化，很适于接受一种较高的和基督教的文明。但是，皮萨罗根本没有传播基督教文明，而是驱使这些被征服的种族参加他那野蛮的军事活动；神圣的修道院被弃置于他们贪欲的亵渎之下；城镇和村庄横遭劫掠，可怜的土著人像奴隶一样被分配，在矿上为他们的征服者出苦力；羊群被搞得七零八落，任意地毁掉了，仓库里的粮食全部浪费了；在这块土地上发展更完善的文化的美好计划濒临着陷于衰败的厄运；乐园变成了一片不毛之地。皮萨罗不仅不从古老的
436 文明中吸取有益的东西，反而宁愿从这块土地上抹去文明的一切

痕迹,然后在它的废墟上建立起他自己国家的制度。但是这些制度很少适用于那些可怜的被置于严酷奴役之下的印第安人。在太平洋沿岸密布的正在兴起的村社和城市,以及商业繁荣的市场对他们没有多大好处。宝贵的遗产他们没有份。他们在祖国的土地上反而成了外人。

秘鲁的宗教(它那曾使秘鲁人顶礼膜拜的光荣的神明是造物主之威力和慈善的最好代表)也许是人类中间曾经存在过的最纯粹的迷信形式。但是在事物的新秩序下,它有很大意义,通过传教士们的仁慈的热忱,一种较高尚的信仰的某种微弱的光辉在秘鲁人的昏暗的灵魂中带来了黎明的曙光。皮萨罗本人不能被说成是对于传播这种信仰表现出了任何过分的关切。他不是像科尔特斯那样偏执的人。偏执是宗教教义的滥用,但皮萨罗则缺乏宗教教义的本身。使异教徒皈依是科尔特斯探险的一个压倒一切的主旨。那不是一句空话。他将在任何时候牺牲他的性命来殉这一主旨,曾不止一次,由于他的轻率的热情,他竟然置他的生命和探险的成功于危难之中。他的最大目的是从阿兹特克人的粗野的令人厌恶的事物中把这块土地加以净化,代之以耶稣教。这使他的探险带有十字军的性质。这是给征服所做的最好的辩解,并且能比所有其他的谋虑更好地将我们的同情罗致在征服者的一边。

但是,从人类的判断能够审视的范围内来看,皮萨罗的主导宗旨是贪婪和野心。的确,有一些优秀的传教士跟随他的队伍散播精神真理的种子,而且西班牙政府,像通常一样,是指令用它的慈善的立法来使这些土著人皈依的。但是皮萨罗及其部下的原动力是对黄金的贪欲。这是他们的辛劳的真正刺激,背信弃义的代价,

他们的胜利的真正酬劳。这就使他们的探险带有卑鄙和唯利是图的动机；这样一来，当我们把征服者的那种穷凶极恶的贪心与被征服者的温和的和无害的举止相对比时，我们的同情，甚至西班牙人的同情都必然会倾向于印第安人的一边[1]。

437　但是，没有一张画没有其明亮部分，为了对皮萨罗做到公正起见，我们不应当只是没完没了地谈论他的画像的黑暗部分。在扩张帝国的事业中，西班牙从她的任何一个子孙身上都没有比从皮萨罗身上受惠更大，因为经他的手为她赢得了曾一度闪耀在她的

① 索西的气势磅礴的下列诗句，以很短的篇幅简述了皮萨罗的最惹人注目的性格。诗人的诗句肯定不会被指责（通常是很可能被指责的）为恭维其所描述的对象之词。

“为特鲁希略的一支队伍而写”。

“皮萨罗在这里应运而生，他是
光荣榜上最伟大不过的名字。
辛劳和痛苦，饥饿和敌对分子，
以及严阵以待的大军都未能
阻止他前进的步伐，他不知疲倦，
威吓不倒，不可战胜。
他在一个庞大的王国里横行，
用他那无情的铁腕，
杀戮或奴役它的无罪的居民，
而财富、权力和名望是对他的奖赏。
但是在坟墓之外还有另外一个世界，
一个人的所作所为要在那里受到评判。
啊，读者！假如你是靠日常劳动
赚取每日的面包，——可以说，不管
你的命运注定是多么不佳，多么悲惨，
那么应深深地感谢创造了你的上帝，
他使你不像他那样。”

皇冠上的最珍贵的印第安宝石。当我们反复思索他所闯过的险关，他坚韧不拔地忍受的痛苦，他所克服的令人难以置信的障碍，他单枪匹马所取得的辉煌战果，而且是在没有得到政府的援助的情况下取得的，那么，虽然不能说他是一个最好的人或者一个最伟大的人，但是却不能不把他看做是一位非凡的人。

在袒护他的过错时，我们也不能不指出他早年的生活环境，因为，像阿尔马格罗一样，他是罪孽和不幸之子，很早就被抛弃到人间去寻找他可能找到的幸运。他在青年和未成熟时期就受到他被抛进的那个社会阶层的影响。而贫穷的流浪汉的命运何时能使人成为圣贤的呢？他的命运是被抛到一个军营的放荡的同住者之中，这是一所演习抢劫的学校，它的唯一法则就是杀戮，他们把可怜的印第安人及其继承的财富看成是他们的合法的掠夺物。

当人们想到如果在这样的学校中受训自己的命运将会怎样时，谁能不感到浑身战栗呢？罪状的数量不一定能表明犯罪人的有罪。实际上，历史所关注的是前者，因为它可以记载下来作为对人类的一种警告；但是只有深知人心、深知诱惑的力量并且知道抵制它的方法的造物主才能判定罪孽的程度。

第　六　章

438 密谋者的活动——巴卡·德卡斯特罗的进军——阿尔马格罗采取的行动——总督取得的进展——两军相接——血染丘帕斯平原——巴卡·德卡斯特罗的施政

1541—1543 年

在牢牢地占领了首府之后，密谋者的第一个步骤，就是派人到各个城市去宣告所发生的革命，并要求他们承认年轻的阿尔马格罗为秘鲁的总督。在特鲁希略和阿雷基帕，是在军队的护卫下召集会议，人们没提什么意见就服从了。但是在另外的城市，人们却以比较冷淡的态度表示了同意，而在某些城市里，这一要求受到了轻蔑的对待。在库斯科，这个仅次于利马的最重要的地方，阿尔马格罗集团的人数众多，保持着其派系的支配地位；凡是反抗他们的行政官都被免了职，把位置腾给另外的脾气更随和的人。但是这个城市的怀有忠心的居民对这种做法不满，他们私下派人到皮萨罗部下的一个名叫阿尔瓦雷斯·德奥尔古因的将领那里去报信，此人带着一支相当大的部队驻扎在附近；于是，这位军官就进驻到这个地方，很快剥夺了新上任的高官的职位，恢复了这座古老首府的旧秩序。

密谋者遇到了来自阿隆索·德阿尔瓦拉多的更为坚决的反对，这是皮萨罗的一名主要将领，——读者会记得，他是在阿班凯桥被老阿尔马格罗击败的，——现在他带领一支大约200人的队伍驻扎在北方，这支队伍训练有素，不亚于这个国家里的任何其他部队。这位军官在得到他的将军被暗杀的消息时，立刻写信给那位尚未就任的牧师巴卡·德卡斯特罗，向他报告秘鲁事态的情况，并且敦促他兼程赶赴南方[①]。

像前面有一章所介绍的，这位官员受西班牙王室的派遣，来配 439
合皮萨罗恢复这个国家的安定，在那位司令官死亡时，有权自己执政。在经过漫长的和充满狂风巨浪的航程之后，他于1541年春天，在布埃纳文图拉港登陆，由于厌恶海上的危险，宁肯循陆路继续其令人疲倦的行程。但是他被长途跋涉折腾得太衰弱了，所以整整走了三个月才到达波帕扬，在这里，他得到了皮萨罗死亡的令人震惊的消息。这就是在他所接受的指示中以非常明智的预言谈到的不测事件。但是他处境的困难使他十分困惑。他在这块土地上是个陌生人，对这个国家很不了解，并且没有一支武装力量做他的后盾，甚至没有人们可能认为他必须拥有的军事技术。他对阿尔马格罗的影响的大小一无所知，或者说对暴动蔓延的范围一无所知，——总而言之，对他投身其中的人民的意向茫然无知。

---

① 萨拉特：《秘鲁的征服》，第4册，第13章；埃雷拉：《通史》，第6卷，第10册第7章；《乌斯卡特吉的证词》，手稿；《教师马丁·德阿劳科的信》，手稿；《神甫维森特·德巴尔维德自通贝斯的来信》，手稿。

在这样一种危难的情况下，一个意志薄弱的人可能会听从人们的如下劝告：即返回巴拿马并且驻扎在那里直到聚集了足够的兵力使他能够以占优势的地位对暴动者开战为止。但是巴卡·德卡斯特罗的无畏精神使他不肯采取这样一个等于宣布他不胜任委派给他的艰巨任务的步骤。他对自己的智谋和他借以行动的委任状满怀信心。他还依靠西班牙人的惯常的忠诚，在经过周密的考虑之后，他决心勇往直前，并且相信事态的发展会使他达到其使命的目的。

当时从阿尔瓦拉多处得到的建议坚定了他的意图；并且毫不迟延，他继续向基多进军。在这里，他受到贡萨洛·皮萨罗的副官的热情接待，这位副官在其司令官前往亚马孙河探险期间由他负责这个地区。巴卡·德卡斯特罗还受到基多的征服者贝纳尔卡萨尔的迎接，他带来了一支小小的援军，并且愿意出力亲自帮助他执行其计划。他当即展示了王室的委任状，该委任状授权给他在皮萨罗死亡的情况下执政。由于这种意外事变已经发生，巴卡·德卡斯特罗于是就宣布了他准备行使授予他的权力的意图。与此同
440 时，他派遣使者到各主要城市，要求他们服从他这个合法的王室代表。他仔细选用做事周密谨慎的人来完成这一使命，这些人都应是深孚众望的。然后，他继续缓慢地向南进军①。

他想以其不慌不忙的行动争取时间使他的命令起作用，并且

① 埃雷拉：《通史》，第 6 卷，第 10 册，第 4 章。《贝尔纳卡萨尔从卡利写给皇帝的信》，手稿，1542 年 9 月 20 日。贝纳尔卡萨尔促请巴卡·德卡斯特罗只接受法官的称号而不要接受总督的称号，因为后一称号将同阿尔马格罗对称做新托莱多的这部分领地的权利发生冲突，这块土地是他的父亲遗赠给他的。“我曾多次劝他不要以总督的身份进入那个地方，而应以国王陛下派出的法官身份去给被侮辱的人申冤，这样人们就会高兴地迎接他。”见上。

使新近的非常事变引起的骚动平息下去。他蛮有把握地估计对王室的忠诚会使西班牙人除非在最极端的情况下不愿意与王室的权威发生冲突，并且，不管这种大众的情感被一时的激情迸发扰乱得多么厉害，他相信他们那一贯的感情主流会使人民走向正确的方向。在这一点上他没有估计错误，因为，在古代的西班牙，忠诚的原则扎根得太深了，不然的话，仅只是长年的压迫与暴政就足以导致人们抛弃其对国家的这种忠诚。虽然很可悲，但却不足为奇的是，在漫长的岁月里处于一个糟糕的政府的统治下，却未曾使他们有能力去创立一个好的政府。

当这些事件在北方继续发展的时候，在利马的阿尔马格罗集团天天都在吸收新的力量。因为除了那些从一开始就公开宣布是他父亲同党的人之外，还有许多其他的人，这些人由于这种或那种原因对皮萨罗抱有憎恶感，因此现在愿意隶属于把他推翻了的那位领袖的旗帜之下。

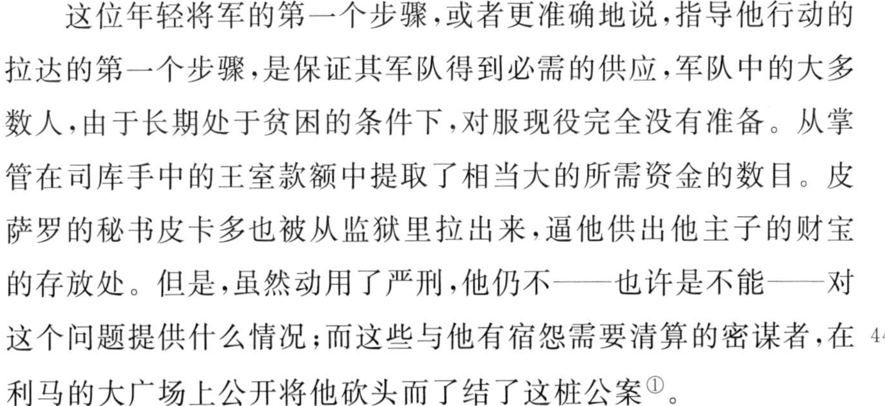

这位年轻将军的第一个步骤，或者更准确地说，指导他行动的拉达的第一个步骤，是保证其军队得到必需的供应，军队中的大多数人，由于长期处于贫困的条件下，对服现役完全没有准备。从掌管在司库手中的王室款额中提取了相当大的所需资金的数目。皮萨罗的秘书皮卡多也被从监狱里拉出来，逼他供出他主子的财宝的存放处。但是，虽然动用了严刑，他仍不——也许是不能——对这个问题提供什么情况；而这些与他有宿怨需要清算的密谋者，在 441
利马的大广场上公开将他砍头而了结了这桩公案[1]。

[1] 佩德罗·皮萨罗：《发现和征服》，手稿；《巴里奥·努埃沃的信》，手稿；《维森特·德巴尔维德神甫自通贝斯的来信》，手稿。

库斯科的主教巴尔维德，如他自己向我们表白的那样，以他的名义进行了徒劳的干预。那是一个独特的场面，这位狂热的主教最后一次露面竟是以一个行善者恳求宽恕[①]。此后不久，他被批准同法官贝拉斯克斯以及皮萨罗的其他一些亲信一起从利马港登船离去。我们有他的一封信，是1541年11月从通贝斯发出的；几乎就在此后不久，他落到了印第安人的手里，并且和他的同伴一起在普纳被残杀。美洲探险者的充满惊涛骇浪的生涯以暴死而结束的事情是屡见不鲜的。巴尔维德是一个多明我会的男修道士，就像奥尔梅多神甫追随科尔特斯左右一样，他在整个探险过程中都待在其司令官的身边。但他并不总是像有教养的奥尔梅多那样利用他的影响来阻止这些武士们举起来的手。至少，这不是他自己所说的在可怕的卡哈马尔卡大屠杀中所表现出的那种宽厚的面貌。但是某些同时代的记载把他描绘成这样，当他被任命担任主教职务之后，曾不遗余力地进行了教化土著人和改善他们的地位的工作；而且在那段期间过后，从他本人和政府的通信中可以看出他对这些值得赞扬的目的表示出很大的关切。由于他是在具有最严格的修道院纪律的学校培养出来的，这种纪律常常要求清心寡欲，不考虑世俗的仁爱，因此他不能像仁慈的拉斯·卡萨斯一样，超越其盲目热衷的信条之上，在异教徒不皈依基督教的情况下，把

① “杀掉被关押的侯爵秘书安东尼奥·皮卡多的命令正在下达，我得知后，即去见唐迭戈、他的军区司令胡安·德埃拉达及其全体军官，我向他们谈了上帝和国王陛下的利益所在，并且跪在他们的脚下，哀求他们不要杀皮卡多。但是一切都白费，几天之后他们把他押到城市的广场上，割下了他的脑袋。”《维森特·德巴尔维德神甫自通贝斯的来信》，手稿。

他们看成是兄弟；并且，在那个学校的真实精神中，他无疑会抱有这样的想法，目的的圣洁可以证明手段是正当的，不管这种手段本身多么令人厌恶。但是，同一个人，假如他无节制地使这些可怜的土著人流血以获取其信仰的胜利的话，那么无疑地，他也必须大量流出他自己的鲜血来进行防卫。这种情况在16世纪并不是罕见的。[①]

阿尔马格罗的部下补充了资金之后，毫不迟疑地拨款购置在城里能找到的可供他们使用的各种马匹和武器，并且他们毫不懈怠地抓紧办这件事，因为大部分居民表明对他们的事业不抱好感。当阿尔马格罗正在忙于这些事务的时候，得到情报说，奥尔古因率领了一支近300人的队伍离开库斯科，准备与北方的阿尔瓦拉多会师。击败这次会师是关系到阿尔马格罗获得成功的重要一着。如果说巴卡·德卡斯特罗的策略是拖延，那么很清楚，阿尔马格罗的策略应是速战速决；即立即出兵迎战奥尔古因，以其优势兵力可能轻易取胜；然后乘胜前进更能轻而易举地击败阿尔瓦拉多，这样一来，那位新总督在一定程度上就要任凭他摆布。本来可以很容易地各个击破，可是他们一旦联合起来，就会成为难以对付的力量。阿尔马格罗及其同党已经因起来反对政府而安排了极其凶恶的行动，这是明目张胆地直接违抗王室的权威，以致这些作恶者自 442

① "主教维森特·德巴尔维德先生对上帝和国王陛下的事业从来不抱热情，也没有积极地向当地人宣传神圣的基督教信仰，使他们皈依我们的天主，他甚至不理会这些王国内的和平与宁静；他对自身的利益却非常热心，给大家很坏的影响。"(《阿尔马格罗写给巴拿马法院的信》，手稿，1541年11月8日)不要忘记，这位作者是他个人的仇敌。

忖难以得到宽恕。他们的唯一机会就是勇敢地把打击进行到底，一旦得手，使自己处于令政府望而生畏的姿态。政府对其强有力的重臣的畏惧可能使他们得以逼取永远不会给予恳求者的条件。

但是，阿尔马格罗及其同党退缩了，不敢公开与王室顶撞。他们所以起来造反是因为被迫所致，并不是他们愿意这样干的。他们的本意只是对皮萨罗个人报他们的私仇，而不是公然反抗王室的权威。因此，当某些坚决的、不计后果的成员提议立刻向巴卡·德卡斯特罗进军，并予以迎头痛击，一举决雌雄的时候，几乎受到了全体一致的反对；直到经过长时间的争论之后，终于决定出兵迎击奥尔古因，并且切断他与阿隆索·德阿尔瓦拉多的联系。

443 阿尔马格罗打算在浩哈与敌人进行交战，当他刚刚开始其向浩哈的进军时，就因胡安·德拉达的去世而遭遇到严重的不幸。拉达是一位年纪相当大的人；而他作为主要参加者的新近这些激动人心的事变，对于一生经过异常的颠沛艰难的身躯来说是太吃不消了。他因发烧而卧床不起，不久就去世了。他的去世使阿尔马格罗蒙受了不可估量的损失；因为，除了对年轻的首脑忠心耿耿之外，凭他那丰富的经验，胆大心细的性格，他在这支军队中胜过任何其他的骑士，足以指导他安全地闯过他曾让他驶入的充满暴风雨的海洋。

拉达死后，在享有最高声望的骑士之中，两个最野心勃勃的人是克里斯托巴尔·德索特洛和加西亚·德阿尔瓦拉多。两个人都具有相当高的军事才能，但后者以勇猛专横著称，往往使人想起他的著名的同名者，那个人在科尔特斯的麾下博得了相当高的声望。不幸的是，在这两个军官之间滋长了一种嫉妒心；这种嫉妒心在西班牙人中间非常普遍，这似乎可以说是一种民族特征，是一种不能与人平起平坐的态度，它建立在一种虚荣的原则之上，这就是使他们分裂成各种派别的滋事的根源，无论是在君主政体统治下还是处于共和政体下都是如此。

这种状况对阿尔马格罗特别不利，由于没有经验，使他不得不依赖别人的支持，而在当时意见纷纭的情况下，他几乎难以辨明究竟应该听谁的。正是由于这些分歧造成的时日迁延，使得阿尔马格罗的先头部队直到敌人已经通过浩哈溪谷之后方才抵达那里。阿尔马格罗紧追不舍，将其辎重和炮兵甩在后面以便轻装前进。但是，千载难逢的战机已经错过。因秋雨连绵涨满了水的河流阻碍了他的追击；而且，尽管他的轻装部队追上了奥尔古因的后卫队伍在行军中少数掉队的士兵，但奥尔古因还是成功地指挥他的部队通过了危险的山道，并且在北部海港瓦乌拉的附近与阿隆索·德阿尔瓦拉多会师了。

由于失去了追击的目标，阿尔马格罗打算向库斯科进军，——在他看来，这是处于他自己管辖范围之内的首府——占领这座城市，并在那里进行在战场上迎击其敌手的准备。索特洛被派遣带领一小支部队担任先行。他未遭到当时无防御能力的市民的抵抗；当地的政府又回到了智利帮人们的手中，他们年轻的首脑不 444
久就率领部队来到，并且在这座印加人的首府建立起其过冬的营房。

在这里，这两个争权的将领的嫉妒心暴发成公开的不和。结果是以索特洛的死亡而告终，他是在他自己的房间里被加西亚·德阿尔瓦拉多卑鄙地刺杀的。阿尔马格罗对这一暴行感到极大的愤怒，使他更为愤慨的是，他感到自己太软弱无力，以致不能惩罚这一事件的罪犯。他暂且强忍下这满腔的愤恨，佯装对这个危险的军官待之以更显著的宠爱。但阿尔瓦拉多不是容易受这种表里不一的假象欺骗的人。他觉察出他已经失去他的司令官的信任。为了报复，他拟定了造反的阴谋；而阿尔马格罗，为自卫之需所迫，仿效其军官的所为，率领一批武装士兵进入他的住所，对造反者进行了猛烈的袭击，当场把他杀死[①]。

这一非常的举动产生了最好的后果。阿尔瓦拉多煽动叛乱的阴谋与他自己同归于尽。不服从的种子被根除了，从那以后，阿尔马格罗只感受到其部下的绝对服从和最忠诚的支持。也是从那个时候起，他自己的性格似乎起了变化，他信赖别人远远不如信赖他自己，并且与其年龄相比，过早地发展了他的老谋深算，因为他还不满 22 岁[②]。从这个时候起，他表现出一种旺盛的精力和预测事变的先见，这证明他，尽管年轻，并非不胜任他那坎坷的命运带给他的那种令人难以对付的紧急事变。

他立刻着手为他的士兵提供必需品，并且竭尽全力使他们为即将来临的战役保持良好的战斗序列。他从拉普拉塔银矿获得了大量的白银补充他的金库。从库斯科附近得到的充足的硝石为制造火药提供了原料。他让佩德罗·德坎迪亚监督铸造大炮，其中

---

① 佩德罗·皮萨罗：《发现和征服》，手稿；萨拉特：《秘鲁的征服》，第 4 册，第 10—14 章；戈马拉：《西印度史》，第 147 章；《乌斯卡特吉的证词》，手稿；《巴里奥·努埃沃的信》，手稿；埃雷拉：《通史》，第 6 卷，第 10 册，第 13 章；第 7 卷，第 3 册，第 1—5 章。

② “他所做的事情超出了他的年龄，因为那时他才 22 岁。”萨拉特：《秘鲁的征服》，第 4 册，第 20 章。

有些是大口径的。人们还可能记得，这个希腊人曾最先随同皮萨罗来到这个国家，他和他的一些同胞，——人们称他们为“利范特人”，[1]——通晓这种制造工艺。在他们的精心管理下，制造了各种火器，还有胸甲和头盔，制造时把银和铜混铸在一起[2]，达到了如此优良的质量，以致当时的一个老兵说，它们可以和米兰[3]的工场制造的那些火器相媲美。此外，阿尔马格罗还从一个几乎想不到的来源得到了及时的供应。这就是从曼科那里，这个四处漫游的印加王，由于痛恨皮萨罗，把先前曾对年轻的阿尔马格罗的父亲怀有的那种同样的友好感情转移到儿子身上；也许，由于考虑到这位年轻司令官血管里流动着印第安人的血液的缘故，所以这种感情越发加深了。从这个方面，阿尔马格罗获得了剑、矛、盾以及武器和各色各样的盔甲等军事装备的大量供应，这些兵器主要都是在难忘的围困库斯科之役被印加人缴获的。他还得到了令人欣喜的保证，曼科在他开战之际将用一支土著部队的特遣队来支援他。 445

然而，在最后诉诸武力之前，阿尔马格罗决定试图与这位新总督进行谈判。在1542年的春季或夏初，他派遣了一名使者去晋谒当时正在利马的后者，表示他并不认为有必要拿起武器反对一位

① 指地中海东部及爱琴海沿岸诸国和岛屿的人。——译者

② “除此以外，他还为他军营中的士兵制造盔甲（他们还没有用银铜混合金属制造的盔甲），改造当地产的盔甲。在他的士兵中最缺的盔甲是锁子甲、胸甲、银铜制头盔。由于有米兰来的样品，印第安人已经能够熟练地制造这类盔甲了。”见萨拉特：《秘鲁的征服》，第4册，第14章。

③ “那些士兵拥有博尔戈涅斯头盔，就和在米兰造的一样出色。”见《本图拉·贝尔特兰从比尔卡斯写给国王的信》，手稿，1542年10月18日。

王室官员。他说，他唯一的愿望是维护他自己的权利；确保对新托莱多的所有权，这个省是他父亲遗留给他的，而皮萨罗非常不公平地拒绝交给他。他对这位总督对新卡斯蒂尔的管辖权并无异议，被命名为新卡斯提尔的那个地区曾经是分配给皮萨罗侯爵的；他最后建议，每一方都应在各自的领土原地不动，直到他们知道了卡斯提尔宫廷的决定为止。对于这个用恭敬语气表达的请求，阿尔马格罗没有得到答复。

在和平调解的希望备受挫折之余，这位年轻的首领当时认识
446 到，除了武力解决之外别无他途。在集合队伍准备从首府出发的时候，他对他们做了一次简短的讲话。他申明，他和他的勇敢的战友们将采取的这一步骤并不是一个对王室造反的行动。它是被这位总督自己逼出来的。对这位官员并没有授权给他管辖新托莱多领地的权力，这些领地是授予阿尔马格罗的父亲的，而他父亲遗留给他了。如果巴卡·德卡斯特罗超越其权限，迫他为敌，那么，流血斗争的责任就应落在那个司令官的头上，而不是落在他身上。“在刺杀皮萨罗的行动中，”他继续说，“就是因为到处都拒绝接受我们的申诉，我们才自己起来维护正义。现在，我们与这位王室总督的争夺也是这种情况。我们和他一样都是王室的忠诚的臣属。”最后，他恳求他的士兵在即将来临的战斗中尽心竭力地支持他，因为他们所有人与他是休戚相关的。

这一呼吁没有使听众无动于衷。他们当中几乎没有人不感到他们的命运和他们司令官的命运是不可分离地联结在一起的；并且，因为他们很少能希望从这位个性严厉的总督那里得到什么，所以他们热情地依附着他们年轻首脑本人，他除了具有他父亲所有

的那些深得人心的品质之外，还因其年纪很轻和他那悲惨的处境激起了他们格外的同情。军官们和士兵们对为宣誓而筑起来的圣坛上的十字架行按手礼，庄严地宣誓与阿尔马格罗风雨同舟，并且对他尽忠到底。

就数量而言，自从利马出发以来，他的部队没有多大加强。他总共只集合了 500 多人；但是其中有他父亲的老战士，他们都在多次与印第安人的作战里得到了锻炼。他有大约 200 名骑兵，其中很多都披挂着完整的铠甲，这在当时那些战争中是不寻常的，因为在其他情况下，用絮了棉花的紧身上衣常常是武士们的唯一防身物。他那些由长矛兵和火绳枪手组成的步兵装备精良。但是他的实力潜藏在他的重炮之中，这个炮群由十六门炮组成，八门大型的和八门较小的炮，或者被称做小炮，一名看到它们的人说，它们排成了一个漂亮的炮群，本来可以在布尔戈斯城堡大显威风[①]。总之，这支小部队，虽然在数量上不太引人注目，但是和任何曾在秘鲁战场上作过战的部队一样纪律严明和装备精良；比阿尔马格罗自己的父亲或皮萨罗曾经率领上战场并赢得征服秘鲁的胜利的任 447
何部队都精锐得多。这位指挥官率领着他那雄壮的队伍，大约于 1542 年仲夏时节从库斯科城出发，并挥师直指海岸，指望在这里迎击敌人[②]。

① “这些大炮足以轰击布尔戈斯城堡。”《1543 年在库斯科回答第三十八个问题时，弗朗西斯科·德卡瓦哈尔上尉为巴卡·德卡斯特罗辩护的证词》，手稿。（以下简称《为德卡斯特罗辩护的证词》）

② 佩德罗·皮萨罗：《发现和征服》，手稿；《乌斯卡特吉的证词》，手稿；加西拉索：《王家评论》，第 2 卷，第 2 册，第 13 章；《阿雷基帕市政府给皇帝的信》，手稿，1542 年 9 月 24 日；埃雷拉：《通史》，第 7 卷，第 3 册，第 1、2 章。

当上文里叙述的事件发生的时候，我们曾谈到的前一年到达基多的巴卡·德卡斯特罗，正在缓慢地向南进发。在离开那座城市之后，他的第一个行动表明了他与刺杀皮萨罗的人决不妥协的决心。我先前提到过的那个杰出的军官贝纳尔卡萨尔，在此以前已依附他，这个军官曾经保护过他的一位密友、一个刺杀皮萨罗的主要的共谋者，后者曾落入这个军官之手，但他设法让他逃跑了。这位总督对这种做法非常愤慨，他不听任何辩解，命令这个犯法的军官回到他自己在波帕扬的防区。在这位总督自己的命运还处于不稳定状态时，这是一个大胆的步骤。

这位总督进军所到之处，受到了沿途人民的款待；而当他进入圣米格尔城和特鲁希略城时，受到当地居民表示效忠的热烈的欢迎，他们欣然承认他的权力，尽管他们对于在即将来临的争斗中和他一起去冒险这一点没有表现出热情。

在每到一处都要逗留一段长时间之后，他又恢复他的行军，于1542年初到达了设在瓦乌拉的阿隆索·德阿尔瓦拉多的军营。奥尔古因已在离其对手不远处扎营；因为在这两名将领之间照例已萌发出嫉妒之心，这两个人都渴望掌握这支军队的首席将领的最高指挥权。巴卡·德卡斯特罗被授予的总督职位似乎包括兼任军队的总司令。但是德卡斯特罗是一位学者，熟谙法律；并且，不管他在文职事务中自称有多大权力，但这两名将领都幻想着他将把军事部门的职权交给别人。他们对德卡斯特罗这个人的性格了解得太少了。

虽然在那个尚武的年代，他掌握的军事知识并不比每一个骑
448 士掌握得多，但是这位总督懂得，如果公开宣称他的无知并把治军

事务交给别人，即使不会使他在目前他所置身的这种动乱潮流中受辱，也将大大损害他的权威。他既有远见又有气魄，他相信能够依靠别人的经验来弥补自己的不足。他的职位使他得以调动这个国家最能干的人为他服务，借助于他们的建议，他感到能胜任愉快地来决定他的行动计划，并且将它们付诸实施。而且，他懂得，在当前的危机中减轻双方嫉妒心的唯一途径就是由他自己担任起这项引起他们之间不和的职务。

尽管如此，他还是小心翼翼地与这些野心勃勃的军官们打交道；而且他通过某些与他们过从最亲密的有识之士所作的陈词是如此的动听，以致这两个人在一段短时间内被说服了，停止了他们要求特权的行动。这两人中比较不讲道理的奥尔古因，这时在其对手的营房里晋谒了他，这位总督在这里怀着更愉快的心情使他与阿隆索·德阿尔瓦拉多重新和好。这需要善于辞令，因为他们彼此之间的嫉妒已经为时很久了，而且曾为此进行过一场决斗。

就这样恢复了他们之间的和谐一致，然后这位传道者来到奥尔古因的军营，在这里，他受到了隆重的欢迎，礼炮齐鸣，忠诚的士兵们不断高声欢呼“国王万岁！”。他登上披盖着天鹅绒的讲台，向部队做了鼓舞人心的长篇演说；由秘书高声朗读了他的委任状；这样，这支小部队就甘心情愿服从他这个王室的代表。

巴卡·德卡斯特罗的下一个步骤是，派出他的大部分军队指向浩哈，与此同时，他率领一小支部队向利马进军。在这里，他受到城市居民热情洋溢的欢迎，这些人普遍都依附于他们首府的创建者和坚定的保护人皮萨罗的事业。的确，在阿尔马格罗离开之后，这些居民立刻从市政当局驱逐了他扶植的人员，并以此重新宣称他们对王室的忠诚。这位总督借助于这种对他大大有利的意向，没费力气就从殷实的居民那里获得了大笔款项。但是，开头在寻求马匹和武器方面不太顺利，因为果实已经被智利帮的人们搜括殆尽了。尽管如此，由于他在这座首府多停留了一些时间，因而当他离开的时候，不管在武器方面还是在弹药方面都得到了重要
449 的补充，同时他还招募了相当多的人员来加强他的兵力。[①]

当他忙于这些事务之际，得到了敌人已经离开库斯科并向海岸进发的消息。因此，巴卡·德卡斯特罗离开了洛斯雷耶斯，带领他的可靠的部下，立刻向指定的约会地浩哈进军。在这里，他检阅了他的部队，查明总共有大约 700 人。代表他的实力的骑兵部队，在数量上比他对手的骑兵部队占优势，可是，马匹配备和武器装备都较差。这支队伍包括有许多血统骑士和训练有素的士兵，此外还有许多有重大利害关系的人，这些人在这个国家占有大量的产业，他们把产业听凭政府的调度，自己则应征参加到他的麾下。[②]他的步兵，除了长矛之外，还装备了相当数量的火器；但是在炮兵方面，除了三四门组装得很差的小炮之外，没有什么像样的东西。可是，尽管有这些不足之处，这支王室的军队（如果说这样一支小部队也配享有这名称的话）在数量上远远超过其敌手的部队，因

① 《乌斯卡特吉的证词》，手稿；佩德罗·皮萨罗：《发现和征服》，手稿；埃雷拉：《通史》，第 7 卷，第 1 册，第 1 章；《巴里奥·努埃沃的信》，手稿；《贝纳尔卡萨尔给皇帝的信》，手稿。

② 阿雷基帕市政当局的大多数成员都加入了军队，强烈要求对他们如此干脆地舍弃的产业给予补偿，他们才响应政府的号召拿起武器。他们说，如果没有报偿，人们不大会仿效他们的爱国主义的榜样。

此，从总体上来看，它不一定不是另一方的对手。①

熟悉在欧洲的战争中使用大量兵员的读者，可能会嗤笑西班牙人的这些微不足道的部队。但是在新大陆，一群多得不计其数的土著人根本没有多少用处，500名训练有素的欧洲士兵却被看做是一支难以对付的队伍。直到我们叙及的这个时期之前，没有任何军队曾经达到上千的数目。但是，如我已经评述的，对一场战斗起重要作用的不是数量，而是战斗的结果——赌注的大小，以及打牌人的技巧和胆量。工具越是简陋，甚至越能在更大程度上表 450
现出使用这些工具的人的高超技巧；直到忘记了物质的贫乏，我们的注意力集中在使用者的举动上及其巨大的结果上。

当巴卡·德卡斯特罗驻扎在浩哈的时候，他接见了贡萨洛·皮萨罗派来的一名使者，他从“肉桂之乡”探险归来，在使者带来的信中，这位首领提出愿意在即将来临的争斗中贡献力量。这位总督的答复表明，他不完全反对与阿尔马格罗和解，但要以不损害王室的权威而达成协议为先决条件。他或许想避免最后以战斗来解决问题，当时他考虑到，从互相斗争的两支军队势均力敌这点来看，结果必定是极难预测的。他知道，有阿尔马格罗那一伙人所憎恶的仇敌皮萨罗在他的军营之中，会激起他们心中的不信任，也许

---

① 佩德罗·皮萨罗：《发现和征服》，手稿；萨拉特：《秘鲁的征服》，第4册，第15章；《巴里奥·努埃沃的信》，手稿。

卡瓦哈尔注意到他的司令官以精明的手法收买那些应征为其效劳的新兵，——当他手头没有钱的时候，就向他们许愿或说些动听的话。“有的人得到他的金钱，有的得到他的武器和马匹，有的得到他的诺言或空头支票，也有的人只从他那里听到风趣的回答。他这样做是为了一旦需要，这些人会心甘情愿地为国王陛下效劳。”见《为德卡斯特罗辩护的证词》，手稿。

会阻碍取得和解的任何努力。这位总督也不可能愿意让这样一个性情暴躁的人进入他自己的顾问班子。因此他写信给贡萨洛，感谢他那种闻风而动的及时的支持，但却婉言谢绝了，同时，他劝他留在他自己的省份里，并且劝他在经过使人疲倦的探险后好好休息。同时，他向他保证，当情况需要的时候，他是不会不要求他帮助的。这个傲慢的骑士对这种拒绝非常恼火。[①]

这位总督收到一份关于阿尔马格罗动向的报道，使他推测，阿尔马格罗准备占领瓜曼加，这是一个具有相当实力的设防据点，离浩哈大约有 30 里格。[②] 因为急于要保住这个据点，他便拔营进行急行军，采取了非正常的行动方式，如果他的敌人曾经接近并利用这一机会的话，必定置他于极大的危险之中，然而他成功地比阿尔马格罗抢先一步进入这个地方，而他的对手还在比尔卡斯，距离这里大约还有 10 里格。

在瓜曼加，巴卡·德卡斯特罗接见了阿尔马格罗派来的另一个使者，其来意和前一个使者是相似的。这位年轻的首脑再一次表示反对骨肉同胞之间存在这种敌意的现状，并且建议在一如既往的同样原则下调解这一不和。对于这些建议，这位总督立即屈尊做了答复。从他的答复中，人们可能猜想，他对阿尔马格罗的年幼和没有经验怀有某些怜悯之情，假如阿尔马格罗能从那些主要共谋者的影响下解脱出来的话，他愿意把他与那些主要共
451 谋者加以区别对待。但是更可能的是，他只是打算用谈判的姿

① 萨拉特:《秘鲁的征服》，第 4 册，第 15 章。

② 谢萨·德莱昂:《编年史》，第 85 章。

态来迷惑其敌人，以争取时间来削弱阿尔马格罗的部队对他的忠诚。

他坚决要求阿尔马格罗应立即把所有那些与刺死皮萨罗一事有直接牵连的人都递解给他，并且应当解散他的军队。在这些条件下，政府将不追究他的叛逆行为，他将重新得到王室赐予他的恩典。与传达这个信息的使团一起，据报告，巴卡·德卡斯特罗还派了一名装扮成印第安人的西班牙人，他奉命和阿尔马格罗军营中的某些军官取得联系，并且对他们进行劝说，如果可能的话，使他们放弃阿尔马格罗的事业，翻然归来效忠国家。不幸的是，这个密使的伪装被察觉。他被抓获并加以严刑拷问，在承认了全部活动之后，被作为一名间谍绞死了。

阿尔马格罗将事实公之于他的将领们。这个总督提出的条件是如此苛刻，以致稍有自尊心的人都无法忍受片刻；阿尔马格罗以及他的同伴，被他们的敌人的两面派伎俩激起了无比的愤慨，他们竟能在表面上进行光明正大和公开的谈判，而暗地里却要出这样狡诈的花招来。也许他们担心他们的敌手的有诱惑力的提议可能动摇他们当中某些意志薄弱的人，所以他们要求中断所有的谈判，并且应立刻率领他们向敌人进攻。①

正当此时，这位总督发现瓜曼加周围高低不平的地段对他作为主要依靠力量的骑兵部队很不利，于是他便将部队转移到邻近的低地，即通称为丘帕斯平原的地区。那是一年当中的暴风雨季

① 《为德卡斯特罗辩护的证词》；萨拉特：《秘鲁的征服》，第 4 卷，第 16 章；埃雷拉：《通史》，第 7 卷，第 3 册，第 8 章；《本图拉·贝尔特兰的信》，手稿；戈马拉：《西印度史》，第 149 章。

节，一连数天，狂风暴雨肆虐于群山之中，沿着山坡席卷而下，冲入溪谷。大雨，雨中夹雪以及大雪下在士兵们的简陋的宿营地上，直到他们全身湿透，几乎冻僵[1]。1542 年 9 月 16 日，侦察兵终于带来了阿尔马格罗正向前进发的消息，很明显，其意图是占领丘帕斯
452 平原周围的高地。暴风雨终于停息下来，接踵而来的是只有在热带地区才有的一个晴朗日子。王室的营地一大早就移动了，由于巴卡·德卡斯特罗急切要占据控制这一溪谷的高地，他派遣了一队火绳枪兵来担负这一任务，以一队骑兵进行支援，不一会儿他把其余的部队也调上来了。当他到达制高点的时候，有消息说，敌人已停下来了，并在不到一里格远的一个坚固的阵地扎营。

当时正是下午过了一大半了，不到两个小时就要日落西山了。这位总督犹豫不定，唯恐战斗一旦打响很快就会被夜幕所笼罩。但阿隆索·德阿尔瓦拉多向他保证说："现在正是时候；因为他的士兵斗志昂扬，求战心切，最好利用这一天赐良机，不要迟疑不决，对他们炽热的情绪泼冷水。"这位总督同意了，同时大声呼吁道，"哦，借助约书亚[2]的神力，让太阳停住不落吧！"[3]于是他把那支数量不大的军队编成战斗序列，做好了进攻的战斗部署。

他把步兵部署在中路，它是由火绳枪兵和长矛兵组成的，这些人构成人们所称的战斗的主力。他在两翼部署了他的骑兵，右翼

---

① "雷鸣电闪，风雨交加，并且还下雪。遇到这种天气，大家都以为完了。但第二天清晨起床的时候，天空晴朗，万里无云。"见埃雷拉：《通史》，第 7 卷，第 3 册，第 8 章。

② 《圣经》中的人物，摩西的继承人。见《圣经·约书亚记》第十章，第十三节。——译者

③ "巴卡·德卡斯特罗坚持他的看法，他仍然担心太阳下山，他说，他多么想得到约书亚的本领，不让太阳下山。"见萨拉特：《秘鲁的征服》，第 4 册，第 18 章。

擎举着王室的旗帜，由阿隆索·德阿尔瓦拉多指挥；左翼由奥尔古因指挥，有一队勇猛的骑兵加以支援。他的无足轻重的炮兵也部署在中路。他打算由自己打先锋，一马当先，首先与敌人交锋；但是他这种骑士气概的自我表现被他的军官们劝阻了，他们提醒他说，这样随意地暴露目标对他生命的危险太大了。因此，这位总督只好就满足于率领一队由40个骑兵组成的后备队，在情况一旦需要的时候驰援任何方向。这支部队是他的骑兵中的精华，主要是从阿尔瓦拉多的队伍中挑选出来的，使得那位将军对此很不满意。这位总督身跨一匹枣红战马，穿着罩在铠甲外面的绣花锦缎外套，此情此景，使得从西班牙出发前不久授予他的圣雅各骑士勋位的服饰和标志越发惹人注目。[①] 对于那个时期的骑士制度来说，穿着显示其尊贵等级的华丽戎装和战马的鞍辔去招引危险是一种很 453
高的荣誉。

在发起突击之前，巴卡·德卡斯特罗向他的士兵们讲了几句话，目的是消除某些人可能还会有的任何一点迟疑感觉，他们会回忆起萨利纳斯之战以后皇帝对胜利者和战败者都表示不满。他对他们说，他们的敌人是反叛者。他们现在用武力来反对他这个王室的代表，因此他有责任平息叛乱并惩处肇事者。于是他让人高声宣读法律，宣布对叛乱者的判决。根据这条法律，阿尔马格罗及其追随者被剥夺了生命和财产，这位总督并允诺要把这些财产分

① “总督先生看到以后，命令立即准备战斗，并命令本证人把队伍拉到田野去，然后走向他的帐篷。不一会儿他就出来了，他骑着一匹白尾巴的枣红马，身穿嵌有金银花饰的皮革衣服，在胸部的盔甲上还别着圣地亚哥战士军团的标记。”见《为德卡斯特罗辩护的证词》。

配给那些在这次战斗中以其行动表现得最突出的人。最后这一着精明的允诺，消除了那些最难讨好的人的顾虑。在完成了其最审慎和富有军事家风度的部署之后，巴卡·德卡斯特罗下令发起了进攻。[①]

当部队绕过一直掩蔽着他们不让敌人瞧见的山嘴的时候，他们就出现在敌人眼前，敌人沿着一个不太陡的高地的顶部布列成阵，作为阿尔马格罗部队的鲜明色彩的雪白的军旗，在他们的上空迎风飘扬，他们明晃晃的兵器反射着夕阳的灿烂光辉。阿尔马格罗对其部队的部署与他的敌手的部署大致相同。中间部署着他的精锐的炮兵，由其火绳枪部队和长矛兵部队进行掩护，而他的骑兵则部署在侧翼。他打算亲自指挥左翼的部队。他颇具判断力地选择了他的阵地，此处地势可以充分发扬他的火力，当攻击者接近的时候，从这里可以向他们进行有力的射击。当巴卡·德卡斯特罗被暴风雨般的射击打得震惊不已之余，他发现，在敌人炮火群开阔的视野下向前冲锋是极端困难的。因此，他采纳了弗朗西斯科·德卡瓦哈尔的建议，后者开始率领部队沿着一条迂回的但比较安
454 全的路线前进。这是这位老战士的名字首次出现在这些美洲战争之中，后来他在这里得了令人沮丧的丑名。

他是在欧洲四十年战争之后来到这个国家的，在欧洲，他在伟大的将军贡萨尔沃·德科尔多瓦的麾下研习过军事艺术。虽然他

① 目睹这一场面的卡瓦哈尔说，总督的话打动了部队的心，他们就像去参加舞会一样狂欢作乐地投入了战斗。"他的寥寥数语点明了大道理，国王陛下的士兵们听了勇气倍增，满怀信心地去迎战敌人，好像他们是应邀参加节日娱乐活动似的。"见《为德卡斯特罗辩护的证词》

现在年事已高，但仍充满着年轻人的勇敢精神和一往无前的干劲，而且能够把他在其伟大的指挥官那里学到的技艺很好地加以示范运用。

他利用绕山的斜坡盘旋而下的一条弯曲的路线带着队伍进进，隐蔽得非常巧妙，直到他们十分接近其敌人之前，一直被坐落其间的高突地段掩蔽着。当他们沿着这条路线向前进发的时候，其左翼受到了曼科的兄弟保罗指挥下的印第安军队的袭击；但是滑膛枪队向他们发出了一通散射，很快就解除了这些西班牙人所受到的骚扰。当王室部队最后爬上了山顶时，又进入了阿尔马格罗的部队的视野，炮兵向他们进行了致命的射击。然而，这种射击仅仅持续了一会儿的工夫，因为，由于某种无法解释的原因，这些大炮指向这样一个角度，虽然瞄准一个明显的目标，但绝大部分炮弹都从他们头上飞越而过。这究竟是叛变行为所致呢？还是仅仅由于射击技术不熟练呢？这一点是不太清楚的。炮兵是在工程师佩德罗·德坎迪亚的指挥之下。人们可能还记得，此人是在加洛岛上十分英勇地站在皮萨罗一边的十三人之一，他在整个征服秘鲁的战斗中曾与其首领并肩战斗。然而，不久前，他对皮萨罗怀有某种恶感，于是转而支持阿尔马格罗集团。他可能想，他的旧日的司令官的死去已经解决了他们的全部不和，他现在想回到他先前对国家抱有的忠诚立场上来。据说，至少他在此时与巴卡·德卡斯特罗有通信联系。阿尔马格罗本人对他的叛变行为似乎是深信不疑。因为，在对他的目前行为进行了徒劳的告诫之后，一下把他身子刺穿了，这个倒霉的骑士就这样无声无息地死在战场上。于是阿尔马格罗亲自操纵大炮，调整了新的瞄准方位，并且瞄得非常

准确，一开炮就打倒了好几个骑兵。[①]

455 射击的效果现在好得多了，一阵排炮就扫倒了一整列王室的步兵，并且，虽然其他人很快补上这些空缺，但是不堪其苦的士兵们向那些霎时间停止不前的骑兵大声呼叫，让他们赶快向前冲。[②]这一延误是由卡瓦哈尔想用他自己的大炮瞄准敌方的纵队引起的。但是这个计划很快就放弃了；这些笨重的大炮被抛置在战场上，并下令骑兵发起冲锋；于是军号齐鸣，杀声震天，勇猛的骑兵们纵马全速冲向敌人。

如果阿尔马格罗坚守在对他非常有利的阵地上，那会是上策。但是出于一种虚荣心，他认为一个勇敢的骑士坐等别人对自己进行攻击是有失体面的，于是命令他的士兵也发起冲锋，彼此对阵的队伍立即冲向对方，中途短兵相接，混战于平原之上。这次冲突令人惊心动魄。战马和骑手被迫不得不退缩。枪矛被打得四散横飞。[③] 骑士们抽出他们的剑，挥动着他们的狼牙棒和战斧——虽

---

① 佩德罗·皮萨罗：《发现和征服》，手稿；萨拉特：《秘鲁的征服》，第4册，第17—19章；纳阿罗：《简述》，手稿；埃雷拉：《通史》，第7卷，第3册，第11章；《为德卡斯特罗辩护的证词》，手稿；《阿雷基帕市政府写给皇帝的信》，手稿；《乌斯卡特吉的证词》，手稿；戈马拉：《西印度史》，第149章。加西拉索在谈到被大炮轰击而死的人数时，通常总是比其他权威所说的人数要多，按照他的说法，这一精彩的射击，一下子打死17个人。参看《王家评论》，第2卷，第3册，第16章。

② 据萨拉特的说法，军官们用武力驱赶着士兵去补充他们倒下的同伴的空缺。"一阵炮弹炸倒了一排人，迫使骑兵中队四处逃散，这时，军官们拔出刀剑，威胁士兵，千方百计堵住了缺口。"见《秘鲁的征服》，第4册，第1章。

③ "一场恶战开始了，所有的长矛都打断了，双方的伤亡都很惨重。"——（同上）萨拉特这一回是以修昔底德的文采和魄力来描写的。这场战斗发生时他不在场，而是第二年才来到这个国家的。这是他从最知情的人那里搜集到这次战斗的细节，他的职位使他得以迅速从这些人口里获得情报资料。

然某些王室骑兵装备只有普通的斧头——以满腔世俗仇恨的怒火来对付他们的攻击。那真是一场令人生畏的搏斗，不仅是人和人的搏斗，用目睹者的话说，简直是兄弟相残，朋友火并。[①] 没有人乞求饶命，因为仇恨的扳钳坚固异常，足以把最亲密的亲戚纽带扯得粉碎，简直使人性丧失殆尽。阿尔马格罗集团的精锐武器 456
抵消了数量上的悬殊，但是王室的坚决支持者们不打其穿着铠甲敌手的身体，专打他们胯下的战马，这样一来就占了一定的便宜。

同时，双方的步兵部队由他们的火绳枪手持续不断地发射猛烈的交叉火力，既杀伤骑兵部队的兵员，也互相杀伤。但是阿尔马格罗的重炮群这时瞄得准打得狠，将敌人向前进攻的步兵纵队纷纷射倒在地。王室的部队动摇了，开始从令人胆寒的炮火下后撤，说时迟那时快，弗朗西斯科·德卡瓦哈尔一个箭步窜到他们面前，大声吼道，“丢脸啊，弟兄们！你们这就要退却啦？作为敌人的射击目标，我一个人能顶你们任何人两个！”他是一个彪形大汉，说着就把他的钢盔和胸甲抛掉，这样一来，他就不比他的部下有优越的护身装备，他只穿着棉马甲轻装上阵，只见他高高地挥动着他的戟，飞跃向前，勇猛地冲进令人睁不开眼的滚滚烟柱和滑膛枪的弹雨之中，并且由他的最勇敢的部队加以掩护，很快制服了这些大炮的炮手，亲手控制了他们的大炮。

这时，夜幕已经降落一些时候了，战场越来越看不清了。但是

① 这是这些征服者自己说的，他们在给皇帝的信中，把这次战斗比做伟大的拉文纳战役。“自从拉文纳战役以后，没有发生过如此残酷的战争，这是一场兄弟之间、亲戚之间、朋友之间的拼命厮杀。”见《阿雷基帕市政府写给皇帝的信》，手稿。

殊死的搏斗仍在黑暗中进行着，因为红的和白的袖章标志着各自的一方，“巴卡·德卡斯特罗万岁！”，“阿尔马格罗万岁！”的口号声甚嚣尘上，双方都在祈求他们的军事使徒圣雅各的保佑。指挥左翼王室部队的奥尔古因中了两颗滑膛枪弹，在战斗之初就阵亡了。他由于在其盔甲上披挂着白色丝绒的富丽古朴服装而使自己惹人注目。但又有一股勇敢的骑士继续在左翼勇猛地冲了上去，以致阿尔马格罗的人感到难以守住他们的阵地。[①]

阿隆索·德阿尔瓦拉多指挥的右翼的战况有所不同。他在这里与阿尔马格罗本人遭遇，这个阿尔马格罗名不虚传，打得非常出色。他力图以反复的冲锋来击败其对手的队伍，那个队伍的马匹

457 和武器比他自己的队伍低劣得多。阿尔瓦拉多毫不畏惧地进行了抵抗，但是，正如我们已经谈到的，他的兵员在战斗之前为了补充总督的后备队而被削减了，所以他的敌手在实力上占了相当大的优势，他们已经拔除了两支王室部队的军旗，阿尔瓦拉多正在慢慢失去他的阵地。年轻豁达的首领阿尔马格罗高声喊道，“抓活的，别杀死他们！”他觉得胜利已经在握了。[②]

但是在这千钧一发的时刻，率领预备队占据着俯瞰战场高地的巴卡·德卡斯特罗充分意识到，现在是他投入战斗的时候了。他长时间张大眼在昏暗的夜晚注视着格斗者的动向，并且不断得

① 巴卡·德卡斯特罗的一名将领贝尔特兰说，这场战斗双方势均力敌，很长时间分不出何方得胜。“战斗持续很长时间而不分胜负。”见《本图拉·贝尔特兰的信》，手稿。

② “他高喊‘胜利啦’，并要大家活捉俘虏，不要杀死他们。”见埃雷拉：《通史》，第7卷，第3册，第11章。

到关于战斗情况的消息。他不再犹豫，招呼他的士兵紧紧跟随他，奋起勇猛地冲进混战最激烈的旋涡，以支援他那位勇敢的军官。这一股完整无损的生力军一旦投入战场，立刻掀起了另一个搏斗的高潮。[①] 阿尔瓦拉多的士兵重整旗鼓继续战斗。阿尔马格罗的部队虽然被猛烈的冲击逐退了，但很快就回过头来把进攻者顶住。巴卡·德卡斯特罗的 13 名骑手坠马而亡。然而阿尔马格罗的部队已经是强弩之末了。虽然士气未减，但他们的体力已经支持不住。他们全线退却了，在黑暗中，骑兵、步兵和炮兵搅混在一起，互相践踏，争相夺路逃脱追击者的进逼。阿尔马格罗竭尽一切努力来阻止他们。一个目击者说，他表现了非凡的勇敢；可是他终究难以力挽狂澜；而且，虽然他好像对死毫不在乎，不怕把自己暴露在危险之中，可是他逃走时并未负伤。

他的队伍中也有与众不同的人，其中有一个名叫赫罗尼莫·德阿尔瓦拉多的年轻骑士，他执拗地不肯离开战场；并高呼，"我们杀死了皮萨罗！我们宰了那个恶霸！"他们挺身冲向胜利者的矛头，宁愿死在战场上也不愿意不光彩地被处死在示众的绞刑架上。[②]

战斗停息下来时已是 9 点了，虽然在很晚以后战场上间或还 458
能听到射击的声音，因为某些逃亡落伍的士兵被他们的追击者赶

① 阿雷基帕市政府的信对总督的这个行动倍加赞扬，说是此乃决定命运之举，许多作者"对他所表现出的壮举和勇敢表示了他们的五体投地的钦佩，说以他的年龄和素养而论，这一表现可以说是非凡的。"参看附录十三中的原文。

② "他们拼命扑向敌人，打伤了许多人，每人还报了自己的名字说：'我叫某某，侯爵是我杀的。'他们就这样追击敌人，直至把敌人消灭为止。"见萨拉特：《秘鲁的征服》，第 4 册，第 19 章。

上了。但是，很多士兵在昏暗的黑夜里得以逃脱，据说，有些士兵设法用一种更为巧妙的方法来逃脱追击，他们从其敌人的尸体上扯下袖章，利用它们把自己伪装起来，混在巴卡·德卡斯特罗部下的队伍里，加入追击的队列。

那位司令官害怕发生令人恼火的变故，担心这些逃亡者万一利用黑夜做掩护重新集结起来，会给他们的追击者造成某种损失。他终于下令吹起军号，将其散布在各处的部队召回到他们的军旗之下。他们整夜手持武器待在战场上，刚才还是一片呼啸搏斗景象的战场，这时鸦雀无声，只是偶尔能听到伤员和垂死的士兵的呻吟声。早在激战之际，土著人就已经像一片黑压压的乌云聚集在群山的边缘上，以阴暗的幸灾乐祸的心情注视着他们的敌人自相残杀，此刻，他们利用朦胧的夜色为掩护下得山来，像一群饿狼似的扑向平原地带，他们剥光死人的尸体，甚至把那些仍然活着但失去了战斗力的可怜的伤员的衣服都剥光，这些伤员曾徒劳地拖着沉重的身子藏到灌木丛里，现在也难免此劫。第二天早晨，巴卡·德卡斯特罗下令，把那些伤员——在黑夜的冰冷的湿气中没有死去的人——交给外科医生护理，而神甫们则忙于接受行将死去的人们的招供和忏悔。掘了四个大墓穴，凡是死人尸体——不论是胜利者还是被击败者——都不加区别地堆放在一起。但是阿尔瓦雷斯·德奥尔古因和另外几个显要的骑士的遗体被运往瓜曼加，在那里按照他们的军阶举行了隆重的殡葬仪式；从他们的被击败的同胞那里夺取的扯得破碎不堪的军旗飘扬在他们的墓碑之上，这是标志其胜利，却又令人伤感的战利品。

对战死者的数目有各种各样的报道——双方死亡数目从300

人到 500 人不等。[1] 胜利一方的死亡数最大，他们在进入战斗之前受到敌人大炮的猛烈轰击，比后者在随后的溃败中遭受的损失大得多，伤员的数目更大；阿尔马格罗部下的过半数幸存者都当了
俘虏。固然也有许多人从战场上逃到邻近的城镇瓜曼加，他们躲 459
藏在那里的教堂和寺院里。但是他们的避难权未得到尊重，很快就被揪出来投入监狱。他们的年轻勇敢的司令官只带了少数随从逃到库斯科，在那里，他立即被他亲自任命的该城的地方行政官所逮捕。[2]

在瓜曼加，巴卡·德卡斯特罗任命了一个以传道者德拉加马为首的委员会，对俘虏进行审判；直到 40 个人被判处死刑，另外 30 个人——他们当中有些人肢体伤残——被流放，审判才告休止。[3] 在西班牙自己人的争执中，这类严厉的报复行为是司空见惯的。奇怪的是，他们竟盲目地恣肆如此，对战败者进行这种令人

① 萨拉特估计有 300 人。而属于阿尔马格罗集团的乌斯卡特吉以及加西拉索都认为高达 500 人。

② 那次战斗的细节是从下列材料中收集的：佩德罗·皮萨罗：《发现和征服》，手稿；《本图拉·贝尔特兰的信》，手稿；萨拉特：《秘鲁的征服》，第 4 册，第 17—20 章；纳阿罗：《简述》，手稿；《为德卡斯特罗辩护的证词》，手稿；《阿雷基帕市政府给皇帝的信》，手稿；《巴里奥·努埃沃的信》，手稿；戈马拉：《西印度史》，第 149 章；加西拉索：《王家评论》，第 2 卷，第 3 册，第 15—18 章；《乌斯卡特吉的证词》，手稿。

这些权威人士中的许多人都亲临过那个战场；一场战斗的细节从这么多权威性证据中收集得来实属罕见。历史研究者对于这些细节里互相有很大不一致的地方这点将不会感到惊奇。

③ 《乌斯卡特吉的证词》，手稿；《本图拉·贝尔特兰的信》，手稿；萨拉特：《秘鲁的征服》，第 4 册，第 21 章。忠于王室的阿雷基帕市的自由民似乎对这些处刑很满意。他们在给皇帝的信中暗指着那场战斗说，“如果不是黑夜突然袭来，陛下就没有理由抱怨战果不大；但是当时漏掉的现在都落网了，因为总督每天都搜索出几个从战场上逃掉的叛乱者。”参看附录十三中的原文。

惊骇的判决！

就是在这样一片血腥的惨状之下，这位总督开进了库斯科，他走在他的得胜的部队的前头，极尽一个征服者的显赫的威武炫耀之能事。他维持一种与此相应的生活方式，不顾某些人的讥笑，这些人讥讽地以他随后在财政方面采取的经济改革措施来与其铺张浪费的派头相对比。[①] 但是巴卡·德卡斯特罗意识到在广大人民面前采取这样一种显示威风的姿态所产生的影响，所以他不择手段地把权力都抓到他的手中。他的第一个行动就是决定他的年轻的俘虏阿尔马格罗的命运。举行了一次军事会议。有些人主张赦
460 免这个不幸的首领，考虑到他年轻和他所受到的竭力的挑拨。但是大多数人认为，这样的宽恕不能给予谋叛的首领，把他处死是使这个国家永久安定所不可缺少的步骤。

当阿尔马格罗被带到库斯科的大广场上执行死刑时，——就在几年前他父亲受刑的地点——他表现了最大的镇定自若，虽然传令官高声宣布对反叛者的判决，但是他愤慨地否认他是一个反叛者。他没有向审判官要求宽恕，只是请求将他的尸骨安葬在他父亲的身旁。他抗议把他的眼睛蒙起来（在这类情况下通常都是蒙住眼睛的），在忏悔之后，他虔诚地拥抱了十字架，并引颈就到于刽子手的刀下。按照他的请求，他的遗体被运到拉梅塞德寺院，在这里，和他可怜的父亲的尸骨并排安放在一起。[②]

在历史上，的确很少有比阿尔马格罗的名字更为不幸的。但

---

① 埃雷拉：《通史》，第 7 卷，第 4 册，第 1 章。

② 佩德罗·皮萨罗：《发现和征服》，手稿；萨拉特：《秘鲁的征服》第 4 册，第 21 章；纳阿罗：《简述》，手稿；埃雷拉：《通史》第 7 卷，第 6 册，第 1 章。

他这位儿子的命运比他父亲的命运更深深地激起了人们的同情，这不仅仅是因为他年纪轻轻以及他所处的地位特殊。他具有老阿尔马格罗的许多优良的品质，坦率而大度，在这些品质中，军人的举止由于有较好的教育变得文雅而不那么刚强了，这种教育是在军营生活的放纵中所没有的。他的戎马生涯虽然为时短暂，但是可以看出他有相当高的才干，只需要有一个可以施展的用武之地。但他是一个不幸之子，他的人生的黎明满布着乌云和风暴。如果说他那天生宽厚的性格时或爆发出印第安人的喜欢报复的性情的易燃的火花，那么可以对此进行辩护的理由不仅仅要从其血缘关系中去找，而且还要从他所处的境遇中去找。他的受害多于害人；而且，如果说阴谋活动可以找到正当的辩护理由的话，那么必定是像他这样一种情况，他被朝他父亲和朝他自己倾泻下来的层出不穷的伤害所击倒，使他不能从他有权寻求补偿的唯一地区得到自己应得的东西。阿尔马格罗的名字随着他而泯灭消亡了，所谓的智利集团，许久以来在这片国土上令人闻而生畏的称号，永远消失了。

正当在库斯科发生了这些事件之际，这位总督得知，贡萨洛· 461
皮萨罗已经到达利马，在那里，他表示对秘鲁的形势很不满意。他喧嚣抱怨说，在他兄弟死后，这个国家没有由他来统治，并且据某些人报道说，他现在正在策划占取这个国家的阴谋。巴卡·德卡斯特罗深知，在贡萨洛的部下不乏心怀叵测的参谋人员会策动他采取这种孤注一掷的步骤；这使他忧心忡忡，急切地要在这些骚动的情绪被煽动成熊熊大火之前扑灭这一暴动的火星；他派出了一支强大的队伍前往利马以保卫那个首府。与此同时，他命令贡萨

洛·皮萨罗到库斯科来。

这位首领不认为对这一召唤不予理睬是明智之举，因而不久就率领一支装备精良的骑兵队伍进入这座印加首府。他立即被批准晋见这位总督，当时后者将其卫兵遣散，并且说，对于像皮萨罗这样一位勇敢和忠诚的骑士，他没有什么可担心害怕的。然后，他询问了他最近在卡内拉斯探险的情况，并对他遭受的出乎寻常的磨难表示了很大的同情。他小心翼翼地绝口不提他那野心勃勃的阴谋，以免引起他的戒备之心。最后他劝告他说，既然这个国家的安宁已经得到了恢复，他最好退隐到他在查尔卡斯的富饶的庄园里，从事他迫切需要的休养。贡萨洛·皮萨罗因为找不到充分理由和这位沉着而彬彬有礼的总督争吵，也许因为他感到，起码在眼下，他还没有足够的力量来挑起这一争吵，就很识时务地接受了这一劝告，并且撤离到拉普拉塔，在那里，他忙于开采丰富的白银矿的事务，很快就使他有希望成就比迄今他所企求的更为重大的事业。①

这样，巴卡·德卡斯特罗总算剪除了他这个难以对付的敌手，然后就着手采取措施来治理这个国家。他从整顿军队开始，将其一部分加以遣散。但很多骑士仍然留下了，他们极力要求对他们的贡献给予应有的报酬。他们不愿低估他们的贡献，而这位总督乐于利用他们去遥远的地区探险来摆脱他们的纠缠不休，其中有对伟大的普拉塔河流经的国家的勘察。这些精力充沛的骑士的激

---

① 佩德罗·皮萨罗：《发现和征服》，手稿；埃雷拉：《通史》，第 7 卷，第 4 册，第 1 章及第 6 册，第 3 章；萨拉特：《秘鲁的征服》，第 4 册，第 22 章。

昂士气，若不给他们这样的出路，很快就会把整个国家又投入一种 462
骚动的状态之中。

他的下一桩心事就是制定法律，以便更好地来治理这个殖民地。他对印第安居民的状况给予特别的关切，并设立了学校来对他们传授基督教。他订立了各种规定，尽力保障他们免受其征服者之苛捐杂税的盘剥，并且鼓励这些穷苦的土著人把他们自己的住处迁移到白人的社区去。他命令部落酋长们给客栈提供生活用品或者提供房子以备在他们附近歇脚的旅客膳宿之用；他用这一规章堵塞了西班牙人进行抢劫的那种似是而非的借口，因而大大地促进了往来客商的便利。他非常注意对财政的管理，因为在最近的动乱中，财政受到了严重的毁损，在有些情况下，他削减了他认为是那些征服者所做的过多的摊派。最后这个做法使他遭到那些被整饬对象的极大愤恨。但是这一措施是如此的公正不偏，所以他得到了公众舆论的拥护。[①]

的确，从来到这个国家的时候起，巴卡・德卡斯特罗的所作所为博得了人们的很大尊敬，证明他完全胜任他被遴选担任的这个艰难的职位。他既没有资金也没有军队做后盾，在登陆伊始，发现这个国家处于一片混乱的状态；但是，靠他的勇敢和圆滑的手腕，逐步获得了足够的实力来平息这些暴乱。他虽然不是军人，但在采取行动的时刻曾表现出大无畏的气概和指挥若定的神采，而且他在运筹帷幄中能够审时度势，料事如神，使那些最富有经验的老

① 佩德罗・皮萨罗：《发现和征服》，手稿；埃雷拉：《通史》，第7卷，第6册，第2章。

战士都赞叹不已。

如果有人认为他曾乘其得胜之机残酷对待战败者的话，那么，我们可以说，他并非是为任何个人的动机所左右。他是一位法律家，受着王室特权高于一切的概念的熏陶。他把叛乱看做是一种不可宽恕的罪行；而且，如果说他那严峻的性格在执法时是冷酷无情的话，那是因为他生活在一个铁血的时代，当时很难做到宽猛相济。

在他随后为稳定这个国家而订立的规章中，表现了他那值得称道的公正无私和智慧。殖民地的居民们深深感受到他的政绩给他们带来的好处，对他的贡献给予了最好的评价，并请求西班牙宫

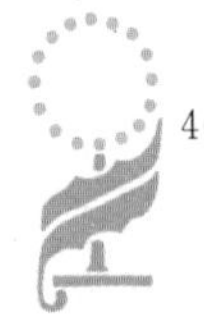

463 廷让他继续在秘鲁主政。[①] 令人遗憾的是，王室的政策已经改弦易辙了。

① “库斯科城、拉普拉塔市政府和其他的村镇在给国王的信中叙述了这件事，并请求国王任命巴卡·德卡斯特罗当他们的总督，因为他为人正直懂得如何管理那些地方。”见埃雷拉：《通史》，第7卷，第6册，第2章。

第七章

征服者滥施淫威——殖民地法典——在秘鲁发生的大骚动——布拉斯科·努涅斯总督——他的苛政——贡萨洛·皮萨罗起而反对

1543—1544年

在继续叙述在秘鲁发生的事件之前，我们必须把视线转向西班牙本国，在那里，关于治理殖民地的做法发生了重要的变化。

查理五世即位以来，主要被欧洲的政治风云吸引着其注意力，在那里，有一个更能激发他的野心的舞台向他敞开着，这是在同新大陆的野蛮人的君王们进行斗争中所没有的。因此，一个几乎未被注意的帝国，才得以在这个地区成长起来，直到它扩展的幅员比他在欧洲拥有的版图还大，而且注定很快会变得更加富饶。确实也设计了一个治理的规划，并且经常制定管理殖民地的法律。但是这些法律常常是很少适应殖民地本身的利益，而是更多地适应西班牙本国的利益；并且，当设计出一项较好的法律时，它们又得不到很好的执行；因为官方的声音不管在本土喊得多么响亮，在它们越过大洋之前常常在微弱的反响中逐渐消逝了。

说实在的，事情发展的这种状态，西班牙最早在新大陆获取领土的方式，对于被征服的种族及其征服者来说都是不幸的。如果西班牙人所获得的这些省份是用和平方式——通过交易和谈判——获得的成果的话，或者对它们的征服是在政府的直接领导下取得的话，土著人的利益定会受到比较仔细地加以保护。从西班牙美洲殖民地上的印第安人有着较高的文明来看，他们仍然会
464 在征服之后继续留存在这块土地上，并且和白人混合在同一社区之中；这和我们自己的土著居民的情况形成鲜明的对照，这些土著居民一接触到文明就退缩；当白人向前挺进时，他们就越来越深地退到莽莽荒野中去。但是南美洲的印第安人，按其原先的制度，比森林中那些未开化的狩猎者有资格适应一项比较完善的立法；而且，如果君主亲身在那里指挥其征服行动的话，他决不会容忍他的这么大一部分臣民在一小撮征服他们的冒险家的贪心和残酷镇压之下遭到无谓的牺牲。

但是，事实上，降服这个国家的事务被委托给一些不负责任的人、兵痞、铤而走险的冒险家，他们投身于征服事业像进行一场赌博，以一种最肆无忌惮的态度来赌，什么也不考虑，只要能赢就行。由于从政府那里只能得到微不足道的鼓励，他们主要靠自己的勇敢去取得成功；故而在他们的想象中，征服者的权利就是要取消在不幸的土著人中每一种现存的权利。土地，被征服种族的人员，被胜利者作为合法的战利品加以分配和占用；每天都发生暴行，只要一想到这些暴行就使人不寒而栗。

这些暴行，虽然没有发生过像在各岛屿上发生的那种可怕的规模（在那些岛屿上，他们在几年的时间里几乎消灭了土著居民），

但是在秘鲁的暴行也够多了，招惹苍天报应到其作孽者的头上；而印第安人可能感到，这种报应没有拖得太久，因为他们看到了他们的压迫者在他们的悲惨的土地上争吵不休，自相残杀。如我们已经提到过的，秘鲁是被一群冒险家所征服，其中绝大部分人，比那些追随在科尔特斯麾下的人更为卑劣和凶恶。这些追随者的性格在某种程度有几分像各自的冒险事业的领导人的性格。对印加人来说，这是一种可悲的命运；因为皮萨罗的鲁莽的士兵更适合与凶猛的阿兹特克人争斗，而不适合与比较文雅和柔弱的秘鲁人对抗。由于拥有不平常的权力而得意忘形，而且丝毫没有对他们作为这块土地的主人的地位所系的责任感，所以他们经常过于放纵自己，沉溺于残忍心理或反复无常的怪念头所支配的每一个心血来潮的

狂想。一位很可信的目击者说，“在征服之后很久，我常常看到西 465
班牙人只是为了消遣，或者为了训练他们的猎犬捕获猎物而以追
猎土著人来供自己取乐。”[1]最肆无忌惮的是他们的淫荡行为。年 601
轻的少女被无情地从其家庭的怀抱中夺走来满足兽性的征服者的淫欲。[2] 太阳神的贞女们的圣洁的庙宇被闯入并且遭到任意的亵渎，骑士阶层把许多印第安姑娘纳入他们的妻妾行列，使人觉得，新月徽比那纯洁的十字架更适合于作为他们的旗帜的标志。[3]

---

① “有的西班牙人饲养猎狗，训练它们咬死印第安人。他们这样做一是为了消遣，二是看看它们能否真的咬死印第安人。”见《教区法官莫拉莱斯关于适宜在秘鲁试验的工作单》（下称《莫拉莱斯的工作单》），手稿。

② 司法人员证实了阿纳科纳斯的话，这些人违背印第安人的意愿，千方百计强迫他们当奴隶，他们说：“我们现在准许你某某拥有某个印第安人或印第安妇女，准许你在力所能及的范围捉到印第安人当奴隶。”见《莫拉莱斯的工作单》，手稿。

③ “同印第安妇人姘居的恶劣行为已经是普遍的现象了，甚至有的人像开妓院那样拥有众多的印第安妇女。”——同上

但是，西班牙人的主要欲望是对黄金的贪求。为此，他们不怕自己辛苦操劳，并且冷酷无情地榨取其印第安奴隶的劳动。不幸的是，秘鲁盛产矿砂，使这种劳动能够获得丰厚的报偿；而在征服者的算盘上，人的生命是最不值钱的项目。在印加王统治时期，秘鲁人从来不允许懒惰，但是加给他们的工作总是与他们的力量相称。他们有休整和恢复精力的季节，并且能受到很好的保护，免受严寒酷暑的袭击。对他们的人身安全关怀备至。但是西班牙人，一方面无所不用其极地榨取土著人的精力；另一方面却在他们筋疲力竭的时候不让他们休整。西班牙人使印加王所做的具有远见的生产作息安排渐渐废弛了。粮库空虚了；畜群由于饮食无度的生活糟蹋了。它们只是为了满足一种享乐的狂想而被屠宰，很多骆马只是为了取其脑髓——西班牙人最垂涎的一种可口佳肴——而被杀掉。[①] 库斯科的明智的地方长官翁德加多说，在征服之后，
466 破坏的风气是如此的放任无度，以至于在四年的时间里，这些牲畜的死亡数比印加王统治时期的四百年间还要多。[②] 畜群在广阔的台地上曾是极多的，现在却变得稀稀拉拉，为数寥寥，在安第斯山僻静处寻求隐蔽的地方。可怜的印第安人，没有食物，没有温暖的羊毛供他们御寒，食不果腹，衣不遮体，在高原大地上彷徨漫游。即使那些在征服事业中曾帮助过西班牙人的印第安人的遭遇也好不了多少；许多印加贵族在他们曾一度统治过的地方沿途行乞；偶尔，如果为贫困所迫，从其征服者的过剩的物品中偷窃一点东西，

---

① “许多西班牙人大量宰杀骆马，为的是吃它们的脑髓，用骨髓做馅饼，用油做蜡烛。而在印第安人中，饥荒是普遍现象。”——同上注，手稿。

② “可以肯定，西班牙人在四年期间带来的灾难比印加王公四百年的破坏还要大。”翁德加多：《第二次叙述》，手稿。

就得以惨死来抵罪。①

确实也有好人,那些忠实于其使命的传教士,他们对土著人进行艰难的改变其宗教信仰的工作,而且为其不幸所感动,乐于插手来掩护他们免受其压迫者的杀害。② 但是,传教士们常常变得受普遍的无法无天的风气的感染;而且教会人士由于他们在印第安奴隶开拓的土地上所过的生活耽于放纵骄横,他们往往不大考虑拯救奴隶们的灵魂,而多半考虑靠其肉体的劳动而取利。③

但是,在殖民地仍然不乏善良和贤明的人,他们不时地喊出反 467
对这些弊端的抗议呼声,而且把他们的控告提呈御前。也必须承认,政府是值得赞扬的,它惦念着设法尽可能取得这方面的情报,

① “现在他们既没有地种,也没有饭吃,只得以行窃为生,许多人因此惨死在绞刑架下。”见《莫拉莱斯的工作单》,手稿。读者会发现,这段引文及先前的某些引文是从莫拉莱斯爵士的手稿中摘引来的,他在库斯科生活了18年到20年;并于1541年,大约在巴卡·德卡斯特罗来到秘鲁的时候,为政府写了一份陈情书,有109章。它论述了这个国家的情况以及作者仁慈的头脑里想出的补救办法。皇帝的批示在很大程度上表明了它受到宫廷的注意。就我所知,没有理由不相信作者的陈述,穆尼奥斯从中做了一些实用的摘录,作为他珍贵的收藏品。

② 纳阿罗神甫提到十二名传教士,有一些与他属于同一教会,他们那种积极工作的劲头和使印第安人皈依的奇迹,他认为值得与基督教的十二位使徒相比。遗憾的是,历史记载了这么多的迫害可怜的异教徒的人的名字,却漏掉了他们的恩人的名字。“皇帝陛下把十二个不出名的、一贫如洗的穷教士当做自己的工具,其中五人是施恩会的成员,四人是讲道会的,三人是方济各会的。他们像十二个使徒那样,在全世界做劝人皈依教会的工作。”见纳阿罗:《简述》,手稿。

③ “多明我会和施恩会的每个教士都能分得一份土地。他们谁也没有讲道,也没有使任何一个印第安人皈依教会,他们一心想做的就是从印第安人身上榨取油水。他们就是靠这种手段和其他施舍而发财的。因此影响极坏!这种教士还是不来的好,除非他们首先检讨自己的一生,检验他们的教义。”(国王陛下应为秘鲁提供物品的清单,此清单于1542年初签署以后,由教士马特尔·桑托约由君王城送往西班牙宫廷。)传道者的这一陈述,显示了和上面从纳阿罗神甫那里所引述的情景的不同的一面。可是它们并不是不可调和的。因为人的本性有光明面和阴暗面。

既从它自己的官员那里，也从特意为此目的而委派去的特派员那里取得，他们那大量的通信给这个国家的内部状况投射了一片明亮的强光，并且为历史学家提供了最好的资料。[①] 但人们发现，得到这些情报比利用这些情报资料要容易得多。

在1541年，曾经忙碌于日耳曼问题的查理五世，再度巡视其祖传的领地，在这里，他的注意力被紧紧地吸引在殖民地的状况上面。向他提出了几份有关这方面的陈情书；但是没有一个人像拉斯·卡萨斯那样坚决地紧催着君王下决心办理此事，他后来成了恰帕的主教。这位善良的教士的平生都奉献给这些仁慈的工作，使他博得了"印第安人保护者"的光荣称号，他当时刚刚写完其关于"西印度群岛的毁灭"这篇著名的论文，大概这是能找到的关于人的邪恶性的最值得注意的记录，但是，遗憾得很，由于作者的轻信及其明显的夸大倾向，大大地失去了其应有的意义。

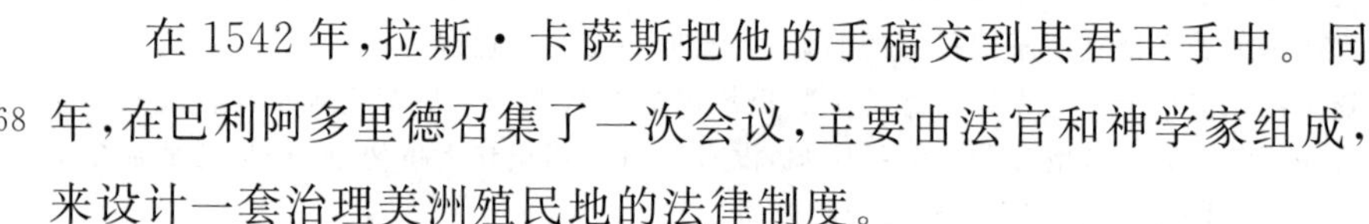

在1542年，拉斯·卡萨斯把他的手稿交到其君王手中。同
468 年，在巴利阿多里德召集了一次会议，主要由法官和神学家组成，来设计一套治理美洲殖民地的法律制度。

拉斯·卡萨斯出席了这个机构的会议，并且做了一次详尽的辩论，这次辩论只有一部分公之于众。他在这里提出一个基本的

① 我手头有几份被称为陈情书或报告的材料，这是当地居民为回答政府提出的询问而起草的。这些询问，虽然在大目标上是为了搞清现存的滥施淫威的实况，并征求纠正这种情况的建议，但却常常把询问指向古代印加人的法律和习俗。因此，这些回答对历史研究者具有很大价值。在我掌握下的这些文件中的最重要者是库斯科总督翁德加多留下的材料，有将近四百对开页，一度曾是金斯巴勒勋爵的珍贵收藏的一部分。在细读这些详尽而谨慎的报告之余，不能不深信王室对弄清在殖民地本土的行政管理中所发生的滥施淫威的实况所费的苦心，以及他们纠正这些现象的真诚决心。不幸的是，他们的这一值得赞扬的决心却常常得不到殖民地开拓者本身的支持。

主张，认为根据自然法则，印第安人是自由的；作为王室的臣民，他们有权利要求王室保护，并且应当从那时起就宣布他们毫无例外地都是自由的，而且永远自由。[①] 他用大量的丰富多样的论据来论证这个主张，这些论据包含那些赞成人道主义的人们在同一目标中曾极力主张的大部分主旨。他以必须采取得策为根据论及这个问题，他指出没有政府的干预，印第安种族必定会逐渐被西班牙人的层出不穷的压迫所灭绝。他在最后的结论中坚持说，如果印第安人，像有些人所说的那样，除非受到强迫，否则就不劳动，那么白人仍然应该为了自己的利益去耕种土地，并且，如果他竟然不能做到这一点，那么这种情况不会给他管理印第安人的权利，因为“上帝不允许善良出自邪恶”。[②] 人们不要忘记，这一高尚的说教，乃是出自 16 世纪的一名多明我会的修道士之口，这个教会是创立宗教法庭的教会之一；而且他是在这样一个国家里说的，在这个国家里，残酷的法庭正盛极一时！[③]

① 另外一名主教，也是多明我会会员，以最坚决的态度主张永远解放印第安人，但却很少与拉斯·卡萨斯有相似之处。在已引证过的神甫巴尔维德的一次通信中把这一点作为向政府提出的突出的论题之一，应当承认，这些论题所涉及的总范围与历史上关于他的某些记录相比，更多地表现了他的仁爱之心。“那里的征服者为陛下的事业效劳，同时让印第安人像奴隶一样为他们效劳。由于他们在新的土地上做出了贡献，陛下才授予他们高官厚禄，但不是让他们把陛下的臣民变为奴隶的。”见《巴尔维德给皇帝的信》，手稿。

② 上帝的法则禁止善良由邪恶而来。见《恰帕的主教拉斯·卡萨斯的业绩》，洛朗泰译（巴黎，1822 年），第 1 册，第 251 页。

③ 这是一个奇妙的巧合，拉斯·卡萨斯的辩词竟先发表了——由宗教法庭的书记官洛朗泰以译文的形式公布了。而原件仍然是手稿。说来奇怪，含有这位伟大的慈善家对如此令人感兴趣的人性这类主题的观点的书籍，竟然没有被那些长久以来步其后尘的后来人比较自由地查阅或者至少是加以引用。它们是人们在进行慈善事业时可以从中借用许多有用武器的仓库。

469 拉斯·卡萨斯的辩词自然可能遇到那些冷漠无情、自私自利和持偏执态度的人的全力反对。这些辩词也受到他的听众中某些具有正直和仁慈观点的人的抵制，这些听众，在承认他的说理的一般正确性并对土著人所受的冤屈深表同情的同时，怀疑他的改革计划会不会充满比他打算纠正的弊病更大的坏处。拉斯·卡萨斯是自由的不妥协的赞助者。他对人权的主张是根深蒂固的；而且，像我们自己的时代的某些改革者一样，他不屑于去推测将原则充分贯彻和贯彻到底所带来的后果。他那热切的雄辩，充满深厚的人性爱，并且以大量事实做根据，这些事实都是颠扑不破的，很能说服他的听众。他们审议的结果是通过了一部法典，然而，这部法典远非限于土著人的需要，它对欧洲居民以及这个国家的骚动都做了特别的说明。它对所有的美洲殖民地普遍适用。在这里只需指出某些对秘鲁有直接关系的条款。

印第安人被宣布为王室的合法的和忠诚的臣民，他们作为臣民享有的自由得到了完全的承认。但是，为了保持政府对征服者所做的保证不受侵犯，决定那些合法地拥有奴隶的人仍然可以保留；但是，在目前的奴隶拥有者死亡的情况下，奴隶应归还王室。

然而，有这样的规定，对所有那些因疏于管理或虐待奴隶从而表明自己不配拥有奴隶的人无论如何应将其奴隶予以没收；所有的公职官员，或曾在政府中任职的人，教士和宗教社团的奴隶也应没收；最后，有一项涉及面很广的条款，即对所有那些曾在阿尔马格罗和皮萨罗的争斗中参与犯罪的人的奴隶都应没收。

进一步的安排是，对印第安人的征税应当适度，他们不应当被强迫到他们不愿去的地方劳动。在特殊情况下，如果必须这样做的话，那么，他们应该得到合理的补偿。还做了这样的规定，因分配给西班牙人的土地的份额往往过高，在这种情况下应当降低；并且，如果奴隶拥有者因虐待他们的奴隶而犯有声名狼藉的罪行时，他们的庄园应一并予以没收。

因为秘鲁曾经总是表现出一种不顺从的精神，所以比在其他殖民地里更需要当局进行强有力的干预，于是决定派一名总督到 470
那个国家去，他应该表现出一种威严，并且拥有必要的权力，这样就可使他成为君王的更相称的代表。他由一个王室的检审法院陪同，这个法院由四名具有广泛管辖权的法官组成，既有刑事审判权也有民事审判权，它除了作为一个法庭以外，还应是一种向总督提出建议和协助总督工作的委员会。巴拿马法院被解散了，新的法庭，连同总督的法庭在洛斯雷耶斯（或者叫利马，这个城市现在开始这样称呼了）建立起来，——从此以后，它就是西班牙帝国在太平洋沿岸的主要城市了。[①]

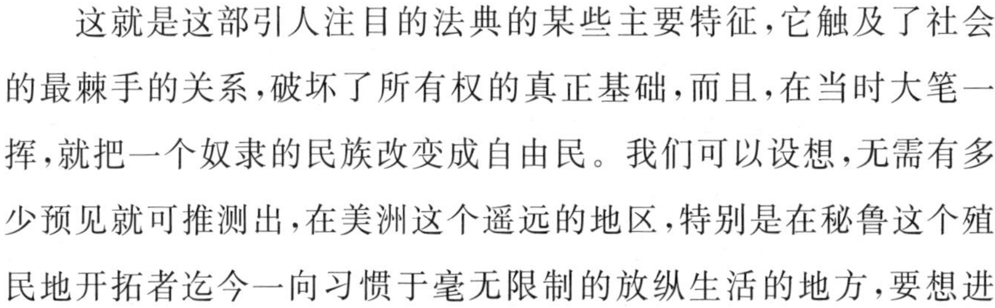

这就是这部引人注目的法典的某些主要特征，它触及了社会的最棘手的关系，破坏了所有权的真正基础，而且，在当时大笔一挥，就把一个奴隶的民族改变成自由民。我们可以设想，无需有多少预见就可推测出，在美洲这个遥远的地区，特别是在秘鲁这个殖民地开拓者迄今一向习惯于毫无限制的放纵生活的地方，要想进

① 这部著名法典的条文可以从不同的当代作家的著作中找到，但具有或多或少的——一般是较少的——准确性。埃雷拉是全文予以刊载的。见《通史》第 7 卷，第 6 册，第 5 章。（又：此处原文为 the Spanish empire 故译西班牙帝国。查当时西班牙统治者查理一世即神圣罗马帝国皇帝查理五世。历史学家有时就是用帝国，但一般仍称西班牙王国。）——译者

行这样一种根本的改革，那就只能以引起一场革命为代价来付诸实施——可是，这些法令却在同一年得到皇帝的批准，并且于1543年11月在马德里公布于众[①]。

这些法令的内容一经发表，就通过殖民地开拓者在西班牙的朋友们的大量书信传到他们手中。这些消息像压制不住的野火一样传遍这些土地，从墨西哥直到智利。人们对等待着他们破落的前景大为震惊。特别是在秘鲁，几乎没有一个人能有望逃脱这一法律的制裁。因为很少有谁，在这段或那段时间里，没有参与过阿尔马格罗和皮萨罗的长期内战斗争；而且，幸存下来的人们当中更少有谁能不被这条或那条狡诈的条款所套住，这些条款像是撒开的一张网，专门来诱捕他们。

471 整个国家陷入了一片骚乱。人们吵吵嚷嚷地聚集在广场上和公共场所，而当这些法规公布时，受到人们普遍的嘘声责骂。他们喊道："这就是我们所有的辛勤劳动应得到的结果吗？难道我们血流如注就是为了这个吗？这样一来，我们还是受苦受难，穷困潦倒，我们出征的结果却落得一如开始时那么一贫如洗。难道这就是政府对我们为它赢得一个帝国所做的贡献的奖赏办法吗？在我们进行征服的过程中，政府根本没给我们什么帮助，我们现在拥有的一切全靠我们自己的宝剑杀出来的；而且，就靠这同一宝剑，"他们继续喊叫，激动得变成了威胁的呼号，"我们知道怎样去保卫它！"于是，在战场上受过伤的老战士脱掉衣袖，光着胳膊，或者露

① 拉斯·卡萨斯在西班牙本国敦促将此事获得御准，声称罗马教皇同意把征服的权利授予西班牙君主，唯一的条件是要使异教徒皈依基督教，并且说，上帝将责成他负责执行这一使命。见《拉斯·卡萨斯的业绩》（巴黎，1822年）第1卷，第251页。

出他那赤裸的胸膛，把伤痕指给人看，因为这是他拥有这些财产的最过硬的资格。①

巴卡·德卡斯特罗总督密切注视着从所有地区掀起的这场风暴，陷入深深的忧虑之中。他自己处在不满的中心地区，因为库斯科居住着一群没有法律管辖的和各种各样的居民，远远地居留在群山深处，与西班牙本国很少有往来，因而比位于沿海的大城镇受到它的影响要小得多。眼下人民恳求这位总督保护他们免受宫廷苛政的迫害；但是他尽力安抚这种激动不安的情绪，他指出，采取这些极端的手段只能使他们自己要达到的目的受到挫折。他劝他们指派代表到御前去提出请求，陈述目前这个改革计划行不通，并请求将它废除；而且他恳求他们要耐心地等待新总督的到来，那位新总督可能被劝说在接到来自西班牙的进一步指令之前暂停施行这些法令。

但是，平息这场风潮是不容易的；而且人民现时急切要寻找一个利益和他们相同的并同情他们的人，而且这个人在社会上的地位足以对他们提供保护。在这场危机中，他们要寻求的这样一个 472
人，自然是贡萨洛·皮萨罗。他是在这块土地上曾率领军队进行

① 《贡萨洛·皮萨罗于 1538 年 10 月 31 日自洛斯雷耶斯给佩德罗·德巴尔迪维亚的信》，手稿；萨拉特：《秘鲁的征服》，第 5 册，第 10 章；埃雷拉：《通史》，第 7 卷，第 6 册，第 10、11 章。贝纳尔卡萨尔在给查理五世的一封信中对这些法令进行了抨击，他说，如果把殖民者的印第安奴隶都剥夺了，那么这个国家不可避免地要变成赤贫。贝纳尔卡萨尔是一个征服者，是他那个阶层中最受尊敬的一员。他的论点是他那一批人对这个问题所持的论据的一个很好的标本。并且是对拉斯·卡萨斯的论点提出的一个坚决的反对意见。——《贝纳尔卡萨尔从卡利写给皇帝的信》，手稿，1544 年 12 月 20 日。

征服的那个家族中的最后一员，——是一名勇敢和平易近人的骑士，这使他总是受到人民的拥戴。他现在被人们包围，要求他为他们的利益进行干预，向政府提出请求，并且庇护他们免受这些暴虐的法令的摧残。

但是贡萨洛·皮萨罗在查尔卡斯，正忙于从事波托西的丰富矿脉的勘探，刚刚发现的银矿储藏，不久将向欧洲倾泻流水一般的财富。虽然对向他呼吁保护之举感到很得意，但这位谨慎的骑士更热心于为该计划提供资助，而不愿过早地陷进去，并且，他虽然私下怂恿这些心怀不满的人，但自己却不舍身参加任何革命的运动。在这同一时期，他收到了巴卡·德卡斯特罗的信，——后者的警惕的眼睛注视着当时事态的各个方面，——告诫贡萨洛及其朋友们不要因任何不切实际的改革计划诱使他们抛弃对王室的忠诚。而且，为了更进一步制止这些暴乱活动，他命令各城市的市长将每一个因煽动性语言犯罪的人都逮捕起来，并且立即加以处罚。全凭这一坚决但却是有节制的行动，才使大众的头脑冷静下来，从而在这种混乱状态中有了暂时的平息，所有人这时眼睁睁地等待着那位新总督的到来。①

被选来担当这一关键性职位的人是阿维拉地方的一位骑士，名字叫布拉斯科·努涅斯·贝拉。他是一位出身于古老门第的骑士，人很潇洒漂亮，虽然目前上了些年纪，但仍以勇敢和虔诚而著称。他曾因充任过一些负责的职务而博得了查理五世的欢心，现

---

① 《贝纳尔卡萨尔从卡利写给皇帝的信》，手稿，1544 年 12 月 20 日；萨拉特：《秘鲁的征服》，第 5 册，第 1 章；佩德罗·皮萨罗：《发现和征服》手稿；《贡萨洛·皮萨罗写给巴尔迪维亚的信》手稿；蒙特西诺斯：《编年史》，手稿，1534 年。

在就是由查理五世任命他到秘鲁来出任此职。这个选择没有给这位君主的眼力增光。

看来可能很奇怪，这一重要的职位没有授予巴卡·德卡斯特罗，他已经身历其境，而且表现出完全可以胜任。但是从他到秘鲁执行他所担负的使命以来，那里发生了一系列的暗杀、暴乱和内战，使这个不幸的殖民地面临毁灭的危险；而且，虽然由于他的贤明的治理，目前已使事情纳入了轨道，但是由于和西印度群岛的通信是如此的缓慢，以致他的贤明政策所取得的结果还没有充分为人所知。加之，由于计划在政府中进行重要的改革，所以一般认为最好 473
派某个不会由于已经插足其中而有个人成见的人去，而且，这个人直接来自宫廷，并委以特别的权力，他可能比一个身居较低的职位已经为人们所熟悉的人表现出更大的权威性。这位君主亲笔给巴卡·德卡斯特罗写了一封信，在信里，他对这位官员过去的贡献表示感谢，并指示他，在用其丰富的经验帮助新总督立足之后，就回到西班牙来，在王室顾问团里就职。对于在这个国家最近的骚乱中曾支持过这位总督的那些王室的殖民开拓者也发去了类似的问候信。满载着这些表扬信，并且携带着那些注定要倒霉的法令，布拉斯科·努涅斯于1543年11月3日在圣卢加港登船起程。他由四名法官和为数众多的随员陪同，这可显示出适合他那高级职位的身份。[1]

大约于1544年1月中旬，这位总督经过一段顺利的航行，在诺姆布尔德迪奥斯登陆。在那里，他发现了一只船，满载从秘鲁矿

① 《贡萨洛·皮萨罗写给巴尔迪维亚的信》，手稿；埃雷拉：《通史》，第7卷，第6册，第9章；费尔南德斯：《秘鲁史》，第1卷，第1册，第6章；萨拉特，手稿。

山里开采出来的银子，准备开往西班牙。他的第一个行动就是下令禁运，留待政府处理，因为这里面包含有奴隶劳动的收益。在采取了这一与检审法院的意见相反的非常措施之后，他穿过巴拿马地峡抵达巴拿马。在这里，他发出了他未来政策的确切信号，他将由奴隶主从秘鲁弄来的300多名印第安人释放了，并且将他们遣送回他们自己的国家。这个专横措施在这座城市里引起了极大的轰动，并且受到检审法院的强烈反对。他们恳求他不要这样仓促行事来执行他的使命，而要等到他到达了他管辖的殖民地，以便有时间熟悉一下这个国家以及人民的情绪。可是布拉斯科·努涅斯冷冷地回答说，“他来这里不是为了窜改法律，也不是为了讨论法律的是非曲直，而是要执行法律，——而且在执行的时候要严格按
474 字面办事，不管可能出现的后果如何”。[①] 这样的回答而且是以断然的口吻表达的，一下子就把这场辩论中断了；因为法官们看出，同一个似乎认为所有的规劝都是企图促使他失职的人进行辩论是没有用处的，并且他的关于职责的概念排除了酌情使用权力的一切可能，即使公众利益要求这样做也不行。

这位总督把检审法院留在巴拿马，因其中的一员病倒了，自己继续出发，沿着太平洋海岸航行，于3月4日在通贝斯弃舟上岸。他受到忠实的居民的很好接待；他当众宣布了他的权力，人民被显示出来的豪华和威严吓住了，这样的情况在秘鲁是前所未见的。他利用一个及早的时机根据一些印第安奴隶的酋长们的请求释放

① “萨拉特教士向总督讲的事情是总督不愿听的。总督听了很生气，态度严厉地说必须立即执行命令，不要等待期限，更不能拖延。”见费尔南德斯：《秘鲁史》，第1卷，第11册，第6章。

了这些奴隶，以此来宣布他未来的政策路线。然后，他沿陆路继续向南进发，并且表示他决心亲身遵守这些法令的字面规定，凡是能用上骡子的地方，他都用骡子来驮负他的行李；而在确实需要使用印第安人的时候，对他们的服务付给合理的报酬。①

整个国家被关于这位总督的所作所为的传说搞得惊恐万状，而他的那些大多是未经慎重考虑的谈话，被人们急切地传播开来，而且，无疑经常要添枝加叶地予以夸大。在城镇里又召集了各种集会，纷纷讨论是否可以抵制他进一步施行其政策，而且来自库斯科的市民代表团当时正在利马，他们极力主张人们关闭这座首府的大门，拒绝接纳他进城。但是，巴卡·德卡斯特罗也已经离开库斯科来到利马，由于他最早得知了这位总督的到来。他颇费周折地说服了居民们不要背离他们对王室的忠诚，要用应有的尊敬来迎接这位新的统治者，并且要相信他会以其心平气和的判断来推迟这些法律的实施，以待将这一情况呈请皇帝陛下钦断。

但是这一大批西班牙人，在听到了这些传说之后，对于在这方面获得解救的希望没有什么信心。他们以比过去任何时候都更大的热情转向贡萨洛·皮萨罗；书信和请愿从这个国家的四面八方
向他涌来，请求他担当起他们的保护者的职责。这些请求较之先 475
前得到了更为赞许的反响。

确实有很多动力在促使贡萨洛采取行动。西班牙所以能扩张成为这样大的殖民帝国，主要有赖于他的家族立下的战功；而使他

① 萨拉特：《秘鲁的征服》，第 5 册，第 2 章；费尔南德斯：《秘鲁史》，第 1 卷，第 1 册，第 6 章；《贡萨洛·皮萨罗写给巴尔迪维亚的信》，手稿；蒙特西诺斯：《编年史》，手稿，1544 年。

深为愤慨的是王室将该殖民地的治理委之于他人之手而不是交托给他。在巴卡·德卡斯特罗到来时，他就曾经有过这种感觉，当另外指派了一名总督，从而证明把他的家族排除在管理该殖民地的事务之外这乃是王室的确定不移的政策时，更使他有这种感受。他的兄弟埃尔南多仍然在狱中受折磨，而他自己现在又成了这些致命性的法令的主要牺牲品。因为有谁曾在与老阿尔马格罗对阵的内战中扮演过这么突出的角色呢？而且广泛流传着这样的传说——也可能是流言飞语——说这位总督已宣布，皮萨罗要受到应有的处置[①]。可以说，在这个国家里还没有一个人对此有这么大的利害关系，还没有谁因这一改革而遭受如此重大的损失。由于就这样遭到政府的抛弃，他认为现在是自谋出路的时候了。

纠合了大约 18 到 20 名他最信得过的骑士，并且携带了从矿上采得的大量白银，他接受邀请前往库斯科。当他快要到达这座首府时，受到许多市民的迎接，他们出城来欢迎他，欢呼声响彻云霄，他们给他冠以秘鲁的总代理人[②]的头衔。这一官衔很快得到该城市政当局的批准，请他率领一个代表团去利马，以便向这位总督陈述冤情，并且恳求立即中止实施这些法令。

但是，野心的火花已在皮萨罗的胸中点燃，他强烈地感觉到人

① 这位总督说："这个国家长期落在赶骡人和养猪人手中是不合理的(暗指皮萨罗的出身)。因此他要采取措施使它回到王室手中。""据说要砍我的脑袋，也要杀害在萨利纳斯战役以及在同阿尔马格罗争端中有明显罪责的人的脑袋。他认为，这块土地应该归王室所有，不应该掌握在这里的被人们叫做猪倌和赶脚的下贱人的手里。"见《贡萨洛·皮萨罗写给巴尔迪维亚的信》，手稿。

② 原文 Procutator-General 可译检察官，总财政官(古罗马时)，但西班牙文辞典，译总代理人，从之。——译者

民对他的拥戴之情；而且，从他目前站立的已经提得较高的地位之上，他期望再提到一个更高的和权力更广泛的地位。可是，如果说他心中怀有犯罪野心的话，那么，他却巧妙地对别人掩饰着——也 476 许还蒙蔽着他自己。他声称他考虑的唯一目标就是人民的利益；[①]这是一个可疑的遁词，它通常意味着个人的利益。他现在要求允许他以更高的"总首领"的头衔来招募并组织一支武装力量。他的意图完全是和平的；但是，除非有强有力的保卫手段，向一个有如这位总督的急躁和专横脾气的人力陈他们的请求，他认为是不安全的。皮萨罗的朋友们还进一步争辩说，必须有这样一支军队来使这个国家免受他们的夙敌印加王曼科的侵扰，曼科带领着一批战士出没在邻近的群山之中，随时准备一有机会就突然袭击西班牙人。库斯科的市政当局犹豫不决，不愿授予远远超出其合法权限的权力。但是皮萨罗公开宣称，一旦遭到拒绝，他将谢绝就任总代理人的职务；由于他那些党徒的努力，并且受到人民的支持，最后终于消除了地方官员的顾忌，他们把这位野心勃勃的首领所渴望的军事指挥权交给了他。皮萨罗接受这一军事指挥权时庄严保证说，他这样做，"完全是为了国王的利益，为了西印度群岛的利益，以及，首先是为了秘鲁的利益。"[②]

① "他说他自己不想得到什么，而是为普天下的人谋利益，为所有的人献出自己全部力量。"见埃雷拉：《通史》，第 7 卷，第 7 册，第 20 章。

② "我接受下来了，因为我知道，我要为上帝和国王陛下效劳，为这个地区，为全美洲谋利益。"见《贡萨洛·皮萨罗写给巴尔迪维亚的信》，手稿。埃雷拉：《通史》，第 7 卷，第 7 册，第 19、20 章；萨拉特：《秘鲁的征服》，第 5 册，第 4 章，第 8 章；费尔南德斯：《秘鲁史》，第 1 卷，第 1 册，第 8 章；《贡萨洛·皮萨罗写给巴尔迪维亚的信》，手稿；蒙特西诺斯：《编年史》，手稿，1544 年。

第　八　章

布拉斯科·努涅斯总督莅临利马——贡萨洛·皮萨罗从库斯科出发开始进军——印加王曼科的死亡——这位新总督的鲁莽行动——被检审法院逮捕并废黜——贡萨洛被宣布为秘鲁总督

1544 年

616 当以前各页中所记载的事件正在进行的时刻，布拉斯科·努涅斯一直在向利马进发。但是他的行为已经在这些殖民地开拓者的头脑中造成了情感上的隔阂，这表现在他沿途偶尔体验到的冷
477 遇上，以及对他和他的随从所提供的简陋的膳宿上。在他宿营的一个地方，他发现门上有一条不吉祥的题词。——“谁夺取我的财产，谁就得拿命来抵偿。”[①]这位总督既没有被吓倒，也未改变其初衷，毫不动摇地继续向这座首府挺进，在这里，居民们在巴卡·德卡斯特罗和市政当局的官员们的率领下出城迎接他。他在盛大堂皇的仪式中进入了首府，坐在深红服饰的华盖下，上面绣着西班牙的

---

① “谁要来抢夺我的财富，我就要和他拼命。”埃雷拉:《通史》，第 7 卷，第 7 册，第 18 章。

纹章，并且用坚固结实的白银棍杆支撑着，这些棍杆由市政当局的官员们举着。一个骑士手持一柄象征权力的权杖，骑马走在他的前面；在会议厅举行了就职宣誓之后，队列移向大教堂，唱了赞美诗，就这样，布拉斯科·努涅斯就任了他的新秘鲁总督的显贵高位[①]。

他的第一个行动就是宣布他的关于这些法令的决定。他没有保证中止实施这些法令。他要履行对他的委托；但是他表示要和殖民地开拓者们一起向皇帝呈递一份请愿书，请求废除这部他现在认为无论对这个国家或者对皇室都是无益的法典[②]。虽然对问题发表了这一明朗的观点，但看来似乎很奇怪，布拉斯科·努涅斯却不承担责任来中止该法律的实施以俟其君主确信实施它要带来
的不可避免的后果。一名土耳其专制君主的帕夏[③]，如果为了其 478
君主的利益而容许自己有这种行动自由，当然可能料想到要受绞索之灾。但是谨慎的墨西哥总督门多萨做出了榜样，他在一次类似的而且恰好是在同一时期发生的危机中采取了这种中止实施的

① “1544 年 5 月 17 日他进入利马城，全体利马人纷纷步行或骑马出来迎接他。城门口，绿色的凯旋门上悬挂着西班牙和利马城的纹章。等待欢迎他的有：市政会议全体成员，全体法官，以及国王的军官。军官们穿着拖到脚面的洋红色长袍，抬着一个同样颜色的华盖。华盖下有八条饰银的棍杆。每个市政会议的成员和法官都举着一根华盖棍杆站着恭候总督的到来。总督骑在马上，手持权杖。大家念着祈祷书向他宣誓，他也发誓保卫和执行他的自由权利和陛下的命令。然后，大家去教堂。教士们手执十字架到门口迎接，并且唱着圣诗，把总督迎进教堂。做完祈祷之后，他随同市政府的官员和全市人民到他的官邸去，在那里，他受到了欢迎，并且发表了令人高兴的简短演说。”《布拉斯科·努涅斯总督到达秘鲁后海上陆地诸事备忘录》（以下简称《诸事备忘录》），手稿。

② “他坦率地承认，这无论是对国王陛下，还是对那些地区的人，都是有害的。”见萨拉特：《秘鲁的征服》，第 5 册，第 5 章。

③ 土耳其等国的高级官员的尊称。——译者

方针，在当时的情况下表现了处置得当的灵活性。他暂时中止了这些法令的实施，直至王室能得知实施这些法令的后果——从而拯救了墨西哥免于爆发一场革命[①]。但是布拉斯科·努涅斯没有门多萨那么明智。

公众的恐惧眼下远远没有减轻。在利马形成了秘密的小集团，并且与各个城镇保持着联系。然而，在这位总督的心目中没有引起怀疑，并且在得知贡萨洛·皮萨罗备战的消息之后，他也没有采取什么步骤，只不过向皮萨罗的营地发去一封信，宣布他自己被授予的特别权力，并要求那位首领解散其队伍。他似乎认为，只消他的一句话就足以驱散叛乱。但是，要打散秘鲁的铁一般的军人集团，远非是轻而易举的事情。

与此同时，贡萨洛·皮萨罗正在忙于征集他的军队。他的第一个步骤就是从瓜曼加定购16门大炮，这些大炮是巴卡·德卡斯特罗送往那里的，在目前这种动乱局势下，他不愿意把这些毁坏性强的武器托付给这些反复无常的库斯科人。对使用印第安人的劳动毫不踌躇的贡萨洛，动用了6000名土著人翻山越岭将这批大炮运走[②]。

由于他和他的朋友们的努力，这位劲头十足的首领征集了一支大约有400人的队伍，这支队伍，尽管在开头时不怎么显眼，但他设想，在他向海岸进军时于沿途的城镇和乡村进行收容征集，必定会扩大起来。他自己所有的资金都花费在装备他的人员和保证行军上面；而且为了弥补不足，他毫不踌躇地——因为，用

① 费尔南德斯：《秘鲁史》，第1卷，第1册，第2章和第5章。

② 萨拉特：《秘鲁的征服》，第5册，第8章。

他的话说，那是为了公众的利益——挪用王室库存的金钱。由于有了这个及时的接济，他的部队配备了足够的马匹并且全副武装，进入了极好的战斗序列；他向他们做了一次简短的训话，在训话中贡萨洛·皮萨罗谨慎地说明其计划的和平性质，这似乎与他的备战活动有些不相符合，然后他出了这座首府的城门向前进发。

在离开首府之前，他收容了新增加的一个重要的力量，即弗朗 479
西斯科·德卡瓦哈尔本人，这个富有经验的老战士在丘帕斯战役中曾扮演一个惹人注目的角色。当关于这些法令的消息传到秘鲁的时候，他正在查尔卡斯；他当即决定离开这个国家并且回到西班牙，他相信，这个新大陆不再是他的乐园了——不再是黄金般的西印度群岛了。他把他的财物变卖成现钱，准备只要有能弄到手的船只就装船运走。但是没有得到机会，而他现在很少有指望逃脱这位总督的警觉的眼睛。虽然皮萨罗恳求他在当前的远征中进行指挥，可这位老战士谢绝了，说他已经 80 高龄，只希望返回故土，平静地度过其有生之年[①]。如果他坚持拒绝到底，那将对他多么好呀！然而，他在朋友的强求下退让了；而他这段短短的余生却使他死后声誉长期永远的蒙上丑名。

在离开库斯科之后不久，皮萨罗得悉了印加王曼科的死讯。他是被一批西班牙人残杀的，这些人是阿尔马格罗的余党，在他们的年轻首领被打败之后，曾在印第安人军营里避难。他们又被秘鲁人全部杀死了。要判断这一争吵究竟应该归咎于谁是不可能

① 埃雷拉:《通史》,第 7 卷,第 7 册,第 22 章。

的，因为当时在场的人谁也没有记录下这件事[1]。

印加王曼科（一般都如此称呼他）之死是秘鲁历史上不容轻轻一笔带过的一个重大事件；因为他可以说是他的种族的最后一个曾受古代印加人的英勇精神激励的印加国王。虽然是由皮萨罗扶持登上王位，但他远远不是他手中的一个傀儡，曼科很快就表明，他的命运并非与其征服者的命运联系在一起。虽然他的国家的旧有的组织和制度在他的周围都已破坏无遗，但他仍然勇敢地挣扎着，就像阿兹特克人的最后一个国王瓜特莫辛一样，竭力维持他那摇摇欲坠的王业，不然就把压迫者埋葬在王国的废墟之中。他对其自己的首府库斯科进行了袭击，城中很大部分建筑和设施都被摧毁了，以此来阻止皮萨罗军队的进攻，并且在短时期内使得这些征服者的命运处于岌岌可危的境地。虽然最后终于被其敌手的占优势的技术所挫败，但是这位年轻的野蛮人仍然一如既往地表现出了同样的不可征服的气概。他撤退到他出生的群山的偏僻地
480 带，从那里，他一有机会就出山袭击旅客的车队，或者袭击一些分散的军队；而在发生内战的情况下，他一定会站在较弱的一方，以此来拖长其敌人之间的争夺，并以幸灾乐祸来满足其报复的欲望。他从一个地方轻捷地转移到另一个地方，在科迪耶拉山脉的荒野之中避开追击；并且出没在城镇的近郊，或者对这个国家的通衢大道进行伏击，这个印加王曼科使西班牙人闻风丧胆。他们常常提出要与他和好；而且每一个继任的统治者，直到布拉斯科·努涅

---

① 佩德罗·皮萨罗：《发现和征服》，手稿；加西拉索：《王家评论》，第 2 卷，第 4 册，第 7 章。

斯，都从王室领得指示，要运用一切手腕来安抚这个难以对付的斗士。但是曼科不相信白人的诺言；他宁愿身边带着少数勇敢的人在群山中保持其原始的独立性，也不愿在曾经由其祖先统治的土地上沦为奴隶。

这个印加王的死使贡萨洛·皮萨罗的军事准备失去了一个很大的借口。但是，正如人们可以很容易想象的那样，这对他没有产生丝毫影响。他对他的某些追随者的背弃行为非常敏感，这发生在进军之初。库斯科的几个骑士，对他随便挪用公款大为吃惊，并且鉴于事情显现出了好战的迹象，他们似乎第一次认识到他们是在走向造反的道路。其中若干人，包括该城的某些主要人物，暗暗地逃离了军队，并且急急忙忙奔向利马，去听命于那位新来的总督。部队被这些开小差现象搞得灰心丧气，甚至皮萨罗也一时间踌躇不前，并且打算带领50余名追随者退却到查尔卡斯，在那里与政府达成妥协。但是由胆量过人的卡瓦哈尔一席规劝的话，使他略为沉思了一下，这个卡瓦哈尔是一旦采取行动就永不反悔的人，他使皮萨罗确信，他已经走得太远以致无法后退了，——他的唯一的安全之计就是前进。

他在不久以后听到的更为坚决的舆论，使他打消了疑虑。一个名叫普埃莱斯的军官在瓜努科负责指挥军队，他带了那位新总督委托给他的一队骑兵加入到皮萨罗的队伍。这种背叛行为接二连三地发生。当贡萨洛进军到高原的边缘时，发现他的兵员数逐渐增加到他离开这座印第安人首府时兵员数的将近两倍。

当他以更为自由自在的步伐横越丘帕斯这个血染过的战场 481
时，卡瓦哈尔指出这个战场的各种地形，而皮萨罗则可能发现有值得焦虑的事，因为他在沉思一个反叛者的命运的问题。在瓜曼加，他受到居民们的热烈欢迎，他们当中很多人急切地投入到他的麾下；因为他们为其财产担忧，他们从各方面耳闻到了这位新总督的固执的脾性[①]。

这个总督现在开始相信，他的处境很危急。在上文介绍过的普埃列斯的叛变发生之前，总督曾得到关于其意图的某些含糊不清的暗示。虽然对此不太相信，但他还是派遣了他手下的一个名叫迪亚士的人带领一哨人马去拦截他。但是，虽然这位骑士欣然接受了这项使命，可他随后不久就被说服仿效其同伴的榜样，并且将他指挥下的更大的一部分人马投向敌人一边。在这块不幸的国土上的内战斗争中，党徒如此轻易地倒戈，以致对一个指挥官的背叛几乎再也不是一名骑士的荣誉上的污点。可是，所有的人，不管他们把赌注押在哪一边，总是大声地宣告，他们忠于王室。

布拉斯科·努涅斯受到他自己人这般的背叛，而这些人表面上是最忠于他的，这使他对周围的每一个人都产生了怀疑。不幸的是，他的怀疑落到某些最值得他信任的人身上。这些人中间有他的前任巴卡·德卡斯特罗。这位官员在他所处的这种微妙的处境之中，以他那惯常的随机应变周旋应付，并享有完善无瑕的荣誉。他与这位总督真诚相见，如果布拉斯科·努涅斯懂得如何利用这一点的话，那对他会有很大的益处。但是他那官架子使他目空一切，并且自以为有高超的智慧，以致根本听不进他那富有经验

① 费尔南德斯：《秘鲁史》，第 1 卷，第 1 册，第 14、16 章；萨拉特：《秘鲁的征服》，第 5 册，第 9、10 章；埃雷拉：《通史》，第 7 卷，第 8 卷，第 5 章、第 9 章；《贡萨洛·皮萨罗写给巴尔迪维亚的信》，手稿；《秘鲁事件录》，手稿。

的前任的意见。后者现在被这位总督怀疑为与在库斯科的敌人保持秘密联系——这种疑心除了知道巴卡·德卡斯特罗与这些个别人有私人的友谊关系之外,似乎别无更多的根据。但是,对布拉斯科·努涅斯来说,怀疑就是信以为真;于是他便下令把德卡斯特罗逮捕起来,并且把他监禁在一艘停泊在港口内的船上。接着这一 482
高压手段之后,又将几个其他的骑士加以逮捕和监禁,大概也出于同样莫须有的罪名[①]。

他现在把注意力转向其敌人。尽管有先前的失败,他仍然对用谈判达到某种目的没有完全绝望,并且派遣了以利马主教为首的另一个使团到贡萨洛·皮萨罗的军营,答应实行大赦,并提出某些对这位指挥官更有诱惑力的建议。但是这一步骤,除了表明他自己的软弱无力以外,并没取得比先前的步骤更好的成就[②]。

这位总督现在雷厉风行地准备战争。他首先关注的是把这座首府置于一种防御的态势,加强防御工事,并且沿街设置路障。他下令市民普遍应征入伍,并且从邻近的城镇征集兵员,——这个征集没有立即得到响应。有一个拥有八到十艘船只的海军中队在港口准备停当,打算与陆地的部队协同作战。教堂的钟被取走,并且用来制造滑膛枪[③];资金从王室库存积累的那五分之一的份额中

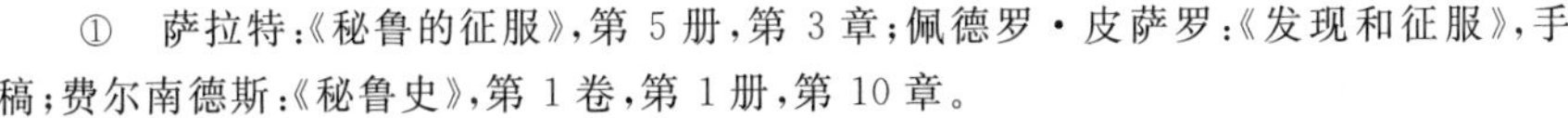

① 萨拉特:《秘鲁的征服》,第5册,第3章;佩德罗·皮萨罗:《发现和征服》,手稿;费尔南德斯:《秘鲁史》,第1卷,第1册,第10章。

② 洛艾萨主教被剥夺了执行使命的可能,他甚至未被允准进入贡萨洛的军营,因为唯恐他的来临会动摇士兵的坚定性。(参看《秘鲁事件录》,手稿)这一叙述在大多数权威著作中占了比它应该占有的更多的篇幅。

③ “他让人们用铁器和从大教堂抢去的一些大钟来仿造火枪。”见萨拉特:《秘鲁的征服》,第5册,第6章。

取得。对士兵许诺了最慷慨的奖励，并且高价购买大批骡马，这表明，在秘鲁，金子，或者更确切地说，银子，是价值最低的商品。[①] 借助于这些努力，这位活跃的指挥官很快调集了一支比其敌手大得多的兵力。但是，他怎能信赖这支兵力呢？

当这些准备正在进行的时候，检审法院法官们来到了利马。他们通过他们的巡行证明，他们并不尊重这些法令或者尊重这位
483 总督的意志；因为他们对这些穷苦的土著人横征暴敛，一如任何征服者一样。我们已经谈到在巴拿马时他们与他们的首长之间完全缺乏情谊。在他们于利马登陆时，这一点就更是显而易见的了。他们逐条指责了他的做法；指责他拒绝中止这些法令的实施，——虽然事实上他近来没有得到机会去实施它们；指责他做的防御准备，宣称他应该相信谈判的效果；最后指责他监禁了许多忠诚的骑士，他们宣布说，这是一种专横的行为，完全超出了他的权限范围；他们毫无顾忌地亲自到狱中去探视，并且把这些被监禁的人从狱中释放。[②]

这一大胆的行动，虽然赢得了人民的好感，但却立即切断了与这位总督的一切关系。在检审法院中有一位法学家，名叫塞佩达，他是一个狡黠而且野心勃勃的人，对其本行相当精通，然而更精于阴谋诡计。他不惜用一个蛊惑人心的政客的卑劣手段来博得民众

① 根据有办法了解这些事的萨拉特的说法，布拉斯科·努涅斯花了12000金币买了35匹骡子。——“总督下令用王室钱财买了35匹骡子从事那件工作，这耗去了12000多杜卡多金币。”(萨拉特:《秘鲁的征服》，第5册，第10章。)我们这个时代的南美洲人对用如此高昂的价格来购买该国特别多的这类驮兽可能会感到很吃惊。

② 费尔南德斯:《秘鲁史》，第1卷，第1册，第10章；埃雷拉:《通史》，第7卷，第8册，第2章、第10章；《贡萨洛·皮萨罗写给巴尔迪维亚的信》，手稿。

的欢心，并且希望用煽动对布拉斯科·努涅斯的误解而从中得利。应当承认，努涅斯用他的全部权力帮助了他的顾问来实现这一值得称道的计谋。

在当地有一个骑士，名叫苏亚雷斯·德卡瓦哈尔，此人长期在政府任职，为这位总督所不满，怀疑他纵容其某些亲戚脱离政府，他们最近支持过反叛者。这位总督在深夜召唤卡瓦哈尔到他官邸谒见他；在接见时，他生硬无礼地指责卡瓦哈尔谋反。后者坚决否认这一指控声调，和指责者的一样傲慢。争吵越来越激烈，一直达到白热化的程度，布拉斯科·努涅斯用短剑击他。霎时间，侍卫们以为这是一个信号，就把他们的剑刺进这个不幸的人的身体，于是他便一命呜呼倒在地上①。

布拉斯科·努涅斯对他的鲁莽行为所造成的后果非常惊 484
恐，——因为卡瓦哈尔在利马是非常受爱戴的人物，——他下令将这个被凶杀者的尸体通过房子的秘密楼梯搬走，运到教堂里去，在那里，用他那染满鲜血的斗篷裹缠起来，放进一个匆匆忙忙掘就的墓穴。这样一个悲惨的事件，又有这么多目击者知道，很难长期保守秘密。关于这一事实的许多含糊不清的谣传说明了卡瓦哈尔的

① 有些人说，他用短剑刺在他的胸膛上，但那位总督否认这一点。——萨拉特在其历史著作的印刷本中是这样说的(第 5 册，第 11 章)。在仍然存放在西曼卡斯的这部著作的原始手稿中，他叙述此事时未做任何评论。“总督掏出短剑，向他扑去，捅了他一刀，并且嘶喊着命令人们杀死他。”(萨拉特，手稿)在该事件发生后不久他到了现场，这无疑是他的真正的看法。这位精明的历史学家认为在出版之前来酌定他的议论是慎重的。熟悉这些事件并支持那位总督的另一个同时代的人说，“人们说，他用短剑刺了他几个口子。”而且他并不企图否认对总督的指控(《秘鲁事件录》，手稿)。的确，对那段历史的这种说法似乎被当时最了解真相的那些人所普遍接受。

神秘的失踪。墓穴被掘开了，被杀害的骑士的遍体鳞伤的遗体证实了这位总督的罪行①。

从这时候起，布拉斯科·努涅斯受到人们的普遍憎恶；而他的罪恶，在这一事例中，被认为带有更深的忘恩负义的色彩，因为人人皆知，这位死者曾在说服市民及早归顺这位总督的政府方面发挥过最重大的作用。没有人知道下一个打击将落到何处，或者说再过多久他自己就得成为这位总督的狂野不羁的情感的牺牲品。在这样的情况下，有些人就期待着检审法院的来临，而更多的人则期待着贡萨洛·皮萨罗来保护他们。

贡萨洛·皮萨罗正缓慢地向利马进军，说实在的，原来让他离开该城只不过几天的行程。现在，布拉斯科·努涅斯极端困惑，他感到自己处于完全孤立无援的境地。他孤零零地离开了他自己的追随者：遭到检审法院的反对，士兵们叛离了他，他大概深深地感到了其处置不当造成的后果。但是，对他来说似乎没有别的出路，只能要么冲出城去迎击敌人，要么留在利马城里来保卫它。他曾将这座城池部署成防御的势态，说明这后一着曾是他的原意。但是他感到他不能再依靠他的军队，于是便决定采取第三条路线，这是最意料不到的一着。

这就是放弃这座首府，并撤退到距此大约 80 里格远的特鲁希略。妇女们都乘上海军中队的船，连同市民们的财物，一起由水路运走。部队以及其余的居民都由陆路行军，所过之处实行坚壁清野。当贡萨洛·皮萨罗到达利马的时候，将发现他的军队没有补

① 萨拉特：《秘鲁的征服》，第 5 册，第 11 章。

给品，在这种窘迫的状况下，他就不会长途跋涉跨越不毛之地去追 485
击他的敌人。①

这位总督采取这一行动的目的究竟是什么不太清楚，除非是为了争取时间；可是，事实证明，争取到的时间越多对他来说是越糟。而他注定要遭到检审法院法官们的坚决反对。他们争辩说，他没有采取这样一种行动的权力，而且检审法院不可能在首府之外合法地举行其会议。布拉斯科·努涅斯坚持他自己的决定，威胁说，如果有必要的话，用武力来对付这批人。法官们向市民呼吁，要求支持他们抵制这样一种专横的做法。他们纠集了一支部队来自卫，并在同一天通过了一项法令，宣称应将这个总督逮捕。

深夜，布拉斯科·努涅斯得到了这些法官准备采取敌对行动的消息。他立即召集他的部下，大约有200多人，他自己穿上甲胄，准备亲自率领其部队冲出去攻击检审法院。这本是正确的方针；因为在他所处的这样一场危机中，需要果断和坚定，首脑的亲临现场对保证成功是必不可少的。但是，不幸的是，他屈从于他的兄弟和其他朋友的规劝，他们说服他不要在这样一场冒险中鲁莽地舍命从事。

布拉斯科·努涅斯忽略未做的事被这些法官们做了。他们亲自率部出击，开始时，他们的人数虽然很少，但他们确信，在他们挺进的过程中，队伍一定会因志愿者的参加而扩大。他们一面向前冲，一面高呼，——“自由！自由！国王和检审法院万岁！”天刚破

① 萨拉特：《秘鲁的征服》，第5册，第12章；费尔南德斯：《秘鲁史》，第1卷，第1册，第18章。

晓，居民们从睡梦中惊醒起来，跑到窗口和阳台观看，当他们获悉这个行动的目标时，有些人就抓起他们的武器参加了进去，而妇女们，挥动着她们的围巾和方头巾，为这一攻击欢呼喝彩。

当这群暴民到达总督的官邸前时，他们停留了一会儿，拿不准该如何行动。里面下令从窗口向他们开火，接着就是一阵射击掠头而过。没有人受伤；而这位总督的部下的大部分人，以及官员中的大多数人，——包括某些曾急切地要保护总督个人安全的人，——现在都公开地参加到民众的一边。于是官邸被冲进去了，
486 并且任人抢掠。布拉斯科・努涅斯被所有的人抛弃了，只剩下少数忠实的追随者，已无法进行抵抗。他向这些攻击者投降了，被带到法官们的面前，由他们将他严加关押。市民们对此欢欣鼓舞，以佳肴慰劳士兵们；这一事变以无一伤亡而告终。从来没有过这样一场不流血的革命。[①]

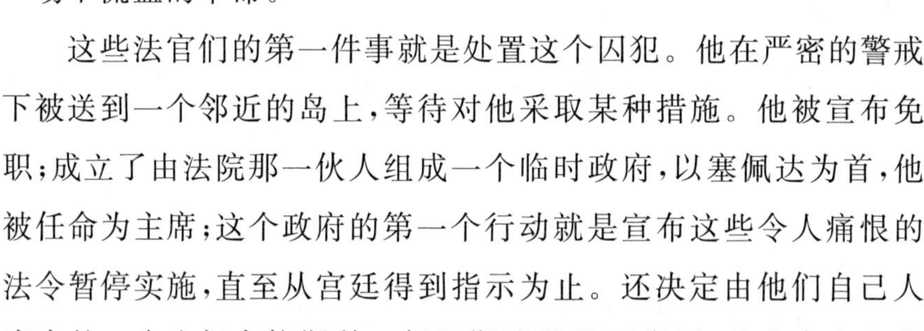

这些法官们的第一件事就是处置这个囚犯。他在严密的警戒下被送到一个邻近的岛上，等待对他采取某种措施。他被宣布免职；成立了由法院那一伙人组成一个临时政府，以塞佩达为首，他被任命为主席；这个政府的第一个行动就是宣布这些令人痛恨的法令暂停实施，直至从宫廷得到指示为止。还决定由他们自己人当中的一个人把布拉斯科・努涅斯遣送回西班牙，此人应向皇帝

---

① 《秘鲁事件录》，手稿；《无名氏叙事录》，手稿；佩德罗・皮萨罗：《发现和征服》，手稿；费尔南德斯：《秘鲁史》，第 1 卷，第 1 册，第 19 章；萨拉特：《秘鲁的征服》，第 5 册，第 11 章；《贡萨洛・皮萨罗写给巴尔迪维亚的信》，手稿。贡萨洛・皮萨罗虔诚地从这一事件得出结论说，"这次革命显然是上帝为了这个国家的利益而促成的。事情总算结束了，幸好无一人伤亡，这是上帝为当地人的利益而显神通。"见《贡萨洛・皮萨罗写给巴尔迪维亚的信》，手稿。见上。

说明最近发生的骚乱的性质，并证明检审法院采取的措施是正确的。这个决定很快就付诸实施。传道者阿尔瓦雷斯就是被挑选来陪伴这位总督的人；而那个不幸的指挥官，在荒凉的岛上度过几天之后，几乎没有食物果腹，并且受着风吹日晒，狂风暴雨袭击的苦楚，就离开该岛到巴拿马去了[①]。

但是，还有贡萨洛·皮萨罗这个更难对付的敌手，他现在已在向浩哈挺进，离开利马大约90英里。在这里，他暂时停了下来，因为有很多市民准备参加到他的麾下，他们宁愿选择在他部下听命也不愿留在这个由检审法院自封的政权下。与此同时，这些法官尝到过官瘾的甜滋味的时间太短了，以致不愿辞职。经过相当长的拖延之后，他们派遣了一个使团到这位代理人那里去。他们向他宣告曾经发生的革命行动以及这些法令的暂停实施。这样一

来，他的使命的伟大目标已经实现了；而且由于现在已组成了一个 629
新政府，他们要求他表示对它服从，解散他的部队，并且退而无忧 487
无虑地享受他的庄园生活。这样对待一个处在皮萨罗的地位的人物，真是一个大胆的要求，尽管它是用最谦恭和赞美的辞藻加以掩饰的。它企图把正准备扑向其猎物的老鹰吓跑。然而，如果说这位首脑曾踌躇过，那么他准是被他那位有着狮虎般心肠的副官给打消了顾虑。后者大声疾呼道，"当你如此接近目标时，永远不要心慈手软。你曾是步步顺利，现在你只要一伸手就可把这个政府

① 《贡萨洛·皮萨罗写给巴尔迪维亚的信》，手稿；逮捕这位总督的史实由最后一个手稿的作者做了很详细的叙述，他在这里似乎至少没有不适当地偏向布拉斯科·努涅斯，虽然他是他的一名党徒。

掌握到手中。各种其余的问题都将迎刃而解。”——传达法官书信的使者被打发回去了，带回的答复是，“人民要求贡萨洛·皮萨罗出来执掌这个国家的政府，如果检审法院不立刻授权给他，这座城池定会劫掠横行。”①

这些左右为难的文职官员被这个斩钉截铁的答复弄得灰溜溜的。可是他们不愿意辞职，在窘困难解时就去征求巴卡·德卡斯特罗的意见，他仍然被扣押在一艘船上。但这位指挥官在其继任者的手下受惠太少了，所以他认为没有必要为了他们的利益豁出性命来阻挠皮萨罗的计划。因而，他保持着谨慎的沉默，让这件事由检审法院去设法处理。

在这同时，卡瓦哈尔被派遣进城催促他们做出决断。他于夜间进城，只由一小队士兵随从，以示他对这些法官们的权力的藐视。他的第一个行动就是抓获若干骑士，他从床上把这些人拖出来并将他们逮捕。他们都是库斯科人，就是上文已经提到过的，在皮萨罗离开那座首府后不久逃离他的队伍的那些人。因为检审法院仍然对他们应采取的方针迟疑不决，所以卡瓦哈尔就把他的俘虏中的三个受尊敬和有财产的人，放到骡背上，并押送出城，来到城郊野外，在这里，容许他们做了短暂的忏悔之后就都把他们吊在一棵树的几根树枝上。他亲自监督执行，并且嘲弄地对他的一个受害者恭维说，“考虑到他的身份较高，所以他应有选择悬挂在哪

① 萨拉特：《秘鲁的征服》，第5册，第13章。要把检审法院的信送给贡萨洛及其那帮铤而走险的部下是要有些勇气的。王家审计官，历史学家萨拉特就是那位使者；看来他自己不太情愿担当这个角色。然而，他终于未受到任何伤害而逃脱了，并在他的编年史中对这一事件做了详尽的叙述。

根树干上的特权!”[①]

据说,如果不是得到其首领的命令,这个凶恶的军官可能还会干出更骇人听闻的事来。但是这就足以使检审法院迅速理解到必须决定他们的方针,因为他们感到他们自己的性命是被悬在如此肆无忌惮人的手中的一根细线上。因此,他们没有再拖延,派人去请求贡萨洛·皮萨罗进城,并宣称,这个国家的安全以及公众的普遍利益需要将政府置于他的掌管之中[②]。 488

这位首领现在已经进到离首府半里格远的地方,不久之后,于1544年10月28日,他以战斗的阵列进入了该城。他的整个队伍将近1200名西班牙人,此外还有几千名印第安人,他们拖拉着重炮走在前面[③]。然后走来的是长矛兵和火绳枪兵的队列,这是殖民地军队中难以对付的步兵军团,最后是骑兵部队,皮萨罗自己骑着一匹披挂着华丽鞍辔的健壮战马走在队列的前头。这位骑马的

① “他想首先把他杀掉,让人们把他吊死在经他自己选择的树干上。”见萨拉特:《秘鲁的征服》,第5册,第13章;并请参看《无名氏记事录》,手稿;费尔南德斯:《秘鲁史》,第1卷,第1册,第25章。

② 据贡萨洛·皮萨罗说,检审法院是顺从该城各界代表的要求邀请他的。“那时我到了利马。那一带各个城市的代表都请求法院让我当总督,以便制止布拉斯科·努涅斯的抢劫和暴力活动,同时也为了公平地分配土地,直至国王陛下就他的事业做出最合适的决定为止。各位法官认为这样有利于上帝和国王陛下的事业,也符合这些地区的利益。”(《贡萨洛·皮萨罗写给巴尔迪维亚的信》,手稿)但是,对贡萨洛关于自己的叙述必须比通常打更大的折扣。在他写给著名的智利征服者巴尔迪维亚的信中,详细叙述了这次造反的起因与过程。因此,这是对他自己的最好的辩护,而且可以用来与其敌人的叙述相对照,因而对历史学家来说有不可估量的价值。

③ 《无名氏记事录》的作者说,他雇用了12000名印第安人为其服役。但是,尽管这个作者当时生活在那些殖民地,可他的谈话太信口开河了,以致不能使我们绝对相信。

人全身穿着铠甲，铠甲上面飘动着绣满华丽图案的外衣，他的头用一个深红的军帽罩护着，装饰得非常漂亮——他的格外鲜艳的衣服越发烘托出他那英俊的、军人风度的容貌[①]。在他的前面，抬着卡斯提尔王室的标志；对于每个人来说，不管是保皇主义者或是反叛者，都小心翼翼地在这个标记下战斗。这个忠君的标志在右边
489 由一面大旗护持着，装饰着库斯科的纹章；左边由另一面大旗护持，展示着王室授予皮萨罗家族的纹章标记。当军队行列走过利马的街道时，从民众和站在阳台上的观众发出了震天动地的欢呼声。大炮不时地轰鸣，全城的钟——没有被那位总督没收的那些钟——响起一片欢乐的钟声，仿佛是在庆祝一次胜利！

就职宣誓正式由王家检审法院的法官们主持，贡萨洛·皮萨罗被宣布为秘鲁的总督和统帅，直到得知陛下关于政府的意见时为止。这位新统治者于是就进驻其兄弟的官邸中——在这里，他那位兄弟的血污尚未擦拭干净。联欢会、斗牛和比武大会为这个就职仪式增添了格外的光彩，一直延续了好几天，在这期间，闹腾得眼花缭乱的首府民众尽情地欢乐，仿佛一个新的和更吉利的局面就要在秘鲁开始！[②]

---

① “他带着武器，盔甲外穿着皮革外套，外加一件金边花饰的暗红斗篷。”见《秘鲁事件录》，手稿。并参看萨拉特：《秘鲁的征服》，第 5 册，第 13 章。

② 前几页关于贡萨洛·皮萨罗的事迹，请参看《无名氏记事录》，手稿；费尔南德斯：《秘鲁史》，第 1 卷，第 1 册，第 25 章；佩德罗·皮萨罗：《发现和征服》，手稿；《贡萨洛·皮萨罗写给巴尔迪维亚的信》，手稿；萨拉特：《秘鲁的征服》，第 5 册，第 13 章；埃雷拉：《通史》，第 7 卷，第 8 册，第 16 章、第 19 章；《秘鲁事件录》，手稿；蒙特西诺斯：《编年史》，手稿，1544 年。

第　九　章

贡萨洛·皮萨罗所采取的各种措施——巴卡·德卡斯特罗的逃跑——布拉斯科·努涅斯总督的卷土重来——他的灾难性的退却——他的失败和死亡——秘鲁的君主贡萨洛·皮萨罗

1544—1546 年

贡萨洛·皮萨罗的第一个行动就是把那些在最近的动乱中积极参与反对他的人都逮捕起来。有几个人被他判处死刑，但是后来又减轻了课刑，而只将他们放逐和没收其财产就算行了[①]。他的下一件关注的事是在一个牢固的基础上建立他的权威。他把利 490
马的市政府塞满了自己的党徒。他派遣他的副官们去主管主要的城镇。他督促在阿雷基帕重新建造军舰，以确保制海权；并且使他的军队处于最精良的状态，以备应付未来的紧急事变。

王家检审法院只是徒有虚名；因为它的权力很快就被这位新

① 佩德罗·皮萨罗：《发现和征服》，手稿。——向我们叙述此事的这个诚实的士兵对其亲属的忠诚不如对国王的忠诚。至少他不是贡萨洛的同党，而是在这次事件中幸免被吊死的那些人中的一员。他好像对其同姓人没有什么尊敬之意。

统治者抓到手中，他想把这个政府置于有如在他那侯爵兄弟统治下的政府的同一立足点上。说实在的，从检审法院的几个成员的立场来看，它必然要解体。阿尔瓦雷斯已随同那位总督被遣回西班牙了。塞佩达，该法院最有抱负的一员，既然已在自己的野心勃勃的阴谋中失败，就满足于充当那个取代其地位的军事首领手中的一个工具。第三个法官萨拉特，他曾在一开始就反对他的同僚采取暴力手段，现在由于重病闭门不出[1]；而特佩达，那个留下来的地方行政官，贡萨洛现在打算将他派回西班牙，并携带一个关于最近发生的事件的报告，以便在皇帝眼中证明他自己的行为是正当的。这个步骤遭到卡瓦哈尔的反对，他直率地对他的指挥官说道，“他已经走得太远了，以致不能希望博取王室的欢心；他最好是指望用他的长矛和滑膛枪来为自己辩护！”[2]

但是要用来运送特佩达的船只突然发现已从港口失踪了。这就是囚禁巴卡·德卡斯特罗的同一艘船；而那个官员，不指望依靠这样一个人的克制，在先前，他曾唐突地阻挠过这个人的发迹，而且他相信，他自己处身于一个他没有合法权力的国土上毫无益处；因而说服了船长起航把他送到巴拿马。然后他跨越巴拿马地峡，登船回西班牙去了。关于他返国的谣传已经先他而至，他在执政期间曾经触犯过的那些人少不了要指控他。他被指控曾执行过高
491 压政策，无视殖民地开拓者和土著人两者的权利；最重要的是，指

① 不要把法官萨拉特与历史学家萨拉特混淆了，这位历史学家随同检审法院到秘鲁去，是充任王家审计官的，——在此以前，他在西班牙担任王室顾问委员会的秘书职务。

② 戈马拉：《西印度史》，第172章；加西拉索：《王家评论》，第2卷，第4册，第21章。

控他曾贪污公款，并且携带大量金钱回归西班牙。这最后一条是不可宽恕的罪行。

这位行政长官一踏上他自己的国土就被逮捕了并被急急忙忙送到阿雷瓦洛要塞；虽然随后他被转移到较好的处所，在那里他受到符合其官衔的特惠待遇，但他仍然被作为一个政治犯关押了12年，直到那拖拉的西班牙法庭宣布了对他有利的一个判决为止。针对他提出的每项控告都被宣判无罪，他不仅没有盗用公款，而且被证实，他回家时比他离家时并不富裕多少。他被从狱中释放了，恢复了他的名誉和高位，他重新就任了王室顾问的职位，巴卡·德卡斯特罗在其余年享受着因其功劳而有资格享有的尊敬[①]。他的继任者给该殖民地带来的动乱为他的治理有方提供了最好的颂词。这个国家逐渐地感觉到他的贡献的价值；不过政府怎样酬报这些贡献，必然会使人们对君王怎样感谢这些贡献做出冷静的评论。

由于布拉斯科·努涅斯的返回，贡萨洛·皮萨罗经受的沮丧注定要比因巴卡·德卡斯特罗的逃跑所引起的沮丧更大。装载布拉斯科·努涅斯离开这个国家的船只刚一离岸，阿尔瓦雷斯法官就走到这位高官面前，并且宣布后者不再是一名囚犯了，这也许是由于这位法官悔恨自己参与了暴乱，或是忧惧把这位总督遣送回西班牙的后果。与此同时，他为自己参与这次暴乱进行辩解，表示愿意救布拉斯科·努涅斯一命，并将他从危险的处境中解救出来。他现在将这艘船交给他支配，并向他保证，它将载他驶往他愿意去

① 萨拉特：《秘鲁的征服》，第5册，第15章；《无名氏记事录》，手稿；《秘鲁事件录》，手稿；蒙特西诺斯：《编年史》，手稿，1545年；费尔南德斯：《秘鲁史》，第1卷，第1册，第28章。

的任何地方。

不管对这位法官的解释相信到什么程度，这位总督急切地要利用他提供的方便。他的自尊心对不光彩的一事无成而返国的念头深恶痛绝。他决定在这块国土上再试一试他的运气，他的唯一的疑虑就是，在什么地点去试图将其党徒集合在他周围。在巴拿马他可能平安无事，同时祈求来自尼加拉瓜以及北方其他殖民地
492 的援助。但这会立刻背弃他的政府；并且这样一种自认软弱的表现将对其在秘鲁的部下产生不良的影响。因此，他决定起程到基多去，这里一方面处于他的管辖范围以内，另一方面，它离最近发生动乱的舞台还相当遥远，这样他便可争取时间东山再起，并迎头痛击他的敌人。

为了实现这个目标，这位总督及其随从人员在通贝斯登岸，其时大概在 1544 年 10 月中旬。他一登陆就发表了一项声明，历数贡萨洛·皮萨罗及其部下所犯的各种暴行，他将他们宣布为君主的叛逆，并且号召这个殖民地的所有的忠实臣民都来支持他维护王室的权威。这个号召并非无人响应；从圣米格尔、别霍港以及沿岸的其他一些地方来了不少志愿者，尽管这些人的行动拖拖拉拉。这位总督满心高兴，相信忠诚的情感在这些西班牙人的胸中尚未泯灭。

但是，当他正在这般忙碌的时候，他得到了皮萨罗的一名将领到达海岸的消息，这位将领率领的一支部队优于他自己的兵力。他们的人数被夸大了；可是布拉斯科·努涅斯，不等查明实情，就放弃了他在通贝斯的阵地，并以他能做到的最大的敏捷跨过半覆盖着白雪的荒凉的和多山的地区，朝着基多进军了。但这座首府

地处他的省份的极北端，不是集合其部下的有利地点；他在这里驻留了一段时间，直到他已得到在波帕扬的忠实的指挥官贝纳尔卡萨尔的保证说他将在未来的冲突中全力支持他，他才迅速回师到沿海地区，在圣米格尔城设下阵地。这是一个很适合他的目标的地点，地处沿太平洋海岸的大路上，此外还是与巴拿马和北方进行商业往来的主要商业中心。

在这里，这位总督树起了他的旗标，在几个星期之内，他发现自己已经是总数将近 500 人的一支拥有骑兵和步兵的军队的统帅了，只是武器和弹药的供应较差，但士兵们显然都对这一事业热心积极。由于觉得自己有足够的力量可以开始积极行动了，于是他现在向驻扎在附近的几个皮萨罗的将领出击，在对他们的作战中，他取得了某些决定性的优势，这恢复了他的信心，并且使他得意忘形，希图在这个国家重建他的支配地位。[①]

在这段时间里，贡萨洛·皮萨罗也没有闲着。他焦虑地注视 493
着这位总督的行动；而现在，他相信是他采取行动的时候了，如果他自己不愿被剥夺职位的话，那么他就必须把他这个难以对付的对手驱逐出去。于是他在利马部署了一支由一名忠实的军官指挥的强大的卫戍部队，并且，在经陆路派遣了一支大约有 600 人的队伍前往特鲁希略之后，他自己于 1545 年 3 月 4 日乘船前往同一个

① 《贡萨洛·皮萨罗写给巴尔迪维亚的信》，手稿；萨拉特：《秘鲁的征服》，第 5 册，第 14、15 章；埃雷拉：《通史》，第 7 卷，第 8 册，第 19、20 章；《无名氏记事录》，手稿；费尔南德斯：《秘鲁史》，第 1 卷，第 1 册，第 23 章；《秘鲁事件录》，手稿。最后引用的那个文件的作者指出了在几个城市中存在的强烈的忠君情感，并且也提到印第安人正在图谋袭击库斯科的谣言。——这个作者是被击溃的布拉斯科·努涅斯的党徒，而且，流亡者用来将报告写得对他们自己有利的那种手法是出了名的。

港口，这正是这位总督从基多出发行军的那一天。

在特鲁希略，皮萨罗亲自率领他的小部队，并且马上向圣米格尔前进。他的对手，急切地要见个高低，很想出面迎战；但是他的士兵，大部分都是匆忙招募来的年轻而又没有经验的新兵，都被皮萨罗的名字吓破了胆。他们坚决要求带领他们到北部地区去，在那里，他们将得到贝纳尔卡萨尔的增援；而他们的倒霉的指挥官，像某些难驾驭烈马的骑手一样，不得不顺从马的脾性，被匆匆带到与其愿望相反的方向去。这就是布拉斯科·努涅斯的命运，他要达到的目的既遭到了敌人也遭到了朋友的破坏。

在抵达圣米格尔城下时，贡萨洛·皮萨罗颇为遗憾地发现，他的敌手已经弃城而去了。他没有进城，而是加快步伐前进，在穿越了一个不大的溪谷之后，到达了山脉的边缘，布拉斯科·努涅斯只在几小时前进入了这个山脉。那已是夜深的时候了；但是皮萨罗懂得兵贵神速的重要性，他派遣卡瓦哈尔带领一支轻装部队前去追赶逃敌。这位将领于午夜赶上了他们设在群山中的孤零零的营地，此时，这支疲惫不堪的队伍正在酣睡。他们从睡梦中被军号声惊起，说也奇怪，他们的敌人竟然轻率地吹起了军号[①]，这位总督
494 和他的部下一跃而起，跨上战马，抓起火绳枪，并朝着他们的攻击者的队列倾泻了一阵猛烈的排射，卡瓦哈尔被这一见面礼搞得惊慌失措，觉得自己力量单薄，还是以退却为上策。这位总督紧追不舍，直到他恐怕在茫茫黑夜之中易中伏击才撤退，眼瞅着他的敌手

① “但是，弗朗西斯科·卡瓦哈尔一直在追赶他们，天黑四小时后到达了他们的住地。他拿起随身带着的军号，吹响了战斗的号角。总督听到后，第一个从床上起来。”见费尔南德斯：《秘鲁史》，第1卷，第1册，第40章。

与皮萨罗指挥下的主力部队重新会合。

卡瓦哈尔因掉以轻心而让胜利从他手中溜走的行为是令人费解的。这是他戎马生涯中所表现的惯常的谨慎和警惕性的唯一的一次例外。如果这一行动是任何其他将领干的，那他一定得掉脑袋。皮萨罗虽然很激怒，但他太器重他这位副官的功劳和忠心耿耿的价值了，所以不愿与他闹翻。他仍然认为最重要的事是要赶上敌人，必须在他向北进军到更远的地方之前赶上，因为那里的崎岖地势会极大地妨碍这次追击。卡瓦哈尔急于挽回他的错误，因此又奉命带领一支小部队，任务是扰乱敌人的行军，切断他的军需品供应，如果可能的话，将他牵制住，等待皮萨罗的到来①。

但是这位总督已经由于敌人的最近的延误而把追击者远远抛在后面了。他所走的道路伸向跨越卡哈斯溪谷，这是一个未经耕作的广阔的地区，能为人和牲畜提供的食物很少。他的部队日复一日地持续在这个荒凉的地区中行进，悬崖绝壁和岩石沟谷纵横交错，给他们增添了难以置信的劳累。他们的主要食物是烘干的玉米，这些通常是过路的印第安人的食物，当然西班牙人对此是不屑一顾的；这种贫乏的给养靠路边找到的一些草本植物加以补充，因为缺乏较好的炊具，士兵们不得不用他们的头盔烧煮食物②。在这同时，卡瓦哈尔紧紧地逼近他们，因此他们的辎重、弹药，有时还有他们的骡子，不时地落到他的手中。这个不知疲倦的武士总

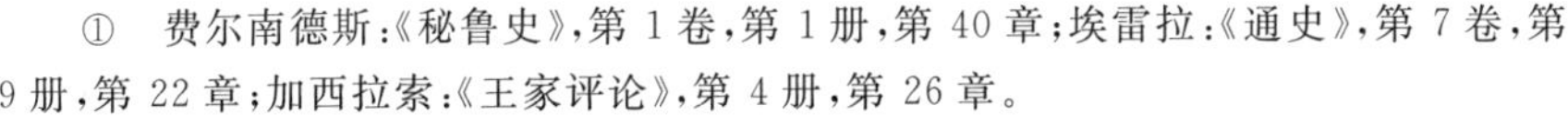

① 费尔南德斯：《秘鲁史》，第 1 卷，第 1 册，第 40 章；埃雷拉：《通史》，第 7 卷，第 9 册，第 22 章；加西拉索：《王家评论》，第 4 册，第 26 章。

② “行军途中他们停下来让马匹歇息一下，同时自己用头盔烧煮点东西吃。”见埃雷拉：《通史》，第 8 卷，第 9 册，第 24 章。

是跟踪着他们，昼夜不停，几乎不让他们得到任何休息的机会。他们不支帐篷，席地而卧，身旁站着他们的不卸鞍的战马，而疲惫不
495 堪的士兵刚一合眼，就被敌人赶上来的喊声给惊醒[①]。

最后，布拉斯科·努涅斯那些备受折磨的部下到达了德波布拉多，或者叫帕尔托斯沙漠，它向北伸展成长达很多里格的荒凉地带。在这块有很多溪流纵横交错着土地上，具有大沼泽地的性质，人和马在污浊的水中挣扎，或者非常吃力地在沼泽地上蹚出他们的路，或者穿过地面上长得茂密杂乱的灌木丛开辟一条通道。这些旅途劳顿的马匹，除了它们在荒野中能够啃到的东西外，完全没有饲料，常常在旅途中耗尽精力，不能再供驱使了，便让它们在路上死去，并割断它们的后腿腱，以使它们不能为敌人所用；当然更经常的是，把它们杀死给主人提供一顿痛苦的餐宴[②]。很多士兵现在完全是由于筋疲力竭而衰弱不堪，或者在树林中踯躅而不能跟着队伍继续前进。那些落入卡瓦哈尔手中的迷路者，至少是那些曾一度属于皮萨罗同党的人，肯定是要倒霉的。只要怀疑他通敌就会被这个铁石心肠的军人处死[③]。

皮萨罗和他的部队所受的苦楚比这位总督所遭受的几乎不相

① “在整个行程中，他们都是人不离马，马不卸鞍。总督的人马警惕性非常高，即使在晚上歇息片刻，也是和衣而睡，手不离马的缰绳，夜间从不把时间花在拴马匹、搭帐篷和其他事情上。”见萨拉特：《秘鲁的征服》，第 5 册，第 29 章。

② “他把疲惫不堪的战马的腿弄断，然后自己走开，这样敌人就无法利用那匹马。”见萨拉特：《秘鲁的征服》，第 5 册，第 29 章。

③ 费尔南德斯说，“如果不是贡萨洛进行干预的话，更多的人会被他这个副官吊死，这位副官阴阳怪气地引用古老的西班牙谚语说‘我们的敌人越少越好’”。见费尔南德斯：《秘鲁史》，第 1 卷，第 1 册，第 40 章。

上下；当然他们因有这个国家的土著人的帮助而使苦楚多少有所减轻，这些土著人靠他们敏锐的直觉，看出哪一方是最强大的，当然也是最可畏的。但是，无论痛苦怎样减轻，这位首领所遭受的磨难仍然是很可怕的。又重复了在亚马孙河探险时所经历的那种阴沉的场面。应该承认，参加这一征服行动的士兵们为他们的胜利付出了高昂的代价。

但是这位总督还有另外一种不安，这种不安也许比由身体受
磨难所引起的不安更大。这就是对他自己部下的不信任。在他的 496
随从人员中有几个主要的骑士被他怀疑通敌，并且怀疑他们甚至策划将他出卖给敌人。他对此深信不疑，所以在行军中就下令把其中的两名军官处死；他们那躺在路边的僵硬的尸体，被士兵们看在眼里，这告诉他们，除了后面的追敌之外，在这可怕的荒凉地带还有其他的令人生畏的事情[①]。

另外一个在总督帐下掌握主要指挥权的骑士，是在他的案子经过正式调查后在军队停止前进的第一个地点就被处决的。事隔久远，不可能断定布拉斯科·努涅斯的怀疑究竟有多大的真凭实据。同时代的人的判断是众说纷纭的[②]。在政治骚乱时期，作家

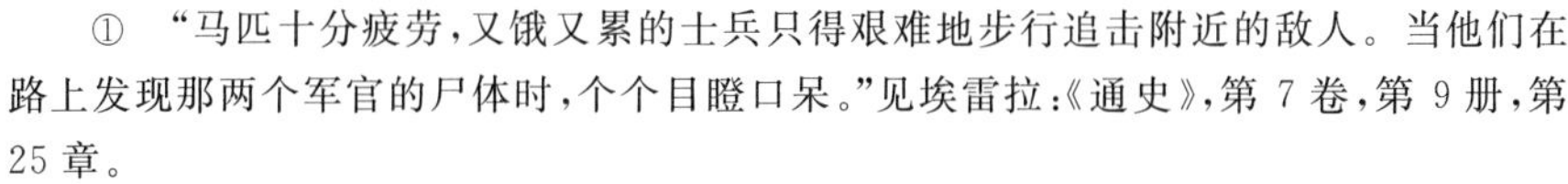

① “马匹十分疲劳，又饿又累的士兵只得艰难地步行追击附近的敌人。当他们在路上发现那两个军官的尸体时，个个目瞪口呆。”见埃雷拉：《通史》，第 7 卷，第 9 册，第 25 章。

② 费尔南德斯持一种实事求是的笔调，他是对那位总督十分友好的一个人，他在写到被总督处死的那些军官在此以前一直是用他们的生命和财产为他效力的之后，采取一种适中的态度对这件事避而不谈，说是人们对此有不同的判断。“在秘鲁，围绕导致这几个人死亡的问题上，存在几种相反的意见，有的认为是责任问题，有的认为不是。”（《秘鲁史》第 1 卷，第 1 册，第 41 章。）戈马拉说得比较明确，“所有的人都谴责这一行径。”（《西印度史》，第 167 章。）舆论的倾向似乎是谴责那位总督的。

的看法通常由其所参与的一方的状况来决定。从布拉斯科·努涅斯那种多疑的和神经质的性格来判断，我们可以假定他的所作所为是没有足够理由的。但是这种意见被其部下轻易地突然背离对其指挥官的忠诚这样一种情况所抵消，他似乎太不受他们的拥戴了，以致命运稍有逆转就众叛亲离。不管他的怀疑有无根据，反正在这位总督的心目中起的作用是相同的。在其后面尾随着一个敌人他不敢打，而对其部下他又不敢相信，他的灾难可谓近乎顶点了！

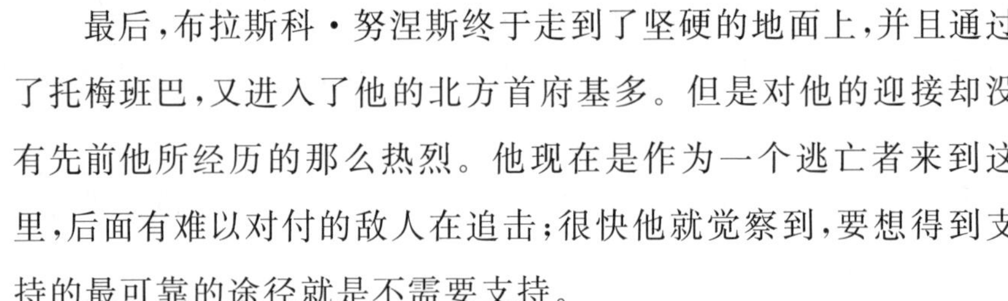

最后，布拉斯科·努涅斯终于走到了坚硬的地面上，并且通过了托梅班巴，又进入了他的北方首府基多。但是对他的迎接却没有先前他所经历的那么热烈。他现在是作为一个逃亡者来到这里，后面有难以对付的敌人在追击；很快他就觉察到，要想得到支持的最可靠的途径就是不需要支持。

497 这座城市迷信的人感觉到许多预示他即将面临毁灭的预兆[①]，这位倒霉的指挥官从他脚下抖掉这座不忠的城市的尘埃，又继续向帕斯托斯前进，这是贝纳尔卡萨尔的辖区。皮萨罗及其部队不久之后也进入了基多，使他失望的是，尽管他紧追不舍，敌人仍然逃脱了他的追击。他只是暂时停下来让他的士兵稍事喘息，并且宣告，“他将穷追这位总督直至北海，一定要追上他，”[②]接着

① 历史学家记录下来的某些预兆（如群犬嚎叫），当然不是什么值得惊奇的事。“在这群饱尝痛苦和折磨的人中，许多人说他们看见了天空中无数的风筝（原文西班牙文 cometas 可译彗星。——译者），一群一群的狗沿着街道奔跑狂吠，人们惊恐万状，失魂落魄。”见埃雷拉：《通史》，第 7 卷，第 10 册，第 4 章。

② 埃雷拉：《通史》，第 7 卷，第 10 册，第 4 章。

又重新开始进军。在帕斯托斯，他几乎达到了他的目的。他的前锋部队在布拉斯科·努涅斯正在一条小河对岸停留下来的时候赶上了他。皮萨罗的士兵们由于劳累和炎热而虚弱不堪，有气无力地摇摇晃晃来到水边，用水解除他们那火辣辣的口渴，这对于这位总督的经过休息而精神振作并且在数量上优于其敌人的部队来说，轻而易举地就可以将他们击溃。但是，布拉斯科·努涅斯无法使他的士兵们投入战斗。他们在其敌人面前太惯于逃跑了，只要一见到敌人的影子，心里就充满了惊慌，他们不会再想到掉转头去抵抗，就像野兔不会掉转头来抵抗追赶它的猎犬一样。他们感到的安全之策就是飞一般的逃跑，而不是搏斗，他们利用其追赶者的筋疲力竭只是为了加快他们的逃脱。

贡萨洛·皮萨罗继续追击到距离帕斯托斯数里格的地方；当他发现自己走得比他想走得更远，踏入了贝纳尔卡萨尔的领土范围时，由于不愿在不利的情况下与这个难以对付的首领发生冲突，于是，不顾他那夸下的海口：要追到北海去，还是停了下来，下令撤退，迅速回师基多。在这里，他忙于从事恢复其部队的低落的士气，并且用新的生力军来加强自己的实力，在数量上有很大的增加；诚然，其部队的数量又因派遣卡瓦哈尔率领一支队伍去镇压叛乱而有所减少，他得知这一叛乱已在南部地区爆发了。它是由他自己的一个名叫迭戈·森特诺的军官挑头的，这个人是由他委派到拉普拉塔的，那个地方的居民曾参加过反叛并且举起过勤王的旗标。皮萨罗决定率领其余的部队镇守在基多，等待那位总督再
度进入他的领地；像一只老虎在荒野中蹲伏着，跃跃欲试地耐心等 498
待其猎物的返回。

与此同时，布拉斯科·努涅斯将其退却推进到贝纳尔卡萨尔的省会波帕扬。在这里他受到人民的友好的接待；而他的兵员，由于开小差和患病减员到原有人数的五分之一，他们从继续了200多里格的行军中所遭受到的无法比拟的疲乏中得到了休整[①]。没过多久，贝纳尔卡萨尔的副官卡夫雷拉就率领了一支强悍的援军加入了他的队伍，不久之后，那个首领自己也加入了。现在他的整个兵力总数接近400人，大多数都处于良好状态，在美洲战争中都得到过很好的训练。他自己的士兵缺乏武器和弹药的情况非常严重；于是他着手补充必需品，建炉制造火绳枪和长矛。[②] 一个熟悉那个时期历史的人惊奇地看到，这些西班牙冒险家在动手干通常需要经过长期训练的各种行当和手艺时是多么迅速而且敏捷。他们表现了一个新国家的开拓者所特别需要的灵巧，在这里，每一个人都必须在某种程度上成为自己的工匠。但是，事情的这种状态，不论对这些能手的精巧如何赞扬，它对技术的进展却不是很有利的；不容怀疑的是，由布拉斯科·努涅斯的士兵们如此这般制造出来的武器肯定是最粗糙并且结构最不完善的。

时间一星期又一星期地流逝，贡萨洛·皮萨罗虽然具有一名

① 布拉斯科的这次撤退，即使不就其持续时间来说，至少就其所受痛苦的深重程度来说，除了贡萨洛·皮萨罗本人在亚马孙河探险所遭受的磨难外，可与在新大陆进行的任何一次远征相比。其细节在下列著作中可找到或多或少的详细描述。萨拉特：《秘鲁的征服》，第5册，第19章、第29章；《贡萨洛·皮萨罗写给巴尔迪维亚的信》，手稿；埃雷拉：《通史》，第7卷，第9册，第20章至第26章；费尔南德斯：《秘鲁史》，第1卷，第1册，第40章以及以后各章；《秘鲁事件录》，手稿；《无名氏记事录》，手稿；蒙特西诺斯：《编年史》，手稿，1545年。

② “他决定征用在那个省能找到的全部铁器，并请来师傅准备好锻炉，结果在很短的时间里铸造了200支火绳枪和鞍具。”见萨拉特：《秘鲁的征服》，第5册，第34章。

西班牙军人的耐心，但对布拉斯科·努涅斯长期地待在北方感到心神不安，于是他设下妙计诱骗他停止退却。他率领其部队的大半走出基多城，假装要到南方去支援他的副官，同时却在城里留下一支由普埃莱斯指挥的卫戍部队，就是先前从这位总督那里开小差的那个军官。他关照说，这些消息应当传播到敌人的军营去。499 这个计谋如他希望的那样得逞了。布拉斯科·努涅斯及其部下，深信他们的兵力优于普埃莱斯的兵力，一刻都没犹豫就来利用被他们信以为真的皮萨罗不在基多的良好时机。这位总督于1546年1月初离开波帕扬急行军向南挺进。但是在到达他的目的地之前，他得知自己被骗上了圈套。他把这个事实通知了他的军官们；但是他对这种悬而不决的局面已经忍受得不耐烦了，所以他眼下的唯一心愿就是把他与皮萨罗的争吵最后诉诸武力解决。

与此同时，那位首领通过他的密探，清楚地知道这位总督的动向。在得知后者离开波帕扬时，他就返回基多城，把他的部队与普埃莱斯的部队合到一起，并且开出首府，在城北约三里格处占据了坚强的阵地，这是在控制着一条小河的高地上，是敌人必经之路。不大工夫，后者就出现在眼前了，鉴于夜幕开始降落，布拉斯科·努涅斯就在小河对岸扎营。它距敌人的军营如此之近，以致哨兵的说话声音在相互对垒的军营中听得一清二楚，而他们没忘记彼此称呼对方为“叛徒”。在这些内战当中，如我们已经谈到的，每一方都声称自己是唯一享有忠诚荣誉的一方[①]。

① “双方士兵彼此离得很近，甚至能够互相说话，每一方都责骂对方为叛徒，都说自己在维护国王的权力。他们就这样对峙了整整一夜。”见萨拉特：《秘鲁的征服》，第5册，第34章。

但是贝纳尔卡萨尔很快看出，皮萨罗的阵地太坚固了，没有任何攻破的可能。因此他建议这位总督在夜里偷偷将其部队撤离，并且围绕着山进行迂回，袭击敌人的后方，这里他定是防卫稀疏。这个意见被批准了；当夜幕刚刚能掩蔽这两支军队不为对方所见时，布拉斯科·努涅斯就让他的军营大张灯火以迷惑敌人，然后他拔营而去，开始向基多方向迂回前进。但是，如果不是听到的情报不准确，就是他的向导带错了路；因为要走的道路原来是如此难以通行，以致他被迫绕了一个大圈子，直到拂晓他才接近攻击点。这
500 时他发现，他现在必须放弃突然袭击的有利条件，于是他便向基多进逼，到达这里时，连人带马被这八里格的夜行军累得疲惫不堪，要是从他们开始出发的地点算起，若走直线，不超过三里格。这在一次交战的前夕是一个致命性的错误①。

他发现这座首府几乎被人们丢弃了。他们全都参加到皮萨罗的旗标之下；因为他们现在已经感染了普遍的不忠情绪，而且把那位首领看做是保护他们免受暴虐法令侵害的人。皮萨罗是人民的

① 关于前面几页所谈的事件，请参看萨拉特：《秘鲁的征服》，第 5 册，第 34 章，第 35 章；戈马拉：《西印度史》，第 167 章；《贡萨洛·皮萨罗写给巴尔迪维亚的信》，手稿；蒙特西诺斯：《编年史》，手稿，1546 年；费尔南德斯：《秘鲁史》，第 1 卷，第 1 册，第 50 章至第 52 章。埃雷拉在叙述这些事件时失之于一种令人奇怪的日期上的混乱，把努涅斯进入基多的时间说成是 1 月 10 日，而把他与皮萨罗开战的日期说是在九天之后。（《通史》，第 8 卷，第 1 册，第 1 章）最后这一事件，按费尔南德斯的证词的说法是在该月的 18 日。经我参阅当时的一些权威作者的说法，一致认为——正如本书中所叙述的那样——在那同一天的傍晚，努涅斯进入了基多。埃雷拉的著作虽然是按年代体例编排的，在日期上也不是毫无差错的。金塔纳曾披露过这位历史学家在记叙征服秘鲁早期史实时的几个显而易见的年代上的错误。请参看他的《西班牙名人录》，第 2 册，见附录七。

代表。这种背弃使这位倒霉的总督受到极大触动，举起他的双手仰天长叹，“上帝呀！难道你就这样抛弃了你的信徒吗？”妇女和儿童们走出来，一面徒劳地拿食物给他吃，这些食物他显然是需要的，同时一面问他，“你为什么到这儿来送死？”他的部下，比他们的指挥官更不在乎，进到居民的屋子里，随便取用他们所能找到的任何能够满足食欲的东西。

贝纳尔卡萨尔看出在他们的条件下进行战斗是轻率的，因此建议这位总督尝试一下进行谈判的效果，并且提出由他本人到敌人的军营去，如果可能的话，与皮萨罗商定妥协的条件。但是，布拉斯科·努涅斯，如果说他曾经一度沮丧的话，那么现在又恢复了他那惯常的坚定，他傲慢地回答说：“与叛徒没有什么真话好说。我们是来打仗的，不是来谈判的；我们必须像一个真正的和忠诚的骑士那样去完成我们的任务。我将做我应做的事情”，他继续说，“并且可以保证，我将是第一个挥戈和敌人交锋的人”。[①]

于是他把他的队伍召集在一起，向他们发表了几句进军动员
令。他说道，“你们全都是勇敢的人，并且忠实于你们的君主。至 501
于我个人，我认为生命事小，为我的君主尽忠事大。可是我们不要怀疑我们的成功。西班牙人，在一项有益的事业中，经常要克服比这些不利形势大得多的困难。而我们正在为正义而战斗；这是上帝的事业，——上帝的事业。”[②]他最后结束了他的讲话，而这些士

① “我向你们保证，我将第一个用自己的长矛冲进敌人的营垒厮杀”（他是这样做的）。见费尔南德斯：《秘鲁史》，第 1 卷，第 1 册，第 53 章。

② “这是上帝的事业，这是上帝的事业，这是上帝的事业。”见萨拉特：《秘鲁的征服》，第 5 册，第 35 章。

兵，在他这慷慨激昂的热情的激发下，对他高声报以喝彩，“说得好哇！”这对这位近来很少感受到这种热情流露的倒霉的指挥官来说，使他深为感动。

那是在1546年1月18日，布拉斯科·努涅斯率领他的队伍从这座古老的城市基多出发了。他刚走了一英里远[1]，就发现了敌人，沿着稍微隆起的高地的脊背布列成阵，这些高地从阿纳基多平原渐次隆起。贡萨洛·皮萨罗在查明这位总督已离开时非常懊恼，一大清早就拔营，挥师直指这座首府，下定决心决不让他的敌人逃脱。

这位总督的队伍停了下来，部署成战斗序列。一支火绳枪小队部署在最前头，开始进行战斗。其余的火绳枪兵被配备到居于中央的长矛兵之中，两翼由两个排列得差不多相等的中队的骑兵加以护卫。骑兵总共约有140人，与另一方的骑兵不相上下，但这位总督的整个兵力数少于400人，比其敌手的兵力的半数超过不了多少。在右边，在王室旗帜的前面，由13名精选的骑士簇拥着布拉斯科·努涅斯，他安排停当，准备率先发起攻击。

皮萨罗以与其敌人相对应的方式部署了他的部队。他聚集了总数大约有700人的队伍，装备齐全，士气昂扬，并由秘鲁最优秀
502 的骑士担任指挥[2]。尽管皮萨罗在数量上占优势，可他似乎不想

① “离城里四分之一西班牙里。”见《贡萨洛·皮萨罗写给巴尔迪维亚的信》，手稿。

② 双方兵力的总数有各种不同的说法，然而，由于总数目太小，所以相对的比例数比通常的差别要大。我曾对证过最了解实际情况的作者的记述。皮萨罗估计其对手的兵力有450人，他自己的兵力有600人；值得注意的是这一估计并未使本书中所做的估计的可信程度有所减低。

放弃他的有利的阵地，所以布拉斯科·努涅斯就下令向前冲。战斗先从火绳枪队打响，霎时间，浓烟滚滚，笼罩着整个战场，所有的目标都隐没在一片昏暗之中；因为战斗开始时天色已晚，阳光很快就消失了。

步兵马上举起长矛，在滚滚浓烟的掩护下冲向前去，很快就和对方的持矛兵短兵相接，猛烈搏击。随后冲上来的是骑兵，尽管他们被皮萨罗的在数量上远远比他们占优势的火绳枪队的火力打得队形有些混乱，但他们仍然冲杀得如此勇猛，以致敌人的战马不得不在他们面前盘旋后退。但是，这只能引起对方报之以更猛烈的反击，皮萨罗的骑兵队像势不可挡的潮涌一般向他们的敌人猛冲过去，沿着山坡驱赶他们，连人带马乱砍乱杀。可是，这些人终于又重新集结起来，他们的军官用大声叫喊和拼命的鼓动激励他们继续冲杀。长矛打断了，他们就面对面白刃相接，用刀剑和战斧混战厮打成一团。但是搏斗没有持续多久，因为，虽然双方在数量上差不多相等，但这位总督的骑兵，由于头天夜里艰难行军的劳顿[①]，很难抵得住其对手。地上横陈着他们留下的残骸、战马和骑士，已经死去的和正在死去的，横七竖八，狼藉成堆。贝纳尔卡萨尔的勇敢的副官卡夫雷拉被杀死了，那位司令官摔在马蹄之下，身受重创，留在战场上等死。法官阿尔瓦雷斯受了致命的重伤。他和他的同僚塞佩达都参加了战斗，尽管各自站在互相对抗的行列之中，他们似乎是被培养来打仗的，而不是从事和平的法律职业的。

① 萨拉特:《秘鲁的征服》,第 5 册,第 35 章。

在战场的右翼，布拉斯科·努涅斯和他的同伴们继续进行着英勇的战斗。这位总督信守其诺言，第一个投枪冲向敌人，枪直刺一个名叫阿隆索·德蒙塔尔沃的骑士，将他从马鞍上打落坠地。但他最终还是寡不敌众，而且，由于他的同伴一个接一个倒在他的身旁，他几乎是毫无掩护了。他本来已经受伤，突然敌方有一名士兵用战斧朝他的头上砍来，使他坠下马来，昏晕跌落在地。如果他的人身被
503 认出来的话，他可能被活捉，但是他在盔甲上套了一件印第安棉布做的素色马甲，将圣雅各勋章以及其他官衔的标志都遮盖住了[①]。

然而，他的面目很快被皮萨罗的一名部下认出来了，这个人或许曾一度服役于这位总督的麾下。这个士兵立刻向传道者卡瓦哈尔指出了他。读者可能还记得，卡瓦哈尔就是布拉斯科·努涅斯在其利马的官邸里曾鲁莽处死的那个骑士的兄弟。这位传道者后来在皮萨罗部下服役，并且和他的几个亲属一起发誓要向这个总督复仇。他立刻骑马赶来，一面辱骂这个被打落在地的司令官不该残杀他的兄弟，一面下马要亲手结果他，这时普埃莱斯规劝他说，这样做有失身份，于是他就命令他的一名黑奴随从把这个总督的头割下来。这个家伙用他的马刀一下子就砍了下来，而那个可怜的人当时可能正伤势惨重，濒于死亡，一句话也没说，只是用哀

① 加西拉索·德拉维加说，他穿这种衣服为的是他不比一个普通士兵享受更高的待遇，而是与别人同甘共苦。(《王家评论》，第 2 卷，第 4 册，第 34 章)皮萨罗则不认为他有如此高尚的意图。根据他的看法，这位总督所以采取这种伪装，为的是使他的军衔不被辨认出来，他可以有更好的机会逃跑。应当承认，这是进行伪装的通常的动机。“布拉斯科·努涅斯为了不被人认出来，穿着印第安人的衬衫，千方百计想逃出去。上帝不愿让他在神圣的事业中所干的坏事不付出代价。”《贡萨洛·皮萨罗写给巴尔迪维亚的信》，手稿。

求的眼光朝着上天，忍受这致命的一击[①]。这颗首级当时被高高地挑在一支长矛上，有些人竟残忍到从其胡须中拔下灰白的胡须并将它们贴在军帽上，以作为他们胜利的可怖的战利品[②]。现在胜败的大局已定。可是步兵仍然在英勇抵抗，他们的高举如林的长矛阵列使得皮萨罗的骑兵陷入困境。但他们的人数被火绳枪兵杀伤得越来越少了；并且被打得七零八落，难以对骑兵的攻击再进行抵抗，于是骑兵就冲入他们的队列，很快就驱散了他们并将他们 504
赶出了战场。追击持续时间不长，也没有流血；因为夜幕已降临，皮萨罗下令鸣金收兵，把他的士兵都召唤到他们的军旗之下。

虽然这场战斗只持续了很短的时间，但这位总督的部队差不多阵亡了三分之一。而他们的敌手的损失则是微不足道的[③]。有几名战败的骑士逃到基多的教堂里去躲藏。但是他们被从教堂里拖了出来，有些人——可能是那些曾一度拥护过皮萨罗的事业的人——被拉出去处决了，其他人被放逐到智利去了。大部分人得到了其征服者的赦免。从伤痛中苏醒过来的贝纳尔卡萨尔被允许回到他的政府所在地，条件是不要再拿起武器反对皮萨罗。他的部队被招募到这位胜利者麾下服役，然而，这位胜利者从未像对其

① 费尔南德斯：《秘鲁史》，第 1 卷，第 1 册，第 54 章；萨拉特：《秘鲁的征服》，第 5 册，第 35 章。“他命令黑人随从割下他的脑袋。与此同时，总督没有软弱的表现，他不说话，只是抬起头看看天，表示他是一个虔诚的、坚定不移的基督教徒。”见埃雷拉：《通史》，第 8 卷，第 1 册，第 3 章。

② “有几名军官和士兵拔掉他的一些白胡子。然后，胡安·德拉托雷当众把白胡须放在帽子里，运到君王城里去。”见费尔南德斯：《秘鲁史》，第 1 卷，第 1 册，第 54 章。

③ 对这次战斗伤亡数目的估计像通常一样是不一致的。有些人说努涅斯损失了 200 人，而贡萨洛·皮萨罗说他自己只死了 7 个人，另有少数几个人受伤。但是，交战的双方是很少发表可靠的战报的！

老党徒那样相信他们。他对人们向这位总督施加的无礼举动非常不悦，命令将他那被乱刀砍杀的遗体在基多的大教堂里按符合其官衔的仪式进行殡葬。贡萨洛·皮萨罗身着丧服，以主要送葬者的身份走在送殡的行列里。——正如我们已经看到的那样，皮萨罗兄弟惯于为他们的受害者举行这种追悼仪式[①]。

秘鲁的第一任总督布拉斯科·努涅斯·贝拉的可悲的下场就是如此。他踏上这个国家还不到两年，这是一个十足的灾难和耻辱的时期。他的不幸遭遇部分地可归因于当时的形势，而部分地要归因于他本人的性格。对于执行一项可憎的和暴虐的法律，他
505 没有被授予在执行它时的自由裁量权。[②] 可是，每一个人都可以在一定范围内要求这样一种权力；因为去执行一项客观情况表明其计划目标必定归于失败的委任是荒谬的。但是，这要求具备洞察力，能判断存在这样一种可能性，并且要有承担如此行动的责任

① 对于阿纳基多战斗的记述，多数作者都是相当匆忙地一笔带过。参看《贡萨洛·皮萨罗写给巴尔迪维亚的信》，手稿；戈马拉：《西印度史》，第 170 章；埃雷拉：《通史》，第 8 卷，第 1 册，第 1—3 章；佩德罗·皮萨罗：《发现和征服》，手稿；萨拉特：《秘鲁的征服》，第 5 册，第 35 章；蒙特西诺斯：《编年史》，手稿，1546 年；加西拉索：《王家评论》，第 2 卷，第 4 册，第 33—35 章；费尔南德斯：《秘鲁史》，第 1 卷，第 1 册，第 53—54 章。贡萨洛·皮萨罗似乎把这场战斗看成是用战斗来进行的一次司法审判，通过这个审判，结果上帝清楚地指明了正义之所在。他的话富有启迪性："凡是我主受到侍奉的地方，他就来解除我们的担忧，消除这个世界上的各种危害，所以这个世界变得和平和安宁，国王陛下的事业能像在我兄弟侯爵先生在位时那样繁荣。"见《贡萨洛·皮萨罗写给巴尔迪维亚的信》，手稿。

② 加西拉索对这点的见解达到了值得赞扬的宽宏大量。"由于他顽固地坚持做既不利于国王，也不利于那个地区的事情，这位堂堂的绅士就这样完蛋了。在那个地区的西班牙人和印第安人中间，发生了多起伤痛和死亡事件，虽然他不像人们说的那样负有很大的罪过，但那是在他任职期间发生的。"见《王家评论》，第 2 卷，第 4 册，第 34 章。

的胆量。这样一种危急关头是对一个人的品质的最严重的考验。敢于不服从恪尽职守这至高无上的观念来行事，是谨小慎微的人很难理解的奇谈怪论。不幸的是，布拉斯科·努涅斯是一个迂腐的厉行严格纪律的人，是一个目光短浅的人，他不认为自己在某种情况下有权背离法律条文。而且，他被其短暂的权威冲昏头脑，认为反对这些法令就是背叛他本人；这样一来，由于把他的使命和他自己混为一谈，所以他被个人的感情所激励，俨如被一种奉公和爱国的感情所激励一样。

这位总督的个性也无助于平息其措施所引起的公愤，并且无助于使人们甘心执行这些措施。这种个性与他的敌手皮萨罗的个性形成强烈的对比。皮萨罗那直率的骑士举止，以及对其部下的宽宏大量的信赖态度，使他深孚众望，因而使他们失去了判断力，把较坏的事业较好的事业看成一样的。而布拉斯科·努涅斯则正相反，他神经过敏并且多疑，以不正确的态度对待他所接触的所有的人；因为一种多疑的脾气使得他的周围形成一种不信任的气氛破坏了所有的友好感情。他的第一个步骤就是疏远那些被派来与他共同工作的检审法院的成员。但是，这不仅是他的错误也是他们的错误，因为在解释该项法律上，正像他失之过严一样，他们则失之过宽。[①] 他的下一步就是疏远了并激怒了指定由他进行管理

① 布拉斯科·努涅斯以远非恭维而是简要的笔调描绘了检审法院的四位法官，——一个毛孩子，一个疯子，一个蠢货和一个笨蛋！“布拉斯科·努涅斯多次说过，国王及其西印度事务委员会派给他一个毛孩子、一个疯子、一个蠢货和一个笨蛋充当法官。塞佩达是个毛孩子，胡安·阿尔瓦雷斯被称为疯子，不会拉丁文的特哈达是蠢货。”见戈马拉：《西印度史》，第 171 章。

506 的人民。而最后，他厌恶他自己的朋友，并常常将他们转变为自己的敌人；因此，在他为争取权力和生存的最后斗争中，不得不依赖外人的支援。可是在罗列他的各种品质时我们不应对他的长处默不做声。他有两点无可争辩的值得赞扬的长处，其一是忠心耿耿，这在他周围的人相继变节的情况下越发闪耀出它的光彩；而另一点是处在逆境之中那种坚韧不拔的精神，这种精神甚至赢得了其敌人的尊敬。但是，即使对他的长处做最宽容的承认，也几乎毋庸置疑，在西班牙再也找不出一个更不适合于委派给他的那项工作的人了。[①]

阿纳基多的胜利在邻近的首府里也引起了一片欢腾；秘鲁的所有城市都把这一胜利看做是这些令人痛恨的法令垮台的象征。贡萨洛·皮萨罗的名字被当做这个国家的拯救者的大名响彻四面八方。在雨季里，这位首领继续逗留在基多，把他的一部分时间用在作为一位无拘无束的冒险家的放肆的寻欢作乐上；另一部分时间用在关注他作为这个国家的统治者所面临的各种事务上。从他的处境来看，在他执政期间所发生的暴力行为比预期的要少得多。在他不适当地寄予最大信赖的顾问卡瓦哈尔不在场时，人们可以观察到，贡萨洛没有批准过任何判死刑的案件，除非依据法律程序处死。[②] 他用新拨给的土地来奖赏他的部下，派遣几个人去进行

① 对布拉斯科·努涅斯的记述主要依靠那些有忠君思想的权威作者的材料。有些人是回到西班牙之后从事写作的。因此，他们自然会偏向王室的合法代表的一边，而不是偏向反叛者的一边。的确，唯一的坚决支持皮萨罗的呼声是他自己的说法，——其根据是非常可疑的。但是，尽管有这一切有利于布拉斯科·努涅斯的声望，可是从普遍的证据来看，他的任职是一个彻头彻尾的失败。因而，除了他那空前的不幸以及他忍受这一不幸的坚定性之外，此人的历史很少有使我们感兴趣的地方。

② "军团长弗朗西斯科·卡瓦哈尔不在的时候，未经委员会的其他成员同意，皮萨罗从来不曾杀死或同意杀死任何西班牙人。"见戈马拉：《西印度史》，第 172 章。

探险，然而，只许可在不太远的距离以内，以便他能随时召回他们。他为土著人的福利制定了各种规定，其中特别有一些是为了教导他们信奉基督教的。他对如数地征集王室应得的税金一事给以注意，力劝殖民地开拓者们应约束自己，以博得君王的欢心，这样来促使他废除这些法令。总之，他执政期间的所作所为，甚至连他的 507
继任者，那个为人严正的加斯卡也认为，“就一个专制统治者而言，那是一个好政府。”①

最后，在 1546 年 7 月，这位新的统治者告别了基多，在那里留下了由其军官普埃莱斯指挥的一支足够数量的卫戍部队后，开始了他的南下旅程。那是一次凯旋巡行，沿途所到之处，受到当地人民的热情洋溢的欢迎。在特鲁希略，当地居民列队出城迎接他，传教士唱起赞美诗向他表示敬意，将他捧为“常胜大王”，并且向上帝祈求“让他益寿延年，并令他享受荣华富贵”。② 在利马，曾有人建议拆除掉某些建筑物，并且开辟一条新的大道来迎接他入城，此后这条大道将以胜利者的名字命名。但是这位精明的首领拒绝了这种阿谀奉承的歌功颂德，而是谦虚地按通常的办法举行了入城式。由当地居民、士兵和传教士组成的队伍分列两边，皮萨罗和他的两名主要将领步行进入了这座首府，他手中牵着他的战马的缰绳，而利马的大主教，以及库斯科，基多和波哥大的主教们骑马

① 戈马拉：《西印度史》第 172 章。费尔南德斯对贡萨洛的执政做了不太赞许的描绘。（《秘鲁史》，第 1 卷，第 1 册，第 54 章；第 2 册，第 13 章）费尔南德斯是应法院的要求而写的；戈马拉虽然也在法院出庭，但却是随自己的意愿而写的。戈马拉的赞扬之词比费尔南德斯的非难之词的可疑程度要小些。

② “常胜大王，愿上帝给你齐天洪福、官运亨通，愿上帝支持你、保佑你。”见埃雷拉：《通史》，第 8 卷，第 2 册，第 9 章。

走在他旁边，这最后一位主教是新近到这座首府来举行任圣职仪式的。各条街道都撒满了花束，房屋的墙上挂满了艳丽夺目的绣帷，沿途竖立了许多凯旋门，对这位胜利者表示敬意。每一所阳台，游廊，屋顶都挤满了观众，他们扯着嗓子高呼，“好哇，太好啦！”，向这位得胜而归的军人致敬，称呼他为“人民的解放者和保卫者”。大钟传出了欢快的奏鸣声，就像他前次进入这座首府时一样；在一片紧促活跃的音乐声以及欢庆佳节的欢笑声中，贡萨洛继续向他兄弟的官邸走去。秘鲁又一次被置于皮萨罗家族的管辖之下。[①]

来自全国不同地区的代表们纷纷表示各自的城镇的祝贺；而
508 且每一名代表都急切地要求考虑他在这次革命中所做出的贡献。与此同时，皮萨罗收到了他的军队在南方取得胜利的可喜的情报。正如先前已叙述过的，迭戈·森特诺在那里举起了造反的旗帜，更确切地说，他举起了忠君的旗帜。他自封为拉普拉塔的长官，于是造反的风气就在整个查尔卡斯省蔓延开来。从基多被派遣去镇压他的卡瓦哈尔，在利马休整之后，立刻赶到库斯科，在那里补充了兵员和军需品，急行军向这个难驾驭的行政区袭来。森特诺不相信自己能在战场上抵挡这个难以对付的斗士。他率领其部队退却到锯齿状山岭的偏僻地带。卡瓦哈尔以猎犬般的执拗跟踪追击，跨过山岭与荒野，穿过森林和危险的深谷，夜以继日，不让他有喘息的机会。这个年已八旬的老战士，吃、喝、睡都不离马鞍，眼看着

① 对这次庆典的记述，请参看佩德罗·皮萨罗：《发现和征服》，手稿；埃雷拉：《通史》，第 8 卷，第 2 册，第 9 章；萨拉特：《秘鲁的征服》，第 6 册，第 5 章；《贡萨洛·皮萨罗写给巴尔迪维亚的信》，手稿。

自己的部下一个接一个地疲惫不堪，但是他还是催促他们进行追击，就像毕尔格[①]笔下的凶暴的猎人一样，好似有一种超凡的精力，简直不知道什么叫劳累！在这次跨越一个未开化地区的长达200多里格的连续不断的可怕的追击期间，森特诺发现他的大部分部下都失落了。他们当中有一些落到卡瓦哈尔的手中，立刻就被送去处决了；因为这个无情的首领决不宽恕那些曾经背叛他们的队伍的人。[②] 最后，森特诺率领一小队人马到达了太平洋沿岸边境，在那里，他们化整为零，每一个人尽最大可能为自己寻求安全的藏身之地。他们的首领在丛山之中找到一个山洞作为避难地，在此处，由一名印第安酋长秘密供养他，以俟时机一到，他便东山再起，打起造反的大旗。[③]

① 毕尔格(Bürger，1747—1794年)，德国浪漫主义歌谣文学的奠基人之一。——译者

② 费尔南德斯说，"poblando los arboles con sus cuerpos"("树上挂满了人的尸体")，他强烈地暗示那个凶恶的军官将俘虏吊死在树上的惨状。

③ 有关卡瓦哈尔这次远征的史实，可参看埃雷拉：《通史》，第8卷，第1册，第9章及以后各章；萨拉特：《秘鲁的征服》，第6册，第1章；加西拉索：《王家评论》，第2卷，第4册，第28、29、36、39章；费尔南德斯：《秘鲁史》，第1卷，第2册，第1章，及以后各章；《贡萨洛·皮萨罗写给巴尔迪维亚的信》，手稿。在一两页的篇幅里不可能对卡瓦哈尔的死里逃生和惊心动魄的冒险经历做充分的描述，不仅其敌人，就是在这次追击中被他搞得筋疲力竭的自己的部下也同样叫苦连天。他们可与著名的斯坎德培*或肯塔基的英雄布恩上校**的冒险经历相匹敌。他们的确比这些人的经历更为惊人，因为这位西班牙名将已经到了精力衰退的人通常请求退休的年龄。但这位老战士的身体犹如其精神一样似乎不知疲倦。——原注

*斯坎德培(约1405—1468年)，阿尔巴尼亚反抗土耳其侵略的民族英雄。——译者

**布恩(约1734—1820年)，美国边民，传奇式英雄。在开辟弗吉尼亚、田纳西和肯塔基三州交界处阿巴拉契亚山坎伯兰隘口的通道时很有贡献。英国诗人拜伦的名作《唐璜》中有7节叙述他的英雄业绩。——译者

509 卡瓦哈尔进一步采取了一些决定性的行动，这些行动充分奠定了皮萨罗对南方的支配地位，然后他在凯旋声中回到了拉普拉塔。在那里，他从事于开采波托西银矿的事务，在这个矿上最近发现了一道矿脉，可以指望比在墨西哥和秘鲁已经发现的任何矿脉都能获取更丰厚的收益；[①]这使他很快能向利马送去一大笔汇款，可是要扣除为他自己留下的毫无定额的佣金——因为这位副官的贪婪同他的残忍毫无二致。

贡萨洛·皮萨罗现在已成为秘鲁的无可争辩的统治者。从基多到智利的北部边缘，整个国家都承认他的权力。他的舰队在太平洋航行扬威，控制着沿岸的每一个城市和村庄。他的海军将领伊诺霍萨，一个胆大心细的军官，为他获取了巴拿马并通过巴拿马地峡，后来又为他占领了与欧洲来往的要冲诺姆布尔德迪奥斯。他的部队建立在极好的基础之上，其中包括曾在他兄弟指挥下进行过战斗的武士的精华，他们现在急切地要重新集合在皮萨罗的威名之下；而从波托西银矿涌流出的如潮水一般的财富，向他提供一个欧洲君主所拥有的财力。

这位新统治者现在开始摆出与其显赫的权势相适应的排场。他由 80 名士兵组成的卫队侍卫着。他总是在公开场合进餐，通常不下百余宾客同桌会宴。据说，他甚至还喜爱更明显的表示忠诚

---

① 当时在波托西发现的矿脉太丰富了，因而相比之下，其他的矿都被舍弃而来开采这个富矿。（萨拉特：《秘鲁的征服》，第 6 册，第 4 章。）根据加西拉索的记述，突然涌现这么大的财富的结果，从这期间开始约有十年工夫，在这个地区里的一副马蹄铁的价值差不多与同样重量的银子相等。见《王家评论》，第 1 卷，第 8 册，第 24 章。

的礼节,让人吻他的手,而且不允许任何人,不管其官衔多高,在他面前落座。[①] 但是这种说法被别的人否定了。像皮萨罗这样一个爱虚荣的人,头脑简单,散漫,任性,当他看到自己从一个卑微的地位跃升到这个国家的最高职位时,是会因大权在握而有些飘飘然的,因而目空一切地对待他一度曾敬重过的那些人,这是毫不为怪的。但是一个在其兴盛时期经常看到他的人向我们证实说,情况并非如此,这个统治者一如既往,就像升迁之前一样表现出那种直率和军人风度,和他的同伴们保持着鱼水般的交谊,表现了迄今曾 510
受到人民热爱的同样的品格。[②]

不管怎么样,肯定不乏那些怂恿他抛掉对王室的忠心并为自己建立一个独立的政府的人。在这些人当中就有他的副官卡瓦哈尔,这个人的胆大包天的气概从来就是毫不畏缩地将事情干到底。他坦率地规劝皮萨罗立刻放弃他对王室的忠心。“事实上,你已经这样做了,”他说,“你已经用武力攻击了一名总督,把他赶出这个国家,并在战斗中击败和杀死了他。你能从王室希求什么好感,或者甚至宽恕呢?你已经走得太远了,既不能停止又不能后退。你必须勇往直前,宣布自立为国王;军队和人民都将支持你。”据说,他最后劝他与印加王国的女性代表科娅结婚,这样一来,这两个种

① “他带来了 80 名卫队士兵和许多骑士。没有人在他面前坐下,他只向寥寥几个人脱帽致敬。”见萨拉特:《秘鲁的征服》,第 6 册,第 5 章。

② 加西拉索:《王家评论》,第 2 卷,第 4 册,第 42 章。加西拉索曾有机会亲身了解贡萨洛的生活方式,因为,据他告诉我们,当他还是一个孩子的时候,他有时在贡萨洛的餐桌上占有一席之地。征服者很少给予任何印第安人这样的优遇,这一点在这位印加历史学家的身上起了作用,他对贡萨洛·皮萨罗的描绘较之对其大多数同胞的描述更具赞美的色彩。

族今后就可能在一个共同的君权之下和平相处。[1]

这个大胆的顾问的劝告也许是在现存情况下能够给予皮萨罗的劝告当中最适宜的一个。因为他像一个掉以轻心地高高爬上一座令人头晕目眩的悬崖的人——爬得太高了，以致无法安全地爬下来，而同时又没有可靠的攀附处，他的唯一的可能性就是爬得更高，直至达到顶峰为止。但是贡萨洛·皮萨罗从置他于公开宣布反叛的立场上退缩了。尽管近来他曾被诱惑到犯罪的道路上，但
511 是忠于王室的感情在他的心中扎根太深了，以致很难全部根除。虽然他曾用武力反对过他的君王的措施和官员，但他却不准备举起他的剑反对君王本人。在他的胸怀之中，无疑有着互相冲突的感情；像麦克佩斯，[2]以及很多具有不那么高尚的性格的人一样，

“玩牌不搞鬼，

却希望不正当地赢钱。”

不管在他想象中所描绘的那个空中楼阁式的君权的图景是多

---

① 加西拉索：《王家评论》，第 2 卷，第 4 册，第 40 章；戈马拉：《西印度史》，第 172 章；费尔南德斯：《秘鲁史》，第 1 卷，第 2 册，第 8 章。诗人莫利纳曾用善意的笔调描述了卡瓦哈尔和他的司令官之间的这一段情节，在他的《美洲巾帼英雄》中，在描绘贡萨洛的谦恭长处时，使用了一位诗人的某种对忠君之情的夸张之词。尤利乌斯·恺撒本身也不比这更宽宏大量。

“我的君王，我的西班牙，
我宁可去死，为的是不使西班牙丢失面子，
保存王冠易如反掌。
但我抛弃到手的王冠，
洗净奇耻大辱，
维护西班牙的声誉。”

② 麦克佩斯（？—1057 年），苏格兰国王，他的生平故事构成莎士比亚《麦克佩斯》一剧的基本情节。——译者

么能满足他的虚荣心，可他没有那种胆量——我们或许也可以说，没有那种罪恶的野心去试图攫取它。

即使在被怂恿走向危险的极端的这一时刻，他也准备派一个使团去西班牙，为他所采取的行动步骤进行辩白，并请求对过去的事情予以赦免，完全确认他的权力，继其兄弟出任秘鲁政府的总督。皮萨罗没有用卡瓦哈尔那沉着的、富有预见性的眼光察视未来。

在撰写关于西班牙殖民开拓史料的作者们的传记介绍中，一定不要遗漏埃雷拉的名字，他对于这个巨大的主题做出的贡献比任何其他作者都多。他对秘鲁的叙述在其伟大的著作《西印度史》中占有相当的地位，该历史是按编年体例编排的。但是，由于使人得到的印象是与这一著作的其他部分的性质没有什么不同，因而我将冒昧地提请读者可以从《墨西哥征服史》第 3 卷的附录中找到对这些卷册及其博学的作者的充分的叙述。

在我记叙这段历史的过程中，经常要感谢的另一位年代史编者是弗朗西斯科·洛佩斯·德戈马拉。读者在《墨西哥征服史》第 3 卷第 5 册的附录中也将找到对这位作者的介绍。但是，因为在那里对其著作的评述只限于他的《新西班牙编年史》，所以有必要在这里对他的更伟大的著作《西印度史》谈一些意见，在这部史书里，秘鲁的历史占有显著的分量。

《西印度群岛史》意欲对西班牙在各岛屿以及美洲大陆的整个征服范围的史实做一个概述，即到 16 世纪中叶为止所达到的范围。由于这个缘故，虽然戈马拉似乎从未访问过新大陆，但他却处 512

于一种能够获得最灵通的情报消息的地位。他很熟悉那个时代的主要人物，并且从他们自己的嘴里收集了他们的史实的细节；同时，由于他身居宫廷，所以掌握那里的各种看法，并且了解经过的事件对那些最有资格做出判断的人所产生的印象。因而使他能够在其著作中介绍很多有趣的详情细节，这在那个时期的其他记录中是找不到的。他的研究范围超出了只研究征服者的活动，并且引起他对他所描述的国家的全部资源进行评述，特别是对其自然方面和生产进行评述。这部著作的结构和其用词一样，都表明这位有素养的学者精通写作艺术。戈马拉不像古时军事年代史的编者们那样文字纯朴、吸引人却又不老练，他以这个世界上的男子汉的锋利和辛辣的批评来对待他的各种不同的论题；同时，他的描写内容丰富而又文辞简练，与那位修道士式的年代史编者的那种冗长而松散的文章形成鲜明的对照。这些文字上的长处，与作者由于有机会获得情报消息而得到的知识相结合，保证了他的作品免于湮没的命运，这种命运常常在等候着未发表的手稿；他有幸在他有生之年看到它们印行了不止一个版次。可是它们并不具备可靠性的最高标志。作者轻易地让未得到同时代人证明的叙述载入他的记录之中。他之所以这样做，不是由于轻信，因为他的头脑毋宁说是与轻信相反，而是由于明显地缺乏一种忠实于历史的严格精神。对于戈马拉在陈述中的漫不经心——用一句适当的话来说——在他的当代就有人向他提出过非难；加西拉索对我们说，当找来一些在秘鲁的骑士叙说与他们有关的严重失实的陈述时，这位历史学家显得很尴尬，做了难以自圆其说的辩解。这是他的作品的大缺点，使它对现代的编纂者的使用价值大大降低了，他们寻求未经玷污的事实真相的源泉，而不需要很多格调较低但比较审慎的编年史。

在本书中还引用了另一位权威人士贡萨洛·费尔南德斯·德奥维多的材料，我曾在别处对他有所叙述；好奇的读者会允许我指出，在《墨西哥征服史》第4册的附录中，对他的生平及其著作做了一个评介。——他对秘鲁的叙述收编在其伟大的著作《美洲自然
史和通史》手稿之中，构成这部史书的第46和第47册。它从皮萨 513
罗在通贝斯登陆一直写到阿尔马格罗从智利回来，因而包括了可以称做征服这个国家的整个过程。它的写作风格与它所属的那部著作的其余部分的风格是一致的，找不出任何批评理由，说它与已为人熟知的奥维多的著作的一般特点有什么不同。

这位杰出的人既是一名学者，又是世界闻名的人物。他久居于宫廷之中，熟悉西班牙的达官显贵，可是他在殖民地也待了很长时间，因而对他从别人的报告中得到的材料又增添了亲身经历的硕果。他的好奇心是无止境的，涉猎到自然科学的每一个学科，以及殖民地开拓者的文明史和个人生平。他立刻成了他们的普林尼和塔西佗。[①] 他的著作充满了对各种人物的描写，刻画得生动活泼。他的意见是辛辣的，常常使用一种富有哲理的笔调，摆脱了通常的年代限制；而故事的进程因有大量的个人轶事而呈现出多种多样的风貌，使人能立刻洞悉当事人的性格。

以他的杰出成就，以及受到尊敬的社会地位，令人觉得很奇怪的是，他的很多著作——整整一部伟大的《西印度史》和他的奇特

① 两人均为古罗马的历史学家。——译者

的《五十人传》——竟然长久滞留在手稿阶段。这部分地应归咎于命运的多蹇，因为这部历史不止一次处在发表的前夕，即使现在也被认为准备付印。可是它有严重的缺点，这可能是使它保持在现有形式下的原因。依其写作的漫笔和插叙的风格来看，它多半像一部伟大历史的注释，而不是历史的正文。它可以被看做是对那个时代的评论或解说。从那种观点来看，他的记录有很高的价值，经常被一些作者所引用，这些作者并不谨小慎微，他们敢于占用古代编年史学者的陈述材料而不对其作者表示感谢。

很遗憾，奥维多更关心的是告诉人们新鲜事，而不是弄清在多大程度上这些事情严格属实。在他的众多长处当中很难发现历史的准确性。可是事实上，我们可以在某种程度上找到对这种情况的一种辩解，即正如已经提示过的那样，他的著作不大具备经过润
514 色之作的水平，只不过是一种松散的备忘录而已。在这些著作中，所有的事情、谣传和事实——甚至最互相矛盾的谣传——都随意记下，成了一堆材料的大杂烩，考虑周到的历史学家可以利用这些材料，经过巨大的努力和坚持不懈的毅力来组成一部严谨的作品。

另一位值得专门介绍的作者是佩德罗·谢萨·德莱昂。他的《秘鲁史》应该适当地称之为旅行记，更确切地说是秘鲁地理志。他对这个国家在被征服时期的地形面貌做了详细的描述；描述了它的乡村和城镇，印第安人的和西班牙人的都有；描述了它的繁荣的沿海地带，它的森林，溪谷，以及腹地的绵延不断的山脉；描述现存居民的许多饶有兴趣的细节——他们的衣饰，风俗习惯，建筑物的遗迹，以及公共工程——这些居民虽然散布于全国各处，但可以找到对他们的早期的历史和社会政治形态的介绍。总之，它是这

个国家的自然和精神面貌的一幅活生生的图画，这是在征服时期看到的情景，而且是在第一次受到欧洲的影响的那个变迁的时期的情景。在这么早的时期，一部著作的构思就建立在这种哲理的基础上，使我们想起我们自己时代的马尔特-布戎①的构思——Parva Componere magnis——。这本身就是其作者头脑具有巨大的分析理解能力的标志。这是一件非常困难的工作，因为没有文物工作者为此开辟蹊径；旅行者的随笔录也没有做什么提示，科学考察者也没做出测量。可是从一地到另一地的距离全部由这位勤奋的作者记录下来，考虑到他必然遇到的种种困难，他所标出的各个地方的方位以及它们的特征就是足够准确的了。而且，这部著作的文学上的写作风格也是很讲究的，有时甚至是丰富多彩，生动形象；作者带着一种着了迷的情感来描绘连绵山脉的雄伟美丽的景色，这在枯燥乏味的地质学家的笔下是不多见的，在那些粗野的征服者的叙述中更是少有。

据谢萨·德莱昂告诉我们，他于13岁的幼年时期来到了新大陆。但是直到加斯卡的时代，我们才发现他的名字被登录在频繁的内乱参加者的名册之中，当时他在对抗贡萨洛·皮萨罗的战役中伴随着殖民地的总督。他的编年史，或者至少可以说是这部史书的草稿，是在他能从更激动人心的本职工作中抽出来的空闲时间里编写的。从他着手写作的时间算起，10年以后，这第一部（我们手头仅有的一部）完成于1550年，当时作者刚满32岁。它于 515

① 马尔特-布戎（1775—1826年），原丹麦人遭放逐后在法国当新闻记者和地理学作家，著有《世界地理概论》。——译者

1553年在塞维利亚出版，次年在安特卫普出版；同时，一种意大利文译本于1555年在罗马印行，表明了这部著作的声名鹊起。在安特卫普出版的版本——我编写此书时所用的一个版本——是十二开本，印刷得特别精致，有木刻插图加以装饰，在这些插图中，撒旦——因为作者对古代的轻信有充分的估量——连同他那惯常的吓唬人的伴随物，经常活灵活现地出现。在序言中，谢萨宣称他将继续进行其他三部分的编写工作，依次阐明这个国家在印加王朝统治下的古代历史，西班牙人对它的征服，以及接着发生的内战。他甚至以精巧的缜密性列出了他所设计的这部历史书的几卷的目录。但是，如我们已经提到的，只完成了第一部分，而这位作者回到西班牙之后，于1560年，以42岁的壮年过早地死在那里，没有完成他曾满怀信心设计的宏伟的基本方案的任何部分。鉴于作者的天才以及他曾有亲身观察的良机，这种美中不足实在太令人遗憾了。但是他所做的足以使我们对他的劳动感激不尽。他对各种场面和风景的栩栩如生的描写，就像它们鲜明地呈现在他自己的眼前一样，他为我们提供了一个历史画面的背景——在这种景色里，可能更适宜于描绘那个时代的人物。在后来的时期里要想如此真实地展示这块土地的古时地形恐怕是不可能的，因为那时古老的事物已经消失了，而且这些征服者，在破坏古老文明的各种标志时，甚至抹去了这个国家自然方面的许多特色，这些特色是曾经存在于印加王朝苦心经营的文化之中的。

第 五 卷

这个国家的平定

第　一　章

在西班牙引起的大轰动——佩德罗·德拉加斯卡——他的早年生 516
涯——他到秘鲁的使命——他的得策的处置措施——他对皮萨罗的许诺——赢得了海军舰队

1545—1547 年

正当前几页详述的重大革命在秘鲁向前发展之际，关于它的谣传经常流传到西班牙；但路程是如此的遥远，通讯的机会又是如此的稀少，以致消息经常在有关事件发生之后很久才传到。政府颇为沮丧地听到由那些法令和那位总督的任性行为所引起的动乱；只是在不久前它才得知，这个官员已被废黜并且被赶出了他的首府，而整个国家，在贡萨洛·皮萨罗的指挥下，正拿起武器反对他。社会各界对这个令人震惊的情报消息都充满了无比的惊恐；许多先前批准这些法令的人，现在都竭力谴责那些执行者，这些人根本不考虑人民那容易激怒的情绪，因而鲁莽地点燃了可能使整个殖民地发生全面暴动的导火线[①]。在人们的记忆当中，西班牙

---

① “下面的做法是违反诏令的：把皇帝分配给他们的印第安人及其长子奉送给别人，同时，像大部分人所做的那样，对于没有孩子的妇女，公开命令她们结婚。任何人，

帝国未曾发生过如此规模的叛乱。它可以和查理五世统治初期著名的卡斯提尔公社[①]之战相比拟。但是秘鲁的叛乱似乎是这两者之中最令人生畏的一次。在西班牙发生的动乱是在朝廷眼皮子底下发生的，可能更易于处置；而在遥远的西印度群岛沿岸行使同样
517 的权力是很困难的。由于处在遥远的太平洋沿岸，使秘鲁保持与西班牙联系的力量太微弱了，以致这个殖民地可能在任何时候，只要有比目前给予它的更小的推力就足以使它飞出它的政治轨道。看来，最瑰丽的宝石似乎正要从王冠上坠落下去！

这就是1545年夏季的情况。当时，查理五世外出在德国，正忙于处理这个帝国的宗教纠纷。政府由他的儿子掌管，其子以菲利普二世的名义，很快就掌握了他父亲的大部分领地的统治权，然后将他的朝廷设在巴利阿多里德。他召集了一个有经验丰富的高级教士、法官和军人参加的政务会议，商议为在殖民地恢复秩序所应采取的各种措施。所有人都同意把皮萨罗的行动看做是放肆的叛乱；在开始时，很少有人不愿使用政府的全部力量去维护王室的荣誉——去镇压叛乱，并对发动叛乱的人加以惩处。[②]

但是，不管这一点如何需要，有少数意见表明，即使这种做法真的可行，也难以做到。到秘鲁去的遥远的距离，要求军队不仅要

不得摒弃自己的印第安人，除非印第安人受到法院的传审和判处，否则他就违反了另一项诏令。”见《西根萨主教、堂佩德罗·加斯卡的一生》（以下简称《加斯卡的一生》），手稿。

① 原文为comunidades，为16世纪初卡斯提尔地区反对卡洛斯一世的人民起义运动，称之为卡斯提尔公社。——译者

② 《卡拉班特斯手稿》；《加斯卡的一生》，手稿。政务会议成员之一就是后来在荷兰名声不佳的阿尔瓦大公。我们可以想象，他必然要赞成高压手段的。

远渡重洋，而且还要跋涉该大陆的宽广的地面。当主要的据点，这个国家往来的要冲地区都掌握在造反者的手中，而且他们的海军舰队游弋于太平洋之中，称霸海上，切断所有接近海岸的通路的时候，如何做到这点呢？即使一支西班牙军队能在秘鲁登陆，人生地不熟，有什么可能适应这个国家的情况和气候，对付皮萨罗的那些能征善战的老战士？他们都是在西印度群岛战争中训练有素的，而且和他们的指挥员有着鱼水一般的亲密联系。这些新征收的兵员如此派遣出去，很可能本身也得受造反情绪的影响，因而抛掉他们对王室的忠诚。[①]

因此，别无他途，只有试用抚慰的方法。政府不管如何有损其
自尊，也必须走回头路。必须给那些顺从的人以充分的体面，必须 518
使用说服的方法，做出精明的让步，使那些执拗的殖民地开拓者相信回到对王室忠心的立场上是他们的利益所在，也是他们的责任。

但是，在目前的骚动的情势下去接近这些人民，而且使这些让步不致太损害王室的尊严和永恒的权威，是一件棘手的事情，因为它的成功必须完全依赖于办事人的声望。考虑再三，大家认为，找到了一个胜任的人，是一位名叫佩德罗·德拉加斯卡的教士，——这个名字与它初次出现时那个阴暗的年代相比要辉煌得多，而且随着岁月的流逝越发闪耀出久盛不衰的光彩。

佩德罗·德拉加斯卡大概于将近 15 世纪末生在西班牙阿维

---

① “在商讨解决这件大事的时候有两种意见，一种意见认为：应该派个有威望的军人带一些人马去惩罚他们；另一种意见认为，由于没有资金，不可能带走那些人员、马匹、武器弹药和衣物，也不可能在陆地养活他们并把他们运到秘鲁去，因此应该谨慎地慢慢地解决这件事情。”见《卡拉班特斯手稿》。

拉省一个名叫巴尔科的小村庄。他出身于父系和母系都是古老和高贵的门第；的确，如果说古老的话，正如他的传记作者所主张的，他的血统起源于卡斯卡，是反对恺撒大帝的一个共谋者[①]。由于不幸早年丧父，他由其伯父交由伟大的希门内斯创办的著名的阿尔卡拉德埃纳雷斯神学院进行教育。在这里，他从自由研究中迅速获益，特别是在那些与其专业有关的方面。最后获得了神学硕士的学位。

然而，这个年轻人被发现不仅具备其宗教职业所需要的才能，而且还具备其他的才能。那个时候，卡斯提尔公社之战正在这个国家如火如荼地进行着；而他的学院的当局表现出站在民众一边的意向。但是加斯卡奋身率领军队占领了该城的一座城门，并且在王室军队的支援下，守住了这个与王室利益极关重要的地方。这一早期表现出来忠君之心大概对他那警觉的君主发生了作用。[②]

519 加斯卡后来被从阿尔卡拉送到萨拉曼卡，在这里，他以精于学术辩论而崭露头角，并且获得了那所古老学府的最高学术荣誉，这

---

① “他们来到了西班牙阿维拉省的土地上，从此他们的名字就成了当地的地名，加斯卡家族也在那里安家落户，只是由于 c 和 g 这两个辅音发音相似，后来卡斯卡就成了加斯卡。”见《加斯卡的一生》，手稿。在西班牙，名字相似就是在门第上相当的一致。

② 我关于加斯卡早年生涯的叙述，主要引自一份写于 1465 年传记评论手稿，那是在加斯卡在世时写的。这位很明显是以亲自了解到的关于加斯卡的材料而讲述的作者没有留下姓名；但它似乎是一位学者的作品，并且是以某种自命优雅的风格写成的。这个原始手稿构成了马德里的唐帕斯库亚尔·德加扬戈斯的珍贵的收藏品的一部分。它对加斯卡早年生涯的阐述有很大的价值，而这段生涯却被西班牙历史学家默不做声地忽略了。遗憾的是，作者没有继续写到那个时期以后，也就是描写其所叙述的人物接受了出使秘鲁的任命那个时期的生涯。

所学府是学术成就和天才人物最肥沃的苗圃。他后来被委任主持一些重要的教会事务，并且成为审理委员会的一名成员。

在这后一个职位上，大约于1540年他曾被派往巴伦西亚去调查那个地区发生的某些被指称为异端的案件。这些案件涉及很多疑难问题；虽然加斯卡在进行调查时得到几个杰出的法官的协助，但仍然占用了他差不多两年的时间。在处理这个困难问题的过程中，他表现出极为敏锐的洞察力和精确的公正无偏，因而他被巴伦西亚议会任命为那个王国的巡视官；这是一个负有重大责任的岗位，要求担任这一职务的人具有高度的判断能力和酌情裁量的能力，因为他的职权范围是审查全国的法院和财政的情况，有权革除各种弊端。把这一职位授予加斯卡，证明是一个非凡的大胆见解，因为这样做就是背离既定的惯例，而且是在一个最墨守成规的国家里。那个惯例是，不能把这一职位授予一个只不过是阿拉贡(西班牙)王室的臣民的人。[①]

加斯卡以其独立自主和出色的才能完成了委派给他的工作。在他担任这项职务的期间，巴伦西亚人民被法国和土耳其的蓄谋入侵陷入一片惊恐之中，入侵者在可畏的巴巴罗萨[②]的指挥下，威胁着沿海一带以及附近的巴利阿里群岛。人们普遍担心摩尔居民起义；管辖这个地区的西班牙官员，由于处在没有海军保护的情况

① “在巴伦西亚，人们普遍认为加斯卡为人正直，举止慎重，在蒙松的议会里，巴伦西亚王国的各个封地的代表都要求他当巡视官，这显然是违背当时的惯例和法律的，因为根据法律，只有阿拉贡王室成员才能担任巡视官的职务。但是国王同意废除那项法律，并且应大家的请求，任命他为巡视官。”见《加斯卡的一生》，手稿。

② 著名土耳其海盗。——译者

下，不敢迎头抗击敌人。在这种普遍陷入惊慌失措的紧急关头，唯
520 有加斯卡表现出镇定自若的气概。他对西班牙指挥官们的有失军人职守的沮丧情绪进行了规劝；鼓励他们相信摩尔人对王室的忠诚；并且提议立即在沿岸修筑防御工事来保卫沿海地区。后来，他被任命为主管这类工作的委员会的成员之一，并且招募兵员来保卫海岸地区；由于这项工作完成得非常踏实，所以巴巴罗萨进行的几次徒劳的登陆尝试，在所有的登陆点都被挫败了，随后被迫无可奈何地放弃了这种冒险。这次抵抗的主要功劳应记在加斯卡的名下，他主管了防御工事的建造，而且他在巴伦西亚行政管理中采取的经济改革措施，使之能提供所需要的资金中的很大一部分。[①]

就是在这个时候，即 1545 年后半年，菲利普的政务会议挑中加斯卡为到秘鲁去执行这一危险使命的最合适的人选。[②] 的确，他的品格似乎特别适合于这项使命。他对王室的忠诚贯穿于他的整个一生。在他那温文尔雅的风度之下蕴藏着最坚韧不拔的坚定性。虽然他的举止很谦恭，与其职业相称，但远非是卑躬屈膝；因为被一种欲达目的的自觉的严正性所支持，这促使他尊重与他交往的所有人。他的感觉敏锐，对各种人的性格有机敏的辨认能力，而且，虽然受教育于修道院，但是他熟悉各种事务，并且甚至熟谙军事科学，恰如一个只有在宫廷和军队里培养出的人才有可能具

---

① “这一切显然都是真实的。”热情的传记作家这样写道，“在反击土耳其和法国军队入侵过程中，加斯卡受神明之托，根据他得到的命令、批示和圣旨来到巴伦西亚城，拯救那个王国以及马略尔卡岛、梅诺卡岛和伊维萨岛”。见《加斯卡的一生》，手稿。

② 戈马拉说，“由于狮子不适于使用，最后他们派一只绵羊去，因此选择了佩德罗·加斯卡教士。”见《西印度史》，第 174 章。

备的那种多方面的才能。

因此，政务会议毫不犹豫一致向皇帝推荐他，并请求皇帝批准他们的做法。查理对加斯卡的行为也不是漫不经心的旁观者。他特别注意到他在主持对巴伦西亚的异教徒的司法诉讼中所表现出的精明强干。[①] 这位君主立即看出，他正是处置当前的紧急事变 521 的恰当人选；他马上亲笔写信给他表示自己对这一任命深为满意，并且明白表示他意欲证实他对他的出色才能的辨别力，提升他为当时尚为空缺的主要主教之一。

加斯卡毫不犹豫地接受了当时向他提出的重大使命；并且前往马德里，听取政府对他应执行的方针所做的指示。这些指示是用最温和与最抚慰的语调表达的，完全符合他自己那仁慈的气质所体现的东西[②]。但是，他虽然称赞这一指示的语调，然而他认为赋予他的权力完全不适应他要达到的目标。在赋予权力时有一种嫉妒心理，西班牙政府通常总要限制庞大的殖民地官员的权力，他们远在天边可能是引起不信任的特殊原因。加斯卡看得出，对于每一个不熟悉的和意想不到的突然事件，他不得不派人回国请求指示。这必定要导致延误，而当机立断才是成功的必不可少的条件。而且，他向政务会议阐述说，朝廷远离活动的舞台，完全不适

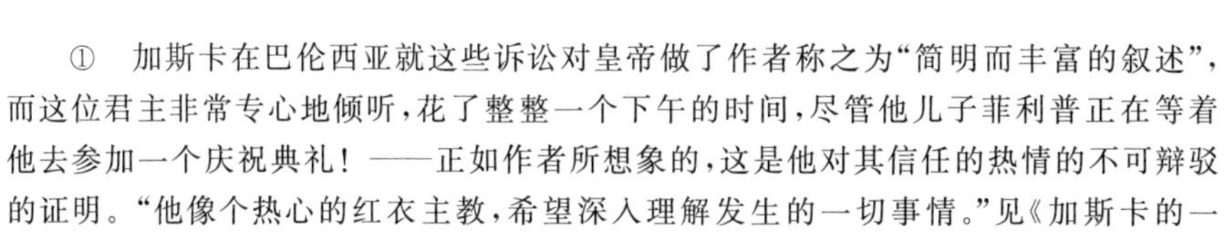

① 加斯卡在巴伦西亚就这些诉讼对皇帝做了作者称之为“简明而丰富的叙述”，而这位君主非常专心地倾听，花了整整一个下午的时间，尽管他儿子菲利普正在等着他去参加一个庆祝典礼！——正如作者所想象的，这是他对其信任的热情的不可辩驳的证明。“他像个热心的红衣主教，希望深入理解发生的一切事情。”见《加斯卡的一生》，手稿。

② 这些指示中的主教式的语调应归功于政府。在卡拉班特斯的手稿中对这些指示写得特别详细，而在其他著作中没有查到。

于断言应采取的措施是否得策。国王对被派遣在外的人要绝对信任,而且授以能够处置每一个突然事件的全部权力;这不仅包括有权决定什么是最上策,并且包括有权将该决定付诸实施;他大胆地要求,他不仅要作为君主的代表而去,并且要赋予他君王本身的全部权力。不如此则将使他被派去要达到的目的落空。“至于我自己”,他最后说,“我既不要求任何薪水,也不要求任何补偿。我不羡慕有显赫的军政方面的排场。我希望凭我的法衣和每日祈祷书能够完成委托给我的工作。[①] 就我这虚弱的身体而言,留在我自己家里休息比去完成这一危险的使命更会使我感到轻松愉快;但是我不会在我的君王的命令面前退缩,并且,如果我可能再也没有
522 机会看到我的故土(这是很可能的),那么,至少我可以因已恪尽最大的努力为其服务而觉得良心上非常快慰。”[②]

政务会议的成员们,一面赞赏地倾听着加斯卡的不谋私利的声明;一面对他这样大胆地提出要求感到吃惊。并不是他们不相信他的动机的纯洁性,因为那是无可怀疑的。但是他所坚持的这些权力远远超出迄今为止授予一名殖民地总督的权力范围,因此他们感到他们没有授予这些权力的根据。他们甚至畏缩不前,不敢向皇帝恳求给予这些权力,而是要求加斯卡自己写信给君主,并明确地陈述他这种非常的要求所根据的理由。

---

① “因此,大家认为他的力量在于他的法衣和每日祈祷书。”见费尔南德斯:《秘鲁历史》,第 1 卷,第 2 册,第 16 章。

② 《卡拉班特斯手稿》;《加斯卡的一生》,手稿;费尔南德斯:《秘鲁历史》,第 1 卷,第 2 册,第 17 章。加斯卡虽然没有为他自己请求恩赐,但是他向皇帝请求任命他的兄弟,一位著名的法学家,填补一个西班牙法庭的法官空缺。

加斯卡欣然采纳了这一建议，并且用最充分和最明晰的语言写信给他的君主，其时这位君主已移居佛兰德。但是查理不像其大臣们那么固执，或者，至少不是那么唯恐失掉权力。他掌权的时间太长了，因此没有那种唯恐失掉它的感觉；的确，无需再过多少年，倦于权力重负的他，将把权力统统交给他儿子掌握。而且，他那富有洞察力的头脑很快就理解了加斯卡的处境所面临的困难。他觉得对当前的非常危机只有采取非常的措施来对付它。因此他同意了这个封臣的论据的说服力，并且在 1546 年 2 月 16 日写了表达他批准加斯卡的请求的另一封信，宣布他愿意授予他所要求的那些绝对权力。

加斯卡被任命为王家检审法院院长。但是，凭这个简朴的头衔，他主管着该殖民地政府的民政、军事以及司法各个部门。他被授权进行新的财产分配，而且可以批准那些既定的分配。他可以根据自己的意向进行宣战、征兵、指派所有的官员或者撤换他们。他可以行使王室的赦免罪行的特权，特别是有权对牵连到当前的叛乱中的所有人毫无例外地实行大赦。而且，他要立即宣布取消这些可憎的法令。这最后两条可以说是构成他所有的行动计划的基础。

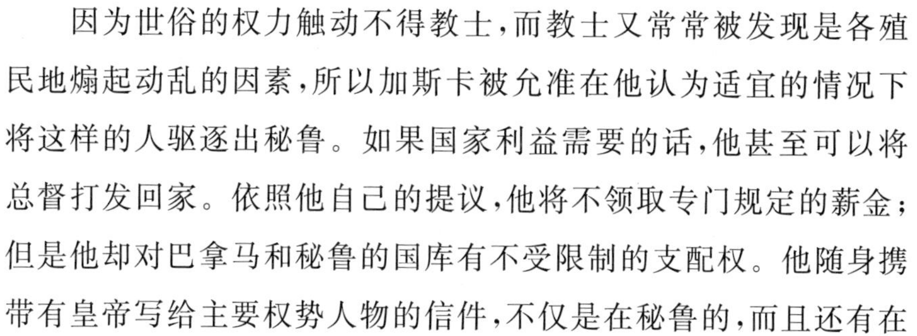

因为世俗的权力触动不得教士，而教士又常常被发现是各殖 523
民地煽起动乱的因素，所以加斯卡被允准在他认为适宜的情况下将这样的人驱逐出秘鲁。如果国家利益需要的话，他甚至可以将总督打发回家。依照他自己的提议，他将不领取专门规定的薪金；但是他却对巴拿马和秘鲁的国库有不受限制的支配权。他随身携带有皇帝写给主要权势人物的信件，不仅是在秘鲁的，而且还有在

墨西哥以及邻近的殖民地里的权势人物，要求他们给以赞助和支持；最后，还交给他一批带有国王签字的空白信纸，他可以按照他的意向来填写。[①]

虽然加斯卡对君主能如此信任他，授予他无限的权力而激起他对君主的最深切的感恩之情，但似乎——更不寻常的是——未曾在朝臣之中引起因之而来的妒忌。他们很清楚，这位善良的教士不是为自己而恳求这些权力。相反，政务会议的某些成员还想在他出发之前授予他已经许诺他的主教职位；他们想，这样他将以比一名地位低下的教士拥有更大权威的身份去到殖民地，而且，如果忽略这一点的话，还恐怕加斯卡本人可能会感到某些自然而然的失望。但是这位院长赶忙消除了他们的这些想法。他说，“荣誉对我要去的地方不会有多大帮助，”他接着又说，“任命我担任一项教会职务显然是错误的，因为我身处遥远的海外，所以不能履行这一职责。如果我永远回不来的话，未能尽职的内疚心情将在我的最后时刻使我的心灵负担沉重[②]”。这一考虑周到的不愿接受主教头衔的行动曾被传为笑柄。但是这不是装模作样；加斯卡的朋友们，由于同意他的论据，也就不再劝他了。

这位新院长当即着手进行准备工作。这些工作不多，也比较简单；因为陪同他一起去的只有一批为数不多的随员，其中最惹人

① 萨拉特：《秘鲁的征服》，第 6 册，第 6 章；埃雷拉：《通史》，第 8 卷，第 1 册，第 6 章；《卡拉班特斯手稿》；费尔南德斯：《秘鲁历史》，第 1 卷，第 2 册，第 17、18 章；戈马拉：《西印度史》，第 174 章；《加斯卡的一生》，手稿。

② “特别当他死在那里或是被杀的话，这一使命就毫无用处了，他就会因未能尽职而忧伤和痛苦”。见费尔南德斯：《秘鲁历史》，第 1 卷，第 2 册，第 18 章。

注目的要数阿隆索·德阿尔瓦拉多，这是一名勇敢的军官，读者可 524
能还记得，他曾长期在弗朗西斯科·皮萨罗的指挥下工作。近年来他居住在宫廷里；现在他应加斯卡的请求陪同他到秘鲁去，在那里，由于他的出面，可能有利于与造反者们进行谈判，而且一旦诉诸武力解决，他那丰富的军事经验将证明具有同样宝贵的价值。① 这位院长为了凑集他那小小的队伍，必然要拖延些时日，直到1546年5月26日，才和他的随行人员在圣卢加港登船去往新大陆。

经过一段顺利的和在那个时代看来时间不太长的航程之后，他大约在7月中旬于圣玛尔塔港登陆。在这里，他得到了阿纳基多战役以及那位总督的战败和死亡的令人震惊的情报消息，还有从那以后贡萨洛·皮萨罗在整个这块土地上建立了他的绝对统治的情况。虽然这些事件在加斯卡从西班牙起程数月之前就已发生了，可是由于来往太不方便，所以当时没有消息传到西班牙去。

这些情况现在使这位院长心中充满了忧虑，因为他想到，这些叛乱者在如此残暴地杀死了那个总督之后，可能根本不祈求恩赦，并且对其后果毫不在乎。因此，他小心翼翼地让人们明白，他接受委任的日期是在这场灾难性的战役之后，因此可以允许对迄今所犯下的所有反政府罪获得完全赦免。②

可是，从某种观点来看，布拉斯科·努涅斯的死可以被看做是

① 从这位骑士传下了西班牙高贵的比利亚莫尔伯爵家族。见《卡拉班特斯手稿》。

② 费尔南德斯：《秘鲁历史》，第1卷，第2册，第21章。

这个国家稳定的吉兆。如果他活到加斯卡到来的时候，后者会遇到很大的麻烦，因为他必须与一个在这个殖民地受到普遍憎恶的人一起工作，或者用不受欢迎的变通办法将他打发回西班牙。而且，造反者们很可能现在比较服理，因为所有的个人仇恨可能已经很自然地被埋葬到其敌人的坟墓里。

这位院长为了决定在什么地区试图进入秘鲁一事煞费了一番苦心。每一个港口都在皮萨罗的手中，并且置于他的军官的照管之下，严格责令截取来自西班牙的任何通信，扣留来自西班牙的所
525 有身负使命的人，直到得知这些人为他所喜欢时为止。加斯卡最后决定到诺姆布尔德迪奥斯，该地当时由埃尔南·梅希亚率重兵镇守，贡萨罗向这个军官委以把守其领土的坚强大门的重任，他对这个人对他的事业的忠心寄予很大的信赖。

如果加斯卡以军事阵势的威胁姿态出现在这个地方，或者炫耀官方礼仪的排场的话，那很可能引起这个指挥官的怀疑，他无疑会发现要登陆绝非易事。但是梅希亚对一个穷教士的来临并不感到畏惧，因为他没带军队，甚至很难说有一批够得上随从的班子侍候他，好像只是来执行慈善差使的。因此，当他一得知这个特使的性质及其使命，就准备按符合其官衔的仪式来接待他，并率领其驻在该地的士兵以及相当大一批教士一起出城迎接他。无论加斯卡的外表，更不用说他那低级教士的服饰和人数不多的随从都不能使这些粗俗的观众产生望而生畏的情感。的确，看上去，他自己及其随行人员的那种贫穷的外表与印第安人的总督通常喜欢的豪华场面是这样的不同，以致在粗鲁的士兵当中引起了阵阵哗笑，他们毫不顾忌地在这位院长能听见的情况下用粗野俏皮的话讥笑他的

外表。[1]“如果这就是皇帝陛下给我们派来的总督的话，”他们大声叫喊道，“那么皮萨罗就不必为之大伤脑筋了。”

可是这位院长远没有被这种下流的笑话惹恼，或者对说这些话的人表示怨恨，而是以最大的谦卑忍受这一切，表面上只像对他自己的同胞们以他们恭敬的态度急于对他表示敬意，更加感激。

但是，不管加斯卡的风度多么平易近人和谦逊质朴，梅希亚在第一次与他会见之后，很快就发现，他与之打交道的这个人决不是一般的人物。这位院长简短地说明了其委任的性质之后，告诉梅希亚说，他是作为一名和平使者而来到这里的；他要依靠和平的方式来完成他的使命。然后他阐明了他受权的一般范围，他有权对 526
一旦归附政府的所有人毫无例外地给予赦免，最后，他表明他打算宣布撤销原来的那些法令。这样一来，这次革命的目标就算达到了。再坚持争斗下去将表明是一种反叛，而且那将失去任何借口；因此他力劝这位指挥官要恪守一切忠诚和爱国主义的原则，支持他来结束这个国家的离心离德的局面，使它回到忠于王室的轨道。

这位院长的坦率和抚慰的语言，与布拉斯科·努涅斯的傲慢自大，以及巴卡·德卡斯特罗的严肃举止完全不同，对梅希亚产生了深刻的印象。他承认加斯卡提出的论据是有力的，并且自以为贡萨洛·皮萨罗不会不理会这一点。虽然他归附于这个首领的属下，但像大多数参与者一样，心中还是忠于王室的，与其说是有意

[1] “尤其是许多不守纪律的士兵，说肮脏下流的话。对此，这位院长只得充耳不闻。”费尔南德斯：《秘鲁历史》，第1卷，第2册，第23章。

谋叛，不如说是偶然卷入的；既然现在有这样好的机会安全地走上正道，他何乐而不回头是岸，以便早日回复他对王室的忠诚，博得王室的欢心呢。他向这位院长表明了这一心迹，向他保证在这一大好的改革工作中与他倾心合作①。

这对加斯卡来说是重要的一步。可是对他来说，更重要的是想法让巴拿马的地方长官伊诺霍萨归顺于他，因为在这座城市的港口里停泊着皮萨罗的由 22 艘舰只组成的海军。但是，接近这个军官不是那么容易。他是一个比通常在新大陆遇到的那些鲁莽的冒险家更具有个性的人物。他依附于皮萨罗的权势，而后者为报答他，让他主管他的舰队和巴拿马，这是通向他的太平洋沿岸领土的要冲。

这位院长首先派梅希亚和阿隆索·德阿尔瓦拉多去向伊诺霍萨说明其使命的宗旨，以便为他亲自前往铺平道路。不久之后，他亲自去了，并且受到这个指挥官的装模作样的表面上的尊敬。但是在后者毕恭毕敬地倾听了加斯卡的陈述之后，那些话对他没有像对梅希亚那样引起变化；而且他还要求这位院长向他出示他的授权书，并且问道他们是否给他权力批准皮萨罗现任的职位，对于这个职位，不管是论他的贡献还是凭人民的一致意见，他都是当之
527 无愧的。

这是一个令人难以对答的问题。在这样的问题上表示退让就太有辱于王室的尊严；但是在当前这个关头，对皮萨罗的如此坚定

① 费尔南德斯：《秘鲁历史》；《贡萨洛写给巴尔迪维亚的信》，手稿；蒙特西诺斯：《编年史》，手稿，1546 年；萨拉特：《秘鲁的征服》，第 6 册，第 6 章；埃雷拉：《通史》，第 8 卷，第 2 册，第 5 章。

的追随者公开宣布这一点，就会关闭所有进一步进行谈判之门。因此，这位院长回避了这个问题，只是说，现在还不是他出示授权书的时候，但是伊诺霍萨可以放心，这些权力足以保证他的国家的每一个忠诚的官员得到充分的报答。[①]

伊诺霍萨对此并不满意；他立刻写信给皮萨罗，将加斯卡的到来及其使命的目标通知了他，同时将他自己确信这个院长无权批准皮萨罗在政府的职位的想法明白地告诉了他。但是在船起航之前，加斯卡得到了一名多明我会男修道士的帮助，他要乘船到沿海的一个城市去。他委托这个人带走一批他的声明书，说明他来访的目的，并宣布废除那些法令，对所有回到归附王室路上的人都给予赦免。他还写信给各城镇的高级教士和自治机关。对前者，他要求他们协同他在人民当中灌输对王室的忠诚和服从的精神；对于各城镇的自治机关则告知其今后与他们进行协商的意图，以便为增进这个国家的福利设想出有效的措施。那个多明我会修道士在这个殖民地的主要城市中亲自散发了这些文件；他忠实地信守诺言，虽然事实证明，他的生命冒着不小的风险。这样撒下的种子，其中许多可能落到不结果的土地上。但是这位院长相信，大部分将在人民心中扎根；他耐心地等待着收获季节的到来。

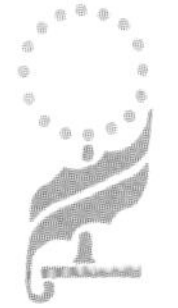

在这同时，虽然加斯卡未能消除伊诺霍萨的顾虑，但是他那彬彬有礼的风度，他那温文尔雅、富于说服力的谈吐，对他天天与之交往的其他人产生了明显的效果。有些人，其中有巴拿马以及军

① 费尔南德斯：《秘鲁历史》，第 1 卷，第 2 册，第 25 章；萨拉特：《秘鲁的征服》，第 6 册，第 7 章；《卡拉班特斯手稿》。

队中的主要骑士，表达了他们要加入王室事业并帮助他维护这一事业的心愿。加斯卡得益于他们的帮助，从而打开了与危地马拉
528 和墨西哥政府当局取得联系的道路。他把他的使命告诉了他们，同时劝告他们不要继续与秘鲁沿岸的叛乱分子进行交往。最后，他还说服了巴拿马的地方长官向他提供与贡萨洛·皮萨罗本人进行联系的手段；于是就派出了一艘船到利马去，携带着查理五世写给那位首领的信件，也带去了加斯卡写给他的一封书信。

皇帝的信是用最富于恩赐态度，甚至是抚慰的措辞表达的。这位君主远未指责贡萨洛·皮萨罗造反，而是表示他认为皮萨罗的所作所为是被环境所逼，特别是由总督努涅斯顽固态度造成的，他否认殖民地开拓者有不可剥夺的请愿权。他没有暗示批准贡萨洛·皮萨罗在政府的职位的意图，或者，确实没有暗示要撤换他的意图；只是向他指出，加斯卡将把王室的意向告诉他，并且他应与加斯卡合作来恢复这个国家的安宁。

加斯卡本人的书信用的也是同样富于策略的语调。然而，他谈到，迄今曾决定贡萨洛的行动路线的非常状态已不复存在了。所有的要求都得到了承认。现在没有什么可争的了，对于皮萨罗及其追随者来说，剩下的事情只有表示他们归顺王室的忠心和赤诚了。这位院长说，迄今为止，皮萨罗曾是用武力反对那个总督；而人民像反对一个共同敌人一样支持过他。如果他再拖长这场斗争，那么敌人必定是他的君主。在这样一场斗争中，人民肯定会抛弃他；因此，加斯卡以其骑士的荣誉和作为一名王室封臣的职责，恳求他尊重王室的权威，不要鲁莽地挑起一场斗争，这样一场斗争必将向世人证明，他迄今为止的行为不是出于爱国的动机，而是由

利己的野心支配的。

这封用最有礼貌和客套的语言传达主题的信写得很长。随同这封信还给颇有迷惑力的法学家塞佩达写了另外一封相当简明的信。加斯卡知道，在卡瓦哈尔不在场之际，这个法学家对皮萨罗有最大的影响力，卡瓦哈尔当时正在新发现的波托西银矿忙于收获
白银果实。[①] 在这封信里，加斯卡以检审法院的一名成员的身份 529
表示要听听这个狡猾的政客的意见，并且和他商量补充这个机构中的一个空缺的最好方式。

这几封急件交托给一个名叫帕尼亚瓜的骑士去送达，他是这位院长的一名忠实追随者，并且是随同他来自西班牙的人当中的一员。他把委托给那个多明我会修道士的那些声明和书信也委托给这名使者，并且密令他在离开那座首府之前将它们分发出去[②]。

几个月过去了，这位院长仍然滞留在巴拿马，在这里，由于他与秘鲁的联系被严加戒备地割断了，他实际上可以说被作为一类政治犯扣留了。在这同时，他和伊诺霍萨都焦急地期待着来自皮萨罗的使者，这位使者会说明这位首领对这位院长的使命所持的态度，这个巴拿马地方长官并不是没有见到他自己的危险处境，也

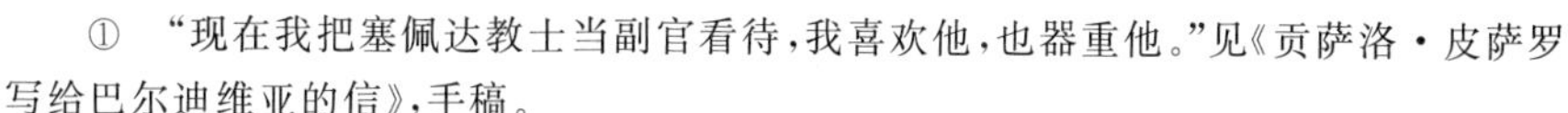

① “现在我把塞佩达教士当副官看待，我喜欢他，也器重他。”见《贡萨洛·皮萨罗写给巴尔迪维亚的信》，手稿。

② 正文中提到的信件可在萨拉特：《秘鲁的征服》第 6 册，第 7 章，和费尔南德斯：《秘鲁历史》，第 1 卷，第 2 册，第 29、30 章中找到。这位院长的信占了几页的篇幅。信的大部分内容列举了很多历史先例和例证，说明与皇帝的最高权威相对抗是多么愚蠢和邪恶。这一说教的怀柔调子可从其结尾的句子略见端倪：“让大慈大悲的天主帮助你和你的部下做一切符合你们的良知、荣誉、生命和财产的事情，并在其神圣的事业中，记下您的高贵人品。”

不是没有见到挑起一场与西班牙朝廷的争夺是种愚蠢的行为。但是他不愿离弃对他寄予如此重大信赖的指挥官的事业，这是秘鲁的骑士们并不经常享有的心理。可是他相信这位指挥官会抓住当前所提供的机会，将他自己和这个国家置于一种永久的安全状态。

已经表示支持加斯卡的几名骑士对伊诺霍萨这种被他们称做是顽固不化的行径非常不满，建议把他抓起来，然后夺取舰队。但是这位院长立刻拒绝了这一提议。他说，他的使命是一种和平使命，他决不会在一开头就用一项暴力行动来玷污它。他甚至尊敬伊诺霍萨所表现的顾忌；他思忖，一名如此品性高尚的骑士，如果一旦用正当方法赢得他的同情，将大大有利于他的事业，这比如果用武力或欺诈来制服他要高明得多。加斯卡认为，他可以蛮有把握地等候时日，这里面既有策略性也有光明磊落的问题；的确，这二者总是联系在一起的。

530 在这期间，偶尔有来自利马和邻近地方的人，他们讲述了许多关于皮萨罗的事情，他们的说法依各人的性格和地位而各不相同。有些人把他描绘成因性格开朗和慷慨大方而深得人心，虽然他对财富很贪婪，但他仍然在其追随者当中分配各种分摊的份额和特许权利。其他一些人则说，他处事专横，在利马的居民当中流行着害怕和不信任情绪。所有的人都一致说，他的权力建立在难以动摇的基础上；因此，如果这位院长去到利马，他必定要么同意变成皮萨罗的工具而批准他在政府中的职位，要么丧失自己的性命①。

① 费尔南德斯：《秘鲁历史》，第 1 卷，第 2 册，第 27 章；埃雷拉：《通史》，第 8 卷，第 2 册，第 7 章；《卡拉班特斯手稿》。

那是千真万确的，正如贡萨洛的朋友们所说，在他注重公共事务的同时，还抽空在其胜利之时参加兵痞们的寻欢作乐。他成为阿谀奉承的对象；甚至受到那些恨他的人的恭维。因为像这样的人不是爱戴这位得势的首领，而是有充分理由惧怕他；他的开拓事业被记入传奇式民歌，堪与骑士制度中最勇猛的战士相匹敌，这是近乎事实的。[①]

在这一片阿谀声中，向皮萨罗嘴边举起的欢乐之杯中有一滴苦酒，它使所有其余的酒都变了味；因为，尽管他表现出非常自信，但他心神不定地期待着可以证实西班牙政府如何看待他之所作所为的消息的到来。这可以用他小心提防地对沿海口岸加以戒备并扣留王室使者的人员这一点来加以证明。因此，他从伊诺霍萨那里得知院长加斯卡的登陆以及他的使命的目的时心里也很不安。

但是当他得悉这位新使者未带军队来，也没有任何炫耀官职的服
饰来欺骗俗人们的头脑，而只是独自一人穿着一个地位低下的传 687
教士的服装，他的不满就缓和下来了。[②] 皮萨罗很难觉察出，在这 531
个谦恭的外表下面蕴藏着一种精神力量，比他自己那持枪披甲的军队要强大得多，它正悄悄地（越是悄悄地就越是确实地）活动于公众舆论之中，甚至目前就在逐渐地损伤他的实力，就像一条地下

① “人们颂扬他的功绩和胜利，把他的事迹编成民歌和歌谣唱给他听，这使他感到开心和满意，这个很有才智的人对这一切感到兴高采烈，异常兴奋。”见费尔南德斯：《秘鲁历史》，第 1 卷，第 2 册，第 32 章。

② 贡萨洛在给巴尔迪维亚的信中把加斯卡说成是一个以虔诚闻名的教士，以一个传教士的忠诚毫无报酬地来解决这个国家的事务。“人们称赞他是个很善良的基督教徒，一个精力充沛的神甫，他是抱着美好的愿望而不是为了得到国王的俸禄而来到这块土地上，他是想利用他的基督教品德为这些地区带来和平。”见《贡萨洛·皮萨罗写给巴尔迪维亚的信》，手稿。

的水道正在侵蚀某个雄伟的建筑物的地基一样，可它表面上还牢固地傲然屹立！

但是，虽然贡萨洛·皮萨罗不能预见这种后果，可他看得出，要想消除后患，最安全的办法是把这个院长赶出秘鲁。而且，他到来的消息使他先前要派一个使团到西班牙去证明他近来行动的正确并要求王室批准他的权力的意图复活起来。被选派来担任这一使团的首席官员的是洛伦索·德阿尔达纳，这是一个富有判断力以及大胆勇敢的骑士，而且深得皮萨罗的信任，是他的一个最忠诚的党徒。他曾在这个首领部下担任过要职，这个首领成功的秘诀之一就是在挑选干部时所表现出的那种洞察力。

除了阿尔达纳和一两名骑士之外，利马的主教也参加了这项委任，因为，以他的地位，很可能在朝廷里对贡萨洛的事业产生有利的影响，与它给政府的急件一起，使者们还受托给加斯卡送去一封由利马居民写给他的信，信中在彬彬有礼地祝贺这位院长的到来之后，他们宣称，很遗憾，他来得太晚了。现在，这个国家的困难由于推翻了那个总督已经解决了。全国已在皮萨罗的统治下安享太平。他们声称，一个使团已经在去西班牙的途中，不是去祈求赦免，因为他们没有犯任何罪，[①]而是去请求皇帝批准他们的首领在政府中的职位，因为他德高望重，是在秘鲁最有资格担任这一职位的人。[②] 他们表示深信，加斯卡的到场只能重新引起这个国家的

① “我们当中谁也没有请求他宽恕，我们认为我们为国王陛下效劳没有错，我们保留自己的权利，这是皇家对臣民的法律所允许的。”见费尔南德斯：《秘鲁历史》，第 1 卷，第 2 册，第 33 章。

② “他德高望重，得到大家的拥戴，人人把他当秘鲁之父看待。”（同上）

离心离德，他们隐晦地暗示，如果他企图登陆可能会丢掉他的性命。——这个奇异的文件使用的语言比可以从其含义推断出的话 532
要恭敬得多。注明的日期是 1546 年 10 月 14 日，而且由该城 70 名主要骑士签署。这或许是由塞佩达口授的，他插手皮萨罗的小朝廷的大多数阴谋诡计，这一点是显而易见的。还据说——这种说法的权威性有些成问题——，阿尔达纳接到贡萨洛的指示，用 5 万金比索秘密贿赂这位院长，说服他回西班牙去，如果遭到拒绝，就计划用更隐秘和更有效的手段使他不能在这个国家出现。[①]

阿尔达纳携带着公文急件，火速登上去巴拿马的航程。巴拿马地方长官通过他了解到了皮萨罗的顾问班子中对当前事件的实际态度；他很遗憾地倾听了这位使者的断言，即如果不批准皮萨罗占有秘鲁，这位首领及其同僚将不接受任何谈判条件[②]。

① 费尔南德斯：《秘鲁历史》；埃雷拉：《通史》，第 8 卷，第 2 册，第 10 章；萨拉特：《秘鲁的征服》，第 6 册，第 8 章；戈马拉：《西印度史》，第 177 章；蒙特西诺斯：《编年史》手稿，1546 年。皮萨罗在给巴尔迪维亚的信中提到了对加斯卡的规劝，说他尽管号称圣贤，却像西班牙的某些人一样心怀叵测，竟然来到这里要把他遣送回家，这无疑是对他的忠诚服务的一种报偿。“但是我和其余的骑士，”他最后说，“已经警告他不要插足此地。”“我已经把这个地方治理得平静安宁，并把这一情况通报给加斯卡。如同我上面说的那样，人人称赞他是个圣人，是全西班牙最聪明、最博学的人。他是来当法院院长、总督或其他官职的，也是来送我回西班牙的。我们离开家庭不远万里来到这里已经两年了，国王现在想给我这种报偿。但是我和这一地区的诸位先生向加斯卡传话说，他应该走开，否则我们将像对待贝拉斯科·努涅斯那样对待他。”《贡萨洛·皮萨罗写给巴尔迪维亚的信》，手稿。

② 乘阿尔达纳出使西班牙之际，贡萨洛·皮萨罗写了在本书各页中经常引用的那封重要信件，这封信可能是对其所作所为提供的最好的论据。难以理解的事实是，智利的征服者巴尔迪维亚(此信就是写给他的)此后不久就公开支持加斯卡的事业，他的部队不久之后就成了在瓦里纳与皮萨罗作战的兵力的一个组成部分。这就是贡萨洛所依靠的朋友！

阿尔达纳很快受到了这位院长的接见。这次会见比与伊诺霍萨的会谈有着很不相同的结果；因为皮萨罗的这位使者没有那种顽固执拗的脾气，就像迄今另外一位拒绝一切争辩的官员所表明的那样。他现在非常惊讶地得知加斯卡的权力，以及王室对反叛者让步的程度。他曾与贡萨洛·皮萨罗一起走上一条孤注一掷的
533 冒险的道路，并且他发现这条道路是成功的。按理说，作为殖民地已别无他求了；并且，他虽然忠实于他的首领，但他并不认为受到任何荣誉原则的约束来支持他，一味地去满足他的野心，与王室进行暴乱争夺必定会遭到不可避免的毁灭下场。因此，他放弃了出使西班牙的使命，这个使命可能从未符合他的心意，并且宣布他愿意接受政府给予的赦免，支持院长解决秘鲁的事务。必须补充一点，他随后写信给他在利马的前指挥官，阐明他选择的道路，并诚挚地劝说后者效法他的榜样。

由于受到像阿尔达纳这样一位重要人物所树立的归顺王室的先例的影响，无疑地再加上确信现在已无法改变皮萨罗那顽固的立场，同时，拖延将对自己不利，这些因素终于使伊诺霍萨打消了顾虑，他通知加斯卡说，他愿意将舰队置于他的指挥之下。为这一行动举行了盛大的仪式。皮萨罗的铁杆党徒被事先从战舰上撤换了下来；在 1546 年 11 月 19 日，伊诺霍萨和他的舰长们将他们的委任状交到这位院长手中。他们接着宣誓忠于西班牙王室；于是在该城的大广场上搭起的临时台架上，由传令官宣布了对过去的一切罪过全部赦免的命令；并且这位院长如同欢迎王室的可靠的和忠诚的封臣一样向他们致意，恢复了对这些骑士的几项委任。这时，西班牙王室的旗标在海军中队的舰船上迎风飘扬，并且宣

告,皮萨罗的政权下的这座堡垒已经永远不属于他了。[①]

将委任状发还给这些反叛的舰长们是加斯卡的精明一着,它保证了在这个国家里拥有最能干的军官为之服务,而且使皮萨罗失去了他最倚重的得力膀臂。加斯卡就是这样,不靠武力或欺诈,而是凭耐心和远见卓识,圆满地达成了这一巨大的步骤。他甘愿等待时机;现在他可以充满信心地来争取他的使命的最后成功了。

① 佩德罗·皮萨罗:《发现和征服》,手稿;萨拉特:《秘鲁的征服》,第 6 册,第 9 章;费尔南德斯:《秘鲁历史》,第 1 卷,第 2 册,第 38、42 章;戈马拉:《西印度史》,第 178 章;《卡拉班特斯手稿》。加西拉索·德拉维加对贡萨洛·皮萨罗的偏袒与大多数其他作者对其所作所为所持的反对意见形成了有益的平衡,他在对这一事件的介绍中,似乎倾向于不赞成用捐弃恩人的方式表现对王室的忠诚。

534

第　二　章

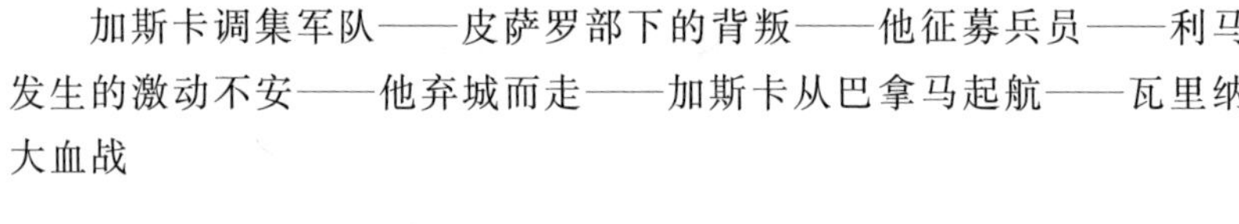

加斯卡调集军队——皮萨罗部下的背叛——他征募兵员——利马发生的激动不安——他弃城而走——加斯卡从巴拿马起航——瓦里纳大血战

1547 年

加斯卡在获得了巴拿马和海军舰队之后，立即开始实行比迄

692 今为止容许实行的更为决定性的方针路线。他征募兵员，从各地区收集军需品。他关心清偿已拖欠士兵的军饷，并答应今后要发给丰厚的酬金；虽然他牢记着他个人的花销应当少动用王室的钱财，但当公共利益需要时，他并不吝惜花费。当财政资金用竭时，他以政府的信誉向巴拿马最富有的居民借款，他们充分相信他，欣然给予必需的贷款。他接着写信给危地马拉和墨西哥的政府当局，要求他们协助，在必要时对反叛者采取敌对行动；他同样派人给秘鲁以北地区的贝纳尔卡萨尔发去一道命令，命他带领其全部可以动用的部队在他于这个国家登陆时来迎接他。

巴拿马人民为使这支小小的海军用于他打算进行的航行，表现了最大的热情；而且高级教士和指挥官们也不敢怠慢，表示愿与士兵和水手们一起参加这一有益的工作，以此来证明他们的忠诚[①]。然而，在加斯卡本人动身之前，他提议派遣由四艘舰只组成的一支小分队，在阿尔达纳的率领下，到利马港口去巡航，奉命保护那些衷心向着王室事业的人，并且，如果需要的话，接纳他们登上他的军舰。他还受委托将这位院长的委任状的经认证的副本转
交给贡萨洛·皮萨罗，要求这位首领应认识到，在宽恕的大门对他 535
尚未关闭之前，迷途知返尚不为晚。[②]

正当这些事件继续发展的时候，加斯卡的声明和信函在秘鲁发生了作用。只需稍有见识就可理解：是国家一般地保护了人民的人身和财产的安全；而从革命中却得不到什么东西。利益和义务现在幸而结合在同一边了；并且，旧有的忠君情感，虽曾一度窒息，但并未泯灭，又在人民心中复活了。这仍然不能立即用公开的行动来表露；因为，在一种强硬的军事统治之下，人们几乎不敢独立思考，更不必说将他们的想法与别人进行交流。但是公众舆论的变化，有如大气中的变化，来得缓慢并且难以觉察，使它自己越来越广泛地被感觉到，直到以一种静悄悄的同情感传播到这个国家的最遥远的角落。这种思想感情变化的某些迹象最后也传到了利马，虽然所有关于这位院长的使命的报道都被严加戒备地排除在那座首府之外。贡萨洛·皮萨罗自己对这种不忠的征兆也有所

① “他们使出了全身的力气。主教、神甫、军官以及其他重要成员，首先动手抓住船只的绳缆，以便把船拖到岸边。”见费尔南德斯：《秘鲁历史》，第 1 卷，第 2 册，第 70 章。

② 出处同上。并见蒙特西诺斯：《编年史》，手稿，1546 年；戈马拉：《西印度史》，第 178 章；萨拉特：《秘鲁的征服》，第 6 册，第 9 章；埃雷拉：《通史》，第 8 卷，第 3 册，第 3 章。

觉察，当然几乎是太微弱和太淡薄，目前，即使是最富有经验的眼睛也难以从中看出即将来临的暴风雨。

有几份院长的声明由贡萨洛最忠实的党徒转交给他；从波托西被召来的卡瓦哈尔宣称它们是“比西班牙的长矛更令人生畏的武器”。[①] 可是皮萨罗暂时还没有对他自己的力量丧失信心；并且有像目前停泊在巴拿马的那样一支海军归他指挥，他感到他可以与沿岸的任何敌人相对抗。他对伊诺霍萨对他的忠诚抱有绝对的信任。

就在这一期间，帕尼亚瓜带着加斯卡给皮萨罗的公文急件来到这个港口，急件中有皇帝的信以及加斯卡自己的信。这些信立刻由这位首领提交给他信赖的顾问们卡瓦哈尔和塞佩达，并且征求他们的意见，看看应采取什么方针。这是皮萨罗的命运的紧急关头。

卡瓦哈尔以其富有洞察力的目光充分看出了他们所处的地
536 位，他赞成根据提出的条件接受王室的赦免；为了暗示他意识到这些赦免条件的重要性，他宣称，“他将为宣示赦免的使者进入这座首府用金锭和银锭铺路”。[②] 塞佩达完全是另外一种想法。他是检审法院的一名法官，是作为布拉斯科·努涅斯的最亲近的顾问被派到秘鲁来的。但是他却倒戈反对这位总督，曾在战斗中与努涅斯对阵，他的衣服上可以说还沾着努涅斯的鲜血！那么对他有

① “那些信件比卡斯提尔国王的长矛更可怕。”见费尔南德斯：《秘鲁历史》，第 1 卷，第 2 册，第 45 章。

② “大家应该用金锭、银锭为他铺好道路。”见加西拉索：《王家评论》，第 2 卷，第 5 册，第 5 章。

什么赦免可言呢？无论对王室条款的字面意义可能表示何种尊重，就事实而言，根据西班牙的通例，他将永远是一个道德堕落的人。因而他极力主张拒绝加斯卡的提议。“他们将使你丧失你的政府，”他对皮萨罗说道，“这个花言巧语的传教士不像你想象的那样简单。他是一个老谋深算的家伙。[①] 他懂得如何巧妙地许愿；而一旦他掌握了这个国家，他也知道如何去兑现这些诺言”。

卡瓦哈尔没有被同僚的争辩或嘲笑所动摇；当讨论变得越来越激烈时，塞佩达指责他的对手提出的建议是为了担心自己的安全——这是一种愚蠢地辱骂人的话，这些话足以被这位勇猛的老战士的整个一生所驳倒。然而，卡瓦哈尔没有进一步坚持他的看法，因为他发现皮萨罗不欢迎这些看法，所以只满足于冷静地说，“他的确对造反没有兴趣；但是他相信，他并不比他的同僚更惧怕绞刑架；因为无论如何他很难指望活更长的时间了，这对他来说毕竟是无足轻重的。”[②]

被炽热的、不顾一切障碍的野心所推动的皮萨罗，[③]根本不屈尊来估量一下与王室进行争夺的极端险恶的后果。他将他的砝码投在塞佩达的秤盘一边，赦免的恩赐被拒绝了，从而把他和他的国家所保持的最后一根纽带抛掉了，以这一行动宣布自己是一个反

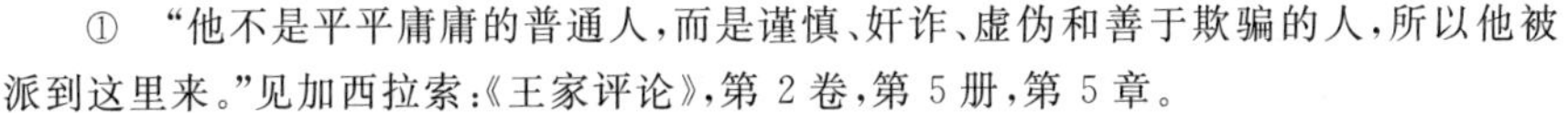

① “他不是平平庸庸的普通人，而是谨慎、奸诈、虚伪和善于欺骗的人，所以他被派到这里来。”见加西拉索：《王家评论》，第 2 卷，第 5 册，第 5 章。

② “此外，我不怕将来发生其他事情，我已经这么大年纪了，像诸位一样，我长长的脖子完全可以套绞索。”见加西拉索：《王家评论》，第 2 卷，第 5 册，第 5 章。

③ “他妄自尊大，专横跋扈。”这是费尔南德斯对贡萨洛狂妄性格的看法。见《秘鲁历史》，第 1 卷，第 2 册，第 15 章。

叛者。①

537　在帕尼亚瓜离开后不久，皮萨罗得到了阿尔达纳和伊诺霍萨背叛和舰队投降的消息，对这支舰队他曾耗费了巨资，并将它当做他的权势的保障。随着这一坏消息接踵而来的还有北方几个主要城市背叛的报道，以及普埃莱斯的被暗杀，这个人是皮萨罗的忠实副官，皮萨罗曾将基多的政府委托给他主管。不久以后，他还发现他的政权在位于库斯科另一方向的地区受到了攻击；读者可能记得，库斯科原来的忠于王室的首领森特诺，曾被卡瓦哈尔驱赶到靠近阿雷基帕的一个山洞里避难，在那里待了一年之后已经从他隐藏的地方出来了，并且，在得知加斯卡的到来之后，又举起了王室的旗标，然后收集了一小支部队，于夜间攻入了库斯科，控制了这座首府，击败了守卫它的驻军，使它又为王室所有。不久之后进军到查尔卡斯省，这个勇敢的首领与皮萨罗部下在拉普拉塔的指挥官结成联盟；他们的联合部队，约有 1000 人，在的的喀喀湖边建立阵地，在这里，这两位骑士沉着地等待时机开始进行反对其原司令官的作战。

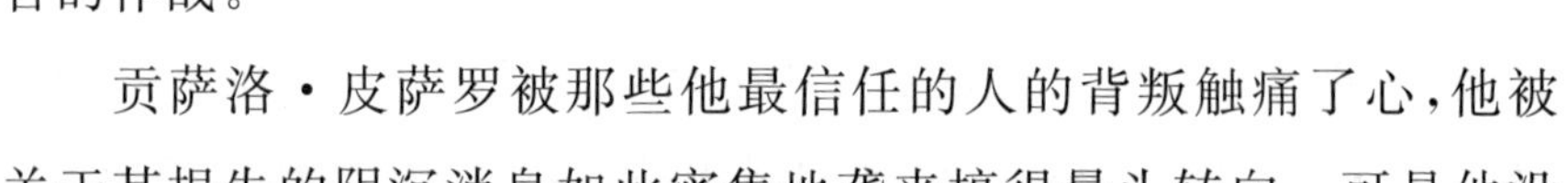

贡萨洛·皮萨罗被那些他最信任的人的背叛触痛了心，他被关于其损失的阴沉消息如此密集地袭来搞得晕头转向。可是他没

① 《卡拉班特斯手稿》。根据加西拉索的说法，帕尼亚瓜携带有这位院长的秘密指示，授权给他，让他酌情度势，在为了维护王室权威所必需的情况下可批准皮萨罗在政府的地位，“只要这个国家仍然归属于王室，即使恶魔在那里统治也无关紧要！”这段事实由帕尼亚瓜做了如此这般的转述，他在这些事件发生之后继续待在秘鲁。（《王家评论》，第 2 卷，第 5 册，第 5 章。）这是可能的。但更可能的是，像加西拉索这种轻信的传播流言飞语的人大概弄错了，而不是查理五世竟会打算做出如此无能的承认，也不是受到加斯卡的信任而被选择的人竟会如此轻率地辜负他的信托。

有浪费时间去谴责和抱怨,而是立即以他那全部特有的精力着手准备应付这场风暴。他马上写信给那些他认为仍然忠于他的将领,命令他们使军队随时待命,一俟通知立即驰援。他提醒他们对他应承担的义务,并指出他们的利益与他的利益是息息相关的。他补充说,这位院长的委任状是在阿纳基多战役的消息到达西班牙之前授予的,不可能包括对那些与总督之死有关的人们的赦免。[1]

皮萨罗同样积极地加紧在这座首府里进行征兵,并将他们部 538
署成最好的战斗序列。他很快发现,他统帅下有 1000 人,装备精良,配备齐全,"阵容雄伟",一位老作家说,"有如曾行进在意大利的平原上的军队一样,虽然数量显得少了些,"这展示了他们的武器的精良,军服的华丽,以及他们的战马的漂亮的鞍辔,这样的豪华只有用秘鲁的白银才能供应得起。[2] 每一个连队都装备了一杆新的军旗,用独特的纹章加以装饰。有些绣有皮萨罗的姓名缩写和纹章,这些旗标当中有一两个被胆大包天地在顶上加上王冠,好似暗示他们的指挥官所追求的地位[3]。

① 佩德罗·皮萨罗:《发现和征服》,手稿;萨拉特:《秘鲁的征服》,第 6 册,第 11、13 章;费尔南德斯:《秘鲁历史》,第 1 卷,第 2 册,第 45、59 章;蒙特西诺斯:《编年史》,手稿,1547 年。

② "如同黄金时代意大利的士兵一样,这 1000 人装备精良,训练有素,除了携带武器外,人人脚穿长袜,个个身穿绸缎坎肩,许多人穿的衣服,或镶有黄金,或锦缎刺绣,或金银凸绣,他们的草帽上,特别是火枪筒及其表面,都有作为装饰品的镶嵌金片。"见萨拉特:《秘鲁的征服》,第 6 册,第 11 章。

③ 出处同上。有些作家甚至断言皮萨罗此际正在准备其加冕典礼,而且他竟然发布命令,让各城镇派代表来参加典礼。"他想尽快举行他的加冕仪式,因此他向秘鲁的各个城市寄发了信件。"(蒙特西诺斯:《编年史》,手稿,1547 年)但是,在这一危急关头,他几乎不可能如此盲目相信这些殖民开拓者而策划这样鲁莽的步骤。忠君的西班牙历史学家对搜集不利于反叛者的报道是从不怠慢的。

在这种场合下，首脑当中最惹人注目的要数塞佩达，用他同时代的一位作家的话来说，“他已脱去传道者的长袍，换上了武士的饰有羽毛的头盔和带锁子的铠甲”。[①] 但是皮萨罗把调动军队的主要任务委托于其身的那位骑士却是老战士卡瓦哈尔，他曾在欧洲最优秀的将领麾下学习过军事艺术，他的冒险生涯是他们早期所授课业的实际注解。在这危急之秋，贡萨洛最要倚重他的力量；可是，如果他早一点听取他的劝告，那将对他多好啊。

这给人某些想法，认为皮萨罗的军队装备太奢华了，他力图为
539 他的每一个滑膛枪手配备一匹马。他所带来的花费太庞大了。我们听说，这一准备的直接开销不少于 50 万金比索；而他在这小小的部队里发给骑士们的饷银，实际上发给普通士兵的饷银，是一种过高的标准，除了秘鲁这白银之乡，没有地方能供应得起。[②]

当他自己的资金用完时，他就用向富有的居民征收罚金的办法来弥补不足，以此作为免服兵役的代价，还使用强制贷款和各种各样其他军事强征的手法。[③] 从这时起，据说，这个首领的脾气起了明显的变化[④]。他变得性情狂暴更加不能自制，而且恣意实施残暴和放纵的行为。他所陷入的这种绝望的境地使得他不顾一切

① “那时，他忘记了自己是个有学问的人，忘记了他的法官身份和职责，穿着长袜，凸绣坎肩，皮上衣和羽毛制帽子就走了。”见费尔南德斯：《秘鲁历史》，第 1 卷，第 2 册，第 62 章。

② 费尔南德斯：《秘鲁历史》，第 1 卷，第 2 册，第 62 章；萨拉特：《秘鲁的征服》，第 6 册，第 11 章；埃雷拉：《通史》，第 8 卷，第 3 册，第 5 章；蒙特西诺斯：《编年史》，手稿，1547 年。

③ 费尔南德斯：《秘鲁历史》，第 1 卷，第 2 册，第 62 章；蒙特西诺斯：《编年史》，手稿，1547 年。

④ 戈马拉：《西印度史》，第 172 章。

后果。虽然他生性坦率和易于相信别人，但他的部下经常的背叛使他充满了怀疑之心。他不知道应该相信谁。每一个表现出对他的事业冷淡的人，或者被怀疑是这样的人，都被当做公开的敌人对待。在利马笼罩着最大的不信任气氛。没有人敢相信其邻居。有些人隐藏他们的财物；另一些人设法避开哨兵的警戒，并藏身于附近的树林和丛山中。[①] 没有许可证任何人不准进入或离开这个城市。所有与其他地方的贸易和往来都被切断了。这个殖民地的应该属于王室的那五分之一的财富，已经很久没有送往西班牙了，因为皮萨罗已把这些财富挪为己用。他现在占据了印币厂，砸碎了王室的印戳，发行降低价值的硬币，上面印着他自己的特别方式的签字。[②] 这是篡夺君权的最决定性的行动。

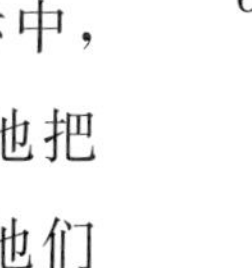

在这个阴暗的时期，法官塞佩达设计了一出煞有介事的滑稽 540
戏，其意图是在大众的心目中给造反事业披上一层合法性色彩。他命令准备对加斯卡，伊诺霍萨和阿尔达纳起诉，在这一起诉中，他们被控犯有反叛秘鲁现政府罪，经裁定有罪并判处死刑。他把这个文件提交给这座首府的许多法官，要求他们签名。但是他们不想因在这类文件上签名而不可避免地把自己卷入纠纷；所以他

① “人们惊恐万状，整天惶惶不安，谁也无法理解这一切，也没有勇气逃跑。只有一些找到工具的人，逃避到芦苇荡或山洞里埋藏自己的财宝。”见萨拉特：《秘鲁的征服》，第 6 册，第 15 章。

② 《无名氏叙事录》，手稿；蒙特西诺斯：《编年史》，手稿，1547 年。“贡萨洛·皮萨罗就这样把正在流通和将要发行的银币都打上了他的 G 里带有 P 的印记，* 并且宣称，谁要是不把未经检验就打上印记的银币当做纯银币接受，就砍谁的脑袋。因此，他让许多成色不足的银币当做纯银币使用了。”见费尔南德斯：《秘鲁历史》，第 1 卷，第 2 册，第 62 章。

* G 是贡萨洛的第一个字母，P 是皮萨罗的第一个字母。——译者

们回避说，如果对任何一个被告如此处置，那将只能失去他们再次回到他们舍弃的事业中去的一切机会。塞佩达是在这个文件上签字的唯一的人。卡瓦哈尔以嘲弄的态度对待这整个事态。“你的诉讼的目的是什么呢?”他对塞佩达说道。后者回答说，“目的是防止拖延，如果在某个时候逮住这些有罪的家伙，就可立即予以处决。”“你快饶了我吧，”卡瓦哈尔反驳说，“我认为这个文件里一定有某些长处就是可以当场杀死他们。但是只要这些叛徒有一个落到我手中，我将押他去处决，根本不等法院判决，我敢这样对你说!”①

当这一文件之争在继续进行时，有消息说，阿尔达纳的海军中队已经到达卡亚俄港口的外面了。这位指挥官于 1547 年 2 月中旬驶离巴拿马。在他沿海岸航行的过程中曾在特鲁希略登岸，在这里，当地居民热烈地欢迎他，并热切地声称要归顺到王室的政权之下。在这同时，他收到了皮萨罗派到内地的几名官员的来信，通报说他们要恢复应尽的义务并且准备支持这位院长。阿尔达纳指定卡哈马尔卡为集合地点，他们要在这里集中兵力，等待加斯卡的登岸。然后继续其向利马的航行。

皮萨罗一得知他的到来，就让部下把队伍拉出城大约一里格的地方扎营，唯恐这一消息产生灾难性的效果，诱使他们对他不忠。他驻扎在离海岸两里格处，在海岸设置了守卫，切断与舰船的

① “卡瓦哈尔大笑起来，说根据他提出的起诉，应该立即对那些人进行法律制裁。他还说，要是这些人落在他的手里，对他们的任何判决和处置，他都不在乎。”见费尔南德斯:《秘鲁历史》，第 1 卷，第 2 册，第 55 章。在那些拒绝塞佩达要他们在文件上签字的利马的法官中有个叫波洛 · 翁德加多的人，他是一个卓有主见的人，而且是研究印加帝国古代制度的一名权威人士。

所有通信联系。在离开首府之前，塞佩达采取了紧急措施来保证 541
居民们如他所想象的那样更坚定地站在皮萨罗的利益一边。他将居民们集合起来，装模作样地向他们训话，在训话中详细阐述了他们的长官的贡献，以及在他统治下这个国家所享有的安宁。然后对他们说，每一个人都可以自由选择——是留在他们的现统治者的保护下，或者，如果他们愿意的话，将他们的忠心转向敌人一边。他请他们表示意见，但是要求每一个仍然继续留在皮萨罗统治下的人宣誓忠于他的事业，保证今后谁如果不老实违背这一誓言，他将付出其生命的代价。[①] 没有人有这么大的胆量——把脑袋往狮子嘴里伸——来背离对皮萨罗的忠心；每个人都按规定宣了誓，在这个传道士的主持下，宣誓以最庄严和最堂皇的形式举行。卡瓦哈尔像往常一样嘲笑这套做法。他问他的同僚说，“你认为这些誓言能信守多久？当我们离开这里后，从海岸吹来的第一阵风就会把它们吹得烟消云散！”他的预言很快就被证实了。

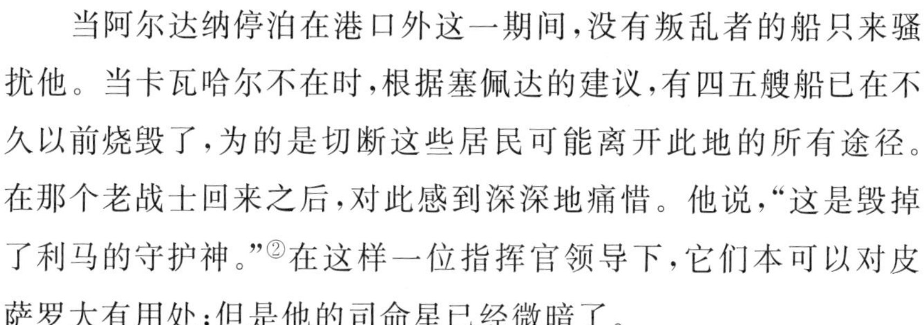

当阿尔达纳停泊在港口外这一期间，没有叛乱者的船只来骚扰他。当卡瓦哈尔不在时，根据塞佩达的建议，有四五艘船已在不久以前烧毁了，为的是切断这些居民可能离开此地的所有途径。在那个老战士回来之后，对此感到深深地痛惜。他说，“这是毁掉了利马的守护神。”[②]在这样一位指挥官领导下，它们本可以对皮萨罗大有用处；但是他的司命星已经微暗了。

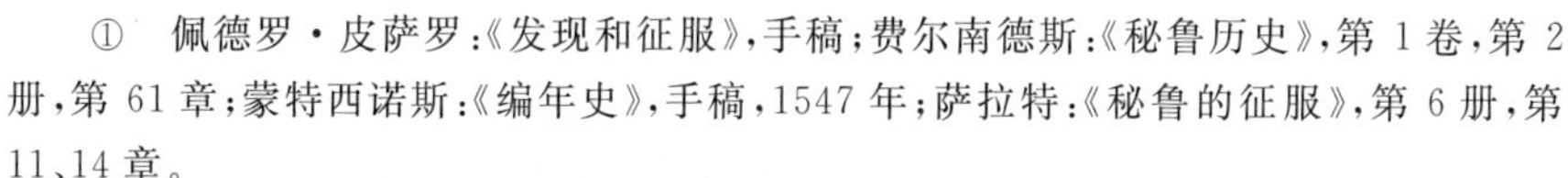

① 佩德罗·皮萨罗：《发现和征服》，手稿；费尔南德斯：《秘鲁历史》，第 1 卷，第 2 册，第 61 章；蒙特西诺斯：《编年史》，手稿，1547 年；萨拉特：《秘鲁的征服》，第 6 册，第 11、14 章。

② “他还对贡萨洛·皮萨罗说：‘阁下下令烧掉了停在港口的五个天使，那是用来保护和守卫秘鲁的海岸的。’”见加西拉索：《王家评论》，第 2 卷，第 5 册，第 6 章。

阿尔达纳的第一个行动就是设法把委托给他的关于加斯卡的权力证明书的副本转达给这位原司令官，却被他愤怒地撕得粉碎。阿尔达纳下一步是力求通过他的代理人在居民当中，甚至在军营的士兵当中传播这位院长的声明。这些声明不久就产生了效果。
542 以前很少有人知道加斯卡的使命的真正主旨，其权力的范围，或政府提出的宽大条件。他们从不审慎地被诱入的铤而走险的道路上退缩了，他们只是在寻找一条途径可以冒最小的危险从他们目前的地位中把自己解救出来，并回到忠于王室的道路上。有些人趁黑夜从军营逃出来，避开哨兵的警戒，退到船上。有些人被逮住了，在卡瓦哈尔及其冷酷无情的教长们手中不会得到饶恕。但是，既然不忠的情绪广为流传，那么就不乏逃脱的途径。

由于逃亡者被切断了从利马到附近海岸的通路，所以他们就把自己隐藏在树林和丛山中，等待机会逃往特鲁希略以及较远的其他港口；这种潜逃事例的感染力是如此之大，以致经常发生被派去追赶这些叛逃者的士兵也跟他们一起逃跑的事。在这些逃跑者中有传道士卡瓦哈尔，不要把他和军队上的与他同姓名的那个人混淆了。他就是其兄弟被布拉斯科·努涅斯在利马处死的那个骑士，正如我们看到的，他为自己报了仇，他的双手沾满了这个总督的鲜血。有如此重大涉嫌的人竟还相信可能得到王室的赦免，这表明没有人需要对此表示绝望；而这一事例证明它对皮萨罗来说是灾难性的。①

① 佩德罗·皮萨罗：《发现和征服》，手稿；戈马拉：《西印度史》，第 180 章；费尔南德斯：《秘鲁历史》，第 1 卷，第 2 册，第 63、65 章；萨拉特：《秘鲁的征服》，第 6 册，第 15、16 章。

卡瓦哈尔对每件事都说俏皮话，甚至对使他感到极度苦恼的不幸也不例外，当得知其同伴叛逃时，他竟哼起流行小调来取乐：——

“风吹掉了我头上的头发，妈妈；

一次吹跑了两根！”①

但是，这些部下的连续背叛对皮萨罗产生了较深的影响，当他看到他曾如此充满信心地期待取得战斗胜利的雄伟的阵列就这样像晨雾一样消散了，心中感到极大的痛苦。被他最信任的那些人的叛变搞得迷惑不解的皮萨罗，不知道到哪儿去求助，也不知道采取什么方针。很明显，他必须不失时机地离开目前这个危险的地 543
区，但是他应往哪儿走呢？在北方，各个大城镇都背弃了他的事业，那位院长已经向他进军；而森特诺把守着南下的道路，兵力两倍于他。在这紧急关头，他最后决定占领阿雷基帕，这是一个仍然忠于他的海港，在这里他可以停留下来，直至决定其进一步行动的方针。

经过一段痛苦的但却是快速的行军，贡萨洛到达了这个地方，在这里他很快与一支援军会合了，这支援军是他派去收复库斯科的。但是这两支部队经常发生叛逃——尽管在皮萨罗的部队里，自从离开利马近郊以来，叛逃已大大减少了——所以总数不超过500人，少于他最近在首府聚集的兵力数的一半。想不到就在最近还以无限的权势在这块土地上称王称霸的人，现在竟落魄到这

① “我的头发呀，妈妈，
每次都被风刮掉两根。”
见戈马拉：《西印度史》，第180章。

种惨相！但这位首领仍然没有泄气。他又因其进军和远离利马所感到的兴奋而重新振作起来；他似乎恢复了原先的信心，他大声疾呼道，“灾祸教给我们识别谁是我们的朋友，只要还有十个人仍然忠实于我，那就不用害怕，我一定会再度成为秘鲁的主宰。”[①]

正如卡瓦哈尔所预言的那样，叛乱部队刚从利马近郊撤走，该城居民就不顾他们被迫做出的忠于皮萨罗的誓言而向阿尔达纳敞开了他们的大门，他以这位院长的名义占领了这个重要地方。与此同时，这位司令官已于1547年4月10日率领他的整个舰队驶离巴拿马。其航程的第一阶段相当顺利；但是他很快就被逆流所困扰，天气变得十分恶劣，来了暴风骤雨。猛烈的风暴连日不断，大海波涛汹涌，舰队在如山般的滚滚巨浪中颠簸不停，这些巨浪好似要与它们濒临的这个地区的狂暴性格比个高低。大雨倾泻不止，闪电接连不断，引用编年史学家的生动语言来说，“这些舰船似乎正被驱赶着穿过一片火海。”[②]连最勇敢的水手的心都充满了惊

544 愕。他们认为没有可能顶得住这样的风雨，大声疾呼要求返回大陆，把航行延期到一年中更有利的季节来进行。

但是这位院长认为这等于毁掉他的事业，而且会丧失与他约定在他登岸时给予支持的那些忠诚的封臣。“我宁愿死，”他说，“但决不返回。”并且，不顾其胆怯的部下的规劝，坚持在每一次风

---

① “他狂妄、暴怒至极，常常说，他带十个朋友就能坚持下去，并且重新征服秘鲁。”见戈马拉：《西印度史》，第180章。

② “在他们的头顶上，霹雷滚滚，闪电撕裂长空，向他们的头顶砍去，好像他们被置于大海之中。”见费尔南德斯：《秘鲁历史》，第1卷，第2册，第71章。这位老编年史学家的绘声绘色的描写，表明他自己很熟悉太平洋上的热带暴风雨情景。

暴的间歇期间让舰船尽可能地向前驶行。[①] 与此同时，加斯卡设法把水手们的注意力从当前的危险处境转移开，他用讲述在风暴中大洋展现的某些奇怪现象来逗乐他们，这些现象在他们那迷信的脑瓜里充满了神秘的恐惧。[②]

对舰船发出了各自尽其最大可能向前奋进的信号，向着戈尔戈纳岛驶去。他们一艘接一艘地到达该地，只有一艘例外，当然，所有的船只都或多或少地被恶劣的气候给损坏了一些地方。这位院长只要等到狂风暴雨刚刚减弱，马上就重新登船起航，并且在比较平静的海域驶抵曼塔。从这里不久之后他又继续航行到通贝斯，于 6 月 13 日在该港口登岸。他到处受到热烈欢迎，所有的人都急切地想用表白今后忠于王室的行动忘却过去的记忆。加斯卡还收到了许多内地的骑士发来的祝贺信，他们大都在皮萨罗手下任过职。他对他们提供的援助表示了彬彬有礼的感谢，并命令他们前往总集合地卡哈马尔卡。

他派遣伊诺霍萨到这同一地点去，在那个军官率领地面部队
从舰队登岸不久，他就下令让他指挥调集到那里的兵员，然后在浩 545
哈与他会师。他决定在浩哈建立其司令部。它处于一个富足的地区，而且由于它位置适中，提供了一个比敌人占极大优势的行动地点。

---

① “当时，院长把生死置之度外，坚持继续向前航行，他冲着他们说，谁要是降下他的布帆，就要谁的命。”见费尔南德斯：《秘鲁历史》，第 1 卷，第 2 册，第 71 章。

② 在海上的暴风雨中，有时候可以看见磷光在这位院长的船桅杆和帆缆周围盘旋；指费尔南德斯说，这位院长用古代神话中引出的寓言来解释这些现象，并以此使水手们听得津津有味。这个小小的轶事说明，加斯卡甚至在最卑微等级的人中也是深孚众望。

他然后率领一小股骑兵分遣队，沿着通向特鲁希略的海岸的平坦大道继续向前推进。在这座忠于王室的城市稍事停留之后，他穿过东南部的山脉，很快进入富饶的浩哈溪谷。在那里，他不久就与从北方以及沿海主要地区来的援军会合在一起；当他到达不久就接到森特诺的来信，报告他把守住了贡萨洛·皮萨罗准备从这个国家逃脱的交通要道，并且说这个叛乱首领不久就会落到他的手中。

王室军营对这些消息感到极大的欢欣鼓舞。战争终于就要结束了，而且用不着这位院长响应挑战去举起他的剑对付一个西班牙人，他的几个顾问现在劝他解散其大部分部队，因为它已不再需要了，而且是个负担。但是这位院长非常英明，他在确保胜利之前不肯削弱其实力。然而，他同意撤销从墨西哥以及邻近的殖民地征募兵员的计划，因为目前在这个国家的普遍忠君的形势下，他感到已有足够强大的力量。但是，在集中兵力于浩哈的同时，他按最初的打算在那座城市里设置了他的营房，决定在那里等待南方军事行动的消息。而结果却与他所期待的不一样。[①]

在这期间，上文只谈到在阿雷基帕为止的皮萨罗，经过百般筹思之后，决定撤离秘鲁，进入智利。在这个超出这位院长管辖范围的地区，他可以找到一个安全的退避处。他想，这些易变的人民不

① 对前几页所述，请参看佩德罗·皮萨罗：《发现和征服》，手稿。萨拉特：《秘鲁的征服》，第 7 册，第 1 章；埃雷拉：《通史》，第 8 卷，第 3 册，第 14 章以及以后各章；费尔南德斯：《秘鲁历史》，第 1 卷，第 2 册，第 71、72 章；《卡拉班特斯手稿》。最后的那位作者曾在殖民地财政部门担任过重要职位，使他有机会得到情报，能够提供别处见不到的关于这些动乱时期的主要人物的某些细节。他的作品仍处于手稿阶段，先前保存在萨拉曼卡大学的档案馆里，已经转移到马德里的王家图书馆。

久会对他们的新统治者感到厌烦：这时他将重新集结足够的力量为恢复他的统治而继续进行积极的作战。这就是这位叛乱首领的如意算盘。但是在他途中所要经过的山口被拥有两倍兵力于他的 546
森特诺所把守的情况下，他如何达到他的目的呢？他决定试图举行谈判；因为森特诺曾一度在他手下任职，而且确曾是最积极说服皮萨罗自封为地方行政长官的人。因此，他决定朝的的喀喀湖方向前进，森特诺就在这附近扎营，贡萨洛派了一个使者到他的营房去进行谈判。他提请他的敌手回忆他们之间曾一度有过的友好关系；并且特别提醒他，有一回他曾因森特诺犯有阴谋反对他的罪而饶过他的命。对森特诺近来的举动他不怀什么不良的感情，他说，他现在不是来找他争吵的。他的目的是离开秘鲁；他要求他的老同事给予的唯一好处就是让他自由通过这些山峦。

对这次通信，森特诺以像皮萨罗本人那样彬彬有礼的措辞做了回答，说他没有忘记他们过去的友谊。他现在准备在不损害其君主的荣誉和忠于王室的条件下尽一切可能为他的前司令官服务。但是，他在这里为王室事业进行战斗，因此他不能背离其职守。如果皮萨罗相信他恪守信义，并立即投诚的话，他将信守骑士的诺言，利用他对政府的全部影响，保证他及其部下享有曾给予其余同胞的同样有利的条件。贡萨洛以极为蔑视的表情倾听着他的老同伙的圆滑的许诺，从他秘书手中夺过信来，愤怒地扔掉。没有别的出路，只有诉诸武力了。[①]

① 佩德罗·皮萨罗：《发现和征服》，手稿；加西拉索：《王家评论》，第 2 卷，第 5 册，第 16 章；萨拉特：《秘鲁的征服》，第 7 册。

他立刻拔营出发，直指的的喀喀湖，他的敌手就驻扎在附近。然而，他采取的策略是，只要仍然可能就避免冲突。他向与他打算去的地方不同的方向派出了侦察兵，然后加快向瓦里纳进军。这是坐落在的的喀喀湖东南端的一座小城镇，在这个湖边，在印加人
547 早期文明的所在地，不久就要鸣响起使他们开化的征服者们的凶残的厮杀声！

但是皮萨罗的动向已被秘密地通知了森特诺，因此这个指挥官改变了地点，于贡萨洛到达此地的同一天，在离瓦里纳不远的地方布下阵地。那天傍晚，两个军营的骑哨彼此相望；而对阵的两军，枕戈待旦，准备在翌晨拉开战幕。

那是 1547 年 10 月 26 日，当时两军指挥官都将部队部署成战斗序列，前往瓦里纳平原展开决战。这个地方的一边由安第斯山的一个陡峭的山坡护卫着，在另一边离开的的喀喀湖水面不远，就是一片开阔平坦的平原，很适合于军事行动。这好像是大自然准备好的斗技场。

森特诺的军队总数大约有 1000 人。他的骑兵差不多有 250 名，装备和马匹俱全。他们当中有一些出身名门的人，有些曾一度追随于皮萨罗的麾下；全部人马组成一支有力的军团，其中有秘鲁最优秀的长矛手。他的火绳枪部队数量较少，不超过 150 名，弹药供应很差。其余人员，占森特诺的军队的大部，都是长矛兵，是仓促拼凑起来的非正规兵，并且纪律松弛。①

① 对森特诺兵力的估计，有从 700 人到 1200 人不同的数字，我采纳了萨拉特所说的 1000 人这个居中的数字，大体上比两种极端更有可能。

步兵构成其战线的核心，侧翼部署了两队人数差不多相等的火绳枪分队，他的骑兵也在左右翼列成两队。不幸的是，森特诺在过去的星期里患了肋膜炎，病得确实很严重，在前一天放了几次血。他现在虚弱得不能骑马，而是用担架抬着他。当他看到他的战士都布列成阵，就撤退到离战场较远的地方，不能亲自参加战斗。但是由富于战斗精神的库斯科的主教索拉诺及其几个部下来参加交战——这种情况的确是并不罕见的——他们骑马列队，手中拿着十字架，向士兵作祝福，并激励每一个人忠于职守。

皮萨罗的兵力少于其敌手的一半，总数不超过 480 多人。集 548
合的骑兵总共不超过 85 名，他把他们列成一队部署在营部的右翼。他的军队的实力在于他的火绳枪队，大约有 350 人。那是一支精锐的部队，由卡瓦哈尔指挥，这是由他严加训练的。鉴于其武器的精良，纪律的严明，这一小支步兵可被认为是秘鲁军队的精华，皮萨罗当时的成功主要依赖于它。[①] 他的部队的其余部分是长矛兵，虽然数量小，不难对付，但也像其余的步兵一样，纪律严明，他将其部署在滑膛枪队的左侧，为了抵抗敌人的骑兵。

皮萨罗亲自指挥其骑兵，像往常一样，站在最前列。他装备得壮丽堂皇。在他的闪闪发光的铠甲上面套着绯红色开叉丝绒素色马甲；跨下一匹精神抖擞的战马，它的华丽的鞍辔，与其骑手的显眼的服装交相辉映，使这位大胆无畏的指挥官成为战场上最惹人注意的目标。

---

① 加西拉索说，“这是秘鲁军队的精华”，他把卡瓦哈尔比做一个象棋大师，把他的棋子儿布置得万无一失地能保证他的胜利。见加西拉索：《王家评比》，第 2 卷，第 5 册，第 48 章。

他的副官卡瓦哈尔的装备是完全不同的形式。他穿的盔甲证明是最简朴的样式，但坚固和耐用；他的钢盔以及其用同一材料制作的紧连着的护面甲，保护他的头经住了当天的不止一次的沉重打击。他的兵器上面套着一件略呈绿色的套子；他骑着一匹动作灵敏，骨架健壮的西班牙小马，它虽然能经受劳累，但既不雄伟也不漂亮。要从最普通的骑士中辨认这位老战士是很不容易的。

这两支军队前进到彼此相距 600 步以内的地方全都停住了。卡瓦哈尔宁愿接受敌人发起的攻击，而不想继续向前冲；因为他现在占据的地势可以为他的滑膛枪手提供开阔的射程，不会受到战场其他部分布满的树木和灌木丛的阻挡。此外，还有一个奇异的动机使他保持现有的阵地。士兵们每个人都累赘地扛着两支或三

549 支火绳枪，这是那些不时地逃离军营的人留下的武器。这种不寻常的滑膛枪供应，不管对行军是多么严重的拖累，却可能给等待进攻的部队提供很大的优势；因为，由于知识不完备以及那个时期的火器的构造，装填弹药要浪费很多时间。[①]

因此，卡瓦哈尔宁愿让敌人首先发起攻击，于是他便停下来，而对方的队伍，喘息了一会儿之后，又继续前进了 100 步。见到他们这时停止不动了，卡瓦哈尔派了一小支散兵到前沿，为的是对他们进行挑逗；但是很快与和他们相似的一小支敌人遭遇，并且交了火，虽然双方损失都很小。发现这一策略未奏效，这位老战士命令他的士兵再前进几步，仍然希望能挑动他的敌手发起攻击。这一

① 加西拉索：《王家评论》，同上。这位历史学家的父亲（与他自己同名）是在贡萨洛·皮萨罗的事业衰落时期仍然忠于他的几个杰出的骑士之一。他参加过瓦里纳之战；他向其儿子讲述的细节使后者给历史学家们的叙述填补了许多不足之处。

着成功了。“我们丢了脸”，森特诺的士兵们大声高呼道；这些人是低劣的骑士，属于未受过训练的部队，觉得等待进攻是一种耻辱。他们的军官白费力气地大声叫喊着让他们坚守岗位。他们的指挥官不在场，他们被一个名叫多明戈·鲁伊斯的狂暴的修士的叫喊声所驱策，他认为敌人已落入他们手中，大声喊叫道，“现在是时候了！前进！前进，向敌人进攻啊！”[①]无需再下什么命令，士兵们仓皇混乱地向前冲去，长矛兵们不管不顾地端起瞄准敌人的武器，彼此妨碍各自的行动，有的碰伤了自己的同伴。同时，滑膛枪手一面向前冲，一面胡乱射击，由于他们跑动太快而且距离太远，所以没有什么杀伤力。

卡瓦哈尔很高兴地看着他的敌人这样浪费他们的弹药。虽然他允许少数滑膛枪开火，以便更进一步刺激他的对手，但他却命令其步兵的大部保存火力，直至每发子弹都能命中。因为他知道射手都倾向于射击目标的上部，所以他命令他的士兵瞄准腰带，或甚至稍微下面一点；他补充说，这样射击即使发生误差仍然可能致 550
伤，而超过脑袋一发之差的射击就是白白浪费弹药。[②]

这个老战士的连队沉着地站立不动，而森特诺的部队却飞快地向前冲；但是当后者到达距其对手百步之内，卡瓦哈尔立刻下令开火。霎时间众枪齐发，射向森特诺的阵线，枪弹像暴风雨一般倾泻到进攻者的队列里，瞄得如此准确，以致一百多人被打死在战场上，同时还有更多的人受伤。在他们得以从混乱中恢复阵容之前，

① “冲啊，杀啊！”见费尔南德斯：《秘鲁历史》，第 1 卷，第 2 册，第 79 章。

② 加西拉索：《王家评论》，第 2 卷，第 5 册，第 18 章。

卡瓦哈尔的士兵抓起他们剩下的弹药，射向稠密的敌群，达到了同样可怕的命中率。森特诺的部队这时完全乱了阵脚。由于承受不住火绳枪兵用散射火力不停地射向他们的弹雨，他们变得惊慌失措，从战场上四散逃窜，几乎没有战斗下去的勇气。

但是那天骑兵战斗的情况很不相同。贡萨洛·皮萨罗曾使他的队伍停留在卡瓦哈尔的右边稍后的地方，为的是让后者的滑膛枪兵能更无障碍地进行射击。当敌人的左翼骑兵活跃地向他疾驰时，皮萨罗仍然给卡瓦哈尔创造有利条件，——卡瓦哈尔的火力使攻击者遭到一些损失——只前进了几杆[①]来迎击敌人的冲锋。因此，森特诺的骑兵中队如迅雷一般全速推进，不顾由于敌人的滑膛枪使之蒙受的伤亡，猛烈地向他们的敌人冲去，简直要把敌人的人和马都淹没在尘埃之中，正如一位历史学家所说的，他们“骑马跨过敌人俯卧的身体，好像敌人是一群羊！”[②]后者以极大的困难从第一次冲击中恢复了队形，试图重整队伍，以旗鼓相当的力量坚持战斗。

可是，这个首领不能重新收回他失去的阵地。他的士兵在所有的阵地上都被击退。双方都有很多人被杀死，更多的人受伤，地上遍布人和马的尸体。但是皮萨罗的部队受的损失更为惨重；他们当中大部分逃命的士兵不得不投降当俘虏。以绝望的暴怒进行战斗的塞佩达，被马刀在脸上重重地砍了一刀，使他失去了战斗

---

① 长度单位，每杆等于五又二分之一码。——译者

② “迭戈·森特诺的士兵，使出长跑比赛的冲刺劲头，冲散迎来的贡萨洛·皮萨罗的士兵，像在绵羊群中那样横冲直撞，撞倒了马匹和骑手。”见加西拉索：《王家评论》，第 2 卷，第 5 册，第 19 章。

力，被迫投降。[1] 皮萨罗眼看着他的最优秀的和最勇敢的部下在 551
他的四周倒下，马上受到三四个骑士的围攻。他从混战中解脱出来，驱马疾驰，这匹骏马的背部受了重伤，鲜血直流，但它甩掉了所有的追赶者，只有一个人抓住马勒不放。这使贡萨洛很难逃脱，但是他抓起挂在身边的轻便战斧，朝其敌人的马头砍了一斧，于是它猛地一头栽倒，迫使其骑者松开了手。正在这时，许多火绳枪兵看到皮萨罗处境危急，就冲上前来搭救他，杀死两名当时追上他的攻击者，并将其余的赶得落荒而逃。[2]

骑兵的溃退结束了，皮萨罗认为这是失败之日，因为他听到敌人的军号发出了胜利的鸣响。但是这声音刚刚消失，就被另一方的军号声盖住了。正如我们所看到的，森特诺的步兵被击溃了并被从阵地上驱散。但是他右边的骑兵曾向卡瓦哈尔的由长矛兵和火绳枪兵混合编队的左翼冲击。这些骑兵直接冲向这个难以逾越的方阵。但是他们无法冲过这密集的长矛阵列，被坚定而无畏地坚守岗位的部队的坚如磐石的防守阻挡住了；而在这同时，进攻者被长矛兵后面的火绳枪兵发射的骚扰火力搞得很恼火。当发现正面突破行不通时，这些骑兵乱跑乱窜地绕到侧翼，最后与森特诺后方的得胜的骑兵中队相会合。这两部分军队现在试图向卡瓦哈尔

---

[1] 经常在库斯科见到塞佩达的加西拉索对我们说，塞佩达的伤挺显眼地砍在鼻子上，留下了丑陋的伤疤，他后来不得不用一块胶布遮住它。

[2] 据大多数权威人士的说法，皮萨罗的马不仅受伤了，而且在战斗中被杀死了，这个损失由他的朋友加西拉索·德拉维加进行了补救，他让贡萨洛骑上他自己的马。对叛乱者的这种及时的援助在后来的年月里对这位慷慨的骑士没有什么好处，而是被他的敌人用来作为反对他的一种罪行。这个事实被他的儿子（这位历史学家）坚决否认，他似乎急于洗刷他父亲的这个污名，这个污名给他们父子两人的事业都布满了阴云。

的部队发动另一次冲锋。但是卡瓦哈尔的士兵用训练有素的军队的机敏和严明的纪律转换队形，后队立即变换成前队。同样的长矛之林对准着进攻之敌，同时不断发射的枪弹对这些骑兵的鲁莽
552 行动进行了猛烈的惩罚，他们的徒劳无益的企图被粉碎，因而被搞得完全垂头丧气，最后重蹈惊惶失措的覆辙，逃离了战场。

皮萨罗和他的少数仍然能够作战的同伴只追击了很短的距离，因为他们自己的确情况不妙，也没有足够的人力去继续追击。这是一次完全的胜利，这位叛乱首领占领了敌人丢弃的帐篷，在里面俘获了大量白银战利品[①]；他在这里还发现了为森特诺的士兵们战罢归来摆下的茶点。他们对胜利竟然如此确信无疑！这顿美餐现在为其胜利者所享用了。战争的运气就是如此：这的确是一次最决定性的战斗；当贡萨洛·皮萨罗骑马走过遍横着敌人尸体的战场时，有人看到他好几次在胸前画十字并高呼，“耶稣啊，这是多么大的胜利啊！”

森特诺的部下被杀死的不下 350 人，而受伤的人数甚至更多。其中有 100 多人要算作由于夜间暴露在野地里而死亡的人数；因为，虽然高原地区的气候是温和的，可是夜间吹过丛山的风却锋利刺骨，许多可怜的伤员，如果经过精心护理本来是可以康复的，却饱受湿气的冷冻，待到太阳升起的时候已经变成僵硬的尸体了。胜利对于胜利者来说也是经受了重大损失才赢得的，他们有 100

① 根据费尔南德斯的说法，战利品总数不下 140 万比索。“战利品很多，据说有 140 万比索。”（《秘鲁历史》，第 1 卷，第 2 册，第 79 章。）这个总数无疑是过分夸大了。但是我们会像《天方夜谭》的读者一样变得熟悉秘鲁的黄金般的奇迹，变得太易于相信而不考虑关于可能性的一般标准。

多人死在战场上。他们的尸体密集地横陈在皮萨罗的骑兵占据的阵地上，在那里打得最激烈。在这块狭窄的地带还发现100多匹马的尸体，其中大部分属于胜利方的军队，它们以及它们的骑手通常是同归于尽的。这是在秘鲁这块染满血迹的土地上曾经发生过的最致命的一次战斗。①

这一天的荣耀——令人抑郁的荣耀——几乎应全部归功于卡 553
瓦哈尔及其勇敢的中队。这个老武士的明智的部署，加上其部下的严明的纪律和坚不可摧的勇敢精神，在战斗几乎由于骑兵失利而濒于失败之际，力挽狂澜，确保了这次战斗的胜利。

卡瓦哈尔不顾一切疲劳，率领他那些能够参加追击的士兵紧追不舍。那些落到他手中的倒霉的逃亡者——多半是皮萨罗事业的叛徒——被立即处决。他曾在战场上用武器与像他自己一样勇敢的人相搏斗而赢得的声誉，被这种残暴对待手无寸铁的俘虏的行径玷污了。他们的指挥官森特诺幸而逃脱了。发现战斗失利之后，他丢掉了担架，翻身上马，不顾有病，由于担心一旦就擒后等待着他的可怕的厄运，使得他拚命地往邻近的丛山中逃跑。在这里，他甩掉了他的追击者，像一只受伤的牡鹿，迫于后面的跟踪追击，

① “这是秘鲁最残酷的一次战斗。”(《秘鲁历史》，第1卷，第2册，第79章)通常，对于这次战斗的叙述有不一致的地方，历史学家必须尽可能使其一致起来。但是大体上，在大轮廓方面和突出点上一般是相符的。所有人都一致把它描述为在秘鲁的西班牙人之间发生的一场大血战，而且所有人都把胜利归功于卡瓦哈尔。除了加西拉索和费尔南德斯以外，还反复引用过许多权威人士的说法。参看佩德罗·皮萨罗：《发现和征服》，手稿。(他参加过这次战斗)；萨拉特：《秘鲁的征服》，第7册，第3章；埃雷拉：《通史》，第8卷，第4册，第2章；戈马拉：《西印度史》，第181章；蒙特西诺斯：《编年史》，手稿，1547年。

仍然千方百计地挣扎逃脱，一头扎入丛林深处，直到得以奇迹般地绕道逃到利马。向另一个方向逃跑的库斯科主教也很侥幸。幸亏他没有落入这个残忍的卡瓦哈尔的手中，因这个主教曾一度是皮萨罗的一名党徒，从卡瓦哈尔通常所表现出的对教士的不尊重来判断，他会像判处一名最卑贱的普通士兵那样将这个主教判处绞刑而不会感到丝毫内疚。[①]

在战斗的次日，贡萨洛·皮萨罗命令将仍然并排着躺在他们不久前进行殊死搏斗的战场上的士兵尸体都存放在一个共同的墓穴里。那些军衔高的——因为军衔的区别在阴间也不会被忘怀——被移送使这场战斗因其得名的瓦里纳村的教堂去，在那里，他们被用所有与其军衔相称的庄重仪式加以埋葬。但是在后来，

554 他们被运到拉巴斯（和平城）的大教堂里，并且安葬在通过普遍捐款建立于该地区的陵墓之中。因为在那个不幸的日子里很少有谁不哀悼他失去的朋友或亲属。

胜利者现在可利用其得势而派分遣队到阿雷基帕、拉普拉塔以及这个国家的其他地区去为战争筹集资金和补充兵员。他自己的人员损失比用战败的一方那些甘愿在他的麾下服役的人数所能补偿的要多。他集合他的部队，挥师直指库斯科，这座首府虽然不时被诱使对王室表现了忠诚，并曾在早期显示过对他的事业的依附。

这里的居民准备欢迎他胜利归来，大街上扎起了拱门，乐队和

① 佩德罗·皮萨罗：《发现和征服》，手稿；费尔南德斯：《秘鲁历史》，第 1 卷，第 2 册，第 79 章；萨拉特：《秘鲁的征服》，第 7 册，第 3 章；加西拉索：《王家评论》，第 2 卷，第 5 册，第 21、22 章。

游唱队奏乐歌唱，庆祝他的胜利。但是皮萨罗审时度势，在这个国家仍然处于其敌人手中的情况下，拒绝接受这一小凯旋式的荣耀。他让主力部队走在前面，自己由一支人数不多的朋友和居民队伍陪同，步行走在后面，进城后，立刻向大教堂走去，在这里举行了感恩祈祷，并且唱感恩诗祝贺胜利。然后他退居到其住处，宣布了把他的总部暂时建立在这座古老的印加首府中的意图。①

所有撤退到智利的想法都放弃了；因为他新近的成功在他胸中点燃了新的希望，恢复了原先的自信。他相信这将对那些具有动摇情绪的人产生类似的效果，这些人曾因担心自己的安全以及不相信他能对付这个院长而动摇了对他的忠诚。他们现在会看到他仍然是吉星高照。他对事变的发展不再有所忧虑，决定留在库斯科，并在这里静候最后武力解决时刻的到来，这时将决定他们两个人之中谁将继续是秘鲁的主宰。

① 加西拉索：《王家评论》，第 2 卷，第 5 册，第 27 章；佩·皮萨罗：《发现和征服》，手稿；萨拉特：《秘鲁的征服》，第 7 册，第 3 章。加西拉索·德拉维加那时是个孩子，目睹过皮萨罗进入库斯科的情景。因此，他是根据回忆写的，虽然其间隔了许多年。由于他父亲的官阶，他很容易进入皮萨罗的官邸；他的叙述中的这一部分可称为重要的资料，不仅因为它是同时代人的讲述，而且还因为它是目击者的讲述。

555

第　三　章

加斯卡阵营中的惊愕情绪——他的冬季营房——继续进军——渡过阿普里马克河——皮萨罗在库斯科的所作所为——他在城郊扎营——在哈基哈瓜纳的溃败

1547—1548 年

718 当前一章记述的事件发生的时候，院长加斯卡滞留在浩哈，期待着来自森特诺的进一步的消息，他满以为他们会向他报告叛乱者全军覆没的消息。因此在得知瓦里纳冲突的致命的结果时感到非常惊愕，——没想到保皇党人在皮萨罗的宝剑之下被打得四散逃窜，而他们的指挥官像幽灵一样消失了[①]，他的命运更是吉凶难卜。

这一消息在士兵当中引起了普遍的惊恐，这种惊恐达到了他们先前所满怀的自信的程度；他们觉得与一个由魔力保佑的人去斗争几乎是无望的，因为魔力使他在力量悬殊的条件下保持不败。这位院长，不管多么痛苦失望，小心地把它藏在心里，同时他

---

① “他去君王城了，卡瓦哈尔和他的手下人，谁也不知道他的去向。似乎他在玩弄魔法。”见加西拉索：《王家评论》，第 2 卷，第 5 册，第 22 章。

还尽力恢复其部下的士气。“他们一贯太嗜血成性”,他说,“上帝正是以此来责难他们的放肆。可是事情通常是这样的,当天公打算惩罚有罪的人,就让他尽可能爬得很高,这样他就可能摔得更重!”

但是在加斯卡如此这般力图重新鼓起那些迷信和胆怯的人的信心的同时,以他往常的精力专心致志地补救由瓦里纳失败使事业蒙受的损害。他派出由阿尔瓦拉多率领的一支分遣队到利马,去收容从战场上逃到那里的保皇党人,把船上的大炮卸下来,运到营地去。并把另一支队伍派往离库斯科大约 60 里格的瓜曼加,为了同样的目的,即保护那些逃亡者并且也为了防止印第安酋长给在库斯科的叛乱军队运送军需品。由于他自己的部队现在总计远 556
远超过他的对手能用来对付他的军队,所以加斯卡决定毫不延迟地拔营向这座印加首府进军。[①]

1547 年 12 月 29 日,他离开了浩哈,通过瓜曼加,由于险恶的天气和崎岖的道路使得部队疲惫不堪,经过艰难的行军之后,进入了安达韦拉斯省。这是一个美丽富饶的地方,并且因为再远处的道路将把他带到阴暗的丛山深处,在冬季大雪封山时期很难通过,所以加斯卡决定留在现在的营房里,等待严寒的季节过去。由于很多战士已经因不断受到风吹雨打而得病,所以建立了一所军营

---

① 根据翁德加多的说法,当加斯卡滞留在浩哈时,他用该溪谷中的秘鲁人的粮仓来供应他的军队,当时他发现粮仓里还余有大量的玉米,足够吃用几年。看起来很奇怪,这些饥饿的征服者竟在这样长的时间里未去触动这些粮食。“我记得,院长加斯卡先生和贡萨洛·皮萨罗的部下经过浩哈峡谷时,在那里度过了 7 个星期,他们在路边发现了 15000 法内加(计量单位,在不同的地区分别合 22.5 或 55.5 升——译者)玉米,这些玉米贮藏了两三年或三四年,他们在那里就是以这些玉米为食物的。”见翁德加多:《第二次叙述》,手稿。

医院；而这位好心的院长亲自去探视病号营房，照料病人的需要，以他满怀同情的慰问来赢得他们的心。[①]

与此同时，王室的军营因不断到来的援军而加强了力量；因为，尽管皮萨罗取胜的最初消息使全国为之震惊，但稍一思考就可使人民信服，正义是最强大的，并且必定要永远胜过一切。陆续又来了这个国家最杰出的几个将领，都率领着他们征募的兵员。森特诺焦急于洗雪他新近的耻辱，病好了之后，率领其来自利马的部下参加了军营。基多的征服者贝纳尔卡萨尔，读者还会记得，曾在北方与布拉斯科·努涅斯共同遭受过战败之灾，他也率领另一支部队来到这里；不久之后，巴尔迪维亚也接踵而来，他是有名的智利征服者，回到秘鲁来招募探险的新兵。当他得知这个国家的情况时，毫不犹豫地投身于这位院长的一边，尽管这将使他与其老朋友和老伙伴贡萨洛·皮萨罗发生冲突。这最后的同盟者的到来受

557 到该军营普遍热烈的欢迎；因为巴尔迪维亚曾在意大利战争中受过训练，被尊为秘鲁最有造诣的军人；加斯卡这样赞扬过他，宣称，“他把他看做比一支 800 人的援军还重要！”[②]

除了这些军事上的援军之外，这位院长还由一长列教士和居民伴随，这在秘鲁的战场上实属少见。他们之中有基多、库斯科和利马的主教，新检审法院的四名法官，以及相当多的教士和僧侣[③]。

---

① 萨拉特：《秘鲁的征服》，第 6 册，第 4 章；费尔南德斯：《秘鲁历史》，第 1 卷，第 2 册，第 82、85 章；佩德罗·皮萨罗：《发现和征服》，手稿；谢萨·德莱昂：《编年史》，第 90 章。

② 至少，巴尔迪维亚在给皇帝的信中是这么说的：“他公开宣称，他认为我比此时此刻可能会来帮助他的 800 名优秀士兵还重要。”见《巴尔迪维亚的信》，手稿。

③ 萨拉特，手稿。

不管他们在加强他的战斗兵力上起的作用多么小，但他们的出场给事业带来权威性及某种神圣的性质，这可对士兵们的头脑发生作用。

寒冷的季节在春天温和的感化力面前现在开始消失了，在这些热带地区春天来得早；但是它们的高处，温带的地区还感觉不到春天的来临；加斯卡在安达韦拉斯滞留了将近三个月之后，召集其部队向库斯科做最后的进军[①]。他们的总数几乎有2000人，——这是迄今在秘鲁集结起来的最庞大的欧洲部队。几乎有一半都配备有火器；步兵在他们要穿越的这个多山的国家比骑兵更有用。但是他的骑兵也为数众多。他携带了一个有11门重炮的炮队。这支军队的装备和纪律都很好；他们有充足的弹药和军需品；而且是由这样一些军官统率的，这些军官的名字与在新大陆取得的最难忘的成就密切相联。总之，所有那些对这个国家的福利有真正利害关系的人都集合在这位院长的旗帜下，与那些现在充斥在皮萨罗队伍的粗野的和鲁莽的冒险家形成鲜明的对照。

加斯卡并不假装掌握有比他实际掌握的更多的军事知识，所以他让伊诺霍萨指挥他的部队，指定阿尔瓦拉多元帅为指挥的二把手。巴尔迪维亚是在这些部署做出之后来的，他接受了被任命为上校的授衔令，并附一项谅解，即一切重大问题都要和他商量并

① 谢萨·德莱昂:《编年史》，第90章。谢萨·德莱昂这位老编年史学家，更确切地说是地理学家，参加了这次战役，他告诉我们这些情况；所以他的证据总是准确的，对接踵而来的事变有超出一般的价值。

558 且由他参与。[①] 一切安排停当之后，这位院长于 1548 年 3 月拔营向库斯科挺进。

在其进军路上的第一道障碍就是阿班凯河，河上的桥梁已被敌人破坏了。但是由于对岸没有敌人的军队骚扰他们，所以这支军队很快就造好了新桥，并把它搭在河上，这里的水流并不太难制服。从这里起，道路伸向山区的深处，树木、悬崖以及深谷纵横交错在一起，构成一片杂乱无章的景象，处处有碧绿的和被草木掩蔽着的溪谷，像青翠的小岛在动乱的大洋的狂风激浪中一样闪闪发光。安第斯山陡峭的山巅高耸入云，皑皑的白雪覆盖在它的表面，从顶端延伸到山麓，使吹过其表面的风冷得刺骨，直到人马被它冻得麻木和僵硬。这些地区的道路，在有些地方太狭窄和崎岖不平，骑兵几乎无法通行。骑兵们不得不下马；这位院长和其余的人，徒步走过这段路程，道路危险到这样的程度，甚至在稍后一些时候，脚步稳当的骡子连同它驮着的白银货物一起摔到几千英尺深的悬崖陡坡之下也是常有的事情[②]。

由于这些地形的障碍，行军速度拖得太慢，部队难得一天走两里格以上。[③] 幸好，距离不算太远。这位院长以更忧虑的目光注视着人马通过现在正走近的阿普里马克河。这条河是亚马孙河最

---

① 巴尔迪维亚的确声称加斯卡把全部指挥权都委托给了他。“他把国王陛下授予的指挥战争和军队的全部权力都交给了我，并且以他和国王的名义，要求全体军官和士兵：在战争问题上要完全听从我的指挥，要像执行他的命令一样执行我的命令。”（《巴尔迪维亚的信》，手稿。）但是其他的权威作者以更大的可能性描述成本书正文中所叙述的那样。必须承认，巴尔迪维亚丝毫不知谦逊。他给皇帝的信通篇都用自我赞美的笔调写就，甚至与一名西班牙下级贵族的身份也很难相称。

② 谢萨·德莱昂：《编年史》，第 41 章。

③ 《卡拉班特斯手稿》。

难制服的支流之一，它那宽阔的水面流经科迪耶拉山脉的山峡，两边高高耸立，活像一个巨大的岩石壁垒，呈现出一道天然屏障，可
使敌军轻而易举地抵挡住一支优势很大的部队。加斯卡在离开安 559
达韦拉斯之前得知，这条河上的桥梁都被皮萨罗破坏了。因此，这位院长曾派人探测河流的两岸，决定在最适宜的地方重新建立与对岸的交通。

被选中的地方靠近印第安村落科塔潘帕，离库斯科大约 9 里格；因为这条河虽然由于河身更窄而被挤压得汹涌湍急，但是在这里宽度不超过 200 步；然而，这也是一个不太小的距离。加斯卡下令在这一地点的附近尽快地收集大量的材料；同时，为了迷惑敌人并迫使它分散兵力进行抵抗；将少量材料分别集中在该河的其他三个点上。驻守在科塔潘帕附近的军官奉命先不要开始架桥，静候足够的兵力到来以便加速工作并保证一举成功。

应当记住，这里所谈的桥是原先印加人用的那些吊桥之一，这种桥仍然在南美用于跨越水深湍急的河流。它们是用柳条带制作的，编织成巨大的缆索，在横过水流时，系在石工凿成的沉重的大块石头上，或者在有可能时系在天然的岩石上。木板横铺在这些缆索上，这样就可保证通行，尽管这桥的样子有些简便和脆弱，因为它有时飞架在深渊之上几百英尺的高度，但它能够提供一个基本上是安全的运送人的途径，甚至还能运送像大炮这样的辎重[①]。

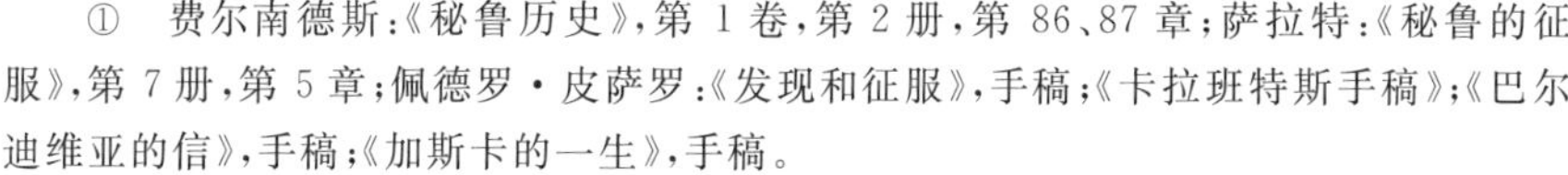

① 费尔南德斯：《秘鲁历史》，第 1 卷，第 2 册，第 86、87 章；萨拉特：《秘鲁的征服》，第 7 册，第 5 章；佩德罗 · 皮萨罗：《发现和征服》，手稿；《卡拉班特斯手稿》；《巴尔迪维亚的信》，手稿；《加斯卡的一生》，手稿。

尽管加斯卡下了严格的命令，奉命收集材料筑桥的军官太急于独揽完成这任务的荣誉，所以立即开始动工。这位院长得悉后非常不安，于是下令加快进军步伐，以便将整个兵力投入筑桥作业。但是当他正在艰苦跋涉穿越这丛山之间的弯曲小径之际，得
560 到消息说，敌人的一支部队已经把筑好的一小段桥身破坏了，他们从对岸把缆索割断了。因此，巴尔迪维亚率领 200 名火绳枪手急忙赶到前沿，同时部队的主力尽最快的速度跟了上去。

当这位军官到达筑桥地点时，发现这一中断是由皮萨罗部下不超过 20 人的一支小部队干的，他们由一批人数更多的印第安人加以协助。他立刻命令准备当地的木排，一种宽大粗糙的船，更确切地说就是救生筏，用这种办法把他的士兵摆渡过去，没遇到抵抗就到达了河对岸。这样一支部队的到达使敌人仓皇失措，狼狈逃窜，飞速跑去向驻扎在库斯科的指挥官报告情况。与此同时，巴尔迪维亚抓紧当前这千钧一发时机的每一刹那，以最大的魄力来指挥这一筑桥作业。他那疲乏的部队通宵达旦地连续干活，已经取得很大的进展，这时候，这位院长及其部队从科迪耶拉山脉的山口走了出来，太阳刚刚升起的时候，他们就已到达河岸边了。

他们没有时间休息，因为所有人都确信，他们这次突袭的成功就系于无远见的敌人现在给予他们的这个短暂的喘息时间。这位院长和他的主要的军官们都和普通士兵一起参加了筑桥作业[①]；到傍晚 10 点之前，加斯卡满意地看到桥已筑成，不受辎重拖累的

① “在场所有的人都在劳动，就连法院院长、主教或其他人都不愿意闲着。”见费尔南德斯：《秘鲁历史》，第 1 卷，第 2 册，第 87 章。

先头部队可以冒险通过，不大工夫就能渡几百人到对岸。但是又出现了新的困难，这困难对部队来说不比渡河容易。这里的地势突起险峻，几乎是悬崖峭壁，从河边隆起，一直上升到最高的顶峰，达几千英尺的高度。的确，这个陡峭的坡度，虽说不需攀登其最高点，现在必需奋力跨越。

地面断裂成许多可怕的缝隙和水沟，而且与灌木丛纠缠在一起，在黑乎乎的夜幕下给行军增加了巨大的困难；当士兵们缓慢地向上攀登的时候，心中充满了担忧，几乎是恐惧，因为他们不能肯定是否每走一步就会使他们遭到伏击，这里的地形太有利于进行 561
伏击了。不止一回有谎报说有敌人向他们袭来，搞得这些西班牙人一片惊慌。但是伊诺霍萨和巴尔迪维亚就在军中团结他的部队，不断地激励他们，最后，在拂晓以前，这些勇敢的骑士及其部下到达了这条道路通过的最高点，在这里，他们等候这位院长的到来。这没有延迟多久；在第二天早晨，这些保皇者已经有足够的力量来藐视其敌人了。

只要考虑一下在漆黑的夜里，这么多人拥塞在这条高耸在空中的通道上的事实，那么，通过这条河所受的损失就比预想的要小。的确，有些人落到水中淹死了；还有 60 多匹马在企图游过河时被急流冲跑，撞击在下游的岩石上①。还需要一段时间来把沉重的大炮和军需车辆的队列调运过来；这位院长在他现在占据的一块有利的地形扎下营，等候他们的到来，一方面使他的饱尝艰辛

① “那天，400 多士兵把盔甲、火炮捆在马背上，牵着马游过河，结果，马群一下水就被急流冲散，有的撞在岩石上粉身碎骨，就这样总共丧失了 60 多匹马。”萨拉特：《秘鲁的征服》，第 7 册，第 5 章；戈马拉：《西印度史》，第 184 章。

的部队稍事喘息。在这里，我们暂且不提他，而让读者了解一下叛军中的情况，以及其令人奇怪的疏于把守阿普里马克要道的原因[①]。

自从皮萨罗占领了库斯科的时候起，他就混迹于其部下之中，过着松心的奢华生活，像一名军事冒险家在走运的时候一样放荡；只图眼前的享乐，很少去关心未来，好像秘鲁的王冠已经不可动摇地戴在他头上了。而卡瓦哈尔却不是这样。他把瓦里纳的胜利看做只是争夺这个帝国的开始而不是结束；因此他不倦地使其部队处于良好状态以保持他们现有的优势。天刚破晓，就可以看到这位老战士骑上他的骡子，穿着普通士兵的服装，以普通士兵的神态

562 骑着骡子在首府的各处巡行，有时监督武器的制造和军需品的储备，有时训练他的士兵，因为保持最严格的军纪一直是他最关心的事情[②]。他的不知疲倦的精神似乎不是寻找快乐而是在于不停的战斗；他活着一直就是奔波于戎马倥偬的军事冒险之中，他对与战争无关的事不感兴趣，在城市中他只注意与建设一所良好的军营有关的事物。

在这种心情下，他很不满意他那年轻的首领采取的方针，这位首领现在声称他准备原地不动，等到敌人前进时才去阻击他们。

---

① 出处同上页注。费尔南德斯：《秘鲁历史》，第1卷，第2册，第87章；萨拉特：《秘鲁的征服》，第7册，第5章；佩德罗·皮萨罗：《发现和征服》，手稿；《卡拉班特斯手稿》；《巴尔迪维亚的信》；谢萨·德莱昂：《编年史》，第91章；《加斯卡的一生》，手稿。

② “他总是骑着一匹棕黄色的高大骡子，萨克萨瓦纳战役以前，我没有在库斯科看他有过其他的坐骑。他经常不断地请求得到军队的供需品。不管是白天或黑夜，他的士兵总是碰见他在做自己的或是别人的工作。”见加西拉索：《王家评论》，第1卷，第5册，第27章。

卡瓦哈尔建议采取一种完全不同的策略。似乎他不大相信皮萨罗的部下的忠诚，至少对曾一度追随森特诺麾下的那些人不相信。这些人大约有300名，是被迫为皮萨罗服役的。他们对这一事业没有热忱，这位老战士强烈要求他的指挥官立刻遣散他们；因为率领少数忠诚的部下去作战要比率领一帮不忠的、怯懦的家伙去作战有利得多。

然而，卡瓦哈尔还考虑到，他的首领在数量上不足以对抗其敌手，因为这个敌手有秘鲁最优秀的将领们的支持。因此，他建议放弃库斯科，将各种财物、物资和储备都从城里带走，因为这些东西可能供这些保皇者的必需之用。当后者到达时，由于他们曾经指望能找到大量战利品的地方已经空空如也而感到失望，这会使他们厌倦这种征战行动。与此同时，皮萨罗可以和他的部下隐藏在附近的偏僻处，由于熟悉地形，很容易躲过敌人；如果后者坚持追击，那么由于不断开小差会使人员减少，这样就不难寻找战机在山上的隘口以优势兵力向他发动攻击。这就是这个老战士审慎的劝告。但是这不符合他那位火暴性子的指挥官的口味，他宁愿冒险诉诸一战，不愿在敌人面前逃走。

据说皮萨罗对由传道士塞佩达提出的建议也没有更多的好 563
感。他建议皮萨罗应利用他新近获得的胜利与加斯卡进行谈判。这个就在最近还拒绝院长的一切提议的人提出这样的劝告，只能是出于这样一种确信：即最近的胜利使皮萨罗处于优势地位，可以要求比他以前能得到应允的好得多的条件。也可能是后来的经验使他也不大相信贡萨洛部下的忠诚，或者，可能怀疑其首领带领他们度过当前危机的能力。不管这个难以捉摸的顾问的动机是什

么,皮萨罗根本不注意这个建议,甚至因以此事缠扰他而表现出某些不满。在每一次争夺中,不管是与印第安人还是与欧洲人,也无论力量相差多么悬殊,他总是得胜。他现在不是第一次受挫折,他决心留在库斯科,冒一切危险等战斗打响。对他那勇敢的骑士气概而言,冒险本身就具有某种吸引力。这一冒险也受到在整个征程中都跟随他的某些骑士的怂恿;这些鲁莽的年轻的冒险家,像他一样,宁愿冒孤注一掷的风险,也不愿接受这一审慎的劝告,因为在他们看来,这是那些比较稳重的顾问的胆怯的策略。于是就由这样一些怂恿者决定了皮萨罗未来的道路[①]。

当皮萨罗的士兵带回消息说,敌人的一支部队已跨过阿普里马克河并忙于重新筑桥时,库斯科的事态就是如此。卡瓦哈尔立刻看出守住这个要道的绝对必要性。“把这事交给我来办,”他说,“我主动要求承担这一任务,只要给我 100 名经过挑选的人,我定能顶住整个敌军,保护这条要道,并把这个牧师——这是叛乱军营对这位院长的通称——俘虏到库斯科。”[②]“我不能劳你的大驾,老
564 爹,”贡萨洛说,他经常使用这种充满感情的称号来称呼他这位年迈的部下。[③] “我不能让你离开我身边这么远;”于是他把这个任务委托给热心依附于其司令官的一位年轻骑士胡安·德阿科斯塔,他曾不止一次证明是无比勇猛的,但是他被即将发生的事件证

① 加西拉索:《王家评论》,第 2 卷,第 5 册,第 27 章;戈马拉:《西印度史》,第 182 章;费尔南德斯:《秘鲁历史》,第 1 卷,第 2 册,第 88 章;“最后,贡萨洛·皮萨罗表示他想碰碰运气,因为他总是胜利者,从来没有被人打败过。”(同上)

② “在我看来,阁下应该去山口的拐角处,把经过我挑选的 100 人给我留下,由我去见被他称做牧师的院长。”见佩德罗·皮萨罗:《发现和征服》,手稿。

③ 加西拉索:《王家评论》,第 2 卷,第 5 册,第 31 章。

明，他显然不具备指挥当前这一决定性战斗的能力。阿科斯塔奉命率领200名骑马的滑膛枪手，在听取了卡瓦哈尔的很多有益的意见之后，出发去进行其远征。

但是他很快就忘记了这位老战士的劝告，在这崎岖的路上以蜗牛般的步伐向前挪动，虽然只有不超过九里格的路程，但是在他到达时发现桥已经筑好了，已经有如此众多的敌人渡过河，以致他没有足够的力量向他们发动攻击。的确，阿科斯塔策划了一次夜间伏击，但这个计划被一个叛逃者出卖了，他满足于撤退到一个安全的地方，并派人到库斯科要求增援。立刻派了300人来支援他；但是当他们到达的时候，敌人已经全部占据了高地的顶峰。这千金难买的战机不可挽回地失去了；这个闷闷不乐的骑士火速策马向驻扎在库斯科的司令官报告其出征的失利[①]。

现在的唯一问题就是，决定贡萨洛·皮萨罗应在什么地点与其敌人决战。他立刻决定放弃首府并在附近的哈基哈瓜纳溪谷等待他的敌人。该地距首府大约有五里格远，读者可能还记得，那里就是弗朗西斯·皮萨罗在其首次占领库斯科时烧死秘鲁将领查尔
库奇马的地方。这个溪谷周围由高耸的安第斯山脉壁垒般地围绕 565

① 佩德罗·皮萨罗：《发现和征服》，手稿；费尔南德斯：《秘鲁历史》，第1卷，第2册，第88章；萨拉特：《秘鲁的征服》，第7册，第5章；《巴尔迪维亚的信》，手稿。巴尔迪维亚给皇帝的信标明的地点是康赛普西翁，而日期是写于上面记述的事件大约两年之后。它主要是谈他在智利的征服活动，他在加斯卡指挥下出征秘鲁的战役是一个光辉的插曲。这封信的原件保存在西曼卡斯，属于我的那份副本有大约70对折页。那是这样一种历史文献，包括殖民地统治者的公文急件和通信，由于这些作者所掌握的详情细节以及情报手段，所以它们具有很高的价值。特别是那些写给朝廷的急件可以和威尼斯的使节写给其共和国的著名的报告相比，该文献在佛罗伦萨由渊博的阿尔伯里主编，现在有幸已在印行中。

着，大部分地区都是一片葱绿繁茂的草木，有许多地点风景如画；再加上气候温暖宜人，曾经是印第安贵族的一处令人喜爱的夏季居留地，他们的许多享乐用的房屋仍然星罗棋布于群山之麓。一条水量不大的河，更准确地说是一条溪流，流经这个溪谷的一端，附近的土地非常潮湿和泥泞，性质如同沼泽地。

在难以通过其沉重的军需车辆和大炮的道路上进行了沉闷的行军之后，这位叛军指挥官来到了这块地方。他的部队总共大约有900人，有大约半打大炮。这是一支组织得很好的队伍；并有严明的纪律，因为它是由在秘鲁服役的最严峻的军纪官进行训练的。但是皮萨罗的不幸在于，他的军队，至少有部分是由他不能信任的归附于他的事业的人组成的。这是一个无论其首领有何种勇敢或才能都无法弥补的缺陷。

在进入这个溪谷的时候，皮萨罗选择了朝向库斯科的东部地区作为扎营的最好地点。上面提到的溪流经过这里，他按照这样的方式部署了他的部队，即军营的一端凭借着由几乎垂直隆起的悬崖绝壁形成的天然屏障；另一端由河流加以护卫。因此，很少有可能攻击其侧翼，前面的进路被这些障碍阻拦得非常狭窄，在这个方向使用优势兵力来压倒他是不太容易的。在后方，他与库斯科的交通仍然畅通，为获得供应提供了现成的途径，凭借这一坚强的阵地，他决定耐心地等待敌人的进攻①。

在这同时，王室军队正在科迪耶拉山脉的陡坡上艰苦跋涉，直

① 《巴尔迪维亚的信》，手稿；加西拉索：《王家评论》，第2卷，第5册，第33、34章；佩德罗·皮萨罗：《发现和征服》，手稿；戈马拉：《西印度史》，第185章；费尔南德斯：《秘鲁历史》，第1卷，第2册，第88章。

到第三天结束，这位院长才满意地发现他的全军带着其枪炮和军需品到达他的周围。现在他让他的士兵充分休整之后又重新开始行军，所有人都精神抖擞，信心十足地大踏步前进，准备与这个恶霸（他们这样称呼皮萨罗）速战速决。

他们前进的速度很慢，因为和行军的前一阶段一样，地势仍然 566
令人伤脑筋。然而，这位院长很快就得悉他的敌人已经在附近的哈基哈瓜纳溪谷扎营。不久之后，有两个由贡萨洛本人派遣的男修道士出现在王室军队，显然是要求加斯卡出示授予他权力的委任状。但是因为他们的行为使人有理由怀疑他们是密探，这位院长下令将这两个神职人员抓起来，并且不让他们回到皮萨罗那里去。他派了一名自己的使者到这个叛军首领那里去，重新宣布已经给予他的赦免保证，如果他放下武器并且归顺王室的话。在这最后时刻的这样一种宽大举动，应该说加斯卡是值得高度赞扬的，因为他很可能相信，已经是胜券在握。——可惜这段轶事没有最权威的根据。[①]

经过几天的行军之后，王室军队的先头部队突然来到叛军的前哨阵地，因为他们曾经隐蔽在浓雾之中，然后他们之间发生了小规模的战斗。最后，于 4 月 8 日清晨，王室军队越过了围绕着这秀丽的哈基哈瓜纳溪谷的高耸入云的山岭的顶峰，远远俯视下方对面服饰闪烁夺目的敌人部队，他们那白色的大帐篷像在高山绝壁之中的野禽筑的巢。往更远处可以看到一群印第安武士，花色斑

① 参加这些事件的任何一个当事人都未提到这个事实。在戈马拉《西印度史》第 185 章和萨拉特《秘鲁的征服》第 7 册，第 6 章中发现有些情况不相符，大多数读者可能认为，他们提供的正面证据比其他同时代人的沉默所提供的反证的价值大得多。

驳的服装表现了他们的华丽而俗气的风貌；因为这个地区的这些土著人，很少懂得他们自己的真正利益，对皮萨罗的事业表现了很大的热情。

王室军队现在加快步伐，迅速走下锯齿般起伏的山岭的陡坡；尽管他们的军官竭力维持秩序，他们仍然杂乱无序地向前行进，每个人都尽量挑好道走，这散乱的纵队给敌人提供了许多易于攻击的弱点；如果皮萨罗的大炮安置在地势提供的有利阵地上，王室军
567 队就不会在不受相当大的损失的情况下安然下山。但是这位指挥官远不想阻止院长的接近，仍然固执地停留在他占据的坚强阵地上，满以为他的敌人会毫不迟疑地向它发动攻击，就像他们在瓦里纳所发动的同样强大的攻势[①]。

可是他没有忽略派遣一支火绳枪部队去守住附近的高地或科迪耶拉山脉的山嘴，这个地方如果落于敌人之手，可能给他自己的军营带来某些麻烦，同时这个地方也可更有效地控制不久将为进攻者占据的地段。但是他的计谋被伊诺霍萨识破了，他派遣了一支更强大的王室滑膛枪队，从而挫败了这一计谋，经过短暂的小规模战斗，这支部队击退了叛军，占据了制高点。加斯卡的将领利用这一得手在高地安置了一个小的炮组，从这里，虽然距离太远，不能造成多大杀伤，但他仍然向敌营发射了一些炮弹。一颗炮弹还

① “他率领全部人马到达哈基哈瓜纳，在一座山冈边上的开阔地等待我们下山。如果他在山脚下等候，那就会给我们造成很大伤亡。但是，天主让他们失去理智：他们撤到了沼泽地旁边的平地上，认为我们会从那里向他们发起攻击，而他们依靠有利的地形就能打败我们。”见佩德罗·皮萨罗：《发现和征服》，手稿；《巴尔迪维亚的信》，手稿；《加斯卡的一生》，手稿。

真的炸倒了两个人，其中有一个是皮萨罗的侍从，同时打死一匹由他牵着的马；于是这个首领立即下令拆除帐篷，认为它们为敌人的炮兵提供了太明显的目标。[1]

在这个时候，这位院长的部队已下到溪谷，当进到平原地区时，由他们的军官指挥整列成队。王室军队占据的地势比其敌人占据的地势稍低些，它的炮群不时发出的射击越头而过。现在由一个叛逃者、一个森特诺的老部下带来的情报说，皮萨罗准备好进行夜袭。因此，这位院长命令他的全军编成战斗序列，随时准备击退这次进攻。但是如果说这个叛军首领策划了这次袭击，可他又放弃了——据说是由于不相信某些部队的忠诚，他担心他们在黑暗的掩护下逃到对方去。如果这是真的，他必定感到卡瓦哈尔的 568
劝告的全部说服力，可是已为时太晚。这个倒霉的指挥官处在某种勇敢的斗志昂扬的骑士的精神状态，骑着一匹战马横冲直撞地奔去战斗，这匹马的踉跄的腿骨每走一步都有趴下的危险，而让它的骑手任凭敌人肆虐！

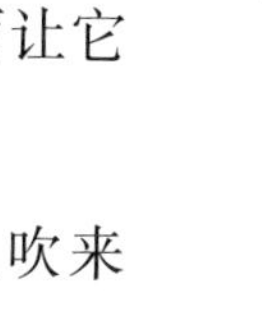

这位院长的部队大半夜都手执武器等待着，虽然从山里吹来的风是如此的凌厉，以致他们很难握住手中的长矛[2]。但是当冉冉升起的太阳在锯齿般起伏的山岭的最高巅放出光芒的时候，两个军营都动作起来，忙于进行战斗的准备。王室军队组成了两营

---

① “许多炮弹打在人群中，其中一颗打死了站在贡萨洛·皮萨罗身边的全副武装的侍从，击中了另一名士兵和一匹马。帐篷和车篷全部被摧毁，这在敌人营垒中造成一片混乱。”见费尔南德斯：《秘鲁历史》，第 1 卷，第 2 册，第 89 章；《巴尔迪维亚的信》，手稿；《加斯卡的一生》，手稿。

② “帐篷拆散了，士兵们冻得握不住长矛，部队就这样冻了整整一夜。”见萨拉特：《秘鲁的征服》，第 7 册，第 6 章。

步兵：一营准备在正面攻击敌人；另一营，如果可能的话，攻击它的侧翼。这些步兵营由骑兵中队保护其两翼并殿后，同时部署了骑兵和火绳枪兵的预备队，一旦情况需要就立即出动。这个部署进行得如此高明，以致博得老卡瓦哈尔由衷的赞扬，他惊呼道，"想必是魔鬼或巴尔迪维亚在他们中间！"这是对后者的道地的恭维，因为他并不知道那个指挥官在敌人军营里。[①]

加斯卡把指挥战斗的任务交给他的军官，带着一批牧师和传道士退到后方，这最后一批人没有他们的叛乱兄弟塞佩达那么大野心到战场上去兵戎相见。

贡萨洛·皮萨罗用他在瓦里纳平原同样的阵势部署了他的队伍；只是现在骑兵增多了，使他能保护步兵的两翼。然而，他仍然主要依靠他的火器。当阵势列好时，他骑马走在他们中间，鼓励他的士兵要像勇敢的骑士和真正的征服战士那样恪尽他们的职守。
569 皮萨罗像往常一样武装得极为华丽，穿着全副制作精细的铠甲，这些铠甲以及头盔都镶着华丽的金饰[②]。他骑着一匹健壮和烈性的栗色战马，当他沿着战线疾驰，挥舞着他的长矛，显示他那娴熟的马术时，他可能被认为是不错的骑士精神的人格化。为了完成他

① "弗朗西斯科·德卡瓦哈尔看到王家军队，认为每支部队的队列都很整齐。他说，'巴尔迪维亚在陆地上，像魔鬼一样指挥着军队。'"见费尔南德斯：《秘鲁历史》，第1卷，第2册，第89章；《加斯卡教士的一生》，手稿；戈马拉：《西印度史》，第185章；萨拉特：《秘鲁的征服》，第7册，第6章；加西拉索：《王家评论》，第2卷，第5册，第34章；佩德罗·皮萨罗：《发现和征服》，手稿。

② "他骑着一匹高大的栗色马，衣着华丽，风度潇洒，身上穿着漂亮的铠甲，在很整齐的缎子衣服上穿上胸甲，头戴金盔，面罩金护颌。"见戈马拉：《西印度史》，第185章。

的部署，他命令塞佩达去率领步兵；因为这个传道士近来似乎更多地参与了他对事务的处置，或者至少可以说，在当前的军事部署方面比卡瓦哈尔参与得更多。的确，卡瓦哈尔或者由于对其首领采取的方针有些厌烦，或者据说，由于他不隐晦他不相信这次作战行动能成功，因而不愿担负任何责任，他宁愿作为一个个别的骑士服役，也不愿当一名指挥官[①]。可是塞佩达，正如事变所表明的，在觉察即将来临的毁灭方面也是同样精明的。

当他从皮萨罗那里接到命令时，他骑马前进，好像选择其部队打算占据的地势；在这时候，他在凸出的峭壁后面失踪了一会儿。然而，不久又出现了，人们看见他全速疾驰通过平原。他的士兵们惊得目瞪口呆，可还没有怀疑其动机，直到他继续向敌人的战线奔去，他的叛变才变得很明显了。有几个人冲向前去追赶他，其中有一个骑士，骑的马比塞佩达的马好。塞佩达骑的是一匹力量和速度都不大的马，十分不适合于其主人这种紧急的行动。而且这匹马有鞍辔重量的拖累，这是它的野心勃勃的骑手加上的，因此，在它来到两军之间的一块泥泞地段时，步伐大大减慢了[②]。塞佩达的追击者很快赶上了他，上面提到的那个骑士终于来到离他极近处，朝这个逃亡者刺去一矛，刺伤了他的大腿，刺穿了他的马的肋腹，人马都一头栽到地上。在这紧急时刻，这个传道士本来会遭 570

① “军团长弗朗西斯科·德卡瓦哈尔，因为贡萨洛·皮萨罗不听取他的意见和劝告，深感受到怠慢，他自己认输了，所以不想继续担任军团长职务，而和他的随从人员到一个中队去当一名陆军普通军官。”加西拉索：《王家评论》，第 2 卷，第 5 册，第 35 章。

② 加西拉索：《王家评论》，第 2 卷，第 5 册，第 35 章。

殃，但幸而有一小部分对方的部队看到这场追击，现在很快地赶来搭救，击退了追击者，他们从泥泞中把塞佩达救回来，并把他带到院长的营房。

加斯卡极为高兴地接见了他——如此地高兴，据一位编年史学家称，以致不鄙弃用亲面颊的礼节向这个传道士表示敬意[①]。这件轶事很难与双方的性格和关系，或者与这位院长以后的行为相一致。然而，加斯卡认识到他的俘虏的全部价值，以及他在这个时候叛逃对叛军的精神上必定要产生的影响。塞佩达的行动，如此出于其自己同党之所料，却是早有筹谋的结果，据说，他曾秘密向当时在王室军营的阿雷基帕的修道院长保证，如果他不能劝使贡萨洛·皮萨罗接受对他的赦免的话，他将离弃他的事业[②]。这个狡猾的顾问选择了对他的指挥官的事业最生死攸关的时刻来行此举。

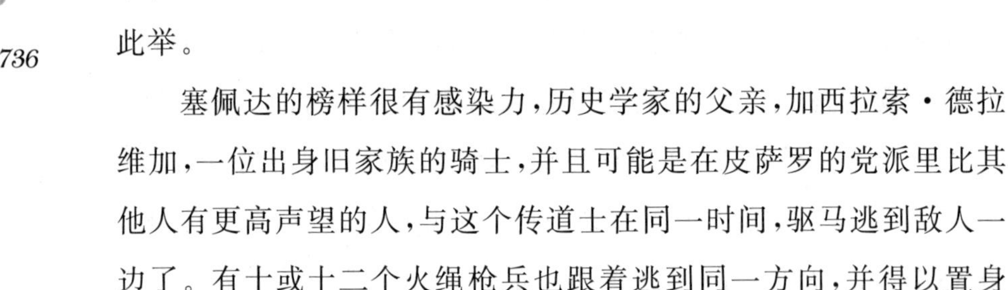

塞佩达的榜样很有感染力，历史学家的父亲，加西拉索·德拉维加，一位出身旧家族的骑士，并且可能是在皮萨罗的党派里比其他人有更高声望的人，与这个传道士在同一时间，驱马逃到敌人一边了。有十或十二个火绳枪兵也跟着逃到同一方向，并得以置身于保皇者的前卫部队的保护之下。

在这紧急关头，这样一些他最信任的人的叛逃，把皮萨罗惊呆

① “虽然塞佩达满身污泥，加斯卡还是拥抱了他，亲了他的脸颊。加斯卡已经把皮萨罗打败了。”见戈马拉：《西印度史》，第 185 章。

② “看来，塞佩达已经告诉在阿雷基帕的圣多明我会修道院长弗·安东尼奥·德卡斯特罗，如果皮萨罗拒绝任何安排，那么他就要离开皮萨罗，转而为国王效劳。”戈马拉：《西印度史》，第 185 章。

了。他一时间不知所措。他站立的土地似乎在他脚下碎裂。面临其士兵中的这种思想状态，他意识到每一分钟的延迟都是致命性的。他不敢像他原来打算的那样利用其坚强的阵地的优势等待敌人的攻击，而是立即下令进军。加斯卡的将领伊诺霍萨看到敌人在行动，对他自己的部队下达了类似的命令。侧翼的散兵和火绳枪兵立刻迅速向前运动，炮兵准备开火，而“全军”，这位院长自己在叙述这件事时说，“以坚定的步伐和充分的决心向前挺进。”① 571

但是在开火之前，皮萨罗的一队火绳枪兵，主要由森特诺的部下组成，离弃了他们的岗位并径直跑到敌人一边去。一中队骑兵被派来追赶他们，也效法了他们的榜样。这位院长立即向自己的士兵下令停止前进，不愿意没有必要地去流血，因为叛军很可能自身瓦解。

当皮萨罗的忠实信徒们看到他们自己及其首领就这样被叛卖到敌人之手时，搞得惊慌失措。再抵抗下去也无济于事了。有些人扔掉武器，朝库斯科方向逃跑。另一些逃避到深山里；有些人则逃到对方，投降当俘虏了，希望在为时尚不太晚的时刻得到所许诺的赦免。印第安盟友看到西班牙人畏缩不前，首先逃离了战场。②

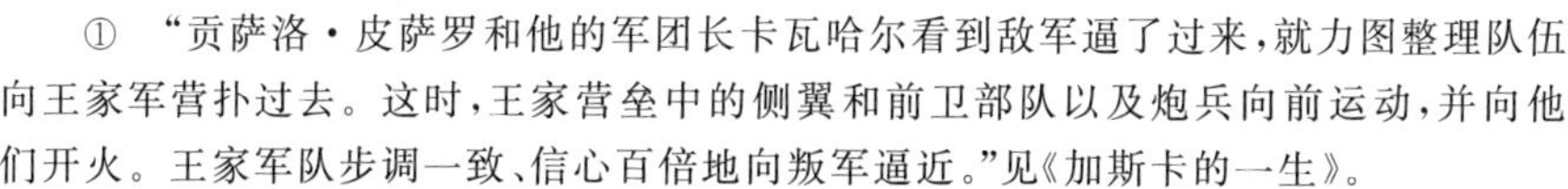

① “贡萨洛·皮萨罗和他的军团长卡瓦哈尔看到敌军逼了过来，就力图整理队伍向王家军营扑过去。这时，王家营垒中的侧翼和前卫部队以及炮兵向前运动，并向他们开火。王家军队步调一致、信心百倍地向叛军逼近。”见《加斯卡的一生》。

② “敌人营垒中的印第安人说，他们很多人拼命地四处逃散。”见《加斯卡的一生》，手稿。关于这次战斗的细节，或多或少的细微处，请参看《巴尔迪维亚的信》，手稿；加西拉索：《王家评论》，第 2 卷，第 5 册，第 35 章；佩德罗·皮萨罗：《发现和征服》，手稿；戈马拉：《西印度史》，第 185 章；费尔南德斯：《秘鲁历史》，第 1 卷，第 2 册，第 90 章；萨拉特：《秘鲁的征服》，第 7 卷，第 7 章；埃雷拉：《通史》，第 7 卷，第 4 册，第 16 章。

处于总崩溃之中的皮萨罗，发现只剩下他自己和少数几个不屑于逃跑的骑士。这个倒霉的首领被这未料到的命运的逆转搞得不知所措，很难弄清是怎么回事。“我们怎么办呢?”他对仍然依附他的一个骑士阿科斯塔说。“和敌人拼了，因为没有别的出路，”这个非常勇敢的士兵回答道，“像罗马人那样英勇战死!”“最好像基督徒那样死去”，他的指挥官答道；他缓慢地拨转了马头，向王室军队的方向走去[①]。

572 没走多远就遇上一个军官，在弄清他的名字和军衔后，皮萨罗交出了他的剑，并投降当了俘虏。这个军官对他的捕获大喜望外，立刻把他带到院长的营房。加斯卡骑在马上，周围是他的将领们，他们当中有些人在认出这个俘虏时，通情达理地回避了，因为他们不愿目睹其耻辱的下场[②]。甚至他们当中最理直气壮，认为正义在他们一边的人，也可能有些内疚的感触，想到由于他们的背叛而使他们的恩人落到这步田地。

皮萨罗仍然骑在马上，但是，当他走近时，向这位院长恭恭敬敬地行了礼，后者对他冷冷地打了个招呼。然后，加斯卡以严厉的语调突然问他的俘虏，“他为什么把这个国家投入这样一场大混战；——举旗造反；杀死总督；篡夺政权；顽固地拒绝曾反复向他宣布的赦免提议?”

---

① “贡萨洛·皮萨罗转过脸，看了看站在他身边的胡安·德阿科斯塔，对他说：‘胡安兄弟，我们该怎么办?’阿科斯塔有勇无谋，回答说：‘先生，让我们冲上去，像古罗马人那样战死吧!’贡萨洛·皮萨罗说：‘还是像基督教徒那样死去为好。’”见加西拉索：《王家评论》，第 2 卷，第 5 册，第 36 章；萨拉特：《秘鲁的征服》，第 7 册，第 7 章。

② 加西拉索：《王家评论》，同上。

贡萨洛企图洗刷自己，把那个总督的命运归之于他的处置不当，而把他自己篡夺政权，如通常所称，说成是人民以及检审法院的自由选择。“正是我的家族征服了这个国家”，他说，“而作为他们的代表，我觉得我有权主管政府。”对于这一点，加斯卡用更严厉的语调回答说，“的确，你的兄弟征服了这个国家，皇帝为此而高兴地使他和你都从卑贱的地位平步青云。他一生到死都是一个真正的和忠诚的臣下；这只能使你对君主的忘恩负义行为更加可恨。”这时看到这个俘虏要想答话，于是这位院长打断谈话，命令将他严密监禁起来。他被押交给森特诺看管，后者曾要求担任这个职务，不是出于某种卑鄙的满足复仇心的愿望——因为他好像具有一种宽宏大量的性格——而是为了使俘虏得到舒适的待遇的正直的目的。因此，虽然由这位官员严密监管，但皮萨罗受到符合其官衔的尊敬待遇，可以由其看守人给予除了自由以外各种特惠[1]。

在他们的命运的这次总崩溃中，弗朗西斯科·德卡瓦哈尔的 573
遭遇也不比其首领好。当他看到士兵们一个接一个丢弃他们的岗位并逃到敌人那边去的时候，他冷漠地哼着他喜爱的古老民谣的歌词，——

“风从我头上吹跑了头发，妈妈！”

但是，当他发现战场上几乎空空如也，他的坚决追随者像缭绕的烟圈一样消失了时，他觉得是为自己找条安全后路的时候了。他知道不会对他宽容；于是驱马以最大的速度逃跑。他跨过已经

① 费尔南德斯：《秘鲁历史》，第 1 卷，第 2 册，第 90 章。历史学家们对加斯卡及其俘虏之间的对话当然是众说纷纭的。参看戈马拉：《西印度史》，第 185 章；加西拉索：《王家评论》，第 2 卷，第 5 册，第 36 章；《加斯卡的一生》，手稿。

提到的那条沿着军营流过的溪流，但在攀登又陡、石头又多的对岸时，他的马由于年老体衰，并且身上压着又高又肥的骑手的重量，所以马失前蹄，连他一起落到水里。在他得以解脱自己之前，就被他的几个部下抓住了，他们希望用这样的捕获物去向胜利者求和，匆匆忙忙前往这位院长的营房。

这个押送他的队伍很快就加进了许多王室军队的普通士兵，他们当中有些人有很多欠账要和这个俘虏清算；并且不满足于指责和诅咒他，他们现在以施加人身暴力相威胁，卡瓦哈尔不但不反对这一点，似乎还求之不得，因为它可以以最快的方式结束他的生命①。当他走近这位院长的营房时，在附近的森特诺指责了这些乱七八糟的乌合之众，强迫他们退下去。卡瓦哈尔看到这情景，用一种尊敬的神态询问应对谁表示感谢这一殷勤的保护。他过去的旧同伴回答道，“你不认得我了？——我是迭戈·森特诺！”“我恳求你的原谅”，这个老战士说道，讥讽地暗指他以前在查尔卡斯的逃跑，以及他最近在瓦里纳的溃败；“许久以来我只看到你的背，我已经忘记了你的面容！”②

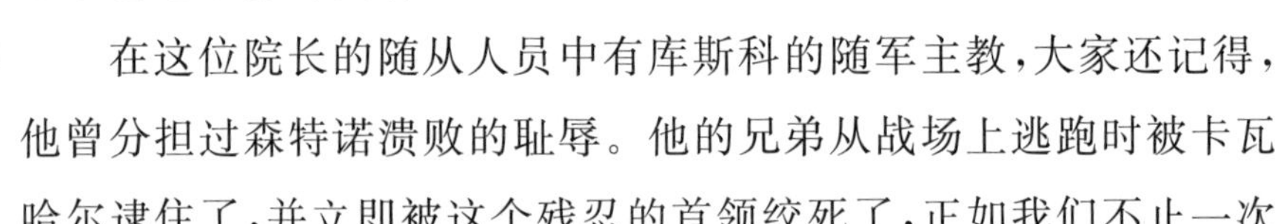

574 在这位院长的随从人员中有库斯科的随军主教，大家还记得，他曾分担过森特诺溃败的耻辱。他的兄弟从战场上逃跑时被卡瓦哈尔逮住了，并立即被这个残忍的首领绞死了，正如我们不止一次

① “人们来到了皮萨罗的军团长卡瓦哈尔教士跟前，受过他欺负的人紧紧围住要杀他，他表示乐意让他们杀死。”《加斯卡的一生》，手稿。

② “迭戈·森特诺严厉责备侮辱卡瓦哈尔的人，后者看了看他，对他说，‘先生，您是谁，怎么如此施恩于我？’森特诺回答：‘您不认识迭戈·森特诺吗？’这时卡瓦哈尔说：‘先生，以前我只看到过您的背影所以现在当着您的面也不认识您’。”见费尔南德斯：《秘鲁历史》，第1卷，第2册，第90章。

看到过的，他对人没有怜惜之心。这个主教现在指责他残杀他的兄弟，并且，被他的冷冷的回答所激怒，胸襟狭窄到打了这个俘虏的耳光。卡瓦哈尔未做抵抗。他对加斯卡的询问也不回答一个字；而是傲慢地环视四座，仍然保持着轻蔑的沉默。这位院长眼看着从这个俘虏嘴里得不到什么更多的东西，就命令将他和阿科斯塔，以及其他投降的骑士一起严加监管，直到他们的命运被决定为止①。

加斯卡下一步关心的是派一名军官到库斯科去管束他的同伙不要因新近的胜利而干下各种越轨的事情——如果这种没进行过打击的战斗也能称做胜利的话。属于被击败者的每一件东西，他们的帐篷、武器、弹药以及军需品都变成了胜利者的财产。他们的军营有充分的食物供应，向几乎已耗尽了他们自己的供应品储备的保皇者及时提供了补给。而且，还有相当多的战利品，包括金银餐具和金钱；因为皮萨罗的士兵中的许多人都带着全部财物去参加战争，而不知道把它放在哪个安全的处所。这在这些动乱年月是很平常的事。有一段轶事说，加斯卡的一名士兵，看见一匹骡子在战场上跑过，驮着一个大包裹，他抓住这匹骡子，先把包裹扔掉，然后骑上它，他猜想包裹里一定包着盔甲，或是某种不太值钱的东西。另外一名士兵比较机灵，拾起这个包裹作为他的战利品，结果发现包着数千枚金币！这真是发了战争财②。

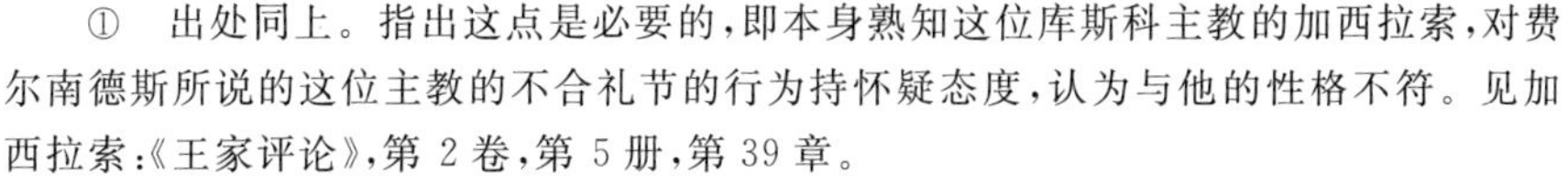

① 出处同上。指出这点是必要的，即本身熟知这位库斯科主教的加西拉索，对费尔南德斯所说的这位主教的不合礼节的行为持怀疑态度，认为与他的性格不符。见加西拉索：《王家评论》，第 2 卷，第 5 册，第 39 章。

② 萨拉特：《秘鲁的征服》，第 7 册，第 8 章。

哈基哈瓜纳战斗，更准确地说是溃败，就这样结束了。伤亡数不大，因为只有很少数人在追击时死亡。根据大多数的说法，在叛军这边死亡人数不超过十五人，而保皇者这边只死了一个人！而
575 这个人还是因其同伴的粗心而丧生[1]。从来没有比这更便宜的胜利；像这样不流血而结束了一场凶猛的和流血的叛乱！这多半不是因胜利者的力量而是因失败者的软弱而取得的。他们自动瓦解了，因为他们没有坚实的根基可资依靠。不为正义感所驱使的武力在战斗时会变得软弱无力。因此用精神力量来克服它比残忍地诉诸武力要好得多。这样一种胜利与这个胜利者及其事业的行善性质更相协调。这是秩序的胜利！是对法律和正义的最好效忠。

① “人们估计，双方会有许多人死在这场战斗中，因为双方拥有 1400 支火枪，600 匹马，众多的长矛手和 18 门炮。但是，谢天谢地，结果国王陛下的士兵中只有 1 人阵亡，敌人方面有 15 人战死。”《加斯卡的一生》，手稿。所提到的上述手稿被穆尼奥斯认为是加斯卡所写，更确切地说是他向他的秘书口授的。该原件保存在西曼卡斯，未注明日期，属于 16 世纪文献。它主要是描述这次战斗的，以及与此直接有关的事件，虽然很简短，但因来源可靠，所以每句话都有价值。阿尔塞多在《美洲丛书》，（手稿）中给出自加斯卡手笔的著作所加的标题似乎是加斯卡叙述其本人治理殖民地的事，即《秘鲁历史以及这个国家的平定》，1576 年。——我从未见到这一著作，也未见到任何其他暗指这一著作的说法。

第　四　章

对卡瓦哈尔的处决——贡萨洛·皮萨罗被斩首——胜利的战利品——加斯卡的英明改革措施——他返回西班牙——他的逝世以及他的性格

1548—1550 年

现在必须决定这些俘虏的命运；阿隆索·德阿尔瓦拉多会同
新检审法院的一名成员、传道士夏恩卡，奉命准备这一诉讼。这不
需要很长时间。这些俘虏的有罪是太明显了，因为他们被抓住的
时候手中执有武器。他们都被判处了死刑，他们的财产都被没收
归王室所用。贡萨洛·皮萨罗被判处斩首，而卡瓦哈尔被判处剜
掉内脏并肢解为四。那些对别人不宽恕的人也不会得到别人的宽
恕。曾有人议论过将处决推迟到部队到达库斯科时执行，但由于
害怕那些与皮萨罗友好的人闹乱子，所以这位院长决定第二天就 576
在战场上执行处决。[1]

当把这一判决通知卡瓦哈尔时，他以他通常的无所谓的态度聆

---

① 对皮萨罗的宣判详细记载在萨拉特写的历史的手稿抄本里，我曾不止一次提到过它。这位历史学家在其印行本中略掉了这一点；但好奇的读者可以发现它很完整地保存在原稿中，在附录十四我引证了这个手稿。

听着。然后他说，“他们一定会杀死我，”好似他已经在心中打定了主意。[①] 在白天的时候，许多人到他被监禁的地方来看他；有些人谴责他太残忍；但是大多数人出于好奇心来看这个名震全国、令人生畏的凶猛武士。他没有表现出不愿与他们交谈的意思，虽然往往是一味地说些奚落听者的讽刺幽默的妙语。在这些造访者当中有一名默默无闻的骑士，看来，卡瓦哈尔先前当权时曾经饶过他的命。这个人向这个俘虏表示了要帮助他的强烈愿望；当他反复表白这一点时，卡瓦哈尔打断了这些废话，高声喊道，“你能帮助我什么呢？你能放了我吗？如果你做不到这点，那你什么也做不成。如果，像你说的，我饶过你的命，那大概是因为我觉得那时还不值得杀死你。”

某些虔诚信奉宗教的人劝他去找牧师，哪怕只是为了在他离开这个世界之前能够卸去他良心上的重负也好。“但是那有什么用呢？”卡瓦哈尔问道，“我良心上什么重负也没有，除非说，的确如此，我还欠塞维利亚一个店主半个里亚尔，在离开那个国家时我忘记付给他了！”[②]

他被装在一个囚笼里押去处决，更确切地说，是装在一个筐里，由两匹骡子驮着。他的手臂被捆住，而当他们把他那又笨又大的身体硬塞进这个拙劣的押运工具时，他大声喊道，“这好像是婴儿的摇篮，又是老人的安息地！”[③]尽管他曾向一名忏悔神甫表示

① “无非是杀死。”见费尔南德斯：《秘鲁历史》，第1卷，第2册，第91章。

② “在这方面我没有什么要交代的，我发誓我没有其他的罪过，只是我来西印度的时候，欠了塞维利亚市阿雷纳尔的一个酒店女主人半个里亚尔。”见费尔南德斯：《秘鲁历史》，第1卷，第2册，第91章。

③ “幼儿时睡摇篮，白发老头又被关进摇篮。”见费尔南德斯：《秘鲁历史》，第1卷，第2册，第91章。

过厌恶忏悔，但还是有几个教士在其赴绞刑架的路上陪送他；当中有一个教士反复劝他在这庄严的时刻做一些忏悔的表示，只是反复念“我们在天上的父啊”和“万福玛利亚”也行。卡瓦哈尔为了摆脱这个像幽灵一样的神甫的纠缠不休，就冷漠的念念有词地念道， 577
“我们在天上的父啊，”“万福玛利亚！”然后又执拗地默不做声。他临死的时候，也像活着的时候一样，满嘴俏皮话，更确切地说，全是嘲弄之词。[①]

弗朗西斯科·德卡瓦哈尔是在这个黑暗和动乱年代里最非凡的人物；从他那偌大的年纪来看就更不寻常了；因为在他死的时候，他已经是 84 岁了；在这样的年龄上，一个人的体力以及还有热情通常都衰退了；正如法国德育家的妙趣横生的话所说，“我们自以为我们正在脱离我们的罪恶，殊不知是我们的罪恶正在脱离我们。”[②]但是青年的火热激情在卡瓦哈尔的胸中发出强烈的和难以熄灭的光芒。

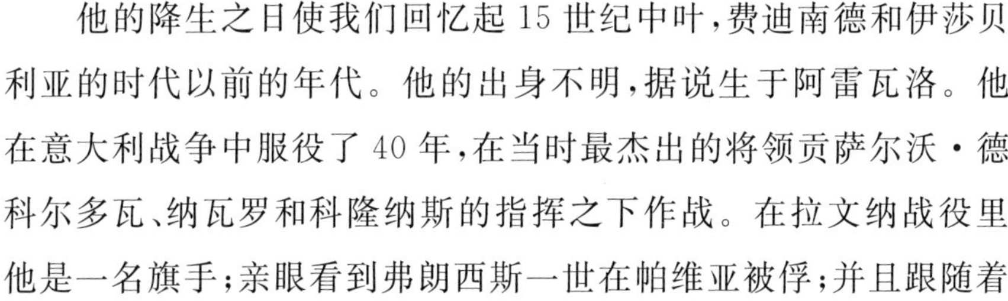

他的降生之日使我们回忆起 15 世纪中叶，费迪南德和伊莎贝利亚的时代以前的年代。他的出身不明，据说生于阿雷瓦洛。他在意大利战争中服役了 40 年，在当时最杰出的将领贡萨尔沃·德科尔多瓦、纳瓦罗和科隆纳斯的指挥之下作战。在拉文纳战役里他是一名旗手；亲眼看到弗朗西斯一世在帕维亚被俘；并且跟随着

① “他英勇地死去。人们说，我不想见他，我确实对他说过此话。但是，他最后一次同我说话，是在他被押出去砍头的时候。当时神甫让他请求上帝保佑，让他说万福玛利亚。据说，他只说过万福玛利亚，但没有留下别的话。”见佩德罗·皮萨罗：《发现和征服》，手稿。

② 我只靠记忆引用了这句话，但是我相信在世界名言的绝妙文摘《拉布律耶尔人物志》中可以找到这一见解。

倒霉的波旁旗帜参与了对罗马的洗劫。这一次他没捞着金银掳获品，只捞着了公证机关的票据，卡瓦哈尔机敏地想到，这些票据对他来说相当于金子的价值。这一点得到了证实；因为公证人不得不赎回它们，而所出的赎金使这个冒险家得以跨海去到墨西哥，并且在这个新大陆寻求他的幸运。在秘鲁人发生暴动的时候，他被派去支援弗朗西斯科·皮萨罗，并且由那个首领授给他在库斯科的土地作为对他的奖赏。他在这里待了几年，忙于增进他的财产；因为他对喜爱钱财怀有满腔的热情。在巴卡·德卡斯特罗到来时，我们知道他在王室旗帜下干得很出色。在贡萨洛·皮萨罗领导下的大叛乱发生时，他把他的财产变卖成金子，准备回到西班牙。他好像有一种不祥的预感，留在这里他将注定要走向毁灭。

578 但是，虽然他做了一切努力要离开秘鲁，可未能成功，因为那个总督禁止船只航行。[①] 因此，他仍然留在这个国家，并且，正如我们所看到的，勉强地在皮萨罗部下服务。他是命该如此！

他现在所介入的这种动荡的生活，燃起了他心灵中蛰伏的全部情欲，可能他自己还意识不到，这里面有残暴、贪婪和复仇等欲望。在与其同胞的战争中他找到了发泄这些情欲的宽广场所；正如谚语中所说，内战是所有战争中最血腥和最残忍的。卡瓦哈尔在其新的历程中犯下的暴行，以及他的受害者的数目几乎令人难以置信。为了人类的荣誉，我希望这些说法是过分地夸大了；但是

---

① 佩德罗·皮萨罗可为卡瓦哈尔要离开这个国家的努力作证，因为他曾对此给予协助，虽然没起什么作用；当时他与卡瓦哈尔的关系最为友好。内战把这两位老朋友分开；但是卡瓦哈尔没有忘记对佩德罗·皮萨罗所欠的情，后来在两次不同的机会把他赦免了，使他免于遭到落入他手的俘虏们普遍遭到的命运，以此作为对他的报答。

他终究使这些说法得以产生，就足以使他臭名昭著。[①]

据说，他甚至以折磨其受害者来满足他那凶暴的乐趣，在处决人的时候，常说一些可怕的俏皮话，使他们在死的时候感到更强烈的痛苦！他有一个爱开玩笑的脾气，如果可以这么说的话，在每一种场合他都自由放纵，胡说八道。他的许多俏皮话流传在军队中；但是它们大部分是一些粗俗的笑话，令人感到厌恶，是从一个熟悉人类弱点和邪恶的一面的脑瓜里不断说出来的，他不信任所有其他的人。他对每件事情都说俏皮话，——对别人的不幸以及他自己的不幸。他把生活看做一场滑稽戏，——尽管他常常把它搞成一场悲剧。

卡瓦哈尔确有一项长处；这就是忠实于其同伙。这使他不大容忍别人的背信弃义。从未听说他对一个叛徒宽恕过。这种坚定不移的忠诚，虽然是在一项不光彩的事业中，也可博得某些类似尊敬的感情，因为在这里忠诚是很难得的。[②]

作为一个军人，卡瓦哈尔在新大陆的士兵当中取得了很高的 579
地位。他在执行纪律的时候很严格，甚至可以说很苛刻，所以他不

① 根据费尔南德斯的说法，340 项死刑中有 300 项是卡瓦哈尔搞的。(《秘鲁历史》，第 1 卷，第 2 册，第 91 章。)萨拉特把这些死刑数扩大到 500 项。(《秘鲁的征服》第 7 册，第 1 章。)这种差异表明，对这类估计的准确性不能轻易相信。

② 的确，忠诚只是加西拉索所称道的卡瓦哈尔许多长处中的一项。他认为，所流传的关于这个老战士的残酷和贪婪的大多数故事，以及归咎于他晚年的那种冷酷无情的轻浮之举纯属其敌人的捏造。当贡萨洛及其骑士团占据库斯科时，这位印加编年史学家还是个孩子；他从他们那里所受到友好的待遇，无疑是由于他父亲在叛军中的地位这层关系，他也凭其年轻人的想象力以赞许的笔墨描绘他们的肖像来作为报答。但是这位饶舌的老人也记录了卡瓦哈尔生涯中的几个残暴的例子，这只不过是对他关于其性格的一般说法的正确性的一个无偏袒的注解。

大受其部下的爱戴。他是否有在一个广大的规模上指挥战争所必需的军事运筹才能可能是值得怀疑的；但是在游击战的灵活多变中他是无敌的。他果断、主动并且不屈不挠，不怕危险和劳累，多日鞍马劳顿之后，似乎也不眷恋枕席的舒适。[①]

他熟悉每一条山道，正因为这样，他才在其流动不定的探险过程中表现出高超的洞察力和机敏的应变能力，一般的世俗看法认为有一个妖精伴随着他。[②] 他的性格是这样的超凡，精力旺盛期非常长，远远超出人类的一般期限，作为一个蹒跚于坟墓边沿的人，其情欲又是如此之强烈，所以到处热切地传颂着关于他的传奇故事是毫不足怪的，而卡瓦哈尔也就被作为超自然的神物蒙上了一层神秘的恐怖色彩，——安第斯山恶魔！

贡萨洛·皮萨罗的结局情况又是另一番景象。按照他的请求，在他监禁期间任何人都不许看望他。人们听见他在白天的大部分时间里都在住处踱来踱去，当夜幕降临时，他从森特诺那里得知次日中午将把他处决，于是他就躺下休息了。然而，他没睡多久，很快就起来了，并且继续在屋里踱来踱去，好像陷在深思之中，一直到黎明。然后他叫人去请了一名听忏悔的神甫，与他一直待
580 到中午以后时分，只吃了很少一点东西，也许什么也没吃。司法官员变得不耐烦了；但是他们的急切行动受到军人们的严厉指责，他

① “令人惊讶的是，他到垂暮之年竟能忍受如此的劳累：他可以日夜不卸戎装，如果需要的话，他连觉都不睡，只要靠在椅子上，把脑袋枕在双手休息一会儿就行。”见萨拉特：《秘鲁的征服》，第 5 册，第 14 章。

② 佩德罗·皮萨罗对卡瓦哈尔似乎并不怀敌意，所以把他的性格归纳为几句话。“他很有口才，出言慎重，而且能博得听众的欢心；他精明强干，残酷无情，又通晓战争……卡瓦哈尔机智聪明，人们都说他能跟魔鬼打交道。”见《发现和征服》，手稿。

们很多人因为曾在贡萨洛的麾下服过役，所以被他的不幸触动了恻隐之心。

当这个首领走去就刑的时候，他的服饰表现了当他得意之日显示的那种崇尚豪华的同样爱好。在他的马甲之上，他穿着一件华丽的天鹅绒斗篷，绣着金线绣花，而头上戴着同样质料的帽子，同样装饰得很华丽，绣有金线装饰。[①] 他穿着这样一套华丽的盛装骑上他的骡子，对他的判决有一点放宽的是，他的手臂允许保持不加捆绑。他由一大批教士和修道士护送，他们在他的前面举着十字架，而他自己手中举着圣母玛利亚的像。她曾是皮萨罗信奉的独特对象；事情竟然达到这样的程度，那些深知他的人，在他的昌盛时期都很注意这点，当他们要提出一个请求时，都宁愿以这位神圣的玛利亚的名义提出。

皮萨罗的嘴唇经常亲吻这神的标志，而他的眼睛以显而易见的虔诚注视着十字架，不注意周围的事物。到达绞刑架之后，他以坚定的步伐登了上去，并请求准许他向聚集在周围的军人们说几句话。“你们当中许多人，”他说道，“都是靠我兄弟和我自己的恩惠富裕起来的。可是，在我的所有财富里，什么也没剩下，只有我身上穿的衣服，甚至这些衣服也不是我的，而是这个刽子手的财产。因此，我没有资财为我的灵魂的福利去花钱举办一次弥撒；我恳求你们，念及过去的好处，当我归去之际给我这点施舍，这样做在你们死的时候就会心安理得。”一种深深的沉默笼罩着全体军人

① “他即将被处死，这时他把全部贵重的衣服都送给了刽子手，其中有一件缀满了金饰的黄色丝绒盔甲衣和一顶同样质料的帽子。”见萨拉特：《秘鲁的征服》，第 7 册，第 8 章。

大众，在他们倾听皮萨罗的请求时，只能听到叹息和呻吟的声音；人们忠实地响应了他的请求，因为在他死后，据说，很多城镇都为这个去世的首领的安宁举行了弥撒。

然后，皮萨罗跪倒在放在一张桌子上的十字架前面，停留了几分钟，全神贯注地进行了祈祷；在这之后，他向充当执法官的士兵打招呼，镇定地吩咐他"执行任务不要手软"。他拒绝用绷带蒙住
581 他的眼睛，然后向前低下他的脖子，伸向刽子手的刀剑；刽子手一下子就把他的头砍掉，砍得非常利落，以致躯体好一会儿还停留在活着时候同样的直立姿态[①]。这个首级被送到利马，在那里被装到一个笼子或框架里，然后与卡瓦哈尔的首级并排挂在一个绞刑架上。上面放着一个签条，写着，"这是叛徒贡萨洛·皮萨罗的头，他在秘鲁反叛他的君主，并为暴虐和叛逆的事业而在哈基哈瓜纳溪谷对王室旗标作战"。[②] 他的大量财产，包括波托西的丰富矿藏，都被没收；他在利马的宅第也被夷为平地，那块地方撒上了盐，竖立起一根石柱，上面刻着铭文，禁止任何人在被一个叛徒的住宅亵渎过的地点兴建房屋。

贡萨洛的遗体没有像卡瓦哈尔的遗体那样暴露在外，饱受凌辱，卡瓦哈尔的一分为四的尸体被用铁链挂在通向库斯科的四条大道上。森特诺搭救了皮萨罗的尸体免于被剥光，从刽子手那里

---

① 加西拉索用更富于表现力的直喻说，"刽子手干得非常利落，就像切莴苣一样容易。""如同割韭菜，他反手一刀，轻易地割下了他的脑袋，用手托着，他的身躯也随即倒在地上。"见加西拉索：《王家评论》，第 2 卷，第 5 册，第 43 章。

② "这是叛徒贡萨洛·皮萨罗的脑袋，他是在哈基哈瓜纳河谷被处决的，那是他向王家军队发动大规模进攻的地方。他要坚决维护自己的背叛行径和非法统治，谁要是敢于推翻他的统治，谁就要掉脑袋。"见萨拉特：《秘鲁的征服》，手稿。

赎回了他的价值很高的衣饰，把穿着这豪华的裹尸衣的尸体放置在库斯科圣母女修道院的小教堂里。在这同一地点，并排放置着阿尔马格罗父子的血淋淋的遗体，他们也以相同的方式死在执法官的手里，并且蒙惠于私人的博爱之情得到了安葬。所有这些遗体现在都埋葬在“同一坟墓中”，历史学家多少有些伤感地说道，“好像秘鲁不能提供足够的土地让它的征服者们有一块葬身之地。”①

贡萨洛·皮萨罗死时年仅 42 岁——正是分配给他的部下卡 582
瓦哈尔的天年的一半。他是这个非凡的家族中最年轻的一员，西班牙要感谢这个家族对秘鲁的获取。他随他兄长弗朗西斯科远道来到这个国家，那是在后者访问西班牙回来的时候。贡萨洛在征服的整个非凡的过程中都在场。他目睹过对阿塔瓦尔帕的抓获，积极参加了镇压印加人的叛乱，特别是他参加了攻陷查尔卡斯的战役。他后来领人到亚马孙河流域进行了灾难性的探险；最后掀起这次难忘的叛乱，使他遭到如此不幸的下场。很少有人像他这样，一生中充满这么多狂热而浪漫的冒险，而在大部分情况下都取得了成功。他在历史过程中所占的篇幅总起来说与其才干是不相称的。这在某种程度上可归因于命运，但是更多的应归之于那些构成智力才能的某种替代物的浮华品质，正是这些品质保证了他

① “每个坟墓里埋葬三具尸体，似乎没有足够的泥土掩埋死者。”见加西拉索：《王家评论》，第 2 卷，第 5 册，第 43 章。前些章的悲剧性的细节请参看同书的第 39、43 章；《加斯卡的一生》，手稿；《巴尔迪维亚的信》，手稿；《卡拉班特斯手稿》；佩德罗·皮萨罗：《发现和征服》，手稿；戈马拉：《西印度史》，第 186 章；费尔南德斯：《秘鲁历史》第 1 卷，第 2 册，第 91 章；萨拉特：《秘鲁的征服》，第 7 册，第 8 章；埃雷拉：《通史》，第 8 卷，第 4 册，第 16 章。

深受一般士兵的拥戴。

他有一副英姿勃勃的外表，擅长所有的军事操练，精于骑马，剑术娴熟，手中长矛神出鬼没，是第一流的火绳枪神枪手，并且还有一名出色的规划者的才能。他勇敢而有骑士气概，甚至鲁莽而崇尚冒险，总是敢于身临险境。总而言之，他是一个道道地地的游侠骑士。“当他骑着他那心爱的战马奔腾驰骋的时候，”曾经看到过他的一个人说，“可以使一中队印第安军队相形见绌，他们简直就像一群苍蝇一样。”①

由于他那卓越的英勇行为和翩翩风度吸引了其同胞们的想象力，他靠这点赢得了他们的爱戴。正是依靠他那军人的直率，对他们的忠诚的信任——他们往往辜负了这种信任——以及他的那种慷慨大度才笼络了他们的心；对皮萨罗来说，虽然对别人的财产贪婪，但是，像罗马的阴谋家那样，对自己的财产又挥霍无度。这是他得意之日的写照，那时他的心还没有被成功所腐蚀；因此足以证明，他身上的某些变化是由他的发达昌盛造成的。他的脑瓜被他的提升搞得眩晕缭乱；这正是他缺乏符合其成就的才干的证明，他不懂得如何利用它。他只听从他自己轻率的判断的支配，拒绝接
583 受他最明智的顾问的告诫，盲目自信地听天由命。加西拉索把这种情况归咎于占星术的有害影响。② 但是迷信的编年史学家最好还是用人类的共同本性来解释；用由于成功而滋长的专横来解释；

① “贡萨洛·皮萨罗踌躇满志地骑在他的栗色马上，对那一队队的印第安人不屑一顾，似乎那是一群群的苍蝇。”见加西拉索：《王家评论》，第 2 卷，第 5 册，第 43 章。

② “据说他很清醒，很有理智，但是，严重的天数命运之类的想法使他发昏，迫使他把自己的脖子放在屠刀上。”见加西拉索：《王家评论》，第 2 卷，第 5 册，第 33 章。

用罗马的，更确切地说是希腊的谚语称之为疯狂来解释，上帝在打算毁灭他们的时候以此来折磨他们。①

贡萨洛未受过教育，只有他在战争这座狂暴的学校里偶尔获得的那一点儿知识。他甚至缺乏来自天生的机敏和知人善任那样一种智慧。在所有这些方面，他都不及他的兄长们，当然在胸怀野心方面他与他们完全一样。如果他具有他们的洞察力的十分之一，在这位院长来到之后，他就不会疯狂地坚持造反了。在这个时期之前，他代表人民。他们的利益与他的利益是一致的。他得到他们的支持，因为他正在为替他们申冤而斗争。当这些都由政府纠正之后，那就没有什么可斗争的了。从这时候起，他只是在为自己而作战。人民与这场争夺既无关系又无利害。没有一种共同的感情把他们团结在一起，难道他们离开他，像冬天的落叶一样把他剥露成光秃秃而又枯萎的树干，让他去饱尝暴风雪的欺凌，这还有什么值得奇怪的吗？

塞佩达比皮萨罗更应受到谴责，因为他有较高的教育程度和智力水平，但是这些条件他都用来把他的指挥官引入歧途，而不想使他幸免于此。他是以一个负有最高责任的官职来到这个国家的。他的第一步就是背叛他被派来加以支持的总督；他的下一个步骤就是背叛他应与之共同行动的检审法院；而最后，他背叛了他最愿意为之效力的首领。他的整个生涯就是对他自己的政府背信弃义。他的一生是一个漫长的叛变历程。

在他投降之后，某些骑士厌恶他的冷酷的变节行为，曾劝说加

① “神要把祸害加于人的身上时，首先伤害其心灵。”——欧里庇得斯残诗

斯卡把他同其指挥官一起处决；但是这位院长拒绝了，考虑到他以其变节行为还是为王室立了显著的功劳。然而，他被逮捕了，并押送到西班牙。在那里他被控犯了重大叛国罪。他花言巧语地为自
584 己辩护，而且因为他在朝廷有许多朋友，所以他并非不可能被宣判无罪；但是，在审判结束之前，他就死于监狱之中。这是在世事当中并不总能碰到的因果报应式的公正惩罚。[①]

的确，事情的结局是这样的：几个最先离弃皮萨罗事业的那些人比他们的指挥官只多活了很短暂的时间。那个勇敢的森特诺，以及传道士卡瓦哈尔在利马附近背弃了他，在哈基哈瓜纳战场上举起了王室的旗标，他们俩都在皮萨罗死后一年之内死去。伊诺霍萨两年之后在拉普拉塔被刺杀；而他的老同伴巴尔迪维亚，在智利取得了一系列的辉煌功绩（这些功绩为西班牙的史诗之神缪斯提供了她的最灿烂的主题），之后被阿劳科的无敌的勇士杀死。皮萨罗的灵魂总算报仇雪恨了。

阿科斯塔以及与贡萨洛一起投降的另外三四名骑士，都被押去与其首领在同一天处决了；在这阴沉的悲剧发生的第二天早晨，加斯卡就拔营率领全军向库斯科进发，在这里他受到这些有智虑的民众最近对其敌人所表现的同样热情的欢迎。他发现许多叛军在被击败之后逃到这座城里避难，他们立即被逮捕起来。根据加斯卡的命令，对他们提起诉讼。十到十二名主要骑士被处决了，其

① 这个狡猾的法学家准备了一个花言巧语的论据来辩护自己的无罪。著名的教皇辖区历史学家伊列斯卡斯宣称，凡是注意地读这个文件的人，都会从这一细读中浮现出完全确信作者的无辜以及他不可动摇地忠于王室的想法。参看由加西拉索引证的段落。《王家评论》，第 2 卷，第 6 册，第 10 章。

他的被流放或送去做苦工。对那些逃跑以及尚未被抓获的人也宣布了同样严厉的判决；他们的财产都被没收了。造反者的财产为酬报忠实信徒提供了资金。[①] 这一审判似乎太严厉，但加斯卡认为对那些经常拒绝他提出的赦免的人应严加惩罚。宽大对一个粗野放肆的士兵是没有用的，他们很难认识到政府的存在，除非他们感到它的严厉的权威。

现在一项新的责任临到这位院长的头上——奖赏他的忠实的追随者——这证明和惩办那些有罪的人同样困难。提出请求的人 585
不计其数，因为每一个为政府利益出过一点力的人都要求给他们奖赏。他们吵吵嚷嚷，纠缠不休地提出他们的要求，使这位善良的院长大伤脑筋，消耗了他所有的时间。

由于厌恶这一不利的事态，加斯卡决定使自己立刻摆脱这一烦扰，于是隐居在距城大约 12 里格远的瓜伊纳里马溪谷，在这里安安静静地制定一个仔细的酬报方案，对参加者论功行赏。随从他的只有他的秘书以及现任利马大主教洛艾萨，那是一个有见识的人，并且很熟悉这个国家的事务。这位院长在这里隐居了三个月，周密审查这些互相抵触的要求，并根据各自的贡献在参加者当中分配这些没收物。应当提一句，这一分配额通常只分配给活着的人，原任职人员若死亡，则归还给王室，以便根据王室的意愿重新分配或保留。

当这个艰巨的工作完成之后，加斯卡决定撤到利马去，把财产

① 佩德罗·皮萨罗：《发现和征服》，手稿；费尔南德斯：《秘鲁历史》，第 1 卷，第 2 册，第 91 章；《巴尔迪维亚的信》，手稿；萨拉特：《秘鲁的征服》，第 7 册，第 8 章；《加斯卡的一生》，手稿。

分配的文件留给大主教以便传达给军人。尽管以极大的细心进行了公正平等的评定，但加斯卡意识到，这不可能满足妒忌的和易怒的军人们的要求，因为每个人都可能过高地要求对自己的奖赏，而低估其同伴的功劳；这些人会毫不犹豫地出面纠缠和抱怨，这只能给他添很多烦扰。

在他离开之际，大主教把部队召集在大教堂里，听取委托他传达的分配计划表的内容。首先由阿雷基帕的修道院长，一位可尊敬的多明我会修道士做了一次讲道，这位可尊敬的神甫详细阐述了知足常乐的美德，服从的义务，以及企图反抗合法当局的愚蠢和邪恶，总而言之，是一些他认为最能赢得其听众的善意和支持的主题。

然后由教士宣读院长的一封信。那是写给军队的军官和士兵的。作者首先简要地概述了他工作中的各种困难，这是由于赏金数量有限，而提出要求的人数和所做贡献的数量太大。他说，他已
586 经最细致地考虑了这个问题，并竭力按照每个人应得的奖赏分配份额，不偏不向。他无疑会有搞错的地方，但他相信他的部下在考虑到他已经尽了他最大的努力时，将谅解这些错误；而且他相信，所有人都会公正对待他，承认他没有为个人利益动机所左右。他着重强调他们对这良善事业所做的贡献，最后以最亲切的祝愿祝贺他们未来的昌盛和幸福。这封信写于瓜伊纳里马，日期是 1548 年 8 月 17 日，上面只有传道士加斯卡一人的签名。[①]

---

① 《卡拉班特斯手稿》；佩德罗·皮萨罗：《发现和征服》，手稿；萨拉特：《秘鲁的征服》，第 7 册，第 9 章；费尔南德斯：《秘鲁历史》，第 1 卷，第 2 册，第 92 章。

大主教随后宣读了写有这位院长所赐给的奖赏的文件。地产的年租金分配总数达 13 万金比索;[①]如果考虑到那个时代的货币的价值,这在秘鲁以外的其他国家是一个很大的数目,在秘鲁,货币是不值钱的。[②]

于是年租金分配额就按 100 到 3500 比索的不同价值进行分 587
发;很明显,所有的份额都是按参加者的功劳准确分等的。领取年金的人数约为 250 人;因为资金不够普遍进行分发,即使对认为值得予以考虑的大部分贡献来说也不够分发。[③]

这个文件产生的效果,对于那些脑子里充满漫无限制的企求

① 据加西拉索的说法,金比索的价值是西班牙金币价值的五分之一强。见《王家评论》,第 2 卷,第 6 册,第 3 章。

② "佩德罗・德拉加斯卡把尚未分发的 135000 比索分给了在那次战斗中助了他一臂之力的军官和士兵。这笔钱不是迭戈・费尔南德斯说的一百万零几千比索,但他在帕伦西亚写下了这笔糊涂账,而安东尼奥・德埃雷拉也居然信以为真。秘鲁的有功之臣在那次战斗中(那是第二次了)正确地巩固了其先辈开创的事业,并使卡斯提尔(西班牙)君王保住了他在美洲最富有的省份。为了使人们准确地记住这些省份,我给它们起了名字,1548 年 8 月 17 日,这些省名载入了库斯科城附近的瓜伊纳里马的文件中,现在归政府档案室所有。"见《卡拉班特斯手稿》。正文中所提到的在军队中进行分配的钱数远不足加西拉索所说的数目,实际上,费尔南德斯、萨拉特和写这个主题的每个其他的作者没有一个把该数目估计为低于 100 万比索。但是,卡拉班特斯是从保存在王家档案馆中的分配条例原件抄录的,所以我取了他的数字。可是,加西拉索・德拉维加理应熟知这些财产的价值,据他说,大大超过细目单中估计的数目。例如,他说,伊诺霍萨从贡萨洛・皮萨罗的财产中得到的分配给他的土地和贵重的矿藏每年不下 20 万比索,而阿尔达纳、传道士卡瓦哈尔以及其他人拥有授予他们的财产从 1 万到 5 万比索不等(见上)。不可能使这些巨大的差异一致起来。看来,由于这位古代编年史学家的轻信,再大的数目他也会信以为真;而读者的想象力完全被这个黄金之乡(El Dorado)的实际的富有搞迷惑了,因此很难用任何可能的标准来校正他的信念。

③ 卡拉班特斯曾经从该分配条件的原件中抄录了领取年金人员的全部名册,以及每个人名下的金额数目。

的人来说，正像这位院长所预料的那样，它引起了普遍的嘁嘁喳喳的不满声。即使那些得到的比他们希望的要多的人也不满足，他们以自己的条件和其同伴们的条件相比，认为同伴们得到的酬报比应得的份额大得多。他们特别猛烈抨击对贡萨洛·皮萨罗的旧党徒所表现的偏爱——诸如对伊诺霍萨、森特诺以及阿尔达纳——对他们的奖赏超过了那些一直忠诚于王室的人。这种偏爱是有某种理由的，因为没有谁在粉碎叛乱中做出如此重大的贡献。如果仅仅按照忠心来奖赏每一个证明自己忠诚于王室的人，就会把赠品零打碎敲地浪费掉，对任何人都不会有什么价值。①

由一些主要骑士为后盾的大主教向群众灌输一种比较满意的情绪，然而，这是徒劳的。他们坚持要求废除这种奖赏办法，并在一种更公平的原则上重新制定奖赏办法；并且威胁说，如果这位院长不这样做，他们将自己动手来纠正这种做法。他们的不满被某些调皮捣蛋的人火上加油，他们想在这里面捞到好处，最后发展到甚至有发生一场兵变的危险，直到库斯科的司令官判处了一个头目的死刑，把其他几个头目流放之后才镇压下去。刚强的征服军人需要有一副铁腕来统治他们。

与此同时，这位院长正在继续他去往利马的旅程；途中所到之处都受到了人民的热情欢迎，他心中更高兴的是他感到他无愧于
588 这一欢迎。当他临近首府时，这里的忠诚居民准备对他给以隆重

① 这位院长想出了酬报他的几个部下的巧妙办法，把在战争中死去的骑士的富有的遗孀许配给他们，在这一策略性的安排中，似乎并不总是征求了这些女士们的同意。参看加西拉索：《王家评论》，第 2 卷，第 6 册，第 3 章。

盛大的欢迎。全体居民都出城迎接，由该城的官员率领，为首的是当市长的阿尔达纳。加斯卡骑着一匹骡子，穿着他的教士长袍。在他的右边，在一匹披着华丽马衣的马上，驮着御赐印玺，装在一只镂刻精细和装潢很美的盒子里。在他头上方由市政府官员打着用锦缎制成的豪华的华盖，这些官员们穿着绯红色的天鹅绒长袍，光着头走在他的旁边。快乐的舞蹈队穿着色泽绚丽的丝织品的奇异服装跟在游行队伍后面，他们一面走一面抛撒花朵并歌唱诗句，以此对这位院长表示敬意。这些舞蹈队员们被打扮成这个殖民地的各个城市的象征；他们的帽子上戴有用韵文写成的铭文和警句，表示他们对王室的忠心，还可补充一点，他们的乐曲比他们的诗才更能表达他们的忠诚。[1] 就是这样，在没有敲鼓声，没有大炮的喧闹声，没有任何随战争而来的刺耳难听的声音的情况下，这位善良的院长平静地进入了这座几代君王建都的城市，而人民的欢呼声却响彻云霄，他们称呼他为"父亲和解放者，他们国家的大救星！"[2]

但是，无论这些效忠的仪式多么使加斯卡心中高兴，可他却不是一个在这种无意义的虚荣中浪费时间的人。他现在只是考虑用什么办法来铲除这些骚乱的种子，这些种子在这块肥沃的土地上滋生发芽得太快了，并且考虑如何把政府的权威置于一个永久的

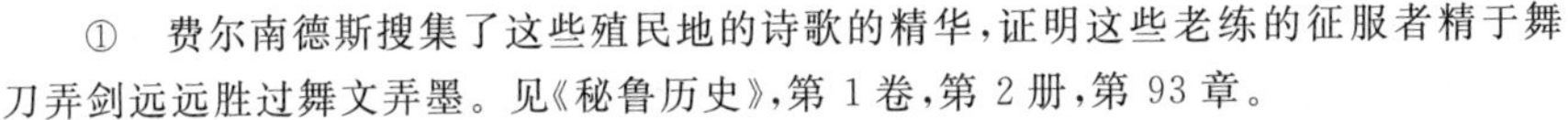

① 费尔南德斯搜集了这些殖民地的诗歌的精华，证明这些老练的征服者精于舞刀弄剑远远胜过舞文弄墨。见《秘鲁历史》，第 1 卷，第 2 册，第 93 章。

② "欢迎极其隆重，人民为摆脱暴君的统治普遍感到高兴。大家高声地为（法院）院长祝福，把他叫做国父、复位功臣和平叛功臣；大家感谢上帝，因为他为神圣的国王陛下所受到的耻辱报仇雪恨。"见埃雷拉：《通史》，第 8 卷，第 4 册，第 17 章。

基础上。根据他的官职，他掌握着检审法院的大权，的确，它是这个殖民地的最高司法和行政法庭；他迅速敏捷地处理了骚乱期间积累下的繁多的问题。在未解决的财产问题中，有很多要提起诉讼的主题；但幸而新的检审法院是由一些能干的、正直的法官组成的，他们勤奋努力地协助他们的首长来纠正由其前任的暴政所造成的危害。

589　加斯卡对不幸的土著人也不是漠不关心的；他认真地在研究处理这个困难的问题——想最好最切实可行的办法来改善他们的境况。他向这个国家每个地区派出了许多视察专员，他们的任务是检查各个领地，查明印第安人所受的待遇，不仅和所有主进行交谈，还与土著人面谈。他们也对印加王的封臣们早先交纳的贡金的性质和限度进行了解。[①]

用这种方法获得了大量有价值的情报资料，这使加斯卡在教士和法官顾问班子的协助下，制定了对土著人征税的统一制度。这种税额甚至比秘鲁王公强加给他们的负担还轻。这位院长本来很愿意把这个被征服的种族从个人服役的义务中解放出来；但是，经周密考虑之后，认为在这个国家当前的情况下这是行不通的。因为这些殖民地开拓者，特别是在热带地区，依赖土著人替他们干活，而后者，根据经验知道，除非强迫他们干活，否则他们根本就不

① “加斯卡院长下令视察这个王国的各个省份和各个地区，为此，他任命了一些权威人士。据说，这些人除了具备基督教徒这一条件外，还必须德才兼备，有能力完成此项任务，了解要视察的地区。其次，加斯卡对他们进行调查的内容做了指示，调查的项目很多，如人口、财产、贸易及利润、人的品质、土质、各地区的条件以及上缴的税收。”见翁德加多：《第一次叙述》，手稿。

干活。然而，这位院长非常精确地限定了服劳役的数量，使它处于适中的人身税的水平。任何秘鲁人都不必从他们已习惯于当地气候的居住地迁往别处；这种迁移在过去是不舒适以及疾病的根源。实行了这些不同的条例之后，土著人的境况，虽然没有像拉斯·卡萨斯的乐观的慈善心所期待的那样，但比处在这些殖民开拓者种种苛求的境况下要改善得多了；为了贯彻这些不合后者口味的规定，检审法院需要有坚定不移的决心。但它们仍然得以贯彻了。奴隶制度，从其最可憎的意义上来说，在秘鲁再也不能容忍其存在了。不承认“奴隶”一词与其制度有关系；西印度历史学家对此大吹大擂——应从我曾提到的限制来看——说每一个印第安奴仆都 590
可以指望进入自由人的行列。[①]

除了这些改革之外，加斯卡在各个城市的市政府里采取了几项改革措施，在财政管理以及记账方式方面也进行了另外的而且是更重要的改革。鉴于在这个殖民地的国内经济中发生的各种变化，他将行政管理置于一个新的基础上，为他的继任者建立一个更可靠和更有秩序的政府创造了方便的条件。作为最后一个步骤，为了保证这个国家在他走后能保持平静，他派遣一些最有抱负的骑士到遥远的地方去探险，相信这样能转移这些浮躁的和不安定的人们的情绪，否则他们很可能聚集在一起并扰乱公众的安宁；就像我们有时候看到的薄雾，在太阳的温暖照射下本已消散，而在太

① “院长和法院已经颁布此项命令，事情就算了结，以后人们再也没有提起奴隶这个名词，而是谈论这一区域普遍享有的自由。”见埃雷拉：《通史》，第 8 卷，第 5 册，第 7 章。

阳离去时就会凝结，沉积下来形成一场暴风雨。[①]

加斯卡现在在利马待了 15 个多月，自从他第一次跨进秘鲁以来，时间已经过去快 3 年了。在这段时间里，他已经完成了其使命的伟大目标。当他最初登岸时，他发现这个殖民地处于无政府状态，更确切地说，处在一个强有力的和得人心的首领领导下的有组织的叛乱状态。他来时既无资金又无军队支援他。前者他以建立在良好信用的基础上进行贷款的方式来获得；后者他以雄辩和说服来争取当事人，而这些人都曾是他的对手所信任的人。就这样，他使那个敌人的军队调转枪口反对敌人自己。他用沉着的说理引起了人心的转变，没有让一个忠诚的臣民流一滴血，他就将可能要使西班牙失掉其最富有的省份的叛乱镇压了下去。他已经惩处了有罪的人，并用他们的赃物去酬报那些忠诚的人。而且，他非常节俭地使用这个国家的资源，使他能偿付他曾与这个殖民地的商人
591 谈妥的大宗贷款，因为战争的开支超过 90 万金比索。[②] 不仅如此，由于他的节约措施，他更为政府贮存了 150 万金币，政府已有些年未从秘鲁得到收入了；他现在提议把这一受欢迎的财富运回国以充实王室的金库。[③] 所有这些都是在不费人力和薪俸的条件

① 《卡拉班特斯手稿》；戈马拉：《西印度史》，第 187 章；费尔南德斯：《秘鲁历史》，第 1 卷，第 2 册，第 93、95 章；萨拉特：《秘鲁的征服》，第 7 册，第 10 章。

② “自从他进入巴拿马那一天起，直到战争结束，他借了 90 万金比索。后来他积攒了一大笔钱，偿还了那笔借款。”见埃雷拉：《通史》，第 8 卷，第 5 册，第 7 章；萨拉特：《秘鲁的征服》，第 7 册，第 10 章。

③ “院长支付了庞大的战争费用之后求见国王陛下，并随身给他带去价值 264422马克的银币，亦即 1583332 杜卡多(一个马克等于六个杜卡多)”。见《卡拉班特斯手稿》。

下完成的，或者说除了他自己所支出的俭朴费用之外，他没有再花费王室的钱。[①] 这个国家现在已处于平静的状态。加斯卡觉得他的工作已完成了；因此他现在可以松心地来满足其回归故土的思乡之情了。

在动身之前，他把去年由于在职官员死亡转归王室的那些授予地进行了安排。在秘鲁的人们寿命很短；因为那些靠刀剑生活的人，如果不死于刀剑之下，也常常很快就成了伴随冒险生涯而来的困苦的牺牲品。很多人要求政府给予新的补助金；因为他们当中有些人曾对先前领得授予地的份额不满意，所以加斯卡遭到他们的抗议，并且有的时候是用不太礼貌和不尊敬的语言表达对他的指责。但是他们没有力量扰乱他泰然自若的态度；他耐心地倾听意见，对所有的人都用温和的规劝口吻给以回答，以期尽量打消他们的愤怒；“他能如此克制自己”，一位老作家说道，“获得了比战胜敌人的光荣更为真实的荣誉”。[②]

在他动身的前夕发生了一件事情，这件事的本身令人感动，而对有关的人来说则是光荣的。邻近地方的印第安人酋长，不忘他给人民带来的巨大利益，向他赠送了相当大的一批金银餐具以表他们的感激之情。但是加斯卡拒绝接受，当然他这样做的时候对这些秘鲁人给予百般的关怀，因为这些秘鲁人害怕他们无意中惹 592

① “加斯卡没有，也不想要俸禄，他只有一些字据，凭着这些字据王家军官付给他的管家一些必要的钱财，他自己账本上的开支是很少的。”见《卡拉班特斯手稿》。加斯卡似乎在他登船去这个殖民地的时候起，就极其精确地将其自己的和家务费用的开支记入账本。

② “他除了战胜并夺取整个帝国外，也战胜了他自己。”见加西拉索：《王家评论》，第2卷，第6册，第7章。

他不高兴了。

许多主要的殖民地开拓者，出于对他的重要贡献表示感谢的愿望，也在他登船之后送给他一份5万卡斯提尔金币的巨额赠款。"因为他已告别了秘鲁，"他们说，"因此不再有理由谢绝接受。"但是加斯卡对这笔赠款就像曾拒受其他的礼品一样坚决予以拒绝。他指出，"他来到这个国家是为君王服务的，并为了保证居民们得到和平的赐福；既然靠上帝保佑，他得以完成了这一重任，他就不会让任何可能对其动机的纯洁性撒下疑点的行动来玷污这一事业。"尽管他拒绝接受，这些殖民地开拓者还是设法在他的船上秘密藏了数目为2万的卡斯提尔金币。他们这样想，即他一旦回到自己的国家，卸却了使命之后，这位院长的顾忌就会打消了。加斯卡的确接受了这份赠品，因为他觉得送回去是不礼貌的；但是，等到他查清了这些馈赠者的亲属之后，立刻在那些最贫穷的人当中进行了分发。①

现在，在处理了他所有的事务之后，这位院长把政府委托给了他的检审法院的忠实的同僚们；直至一位总督到来时为止；1550年1月，他登上载有王室财物的一个船队的船只驶向巴拿马。陪送他到海岸边的居民、骑士以及普通人，有各种年纪和地位的人，简直是人山人海！他们都来与他们的恩人最后道别，并且极目远送载着他的船只离开他们的土地。

他的航行很顺利。3月初这位院长就到达了他的预定港口。他逗留在那里只待能征集足够的马和骡子把这些财物运过崇山峻

---

① 费尔南德斯：《秘鲁历史》，第1卷，第2册，第95章。

岭；因为他知道，这个国家的这部分地区到处是荒野，那些掠夺成性的家伙，如果得知他携带的财物，就会极力想冒险进行某种暴力抢夺。因此，他就催促人们快速前进，跨过崎岖不平的地峡，并且在经过艰苦的行军之后，平安地到达了诺姆布尔德迪奥斯。

发生的事件证实了他的担心。他刚走三天，一个凶恶的游牧部落就在杀害了危地马拉的主教之后，攻入巴拿马城，计划使这位院长遭受同样的命运，并夺取这些财物。这个消息一传给加斯卡，593
他就以他那惯常的魄力募集了一支部队，并准备前去解救这座被入侵的首府。但是幸而，或者更正确地说，像往常一样，上帝在这里保佑他；在他动身的前夕，他得知，这些抢劫者受到当地居民的迎头痛击，被杀得人仰马翻。因此，他解散了部队，配备了一支由19艘船组成的舰队运送他自己以及王室的财物到西班牙去。他平安地驶入了塞维利亚港，在四年多一点时间前他就是从这个港口扬帆出发的。①

他的到来在全国引起了巨大的轰动。人们很难相信，这么大的成果是由孑身一人在这么短的时间里完成的——一个贫穷的教士，他没有政府的资助，靠他自己的力量扑灭了一次叛乱，这次叛乱曾长期与西班牙的军队相对抗！

皇帝外出在佛兰德。他得知加斯卡的使命获得完全成功时大喜望外；对于他给他带来财物的消息的满意心情也不亚于此；因为，难得绰有盈余的国库因最近在德国遇到的困难而枯竭了。查

① 《卡拉班特斯手稿》；戈马拉：《西印度史》，第183章；费尔南德斯：《秘鲁历史》，第2卷，第1册，第10章；萨拉特：《秘鲁的征服》，第7册，第13章；埃雷拉：《通史》，第8卷，第6册，第17章。

理立即写信给这位院长，要他到宫廷里来，以便他可以听他亲口讲述他远征的详细情况。因此，加斯卡由很多贵族和骑士随员陪同，——因为国王愿意给他荣誉的人谁会不对他表示敬意呢？——在巴塞罗那上船，经过一段顺利的航行之后，进入了在佛兰德的宫廷。

他受到君主的欢迎，君主非常感谢他做出的贡献，这种感谢发自肺腑，令人感动；不久之后他被提拔为帕伦西亚的主教——一种最符合他的性格和美德的感谢方式。他在这里待到1561年，这时他被提升到尚乏人选的西根萨主教。他的余年是在执行其主教职务的情况下平静度过的；受到其君主的尊重，享受着同胞的赞扬和尊敬。[①]

594 在他退休之后，政府仍然向他请教有关西印度的重大事项。那个不幸的大陆在这位院长动身后不久又重新发生了动乱，虽然规模比以前小多了。它们主要是由于对授予地的分配不满和对检审法院坚定不移地贯彻执行对土著人的人身劳役所施加的善意的限制不满造成的。但是，几年之后，这些动乱，在两位门多萨的明智的治理下平息了。他们是两名出身于那个杰出家族的前后继任的总督，这个家族曾派出他的许多子孙为西班牙服务。在他们的统治下，遵循温和而坚定的政策，加斯卡为之树立的榜样。这个国家早先的离心离德的面貌永远一去不复返了。和平和繁荣又回到了秘鲁的国境之内；对他的辛勤工作所取得的善果，他可以感到满

① 出处同上。《卡拉班特斯手稿》；戈马拉：《西印度史》，第182章；费尔南德斯：《秘鲁历史》，第2卷，第1册，第10章；萨拉特：《秘鲁的征服》，第7册，第13章。

意了，因为在这位院长一生的晚年，人们对他的赞颂历久不衰。

这个伟大的生命在1567年11月结束了。享年可能与一位郑重的作家规定为人类的天年相差无几。[①] 他死于巴利阿多里德，安葬于该市的圣玛利亚·马格达莱娜的教堂里，这个教堂是他曾建立并慷慨予以捐助的。他的纪念碑上竖立着一尊穿着僧侣长袍的教士雕像，现在仍然可以看到它屹立在那里，以其雕刻的优美吸引着游人的赞赏。在哈基哈瓜纳战场上缴获的贡萨洛·皮萨罗的旗帜悬挂在他的墓前，作为他在秘鲁的难忘的使命的纪念品。[②] 这些旗帜与其安眠于其下面的遗体恐怕早就化为灰烬了，但是他的伟大业绩将永垂不朽。[③]

加斯卡平易近人，但是他的容貌远不是俊秀的。他长得有些 595
笨拙并且体形不匀称，因为他四肢与休躯相比太长，所以当他骑在马上的时候显得比他实际的身高要矮小得多。[④] 他的衣着粗陋，

① 我未曾碰到过关于加斯卡出生年月的记述；但是，在巴利阿多里德的圣玛利亚·马格达莱娜教堂的圣器收藏室中的肖像上的题词说明他死于1567年，享年71岁。这和我们发现他在1552年是萨拉曼卡学院的学生可能达到的年岁完全相符。

② “他死在巴利阿多里德，其尸体埋在该市的马格达莱娜教堂里。这个教堂是他下令建造的，里面挂着他从贡萨洛·皮萨罗那里夺来的红旗。”见《卡拉班特斯手稿》。

③ 缅怀他所取得的成就，这并不只是历史学家如此。仅在几年之后，加斯卡的人品和治国有方就成为英国议会一位最卓越的国务活动家的倍加颂扬的对象（参看1838年2月布鲁厄姆勋爵关于北美殖民地暴行的演说）。我们时代的开明的西班牙人，在悲伤地沉思16世纪在新大陆由其同胞所干的那些暴行之余，会感到一种真正的自豪，在这班邪恶的灵魂中竟能找到一个对当今一代的人来说可以向之学习的正直的智慧的最光辉的榜样。

④ “他的身材矮小而畸形，腰部以下是高个子身材，而从腰部到肩膀还不到三分之一巴拉（约合0.24米。——译者）。骑在马上他显得更加矮小，腿却显得很长。他的脸部长相也很丑陋。自然界拒绝赋予他漂亮的体型，但是他有着双倍的精力。”见加西拉索：《王家评论》，第2卷，第5册，第2章。

风度质朴，外表没有什么引人注意的地方。但是，经过较为深入的交往之后，会发现在他的谈吐中有一种魅力，足以抹掉由于外表所引起的一切不利的印象而赢得听者的心。

可以认为，这位院长的性格在为他撰就的关于他一生的历史中得到了充分的描述。它显示了各种品质的结合，它们通常足以互相抵消，可是在他身上却如此协调地结合在一起，以致给他增加了额外的力量。他为人温和但处事果敢；生来就无所畏惧，却宁愿依靠比较柔和的策略艺术。他个人开支很俭朴，对公家的开支精打细算；可是对为自己发财致富毫不经心，而一旦公众利益需要时，他从不吝惜他的慷慨捐助。他乐善好施并且温厚忠恕，可是也能严厉对待死不悔改的罪犯；他的举止谦逊，可是充满了由于自信有正直的目的而产生的那种自尊；他态度谦恭而不傲慢，可是不在最困难的任务面前退缩；他很能听取别人的意见，可是，最终主要依靠自己的判断；他勤于思考，能耐心等待时机；但是，一旦时机到来，就勇敢、果断和坚决地行动。

加斯卡不是一个天赋很高的人，这是指在这个词的通俗意义上来说是如此。至少，他没有一项智力像是得到了超出其他人的非凡的发展。他不是一个伟大的作家，也不是一个伟大的演说家，也不是一个伟大的将领。他并不自以为是其中的任何一种。他把管理其军队的事务交托给军事家；把教会的事务交托给牧师；民政
596 和司法事务依靠检审法院的各个成员。他不是一个心胸狭小的大人物，渴望事必躬亲，以为别人什么也干不了他这么好。而这位院长是一位能敏锐地识别人才的高手。无论什么职位，他都能选择最适当的人去担任。不仅如此，他能设法保证让他的工作人员忠

实于他；主持他们进行的讨论会和审议会，制定政策的总路线，因而在他们的计划中灌输一种统筹兼顾的精神，使所有行动协调一致去取得重大的成果。

他的头脑所以具有善于识别事物的特长是因为常识丰富——是掌握其同胞命运的统治者的才干的最好替代物，比才干本身更不可缺少。在加斯卡身上，不同的品质是如此和谐地融合成一体，以致无从做得过分。它们好像彼此制约着。而他对人类的同情使他懂得他们的欠缺的性质，他的理智使他估量出在多大程度上能摆脱这些欠缺，以及达到此目的的最佳方式。一方面，他不像拉斯·卡萨斯那样浪费其精力来搞些虚而不实的慈善计划；另一方面，他也不鼓励这些殖民地开拓者的自私自利的政策。他的目的在于寻求切实可行的政策——具有最大效益的切实可行的政策。

在达到其目的的过程中，他鄙弃使用威力和欺诈。他把成功寄托在他能使听众心悦诚服的力量上；而这种力量的源泉则在于他能使人们相信他的真诚。在所有因派系斗争而发出的诽谤当中，从未有对加斯卡的真诚进行诋毁的言论。[①] 无怪乎这一稀有的美德成为秘鲁的无价之宝。

在历史上，有些人的品格是如此奇妙地适应于他们崭露头角的那个特定的危机，以致使人觉得他们好像是上帝特别策划安排来执行这一使命的。例如华盛顿在美国，和加斯卡在秘鲁。尽管我们可以设想出比这两个伟人具有更高的品质的人物，至少具有

① “谦虚谨慎是他的一大美德，但当他为分配土地事宜离开秘鲁去西班牙时，许多人对他怀有敌意。不过对这件事从来没有人敢说三道四，也没有人怀疑，他干事情从来都不是为了中饱私囊。”见费尔南德斯：《秘鲁历史》，第 1 卷，第 2 册，第 95 章。

更高的智力水平，但是他们成功的秘密都在于他们的品格与他们所面临的事变奇妙地相适应，在于使用的手段完全适合于要达到
597 的目的；因此才使加斯卡能如此体面地扑灭一场革命，而华盛顿则更为荣耀地获得革命的胜利。

加斯卡最初来到殖民地时的所作所为替他的性格提供了最好的说明。如果他来的时候是以军队为后盾的话，或者甚至以权势压人的话，那么每一颗心和每一只手都将武装起来反对他。但是这个质朴的教士没有激发出任何疑虑；这样一来，在他开始行动之前，他的敌人已经被解除武装了。如果加斯卡对伊诺霍萨的拖拉不耐心等待，听信那些劝他把他抓起来的人的话，那么他会过早显示暴力行为而使其事业陷于危难之中。但是他英明地选择了设法使其信服而赢得其敌人的心的方针。

出于同样的心计，他耐心等待进入秘鲁的时机。他容许有时间让他的信件在人民头脑中发生作用，并小心翼翼地不在收获物成熟之前强行开镰收割。正因为这样，所以他所到之处，一切条件都为他的光临准备妥当了：当他踏上秘鲁的土地时，这个国家就已经唯他所属了。

在我们迄今为止一直在描述一些邪恶和狂暴性格的人物之后，详细谈谈加斯卡这样一种气质的性格会使人觉得精神为之一振。在我们检阅过的这一长长的行列中，我们所看到的只是披甲戴盔的骑士，挥舞其血淋淋的长矛，骑着战马，蹂躏那些孤立无援的土著人，或者与自己的朋友和同胞混战不已；个个都凶猛异常、狂妄自大和残酷无情，都受其追求金银财宝的贪欲所驱策，或者受比较高尚一点的虚假荣誉心所驱策。的确，由于这些品质混成一

体，所以我们才看到了属于西班牙的英雄时代的骑士和浪漫情调的闪光。但是，除了某些体面的例外，成群结队到秘鲁去的正是其骑士团的那些残渣余孽，并且都聚拢在皮萨罗兄弟们的麾下服务。在这一长列残酷的武士之后，我们看到这位贫穷和质朴的传教士肩负赦免的使命来到这块土地上，并到处宣布令人高兴的和平消息。没有好战的号角通报他的来临，他的行程也未曾在沿途充斥着伤者和垂死者的呻吟声。他所使用的手段与他要达到的目的完全合辙。他用雄辩和适度的说服作为武器。他要征服的是人们的理智而不是躯体。他靠说服力而不是靠暴力开拓道路。他渴望的正是一种道义上的胜利，这是一种比沾满血污的胜利者所赢得的胜利更强有力而且恰是更持久的胜利。正如他这样沉着地，不知
不觉地取得他的伟大成果一样，使我们联想起大自然在物质世界 598
进行的那种缓慢的和不易觉察的巨大变革，能持续到被飓风所毁坏的残迹都消失了和被遗忘了的时候。

随着加斯卡使命的完成，秘鲁征服史也就结束了。的确，这场征服严格说是在扑灭了秘鲁人的起义之后就结束了，这时印加种族即使不在精神上，也在力量上被永远压垮了。然而，读者可能会感到一种自然的好奇心，对曾取得征服胜利的惹人注目的家族的命运追根问底。如果不多少叙述一下由入侵而引起的内战，那么，入侵历史的本身也是不完整的；而且，它可作为对前面叙述的事件的一种道义上的评论，以表明放纵于凶残和无约束的情欲，迟早必定要报应到有罪者的头上，甚至在今生今世就会有这样的报应。

确实，在加斯卡离开后，这个国家又重新出现了动乱。水曾经被搅混得太厉害了，以致不能立即平静下来；但是，在他的继任者

的稳健的治理下，动乱逐渐平息下来了，这些继任者英明地采用了他的政策和范例。因此，这位善良的院长的影响一直保留到他离开政治舞台；而迄今为止曾一直处于狂乱状态的秘鲁，也继续像西班牙殖民帝国的任何部分一样享受着同样的平静。那么，写完加斯卡的仁慈使命之后，撰写这一征服史的历史学家就得以结束他的工作了，——心中有一种很像旅行家所具有的那种感觉，当他在阴郁的森林和危险的山中隘路经过长时间跋涉之后，最后终于出现在充满平静与安宁、风景如画的舒适土地上。

奥古斯廷·德萨拉特——一位应受到高度崇敬的权威人士，本书后半部分经常引用他的材料——是西班牙政府账目审计长。这个职位他担任了15年；在这之后，他被政府派往秘鲁去审查殖民地的财政情况，因为那里的财政情况被最近发生的骚动搅乱了，如果可能的话，他受命设法将它恢复正常。

萨拉特因此随着总督布拉斯科·努涅斯的随员班子就出发了，并且，因其鲁莽的首领的感情用事，发现自己在到达后不久就卷入了内部倾轧的无法摆脱的纠缠。之后，在接着发生的斗争中，
599 他留在检审法院一边；并且我们发现，在利马，当贡萨洛·皮萨罗逼近这座首府时，萨拉特受法官们的委托来接待这个叛军首领，要求他解散其军队并撤到他自己的庄园。这位历史学家执行了这一使命，但他似乎对此很少有兴趣，而且肯定是不无危险的。从这个时期起，我们很少在接着发生的动乱场面里听到关于他的情况。他可能除了纯系迫于形势之外没有进一步参与其事；但是他对贡萨洛·皮萨罗所作不利的评论其意义表明，不管他对这位总督（努

涅斯)的行为多么不满,然而他一刻也不支持其敌手的罪恶野心。这段时间对萨拉特来到秘鲁进行财政改革肯定是不顺利的。但是他对王室的利益非常赤胆忠心,因此在他归来之后,皇帝深表满意,任命他为佛兰德的财政总监。

来到秘鲁不久,他似乎就曾抱有使其国内同胞了解这个殖民地正在发生的激动人心的事件的想法,而且,对历史学家的研究工作提供了某些引人注目的细节。虽然,正如他对我们说的,他为此目的收集了记录和日记,但在回到西班牙以前,他一直不敢加以利用。“因为要想开始写秘鲁史”,他说道,“仅此一项就足以把我的性命置于危险之中;因为有那么一个名叫弗朗西斯科·德卡瓦哈尔的指挥官恫吓说,谁要是如此轻率地企图描述他开拓殖民地的故事,他将对他采取报复行动,——因为它们根本不值得记录下来,不如让它永远被遗忘掉”。读者很容易认出来,这个指挥官就是贡萨洛·皮萨罗那个老练的副官。

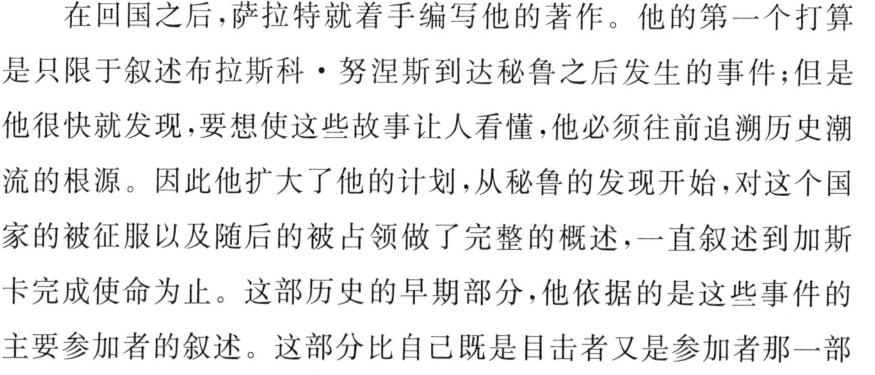

在回国之后,萨拉特就着手编写他的著作。他的第一个打算是只限于叙述布拉斯科·努涅斯到达秘鲁之后发生的事件;但是他很快就发现,要想使这些故事让人看懂,他必须往前追溯历史潮流的根源。因此他扩大了他的计划,从秘鲁的发现开始,对这个国家的被征服以及随后的被占领做了完整的概述,一直叙述到加斯卡完成使命为止。这部历史的早期部分,他依据的是这些事件的主要参加者的叙述。这部分比自己既是目击者又是参加者那一部分事件写得更为扼要。鉴于他处在优先获悉情报消息的地位,所 600
以他提供的证据具有最高的价值。

阿尔塞多在他的《美洲丛书》手稿中,说萨拉特的著作“收纳了一些很好的材料，但其准确性不值得过奖"。他是在党派性狂热的驱使下写作的，这必然会歪曲最公正的见解，使之有些偏离其自然的趋向。这一点我们必须借详细阅读互相冲突各方的叙述来加以考虑斟酌。但很明显，这里没有不顾真实情况而支持他自己的事业的意向；而他接触到的最可靠的消息来源经常为我们提供其他编年史学家无法弄到的细节材料。而且，他的叙述带有晓谕事理的见解和边述边议的评论，它可使那多事之秋的黑暗历程中有了一些光明。可是作者的写作风格只能适度地夸一下其优美或严谨；而其行文的句子冗长乏味，属于古老时代受过严格训练的正规编年史学者那种喋喋不休的文风。

这样一部著作或多或少地必定要涉及的一些人物，使得作者不敢加以发表，至少在他有生之年不敢发表。他说，由于这些西班牙骑士好猜忌的风气，"非难无论多么轻微，也会被人用愤慨的眼光来看待，甚至赞扬也很难符合其对象的要求。"他表示确信，有些人把对自己时代所做的叙述的手稿保存得十分安全，留待与其有牵连的一代人逝去后再作处理，那些人的做法是聪明的。然而，他自己的手稿却呈给了皇帝；而且得到皇帝的极大称赞，所以萨拉特鼓起更大的勇气，答应将它出版。因此，它以八开本的形式于1555年出现于安特卫普；第二版以对开本的形式于1577年印刷于塞维利亚。它还曾被收编入巴西亚的有价值的选集中；不管在同时代人中可能引起什么愤慨或不悦，他们觉得受到了作者非难的刺痛，或者感到自己没有得到合法的酬报，但萨拉特的著作仍然在该时代历史的最权威的行列中占据了永久的位置。

萨拉特的名字使人自然而然地联想到费尔南德斯的名字，因

为二人都是这同一历史领域的作者。迭戈·费尔南德斯·德帕伦
西亚，或者叫帕伦蒂诺，人们通常这样称呼他，从他出生的地方渡
海来到秘鲁，为镇压在加斯卡回到西班牙后暴发的叛乱而征集的 601
王室军队里当一名列兵。他在执行军队勤务中间，抽空为写这个
时期的历史搜集资料。总督门多萨·马克斯·德卡涅特又进一步
鼓励他，正如他告诉我们的那样，授予他秘鲁编年史官的职位。这
种对其文学才能的信赖，表明费尔南德斯在这方面的造诣比他的
低下的地位要高得多。这位士兵兼编年史官满载着其研究成果回
到了西班牙，过了一些时候，就完成了他对希龙叛乱的叙述史料。

西印度事务委员会主席看到了手稿，并且非常喜欢他的写作技巧，于是他力劝作者以同样的方式撰写关于贡萨洛·皮萨罗的叛乱以及加斯卡治理秘鲁的报道。正如他在给菲利普二世的献词中提到的，这位历史学家由于那位君主的许诺在他完成作品时赐予酬报而得到进一步的激励；这是一个适当的和得策的许诺，但不可避免地会使人想到，这会全然不利于严肃的历史公正性。这样一种推断也并非毫无道理；因为当费尔南德斯的叙述一再向读者展示王室事业的最有利方面的时候，对反对派的权利却有失公正。的确，在领取王室的年金者的书里是不会找到为叛乱者开脱的话的；但总会有一些可以减轻罪责的情况，即不管我们可能怎样谴责罪行，但却可以找到一些减少我们对有罪者的愤慨的情况。可是在费尔南德斯的书中却找不到这些情况。对写这种事件的历史学家是不幸的，因为很难找到一个人倾向于对失败的造反者的权利做出公平的裁判。可是印加人加西拉索在写到贡萨洛·皮萨罗时没有从这点上退缩；甚至戈马拉，虽然生活在朝廷的影响之下，更

确切地说，生活在朝廷的阳光照射之下，偶尔也曾胆敢提出大量的异议。

从最高当局为费尔南德斯提供的鼓励为他开辟了情报的最好源泉，——至少在争吵双方中的政府一方是如此。他除了与保皇者的首领个人联系之外，还接触到他们的通信、日记和官方文件。他勤奋地利用了他的机会；他的叙述从造反的发生开始，继续写到
602 其最后的消灭，以及加斯卡治理秘鲁的结束。因而，其著作的第一部分，如现在通称的那样，一直写到第二部分的开端，而整个著作对这个国家的狂乱状态描绘了一幅完整的图画，直到建立了新的秩序，在全国奠定了永久的安定局面。

该书的措词相当浅近易懂，不追求作者力所不及的以及超出编年史简明性的修辞美。行文比当时多数拙笨的作品运用得更为巧妙；没有卖弄博学或哲理推测的企图，事件的进程井然有序地运转，虽然相当冗长，但对读者的头脑可留下明晰的和可理解的印象。没有任何一本该时期的历史书在细节的丰富方面可与之相比；因此它曾为后来的编辑者所依托，作为他们自己著作的资料供应的取之不尽用之不竭的储藏；这种情况本身在不小的程度上证明了叙述一般是真实的和充分的。费尔南德斯的编年史，在《秘鲁历史》的总题目下，分成两个部分，当作者在世时，于 1577 年在塞维利亚问世，全书为对开一卷本，这就是本书在准备写作时所使用的版本。

附　　录

I.（原书第 16 页）

对印加王出巡情况的描述；摘录自萨缅托的叙述，手稿。［原始手稿收藏在埃斯库里亚尔图书馆，人们为金斯巴勒勋爵的宝贵收藏复制了它的副本。］

据说在和平时期，印加王出巡时，都乘坐华丽的轿子，威武而庄严。那镶金嵌银的轿子由两根光滑的长木杠支撑，两边各有一个金制拱门，上面装饰着各种宝石。四周垂下长长的帷帘，把轿子遮得严严实实。尊贵的乘轿人只是在进出轿子时才把帷帘掀起，平时谁也看不见里面的人。为了通风和便于乘轿人向外观看，轿子四周的帷帘上还留有一些小孔。轿子都很富丽堂皇，有的上面雕刻有太阳和月亮，有的则雕刻着蜿蜒的巨蛇和被蛇盘绕着的拐杖一类的饰物。轿子由军队护送，抬轿人均是达官显贵，而且是谁随行的次数最多，谁就被认为是最正直、最受宠的臣子。由弓箭手和刀斧手组成的禁卫军簇拥着轿子行进。前边是 5000 名投石手开路，后面是 5000 名标枪手压队，均由其头领带队。还有许多忠实的飞探在两旁打探情况，他们还负责通告印加王驾临的消息。闻讯赶来观看的人非常多，所有的山丘和山冈上都挤满了人。他们用自己的土著语言高声呼喊，向印加王祝福：Ancha atunapo indichiri campa capalla apatuco pacha camba balla Yulley！意思是：

“伟大强盛的主公，你是太阳神之子，唯你才是我们的主宰！我们服从于你，毕恭毕敬！”他们还呼喊其他一些话语，几乎把他崇为上帝。印第安人把沿途的道路打扫得干干净净，连一根草丝、一粒石子也看不到。印加王一行一般是日行四里[①]，或按印加王的意愿多行或少行。休息或进膳时便停下来，印加王顺便了解国事。他愉快地接见所有前来告状的人，同时也尽力挽救或惩罚那些不法
604 之徒。印加王的随从人员唯命是听，寸步不离左右。当地居民向他们提供所需一切，毫不吝惜自己丰富的库存。因此，所需之物，应有尽有。所经之处，许多男人、妇女、青年都遵照指派服役，譬如挑运东西：一个村镇的人将东西挑运到另一个村镇，那个村镇上的人再接着挑。就这样，少则挑一日，多则两日，他们毫无怨言，也不会受到什么损失。印加王有兴致时就是这样巡视自己的国土的，他要亲眼看看所发生的事情，并根据情况对一些重大问题作出相应的决定。然后，便返回王国的中心——库斯科。

II.（原书第 38 页）

对从基多到库斯科的整个高原上由印加人修筑的大道的叙述；摘录自萨缅托的叙述，手稿。

在我所看到和记录的印加王国的事情中，有一件使我每次想起来都倍感钦佩。这就是，我们所看到的规模宏大的道路，他们是用什么方法修建而成的呢？多大的人力才能完成这样宏伟的工程呢？他们又是用什么样的工具和机械铲平山林、敲碎岩石，最后把

① 西班牙里，一里约合 5573 米。——译者

道路修筑得如此宽敞平坦呢？我认为，这只有在当时印加王那无与伦比的强大统治下才有可能实现。我斗胆妄言，即使当今皇帝陛下想修建一条如同从基多到库斯科或从库斯科到智利那样的公路，尽管他权力再大，也恐难办到。同时，这并非一般人力可为。因为假如这些公路只有五十、一百或二百里，那么无论地面多么崎岖不平，相信还是不难修成的。但是，这些公路却很长，有的竟达一千一百多西班牙里，而且全部建在崇山峻岭之上。有的地方从上往下一眼看不见底，还有的地方山峰笔直，岩石密布。这样，为了把道路展开铺平，就必须在布满岩石的半山腰进行挖掘，而全部工具只是火把和镐头。一些地方的山路陡峭崎岖，这就需要从下向上凿出台阶来，台阶间再修几个宽敞的平台，供人们休息之用。最可怕的是积雪，还不止一两处有。但就是在这积雪之上，在这群山之中，他们把荆棘杂草丛生的山冈改造成了平川，有的地方还铺成了石子路。这都是我们亲眼所见，其中绝无虚夸之词。读了这本书或是在秘鲁待过的人，看一看那蜿蜒的瓜亚克伊雷山脉和终年积雪的帕瓦卡卡群山上的从利马到浩哈的公路吧，你看到的东西会比我这一纸描写要清楚明了得多呢。

III.（原书第 47 页）

605

印加王在其征服事业中所奉行的政策；摘录自萨缅托的叙述，手稿。

这些君王最令人羡慕的一点，就是他们非常善于征服大片的土地，并且直到西班牙人发现之前，将其治理得井井有条。记得我在某一未被印加王国征服的省份时，甚至经常听到西班牙人也这么说。我敢肯定，如果印加王在那里的话，会呈现出另外一种局面，也就是说，印加王决不会像他人那样，为了使之学会称臣纳贡而征服该省。印加王的统治很明显地胜过我们一筹。在这种良好的统治下，人们生活、繁衍。贫瘠的省份变得物产富饶——下面还会提到。他们在事情之初，总是力求以善为之，而不是以恶为之。尽管后来有些印加王在许多地方作恶非小，但大家还是认为他们基本上是仁慈善良的，是努力争取人们归顺的。印加王率领人马离开库斯科，浩浩荡荡开往所要征服的地方。到了那里之后，便详细地了解有关情况，如敌人的实力、可能得到的援助、援助可能来自何方，以及途经何路等等。将这些情况搞清之后，他们便想方设法避敌之长，使之无力顽抗或得救。另外，他们还善于指挥修建工事。工事一般修建在山丘或高坡上，里面有数道又高又长的栅栏，每道栅栏都有一个门。这样，一道失守，可以撤到另一道，直至最高点。他们从当地盟邦派出探子去察看地形、探明道路、了解敌情，以及何处给养丰富，以便制定行军路线和次序。他们还派出使者对敌人进行劝降，告诉他们印加王希望同他们结为友好邻邦和同盟。因此，他们应当主动而愉快地出来迎接印加王进城，像其他地方一样归顺于他。为了使地方君主心甘情愿地称臣，印加王还给他们送去礼物。他们就是这样利用各种巧妙的手段，兵不血刃地征服了一个又一个地方。开进一个地方之后，印加王便命令军队不许破坏、奸淫、偷盗或使用暴力。假如一个地方给养供不上，
606 他们就命令由其他地方供应。这样，刚刚归顺的人们就不会立刻感到劳役的繁重，进而讨厌他们。看到哪个地方缺牲畜，他们就马上命令赐给数千头，并要求人们照管好，让牲畜不断繁殖，以满足

当地人生活所需。他们还要求人们在指定的年头和时间内不得屠宰食用这些牲口。如果缺少其他什么东西,印加王同样这样做。如果地处丘陵和流沙地带,他们就苦口婆心地教会那里的人们在山丘上最平坦的地方建造房屋,建设村镇。那些地方的人一般不会耕作,他们便向这些人传授耕种知识,同时让他们学会开渠灌溉。印加王和平地进入某地后,总是把各方面的事都治理得有条不紊,以致在短短的时间内就能使这一地区大为改观。因此,当地居民都乐于服从他们,同意他们的代理人和米梯玛人[①]留在当地。在其他许多通过武力夺取的地区,印加王则下令其军队秋毫无犯。他说:"这些即将属于我们的东西,实际上已经是我们自己的了。"由于懂得了这一点,他们总是尽量使战事小一些。尽管如此,许多地方还是发生了大规模的战斗,当地居民仍然想维持原来那自由自在的生活,不愿丢掉自己的生活习惯和信仰,去崇拜外来的东西。但在战争期间,印加王总是宽大为怀的。在战胜敌人之后,他们不追穷寇,而是把俘虏——如果有的话——和战利品送还给原属的庄园和领地,并告诫他们,不要盲目地与印加王对抗而失掉友情。应当像其他邻国那样,成为印加王的朋友。另外,印加王还送去美女、羊毛、金子等物。他们用礼物和甜言蜜语获取人心。于是,逃到山上的人毫无顾忌地返回家园,大家都放下武器,谁见到印加王次数越多就越感到荣幸。印加王从不驱赶征服地居民,而是让他们崇拜太阳神,但并不禁止异教,只要以库斯科所实行的法律和习惯进行管理就可以,所有的人都必须讲通用语言。印加王

① 印加王派往新征服地区的移民。——译者

安排好总督和驻军后，便继续前进。如果这些地区很大，印加王就会命令修建一座太阳神庙，并照例在里面安排一些妇女，还要为贵
607 族建造府邸，向当地百姓收敛一些说来并不过分的捐税，引导他们统一信仰，学会建造房舍，穿用服装，安居乐业。印加王还供给他们所需之物，并教导他们学会自己生产。据我们所知，许多地方都是如此：原来没有玉米吃，后来玉米满仓；起初人们几乎是赤身裸体，后来学会了穿衣盖毯。妇女甚至还学会了使用装饰品。所有这一切都令人难以忘怀。印加王还派米梯玛人迁徙到安第斯山脉的丘陵地带和其他许多地区，他们在那里种植了大量的玉米、古柯和果树，建立了众多的村镇，他们与家人一直生活在那里，耕作纺织，自给自足，并不感觉缺少什么需要外援，这些都是用这一纸文书难以言尽的。现在，就是最小的村镇里也住上了米梯玛人。下面我们还要谈到米梯玛人向当地居民传授百艺的情况，可谓教者有方，学者用心。

IV.（原书第 103 页）

从曼西奥·谢拉·莱赫萨马的遗言中摘取的选录，手稿。

［下面是一个名叫莱赫萨马的征服秘鲁的军人的遗言的绪论。它是以临终忏悔的性质写成的；似乎是为了解脱作者的心灵，所以他企图用真诚的虽然是为时过迟的赞颂被征服者的优点的言辞来赎他的罪。因为刊载这段绪论的那部作品很少能遇到，所以我把整个绪论引录在此。］

曼西奥·谢拉·莱赫萨马是最先征服秘鲁的西班牙人之一。他在临终前，于 1589 年 9 月 15 日在库斯科城当着公证律师赫罗

尼莫·桑切斯·德克萨达的面所签署的遗嘱，是一份千真万确的自述书和抗议书。圣奥古斯廷教派的神甫安东尼奥·卡兰查在该教的编年史第1卷，第15章，第98页对此有所记述。遗嘱内容如下：

“我们尊敬的、对天主无限信奉、对我主上帝的事业满腔热情的天主教国王唐·菲利普陛下：首先，在开始遗嘱之前，我声明：由于我多次参与发现、征服和开发这些王国，并将它们从过去的宗主和统治者——印加王手中夺取过来，将其置于陛下的王冠之下，因而，多年来我一直感到有责任向您禀奏如下：

印加王治国有方，因此在他们的国土上竟然看不到强盗、窃贼、无赖和娼妓。道德败坏、品行不端的人是不允许在这里生存的。人们都从事着有益的活动。山林、矿藏、牧场、猎物、木材等各种资源均以公开的方式进行管理和分配，人各有份，不得侵犯，因此从不发生争端。虽然战事频繁，但从不妨碍商务，商务也不影响农业和其他社会活动。各方面，不论巨细，都是有条有理，安定和谐。臣民把印加王看做是精明强干、善于治理的人，因而拥戴他，服从他，崇敬他，地方官员也是这样。由于我们在那里遭到了有组 608
织的强烈抵抗，所以为了征服他们，迫使他们信奉我主上帝，夺取他们的土地并将其置于您的王冠之下，我们必须以武力彻底剥夺他们的武装、统治和财产。我主上帝保佑，我们终于征服了这个人口众多、资源丰富的王国，高贵的老爷们成了我们的奴隶，这一切有目共睹。陛下明鉴，我之所以陈述上述事实，目的是解脱自己的灵魂，因为我感到为臣对这一切罪责难当。我以自己的恶劣行径毁灭了这些规规矩矩的土著人。这些土著人不论男女都不会犯罪

或使用暴力，哪怕谁家有金山银垛，他们也不会动什么邪念。有些印第安人出门时从不锁门，只是在门前横一把扫帚或一根小木棍，示意主人不在家就行了。这样，根据他们的习俗，外人就不得入内，也不得拿取他的东西。所以他们看见我们在住房安装门锁，还以为是怕遭他们杀害，并不认为这是为避免偷盗。当他们见我们中间有人盗窃财物或勾引他们的妻女时，便十分鄙视我们。面对我们的不良行为，土著人群情激愤，与上帝决裂了。如今，无人行恶已变成无人或很少有人行善。这些问题真需要很好地纠正一番了，而陛下您对此也应扪心自问了。我对这一切已经无能为力，故特禀告您，并以此得到我主上帝之宽恕。另外，在这个王国内外，我是最后一个尚存一息的征服者，其他人都已作古，我要以此力所能及的方法拯救自己的灵魂。”

609 **V.（原书第 141 页）**

奥维多的《印第安通史》译文，手稿，第 2 卷，第 23 章。

［爱散布流言飞语的老编年史学者的这一章描述新大陆的地方长官与阿尔马格罗之间的一次谈话，当时作者在场。他讲得活灵活现，可以说完全是稀奇古怪；由于它描绘出了两个当事人的性格特征，我认为，本来是给我译出的下面这段译文可能对英国读者来说也会饶有兴趣。］

阿尔马格罗与佩德拉里亚斯的会见，后者放弃了其由于发现秘鲁而得到的收益份额。译自奥维多的《印第安通史》，手稿，第 2 卷，第 23 章。

1527 年 2 月，我有一些账目要与佩德拉里亚斯结算，因此常在他家里。有一天，阿尔马格罗来到他家并对他说，“阁下当然清楚你曾与弗朗西斯科·皮萨罗、唐费尔南多·德卢克院长以及我本人签订有准备去从事发现秘鲁的探险活动的契约。你为这项事业没做出任何贡献，而我们则花光了财产和借款，因为我们花费的总数已经达到大约 15000 卡斯提尔金币。皮萨罗及其部下现在处在极大的困苦之中，需要供应给养并补充勇敢的新兵。若不立刻满足这些要求，我们将整个被毁坏，这样一来，我们刚刚可以预期取得辉煌成果的光荣事业就会一败涂地。我们的开销都会有准确的账目，每个人从这一发现所得到的收益份额要与他对探险装备所做的贡献额成比例。你曾经与我们联合来进行这次探险，因此，根据契约的规定，你没有权利浪费我们的时间并使我们陷入被毁坏的境地。但是，如果你不愿意再充当一名合伙的成员，那么你可以把你在已经花掉的开支中应该支付的份额交出来，以后让我们来干这份事务”。

佩德拉里亚斯对这个建议满怀愤怒地做了回答，他说：“人们从你这番高傲的腔调中真的以为我的权力结束了；但是，如果我不降职的话，那么你将因你的傲慢无礼而受到惩罚。你将对由于皮萨罗和你自己的固执而死去的基督徒的生命负责。替所有这些骚动和谋杀算账的日子一定会到来，而且一定会在你离开巴拿马之前。”

阿尔马格罗回答说，“我承认有万能的审判者，但是在我们必须出席他的法庭之前，所有人都应向活着的人以及死者报账却是
千真万确的。先生，我一定要做成此事，决不退缩，一旦我从你那 610
里弄到一笔钱，将立即送给皮萨罗。我们的君主，皇帝陛下曾对我

们的贡献满意地表示感谢。给钱吧,如果你想分享这一事业的成果的话;因为你对此既未流汗又未吃苦,而且你所出的钱甚至不到签订契约时你所许诺的总钱数的三分之一,——你的整个花费不超过两三个微不足道的比索。但是,如果你愿意马上撤出合伙,我们将把你在我们过去的支出中拖欠我们的钱减免一半"。

佩德拉里亚斯苦笑着答道,"如果你们给我 4000 比索来解除我们的联合大概不会毁坏你们的大事"。

阿尔马格罗说,"为了妥善解决这件事,我们将免除你的整个债务,虽然可能给我们造成毁坏,但我们相信靠上帝的帮助我们会成功"。

虽然佩德拉里亚斯觉得自己免除了为探险出装备而带来的债务,它可能不少于四至五千比索,但他还是不满足,于是问道,"此外你们还给我什么?"

阿尔马格罗十分懊恼地说道,"我将给你 300 比索,虽然对着上帝起誓我在世上没有这许多钱,但我会借钱来摆脱这一如此沉重的负担"。

"你必须给我 2000"。

"我最多只能给 500"。

"你必须给我 1000 多"。

这个首领勃然大怒地叫道,"我给你 1000 比索,虽然我没有这么多钱,但我会找到足够的担保将来付给你"。

佩德拉里亚斯说他对这一解决办法很满意,因而签订了一项契约,其中约定,收到 1000 比索之后,这位地方长官应撤出合伙关系,并且放弃他在这一探险中将取得的收益的股份。我是签署这一文件的证人之一，在这份契约中，佩德拉里亚斯把他在秘鲁的所有的利益都让给和指派给了阿尔马格罗及其合伙人，——由于这一舍弃该事业的行动，并因他的鼠目寸光，他丧失掉了他本可以从印加这黄金帝国得到的大量财宝，这是尽人皆知的事。

VI.（原书第 143 页）

> 皮萨罗、阿尔马格罗和卢克之间签订的契约；摘录自蒙特西诺斯，《编年史》，手稿，1526 年。
>
> ［三个冒险家之间的这个关于发现和瓜分一个帝国的值得注意的契约，在蒙特西诺斯的历史手稿中完整地保存着，他的作品由于收录了这一文件以及其他原始文件，产生了比作品本身的价值更为巨大的价值。这个可认为是皮萨罗所进行之活动的基础的文件，似乎可以说是秘鲁征服史的一个必不可缺少的附件。］

以三位一体的圣父、圣子和圣灵的名义，以唯一真正的上帝的名义，以我们纯洁的圣母的名义，我们订约如下：

本契约缔约人一方为本人——巴拿马圣教教区牧师唐·费尔 611
南多·德卢克；另一方为弗朗西斯科·皮萨罗将军和迭戈·德阿尔马格罗。我们均为本巴拿马城居民，现一致同意签订本契约。本契约永远不得更改，永远有效。缔约双方需知内容如下：我们，上述弗朗西斯科·皮萨罗将军和迭戈·德阿尔马格罗，得到佩德拉里亚斯·德阿维拉总督惠准，去征服被人们称为秘鲁的王国。据悉，秘鲁王国地处海湾另一端。为了此次远征，需要船只、人马、给养及其他物资。否则，我们无法完成这样的征程。因此，上述唐

费尔南多·德卢克将予以提供。订约各方相互平等。我们三人同
意就发现、征服和开发秘鲁王国及其省份之后所得一切达成协议：
利益均沾，不偏不倚。你，唐费尔南多·德卢克，应向我们提供价
值 2 万比索的金条，每比索折合 450 马拉维迪[①]作为此次远征的
船队和人马之费用，我们将以上述金条为单位接受资金。这笔资
金已当着本契约公证律师的面由你方交付我方。我，埃尔南多·
德尔卡斯蒂略证明目睹了上述金条的移交，弗朗西斯科·皮萨罗
将军和迭戈·德阿尔马格罗将金条收下并表示满意。我们，上述
弗朗西斯科·皮萨罗和迭戈·德阿尔马格罗，在本契约中根据总
督大人以陛下的名义给予我们的赏赐以及陛下先后给予我们的赏
赐，保证使您今后享有所得一切的三分之一。我们三人亦利益均
沾，公平无误。此外，我们还在本契约中以我们的人身担保，并在

612 今后征服和开发上述秘鲁王国的全过程中亲身参战，全力效劳。
我们决不因此而比您，唐费尔南多·德卢克多得多占，三人将一视
同仁。我，弗朗西斯科·皮萨罗将军和我，迭戈·德阿尔马格罗，
我们的一切所得，不论通过什么方式，包括以生命换来的利益、战
利品及在上述秘鲁地区所获得的一切利益，您均有权享用。我们
将如实地、毫无虚假地交给您三分之一。在上帝面前保证，从现在
开始，我们即承认这三分之一属于您、您的继承人或后裔，或本契
约的继承人和持有者。我们将毫无异议，将这一部分财产交付与
您或是您的继承人和受权人。我们当中任何人不得比您，唐费尔
南多·德卢克多分多得。至于陛下恩赐于我们之中任何一人（无

① 西班牙古币。——译者

论是弗朗西斯科·皮萨罗将军还是迭戈·德阿尔马格罗)上述秘鲁王国中的永久性或临时性封号、领地等,亦是如此,即我们将从通过领地、年金、印第安奴隶的分配、官爵、臣民的拥有等方式得到的恩惠中,无条件地分予您三分之一。如果我们,弗朗西斯科·皮萨罗将军和迭戈·德阿尔马格罗,以及我们名下的继承人添加任何附加条件,则法庭不予受理,我们应受到谴责,而契约内容仍然有效。我,唐费尔南多·德卢克声明,将以下述方式制订本契约:本人为上述秘鲁王国的征服和开发提供两万比索纯金,战之胜负,全凭我主上帝保佑。在开发上述王国的所得利益中,我必须享有三分之一,弗朗西斯科·皮萨罗将军和迭戈·德阿尔马格罗也各享三分之一,任何人不得多占。上述弗朗西斯科·皮萨罗将军和迭戈·德阿尔马格罗于该秘鲁王国中所得一切,诸如领地、印第安终身奴隶、土地、房屋、地产、财宝以及金、银、珍珠、翡翠、钻石、红宝石等一切财产、封地和官爵,均应给予我三分之一。我们,弗朗西斯科·皮萨罗将军和迭戈·德阿尔马格罗同意接受本契约,并同意按照唐费尔南多·德卢克所要求的形式和方法制订本契约,即旨在使各方完全平等,唐费尔南多·德卢克对陛下恩赐于我们的领地、臣民、印第安奴隶及任何形式的税收均享有权力,并从陛下给予我们上述恩赐之日起,即可享受其中的三分之一。为保证本契约全部内容的最大限度的真实性、可靠性和有效性,为使我们,弗朗西斯科·皮萨罗将军和迭戈·德阿尔马格罗将所得一切的三分之一支付于您,唐费尔南多·德卢克,为使我们信守契约,我们向我主上帝和神圣而伟大的福音书起誓。弗朗西斯科·皮萨罗将军和迭戈·德阿尔马格罗当着本人——监场律师——的面将

手置于弥撒经书之上，并用手指画了“十”字，言称一定履行契约之
613 全部内容。否则，就是背信弃义、亵渎神灵的一文不值之徒，必将受到上帝严厉的惩罚。弗朗西斯科·皮萨罗将军和迭戈·德阿尔马格罗称道，阿门。我们发誓，一定将发现、征服和开发秘鲁王国所得的一切的三分之一交付与您。根据本契约规定，您同我们一样，享有我们所得之中的一部分。我们有责任将这一部分偿报与您，唐费尔南多·德卢克和您名下的财产继承者。一旦征服、开发上述秘鲁王国大功告成，我们一定如数交出那一部分。我们承诺，一定亲身参加上述征服和开发，全力以赴，直至彻底夺取这一地区。倘若相反，我们甘愿以诈骗和违约的罪名接受最严厉的法律制裁，并向您，唐费尔南多·德卢克退还我们所借取的上述两万比索金条。为了履行本契约的全部内容，为了使契约更加可信，契约有关各方已放弃各自所制定的各种法律、法令、特别法及其他各种规章条例，今后任何人凭此起诉或辩护均不生效。本契约中的全部规定即日起生效。同时，对契约各方现有的和即将得到的动产和不动产采取必要的措施。为了兑现这一点，有关各方已将其本人及上述现有的和即将得到的财产作为抵押，并已给予所有皇家法庭以全权，以通过最为严厉和简便的法律手段，监督本契约各方照章办事，履行自己所承担的义务。以上所述与法定法官终审判决具有同等效力。有关各方已放弃对其有利的一切法律和权利，特别是放弃了“法律的一般性放弃不能生效”这一法律条款。救世主耶稣诞生之 1526 年，3 月 10 日于巴拿马城。出席证人：巴拿马城居民胡安·德帕内斯、阿尔瓦罗·德基罗和胡安·德巴列霍。上述唐费尔南多·德卢克已签字。由于上述弗朗西斯科·皮萨罗

将军和迭戈·德阿尔马格罗不会写字，由胡安·德帕内斯和阿尔瓦罗·德基罗在本契约签名处代签。本人，监场律师证明认识上述签名人。唐费尔南多·德卢克；胡安·德帕内斯代弗朗西斯科·皮萨罗；阿尔瓦罗·德基罗代迭戈·德阿尔马格罗。本人，皇 614
家律师兼本巴拿马城正式公证律师埃尔南多·德尔卡斯蒂略，出席了本契约签字仪式并将其书写在此四页纸上，在此签字以示证明：埃尔南多·德尔卡斯蒂略，公证律师。

VII.（原书第 128、188 页）

〔弗朗西斯科·皮萨罗与王后订立的约定书，手稿，1529 年 7 月 26 日于托莱多。〕

〔为了得到该文件的副本，我得感谢马丁·费尔南德斯·德纳瓦雷特，已故马德里皇家历史科学院院长。该文件虽然相当冗长，但其重要性决不亚于前面的契约，像它一样，构成了皮萨罗及其同伙的事业所据为依托的基础。〕

皇后——金卡斯提尔大陆的居民弗朗西斯科·皮萨罗将军，你代表自己及上述金卡斯提尔瓦冈特教区达里安教堂主教、尊敬的唐费尔南多·德卢克神甫和巴拿马城居民迭戈·德阿尔马格罗将军，向我们禀告了以下情况：你和你的上述伙伴，大约于五年之前，怀抱为我们效力、为王室扩充利益之目的，经我任命的该大陆总督佩德拉里亚斯·达维拉的批准，以你和你同伴的全部资金承担了发现、征服、平定和开发自上述大陆南海岸以东地区及你们力所能及的其他地区的义务。你们为此在上述海岸制造了两只小船和一只双桅帆船。而且，不论是将所需物品和船队从诺姆尔德迪

奥斯——在北海岸——运送到南海岸，还是重新组织运输船队，你们都花费了大量的钱财。你们登上征程后，途中历尽千难万险，结果，大部分随行人员把你们抛弃在一个荒无人烟的小岛之上，各奔
615 前程了。只有 13 个人仍然忠实于你们。在这 13 个人的帮助和迭戈·德阿尔马格罗所率船队的援救下，你们才从小岛脱险并发现了秘鲁的土地和通贝斯城。你和同伴共开销了 3 万多比索的金条。为了向我们效力，你用自己的资金——除去本协议中对你承诺的部分外，任何时候我们都没有支付你这笔费用的义务——去完成自己的使命：继续进行征服和开拓。你请求我下旨委派你征服上述地区并以下述条件给予你赏赐。为此，我下旨与你签订协议如下：

首先，我授权你——弗朗西斯科·皮萨罗将军，以我们及卡斯提尔王室的名义，沿海岸线继续向下征服和开拓 200 浬，即从印第安土著语叫做特努普埃拉、你们称之为圣地亚哥的小镇出发，直至钦查城为止的 200 浬海岸线。

又：为了我主上帝的事业，为了奖赏你的功劳，我们批准你为秘鲁地区及二百浬地区之内现有的和未来的所有城镇的终身总督，年薪 725000 马拉维迪，自你起航之日算起。这笔薪金由你开发的地区上缴我们的各种税收中提付，并由我们在上述地区的官员兑付。你必须从该年薪中提取一部分作为一名总管、十名侍从和三十名雇工的薪金。

附：我们赐予你驻上述秘鲁地区及该地区大本营先行官之封号，该封号属终身性。

附：我批准你在上述秘鲁地区至多建造四座城堡，但须经我驻

上述地区官员同意,并在你和上述官员认为最适于防卫和控制上述地区局势的地点建造。建成后,我将赐予你和你的各代继承人或后裔上述城堡的所有权,每座城堡可享年薪 75000 马拉维迪。你必须自费营造,我们和我们的王位继承人没有支付该费用的义 616
务。城堡落成之后的五年时间内,我们每年将从上述地区所得之中支付你此笔耗资的五分之一。

附:我们将在你有生之年每年从上述地区的收入中提取 1000 杜卡多[①]以为资助。

附:出于对上述唐费尔南多·德卢克本人及其教义的尊重,我们同意该神甫为上述秘鲁辖区通贝斯城的主教,其权限参照我们的教规。他仅可以主教名义发布教谕。我们还任命他为上述地区全部印第安人的总监护人,年薪 1000 杜卡多,由该地区收入中支付,另付一部分什一税。

附:关于你以上述名义,请求我们从上述地区中赐予你一些从属国的问题,由于目前尚无太大关系,故暂不做规定。但我们同意,一旦得到消息,即赐予你为我们效力应得的报偿:你可以从我们每年在上述地区得到的贡品中享用二十分之一,但总数不得超过 1500 杜卡多;其中 1000 杜卡多归你,皮萨罗将军,其余 500 归迭戈·德阿尔马格罗将军。

附:我们将上述秘鲁地区通贝斯城现有和未来的城堡赐予迭戈·德阿尔马格罗将军,年薪 10 万马拉维迪,另外每年资助他 20 万马拉维迪。以上款项均从上述地区的收入中提付,并从你,弗朗

① 西班牙和奥匈帝国的金币名。——译者

西斯科·皮萨罗抵达该地之日算起，不论德阿尔马格罗将军是否仍留在巴拿马城等地。此外，我们还封他为贵族，准其享受大洋彼岸“天府之国”、岛屿和大陆上贵族应有的一切荣誉和特权。

附：根据我们对被称为金卡斯提尔的大陆居民的承认和批准，我们同意你在上述地区所具有的以及以其居民身份所接受的庄园、土地和房产的拥有权，并同意你可根据自己的意愿进行正当的处置。同时，我们还同意你对你手下的印第安人及纳波利[①]的拥有权，非经我们允许，任何人任何时候都不得剥夺或私用你的上述财产。

附：我们同意前去开发上述地区的人在本协议生效后六年之
617 内每年向我们缴纳开采出的黄金的十分之一。六年后则付九分之一，如此每年递增至五分之一为止。但马匹等物则理应上交五分之一。

附：在上述六年或根据我们的旨意所延长的时间内，我们免除上述地区居民为生活所需而携带的一切用品——只要不是为了出卖——的税务。同时，对于出卖这些物品的居民及商人、摊贩等，我们在两年限期内，也免其税。

又：我们同意在十年之内，或在我们另行规定的期限内，不向上述地区居民征收贸易税或其他任何税收。

又：我们同意由你向上述地区的居民和开发者，根据其过去和现在在上述西班牙岛屿所做的贡献，分配适当的宅基和土地。同样我们将授权你在治理该地区期间以我们的名义在上述地区划分

① 西班牙殖民者对土著仆役的称呼。——译者

领地，但要求你必须遵照我们的旨意行事。

又：根据你的请求，我们任命巴托洛梅·鲁伊斯为我们的南海总领航员。其年薪为105000马拉维迪，由上述地区的收入中支付，自授衔之日算起。授衔和宣誓仪式将当着你和律师的面进行。我们还将授予上述巴托洛梅·鲁伊斯之一子——只要他有能力胜任——通贝斯城最高法院正式律师职务。

又：我们十分高兴地授予你，皮萨罗将军统领巴拿马附近的弗洛雷斯岛上的印第安居民之权力，你以及你的同伴还将享有岛屿上的一切，无论是天上的、地上的，还是山上的或是树上的，包括所有的宝藏和珠宝。但你必须遵照我们的旨意，每年向我们及金卡斯提尔的官员交纳20万马拉维迪，并将以任何方式或由任何人在该岛上采获的黄金和珠宝的五分之一交纳给我们，其中不打任何折扣。同时，你们不得让该岛上的印第安人从事采珠和开采金矿或其他金属矿的劳动，而应让他们去开发和利用那里的土地，以供军需。我们向你们承诺：倘若你，弗朗西斯科·皮萨罗在返抵金卡
斯提尔两个月内，当着我们的国王陛下和法官的面宣布不愿再继 618
续管理该岛，则你将无需再奉纳上述20万马拉维迪，该岛之管理权将同现在一样归我们所有。

又：鉴于巴托洛梅·鲁伊斯、克里斯托瓦尔·德佩拉尔塔、佩德罗·德坎迪亚、多明戈·德索里亚·卢塞、尼古拉斯·德里维拉、弗朗西斯科·德奎利亚尔、阿隆索·德莫利纳、佩德罗·阿尔孔、加西亚·德赫雷斯、安东·德卡里翁、阿隆索·布里塞尼奥、马丁·德帕斯及胡安·德拉托雷等人在此次征伐中劳苦功高，又兼你等向我请功要赏，故特颁令如下：今封他们当中的平民为贵族，

并在该地及一切我们所占领的印第安土地、岛屿和海岸大陆上享有贵族特权和自由及其他权利。这一切特权和权利将由其后代人在我们王国势力范围内承袭。另封上述人员中原有的贵族为“金靴骑士”，但须先行奏报方可授衔。

又：将我们在牙买加岛上的骡马各赐25匹于你们。但如无货，则不再按其价格另赐他物。

附：我们在金卡斯提尔赐予你等30万马拉维迪，作为你等置办携往秘鲁省份的火炮及军火之费用。我们确信塞维利亚诸官员为此所耗资金的数目，故在金卡斯提尔由我另赐200杜卡多，利息和兑换率计内，以助将上述之火炮和军火从诺姆布尔德迪奥斯运往上述南海之费用。

附：今批准你等各位从我们王国、葡萄牙王国及绿角群岛将50名黑奴，其中至少包括三分之一妇女，携往你等统辖地区。他们不享有任何与我们同等的权利。但如果你们让他们全部或部分留居西班牙岛、圣胡安、古巴、圣地亚哥、金卡斯提尔或是其他什么地方，则他们将不再归属于你们，而将被充公，归王室所有。

附：今将该地归王室所有的款项中，拨出10万马拉维迪给该
619 地修建医院，以救济贫民。另根据你等的请求及该地上等居民的同意，赐予这些医院收取再次洗炼金属矿物的权力，并下令为此提供必要之物资。

附：我们将下令向巴拿马城及你等授命所驻地区派遣木匠和船工各一名，每人年薪3万马拉维迪，自他们到达之日或自你等指定之日始付。我们将下令视他们为你等统辖区的官员而付给他们薪金。

又：我们将下令向你提供所需物资，并使你能得到上述南海岸船主的同意获得船只，不管其他地方或其他人已雇用他们的船只与否，以便使你们向上述地区运送物资。同时将付给船主合理的报酬。

我们还将严令禁止我们王国中的人在未经许可的情况下前往上述地区，任何文人或代理人亦不准前去谋职，违者将依照天主教国王所颁有关法律及法令加以惩处。

我们将不折不扣地履行上述一切。但你，皮萨罗将军必须率此次出征和移民所需船只、用品和给养从我们王国出发去完成使命。所携250人中，你只能从我们王国及其他非禁区带走150人，其余100人可从大洋岛屿或海岸地区征集。你不得从被称之为金卡斯提尔的地区带走20人以上，但可以将你在前两次征伐秘鲁时的随从人员带走，因为我们已批准他们与你来去自由。上述一切你必须在即日起6个月内完成；当你抵达金卡斯提尔和巴拿马后，应继续前行，在此后6个月内完成上述征服和移民任务。

又：在你离开我们王国赴上述秘鲁省份时，须携我们所任命的财政官员同往，并带去基督教徒和教士，以驯化印第安土著，使之皈依天主。无论他们愿意同往与否，你都必须完成那里的征服、开拓和移民任务。你必须供给上述教士一切所需船只、给养及其他生活用品，一切费用由你支付，但不得因此在此次航行中克扣他人 620
分文。你须竭尽全力完成此项重托，此乃孝敬上帝和我们的绝好良机，相反，则以不忠君论。

附：命你在对上述印加王国的平定、征服和移民中，在对待该地区印第安人及其财产时，必须遵照我们已颁布的以及今后通过书信或随给养发送给你的有关保护印第安人的命令和旨令行事。我们以国君的名义向你保证，如果你，弗朗西斯科·皮萨罗忠于职守，出色地完成上述任务，我们将履行诺言，酬劳你以及所有在那里的西班牙移民和商人。我们将下令颁发特许证书并供给一切所需物资。现令你，皮萨罗将军在公证律师面前，首先保证忠于职守，完成上述使命。

皇后，受皇帝陛下——胡安·巴斯克斯——之托。

1592 年 7 月 26 日于托莱多。

VIII. (原书第 253 页)

俘获阿塔瓦尔帕当时的叙述

〔因为俘获这位印加王之举是征服行动中最令人难忘而且是最卑劣的，所以我想把我有幸掌握的当时在场的各方的几个证人的证言记录下来，也许是件好事。〕

关于首次发现海岸和南海的叙述(手稿)

4 点钟时，他们开始沿着大道朝我们的驻地进发。5 点左右，他们到了城门口，印第安人布满四野。300 名手持弓箭的青年武士步入广场，边走边唱着一支不算难听的歌，不过初听起来可令人毛骨悚然，仿佛是地狱之声。他们围着那寺庙转了一圈，双手伏地清扫地面。其实这是多余，在他们到来之前，那里的居民早已把地面打扫干净了。最后，他们列队站下。这时，又一支由一千多人组成的卫队开了进来。他们手持铁矛，每人身着一套色彩鲜艳的服装。在此说明一下，第一批进入广场的卫士身穿的都是红白相间、像棋盘格图案的服装。随后，身着另一种服装的第三队进入广场，

他们手持铜制或银制的锤子，这是他们使用的一种武器。然后，是
印加王国诸位高官显宦，他们走在前卫队和阿塔瓦尔帕御驾之间。621
阿塔瓦尔帕乘坐在一顶十分华丽、首尾轿杠包银的轿子里，80 名身着华丽的蓝色服装的抬轿的人抬着他的轿子。阿塔瓦尔帕衣冠楚楚，头顶桂冠，颈戴大宝石项链，端坐在轿内的小椅子上，椅子上面铺着十分考究的坐垫。轿子在广场中央停下，他的半身露在轿外。约有 6000 卫士把他围护在中间。他看我们没人出来见他，便认为我们是因惧怕其威力而躲藏了起来，这是他被俘之后供认的。于是他大喝一声："那些家伙在哪儿？"这时，当地主教维森特·德巴尔维德神甫应声从皮萨罗总督的营帐中走出来，他手里握着一本《圣经》，身边还跟着个翻译。他们穿过人群来到阿塔瓦尔帕跟前，神甫开始向他讲述《圣经》，并告诉他我主耶稣要求其信徒之间不要发生战争和分歧，而应和睦相处。神甫还重申了以自己的名义向他提过的要求，他们前一天已商定今天谈判媾和，而不应携带武装人员。听着神甫在那里侃侃而谈，阿塔瓦尔帕默不做声，并不作答。神甫劝他遵从上帝之命，而上帝的一切旨意都记录在他手中的《圣经》上。阿塔瓦尔帕要过书来翻看着。在我看来，他并非对其内容感兴趣，不过是对书上的字画好奇罢了。看后他气愤地将书抛向人群，面目狰狞地吼道："你去告诉那些入侵者，他们若不听从吾命，不抵偿他们在这里所干的一切坏事，就休想让我离开此地。"神甫见他的劝说无济于事，便拾起书，垂头丧气地跑回来，对皮萨罗说："看见了吧？你为什么要对那印第安狗彬彬有礼，苦口相求？冲过去吧，我赦你无罪。"话音刚落，号角齐鸣，皮萨罗手下的步兵冲杀出营帐，我们也都高声呐喊着冲了出去。正巧那些朝

着广场的房屋有很多门，便于我们冲锋，似乎是为我们的行动特制的。骑兵也一下子冲进印第安人群中。我方仅阵亡一名黑人，印第安人败阵而逃。阿塔瓦尔帕被俘，印第安人狼狈逃窜。由于他
622 们进广场时走的门很小，加上这会儿又乱作一团，所以不可能很快逃离。落在后面的见离门尚远，便有两三千人涌向一面墙，把它推倒。墙壁朝向广场，又无房屋阻路，这样他们才算有了逃生之路。门外的队伍看到里边的人惊叫着逃了出来，也乱了阵脚，很多人跟着落荒而逃。方圆四五里大山谷的场地上人群如蚁，那场景真值得一看。夜幕迅速降临，我们鸣金收兵，阿塔瓦尔帕被关进一所石头房子，其实是座太阳神庙。由于我主赐给我们战斗胜利，那一夜大家都十分欢快。我们对阿塔瓦尔帕严加看守，以防被印第安人救走。感谢我主，明察明鉴，那天若不在白天结束战斗，那么凭他那嚣张气焰，又兼敌众我寡，到晚上我们就可能全军覆没。

佩德罗·皮萨罗：秘鲁王国的发现和征服（手稿）

约在大弥撒时间，他进完了餐，率众向卡哈马尔卡进发。卫队布满四野，他本人乘坐在一顶轿子里，前面约有一千多印第安人开路，他们边走边清扫道路。士兵分左右两路，在道路两旁的田地中行走。他还带来了钦查城的头领，也乘着轿子。这对印第安人来说确实是件令人羡慕的事，因为任何一个印第安人，即便是高官显宦，在印加王面前都要背负重物，裸腿赤足。许多印第安人在阿塔瓦尔帕前面载歌载舞而行。从温泉到卡哈马尔卡仅有半里格，可这位国王竟然在路上耽搁许久，傍晚时分才到。到了广场门口，队伍在高亢的歌声中开进广场，占得满满当当。唐弗朗西斯科·皮

萨罗侯爵见阿塔瓦尔帕已到，便派库斯科第一位主教维森特·德巴尔维德神甫和一个名叫埃尔南多·阿尔达纳的机智的士兵，带着一个叫唐马丁尼略的翻译前去与阿塔瓦尔帕对话，劝其归顺国王陛下，皈依天主，并遵从我主耶稣之教诲，为陛下效力。还要对他说，侯爵将与他情同手足，不允许任何人冒犯他，也决不容忍有人在这块土地上伤害他。神甫走到阿塔瓦尔帕轿前，对他说明来意，并通过翻译向他宣讲我们神圣的信仰。神甫把手里拿的《圣经》读给他听，他要看看，神甫把书递给他。他又让阿尔达纳给他看看剑，阿尔达纳抽出剑让他看，但没交给他。阿塔瓦尔帕咒骂神 623
甫等人是卑鄙的强盗，还扬言要将他们斩尽杀绝。见此情景，神甫只得回到侯爵跟前，向他讲述了一切。阿塔瓦尔帕同他的王室人员进入广场，钦查城头领跟在身后。走进广场后，看不到一个西班牙人，他便问部下："那些基督徒跑到什么地方去了？怎么不出来？"部下回答说："老爷，他们都吓得躲起来了。"唐弗朗西斯科·皮萨罗侯爵发现有两顶轿子，也不知阿塔瓦尔帕坐的是哪一顶，便命令他兄弟胡安·皮萨罗带人进攻一顶，他自己进攻另一顶。布置完毕，便向坎迪亚发出信号。坎迪亚发了一枪，随着这声枪响，号角齐鸣，骑兵策马扬鞭冲了过去，侯爵率步兵随后。枪声、号声和那些挂着铃铛的战马吓得印第安人魂飞魄散，溃不成军。西班牙人冲入敌群大肆屠杀。印第安人恐惧万分，他们从门口逃不出去，便推倒了广场附近的一堵墙，这墙有一千码长，一人多高。骑兵一直追杀到温泉，若不是天黑下来，他们还能杀死更多的印第安人。再说皮萨罗和他的兄弟，他们带着士兵冲过去后，侯爵直奔阿塔瓦尔帕的轿子，他兄弟冲向钦查头领的轿子，并把他杀死在轿

中。要不是侯爵在场，阿塔瓦尔帕也难免一死。西班牙人无法把他从轿子里抓出来，印第安人死守轿子，杀掉一批，又围上来一批，就这样僵持了许久。西班牙人都疲惫不堪；有个人一气之下向阿塔瓦尔帕一刀砍去，侯爵一把将刀拨开，结果手受了伤。他厉声喝道："任何人不准伤害印加王，违者格杀勿论！"听到此话，有七八个西班牙士兵赶上前来把阿塔瓦尔帕从轿子里揪了出来，侯爵把他带回营地，派人日夜看守。当夜，西班牙人安营扎寨。他们感激我主所赐洪恩，为擒获印加王庆幸。因为如果不抓住他，就无法征服这块土地。

624 埃尔南多·皮萨罗的信，根据奥维多《西印度通史》手稿，第 56 卷，第 15 章

他坐在一顶轿子上，前面有三四百印第安人开路。他们都身穿一式的服装，一边清扫道路一边唱着歌曲。另一些人，都是些高官显宦，把他簇拥在中央，抬轿子的都是重要官员。进了广场之后，约有十几个印第安人走上一个高台，把一面旗子插在一根长矛上，竖在台上。这时，阿塔瓦尔帕来到广场中央停下。总督身边的一个多明我会的神甫出来代表我方和他讲话，总督在营帐中等候。神甫对阿塔瓦尔帕说明他是教士，受陛下派遣来到此地。如果他们愿意皈依天主，他可以传授教义。神甫把拿在手上的一本书递给他看，并告诉他书上说的都是有关上帝的事情。阿塔瓦尔帕要过书，然后扔在地上，说道："你们若不把你们在这块土地上所掠夺的一切都归还我们，就休想让我离开此地。我很清楚你们是些什么东西，到这儿来想干什么。"他在轿子里站起身，对部下喊话，人

群立刻骚动起来，印第安人向那些手持兵器的西班牙人呼喊着。神甫回到总督跟前，向他报告阿塔瓦尔帕的所作所为，并警告他不能再等待了。总督让我下令，我与炮兵已约定好，一见信号，就一齐射击，所有的士兵也一起冲出去。一切都按预定方案进行，手无寸铁的印第安人乱作一团，而我们却毫无危险。抬轿子的和那些聚在轿子周围的官员至死也没丢下阿塔瓦尔帕。总督抓获了他，但为了保护他，手上挨了一刀。我军继续冲锋，一直追击到有武装的印第安人所在的地方，中途未遇到任何抵抗。天黑了，大家都在总督所在的村子里歇息。

IX.（原书第 276 页）

对阿塔瓦尔帕个人习性的记叙；摘自佩德罗·皮萨罗的手稿。

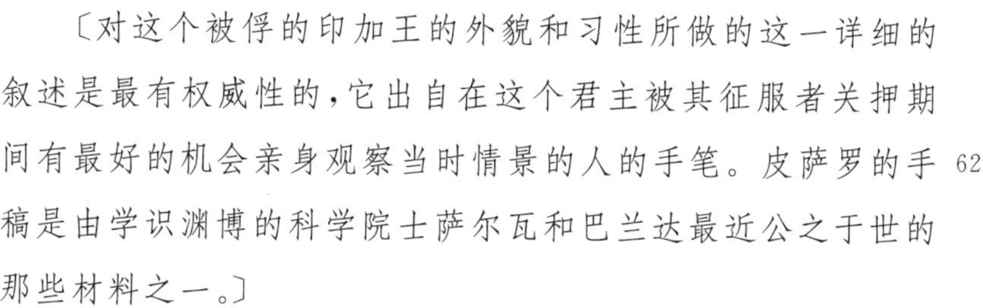

〔对这个被俘的印加王的外貌和习性所做的这一详细的叙述是最有权威性的，它出自在这个君主被其征服者关押期间有最好的机会亲身观察当时情景的人的手笔。皮萨罗的手 625
稿是由学识渊博的科学院士萨尔瓦和巴兰达最近公之于世的那些材料之一。〕

阿塔瓦尔帕身材匀称，胖瘦适中，面孔英俊而严肃，生着一对血红大眼，部下都很惧怕他。（我记得，有一次瓜伊拉斯酋长向他请假回家，他批准了，并规定了往返日期。可酋长未能如期返归，耽搁了一点时间。他回来那天，我正好碰上。他带来家乡的水果作为礼物，一到阿塔瓦尔帕面前他就开始颤抖起来，连站都站不住了。阿塔瓦尔帕微微抬起头，微笑着示意他离开。）当我们要处死

他时，广场上聚满了土著人，他们都像醉鬼一般五体投地。印加王
平日由自己的后妃们侍候，每人侍奉八至九天。这些女人又由很
多贵族的女儿侍候，八九天更换一次。她们总是寸步不离印加王，
而其他印第安人则不得靠近他。他还拥有众多武卫，恭候在外面
院子里，有事时，便会有一个卫士赤足裸脚地走到他跟前，听候吩
626 咐。外面来的人也必须赤着脚、背负重物进去。他手下的查尔库
奇马头领向他引见埃尔南多·皮萨罗时，就是这样赤足负物进去
的，然后扑倒在他脚下，眼含热泪吻他双脚。阿塔瓦尔帕面色冷峻
地对他说："欢迎你，查尔库奇马。欢迎你到这儿来。"这个印加王
头上戴着一些头饰。有彩色羊毛编成的半指粗、一指宽的辫子，这
些辫子织成一顶圆形的、约一掌大小的冠帽戴在头上；还有一颗羊
毛制的圆球缝在冠上，圆球约一掌大小，暗红色，剪得整整齐齐，十
分精致。上面还打着一些精细的金制小结，小结垂到额前，遮住了
整个前额。圆球一直盖到双眉，把额头包在里面。印加王的头发
总是修剪得整整齐齐，而那些"大耳朵"却总是蓬头垢面的。印加
王穿着十分讲究，而那些被他当做妃嫔的姐妹、他的亲属、要人及
其他所有的人则衣着简朴粗糙。印加王头上总裹着块头巾，头巾
系在下巴底下，把耳朵遮住，目的是掩饰他那只残缺的耳朵，那是
被瓜斯加尔人抓住时割掉的。印加王很注意仪表。一天，他在进
午餐，女人们把饭菜端来放在他面前，食物都放在一些绿色的、制
作精细的小托盘里。他坐在一把约一拃多高的小木椅上，这木椅
是用精美的红木制作的，不论他坐不坐，上面总是铺着一张非常精
制的坐垫。他进膳时，托盘都摆在他面前，里面放着金、银或泥制
的食物样品。他想吃哪一种，就用手一指，女人们便把那样食物端

上来供他食用。这天他正吃饭，我也在他身旁。他拿起一小块食物往嘴里送，这时一滴汤掉在他衣服上，他立刻让王后扶他起来，去卧室更衣，换了一件上衣和一条深褐色的披巾。我摸了摸那披巾，比真丝的还要细软，便问他："印加王，这是什么做的，这么柔软？"他答道："是那些夜晚出没于旧港和通贝斯的鸟的羽毛做的。那些鸟经常咬印第安人。其实，就是蝙蝠羽毛做的。"我问他从哪儿收集来这么多蝙蝠，他说："那些旧港和通贝斯的畜生不捉些鸟来孝敬我父亲，又去干什么呢？"这些蝙蝠时常在夜间出来咬印第安人、西班牙人和他们的马匹，吸很多血，神奇得很。后来，人们发现这种蝙蝠羽毛能做衣服，旧港和通贝斯的人穿的就是这种衣服，那里的王室有大量的蝙蝠羽绒衣。一天，一个印第安人跑来报告说，有个西班牙人偷了阿塔瓦尔帕的衣物。侯爵便派我去查一下，然后把人带来问罪。我随那印第安人来到一所茅屋，里面存放着许多箱子，那个西班牙人已经逃跑了。印第安人告诉我，他偷走了阿塔瓦尔帕的一些衣物。我问他那些箱子里装的是什么东西，他打开几个让我看，里面全是印加王用手摸过或是用脚踩过的东西，还有他穿过的衣服。另一些箱子里是他吃饭时摆在他跟前的小托盘。还有一些箱子里放着他拿过的其他东西。我问印第安人为什么把这些东西都收藏在这里，他回答说，准备统统烧掉。他们每年都要烧毁一批这样的东西，因为印加王是太阳神之子，他碰过的东西必须烧为灰烬，撒向天空，不允许任何人触摸。为此还专设一名大臣，负责率一些印第安人把这些东西从那些侍候阿塔瓦尔帕的女人那里拿来，严加看管。看守人休息时就在地上铺一床大棉垫，席地而卧，上面盖一床毛毯。我在整个秘鲁，还从未见到过像阿塔

瓦尔帕这样残暴专横的君王。

627 X.（原书第 301 页）

同时代人对处决阿塔瓦尔帕的记叙

〔下面这段关于处决印加王的介绍是出自目睹者之手；因为奥维多虽然没有亲自在场，但却是从那些在场的人那里收集到其描述的细节的。我把这一介绍原原本本地写在这里，作为对这一阴郁的悲剧最权威的叙述。〕

佩德罗·皮萨罗：秘鲁王国的发现和征服（手稿）

诸官员和阿尔马格罗一致同意处死阿塔瓦尔帕，并商定拟写一份关于处理其财产的判决书。他们告诫唐弗朗西斯科侯爵，应当立刻处死阿塔瓦尔帕，因为他一旦得救，陛下所获得的土地将得而复失，这里的所有西班牙人都将大祸临头。其实，若不是出于险恶的用心，这话也不无道理，他如果真的被救出去，我们就无法继续征服大业了。但侯爵却对此不以为然，为此，大家都对他百般相劝，让他务以陛下事业为重。这时，又搀进一个叫费利皮略的翻译，这家伙是侯爵带回西班牙的一个印加青年，现在充当翻译。他看上了阿塔瓦尔帕的一个嫔妃，为了达到个人目的，便谎称阿塔瓦尔帕召集了大批印第安人，要在卡哈斯一举歼灭西班牙人。于是，侯爵又抓回了已经获释的查尔库奇马，向他讯问这件事。查尔库奇马一口否认，但费利皮略利用翻译之机，颠倒事实，侯爵这才同意派索托前往卡哈斯探听虚实。实际上，侯爵并无杀死阿塔瓦尔帕之意。索托起程后，阿尔马格罗和其他官员急忙请求侯爵赶快下手，费利皮略也乘机在一旁摇唇鼓舌，煽动人心。最后，他们终

于说服了侯爵,决定处决阿塔瓦尔帕。侯爵是出于对陛下的忠心,众人的劝言使他心中甚是不安,不得已才宣判阿塔瓦尔帕死刑的。他命令处以绞刑,死后焚尸,以惩罚他把姊妹当做后妃的乱伦行为。其实,这些老爷们对法律一无所知,还没对阿塔瓦尔帕布道就宣判了死刑。阿塔瓦尔帕痛哭流涕,乞求免他一死。因为失去了他,印第安人将群龙无首,而现在他已经被掌握在西班牙人手中,还能对他们有什么危害呢?如果他们仅仅是为了得到金银,他可以奉送两倍于他们所要求的数量。我看到侯爵因无力拯救他而伤心落泪了。但毕竟是人言可畏,他害怕阿塔瓦尔帕得救的严重后果。阿塔瓦尔帕嘱咐他的后妃和印第安人,他死后不要焚尸。这
样,即使他死了,将来还会回来。维森特·德巴尔维德神甫劝他信 628
奉基督。他问如果皈依天主,是否还要焚尸。大家对他说可以不焚尸,于是他表示愿受洗礼,条件是不要焚尸。神甫为他做了洗礼后,将他绞死,尸体葬在西班牙人在卡哈马尔卡建造的教堂的墓地里。这一切都发生在索托完成任务归来之前。当他带回没有发现任何情况的消息时,侯爵为已将阿塔瓦尔帕处死深感痛惜。索托更是痛心疾首,因为他说过,最好的办法是把印加王送回西班牙,他自己可以负责护送。这的确是上策,因为他不适于继续留在此地。不过大家心里都明白,即使把他送走,他也活不了多久,因为他太娇贵了。

关于首次发现海岸和南海的叙述(手稿)

就在大家商议如何押送阿塔瓦尔帕,走哪条路,派多少兵,如果他的部下在狭路险滩营救他,我们是否参加保卫战的时候,印第

安人中传出消息，说阿塔瓦尔帕指派了很多人向我们开来。很多地方的贵族也这样报告，消息不胫而走，最后大家都说他真的下令调来很多人营救他，并且一旦有可能，就消灭我们。还说他们就集结在附近某地，已经出发了。总督、阿尔马格罗以及陛下的其他官员闻讯后马上聚会商讨对策。当时埃尔南多·皮萨罗不在，他已带领陛下的一部分士兵起程回西班牙，向陛下汇报情况去了。众议结果，决定处死阿塔瓦尔帕，罪名是他破坏和平，阴谋叛乱，并指使下人杀害基督徒，将他处死即可太平。但总督从来就不赞成杀死阿塔瓦尔帕，其他大部分人也持反对意见。但由于阿尔马格罗将军一再坚持己见，并罗列了一大堆理由，阿塔瓦尔帕最终是劫数难逃。诚然，这对于他并不意味着死亡，而是生命的新的开端，因为他在临刑时已成为了一个基督徒，可以相信他已经升天堂了。噩耗传开，印第安人纷纷找总督表示愿意服从陛下统治，只有浩哈
629 和库斯科的武士不死心，企图重整旗鼓，与我们决一雌雄。我在那里亲眼看到了世间最为新奇的事：当我们在教堂里，在阿塔瓦尔帕遗体前为他唱挽歌时，突然人声喧哗，来了一大群人，其中有阿塔瓦尔帕的后妃、姊妹和其他一些亲属，挽歌被迫中断。他们要求举行更为隆重的仪式，按他们的习惯，一个君主死后，所有崇拜他的人都要陪葬。我们解释说，阿塔瓦尔帕死时已是基督徒，所以才为他唱挽歌。我们不能照他们的要求去做，那简直是作孽，是违背基督教义的。并劝他们离开，不要打扰我们，让我们把他一人埋葬就是了。于是，他们各自回到家，全部自缢身亡。那些日子里所发生的事情，以及人们那悲哀沉痛的情景恕不在此赘述。

奥维多：《西印度史》（手稿），第 46 卷，第 22 章

唐弗朗西斯科侯爵抓获大印加王阿塔瓦尔帕后，有些昏庸之辈便劝他处死印加王，杀了他，便能离开此地，随心所欲地将更多的黄金弄回西班牙，亦可在这块土地上站稳脚跟，不致再为这个累赘烦恼。因此，不应当让这个强大、专横、受到所有土著人敬畏的印加王再继续生存下去了。但事实证明，他们杀害阿塔瓦尔帕是一大罪行，因为他们不仅违背了上帝的意志，而且还从尊敬的陛下手中，从当时身在秘鲁或在西班牙本土的西班牙人手中，从生活在今天的或是未来的西班牙人手中，夺取了无数财宝，这些财宝都是阿塔瓦尔帕给他们的。如若在陛下眼前，任何人也不敢这样欺君妄为。

显然，尽管总督保证阿塔瓦尔帕的生命安全，但即使他不这样做，印加王也不会有什么生命危险，因为没有国王陛下的命令，任何官员或军人都不得轻举妄动。阿塔瓦尔帕也一再对侯爵说，假如印第安人杀害西班牙人，哪怕是碰他们一根汗毛，而侯爵又认为是阿塔瓦尔帕指使的，那么就可以随意处置他，直至杀死。他还答应侯爵，如能好好待他，他将使侯爵的房子镶金嵌银，为他开山铺路，并向他和其他基督徒奉献他们所要的黄金。对这一切，不必有任何怀疑。但他们对这一切的报偿，却是用点燃的树叶烧他的脚，理由是他下令消灭基督徒。有些居心叵测的人为此捏造伪证，谎称阿塔瓦尔帕企图消灭基督徒，总督也是心中无底，听信谰言。他们造谣中伤，还撰写了一份蹩脚的起诉书，执笔人之一是个办事草率、品行不端的教士，还有个缺德少才的文书，另一些诸如此类的家伙也参与了此事。正如第 14 章所述，一份诽谤书就这样根据他 630
们的罪恶用心编纂出来了。他们一口认定阿塔瓦尔帕没有用黄金

把房子装满,他们把他的后妃抓来,当着他的面瓜分奸淫,为非作歹,无恶不作。这些不法之徒知道阿塔瓦尔帕将把这一切铭记在心,有朝一日会以牙还牙,因此心中甚是恐惧,对阿塔瓦尔帕就愈加憎恨。为了摆脱这种疑惧,他们以莫须有的罪名下令处死了阿塔瓦尔帕。尽管他们如此忘恩负义,作恶多端,竟无辜地杀死了这样一个伟大君王,但面对这种背叛上帝和国王陛下的行径,又有多少西班牙人感到痛恨呢!阿塔瓦尔帕过去对印第安人和敌人所表现出的残暴和他所犯的罪行,只有上帝有权裁决。为了澄清事实,并弄清那些为害其命而罗织的所谓重大罪名,有五个贵族挺身而出,表示愿意前去调查,看看是否真有印第安人集结来消灭基督徒,那些罪名捏造者和他们手下那些欺上瞒下的密探的话是不是真的。总督终于同意了(可以说总督也被他们蒙蔽了)。于是,埃尔南多·索托将军、罗德里戈·奥尔加伊斯将军、佩德罗·奥尔蒂斯、米格尔·埃斯特特及洛佩·贝莱斯等一同前去打探情况。总督还给他们派了一个向导,或者说是个探子,此人口口声声说他知道那些印第安人现集结在何处。上路两天,他就从一个峭壁上摔下,真是罪有应得。他们五人骑马继续前进,来到所谓印第安人集结的地方。他们未见到一兵一卒,一切如常。虽然他们只是几个基督徒,但所到之处无不受到热情款待。印第安人送给他们主仆和他们带去的印第安奴隶所需的一切东西。索托看到加在阿塔瓦尔帕头上的罪名皆是弥天大谎,便赶紧返回卡哈马尔卡去找总督。但总督已将阿塔瓦尔帕处死,这些事情我想通史已做叙述。他们见到总督时,他头戴一顶毡帽,以为服丧,帽子一直盖到眼眉上,悲容满面,他们对他说:“总督大人,您犯了大错。我们受到了印第安人的热情款待，一切加在阿塔瓦尔帕头上的罪名均属不实之词。那里没有一兵一卒，一切平安。我们所到之处，一片盛情。”总督答道：“我知道受骗了。”真相大白后不几天，人们便议论纷纷，指责总 631
督、维森特·巴尔维德神甫和里克尔梅司库的残暴行为。他们之间则你咬我，我咬你，争吵不休。

XI.（原书第 338 页）

皮萨罗与阿尔马格罗之间签订的契约，手稿，1535 年 6 月 12 日于库斯科。

〔这是这两个著名将领之间的协议，在这个协议中，他们庄严宣誓遵守诚实与荣誉的最普遍原则的要求，这对那些人物和那个时代来说独具特色，以致不能忽略。原稿保存在西曼卡斯档案馆。〕

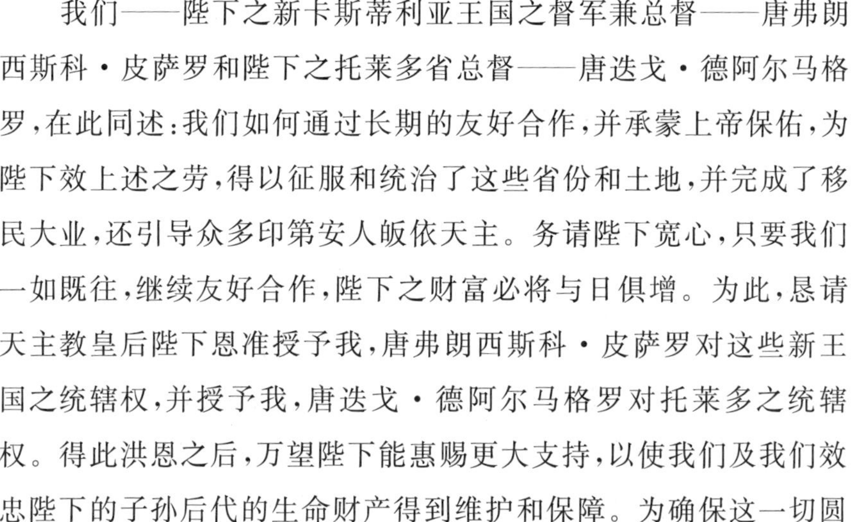

我们——陛下之新卡斯蒂利亚王国之督军兼总督——唐弗朗西斯科·皮萨罗和陛下之托莱多省总督——唐迭戈·德阿尔马格罗，在此同述：我们如何通过长期的友好合作，并承蒙上帝保佑，为陛下效上述之劳，得以征服和统治了这些省份和土地，并完成了移民大业，还引导众多印第安人皈依天主。务请陛下宽心，只要我们一如既往，继续友好合作，陛下之财富必将与日俱增。为此，恳请天主教皇后陛下恩准授予我，唐弗朗西斯科·皮萨罗对这些新王国之统辖权，并授予我，唐迭戈·德阿尔马格罗对托莱多之统辖权。得此洪恩之后，万望陛下能惠赐更大支持，以使我们及我们效忠陛下的子孙后代的生命财产得到维护和保障。为确保这一切圆满实现，为使我们不辜负陛下之信任，我们在无限崇敬的我主上帝

面前发出比法律更为神圣的誓言，我们一定出色地、不折不扣地履行下述诺言。我们恳请大慈大悲的陛下，如若我们当中有人胆敢食言，则给予最严厉的惩罚，杀其身，灭其魂，败其家，毁其誉，收其财。对背信弃义的人，理应如此。我们各自的誓言如下：

632 首先，我们决不为谋私利而钩心斗角或争权夺利，以致破坏保持至今的友好合作。我们将亲如手足，共享我主上帝所赐一切。

附：我们将遵循诺言，决不相互诽谤和直接地或间接地、自己或借助他人之手做有损于他人名誉和生命财产的事情，而应尽力维护他人利益和荣誉。即使是在无法从其他方面得知消息的情况下，也要尽量避免可能发生的损失和意外。

附：我们发誓，将始终维护和履行我们之间的约定，决不通过某种途径、由于某种原因或采取某种手段毁约。决不发生内讧或是相互攻讦，如已有发生，则应遵照誓言立即停止。

附：我们两人，而不是某一人，将共同向陛下奏转对陛下最为有益的情况，并向陛下请示和汇报陛下圣心最为关切的问题。我们一定全力维护和统辖这些省份和王国。在我们中间，决不应当出现营私舞弊、相互猜忌、自相倾轧的不正常关系。不应辜负我主上帝和陛下的圣心，破坏我们的友好合作，同样，也决不允许其他任何人的此类言行。我们两人应当开诚布公，互相了解效忠陛下的一片诚心。须知陛下对我们的友好合作是何等地信任。

又：我们发誓，凡在我，唐弗朗西斯科·皮萨罗任职期间通过各种方式方法所获一切财富，以及我，唐迭戈·德阿尔马格罗以陛下名义并遵照陛下旨意发现和征服秘鲁时所获一切，都将明白无误地如数带回，以使合作长存，避免发生营私舞弊、相互欺诈的事情。我们两人一定节省开销，避免浪费，一切费用应视情况而定。

我们一定根据自己的誓言，履行上述一切，我主上帝在上，圣母玛丽亚及诸神作证。

为明确起见，我们在此签名，埃尔南多·卡尔德拉律师、王国总督大人之中将、总督阁下之上尉弗朗西斯科·皮内达及其秘书安东尼奥·皮卡多、安东尼奥·特列斯·德古斯曼及迭戈·德洛阿西亚医师等在场作证。此宣誓仪式在库斯科城的唐迭戈·德阿 633
尔马格罗总督府第举行，巴托洛梅·德塞戈维亚神甫主持弥撒，呼罢我主，众大人将右手置于祭坛之上。

弗朗西斯科·皮萨罗

迭戈·德阿尔马格罗总督

证人：

埃尔南多·卡尔德拉律师

安东尼奥·特列斯·德古斯曼

1535 年 6 月 12 日

我，陛下之书记官安东尼奥·皮卡多作证，我出席了诸位大人隆重的宣誓仪式，并以唐弗朗西斯科·皮萨罗总督大人秘书身份，将此誓书抄件收存，并在此签名为证。

陛下之书记官——安东尼奥·皮卡多

1535 年 7 月 12 日于库斯科城

XII.（原书第 422、423 页）

小阿尔马格罗写给巴拿马检审法院的信，手稿；1541 年 7 月 14 日于洛斯雷耶斯（利马）。

〔这个出自小阿尔马格罗本人的文件，在表明对其行为进行最好的辩解方面甚有价值，是在适当地估计到作者的立场的情况下，对其所作所为最好的叙述。原稿——由穆尼奥斯录入其收藏品——保存在西曼卡斯档案馆。〕

尊敬的大人们，您们一定已经了解到自从我父唐迭戈·德阿尔马格罗总督去世之后我的处境，以及我是如何身陷唐弗朗西斯科·皮萨罗侯爵淫威之下的，他们对我的虐待有目共睹。他们逼
634 我躲在家中，我走投无路，只有求助陛下，望赐皇恩。我仅望能将家父为陛下争得的丰厚财富奉献于王室，这些财富恕不在此如数述出。过去所发生的事情权且不提，先向您们讲述我的遭遇。虽然我目前悲痛欲绝，又落在敌人手中，但我父永远忠于陛下的教诲我始终铭记在心。我遭受着难忍之痛，尤其是我感到正在日益成为杀害我父的刽子手的牺牲品，他们玷污了我父的功绩，使他，而不是我，消失在人们的记忆之中。侯爵对我和我的朋友及我手下的人切齿痛恨，企图用对付我父的手段杀死我。我躲在家中，呻吟不已，只盼陛下垂恩，为我申冤。我应当，也坚信一定能够得到昭雪，因为我曾为陛下尽心效力。后来我获悉，侯爵准备抓我并处死我，因为我决心杀掉任何一个敢于害死父亲的仇人。我还得知，为判处父亲死刑，他们曾找来一些伪证，这次也为我找来了几个，这样我也要与我父同命运了。为了免遭毒手，我决心誓死捍卫自己

的生命和名誉，于是便同我父手下的人和朋友到侯爵家把他抓了起来，准备严惩，正值陛下派来的法官也在。侯爵尚武，在狱中仍负隅顽抗，结果负伤毙命，我为报了杀父之仇而感到欣慰。使我大惑不解的，是我在众人眼中似乎判若两人了，因为侯爵膂力过人，当他手持武器自卫时，没有任何人敢与之相争。一切都仿佛是上帝的安排，其实除了想在法官到来之时设法保住自己的性命之外，我并无他求。事已至此，我只好力求避免事件的扩大化，我释放了势不两立的两派追随者，制止暴力行为，扶正惩恶，并以陛下的名义伸张正义，统辖该地。因为这里是我父发现和征服的，所以公众团体和陛下派驻此城的官员一致认为我来统辖它理所当然，最为适宜。大家要求我任总督，经过与市长两个多小时的磋商，我受公众之举，担任了总督职务。这样，一切都平静下来了。人们心泰神安，安居乐业，世风日正，一派升平景象。上帝保佑，人民向往和平，人心思定。陛下将得到应有的效劳，因为分歧和偏见均已消除，我们正计划向这里移民和开发土地，以补偿过去由于混乱和不慎所丢失的时间。谨望诸位宽心，秘鲁太平无事，今后在这里会发现更多的财富，奉献于陛下的财宝将与日俱增。这里不会再出现斗争和动荡，而是平安无事。我们将利用陛下所赐资财，满腔热忱地为陛下效力，服从陛下旨谕。禀报诸位大人，这一切都似乎是上帝的安排，而并非人工所为。因为这并非我的本意，而是上帝从中指教。目前此地正如以上所述，平安无事。敬请诸位大人下令，任何人不得再行滋事，因为只有像现在这样，陛下方可受益。应让那些孤独者有邻相伴，并向此地移民开发土地，同时供给他们一切所需之物，勿使这块土地和这里的西班牙人和土著人再遭动乱，他们

此时唯愿过太平日子。开发土地，为陛下效力，是我们的夙愿。请
635 诸位大人相信，如果与此相反，此地将重陷动乱之中。过去，人们互相争斗，你死我活。如不让人们休养生息，土著人将被灭绝，或是家破人亡，更多的人将丧失生命。保护他们，保护这块土地及其居民乃是当务之急。此地目前安然无恙，我遂众愿，被选为总督，以使众人有命可从，有章可循。众人皆晓，一旦陛下准奏，他们就应服从我命。为此，今特向诸位大人禀报以上情况，万望您们下令皇家法院发一证书，以服众人之心，奉我为总督。只有这样，方可安抚民心，更好地为陛下效劳，并使此地局势更加安定，亦可震慑那些居心叵测、阴谋反叛之徒。否则，这里不乏居心不良之士，他们有可能再行滋事，对上帝和陛下大为不利。祝我们无限崇敬的陛下万福。

唐迭戈·德阿尔马格罗
吻您们的手
1541 年 7 月 14 日于秘鲁王国

XIII.（原书第 449 页）

阿雷基帕市政会给查理五世皇帝的信，手稿；1542 年 9 月 24 日于圣胡安德拉弗朗特拉。

〔在与小阿尔马格罗的斗争中，阿雷基帕市坚定的自由民给了王室总督足够的帮助；由市政会签署的信件，是这一内战历史的最可靠的文件。原稿在西曼卡斯档案馆。〕

国王陛下——尽管您将从其他不少人那里了解到，托陛下洪福并靠巴卡·德卡斯特罗总督的智慧和勇气战胜暴君唐迭戈·德

阿尔马格罗的情况，但我们，阿雷基帕市政会和市民仍愿向您禀奏，因为我们身临其境，可以向您汇报真实的情况。

我们从浩哈之事讲到了至那时所发生的一切，以及总督所做 636
的一切准备。总督率众到达那个叫圣胡安德拉弗朗特拉的城市时，我们获悉叛贼唐迭戈·德阿尔马格罗当时盘踞在距该城11里的比尔卡斯省，并妄图与我们交战。此时，洛佩·迪亚克斯从叛贼的兵营带来一封唐迭戈的信和一封由12名头目联名写的信，信中皆是野蛮恫吓和无耻谰言。总督并不想让陛下的臣民自相残杀，他一向是以智取胜。他派新托莱多的迭戈·德梅尔卡多·法托尔随洛佩·迪亚克斯一同回去，意在劝降叛乱分子，让他们重新归顺陛下。但法托尔等却遭到非礼相待，结果一旦脱身，好似鸟出樊笼。叛贼回答他们说：不想遵从陛下旨谕，一定要与我们决一雌雄，尔后拔营向我们扑来。总督见此情景，也发兵向前2里格。他清楚敌军这时处在距我们3里格的地方，他们有坚固的工事，大炮不易攻破。总督便决定暂时把敌人稳住，先礼后兵，使我们处于有利地位。叛贼见此，便于9月16日星期六这天沿山顶向我们靠近了一里格，还派出探子侦察我军阵地。于是，总督便派了两名上尉分别率50名火枪手和50名标枪手沿一座山丘而上，占领山头。他们十分顺利地登上山头，之后，全部王室部队也上了山顶。大约距我们半里格多的敌人看到后，便企图寻找与我们交锋的战场。他们挑选了一块场地，架上火炮，布好阵势。敌军约有230名骑兵，其中50余名是全副武装。步兵由200名弓箭手和150名标枪手组成，他们一个个耀武扬威，即使是在米兰也未必能见到这么威武的士兵。炮兵备有十一二码长的中型大炮六门，能发射一种甜

637 橙状的弹丸。另外还有6门发射散弹的中型火炮。这些大炮装潢美观，弹药充足，简直不像是印加王国的炮兵，倒像是意大利的军队。总督见敌军士气正盛，纪律严明，便先据理力争，同时让我们看这伙叛贼是多么无耻，多么无视朝廷。然后，冲向敌人，很快便冲到敌军炮火射程之内，敌人开火射击。由于我们的火炮太小，加之我们是在行进之中，所以无法发挥威力，我们只好忍痛丢掉。当我们冲到敌人阵地前时，已经阵亡了30来人。尽管遭受了伤亡，但我们还是冲到了火枪射程以内的地方。双方混战一场，各自伤亡惨重。我们是以最快的速度冲过去的，敌人的火炮向我们发射了一些弹丸。我们与敌人展开了白刃战，人们手持长矛、棍棒和刀剑混战了一个多小时。战斗异常激烈，自雷维纳之役以来，如此残酷的战斗还是空前的，其间兄弟、亲朋互不相让，自相残杀。由于正义在我一方，又托陛下洪福，我们终于取胜。巴卡·德卡斯特罗总督作战英勇无畏，他率领30名骑兵一马当先，冲锋陷阵。他身披白甲，兵器上装饰着锦缎，胸前的圣十字架使敌兵望而生畏。他真不愧是条好汉，他冲入敌群，如入无人之境，使我们这些同龄人惊叹不已。他手下的勇士们大破敌阵，我军高奏凯歌。这胜利来得十分蹊跷，因为虽说我们比敌人多百十来人，但在战场的选择、炮兵的火力及武器装备等方面，敌人却占有两倍的优势。战斗中双方两败俱伤，如果不是夜幕迅速降临，陛下还会满意地看到这伙叛贼的最终下场。但那时未能完成的事情，总督现在正着手完成，他每天都在搜捕逃跑的敌人。战斗中我方阵亡的有：佩尔·阿尔瓦雷斯·翁金上尉以及其他60名骑士和贵族，戈麦斯·德托尔多亚和佩兰苏雷斯上尉及100余名士兵受重伤，轻伤100人，俘获敌

人 150 人，唐迭戈和 3 名叛军首领逃跑。我们随时都在抓获俘虏，我们清楚，唐迭戈总有一天会落在我们手里，因为印第安人和意大利村民一样，要么杀死他，要么活捉他。这辉煌的胜利属于陛下，因为现在您可以确信，这块土地已被征服，从属于西班牙王室，此乃名副其实的征服和平叛。为此，望陛下赐恩，奖赏有功之臣。谨请陛下授予巴卡·德卡斯特罗在该地的永久居住权，并任命他两任总督，以免再次爆发战争。还请陛下犒赏参战兵民，以报偿他们为使印加王国归顺皇权而付出的努力和代价。陛下还应严惩那些对陛下的圣命充耳不闻，在家中坐享其成的败类。否则，神圣的陛
下啊，当我们一年后带着战伤回到贫困的家中时，看到他们一个个 638
安然自得，腰缠万贯，如此赏罚不明，实属不公！而且如若此地或是其他什么地方再发生类似的暴乱事件，还有谁能像我们今天这样挺身而出，为陛下效力呢。我们都确信巴卡·德卡斯特罗一定会以陛下的名义奖功罚罪的。全能的上帝保佑陛下万寿无疆、所向无敌，我们永远忠于神圣的信仰，阿门。您忠实的奴仆吻您的手足。

埃尔南多·德席瓦尔

佩德罗·皮萨罗

卢卡斯·马丁内斯

戈麦斯·德莱昂

埃尔南多·德托雷

洛佩·德阿拉尔孔

胡安·德阿尔维斯

胡安·弗洛雷斯

胡安·拉米雷斯
阿隆索·布埃尔特
梅尔乔·德塞万提斯
马丁·洛佩斯
胡安·克雷斯波
弗朗西斯科·平托
阿隆索·罗德里格斯·皮卡多

1542年9月24日于圣胡安德拉弗朗特拉

XIV.（原书第576页）

宣判贡萨洛·皮萨罗死刑的起诉，1548年4月9日于哈基哈瓜纳。

〔这一文件摘自萨拉特的编年史原始手稿，它仍然保存在西曼卡斯。穆尼奥斯曾从这个手稿中摘录了几段，表明萨拉特的历史著作的印刷本有相当大的更动，无论是关于事实方面还是写作风格方面都是如此。印刷本写得更费斟酌；在很多情况下，原稿过于忠实而详细的地方被削减了，作品的风格和布局表现出全然是极为讲究行文的人和出自行家的手笔。这些情况使穆尼奥斯推测，该编年史在发表之前是由更为有经验的作家修改过的；而后来在埃斯库里亚斯图书馆发现了萨拉特与弗洛里安·德奥坎波之间的附有评论的通信，这使人推论，后一个历史学家替前一个做了这件好事。但是，尽管这个印刷本已经成为图书馆藏书，但作为一本参考书和权威性著作而言，它远不如前者，前者似乎未经作者做过多的预先构思，或者说，至少没有太多估量其后果。的确，由于写作历史的明显价值，使穆尼奥斯在一份记录片段材料的笔记中暗示了他在未来某个时候要抄录整个手稿的意图。〕

陛下之圣教裁判所律师、秘鲁王国及省份最高行政长官——尊敬的佩德罗·德拉加斯卡大人已授权我们——皇家部队督军弗朗西斯科·德阿尔瓦拉多元帅和陛下派驻秘鲁王国全权代表安德烈斯·德西昂卡律师，做如下判决：

自从布拉斯科·努涅斯·贝拉总督来到此地之后，贡萨洛· 639
皮萨罗本人并纵容其仆从犯下了无数严重罪行，背叛陛下和王室，背离作为一个陛下的臣民所应尽的义务和应具备的忠心，其多数罪行已在他的供词及我们的报告中述明。为平定此秘鲁王国的局势，为惩戒他人，我们开庭审判贡萨洛·皮萨罗。其党徒所犯罪行众目昭彰，无须专门立案审理判决。

根据法律的规定，我们对上述案情进行了认真的审理。现宣布，贡萨洛·皮萨罗犯有阴谋叛君罪，企图反对西班牙王室，完全触犯了布拉斯科·努涅斯·贝拉总督上任后所颁有关法律规定。因此，我们宣布贡萨洛·皮萨罗为叛徒，他犯了上述罪行之后，他及他的后代还犯有渎职罪。为此，我们判处贡萨洛·皮萨罗死刑，并以下述方式行刑：缚其手脚，然后将他捆在一头骡子上从监狱押出。然后由陛下的皇家部队押解到我们吩咐修建在大本营的断头台，沿途将其罪恶公之于众。到断头台之后，将其放下，斩首。然后，我们下令将其头颅悬挂在印加王国第一大城市的旗杆上，并用醒目的字体在一张告示上写道："此乃叛徒贡萨洛·皮萨罗之首，其人已在哈基哈瓜纳谷地被处决，他曾在那里举兵反抗朝廷，并负

隅顽抗，妄图维持其暴政。任何人不得挪动其头颅，违者格杀勿论。"我们还下令将皮萨罗在库斯科的房屋彻底摧毁，并在一根门柱上挂一张告示，上书："此乃贡萨洛·皮萨罗之房产，由于他犯有叛君之罪，现已被下令拆毁。没有陛下特许，任何人不得修复，违者格杀勿论。"我们还宣布没收其一切财产，纳入王室，以及其他一些依法判决。以上系我们对贡萨洛·皮萨罗的终审判决，此布。

——阿隆索·德阿尔瓦拉多

西昂卡律师

索　　引

（按原文各条字母次序排列，所注页码为本书边码）

图书在版编目(CIP)数据

秘鲁征服史/(美)普雷斯科特著;周叶谦等译.—北京:商务印书馆,2017
(汉译世界学术名著丛书:120年纪念版:珍藏本)
ISBN 978-7-100-14311-0

Ⅰ.①秘… Ⅱ.①普… ②周… Ⅲ.①秘鲁—历史—1553-1821②印加帝国—研究 Ⅳ.①K778.3 ②K778.2

中国版本图书馆CIP数据核字(2017)第139265号

汉译世界学术名著丛书
(120年纪念版·珍藏本)
秘鲁征服史
〔美〕普雷斯科特 著
周叶谦 刘慈忠 吴兰芳 刘 方 译

商 务 印 书 馆 出 版
(北京王府井大街36号 邮政编码100710)
商 务 印 书 馆 发 行
北京中科印刷有限公司印刷
ISBN 978-7-100-14311-0

2017年12月第1版 开本710×1000 1/16
2017年12月北京第1次印刷 印张54
定价:268元